변호사시험 대비

진도별 기출지문 OX

선택형 형사법

(형법 / 형사소송법)

고시계사

PREFACE

전국의 25개 법학전문대학원이 출범한지가 2018년도 이래로 어언 10년이 지났습니다. 그리고 2018년도 제7회 변호사시험의 합격자발표가 지난 4월 20일에 있었는데, 합격률은 응시자 대비 49.35%로 급락하였습니다. 변호사시험을 준비하고 있는 원생들에게 더 큰 문제는 앞으로 합격률이 계속 떨어질 것이라는 어두운 전망입니다.

기존의 사법시험은 객관식 시험과 주관식 시험을 각각 제1차시험과 제2차시험으로 시기를 달리하여 시행되었던 시험인데 반하여, 변호사시험의 경우는 우선 방대한 시험의 범위와 선택형과 사례형 및 기록형 시험 모두를 하루에 치르게 됨으로써 변호사시험을 준비하는 원생들이 가지는 심적 부담은 매우 큰 것으로 생각됩니다.

이러한 부담스런 시험의 시행방식에다가 생소한 기록형 문제까지 소화하여야 하니, 그 어려움은 두말할 필요가 없습니다.

다른 시험에서도 동일하겠지만, 특히 변호사시험에서의 최종마무리 정리를 얼마나 잘 하느냐에 따라 당락이 좌우되고 있는 현실을 보건데, 변호사시험을 앞두고 짧은 시간에 그 동안 공부하였던 내용을 전반적으로 총 정리할 수 있는 효율적이고 과학적인 수험교재가 절대적으로 필요합니다.

이러한 이유로 지난 65년간 법조인 양성을 위한 양질의 정보제공을 해오고 있는 月刊『考試界』와 도서출판『考試界社』에서 2012년도 제1회 변호사시험부터 2018년도 제7회 변호사시험의 기출문제를 모아『진도별 기출지문 OX문제집』을 출간하게 되었습니다.

기출문제는 시험을 준비하는 과정에서 향후에 '어느 분야, 어떤 형식, 어떤 내용'으로 출제될 수 있는 것인지를 미리 예측해 줄 수 있는 나침반과 같은 역할을 합니다.

이 책의 특장점은 다음과 같습니다.

1. 진도별이라는 특성에 부합하기 위해 사례문제도 각 지문들을 쪼개어 해당하는 진도범위에 배치하되, 가독성을 고려하여 원문의 의미를 훼손하지 않는 범위에서 문구 일부를 적절히 편집하였습니다. 다만, 동일범위에 있는 지문들은 사례형식을 유지하여 각 절의 마지막에 배치하였습니다.

2. 해설은 관련 법규나 판결요지를 싣는 것을 원칙으로 하되, 필요하면 판결사항이나 판결이유를 발췌하고 때로는 설명을 부가하여 문제해결에 최대한 도움이 되도록 하였습니다.

3. 기출문제와 관련된 판례들은 모두 중요하다고 할 수 있으나 그중에서도 반복 출제될 가능성이 있거나 사례형 시험에서 활용될 수 있는 것들은 판례번호를 굵은 볼드체로 표시하여 효율적인 학습에 도움이 되도록 하였습니다.

4. 기출 이후 바뀌거나 새롭게 나온 법령이나 판례는 모두 반영하였으며, 이로 인해 답이 변경된 것은 해설에 그러한 사정을 명시하였습니다.

5. 간통죄의 위헌 결정이나 성범죄의 친고죄 규정 삭제 등 법령이나 판례의 변경으로 인해 더 이상 학습이 불필요한 지문은 삭제하였으나, 죄명을 변경하여 동일한 내용으로 출제될 가능성이 있는 것은 삭제하지 않고 그 취지를 각 부분에 명시하였습니다.

6. 기출문제 특성상 향후 변호사시험에서 지문이 반복되어 출제될 수 있는 점을 고려하여 제1회부터 제7회까지 지문하나라도 소홀함이 없이 정확한 해설을 명기하였습니다.

7. 지문의 정답에 도움이 되는 법률조문은 조문박스와 글씨체를 볼드체로 처리하여 실제로 법전을 찾아보는 것보다 더 효율적으로 학습할 수 있도록 배려하였습니다.

8. 판례원문이 길거나 관련판례가 많더라도 기출지문에서 요구되는 핵심부분을 굵은 볼드체로 글자체를 달리하여 중요한 부분을 곧바로 파악할 수 있도록 하였습니다.

9. 기출문제 유형과 지문내용을 분석·분류하여 학습방향설정에 도움이 되도록 하였습니다.

아무쪼록 변호사시험을 준비하는 모든 로스쿨원생들에게 이 책이 한 알의 밀알이 되어 '변호사시험 합격'이라는 열매를 맺었으면 합니다.

끝으로 이 책을 출간하는데 많은 도움을 주신 2017년도 사법시험 합격자 분들과 제6회 변호사시험 합격자분들, 그리고 많은 정보와 조언을 주신 각 대학교의 변호사시험반의 조교님들께도 심심한 감사의 말씀을 드립니다.

2018년 5월
고시계 편집국

※ 참고사항

기출문제에서의 문제자체는 전혀 손을 대지 않고 원본 그대로의 형태를 유지하였습니다. 다만 【사례】에 해당하는 부분에서의 질문부분에는 약간의 수정을 가하여 기출지문 OX 문제에 맞도록 변형하였습니다.

CONTENTS

 형 법

- 형법총론 -

제1편 서 론

제1절 형법의 기본개념 3

제2절 죄형법정주의 3

제3절 형법의 적용범위 8

제4절 형법이론 14

제2편 범죄론

제1장 | 범죄의 기본개념 16

제1절 범죄의 의의와 종류 16

제2절 행위론 18

제3절 행위의 주체 18

제2장 | 구성요건 19

제1절 구성요건이론 19

제2절 결과반가치와 행위반가치 19

제3절 부작위범 19

제4절 인과관계와 객관적 귀속 24

제5절 구성요건적 고의 24

제6절 사실의 착오 26

제7절 과 실 29

제8절 결과적 가중범 34

제3장 | 위법성 39

제1절 위법성의 이론 39

제2절 정당방위 41

제3절 긴급피난 44

제4절 자구행위 47

제5절 피해자의 승낙 48

제6절 정당행위 50

제4장 | 책임론 51

제1절 책임이론 51

제2절 책임능력 52

제3절 위법성의 인식 56

제4절 법률의 착오 56

제5절 기대가능성 61

제5장 | 미수론 64

제1절 미수범 64

제2절 중지미수 68

제3절 불능미수 70

제4절 예비죄 71

제6장 | 공범론 72

제1절 공범이론 72

제2절 간접정범 76

제3절 공동정범 76

제4절 교사범 83

제5절 종 범 85

제6절 공범과 신분 87

제7장 | 죄수론   91

제1절 죄수이론   91

제2절 일죄   91

제3절 수 죄   96

제3편 형벌론

제1절 형벌의 종류   106

제2절 형의 양정   110

제3절 누 범   114

제4절 집행유예 · 선고유예 · 가석방   114

제5절 형의 시효와 소멸   119

제6절 보안처분   119

- 형법각론 -

제1편 개인적 법익에 대한 죄

제1장 | 생명과 신체에 대한 죄   123

제1절 살인의 죄   123

제2절 상해와 폭행의 죄   124

제3절 과실치사상의 죄   128

제4절 낙태의 죄   131

제5절 유기와 학대의 죄   132

제2장 | 자유에 대한 죄   132

제1절 협박의 죄   132

제2절 체포와 감금의 죄   136

제3절 약취와 유인 및 인신매매의 죄   137

제4절 강요의 죄   138

제5절 강간과 추행의 죄   138

제3장 | 명예와 신용에 대한 죄   143

제1절 명예에 관한 죄   143

제2절 신용·업무와 경매에 관한 죄   151

제4장 | 사생활의 평온에 대한 죄   158

제1절 비밀침해의 죄   158

제2절 주거침입의 죄   158

제5장 | 재산에 대한 죄   160

제1절 절도의 죄   160

제2절 강도의 죄   176

제3절 사기의 죄   184

제4절 공갈의 죄   199

제5절 횡령의 죄   202

제6절 배임의 죄   215

제7절 장물의 죄   225

제8절 손괴의 죄   227

제9절 권리행사를 방해하는 죄   227

제2편 사회적 법익에 대한 죄

제1장 | 공공의 안전과 평온에 대한 죄   234

제1절 공안을 해하는 죄   234

제2절 폭발물에 관한 죄   234

제3절 방화와 실화의 죄   234

제4절 일수와 수리에 관한 죄   235

제5절 교통방해의 죄   235

제2장 | 공공의 신용에 대한 죄   236

제1절 통화에 관한 죄   236

제2절 유가증권·우표와 인지에 관한 죄   236

제3절 문서에 관한 죄   237
제4절 인장에 관한 죄   247

제3장 | 공중의 건강에 대한 죄   247
제1절 음용수에 관한 죄   247
제2절 아편에 관한 죄   247

제4장 | 사회의 도덕에 대한 죄   248
제1절 성풍속에 관한 죄   248
제2절 도박과 복표에 관한 죄   248
제3절 신앙에 관한 죄   249

제3편 국가적 법익에 대한 죄

제1장 | 국가의 존립과 권위에 대한 죄   250
제1절 내란의 죄   250
제2절 외환의 죄   250
제3절 국기에 관한 죄   250
제4절 국교에 관한 죄   250

제2장 | 국가의 기능에 대한 죄   250
제1절 공무원의 직무에 관한 죄   250
제2절 공무방해에 관한 죄   257
제3절 도주와 범인은닉의 죄   259
제4절 위증과 증거인멸의 죄   262
제5절 무고의 죄   270

형사소송법

제1편 제 론

제1장 | 형사소송법   277

제2장 | 형사소송의 이념과 구조   277

제3장 | 소송절차의 기본이론   277

제2편 소송주체와 소송행위

제1장 | 소송의 주체   277

제1절 법 원   277

제2절 검 사   282

제3절 피고인   282

제4절 변호인   286

제2장 | 소송행위와 소송조건   290

제1절 소송행위의 의의와 종류   290

제2절 소송행위의 일반적 요소   290

제3절 소송행위의 가치판단   291

제4절 소송조건   291

제3편 수사와 공소

제1장 | 수 사   292

제1절 수사의 의의와 구조   292

제2절 수사의 개시   294

제3절 임의수사   307

제2장 | 강제처분과 강제수사   313

제1절 체포와 구속   313

제2절 압수·수색·검증 335
제3절 수사상의 증거보전 361

제3장 | **수사의 종결** 363
제1절 검사의 수사종결 363
제2절 공소제기후의 수사 363

제4장 | **공소의 제기** 365
제1절 공소와 공소권이론 365
제2절 공소제기의 기본원칙 366
제3절 공소제기의 방식 371
제4절 공소제기의 효과 373
제5절 공소시효 375

제4편 공 판

제1장 | **공판절차** 378
제1절 공판절차의 기본원칙 378
제2절 공판심리의 범위 378
제3절 공판준비절차 393
제4절 공판정의 심리 393
제5절 공판기일의 절차 394
제6절 증인신문·감정과 검증 394
제7절 공판절차의 특칙 402

제2장 | **증 거** 411
제1절 증거의 의의와 종류 411
제2절 증명의 기본원칙 411
제3절 자백배제법칙 415
제4절 위법수집증거배제법칙 417
제5절 전문법칙 421
제6절 당사자의 동의와 증거능력 469

제7절 탄핵증거 474

제8절 자백과 보강증거 476

제9절 공판조서의 증명력 485

제3장 | 재 판 486

제1절 재판의 기본개념 486

제2절 종국재판 487

제3절 재판의 효력 489

제4절 소송비용 493

제5편 상소 · 비상구제절차 · 특별절차

제1장 | 상 소 494

제1절 상소 통칙 494

제2절 항 소 507

제3절 상 고 509

제4절 항 고 509

제2장 | 비상구제절차 510

제1절 재 심 510

제2절 비상상고 516

제3장 | 재판의 집행과 형사보상 517

제1절 재판의 집행 517

제2절 형사보상 517

제4장 | 특별절차 517

제1절 약식절차 517

제2절 즉결심판절차 519

제3절 배상명령절차 519

최근 7년간(제1회~제7회)간 형사법 기출문제 분석

문제형식별 분류			

년도 \ 항목	지문조합(이론/사례)	5지선다(이론/사례)	총문제(이론/사례)
2012년 제1회	11(0/3)	29(1/10)	40(1/13)
2013년 제2회	16(2/4)	24(1/9)	40(3/13)
2014년 제3회	14(1/3)	26(1/11)	40(2/14)
2015년 제4회	12(1/2)	28(1/11)	40(2/13)
2016년 제5회	15(1/4)	25(2/13)	40(3/17)
2017년 제6회	19(0/7)	21(1/7)	40(1/14)
2018년 제7회	11(0/5)	29(0/9)	40(0/14)
합 계	98(5/28)	182(7/70)	280(12/98)

◆ '이론'은 학설논의를 기초로 출제된 순수이론형 문제를 의미합니다. 형사법에서 출제된 이론형은 모두 형법총론과 관련된 쟁점이었으며, 제7회 변호사시험에서는 이론형이 출제되지 않았습니다.

◆ 이론형으로 출제된 쟁점은 위법성조각사유의 전제사실에 관한 착오, 사실의 착오, 주관적 정당화요소가 결여된 경우의 효과, 원인에 있어서 자유로운 행위, 행위불법과 결과불법, 일반예방주의와 특별예방주의 비교 정도입니다.

◆ '사례'는 문제에 제시된 사실관계를 기초로 법이나 이론을 적용하는 문제입니다. 하나의 사례를 기초로 형법과 형사소송법 쟁점이 혼재된 종합사례문제가 많지만, 다음에 소개되는 '지문내용별 분류'에서 보는 바와 같이, 종합사례의 경우도 각 지문은 형법 혹은 형사소송법 어느 한 분야의 내용을 담고 있습니다.

◆ 통상 형법문제가 우선 배치되어, 형사소송법문제는 17번 즈음부터 시작합니다. 종합사례문제는 대부분 30번 대 이후에 배치되어 있으나, 최근에는 10번 대에서 한두 문제 정도 보이기도 합니다.

년도	항목	이론		판례		조문		기타	총 지문수	
2012년제1회	형법	9	10	95	149	3	36	0	107	195
	형사소송법	1		54		33		0	88	
2013년제2회	형법	12	17	89	155	3	19	1	105	192
	형사소송법	5		66		16		0	87	
2014년제3회	형법	18	25	102	154	0	20	0	120	199
	형사소송법	7		52		20		0	79	
2015년제4회	형법	14	17	86	142	6	32	0	106	191
	형사소송법	3		56		26		0	85	
2016년제5회	형법	18	21	82	149	6	21	0	106	191
	형사소송법	3		67		15		0	85	
2017년제6회	형법	8	8	94	167	9	21	0	111	196
	형사소송법	0		73		12		0	85	
2018년제7회	형법	7	8	92	152	9	33	0	108	197
	형사소송법	1		60		24		4	89	
합계	형법	86	106	640	1068	36	182	1	763	1361
	형사소송법	20		428		146		4	598	

◆ '이론'은 순수 이론이나 사실관계에 이를 적용하는 경우를 말합니다.

◆ '판례'는 대법원 판결에서 설시한 내용으로, 대법원 판결에 따라 확인된 이론적인 내용도 포함합니다.

◆ '조문'은 조문의 내용을 확인하거나 사실관계에 조문을 적용하는 경우입니다. 대법원 판결을 전제로 조문을 적용하는 지문은 '판례' 지문으로 분류하였습니다.

◆ 형법이든 형사소송법이든 '판례'의 비중이 압도적이며, 절차법인 형사소송법은 '조문'의 비중이 적지 않습니다.

◆ 지문수로만 보면 형법이 형사소송법 보다 비중이 다소 큰 것으로 보이나, 실제 학습량을 고려한다면 의미 있는 차이는 아닙니다. 오히려, 형사소송법 문제가 특정 부분(영장주의의 예외, 공동피고인의 지위와 진술의 증거능력, 전문법칙 등)에 집중된 점을 고려한다면 형사소송법의 비중을 결코 무시할 수 없습니다.

◆ 형사소송법 조문 문제는 압수수색에 있어서 영장주의의 예외, 영장실질심사, 체포구속적부심, 전문법칙, 배심제도 등에서 주로 출제되었습니다.

형법

형법총론

제1편 서 론

제2편 범죄론

제3편 형벌론

제1절 형법의 기본개념

제2절 죄형법정주의

Ⅰ. 법률주의
Ⅱ. 소급효금지의 원칙

1 가정폭력범죄의 처벌 등에 관한 특례법이 정한 사회봉사명령은 형벌 그 자체가 아니라 보안처분의 성격을 가지고 있으므로 이에 대하여는 형벌불소급의 원칙이 적용되지 아니한다.　　　　　　　　　　　　　　　　　　　　　　　　　　　　변호사시험 제1회

> 해설 🖉　가정폭력범죄의 처벌 등에 관한 특례법이 정한 보호처분 중의 하나인 사회봉사명령은 가정폭력범죄를 범한 자에 대하여 환경의 조정과 성행의 교정을 목적으로 하는 것으로서 형벌 그 자체가 아니라 보안처분의 성격을 가지는 것이 사실이다. 그러나 한편으로 이는 가정폭력범죄행위에 대하여 형사처벌 대신 부과되는 것으로서, 가정폭력범죄를 범한 자에게 의무적 노동을 부과하고 여가시간을 박탈하여 실질적으로는 신체적 자유를 제한하게 되므로, 이에 대하여는 원칙적으로 형벌불소급의 원칙에 따라 행위시법을 적용함이 상당하다(대결 2008. 7. 24, 자 2008어4).　　　　　　　　　　　　　　　　　정답 － X

2 대법원 양형위원회가 설정한 '양형기준'이 발효하기 전에 공소가 제기된 범죄에 대하여 위 '양형기준'을 참고하여 형을 양정하더라도 피고인에게 불리한 법률을 소급하여 적용한 것으로 볼 수 없다.　　　　　　　　　　　　　　　　　　　　　　　변호사시험 제1회

> 해설 🖉　대법원 양형위원회가 설정한 '양형기준'이 발효하기 전에 공소가 제기된 범죄에 대하여 위 '양형기준'을 참고하여 형을 양정한 사안에서, 피고인에게 불리한 법률을 소급하여 적용한 위법이 있다고 할 수 없다고 한 사례(대판 2009. 12. 10, 2009도11448)　　　정답 － ○

3 부(父)가 혼인 외의 출생자를 인지하는 경우에 그 인지의 소급효는 형법상 친족상도례에 관한 규정의 적용에는 미치지 아니한다.　　　　　　　　　　　　　　　　변호사시험 제1회

> 해설 🖉　형법 제344조, 제328조 제1항 소정의 친족간의 범행에 관한 규정이 적용되기 위한 친족관계는 원칙적으로 범행 당시에 존재하여야 하는 것이지만, 부가 혼인 외의 출생자를 인지하는 경우에 있어서는 민법 제860조에 의하여 그 자의 출생시에 소급하여 인지의 효력이 생

기는 것이며, 이와 같은 인지의 소급효는 친족상도례에 관한 규정의 적용에도 <u>미친다</u>고 보아야 할 것이므로, 인지가 범행 후에 이루어진 경우라고 하더라도 그 소급효에 따라 형성되는 친족관계를 기초로 하여 친족상도례의 규정이 적용된다(대판 1997. 1. 24, 96도1731)

정답 - X

4 과거에 이미 행한 범죄에 대하여 공소시효를 정지시키는 법률이라고 하더라도 그 사유만으로 형벌불소급의 원칙에 언제나 위배되는 것은 아니다. 변호사시험 제1회

(해설) 형벌불소급의 원칙은 '행위의 가벌성' 즉 형사소추가 '언제부터 어떠한 조건하에서' 가능한가의 문제에 관한 것이고, '얼마동안' 가능한가의 문제에 관한 것은 아니므로, 과거에 이미 행한 범죄에 대하여 공소시효를 정지시키는 법률이라 하더라도 그 사유만으로 헌법 제12조 제1항 및 제13조 제1항에 규정한 죄형법정주의의 파생원칙인 형벌불소급의 원칙에 언제나 위배되는 것으로 단정할 수는 없다(헌재결 1996. 2. 16, 96헌가2).

정답 - ○

5 행위 당시의 판례에 의하면 처벌대상이 되지 아니하는 것으로 해석되었던 행위를 판례의 변경에 따라 확인된 내용의 형법 조항에 근거하여 처벌하는 것은 형벌불소급의 원칙에 반하지 않는다. 변호사시험 제1회

(해설) 형사처벌의 근거가 되는 것은 법률이지 판례가 아니고, 형법 조항에 관한 판례의 변경은 그 법률조항의 내용을 확인하는 것에 지나지 아니하여 이로써 그 법률조항 자체가 변경된 것이라고 볼 수는 없으므로, 행위 당시의 판례에 의하면 처벌대상이 되지 아니하는 것으로 해석되었던 행위를 판례의 변경에 따라 확인된 내용의 형법 조항에 근거하여 처벌한다고 하여 그것이 헌법상 평등의 원칙과 형벌불소급의 원칙에 반한다고 할 수는 없다(대판 1999. 9. 17, 97도3349).

정답 - ○

6 「가정폭력범죄의 처벌 등에 관한 특례법」이 정한 사회봉사명령은 형사처벌 대신 부과되는 것으로서 가정폭력범죄를 범한 자에게 의무적 노동을 부과하고 여가시간을 박탈하여 실질적으로 신체적 자유를 제한하게 되므로, 이에 대해서는 형벌불소급원칙이 적용된다. 변호사시험 제6회

(해설) 가정폭력범죄의 처벌 등에 관한 특례법이 정한 보호처분 중의 하나인 사회봉사명령은 가정폭력범죄를 범한 자에 대하여 환경의 조정과 성행의 교정을 목적으로 하는 것으로서 형벌 그 자체가 아니라 보안처분의 성격을 가지는 것이 사실이다. 그러나 한편으로 이는 가정폭력범죄행위에 대하여 형사처벌 대신 부과되는 것으로서, 가정폭력범죄를 범한 자에게 의무적 노동을 부과하고 여가시간을 박탈하여 실질적으로는 신체적 자유를 제한하게 되므로, 이에 대하여는 원칙적으로 형벌불소급의 원칙에 따라 행위시법을 적용함이 상당하다(대결 2008. 7. 24, 자 2008어4).

정답 - ○

Ⅲ. 명확성 원칙

Ⅳ. 유추해석금지의 원칙

7 성폭력범죄의 처벌 등에 관한 특례법상의 공중밀집장소에서의 추행죄에서 규정하고 있는 공중밀집장소란 공중의 이용에 상시적으로 제공, 개방된 상태에 놓여 있는 곳 일반을 의미하므로, 공중밀집장소의 일반적 특성을 이용한 행위라고 보기 어려운 특별한 사정이 있는 경우에 해당하지 않는 한 추행행위 당시의 현실적인 밀집도 내지 혼잡도에 따라 그 규정의 적용 여부를 달리한다고 볼 수 없다.   변호사시험 제2회

> (해설) 공중밀집장소에서의 추행죄를 규정한 성폭력범죄의 처벌 및 피해자보호 등에 관한 법률 제13조의 입법 취지, 위 법률 조항에서 그 범행장소를 공중이 '밀집한' 장소로 한정하는 대신 공중이 '밀집하는' 장소로 달리 규정하고 있는 문언의 내용, 그 규정상 예시적으로 열거한 대중교통수단, 공연·집회 장소 등의 가능한 다양한 형태 등에 비추어 보면, 여기서 말하는 '공중이 밀집하는 장소'에는 현실적으로 사람들이 빽빽이 들어서 있어 서로간의 신체적 접촉이 이루어지고 있는 곳만을 의미하는 것이 아니라 이 사건 찜질방 등과 같이 **공중의 이용에 상시적으로 제공·개방된 상태에 놓여 있는 곳 일반을 의미한다.** 또한, 위 공중밀집장소의 의미를 이와 같이 해석하는 한 그 장소의 성격과 이용현황, 피고인과 피해자 사이의 친분관계 등 구체적 사실관계에 비추어, 공중밀집장소의 일반적 특성을 이용한 추행행위라고 보기 어려운 특별한 사정이 있는 경우에 해당하지 않는 한, 그 행위 당시의 현실적인 밀집도 내지 혼잡도에 따라 그 규정의 적용 여부를 달리한다고 할 수는 없다(대판 2009. 10. 29, 2009도5704).
>
> 정답 ― ○

8 甲은 만취하여 정상적인 운전이 곤란한 상태로 도로에서 자동차를 운전하다가 과실로 보행자를 들이받아 그를 사망케하고 자신은 그 충격으로 기절하였다. 의식을 잃은 甲이 병원 응급실로 호송되자, 출동한 경찰관은 법원으로부터 압수·수색 또는 검증 영장을 발부받지 아니한 채 甲의 아들의 채혈동의를 받고 의사로 하여금 甲으로부터 채혈하도록 한 다음 이를 감정의뢰하였으나, 사후적으로도 지체 없이 이에 대한 법원의 영장을 발부받지 않았다. 만약 만취한 甲이 관리인이 있는 공영주차장 내에서 운전하였다 해도 도로교통법상 음주운전에 해당한다.   변호사시험 제2회

> (해설) 지역 일대의 주차난 해소 등의 공익적 목적을 가지고 설치된 **공영주차장**이 불특정 다수의 사람 또는 차량의 통행을 위하여 공개된 장소로서 **도로교통법 제2조 제1호**에서 말하는 도로에 해당한다고 한 사례.
> (판결이유 중)……이와 같은 취지에서, 원심이, 피고인은 **음주운전의 고의**로 이 사건 **차량을 운전한 것**이라고 인정한 것은 정당한 것으로 수긍이 가고……(대판 2005. 9. 15, 2005도3781).

> 〔도로교통법 제2조(정의)〕 이 법에서 사용하는 용어의 뜻은 다음과 같다.
>
> 1. 도로란 다음 각 목에 해당하는 곳을 말한다.
>
> 가. 「도로법」에 따른 도로
>
> 나. 「유료도로법」에 따른 유료도로
>
> 다. 「농어촌도로 정비법」에 따른 농어촌도로
>
> 라. 그 밖에 현실적으로 불특정 다수의 사람 또는 차마(차마)가 통행할 수 있도록 공개된 장소로서 안전하고 원활한 교통을 확보할 필요가 있는 장소
>
> 26. 운전이란 **도로**(제44조·제45조·제54조 제1항·제148조 및 제148조의2**의 경우에는 도로 외의 곳을 포함한다**)에서 차마를 그 본래의 사용방법에 따라 사용하는 것(조종을 포함한다)을 말한다.
>
> 〔도로교통법 제44조(술에 취한 상태에서의 운전 금지)〕
>
> ① 누구든지 술에 취한 상태에서 자동차등(「건설기계관리법」제26조 제1항 단서에 따른 건설기계 외의 건설기계를 포함한다. 이하 이 조, 제45조, 제47조, 제93조제1항 제1호부터 제4호까지 및 제148조의2에서 같다)을 운전하여서는 아니 된다.

→ 종래 공영주차장을 도로교통법상 도로에 해당한다 하여 음주운전으로 본 판례가 있으나, 현행 도로교통법에 따르면 반드시 도로교통법상 도로에 해당하지 않더라도 음주운전에 해당한다. 정답 - ○

9 블로그 등 사적 인터넷 게시공간의 운영자가 게시공간에 게시된 이적표현물인 타인의 글을 삭제할 권한이 있는데도 이를 삭제하지 않고 그대로 둔 경우, 그 운영자의 행위를 「국가보안법」 제7조 제5항의 '소지'로 보는 것은 유추해석금지원칙에 반한다. 변호사시험 제6회

해설 ✎ 죄형법정주의로부터 파생된 유추해석금지 원칙과 국가보안법 제1조 제2항, 제7조 제1항, 제5항에 비추어 볼 때, '블로그', '미니 홈페이지', '카페' 등의 이름으로 개설된 사적(사적) 인터넷 게시공간의 운영자가 사적 인터넷 게시공간에 게시된 타인의 글을 삭제할 권한이 있는데도 이를 삭제하지 아니하고 그대로 두었다는 사정만으로 사적 인터넷 게시공간의 운영자가 타인의 글을 국가보안법 제7조 제5항에서 규정하는 바와 같이 '소지'하였다고 볼 수는 없다(대판 2012. 1. 27, 2010도8336). 정답 - ○

10 구 「특정 범죄자에 대한 위치추적 전자장치 부착 등에 관한 법률」 제5조 제1항 제3호에서 부착명령청구 요건으로 정한 '성폭력범죄를 2회 이상 범하여(유죄의 확정판결을 받은 경우를 포함한다)'에 「소년법」에 의한 보호처분을 받은 전력'이 포함된다고 보는 것은 유추해석금지원칙에 반하지 않는다. 변호사시험 제6회

해설 ✎ 죄형법정주의 원칙상 형벌법규는 문언에 따라 엄격하게 해석·적용하여야 하고 피고인에게 불리한 방향으로 지나치게 확장해석하거나 유추해석하여서는 안 되는 것이 원칙이고, 이는 특정 범죄자에 대한 위치추적 전자장치 부착명령의 요건을 해석할 때에도 마찬가지이다. '특정 범죄자에 대한 위치추적 전자장치 부착 등에 관한 법률'(이하 '전자장치부착법'이라 한다) 제5조 제1항 제3호는 검사가 전자장치 부착명령을 법원에 청구할 수 있는 경우 중

의 하나로 '성폭력범죄를 2회 이상 범하여(유죄의 확정판결을 받은 경우를 포함한다) 그 습벽이 인정된 때'라고 규정하고 있는데, 이 규정 전단은 문언상 '유죄의 확정판결을 받은 전과사실을 포함하여 성폭력범죄를 2회 이상 범한 경우'를 의미한다고 해석된다. 따라서 피부착명령청구자가 소년법에 의한 보호처분(이하 '소년보호처분'이라고 한다)을 받은 전력이 있다고 하더라도, 이는 유죄의 확정판결을 받은 경우에 해당하지 아니함이 명백하므로, 피부착명령청구자가 2회 이상 성폭력범죄를 범하였는지를 판단할 때 소년보호처분을 받은 전력을 고려할 것이 아니다[대판(전합) 2012. 3. 22, 2011도15057].   정답 – X

11 구「청소년의 성보호에 관한 법률」제16조의 반의사불벌죄의 경우 성범죄의 피해자인 청소년에게 의사능력이 있는 이상, 그 청소년의 처벌희망 의사표시의 철회에 법정대리인의 동의가 필요하다고 보는 것은 유추해석금지원칙에 반한다.   변호사시험 제6회

(해설) 처벌을 희망하지 않는다는 의사표시 또는 처벌희망 의사표시의 철회는 이른바 소극적 소송조건에 해당하고, 소송조건에는 죄형법정주의의 파생원칙인 유추해석금지의 원칙이 적용된다고 할 것인데, 명문의 근거 없이 그 의사표시에 법정대리인의 동의가 필요하다고 보는 것은 유추해석에 의하여 소극적 소송조건의 요건을 제한하고 피고인 또는 피의자에 대한 처벌가능성의 범위를 확대하는 결과가 되어 죄형법정주의 내지 거기에서 파생된 유추해석금지의 원칙에도 반한다. 그러므로 청소년성보호법 제16조에 규정된 반의사불벌죄라고 하더라도, 피해자인 청소년에게 의사능력이 있는 이상, 단독으로 피고인 또는 피의자의 처벌을 희망하지 않는다는 의사표시 또는 처벌희망 의사표시의 철회를 할 수 있고, 거기에 법정대리인의 동의가 있어야 하는 것으로 볼 것은 아니다[대판(전합) 2009. 11. 19, 2009도6058].   정답 – O

12「도로교통법」제154조 제2호의 '원동기장치자전거면허를 받지 아니하고'라는 법률문언의 통상적인 의미에는 '운전면허를 받았으나 그 후 운전면허의 효력이 정지된 경우'가 포함된다고 해석할 수 없다.   변호사시험 제6회

(해설) '원동기장치자전거면허의 효력이 정지된 상태에서' 원동기장치자전거를 운전하였다고 하며 도로교통법 위반(무면허운전)으로 기소된 사안에서, 도로교통법 제43조 해석상 '운전면허를 받지 아니하고'라는 법률문언의 통상적 의미에 '운전면허를 받았으나 그 후 운전면허의 효력이 정지된 경우'가 당연히 포함된다고는 해석할 수 없는데, 무면허운전과 관련하여 도로교통법 제152조 제1호 및 제2호가 운전면허의 효력이 정지된 경우도 운전자동차의 면허를 애초 받지 아니한 경우와 마찬가지로 형사처벌된다는 것을 명문으로 정하고 있는 반면, 원동기장치자전거의 무면허운전죄에 대하여 규정한 제154조 제2호는 처벌의 대상으로 '제43조의 규정을 위반하여 제80조의 규정에 의한 원동기장치자전거면허를 받지 아니하고 원동기장치자전거를 운전한 사람'을 정하고 있을 뿐, 운전면허의 효력이 정지된 상태에서 원동기장치자전거를 운전한 경우에 대하여는 아무런 언급이 없다는 이유로 위 행위가 도로교통법 제154조 제2호, 제43조 위반죄에 해당하지 않는다고 보아 무죄를 인정한 원심판단을 수긍한 사례(대판 2011. 8. 25, 2011도7725).   정답 – O

V. 적정성의 원칙

제3절 형법의 적용범위

I. 시간적 적용범위

1 실행행위의 도중에 법률이 변경되어 실행행위가 신·구법에 걸쳐 행하여진 때에는 신법 시행 전에 이미 실행행위가 착수되었으므로 이 행위에는 구법이 적용되어야 한다.

변호사시험 제5회

> **해설** 📝 포괄일죄로 되는 개개의 범죄행위가 법 개정의 전후에 걸쳐서 행하여진 경우에는 신·구법의 법정형에 대한 경중을 비교하여 볼 필요도 없이 범죄 실행 종료시의 법이라고 할 수 있는 <u>신법을 적용</u>하여 포괄일죄로 처단하여야 한다(대판 1998. 2. 24, 97도183). **정답** - X

2 신법에 경과규정을 두어 재판시법주의의 적용을 배제할 수 있다. 변호사시험 제4회

> **해설** 📝 형법 제1조 제2항 및 제8조에 의하면 범죄 후 법률의 변경에 의하여 형이 구법보다 경한 때에는 신법에 의한다고 규정하고 있으나 <u>신법에 경과규정을 두어 이러한 신법의 적용을 배제하는 것도 허용된다</u>(대판 1999. 12. 24, 99도3003). **정답** - O

3 개정 전후를 통하여 형의 경중에 차이가 없는 경우에는 행위시법을 적용하여야 한다.

변호사시험 제4회

> **해설** 📝 특정경제범죄가중처벌등에관한법률 제3조 제1항이 1990.12.31. 개정되었다 하더라도 범행으로 취득한 이득이 5억원인 경우는 개정 전후를 통하여 형의 경중은 없으므로, 행위시법인 개정 전 법률을 적용하여야 한다(대판 1991. 10. 8, 91도1911). **정답** - O

4 범죄 후 법률의 개정에 의하여 법정형이 가벼워진 경우에는 법률에 특별한 규정이 없는 한 신법의 법정형이 공소시효기간의 기준이 된다. 변호사시험 제4회

> **해설** 📝 범죄 후 법률의 개정에 의하여 법정형이 가벼워진 경우에는 형법 제1조 제2항에 의하여 당해 범죄사실에 적용될 가벼운 법정형(신법의 법정형)이 공소시효기간의 기준이 된다(대판 2008. 12. 11, 2008도4376). **정답** - O

5 계속범의 경우 실행행위가 종료되는 시점의 법률이 적용되어야 하므로 법률이 개정되면서 그 부칙에 '개정된 법 시행전의 행위에 대한 벌칙의 적용에 있어서는 종전의 규정에 의한다'는 경과규정을 두고 있는 경우에도 행위 전체에 대해 개정된 법을 적용하여야 한다. 변호사시험 제3회

> **해설** 📝 일반적으로 계속범의 경우 실행행위가 종료되는 시점에서의 법률이 적용되어야 할 것이나, 법률이 개정되면서 그 부칙에서 "개정된 법 시행 전의 행위에 대한 벌칙의 적용에 있어

서는 종전의 규정에 의한다."는 경과규정을 두고 있는 경우 개정된 법이 시행되기 전의 행위에 대해서는 개정 전의 법을, 그 이후의 행위에 대해서는 개정된 법을 각각 적용하여야 한다 (대판 2001. 9. 25, 2001도3990). 정답 - X

6 법인에 대한 양벌규정에 면책규정이 신설된 것은 범죄 후 법률의 변경에 의하여 그 행위가 범죄를 구성하지 않거나 형이 구법보다 경한 경우에 해당한다. 변호사시험 제2회

> 해설 ✎ 양벌규정에 면책규정이 신설된 것이 범죄 후 법률의 변경에 의하여 그 행위가 범죄를 구성하지 않거나 형이 구법보다 경한 경우에 해당하는지 여부(적극)(대판 2011. 3. 24, 2009도7230). 정답 - O

7 허가받지 아니한 업체와 건설폐기물의 처리를 위한 도급계약을 체결한 자가 무허가 건설폐기물 처리업체에 위탁하여 건설폐기물을 처리하는 행위를 처벌하는 법률이 신설된 후에도 그 도급계약에 따른 건설폐기물의 처리행위를 계속하였다면, 처벌규정 신설 후에 이루어진 무허가 처리업체에 의한 건설폐기물의 위탁처리에 대하여 위 법률 조항이 적용된다. 변호사시험 제3회

> 해설 ✎ 계속범의 성격을 갖는 무허가 처리업체에 의한 건설폐기물의 위탁처리행위가 그 처벌규정인 구 건설폐기물의 재활용촉진에 관한 법률 제63조 제1의 제2호가 신설된 이후까지 계속된 경우, 위 조항이 적용되는지 여부(적극)
>
> (판결이유 중)……법 제63조 제1의 제2호가 금지하는 행위는 건설폐기물을 허가받지 아니한 업체에 위탁하여 처리하는 행위인데, 이는 위탁처리를 위한 도급계약의 성립과 함께 범죄가 기수에 이르러 범죄행위가 종료되는 이른바 즉시범이 아니고 그 도급계약에 따른 건설폐기물의 처리행위를 계속함으로써 위법상태가 지속되는 동안 범죄행위도 종료되지 않고 계속되는 계속범의 성격을 갖는 것이므로, 대한주택공사와 철거업체들 간의 도급계약이 처벌규정인 위 법률 조항이 신설되기 전에 체결되었다고 하더라도, 그에 따른 건설폐기물의 처리행위가 처벌규정의 신설 후에도 종료되지 않고 계속적으로 이루어진 이상, 처벌규정 신설 후에 이루어진 무허가 처리업체에 의한 건설폐기물의 위탁처리에 대하여 위 법률 조항이 적용된다……(대판 2009. 1. 30, 2008도8607). 정답 - O

8 혼인빙자등간음죄를 규정한 구 형법 제304조가 폐지되었는바, 제304조의 내용 중 위계간음죄 부분의 폐지는 법률이념의 변천에 따라 반성적 고려에서 비롯되었으며, 이는 범죄 후의 법령 개폐로 범죄를 구성하지 않게 되어 형이 폐지되었을 때에 해당하므로 폐지 전에 행한 위계간음행위에 대하여 면소판결을 하여야 한다. 변호사시험 제4회

> 해설 ✎ 구 형법 제304조(2012. 12. 18. 법률 제11574호로 개정되기 전의 것, 이하 같다)는 '혼인을 빙자하거나 기타 위계로써 음행의 상습 없는 부녀를 기망하여 간음한 자는 2년 이하의 징역 또는 500만 원 이하의 벌금에 처한다'라고 규정하고 있었으나, 2012. 12. 18. 법률 제11574호로 형법이 개정되면서 삭제되었다.

위 개정에 앞서 구 형법 제304조 중 혼인빙자간음죄 부분은 헌법재판소 2009. 11. 26. 선고 2008헌바58 등 결정에 의하여 위헌으로 판단되었고, 또한 위 개정 형법 부칙 등에서 그 시행 전의 행위에 대한 벌칙의 적용에 관하여 아무런 경과규정을 두지 아니하였다. 이러한 사정 등에 비추어 보면, 구 형법 제304조의 삭제는 법률이념의 변천에 따라 과거에 범죄로 본 음행의 상습없는 부녀에 대한 위계간음 행위에 관하여 현재의 평가가 달라짐에 따라 이를 처벌대상으로 삼는 것이 부당하다는 반성적 고려에서 비롯된 것으로 봄이 타당하므로, 이는 범죄 후의 법령개폐로 범죄를 구성하지 않게 되어 형이 폐지되었을 때에 해당한다(대판 2014. 4. 24, 2012도14253).

> 〔형사소송법 제326조(면소의 판결)〕 다음 경우에는 판결로써 면소의 선고를 하여야 한다.
> 4. 범죄 후의 법령개폐로 형이 폐지되었을 때

정답 - ○

9 범죄행위시와 재판시 사이에 수차 법률이 개정되어 형이 변경된 경우 그 전부의 법률을 비교하여 가장 형이 가벼운 법률을 적용하여야 한다. 변호사시험 제4회

해설 ✎ 2010. 3. 31. 법률 제10209호로 개정된 특정강력범죄의 처벌에 관한 특례법(이하 '법률 제10209호 특강법'이라고 한다) 제2조 제1항 제3호는 개정 전과 달리 형법 제301조에 관해서도 '흉기나 그 밖의 위험한 물건을 휴대하거나 2인 이상이 합동하여 범한'이라는 요건을 갖추어야 '특정강력범죄'에 해당하는 것으로 규정하였고, 이는 개정된 조항의 의미와 취지 등에 비추어 피고인에게 유리하게 법률 개정이 이루어진 것으로서 형법 제1조 제2항에 규정된 '범죄 후 법률의 변경에 의하여 형이 구법보다 경한 때'에 해당한다고 보는 것이 타당하다. 따라서 법률 제10209호 특강법 개정 전에 이루어진 강간 등 상해·치상의 행위가 흉기나 그 밖의 위험한 물건을 휴대하거나 2인 이상이 합동하여 저질러진 경우가 아니라 단순 강간행위에 의하여 저질러진 경우에는 그 범죄행위에 의하여 상해라는 중한 결과가 발생하였더라도 그 강간 등 상해·치상의 죄(형법 제301조의 죄)는 법률 제10209호 특강법 제2조 제1항 제3호에 규정된 '특정강력범죄'에 해당하지 않는다. 한편 법률 제10209호 특강법 제2조 제1항 제3호는 2011. 3. 7. 법률 제10431호로 개정됨으로써 2010. 3. 31. 개정되기 전과 같이 단순 강간행위에 의한 상해·치상죄도 '특정강력범죄'의 범위에 포함시켰으나, 범죄행위 시와 재판 시 사이에 여러 차례 법령이 개정되어 형의 변경이 있는 경우에는 이 점에 관한 당사자의 주장이 없더라도 형법 제1조 제2항에 의하여 직권으로 그 전부의 법령을 비교하여 그 중 가장 형이 가벼운 법령을 적용하여야 하므로, 법률 제10209호 특강법 개정 전에 이루어진 단순 강간행위에 의한 상해·치상의 죄는 2011. 3. 7.의 개정에도 불구하고 여전히 '특정강력범죄'에 해당하지 않는다(대판 2012. 9. 13, 2012도7760).

정답 - ○

10 형벌에 관한 법률 또는 법률조항은 헌법재판소의 위헌 결정으로 소급하여 그 효력을 상실하지만, 해당 법률 또는 법률의 조항에 대하여 종전에 합헌으로 결정한 사건이 있는 경우에는 그 합헌결정이 있는 날의 다음 날로 소급하여 효력을 상실한다. 변호사시험 제4회

해설 📝

〔헌법재판소법 제47조(위헌결정의 효력)〕② 위헌으로 결정된 법률 또는 법률의 조항은 그 결정이 있는 날부터 효력을 상실한다. ③ 제2항에도 불구하고 **형벌에 관한 법률 또는 법률의 조항은 소급하여 그 효력을 상실한다.** 다만, 해당 법률 또는 법률의 조항에 대하여 종전에 합헌으로 결정한 사건이 있는 경우에는 그 결정이 있는 날의 다음 날로 소급하여 효력을 상실한다.

정답 - ○

Ⅱ. 장소적 적용범위

11 대한민국 국민이 아닌 사람이 외국에 거주하다가 그곳을 떠나 반국가단체의 지배하에 있는 지역으로 들어간 경우 외국인의 국외범에 해당하여 국가보안법이 적용되지 않는다.

변호사시험 제4회

해설 📝 국가보안법 제6조 제2항의 '반국가단체나 그 구성원의 지령을 받거나 받기 위하여 또는 그 목적수행을 협의하거나 협의하기 위하여 잠입하거나 탈출한 자' 및 같은 법 제8조 제1항의 '국가의 존립·안전이나 자유민주적 기본질서를 위태롭게 한다는 정을 알면서 반국가단체의 구성원 또는 그 지령을 받은 자와 회합·통신 기타의 방법으로 연락을 한 자'의 적용과 관련하여, 독일인이 독일 내에서 북한의 지령을 받아 베를린 주재 북한이익대표부를 방문하고 그곳에서 북한공작원을 만났다면 위 각 구성요건상 범죄지는 모두 독일이므로 이는 외국인의 국외범에 해당하여, 형법 제5조와 제6조에서 정한 요건에 해당하지 않는 이상 위 각 조항을 적용하여 처벌할 수 없다〔대판(전합) 2008. 4. 17, 2004도4899〕. 정답 - ○

12 중국인이 한국으로 입국하기 위하여 중국에 소재한 대한민국 영사관에서 그곳에 비치된 여권발급신청서를 위조한 경우 보호주의에 의하여 형법이 적용된다. 변호사시험 제4회

해설 📝 외국인이 중국 북경시에 소재한 대한민국 영사관 내에서 여권발급신청서를 위조하였다는 취지의 공소사실에 대하여, 외국인의 국외범에 해당한다는 이유로 피고인에 대한 재판권이 없다고 한 사례

(판결이유 중)……중국 북경시에 소재한 대한민국 영사관 내부는 여전히 중국의 영토에 속할 뿐 이를 대한민국의 영토로서 그 영역에 해당한다고 볼 수 없을 뿐 아니라, 사문서위조죄가 형법 제6조의 대한민국 또는 대한민국 국민에 대하여 범한 죄에 해당하지 아니함은 명백하다……(대판 2006. 9. 22, 2006도5010). 정답 - Ⅹ

13 대한민국 국민이 외국에서 살인죄를 범하였다가 외국법원에서 무죄 취지의 재판을 받고 석방된 후 국내에서 다시 기소되었다고 하더라도 이는 일사부재리의 원칙에 반하는 것이 아니며, 외국에서 미결 상태로 구금된 기간에 대하여도 '외국에서 집행된 형의 산입'에 관한 「형법」 제7조가 적용되어야 한다. 변호사시험 제7회

해설 ✎ 형법 제7조는 "죄를 지어 외국에서 형의 전부 또는 일부가 집행된 사람에 대해서는 그 집행된 형의 전부 또는 일부를 선고하는 형에 산입한다."라고 규정하고 있다. 이 규정의 취지는, 형사판결은 국가주권의 일부분인 형벌권 행사에 기초한 것이어서 피고인이 외국에서 형사처벌을 과하는 확정판결을 받았더라도 그 외국 판결은 우리나라 법원을 기속할 수 없고 우리나라에서는 기판력도 없어 일사부재리의 원칙이 적용되지 않으므로, 피고인이 동일한 행위에 관하여 우리나라 형벌법규에 따라 다시 처벌받는 경우에 생길 수 있는 실질적인 불이익을 완화하려는 것이다. 그런데 여기서 '외국에서 형의 전부 또는 일부가 집행된 사람'이란 문언과 취지에 비추어 '외국 법원의 유죄판결에 의하여 자유형이나 벌금형 등 형의 전부 또는 일부가 실제로 집행된 사람'을 말한다고 해석하여야 한다. 따라서 형사사건으로 외국 법원에 기소되었다가 무죄판결을 받은 사람은, 설령 그가 무죄판결을 받기까지 상당 기간 미결구금되었더라도 이를 유죄판결에 의하여 형이 실제로 집행된 것으로 볼 수는 없으므로, '외국에서 형의 전부 또는 일부가 집행된 사람'에 해당한다고 볼 수 없고, 그 미결구금 기간은 형법 제7조에 의한 산입의 대상이 될 수 없다〔대판(전합) 2017. 8. 24, 2017도5977〕. 정답 – X

Ⅲ. 인적 적용범위

14 도박죄를 처벌하지 않는 미국 라스베가스에 있는 호텔 도박장에서 상습적으로 도박한 대한민국 국민의 경우 속인주의에 의하여 형법이 적용된다. 변호사시험 제4회

해설 ✎ 형법 제3조는 "본법은 대한민국 영역 외에서 죄를 범한 내국인에게 적용한다."고 하여 형법의 적용 범위에 관한 속인주의를 규정하고 있고, 또한 국가 정책적 견지에서 도박죄의 보호법익보다 좀더 높은 국가이익을 위하여 예외적으로 내국인의 출입을 허용하는 폐광지역개발지원에관한특별법 등에 따라 카지노에 출입하는 것은 법령에 의한 행위로 위법성이 조각된다고 할 것이나, 도박죄를 처벌하지 않는 외국 카지노에서의 도박이라는 사정만으로 그 위법성이 조각된다고 할 수 없다(대판 2004. 4. 23, 2002도2518). 정답 – O

■ 사례【15~19】

다음 사례에 관하여 답하시오.(다툼이 있는 경우 판례에 의함) 변호사시험 제5회

甲은 구「식품위생법」제30조의 규정에 의하여 단란주점의 영업시간을 제한하고 있던 보건복지부 고시를 위반하여 단란주점 영업을 하다가 식품위생법위반죄로 공소가 제기되어 재판을 받고 있던 중에 위 규정의 변경은 없이 보건복지부 고시가 실효되었다.

15 보건복지부 고시의 실효를 법적 견해의 변경으로 인한 반성적 고려에 기인한 것으로 본다면 甲에게 재판시법을 적용해야 한다.

해설 ✎ 형법 제1조 제2항의 규정은 형벌법령 제정의 이유가 된 법률이념의 변천에 따라 과거에 있어서 범죄로 본 행위에 대한 현재의 평가가 달라짐에 따라 이를 범죄로 인정하고 처벌한 그 자체가 부당하였다거나 또는 과형이 과중하였다는 **반성적 고려에서 법령을 개폐하였을 경우에 적용되어야하고** 이와 같은 법률이념의 변경에 의한 것이 아닌 다른 사정의 변천에 따라 그때그때의 특수한 필요에 대처하기 위하여 법령을 개폐하는 경우에는 이미 그 전에 성립한 위법행위를 현재로서 관찰하여도 행위당시의 행위로서는 가벌성이 있는 것이어서 그 법령이 개폐되었다 하여도 그에 대한 형이 폐지된 것이라고는 할 수 없다(대판 1984. 12. 11, 84도413).

〔형법 제1조(범죄의 성립과 처벌)〕① 범죄의 성립과 처벌은 행위 시의 법률에 의한다. ② 범죄후 법률의 변경에 의하여 그 행위가 범죄를 구성하지 아니하거나 형이 구법보다 경한 때에는 신법에 의한다.

정답 − ○

16 「형법」제1조 제2항의 법률을 총체적 법률상태 내지 전체로서의 법률을 의미하는 것으로 본다면 보건복지부 고시의 실효는 법률의 변경에 해당한다.

해설 ✎ 사례의 보건복지부 고시와 같은 보충규범의 개폐가 형법 제1조 제2항의 법률의 변경에 해당하는지 다툼이 있다. **형법 제1조 제2항의 법률을 총체적 법률상태 내지 전체로서의 법률을 의미하는 것으로 본다면, 구성요건의 일부를 구성하는 보충규범도 이에 포함되어 보충규범의 개폐도 법률의 변경에 해당한다.** 판례는 보충규범의 변경도 법률의 변경에 해당한다는 전제에서 법률변경의 동기에 따라 종전규정을 적용하여 처벌할지를 판단한다(아래 「18번 문제」해설 판례 참고).

정답 − ○

17 보건복지부 고시의 실효를 「형법」제1조 제2항의 법률의 변경으로 볼 수 없다면 甲은 식품위생법위반죄로 처벌되어야 한다.

해설 ✎ 보건복지부 고시의 실효를 법률의 변경으로 보지 않는다면 형법 제1조 제2항이 적용되지 않으므로 동조 제1조 제1항에 따라(위 「15번 문제」해설 조문 참고) 구 식품위생법이 적용되어 처벌된다.

정답 − ○

18 보건복지부 고시의 실효가 영업시간제한 필요성의 감소와 단속과정에서의 부작용을 줄이기 위한 정책적 필요에 기인한 것으로 본다면 甲에게 행위시법을 적용해야 한다.

해설 ✎ 식품위생법 제30조의 규정에 의하여 단란주점의 영업시간을 제한하고 있던 보건복지부 고시가 유효기간 만료로 실효되어 그 영업시간 제한이 해제됨으로써 그 후로는 이 사건과 같은 영업시간제한 위반행위를 더 이상 처벌할 수 없게 되기는 하였으나, 이와 같은 영업시간제한의 해제는 법률 이념의 변천으로 종래의 규정에 따른 처벌 자체가 부당하다는 반성적 고려에서 비롯된 것이라기보다는 **사회상황의 변화에 따른 식품접객업소의 영업시간제한 필요성의 감소와 그 위반행위의 단속과정에서 발생하는 부작용을 줄이기 위한 특수한 정책적인 필요 등에 대처하기 위하여 취하여진 조치에 불과하므로,** 위와 같이 영업시간제한이 해제되었다고 하더라도 그 이전에 범하여진 피고인의 이 사건 위반행위에 대한 가벌성이 소멸되는 것은 아니다(대판 2000. 6. 9, 2000도764).

→ 따라서 甲에게 행위시법인 구 식품위생법이 적용된다.   정답 - ○

19 보건복지부 고시의 실효를 「형법」 제1조 제2항의 법률의 변경으로 본다면 甲에게 무죄를 선고해야 한다.

해설 ✐

〔형사소송법 제326조(면소의 판결)〕 다음 경우에는 판결로써 면소의 선고를 하여야 한다.
4. 범죄 후의 법령개폐로 형이 폐지되었을 때

→ 법률의 변경으로 본다면 법령개폐로 형이 폐지된 경우이므로 면소의 판결을 하여야 한다.

정답 - X

제4절 형법이론

■ 사례【1~4】

다음에 제시된 甲, 乙의 생각은 각각 형벌의 목적 내지 기능과 관련된 형사법의 사상들 중의 일부를 표현하고 있다.   변호사시험 제2회

> 甲의 생각: 사회구성원은 현재 사회에서 유효하게 작동하고 있는 법률이 앞으로도 유효하게 통용될 것이라는 믿음을 가지고 있으며, 그러한 믿음 내지 기대에 입각하여 자신이 앞으로 어떻게 행동할 것인가를 결정한다. 그리고 법률에 대한 위반행위가 있을 때 그에 대하여 제재가 가해지게 됨으로써 이러한 믿음이 보다 강화된다.
>
> 乙의 생각: 필요한 형벌만이 정당화될 수 있다. 어떠한 형벌이 필요한 형벌인가의 여부는 다음과 같은 원칙에 따라 판단되어야 한다. "형벌은 개선이 가능하고 개선이 필요한 범죄자에게는 개선시키는 기능을, 개선이 불필요한 우발적 범죄자에게는 위하하는 기능을, 개선이 불가능한 범죄자에게는 무해화하는 기능을 수행하여야 한다."

1 甲은 설령 동일한 행위자가 동일한 범죄를 또 다시 범할 가능성이 전혀 존재하지 아니하는 경우라고 할지라도 행위자를 처벌할 필요성이 인정된다고 생각할 것이다.

해설 ✐ 甲의 생각은 형벌을 사회에 대한 억제적 작용으로 이해하는 일반예방주의 입장이다. 이에 따르면 형벌의 목적은 일반인, 즉 잠재적 범죄인을 위협하거나(소극적 일반예방), 형벌집행을 통해 일반 국민의 규범준수의식을 강화하여(적극적 일반예방) 범죄를 예방하는 것이다. 따라서 행위자가 동일한 범죄를 다시 범할 가능성이 없더라도 잠재적 범죄인에 의한 범죄 발생을 예방하기 위해 행위자를 처벌할 필요성이 인정된다고 볼 수 있다.

정답 - ○

2. 乙은 설령 동일한 행위자가 동일한 범죄를 또 다시 범할 가능성이 전혀 존재하지 아니하는 경우라고 할지라도 범죄가 중한 경우에는 중한 형벌을 가할 필요성이 인정된다고 생각할 것이다.

> (해설) 乙의 생각은 범죄인의 사회복귀라는 관점에서 형벌의 개별화를 주장하는 특별예방주의 입장이다. 이에 따르면 형벌의 목적은 범죄인에 대한 위협과 범죄인의 사회복귀 또는 격리를 통하여 바로 그 범죄인이 다시 죄를 범하는 것을 방지하는 것이다. 따라서 행위자가 동일한 범죄를 다시 범할 가능성이 전혀 존재하지 않는 경우에는 중한 형벌을 가할 필요성이 인정되지 않는다고 생각할 것이다.   정답 - X

3 甲은 "누범·상습범은 규범의 정당성을 일반범죄자보다 수회에 걸쳐 명백하게 부인하였으므로 가중처벌하여야 한다."라는 주장에 찬성할 것이다.

> (해설) 일반예방주의 중 특히 적극적 일반예방이란 법질서의 존립과 관철력에 대한 신뢰의 유지와 강화를 의미한다. 규범침해는 행위가 규범에 충돌하는 것을 의미하고 형벌은 규범침해에 대하여 행위자에게 가해진 대응이므로, 형벌에 의하여 규범이 유지된다. 따라서 형벌은 규범의 유지를 사명으로 한다. 따라서 규범의 정당성을 명백하게 부인하는 경우, 일반예방주의적 입장에서 형벌의 기능에 비추어 볼 때, 甲은 누범·상습범을 가중처벌하는 것에 찬성할 것이다.   정답 - O

4 乙은 "법원은 범죄자에 대하여 부정기형을 선고하고, 가석방제도를 활성화하여 가석방위원회가 범죄자의 석방시기를 결정하도록 하여야 한다."라는 주장에 찬성할 것이다.

> (해설) 특별예방주의는 범죄자의 특성에 맞게 형벌을 개별화할 것을 주장한다. 따라서 범죄자에 대한 부정기형 선고, 집행유예·선고유예 활용, 가석방 제도의 활성화 등을 주장한다. 가석방 제도의 활성화는, 이를 통해 가석방위원회가 범죄자의 석방시기를 결정하도록 하여야 한다는 것이다. 따라서 특별예방주의 입장인 乙은 지문의 주장에 찬성할 것이다.   정답 - O

제1장 범죄의 기본개념

제1절 범죄의 의의와 종류

1 「특정범죄 가중처벌 등에 관한 법률」 제5조의10 제2항은 운전자에 대한 폭행·협박으로 인하여 교통사고의 발생 등과 같은 구체적 위험을 초래하는 중간 매개원인이 유발되고 그 결과로서 불특정 다중에게 상해나 사망의 결과를 발생시킨 경우에만 적용될 수 있을 뿐, 교통사고 등의 발생 없이 직접적으로 운전자에 대한 상해의 결과만을 발생시킨 경우에는 적용되지 아니한다. 변호사시험 제5회

> **해설** 법 해석의 법리에 따라 법률에 사용된 문언의 통상적인 의미에 기초를 두고 입법 취지와 목적, 보호법익 등을 함께 고려하여 살펴보면, **특정범죄가중법 제5조의10의 죄는 제1항, 제2항** 모두 운행 중인 자동차의 운전자를 대상으로 하는 범행이 교통질서와 시민의 안전 등 공공의 안전에 대한 위험을 초래할 수 있다고 보아 이를 가중처벌하는 이른바 추상적 위험범에 해당하고, 그중 제2항은 제1항의 죄를 범하여 사람을 상해나 사망이라는 중한 결과에 이르게 한 경우 제1항에 정한 형보다 중한 형으로 처벌하는 결과적 가중범 규정으로 해석할 수 있다. 따라서 운행 중인 자동차의 운전자를 폭행하거나 협박하여 <u>운전자나 승객 또는 보행자 등을 상해나 사망에 이르게 하였다면</u> 이로써 특정범죄가중법 제5조의10 <u>제2항의 구성요건을 충족한다</u>(대판 2015. 3. 26, 2014도13345). 정답 – X

2 내란죄는 국토를 참절하거나 국헌을 문란할 목적으로 폭동한 행위로서, 다수인이 결합하여 위와 같은 목적으로 한 지방의 평온을 해할 정도의 폭행·협박 행위를 하면 기수가 되고, 그 목적의 달성 여부는 이와 무관한 것으로 해석되므로, 다수인이 한 지방의 평온을 해할 정도의 폭동을 하였을 때 이미 내란의 구성요건은 완전히 충족된다고 할 것이어서 계속범이 아니라 상태범에 해당한다 변호사시험 제3회

> **해설** 내란죄는 국토를 참절하거나 국헌을 문란할 목적으로 폭동한 행위로서, 다수인이 결합하여 위와 같은 목적으로 한 지방의 평온을 해할 정도의 폭행·협박행위를 하면 기수가 되고, 그 목적의 달성 여부는 이와 무관한 것으로 해석되므로, 다수인이 한 지방의 평온을 해할 정도의 폭동을 하였을 때 이미 내란의 구성요건은 완전히 충족된다고 할 것이어서 **상태범으로 봄이 상당하다**[대판(전합) 1997. 4. 17, 96도3376]. 정답 – O

3 부설주차장을 주차장 외의 용도로 사용하여 주차장법을 위반한 죄는 계속범이므로, 종전에 용도 외 사용행위에 대하여 처벌받은 일이 있다고 하더라도 그 후에도 계속하여 용도 외로 사용하고 있는 이상 종전 재판 후의 사용에 대하여 다시 처벌할 수 있다.

변호사시험 제3회

(해설) 주차장법 제29조 제1항 제2호에서 규정하는 '부설주차장을 주차장 외의 용도로 사용' 한 행위에는 직접 부설주차장을 주차장 외의 용도로 변경하여 사용하는 행위뿐만 아니라 이미 유형적으로 주차장 외의 용도로 변경된 부설주차장의 관리책임을 승계한 자가 그 변경된 용도로 계속 사용하는 경우도 포함된다고 할 것이다. 또 **주차장법 제29조 제1항 제2호 위반의 죄는 이른바 계속범으로서**, 종전에 용도외 사용행위에 대하여 처벌받은 일이 있다고 하더라도 그 후에도 계속하여 용도외 사용을 하고 있는 이상 종전 재판 후의 사용에 대하여 다시 **처벌할 수 있는 것이다**(대판 2006. 1. 26, 2005도7283). 정답 – O

4 공익법인이 주무관청의 승인을 받지 않은 채 수익사업을 하는 행위는 시간적 계속성이 구성요건적 행위의 요소로 되어 있다는 점에서 계속범에 해당한다고 보아야 할 것이므로, 승인을 받지 않은 수익사업이 계속되고 있는 동안에는 아직 공소시효가 진행하지 않는다.

변호사시험 제3회

(해설) 공익법인이 주무관청의 승인을 받지 않은 채 수익사업을 하는 행위는 시간적 계속성이 구성요건적 행위의 요소로 되어 있다는 점에서 **계속범에 해당한다**고 보아야 할 것인 만큼 승인을 받지 않은 수익사업이 계속되고 있는 동안에는 아직 공소시효가 진행하지 않는다(대판 2006. 9. 22, 2004도4751). 정답 – O

5 수표의 발행인이 아닌 자는 「부정수표 단속법」 제4조가 정한 허위신고죄의 주체가 될 수 없으나, 허위신고의 고의 없는 발행인을 이용하여 간접정범의 형태로 허위신고죄를 범할 수 있다.

변호사시험 제7회

(해설) 부정수표단속법 제4조가 '수표금액의 지급 또는 거래정지처분을 면할 목적'을 요건으로 하고, 수표금액의 지급책임을 부담하는 자 또는 거래정지처분을 당하는 자는 발행인에 국한되는 점에 비추어 볼 때 그와 같은 **발행인이 아닌 자는 부정수표단속법 제4조가 정한 허위신고죄의 주체가 될 수 없고, 발행인이 아닌 자는 허위신고의 고의 없는 발행인을 이용하여 <u>간접정범의 형태로 허위신고죄를 범할 수도 없다</u>** 할 것인바, 타인으로부터 명의를 차용하여 수표를 발행하는 경우에 있어서도 수표가 제시됨으로써 당좌예금계좌에서 수표금액이 지출되거나 거래정지처분을 당하게 되는 자는 결국 수표의 지급인인 은행과 당좌예금계약을 체결한 자인 수표의 발행명의인이 되고, 수표가 제시된다고 하더라도 수표금액이 지출되거나 거래정지처분을 당하게 되는 자에 해당된다고 볼 수 없는 명의차용인은 부정수표단속법 제4조가 정한 허위신고죄의 주체가 될 수 없다(대판 2003. 1. 24, 2002도5939). 정답 – X

제2절 행위론
제3절 행위의 주체

1 배임죄에서 타인의 사무를 처리할 의무의 주체가 법인이 되는 경우 그 타인의 사무는 법인을 대표하는 자연인인 대표기관에 의하여 처리될 수밖에 없어 자연인인 대표기관이 배임죄의 주체가 된다. 변호사시험 제2회

> (해설✎) 형법 제355조 제2항의 배임죄에 있어서 타인의 사무를 처리할 의무의 주체가 법인이 되는 경우라도 법인은 다만 사법상의 의무주체가 될 뿐 범죄능력이 없는 것이며 그 타인의 사무는 법인을 대표하는 자연인인 대표기관의 의사결정에 따른 대표행위에 의하여 실현될 수밖에 없어 그 대표기관은 마땅히 법인이 타인에 대하여 부담하고 있는 의무내용 대로 사무를 처리할 임무가 있다 할 것이므로 법인이 처리할 의무를 지는 타인의 사무에 관하여는 법인이 배임죄의 주체가 될 수 없고 그 법인을 대표하여 사무를 처리하는 **자연인인 대표기관이 바로 타인의 사무를 처리하는 자 즉 배임죄의 주체가 된다**[대판(전합) 1984. 10. 10, 82도2595].
>
> 정답 - ○

2 양벌규정에 의해서 법인 또는 개인을 처벌하는 경우 그 처벌은 직접 법률을 위반한 행위자에 대한 처벌에 종속하며, 행위자에 대한 선임감독상의 과실로 인하여 처벌되는 것이므로, 행위자에 대한 처벌이 법인 또는 개인에 대한 처벌의 전제조건이 된다. 변호사시험 제2회

> (해설✎) 양벌규정에 의한 영업주의 처벌은 금지위반행위자인 종업원의 처벌에 **종속하는 것이 아니라** 독립하여 그 자신의 종업원에 대한 선임감독상의 과실로 인하여 처벌되는 것이므로 영업주의 위 과실책임을 묻는 경우 **금지위반행위자인 종업원에게 구성요건상의 자격이 없다**고 하더라도 **영업주의 법죄성립에는 아무런 지장이 없다**(대판 1987. 11. 10, 87도1213).
>
> 정답 - X

3 행위자에 대하여 부과되는 형량을 작량감경하는 경우 양벌규정에 의하여 법인을 처벌함에 있어서도 이와 동일한 조치를 취하여야 한다. 변호사시험 제2회

> (해설✎) 양벌규정에 의한 영업주의 처벌은 금지위반행위자인 종업원의 처벌에 종속하는 것이 아니라 **독립하여 그 자신의 종업원에 대한 선임감독상의 과실로 인하여 처벌되는 것이므로** 영업주의 위 과실책임을 묻는 경우 금지위반행위자인 종업원에게 구성요건상의 자격이 없다고 하더라도 영업주의 법죄성립에는 아무런 지장이 없다(대판 1987. 11. 10, 87도1213).
> → 법인의 처벌이 행위자의 처벌에 종속되지 않으므로, 행위자에게 감경사유가 있다고 해서 반드시 법인을 감경해야하는 것은 아니다.
>
> 정답 - X

4 합병으로 인하여 소멸한 법인이 그 종업원 등의 위법행위에 대해 양벌규정에 따라 부담하던 형사책임은 그 성질상 이전을 허용하지 않는 것으로서 합병으로 인하여 존속하는 법인에 승계되지 않는다. 변호사시험 제2회

회사합병이 있는 경우 피합병회사의 권리·의무는 사법상의 관계나 공법상의 관계를 불문하고 모두 합병으로 인하여 존속하는 회사에 승계되는 것이 원칙이지만, 그 성질상 이전을 허용하지 않는 것은 승계의 대상에서 제외되어야 할 것인바, 양벌규정에 의한 법인의 처벌은 어디까지나 형벌의 일종으로서 행정적 제재처분이나 민사상 불법행위책임과는 성격을 달리하는 점, 형사소송법 제328조가 '피고인인 법인이 존속하지 아니하게 되었을 때'를 공소기각결정의 사유로 규정하고 있는 것은 형사책임이 승계되지 않음을 전제로 한 것이라고 볼 수 있는 점 등에 비추어 보면, 합병으로 인하여 소멸한 법인이 그 종업원 등의 위법행위에 대해 양벌규정에 따라 부담하던 형사책임은 그 성질상 이전을 허용하지 않는 것으로서 합병으로 인하여 존속하는 법인에 승계되지 않는다(대판 2007. 8. 23, 2005도4471). 정답 – O

제2장 구성요건

제1절 구성요건이론
제2절 결과반가치와 행위반가치
제3절 부작위범

1 행위자가 자신의 신체적 활동이나 물리적·화학적 작용을 통하여 적극적으로 타인의 법익상황을 악화시킴으로써 결국 그 타인의 법익을 침해하기에 이르렀더라도 작위에 의하여 악화된 법익상황을 다시 돌이키지 아니한 이상 부작위범이 성립하는 것이 원칙이다.

변호사시험 제1회

해설 ✏️ 어떠한 범죄가 적극적 작위에 의하여 이루어질 수 있음은 물론 결과의 발생을 방지하지 아니하는 소극적 부작위에 의하여도 실현될 수 있는 경우에, 행위자가 자신의 신체적 활동이나 물리적·화학적 작용을 통하여 적극적으로 타인의 법익 상황을 악화시킴으로써 결국 그 타인의 법익을 침해하기에 이르렀다면, 이는 작위에 의한 범죄로 봄이 원칙이고, 작위에 의하여 악화된 법익 상황을 다시 되돌이키지 아니한 점에 주목하여 이를 부작위범으로 볼 것은 아니며, 나아가 악화되기 이전의 법익 상황이, 그 행위자가 과거에 행한 또 다른 작위의 결과에 의하여 유지되고 있었다 하여 이와 달리 볼 이유가 없다(대판 2004. 6. 24, 2002도995).

정답 – X

2 생존가능성이 있는 환자를 보호자의 요구로 치료를 중단하고 퇴원을 지시하여 사망하게 한 의사의 경우에는 치료중단이라는 부분에 비난의 중점이 있기 때문에 부작위범으로 평가된다.

변호사시험 제3회

해설 ✏️ 보호자가 의학적 권고에도 불구하고 치료를 요하는 환자의 퇴원을 간청하여 담당 전문의와 주치의가 치료중단 및 퇴원을 허용하는 조치를 취함으로써 환자를 사망에 이르게 한 행위에 대하여 보호자, 담당 전문의 및 주치의가 부작위에 의한 살인죄의 공동정범으로 기소된 사안에서, 담당 전문의와 주치의에게 환자의 사망이라는 결과 발생에 대한 정범의 고의는 인정되나 환자의 사망이라는 결과나 그에 이르는 사태의 핵심적 경과를 계획적으로 조종하거나 저지·촉진하는 등으로 지배하고 있었다고 보기는 어려워 공동정범의 객관적 요건인 이른바 기능적 행위지배가 흠결되어 있다는 이유로 **작위에 의한** 살인방조죄만 성립한다고 한 사례(대판 2004. 6. 24, 2002도995). 정답 - X

3 하나의 행위가 작위범과 부작위범을 동시에 충족할 수는 없다. 변호사시험 제2회

해설 하나의 행위가 부작위범인 직무유기죄와 작위범인 허위공문서작성·행사죄의 구성요건을 <u>동시에 충족하는 경우</u>, 공소제기권자는 재량에 의하여 작위범인 허위공문서작성·행사죄로 공소를 제기하지 않고 부작위범인 직무유기죄로만 공소를 제기할 수 있다(대판 2008. 2. 14, 2005도4202). 정답 - X

4 전담의사가 중환자실에서 인공호흡기를 부착하고 치료를 받던 환자의 처의 요청에 따라 치료를 중단하고 퇴원조치를 함으로써 귀가 후 수련의의 인공호흡기 제거로 환자가 사망한 경우, 전담의사에게 작위에 의한 살인방조죄가 성립한다. 변호사시험 제2회

해설 보호자가 의학적 권고에도 불구하고 치료를 요하는 환자의 퇴원을 간청하여 담당 전문의와 주치의가 치료중단 및 퇴원을 허용하는 조치를 취함으로써 환자를 사망에 이르게 한 행위에 대하여 보호자, 담당 전문의 및 주치의가 부작위에 의한 살인죄의 공동정범으로 기소된 사안에서, 담당 전문의와 주치의에게 환자의 사망이라는 결과 발생에 대한 정범의 고의는 인정되나 환자의 사망이라는 결과나 그에 이르는 사태의 핵심적 경과를 계획적으로 조종하거나 저지·촉진하는 등으로 지배하고 있었다고 보기는 어려워 공동정범의 객관적 요건인 이른바 기능적 행위지배가 흠결되어 있다는 이유로 **작위에 의한 살인방조죄만 성립**한다고 한 사례. (판결이유 중)……피해자는 피고인들을 포함한 의료진에 의하여 수술을 받고 **중환자실로 옮겨져** 의식이 회복되고 있었으나……**호흡보조장치를 부착한 채 계속 치료를 받고 있었다**……(대판 2004. 6. 24, 2002도995). 정답 - O

5 부작위에 의한 현주건조물방화치사죄가 성립하기 위하여는, 부작위자에게 법률상의 소화의무가 인정되는 외에 소화의 가능성 및 용이성이 있어야 한다. 변호사시험 제6회

해설 부작위에 의한 현주건조물방화치사 및 현주건조물방화치상죄가 성립하기 위하여는, 피고인에게 법률상의 소화의무가 인정되는 외에 소화의 가능성 및 용이성이 있었음에도 피고인이 그 소화의무에 위배하여 이미 발생한 화력을 방치함으로써 소훼의 결과를 발생시켜야 하는 것인데, 이 사건 화재가 피고인의 중대한 과실 있는 선행행위로 발생한 이상 피고인에게 이 사건 화재를 소화할 법률상 의무는 있다 할 것이나, 피고인이 이 사건 화재 발생 사실을 안 상태에서 모텔을 빠져나오면서도 모텔 주인이나 다른 투숙객들에게 이를 알리지 아니하였다는 사정만으로는 피고인이 이 사건 화재를 용이하게 소화할 수 있었다고 보기 어렵고, 달리 이를 인정할 만한 증거가 없다는 이유로, 이 부분 공소사실에 대하여 무죄로 판단하였다(대판 2010. 1. 14, 2009도12109). 정답 - O

6 법적인 작위의무를 지고 있는 자가 결과발생을 쉽게 방지할 수 있었음에도 불구하고 이를 방관한 채 그 의무를 이행하지 아니한 경우에, 그 부작위가 작위에 의한 법익침해와 동등한 형법적 가치가 있는 것이어서 그 범죄의 실행행위로 평가될 만한 것이라면, 부작위범으로 처벌할 수 있다. 변호사시험 제1회

> (해설 🖉) 형법상 부작위범이 인정되기 위하여는 형법이 금지하고 있는 법익침해의 결과발생을 방지할 법적인 작위의무를 지고 있는 자가 그 의무를 이행함으로써 결과발생을 쉽게 방지할 수 있었음에도 불구하고 그 결과의 발생을 용인하고 이를 방관한 채 그 의무를 이행하지 아니한 경우에, 그 부작위가 작위에 의한 법익침해와 동등한 형법적 가치가 있는 것이어서 그 범죄의 실행행위로 평가될 만한 것이라면, 작위에 의한 실행행위와 동일하게 부작위범으로 처벌할 수 있다(대판 1997. 3. 14, 96도1639). [정답] – ○

7 부작위에 의한 살인에 있어서 작위의무를 이행하였다면 사망의 결과가 발생하지 않았을 것이라는 관계가 인정될 경우, 부작위와 사망의 결과 사이에 인과관계가 인정된다. 변호사시험 제7회

> (해설 🖉) 선박침몰 등과 같은 조난사고로 승객이나 다른 승무원들이 스스로 생명에 대한 위협에 대처할 수 없는 급박한 상황이 발생한 경우에는 선박의 운항을 지배하고 있는 선장이나 갑판 또는 선내에서 구체적인 구조행위를 지배하고 있는 선원들은 적극적인 구호활동을 통해 보호능력이 없는 승객이나 다른 승무원의 사망 결과를 방지하여야 할 작위의무가 있으므로, 법익침해의 태양과 정도 등에 따라 요구되는 개별적·구체적인 구호의무를 이행함으로써 사망의 결과를 쉽게 방지할 수 있음에도 그에 이르는 사태의 핵심적 경과를 그대로 방관하여 사망의 결과를 초래하였다면, 부작위는 작위에 의한 살인행위와 동등한 형법적 가치를 가지고, **작위의무를 이행하였다면 결과가 발생하지 않았을 것이라는 관계가 인정될 경우에는 작위를 하지 않은 부작위와 사망의 결과 사이에 인과관계가 있다**〔대판(전합) 2015. 11. 12, 2015도6809 - '세월호' 사건〕. [정답] – ○

8 신의성실의 원칙이나 사회상규 혹은 조리상 작위의무가 기대되는 경우에는 법적인 작위의무가 인정되지 않는다. 변호사시험 제1회

> (해설 🖉) 작위의무는 법적인 의무이어야 하므로 단순한 도덕상 또는 종교상의 의무는 포함되지 않으나 작위의무가 법적인 의무인 한 성문법이건 불문법이건 상관이 없고 또 공법이건 사법이건 불문하므로, 법령, 법률행위, 선행행위로 인한 경우는 물론이고 기타 **신의성실의 원칙이나 사회상규 혹은 조리상 작위의무가 기대되는 경우에도 법적인 작위의무는 있다**(대판 1996. 9. 6, 95도2551). [정답] – X

9 부진정 부작위범의 성립요건과 관련하여 보증인지위와 보증의무의 체계적 지위를 나누는 이분설에 따르면, 부작위 행위자의 보증의무에 관한 착오는 구성요건적 착오에 해당한다. 변호사시험 제3회

해설 이분설은 보증인지위는 구성요건요소, 보증의무는 위법성요소로 파악한다. 따라서 보증인지위에 관한 착오가 구성요건적 착오에 해당하며, 보증의무에 관한 착오는 위법성 인식에 관한 착오로서 금지착오에 해당한다.　　　　　　　　　　　정답 － X

10 미성년자를 유인하여 포박·감금한 자가 중간에 살해의 고의를 가지고 계속 방치하여 사망케 하였다면 감금 행위자에게도 보증인지위 내지 보증의무가 인정되어 부작위에 의한 살인죄의 성립을 인정하여야 한다.　　　　　　　　　　　　　　　변호사시험 제3회

해설 피고인이 미성년자를 유인하여 포박 감금한 후 단지 그 상태를 유지하였을 뿐인데도 피감금자가 사망에 이르게 된 것이라면 피고인의 죄책은 감금치 사죄에 해당한다 하겠으나, 나아가서 그 감금상태가 계속된 어느 시점에서 피고인에게 살해의 범의가 생겨 피감금자에 대한 위험발생을 방지함이없이 포박감금상태에 있던 피감금자를 그대로 방치함으로써 사망케 하였다면 피고인의 부작위는 살인죄의 구성요건적 행위를 충족하는 것이라고 평가하기에 충분하므로 부작위에 의한 살인죄를 구성한다(대판 1982. 11. 23, 82도2024).　　　정답 － O

11 甲이 자신의 아들이 물에 빠졌는데도 그를 타인의 아들이라고 잘못 생각하여 구조행위를 하지 않아 사망하게 한 경우, 이분설에 따르면 甲의 착오는 형법 제16조의 법률의 착오에 해당한다.　　　　　　　　　　　　　　　　　　　　　　　변호사시험 제3회

해설 지문은 甲이 아버지라는 보증인지위에 대해 착오한 경우이다. 이분설은 보증인지위는 구성요건요소, 보증의무는 위법성요소로 파악한다. 따라서 이분설에 따르면 甲의 착오는 구성요건적 착오, 즉 사실의 착오에 해당한다.　　　　　　　　　　　정답 － X

12 법무사가 아닌 사람이 법무사로 소개되거나 호칭되는 데도 자신이 법무사가 아니라는 사실을 밝히지 않은 채 법무사 행세를 계속하면서 근저당권설정계약서를 작성해 준 경우, 법무사가 아님을 밝힐 계약상 또는 조리상 법적 의무가 있기는 하나, 이는 법무사 명칭을 사칭하는 경우와 동등한 형법적 가치가 있다고 할 수 없으므로 부작위에 의한 법무사법 위반죄(법무사명칭사용금지)가 성립하지 않는다.　　　　　　　　　변호사시험 제2회

해설 법무사가 아닌 사람이 법무사로 소개되거나 호칭되는 데에도 자신이 법무사가 아니라는 사실을 밝히지 않은 채 법무사 행세를 계속하면서 근저당권설정계약서를 작성한 사안에서, 부작위에 의한 법무사법 제3조 제2항 위반죄를 인정할 수 있다고 한 사례.
(판결이유 중)……피고인은……자신이 법무사가 아님을 밝힐 계약상 또는 조리상의 법적인 작위의무가 있다고 할 것임에도, 이를 밝히지 아니한 채……등기위임장 및 근저당권설정계약서를 작성함으로써 자신이 공소외 6 법무사로 호칭되도록 계속 방치한 것은 작위에 의하여 법무사의 명칭을 사용한 경우와 동등한 형법적 가치가 있는 것으로 볼 수 있다고……(대판 2008. 2. 28, 2007도9354).　　　　　　　　　　　　　　　　　　　정답 － X

13 모텔 방에 투숙 중 담배를 피운 후 담뱃불을 제대로 끄지 않은 중대한 과실로 화재를 일으킨 투숙객에게도 화재를 소화할 의무가 있음에도 모텔 주인이나 다른 투숙객에게 아무 말 없이 도망쳐 나와 다른 투숙객이 사망했다면, 비록 소화하기는 쉽지 않았더라도 부작위에 의한 현주건조물방화치사죄가 성립한다. 변호사시험 제2회

> (해설 🖋) 모텔 방에 투숙하여 담배를 피운 후 재떨이에 담배를 끄게 되었으나 담뱃불이 완전히 꺼졌는지 여부를 확인하지 않은 채 불이 붙기 쉬운 휴지를 재떨이에 버리고 잠을 잔 과실로 담뱃불이 휴지와 침대시트에 옮겨 붙게 함으로써 화재가 발생한 사안에서, 위 화재가 중대한 과실 있는 선행행위로 발생한 이상 화재를 소화할 법률상 의무는 있다 할 것이나, 화재 발생 사실을 안 상태에서 모텔을 빠져나오면서도 모텔 주인이나 다른 투숙객들에게 이를 알리지 아니하였다는 사정만으로는 화재를 용이하게 소화할 수 있었다고 보기 어렵다는 이유로, 부작위에 의한 현주건조물방화치사상죄의 공소사실에 대해 무죄를 선고한 원심의 판단을 수긍한 사례(대판 2010. 1. 14, 2009도12109). 정답 – X

14 부작위에 의한 방조범은 성립하지 않는다. 변호사시험 제1회

> (해설 🖋) 「15번 문제」해설 참조 정답 – X

15 과실에 의한 교사와 방조가 모두 불가능하듯이, 부작위에 의한 교사와 방조도 모두 불가능하다. 변호사시험 제3회

> (해설 🖋) 형법상 방조행위는 정범의 실행행위를 용이하게 하는 직접, 간접의 모든 행위를 가리키는 것으로서 작위에 의한 경우뿐만 아니라 부작위에 의하여도 성립된다(대판 1997. 3. 14, 96도1639).
>
> → 과실에 의한 교사나 부작위에 의한 교사는 부정하는 것이 일반적이다. 방조는 정범의 구성요건에 대한 인식이 필요하므로 과실에 의한 방조는 불가능하며, 경우에 따라서는 과실범의 정범이 될 뿐이다. 그러나 부작위에 의한 방조는 가능하다. 정답 – X

16 진정부작위범의 경우 다수의 부작위범에게 부여된 작위의무가 각각 다르더라도 각각의 작위의무에 위반되는 행위를 공동으로 하였다면 부작위범의 공동정범이 성립할 수 있다. 변호사시험 제1회

> (해설 🖋) 「17번 문제」해설 참조 정답 – X

17 진정 부작위범의 공동정범은 부작위자들에게 공통된 작위의무가 부여되어 있지 않아도 성립할 수 있다. 변호사시험 제6회

> (해설 🖋) 부작위범 사이의 공동정범은 다수의 부작위범에게 공통된 의무가 부여되어 있고 그 의무를 공통으로 이행할 수 있을 때에만 성립한다(대판 2008. 3. 27, 2008도89). 정답 – X

제4절 인과관계와 객관적 귀속

1 살인의 실행행위와 피해자의 사망과의 사이에 다른 사실이 개재되어 그 사실이 치사의 직접적인 원인이 되었다고 하더라도 그와 같은 사실이 통상 예견할 수 있는 것에 지나지 않는다면 살인의 실행행위와 피해자의 사망과의 사이에 인과관계가 인정된다.

변호사시험 제7회

> **해설** 살인의 실행행위가 피해자의 사망이라는 결과를 발생하게 한 유일한 원인이거나 직접 적인 원인이어야만 되는 것은 아니므로, 살인의 실행행위와 피해자의 사망과의 사이에 다른 사실이 개재되어 그 사실이 치사의 직접적인 원인이 되었다고 하더라도 그와 같은 사실이 통 상 예견할 수 있는 것에 지나지 않는다면 살인의 실행행위와 피해자의 사망과의 사이에 인과 관계가 있는 것으로 보아야 한다(대판 1994. 3. 22, 93도3612). **정답 — O**

제5절 구성요건적 고의

1 평소 주의가 산만한 甲은 식당에서 다른 사람의 우산을 자기 것인 줄 알고 가지고 나왔다 - 甲에게는 절도죄의 고의가 없으므로 절도죄로 처벌하지 못한다.   변호사시험 제2회

> **해설** 고의는 객관적 구성요건에 대한 인식과 이를 실현할 의사를 의미한다. 절도죄는 타인 의 재물을 절취하는 것이므로 '타인의 재물'에 대한 인식이 있어야 하는데, 甲은 우산을 자기 의 것으로 생각하고 가지고 나왔으므로 고의가 인정되지 않는다. 따라서 절도죄로 처벌하지 못한다. 참고로 과실에 의한 절도는 처벌규정이 없으므로 과실범도 문제되지 않는다.
>
> **정답 — O**

2 자신이 흉기를 휴대한 사실을 알지 못하고 타인의 집에 들어가 절도한 경우, 흉기휴대의 고의가 인정되지 않으므로 특수(흉기휴대)절도로 처벌할 수 없다.   변호사시험 제7회

> **해설** 고의는 객관적 구성요건에 대한 인식과 이를 실현할 의사를 의미한다. 따라서 흉기휴 대 절도에서는 흉기휴대가 객관적 구성요건으로서 고의의 인식대상이므로 자신이 흉기를 휴 대한 사실을 알지 못한 경우에는 흉기 휴대의 고의가 인정되지 않아 특수절도로 처벌할 수 없 다. **정답 — O**

3 미필적 고의가 인정되기 위해서는 결과발생의 가능성에 대한 인식이 있음은 물론 나아가 결과발생을 용인하는 내심의 의사가 있음을 요한다.   변호사시험 제7회

> **해설** 미필적 고의라 함은 결과의 발생이 불확실한 경우 즉 행위자에 있어서 그 결과발생에 대한 확실한 예견은 없으나 그 가능성은 인정하는 것으로, 이러한 **미필적 고의가** 있었다고 하 려면 결과발생의 가능성에 대한 인식이 있음은 물론 나아가 결과발생을 용인하는 내심의 의 사가 있음을 요한다(대판 1987. 2. 10, 86도2338). **정답 — O**

4 건장한 체격의 군인이 왜소한 체격의 사람을 폭행하고 특히 급소인 목을 설골이 부러질 정도로 세게 졸라 사망하게 한 경우에는 살인의 고의가 인정된다. 변호사시험 제3회

해설 ✍ 건장한 체격의 군인이 왜소한 체격의 피해자를 폭행하고 특히 급소인 목을 설골이 부러질 정도로 세게 졸라 사망케 한 행위에 살인의 범의가 있다고 본 사례(대판 2001. 3. 9, 2000도5590). 정답 - O

5 예리한 식도로 타인의 하복부를 찔러 직경 5센티미터, 깊이 15센티미터 이상의 자상을 입힌 결과 그 타인이 내장파열 및 다량의 출혈뿐만 아니라 자창의 감염으로 인해 사망에 이른 경우에는 행위자에게 고의에 의한 살인의 죄책을 물을 수 없다. 변호사시험 제7회

해설 ✍ 피고인이 예리한 식도로 피해자의 하복부를 찔러 직경 5센티, 길이 15센티미터 이상의 자상을 입힌 결과 사망하였다면 일반적으로 내장파열 및 다량의 출혈과 자창의 감염으로 사망의 결과를 발생하게 하리라는 점을 경험상 예견할 수 있는 것이므로 피고인에게 살인의 결과에 대한 확정적 고의는 없다 치더라도 미필적 인식은 있었다고 볼 것이다(대판 1982. 12. 28, 82도2525). 정답 - X

6 부작위에 의한 살인의 경우에는 생명의 침해를 방지할 법적 작위의무를 가지고 있는 자가 의무를 이행함으로써 생명의 침해를 쉽게 방지할 수 있었음을 예견하고도 생명의 침해를 용인하고 이를 방관한 채 의무를 이행하지 아니한다는 인식이 있었다면 살인의 고의가 인정된다. 변호사시험 제7회

해설 ✍ 살인죄와 같이 일반적으로 작위를 내용으로 하는 범죄를 부작위에 의하여 범하는 이른바 부진정 부작위범의 경우에는 보호법익의 주체가 법익에 대한 침해위협에 대처할 보호능력이 없고, 부작위행위자에게 침해위협으로부터 법익을 보호해 주어야 할 법적 작위의무가 있을 뿐 아니라, 부작위행위자가 그러한 보호적 지위에서 법익침해를 일으키는 사태를 지배하고 있어 작위의무의 이행으로 결과발생을 쉽게 방지할 수 있어야 부작위로 인한 법익침해가 작위에 의한 법익침해와 동등한 형법적 가치가 있는 것으로서 범죄의 실행행위로 평가될 수 있다. 다만 여기서의 작위의무는 법령, 법률행위, 선행행위로 인한 경우는 물론, 신의성실의 원칙이나 사회상규 혹은 조리상 작위의무가 기대되는 경우에도 인정된다. 또한 **부진정 부작위범의 고의는 반드시 구성요건적 결과발생에 대한 목적이나 계획적인 범행 의도가 있어야 하는 것은 아니고 법익침해의 결과발생을 방지할 법적 작위의무를 가지고 있는 사람이 의무를 이행함으로써 결과발생을 쉽게 방지할 수 있었음을 예견하고도 결과발생을 용인하고 이를 방관한 채 의무를 이행하지 아니한다는 인식을 하면 족하며**, 이러한 작위의무자의 예견 또는 인식 등은 확정적인 경우는 물론 불확정적인 경우이더라도 미필적 고의로 인정될 수 있다[대판(전합) 2015. 11. 12, 2015도6809 - '세월호' 사건]. 정답 - O

7 마약수사관 甲은 자신의 정보원으로 일했던 乙에게 "우리 정보원 A가 또 다른 정보원의 배신으로 구속되게 되었다. A의 공적(다른 마약범죄에 대한 정보를 제공하여 수사기관의 수사를 도운 공적)을 만들어 A를 빼내려 한다. 그렇게 하기 위하여는 수사에 사용할 필로폰이 필요하니 좀 구해 달라. 구입하여 오면 수사기관에서 관련자의 안전을 보장한다."라고 하면서, 구입자금까지 교부하며 집요하게 부탁하였다. 이에 乙은 甲을 돕기로 마음먹고 丙에게 이러한 사정을 이야기하면서 필로폰의 매입을 의뢰하였고, 丙도 비로소 필로폰을 매입하여 乙에게 교부하기로 마음먹고 乙에게서 받은 대금으로 B로부터 필로폰을 매수하여 乙을 통하여 甲에게 교부하였다.

이 경우 乙과 丙은 수사기관의 사술에 의해 행위한 것에 불과하므로 범의가 인정될 수 없어 공범종속성설에 따라 甲에게 교사가 인정되지 않는다. 변호사시험 제1회

(해설) 지문에서 乙은 甲을 돕기로 마음먹고 필로폰을 구입을 丙에게 의뢰하여 이를 받아 甲에게 교부했으며, 丙도 실제로 B로부터 필로폰을 구입하여 乙에게 교부한 사정을 볼 때, 乙과 丙 모두 구성요건요소에 대한 인식과 실현의사가 있다. 즉, 乙과 丙에게 범의가 있음이 분명하며, 甲의 사술에 빠졌다는 점은 범의에 영향을 미치지 않는다. 정답 - X

제6절 사실의 착오

1 甲은 상해의 고의로 사람에게 돌을 던졌으나 빗나가서 그 옆에 있던 마을 주민이 세운 장승에 맞았고, 장승의 일부가 손괴되었다 - 甲의 행위는 추상적 사실의 착오에 해당하여 상해미수죄와 과실재물손괴죄의 상상적 경합으로 처벌된다. 변호사시험 제1회

(해설) 의도한 범죄사실과 발생한 범죄결과 사이에 구성요건 혹은 죄질이 동일하지 않아 추상적 사실의 착오에 해당한다. 그리고 범죄대상을 오인한 것이 아니라 범죄수단인 돌을 던진 행위가 제대로 실현되지 못한 경우로 방법의 착오에 해당한다. 이 경우, 구체적 **부합설과 법정적 부합설**은 이견 없이 의도한 범죄의 미수범과 발생한 범죄의 과실범을 인정하며, 둘은 상상적 경합 관계에 있다고 본다. 다만 **재물손괴죄는 과실범 처벌규정이 없어**, 지문의 경우 상해미수죄로 처벌된다. 정답 - X

2 甲이 A를 살해할 의사로 농약 1포를 숭늉 그릇에 넣어서 A의 식당에 놓아두었는데, 그 정을 알지 못한 A의 장녀 B가 마시고 사망하였다 - 甲은 B에 대한 살인죄로 처벌된다. 변호사시험 제2회

(해설) 피고인이 공소외인과 동인의 처를 살해할 의사로서 농약 1포를 숭늉 그릇에 투입하여 공소외인가의 식당에 놓아둠으로써 그 정을 알지 못한 공소외인의 장녀가 이를 마시게 되어 동인을 사망케 한 경우, 피고인이 공소외인의 장녀를 살해할 의사는 없었다 하더라도……공소외인의 장녀에 대한 살인죄가 성립한다(대판 1968. 8. 23, 68도884).

→ A를 살해할 의사로 숭늉 그릇에 농약을 넣었으나, 그의 장녀가 먹고 사망한 경우이므로 구체적 사실의 착오 중 방법의 착오에 해당한다. 법정적 부합설로 평가되는 판례에 의하면 발생한 사실의 고의기수범이 되므로, 甲은 B에 대한 살인죄로 처벌된다. 정답 - ○

3 甲은 호텔에 함께 투숙한 A에게 상해를 가하고 A가 정신을 잃자 사망한 것으로 오인하고 자살한 것처럼 위장하기 위하여 베란다 아래로 A를 떨어뜨려 두개골 골절로 사망케 하였다 - 甲의 행위는 포괄하여 단일의 상해치사죄로 처벌된다.

변호사시험 제2회

(해설) 피고인이 피해자에게 우측 흉골골절 및 늑골골절상과 이로 인한 우측 심장벽좌상과 심낭내출혈 등의 상해를 가함으로써, 피해자가 바닥에 쓰러진 채 정신을 잃고 빈사상태에 빠지자, 피해자가 사망한 것으로 오인하고, 피고인의 행위를 은폐하고 피해자가 자살한 것처럼 가장하기 위하여 피해자를 베란다로 옮긴 후 베란다 밑 약 13m 아래의 바닥으로 떨어뜨려 피해자로 하여금 현장에서 좌측 측두부 분쇄함몰골절에 의한 뇌손상 및 뇌출혈 등으로 사망에 이르게 하였다면, 피고인의 행위는 포괄하여 단일의 상해치사죄에 해당한다고 한 사례(대판 1994. 11. 4, 94도2361).

정답 ― ○

4 甲은 A를 죽이려고 목을 졸랐는데 기절한 모습을 보고 사망한 것으로 알고 모래에 파묻었으나 부검 결과 A는 목이 졸려 사망한 것이 아니라 모래에 묻혀 질식사한 것으로 판명되었다 - 甲의 행위를 개괄적 고의로 파악하는 견해에 의하면 살인죄로 처벌된다.

변호사시험 제2회

(해설) 지문과 같이, 행위자가 첫 번째의 행위에 의하여 이미 결과가 발생했다고 믿었으나 실제로는 연속된 두 번째의 행위에 의하여 결과가 야기된 사례를 이른바 개괄적 고의 사례라고 한다. 이 경우, 하나의 고의기수범으로 보는 견해와 제1행위에 대한 미수범과 제2행위에 대한 과실범의 실체적 경합범으로 보는 견해가 나뉘는데, 행위의 연속성을 근거로 제1행위에 대한 고의를 제2행위에 전용하는 개괄적 고의설에 의하면 하나의 고의기수범이 인정된다. 따라서 甲의 행위를 개괄적 고의로 파악하는 견해에 의하면, A를 죽이려고 한 살인의 고의가 제2행위인 A를 모래에 파묻은 것으로 실현되었으므로 甲은 살인죄로 처벌된다.

정답 ― ○

5 甲이 마당에 있는 乙의 도자기를 손괴하려고 돌을 던졌으나 빗나가 옆에 있던 乙에게 상해를 입힌 경우, 법정적 부합설에 따르면 甲은 상해죄로 처벌된다.

변호사시험 제3회

(해설) 甲이 인식한 사실은 손괴이나 발생한 사실은 상해이므로 두 사실 간에 구성요건 내지 죄질이 달라 추상적 사실에 관한 착오 사례이다. 이에 대해, **법정적 부합설**은 인식한 사실의 미수범과 발생한 사실의 과실범의 상상적 경합을 인정한다. 따라서 甲은 손괴죄 미수와 과실치상죄의 상상적 경합이 된다.

정답 ― X

6 빚 독촉을 하다가 멱살을 잡고 대드는 피해자 A의 손을 뿌리치고 그를 뒤로 밀어 넘어뜨려 A의 등에 업힌 B(생후 7개월)에게 상해를 입혀 사망에 이르게 하였다면 B에 대한 폭행치사죄가 성립한다.

변호사시험 제5회

(해설) 어린애를 업은 사람을 밀어 넘어뜨려 그 결과 어린애가 사망하였다면 **폭행치사죄가 성립**된다.

(판결이유 중)……피고인은 빚독촉을 하다가 시비중 멱살을 잡고 대드는 공소외 1의 손을 뿌리치고 그를 뒤로 밀어 넘어뜨려 아래로 궁굴게하여 그 순간 그등에 업힌 그딸 공소외 2(생후 7개월)에게 두개골절등 상해를 입혀 그로 말미암아 그를 사망케한 사실을 인정함에 충분하다.……(대판 1972. 11. 28, 72도2201). 정답 - O

7 피해자를 고의로 살해하기 위해 몽둥이로 내려치자 피해자는 이를 맞고 졸도하였을 뿐인데, 피해자가 죽은 것으로 착각하고 자살로 위장하기 위해 베란다 아래로 떨어뜨려 죽게한 경우에 일련의 행위를 포괄적으로 파악하여 결과적 가중범의 성립을 인정할 수 있다.
변호사시험 제3회

해설 「8번 문제」해설 참조 정답 - X

8 甲은 살해의 고의로 A의 머리를 둔기로 가격한 후 A가 실신하자 죽었다고 생각하고 죄적인멸을 위해 A를 매장했으나 A는 매장으로 질식사한 경우, 甲에게 살인미수죄와 과실치사죄의 상상적 경합이 인정된다.
변호사시험 제6회

해설 피해자가 피고인들이 <u>살해의 의도</u>로 행한 구타 행위에 의하여 직접 사망한 것이 아니라 죄적을 인멸할 목적으로 행한 매장행위에 의하여 사망하게 되었다 하더라도 전과정을 개괄적으로 보면 피해자의 살해라는 처음에 예견된 사실이 결국은 실현된 것으로서 피고인들은 살인죄의 죄책을 면할 수 없다(대판 1988. 6. 28, 88도650).
→ 따라서 살인미수죄와 과실치사죄의 상상적 경합이 아니라 살인죄가 인정된다. 정답 - X

■ 사례【9~13】

甲은 자기 부인을 희롱하는 이웃 남자를 살해할 의사로 머리를 돌로 내리쳐(제1행위) 피해자가 뇌진탕 등으로 인하여 정신을 잃고 축 늘어지자 그가 죽은 것으로 오인하고 증거를 인멸할 목적으로 피해자를 개울가로 끌고 가 땅에 파묻었는데(제2행위) 후에 실제로는 질식으로 인한 사망으로 밝혀졌다.
변호사시험 제5회

9 위 사례는 연결된 두 개의 행위로 결과가 발생하였으나 甲은 행위의 진행과정을 오인하여 자기가 의도한 결과가 제1행위에 의하여 이미 실현되었다고 믿은 경우로서 인과관계의 착오의 한 유형으로 보는 견해가 있다.

해설 인과관계착오설은 개괄적 고의를 인과관계 착오의 한 형태로 보고, 인과관계의 상위는 비본질적이기 때문에 발생한 결과의 고의기수범이 성립한다고 본다. 정답 - O

10 위 사례에서 甲이 인과관계의 본질적 부분을 착오한 경우 발생결과의 고의기수범의 성립을 인정하지 않는 견해는 구체적으로 일반의 생활경험상 예상할 수 있는 범위 내의 착오인 경우를 본질적 부분의 착오로 본다.

해설 ✎ 인과관계 착오의 본질성 내지 중요성에 대한 판단기준은 일반적 생활경험을 기초로 한 객관적 예견가능성이다. 예견이 가능한 경우는 비본질적 착오로 본다. 정답 – X

11 위 사례의 사실적 측면을 중시하여 제1행위와 제2행위를 두 개의 독립적인 행위로 보는 견해에 의하면, 살인미수죄와 과실치사죄가 성립하는 것으로 본다.

해설 ✎ 미수와 과실의 결합범설에 따르면 제1행위에 대해서 미수를 인정하고, 제2행위시에는 고의가 없으므로 제2행위의 과실과의 실체적 경합을 인정한다. 정답 – O

12 제1행위에 인정된 고의를 제2행위에 대한 고의로도 인정하는 견해에 의하면 甲에게 살인 기수 책임이 인정된다.

해설 ✎ 계획실현설에 따르면 제1행위시에 의도적 고의가 있었으므로, 제2행위에도 고의가 인정되어 살인죄의 죄책이 인정된다. 정답 – O

13 위 사례의 전 과정을 개괄적으로 보면 피해자의 살해라는 처음에 예견된 사실이 결국은 실현된 것으로서 甲은 살인기수의 죄책을 면할 수 없다는 것이 판례의 입장이다.

해설 ✎ 피해자가 피고인들의 살해의 의도로 행한 구타행위에 의하여 직접 사망한 것이 아니라 죄적을 인멸할 목적으로 행한 매장행위에 의하여 사망하게 되었다 하더라도 **전 과정을 개괄적으로 보면 피해자의 살해라는 처음에 예견된 사실이 결국은 실현된 것으로서** 피고인들은 살인죄의 죄책을 면할 수 없다(대판 1988. 6. 28, 88도650). 정답 – O

제7절 과 실

1 행정상의 단속을 주 내용으로 하는 법규라고 하더라도 명문규정이 있거나 해석상 과실 범도 벌할 뜻이 명확한 경우를 제외하고는 형법의 원칙에 따라 고의가 있어야 벌할 수 있다. 변호사시험 제2회

해설 ✎ 「2번 문제」해설 참조 정답 – O

2 행정상의 단속을 주안으로 하는 법규의 위반행위는 과실범 처벌규정은 없으나 해석상 과실범도 벌할 뜻이 명확한 경우에도 형법의 원칙에 따라 고의가 있어야 벌할 수 있다. 변호사시험 제6회

해설 ✎ 행정상의 단속을 주안으로 하는 법규라 하더라도 '명문규정이 있거나 해석상 과실범도 벌할 뜻이 명확한 경우'를 제외하고는 형법의 원칙에 따라 '고의'가 있어야 벌할 수 있다(대판 2010. 2. 11, 2009도9807). 정답 – X

3 의료과오사건에서 의사의 과실 유무를 판단할 때에는 동일 업종에 종사하는 일반적 보통인의 주의정도를 표준으로 하고, 사고 당시의 일반적인 의학 수준과 의료환경 및 조건 등을 고려하여야 한다. 변호사시험 제2회

(해설 ✎) 의료사고에서 의사의 과실을 인정하기 위해서는 의사가 결과발생을 예견할 수 있었음에도 이를 예견하지 못하였고 결과발생을 회피할 수 있었음에도 이를 회피하지 못한 과실이 검토되어야 하고, **과실의 유무를 판단할 때에는 같은 업무와 직무에 종사하는 보통인의 주의정도를 표준으로 하여야 하며, 여기에는 사고 당시의 일반적인 의학의 수준과 의료환경 및 조건, 의료행위의 특수성 등이 고려되어야 하고, 이러한 법리는 한의사의 경우에도 마찬가지이다**(대판 2011. 4. 14, 2010도10104). 정답 – O

4 주의의무의 판단기준에 관한 주관설에 따르면 행위자가 평균인 이하의 능력을 가졌기 때문에 결과발생을 예견할 가능성이 없었더라면 과실범의 불법은 부정될 수 있다. 변호사시험 제2회

(해설 ✎) 주의의무위반은 과실범의 구성요건요소로서, 예견가능성과 회피가능성을 내용으로 한다. 주의의무위반을 객관적으로 결정해야 한다는 객관설과 달리 주관설은 행위자를 기준으로 주의의무위반을 판단한다. 행위자가 결과발생을 예견할 가능성이 없었다면 주관설에 따를 때 예견가능성이 부정되므로 주의의무위반이 인정되지 않는다. 불법의 내용인 구성요건요소가 부정되는 것이다. 정답 – O

5 신뢰의 원칙은 허용된 위험의 원리와 더불어 주의의무를 제한하는 기능을 수행하고 의사와 약사 사이는 물론이고 약사와 제약회사 사이에서도 적용될 수 있다. 변호사시험 제2회

(해설 ✎) 약사는 의약품을 판매하거나 조제함에 있어서 그 의약품이 그 표시 포장상에 있어서 약사법 소정의 검인 합격품이고 또한 부패 변질 변색되지 아니하고 유효기간이 경과되지 아니함을 확인하고 조제판매한 경우에는 특별한 사정이 없는 한 관능시험 및 기기시험까지 할 주의의무가 없으므로 **그 약의 표시를 신뢰하고 이를 사용한 경우에는 과실이 없다고 볼 수 있다**(대판 1976. 2. 10, 74도2046).

→ 일정한 생활범위에 있어서 예견하고 회피할 수 있는 위험이라 할지라도 사회생활상의 필요성을 이유로 허용되는 경우가 있다. 이러한 위험을 허용된 위험이라고 하며, 이에 따라 예견가능성 및 회피가능성 판단이 제한되므로, 허용된 위험의 원리는 주의의무를 제한하는 기능을 수행한다. 허용된 위험의 원리가 적용된 특수한 경우가 교통사고에 관한 신뢰의 원칙이다. 이것은 스스로 교통규칙을 준수한 운전자는 다른 교통관여자가 교통규칙을 준수할 것이라고 신뢰하면 충분하고, 교통규칙에 위반하여 행동할 것까지 예견하여 방어조치를 취할 의무는 없다는 원칙이다. 신뢰의 원칙은 교통사고의 경우뿐만 아니라 기업활동이나 외과수술과 같이 다수인의 공동에 의하여 실행되는 모든 형태의 과실범으로 그 적용범위가 확대되고 있다. 위 관례는 약사와 제약회사 사이에 신뢰의 원칙이 적용된 사안이다. 정답 – O

6 의사 甲이 고령의 간경변증 환자 A에게 수술과정에서 출혈 등으로 신부전이 발생하여 생명이 위험할 수 있다는 점에 대하여 설명하지 아니하고 수술하던 도중 출혈 등으로 A가 사망한 경우, A가 당해 수술의 위험성을 충분히 인식하고 있어 甲이 설명의무를 다하였더라도 A가 수술을 거부하지 않았을 것으로 인정된다면 甲의 설명의무위반과 A의 사망 사이에 인과관계가 부정된다.　　　　　　　　　　　　　　　　　　　변호사시험 제6회

(해설 ✎) 기록에 의하면, 피해자의 남편 공소외 2는 피해자가 화상을 입기 전 다른 의사로부터 피해자가 간경변증을 앓고 있기 때문에 어떠한 수술이라도 받으면 사망할 수 있다는 말을 들었고, 이러한 이유로 피해자와 공소외 2는 피고인의 거듭된 수술 권유에도 불구하고 계속 수술을 받기를 거부하였던 사실을 알 수 있다. 이로 보건대, 피해자와 공소외 2는 피고인이 수술의 위험성에 관하여 설명하였는지 여부에 관계없이 간경변증을 앓고 있는 피해자에게 이 사건 수술이 위험할 수 있다는 점을 이미 충분히 인식하고 있었던 것으로 보인다. 그렇다면 피고인이 피해자나 공소외 2에게 공소사실 기재와 같은 내용으로 수술의 위험성에 관하여 설명하였다고 하더라도 피해자나 공소외 2가 수술을 거부하였을 것이라고 단정하기 어렵다. 원심이 유지한 제1심이 적법하게 채택한 증거를 종합하여 보더라도 피고인의 설명의무 위반과 피해자의 사망 사이에 상당인과관계가 있다는 사실이 합리적 의심의 여지가 없이 증명되었다고 보기 어렵다. 그런데도 이와 달리 설명의무를 위반한 피고인의 과실로 인하여 피해자가 사망에 이르렀다고 보아 공소사실을 유죄로 판단한 원심판결에는 의사의 설명의무 위반으로 인한 업무상과실치사죄의 인과관계에 관한 법리를 오해한 잘못이 있다(대판 2015. 6. 24, 2014도11315).　　　　　　　　　　　　　　　　　　　　　　　정답 ― ○

7 도급인이 수급인에게 공사의 시공이나 개별 작업에 관하여 구체적으로 지시·감독하였더라도, 법령에 의하여 도급인에게 구체적인 관리·감독의무가 부여되어 있지 않다면 도급인에게는 수급인의 업무와 관련하여 사고방지에 필요한 안전조치를 해야 할 주의의무가 없다.　　　　　　　　　　　　　　　　　　　　　　　　　　　　변호사시험 제6회

(해설 ✎)「8번 문제」해설 참조　　　　　　　　　　　　　　　　　정답 ― X

8 공사도급계약의 경우 원칙적으로 도급인에게는 수급인의 업무와 관련하여 사고방지에 필요한 안전조치를 취할 주의의무가 없으므로, 도급인이 수급인의 공사시공 및 개별작업에 구체적인 지시를 하는 등의 관여를 하였더라도, 수급인의 업무와 관련하여 사고방지에 필요한 안전조치를 취할 주의의무를 부담하지 않는다.　　　　　　　　변호사시험 제7회

(해설 ✎) 원칙적으로 도급인에게는 수급인의 업무와 관련하여 사고방지에 필요한 안전조치를 취할 주의의무가 없으나, 법령에 의하여 도급인에게 수급인의 업무에 관하여 구체적인 관리·감독의무 등이 부여되어 있거나 도급인이 공사의 시공이나 개별 작업에 관하여 구체적으로 지시·감독하였다는 등의 특별한 사정이 있는 경우에는 도급인에게도 수급인의 업무와 관련하여 사고방지에 필요한 안전조치를 취할 주의의무가 있다(대판 2009. 5. 28, 2008도7030).　　　　　　　　　　　　　　　　　　　　　　　　　정답 ― X

9 안전배려 내지 안전관리사무에 계속적으로 종사하지 않았더라도 건물의 소유자로서 건물을 비정기적으로 수리하거나 건물의 일부분을 임대한 자는 건물에 화재가 발생하는 것을 미리 막아야 할 업무상 주의의무를 부담한다. 변호사시험 제6회

(해설 ✎) 업무상과실치상죄에 있어서의 '업무'란 사람의 사회생활면에서 하나의 지위로서 계속적으로 종사하는 사무를 말하고, 여기에는 수행하는 직무 자체가 위험성을 갖기 때문에 안전배려를 의무의 내용으로 하는 경우는 물론 사람의 생명·신체의 위험을 방지하는 것을 의무내용으로 하는 업무도 포함되는데, 안전배려 내지 안전관리 사무에 계속적으로 종사하여 위와 같은 지위로서의 계속성을 가지지 아니한 채 단지 건물의 소유자로서 건물을 비정기적으로 수리하거나 건물의 일부분을 임대하였다는 사정만으로는 업무상과실치상죄에 있어서의 '업무'로 보기 어렵다(대판 2009. 5. 28, 2009도1040).

→ 따라서 '업무'상 주의의무를 부담한다고 볼 수 없다. 정답 - X

10 의료사고에서 의사의 과실을 인정하기 위한 요건과 판단기준은 한의사의 그것과 다르다. 변호사시험 제6회

(해설 ✎) 의료사고에서 의사의 과실을 인정하기 위한 요건과 판단 기준 및 한의사의 경우에도 같은 법리가 적용되는지 여부(적극)

의료사고에서 의사에게 과실이 있다고 하기 위하여는 의사가 결과 발생을 예견할 수 있고 또 회피할 수 있었는데도 이를 예견하지 못하거나 회피하지 못하였음이 인정되어야 하며, 과실의 유무를 판단할 때에는 같은 업무와 직종에 종사하는 일반적 보통인의 주의정도를 표준으로 하고, 사고 당시의 일반적인 의학의 수준과 의료환경 및 조건, 의료행위의 특수성 등을 고려하여야 한다. 이러한 법리는 한의사의 경우에도 마찬가지라고 할 것이다(대판 2014. 7. 24, 2013도16101). 정답 - X

11 의사가 특정 진료방법을 선택하여 진료를 하였다면 해당 진료방법 선택과정에 합리성이 결여되어 있다고 볼 만한 사정이 없는 이상, 진료의 결과만을 근거로 하여 그 진료방법을 선택한 것이 과실에 해당한다고 말할 수 없다. 변호사시험 제7회

(해설 ✎) 의료과오사건에 있어서 의사의 과실을 인정하려면 결과 발생을 예견·회피할 수 있었는데도 이를 하지 못한 점을 인정할 수 있어야 하고, 과실의 유무는 같은 업무에 종사하는 일반적인 의사의 주의 정도를 표준으로 판단하여야 하며, 이때 사고 당시의 의학의 수준, 의료환경과 조건, 의료행위의 특수성 등을 고려하여야 한다. 또한 의사에게는 환자의 상황, 당시의 의료수준, 자신의 지식·경험 등에 따라 적절하다고 판단되는 진료방법을 선택할 폭넓은 재량권이 있으므로, 의사가 특정 진료방법을 선택하여 진료를 하였다면 해당 진료방법 선택과정에 합리성이 결여되어 있다고 볼 만한 사정이 없는 이상 진료의 결과만을 근거로 하여 그 중 어느 진료방법만이 적절하고 다른 진료방법을 선택한 것은 과실에 해당한다고 말할 수 없다(대판 2015. 6. 24, 2014도11315). 정답 - ○

12 소유자가 건물을 임대한 경우, 그 건물의 전기배선이 벽 내부에 매립·설치되어 건물 구조의 일부를 이루고 있다면 그에 관한 관리책임은 통상적으로 건물을 직접 사용하는 임차인이 아닌 소유자에게 있어, 특별한 사정이 없는 한 소유자가 전기배선의 하자로 인한 화재를 예방할 주의의무를 부담한다.   변호사시험 제7회

(해설 🖉)   전기배선이 벽 내부에 매립 설치되어 건물 구조의 일부를 이루고 있다면 그에 관한 관리책임은 일반적으로 소유자에게 있다고 보아야 할 것이고, 다만 그 전기배선을 임차인이 직접 하였으며 그 이상을 미리 알았거나 알 수 있었다는 등의 특별한 사정이 있는 때에는 임차인에게도 그 부분의 하자로 인한 화재를 예방할 주의의무가 인정될 수 있다(대판 2009. 5. 28, 2009도1040).   정답 - ○

13 금은방을 운영하는 자는 전당물을 취득함에 있어 좀 더 세심한 주의를 기울였다면 그 물건이 장물임을 알 수 있는 특별한 사정이 있다면, 신원확인절차를 거치는 이외에 매수물품의 성질과 종류 및 매도자의 신원 등에 더 세심한 주의를 기울여 전당물인 귀금속이 장물인지의 여부를 확인할 주의의무를 부담한다.   변호사시험 제7회

(해설 🖉)   [1] 금은방을 운영하는 자가 귀금속류를 매수함에 있어 매도자의 신원확인절차를 거쳤다고 하여도 장물인지의 여부를 의심할 만한 특별한 사정이 있거나, 매수물품의 성질과 종류 및 매도자의 신원 등에 좀 더 세심한 주의를 기울였다면 그 물건이 장물임을 알 수 있었음에도 불구하고 이를 게을리하여 장물인 정을 모르고 매수하여 취득한 경우에는 업무상과실 장물취득죄가 성립한다고 할 것이고, 물건이 장물인지의 여부를 의심할 만한 특별한 사정이 있는지 여부나 그 물건이 장물임을 알 수 있었는지 여부는 매도자의 인적사항과 신분, 물건의 성질과 종류 및 가격, 매도자와 그 물건의 객관적 관련성, 매도자의 언동 등 일체의 사정을 참작하여 판단하여야 한다.
[2] 금은방 운영자가 반지를 매수함에 있어 장물인 정을 알 수 있었거나 장물인지의 여부를 의심할 만한 특별한 사정이 있었다면 매도인의 신원확인 외에 반지의 출처 및 소지경위 등에 대하여도 확인할 업무상 주의의무가 있다고 할 것임에도 그러한 업무상 주의의무가 없다고 보아 무죄를 선고한 원심판결을 파기한 사례(대판 2003. 4. 25, 2003도348).   정답 - ○

14 甲이 함께 술을 마신 乙과 도로 중앙선에 잠시 서 있다가 지나가는 차량의 유무를 확인하지 아니하고, 고개를 숙인 채 서 있는 乙의 팔을 갑자기 끌어당겨 도로를 무단횡단하던 도중에 지나가던 차량에 乙이 충격당하여 사망한 경우, 甲이 만취하여 사리분별능력이 떨어진 상태라면 甲에게 차량의 통행여부 및 횡단가능여부를 확인할 주의의무가 있다고 볼 수 없다.   변호사시험 제7회

(해설 🖉)   중앙선에 서서 도로횡단을 중단한 피해자의 팔을 갑자기 잡아끌고 피해자로 하여금 도로를 횡단하게 만든 피고인으로서는 위와 같이 무단횡단을 하는 도중에 지나가는 차량에 충격당하여 피해자가 사망하는 교통사고가 발생할 가능성이 있으므로, 이러한 경우에는 피고인이 피해자의 안전을 위하여 차량의 통행 여부 및 횡단 가능 여부를 확인하여야 할 주의

<u>의무가 있다</u> 할 것이므로, 피고인으로서는 위와 같은 주의의무를 다하지 않은 이상 교통사고와 그로 인한 피해자의 사망에 대하여 과실책임을 면할 수 없다고 한 사례.

(판결이유 중)······**무단횡단하기 위해 도로 중앙선에 서 있다가, 지나가는 차량 유무를 확인하지 아니한 채, 술에 취하여 양손을 주머니에 넣고 고개를 숙이고 서 있던 피해자의 팔을 갑자기 잡아끌고 도로를 횡단한 사실** 및 그와 같이 도로를 횡단하다가 피고인과 피해자가 때마침 그 곳을 지나가던 공소외 1 운전의 승용차에 충격되는 교통사고가 발생하여 피해자가 사망한 사실을 충분히 인정할 수 있으므로······(대판 2002. 8. 23, 2002도2800).　[정답] - X

제8절 결과적 가중범

1 「성폭력범죄의 처벌 등에 관한 특례법」이 규정하고 있는 특수강간치상죄와 관련하여 특수강간이 미수인 상태에서 그 기회에 과실로 상해의 중한 결과가 발생한 경우 결과적 가중범의 미수가 인정될 수 없기 때문에 특수강간미수와 과실치상죄의 상상적 경합으로 처리되어야 한다.　변호사시험 제3회

（해설✏） 성폭력범죄의 처벌 및 피해자보호 등에 관한 법률 제9조 제1항에 의하면 같은 법 제6조 제1항에서 규정하는 특수강간의 죄를 범한 자뿐만 아니라 **특수강간이 미수에 그쳤다고 하더라도 그로 인하여 피해자가 상해를 입었으면 특수강간치상죄가 성립**하는 것이고, 같은 법 제12조에서 규정한 위 제9조 제1항에 대한 미수범처벌규정은 제9조 제1항에서 특수강간치상죄와 함께 규정된 특수강간상해죄의 미수에 그친 경우, 즉 특수강간의 죄를 범하거나 미수에 그친 자가 피해자에 대하여 상해의 고의를 가지고 피해자에게 상해를 입히려다가 미수에 그친 경우 등에 적용된다(대판 2008. 4. 24, 2007도10058).　[정답] - O

2 결과적 가중범은 중한 결과가 발생하여야 성립되는 범죄이므로 형법에는 결과적 가중범의 미수를 처벌하는 규정을 두고 있지 않다.　변호사시험 제4회

（해설✏）

〔형법 제324조의3(인질상해·치상)〕 제324조의2의 죄를 범한 자가 인질을 상해하거나 상해에 이르게 한 때에는 무기 또는 5년 이상의 징역에 처한다.
〔형법 제324조의4(인질살해·치사)〕 제324조의2의 죄를 범한 자가 인질을 살해한 때에는 사형 또는 무기징역에 처한다. 사망에 이르게 한 때에는 무기 또는 10년 이상의 징역에 처한다.
〔형법 제324조의5(미수범)〕 제324조 내지 제324조의4의 미수범은 처벌한다.

→ 이외에도 강도치사상죄와 해상강도치사상죄의 미수범을 처벌하는 규정(형법 제342조)을 두고 있다.　[정답] - X

3 결과적 가중범의 기본범죄가 미수에 그친 경우에도 중한 결과가 발생하면 결과적 가중범의 기수가 성립한다.　변호사시험 제4회

해설 ✎ 강간이 미수에 그치거나 간음의 결과 사정을 하지 않은 경우라도 그로 인하여 피해자가 상해를 입었으면 강간치상죄가 성립하는 것이고, 강간치상죄에 있어 상해의 결과는 강간의 수단으로 사용한 폭행으로부터 발생한 경우뿐 아니라 간음행위 그 자체로부터 발생한 경우나 강간에 수반하는 행위에서 발생한 경우도 포함하는 것이다(대판 1999. 4. 9, 99도519).

→ 판례에 따르면 결과적 가중범인 강간치상죄의 기본범죄인 강간이 미수더라도 피해자가 상해를 입었으면 결과적 가중범의 기수가 성립한다는 것이므로 옳은 지문이다. [정답] – ○

4 부진정 부작위범의 고의는 결과발생을 쉽게 방지할 수 있었음을 예견하고도 결과발생을 용인하고 이를 방관하는 미필적 고의만으로는 족하지 않다. 변호사시험 제6회

해설 ✎ 부진정 부작위범의 고의는 반드시 구성요건적 결과발생에 대한 목적이나 계획적인 범행 의도가 있어야 하는 것은 아니고 법익침해의 결과발생을 방지할 법적 작위의무를 가지고 있는 사람이 의무를 이행함으로써 **결과발생을 쉽게 방지할 수 있었음을 예견하고도 결과발생을 용인하고 이를 방관한 채 의무를 이행하지 아니한다는 인식을 하면 족하며**, 이러한 작위의무자의 예견 또는 인식 등은 확정적인 경우는 물론 불확정적인 경우이더라도 미필적 고의로 인정될 수 있다. 이때 작위의무자에게 이러한 고의가 있었는지는 작위의무자의 진술에만 의존할 것이 아니라, 작위의무의 발생근거, 법익침해의 태양과 위험성, 작위의무자의 법익침해에 대한 사태지배의 정도, 요구되는 작위의무의 내용과 이행의 용이성, 부작위에 이르게 된 동기와 경위, 부작위의 형태와 결과발생 사이의 상관관계 등을 종합적으로 고려하여 작위의무자의 심리상태를 추인하여야 한다[대판(전합) 2015. 11. 12, 2015도6809 – '세월호' 사건]. [정답] – X

5 부진정 결과적가중범은 중한 결과를 야기하는 기본범죄가 고의범인 경우뿐만 아니라 과실범인 경우에도 인정되는 개념이다. 변호사시험 제3회

해설 ✎ 특수공무집행방해치상죄는 원래 결과적가중범이기는 하지만, 이는 **중한 결과에 대하여 예견가능성이 있었음에 불구하고 예견하지 못한 경우에 벌하는 진정결과적가중범이 아니라 그 결과에 대한 예견가능성이 있었음에도 불구하고 예견하지 못한 경우뿐만 아니라 고의가 있는 경우까지도 포함하는 부진정결과적가중범**이다(대판 1995. 1. 20, 94도2842).

> [형법 제15조(사실의 착오)] ① 특별히 중한 죄가 되는 사실을 인식하지 못한 행위는 중한 죄로 벌하지 아니한다. ② **결과로 인하여 형이 중할 죄에 있어서 그 결과의 발생을 예견할 수 없었을 때에는 중한 죄로 벌하지 아니한다.**

→ 결과적 가중범은 중한 결과에 대한 예견가능성이 있었음에도 이를 예견하지 못한 경우 벌하는 것이다(형법 제15조 제2항). 중한 결과에 대하여 예견가능성이 있는 경우만을 벌하는 진정 결과적 가중범과 중한 결과에 대하여 예견가능성이 있는 경우는 물론 고의가 있는 경우까지도 벌하는 부진정 결과적 가중범으로 구별된다. 기본범죄가 고의범인 경우만 문제된다는 점에서는 차이가 없다. [정답] – X

6 부진정결과적 가중범에서 고의로 중한 결과를 발생하게 한 행위가 별도의 구성요건에 해당하고 그 고의범의 법정형이 결과적 가중범의 법정형보다 더 무거운 경우에는 고의범과 결과적 가중범이 상상적 경합관계에 있지만, 고의범의 법정형이 더 무겁지 않은 경우에는 결과적 가중범만 성립한다. 변호사시험 제4회

(해설 ✏) 「7번 문제」해설 참조 정답 - ○

7 부진정결과적가중범에 있어서, 중한 결과에 대한 고의범의 법정형이 결과적 가중범의 법정형보다 중한 경우에는 양자가 상상적 경합관계에 있지만 그렇지 않은 경우에는 결과적 가중범이 고의범에 대하여 특별관계에 있으므로 결과적 가중범만 성립한다. 변호사시험 제5회

(해설 ✏) 기본범죄를 통하여 고의로 중한 결과를 발생하게 한 경우에 가중 처벌하는 **부진정결과적가중범**에서, 고의로 중한 결과를 발생하게 한 행위가 별도의 구성요건에 해당하고 그 고의범에 대하여 결과적가중범에 정한 형보다 더 무겁게 처벌하는 규정이 있는 경우에는 그 고의범과 결과적가중범이 상상적 경합관계에 있지만, 위와 같이 고의범에 대하여 더 무겁게 처벌하는 규정이 없는 경우에는 결과적가중범이 고의범에 대하여 특별관계에 있으므로 **결과적가중범만 성립**하고 이와 법조경합의 관계에 있는 고의범에 대하여는 별도로 죄를 구성하지 않는다(대판 2008. 11. 27, 2008도7311). 정답 - ○

8 부진정결과적가중범의 예로는 현주건조물방화치사상죄, 현주건조물일수치사상죄, 중체포·감금죄 등이 있다. 변호사시험 제5회

(해설 ✏)

> 〔형법 제277조(중체포, 중감금, 존속중체포, 존속중감금)〕① 사람을 체포 또는 감금하여 가혹한 행위를 가한 자는 7년 이하의 징역에 처한다. ② 자기 또는 배우자의 직계존속에 대하여 전항의 죄를 범한 때에는 2년 이상의 유기징역에 처한다.

→ 중체포·감금죄는 부진정결과적가중범이 아니다. 정답 - X

9 부진정결과적가중범의 경우 중한 결과에 대한 고의가 있어도 결과적가중범이 성립한다. 변호사시험 제6회

(해설 ✏) 특수공무집행방해치상죄는 원래 결과적가중범이기는 하지만, 이는 중한 결과에 대하여 예견가능성이 있었음에 불구하고 예견하지 못한 경우에 벌하는 진정결과적가중범이 아니라 그 결과에 대한 예견가능성이 있었음에도 불구하고 예견하지 못한 경우뿐만 아니라 고의가 있는 경우까지도 포함하는 부진정결과적가중범이다(대판 1995. 1. 20, 94도2842). 정답 - ○

10 결과적 가중범의 공동정범이 성립하기 위해서는 기본범죄를 공모할 것을 요하지는 않으나, 중한 결과를 공동으로 할 의사는 필요하므로 중한 결과를 공동으로 할 의사가 없는 자는 기본범죄의 죄책만 진다. 변호사시험 제3회

> (해설 ✎) 「11번 문제」해설 참조 정답 - X

11 여러 사람이 공동하여 상해의 범의로 범행 중 그중 한 사람이 중한 상해를 가하여 피해자가 사망에 이르게 된 경우 나머지 사람들도 사망의 결과를 예견할 수 있는 때에는 상해치사의 죄책을 진다. 변호사시험 제4회

> (해설 ✎) 「10번 문제의 해설」 결과적 가중범인 상해치사죄의 공동정범은 폭행 기타의 신체침해 행위를 공동으로 할 의사가 있으면 성립되고 결과를 공동으로 할 의사는 필요 없으며, 「11번 문제의 해설」 여러 사람이 상해의 범의로 범행 중 한 사람이 중한 상해를 가하여 피해자가 사망에 이르게 된 경우 나머지 사람들은 사망의 결과를 예견할 수 없는 때가 아닌 한 상해치사의 죄책을 면할 수 없다(대판 2000. 5. 12, 2000도745). 정답 - O

12 甲은 乙, 丙과 함께 지나가는 행인을 대상으로 강도를 하기로 모의한 뒤(甲은 모의과정에서 모의를 주도하였다), 함께 범행대상을 물색하다가 乙, 丙이 행인 A를 강도 대상으로 지목하고 뒤쫓아 가자 甲은 단지 "어?"라고만 하고 비대한 체격 때문에 뒤따라가지 못한 채 범행현장에서 200m 정도 떨어진 곳에 앉아있었다. 乙, 丙은 A를 쫓아가 A를 폭행하고 지갑과 현금 30만 원을 빼앗았다. 만일 乙, 丙이 강취과정에서 A를 고의로 살해하였더라도 甲이 이를 예견할 수 없었다면, 甲은 강도치사죄의 죄책을 지지 않는다. 변호사시험 제3회

> (해설 ✎) 살해를 예견할 수 없었던 甲은 강도치사죄의 죄책을 지지 않는다. 「13번 문제」해설 참조 정답 - O

13 강도의 공범자 중 1인이 강도의 기회에 피해자에게 폭행 또는 상해를 가하여 살해한 경우에 다른 공범자는 강도의 수단으로 폭행 또는 상해가 가해지리라는 점에 대하여 상호 인식이 있었다면 살해에 대하여 공모한 바가 없다고 하여도 강도치사죄의 죄책을 진다. 변호사시험 제5회

> (해설 ✎) 강도의 공범자 중 1인이 강도의 기회에 피해자에게 폭행 또는 상해를 가하여 살해한 경우, 다른 공모자가 살인의 공모를 하지 아니하였다고 하여도 그 살인행위나 치사의 결과를 예견할 수 없었던 경우가 아니면 강도치사죄의 죄책을 면할 수 없다고 할 것이나, 피고인이나 변호인이 항소이유로서 이를 전혀 예견할 수 없었다고 주장하는 경우, 이에 관하여는 사실심인 항소심이 판단을 하여야 한다(대판 1991. 11. 12, 91도2156). 정답 - O

14 교사자가 피교사자에 대하여 상해를 교사하였는데 피교사자가 이를 넘어 살인을 실행한 경우, 교사자에게 피해자의 사망이라는 결과에 대하여 과실 내지 예견가능성이 있는 때에는 상해치사죄의 교사범으로서의 죄책을 진다. 변호사시험 제5회

> (해설 ✐) 교사자가 피교사자에 대하여 상해 또는 중상해를 교사하였는데 피교사자가 이를 넘어 살인을 실행한 경우 일반적으로 교사자는 상해죄 또는 중상해죄의 교사범이 되지만 이 경우 교사자에게 피해자의 사망이라는 결과에 대하여 과실 내지 예견가능성이 있는 때에는 상해치사죄의 교사범으로서의 죄책을 지울 수 있다(대판 1993. 10. 8, 93도1873). 　정답 - O

■ 사례【15~19】

다음 사건과 관련된 설명에 답하시오.(다툼이 있는 경우에는 판례에 의함) 변호사시험 제2회

> 甲은 승용차를 운전하던 중 음주단속을 피하기 위해 승용차로 단속경찰관을 들이받아 경찰관의 공무집행을 방해하고 경찰관에게 상해를 입혔는데, 甲은 공무집행방해의 고의는 물론 상해의 고의도 가지고 있었다.

15 甲은 특수공무집행방해죄와 상해죄의 상상적 경합으로 처벌된다.

> (해설 ✐) 「19번 문제」해설 참조 　정답 - X

16 甲은 특수공무집행방해치상죄로 처벌된다.

> (해설 ✐) 「19번 문제」해설 참조 　정답 - O

17 甲은 특수공무집행방해치상죄와 폭력행위등처벌에관한법률위반(집단·흉기등상해)죄의 상상적 경합으로 처벌된다.

> (해설 ✐) 「19번 문제」해설 참조 　정답 - X

18 甲은 특수공무집행방해치상죄와 폭력행위등처벌에관한법률위반(집단·흉기등상해)죄의 실체적 경합으로 처벌된다.

> (해설 ✐) 「19번 문제」해설 참조 　정답 - X

19 이 경우는 '위험한 물건의 휴대'라고 인정되지 아니하므로 특수공무집행방해치상죄는 물론 폭력행위등처벌에관한법률위반(집단·흉기등상해)죄도 성립할 수 없다.

> (해설 ✐) 직무를 집행하는 공무원에 대하여 위험한 물건을 휴대하여 고의로 상해를 가한 경우에는 <u>특수공무집행방해치상죄만 성립할 뿐</u>, 이와는 별도로 폭력행위 등 처벌에 관한 법률 위반(집단·흉기 등 상해)죄를 구성하지 않는다.

(판결이유 중)……피고인이 승용차를 운전하던 중 음주단속을 피하기 위하여 위험한 물건인 승용차로 단속 경찰관을 들이받아 위 경찰관의 공무집행을 방해하고 위 경찰관에게 상해를 입게 하였다는 이 사건 공소사실에 대하여……(대판 2008. 11. 27, 2008도7311). 정답 – X

제3장 위법성

제1절 위법성의 이론

1 고의에 의한 방위행위가 위법성이 조각되기 위해서는 정당방위상황뿐 아니라 행위자에게 방위의사도 인정되어야 한다. 변호사시험 제1회

해설 ✎ 정당행위가 성립하기 위하여는 건전한 사회통념에 비추어 그 행위의 동기나 목적이 정당하여야 하고, 정당방위·과잉방위나 긴급피난·과잉피난이 성립하기 위하여는 방위의사 또는 피난의사가 있어야 한다고 할 것이다[대판(전합) 1997. 4. 17, 96도3376]. 정답 – O

■ 사례 【2~6】

늦은 밤 어두운 골목길을 걸어 귀가하던 甲은 10여분간 뒤따라오던 乙 때문에 짜증이 나자 갑자기 뒤돌아서서 상해의 고의로 乙을 주먹과 발로 구타하여 4주간의 치료가 필요한 상해를 가하였다. 乙은 평소 원한관계에 있던 甲을 발견하고는 기습적으로 공격하려고 주머니에 칼을 숨긴 채 기회를 엿보며 뒤따라가고 있었고, 甲이 공격하던 그 순간 칼을 꺼내 甲을 찌르려고 하던 중이었다. 객관적 정당화요소만 충족되면 위법성이 조각된다는 입장이나 주관적 정당화요소까지 충족되어야 위법성이 조각된다는 입장에 의할 때 아래의 보기 중 甲에게 해당할 수 있는 것은? 변호사시험 제4회

─────── 〈보 기〉 ───────

ㄱ. 무죄 ㄴ. 과실치상죄 ㄷ. 상해죄 ㄹ. 상해죄의 불능미수 ㅁ. 상해죄의 예비

---

2 무죄

해설 ✎ 「6번 문제」 해설 참조 정답 – O

3 과실치상죄

해설 ✎ 「6번 문제」 해설 참조 정답 – X

4 상해죄

해설 ✎ 「6번 문제」 해설 참조 정답 – O

5 상해죄의 불능미수

(해설) 「6번 문제」 해설 참조

정답 - O

6 상해죄의 예비

(해설) 설문은 객관적 정당화상황(정당방위상황)은 구비되었으나 주관적 정당화요소(방위의사)가 없는 경우이다. 주관적 정당화요소 불요설에 의하면 甲의 행위는 위법성이 조각되어 ㉠ 무죄가 된다. 주관적 정당화요소 필요설에 의하면 甲은 위법성이 조각되지 않고 ㉣ 상해죄의 불능미수범(다수설)으로 처벌되거나 ㉤ 기수범으로 처벌되게 된다. 따라서 甲의 행위는 ㉡ 과실치상죄 또는 ㉢ 상해죄의 예비는 해당할 수 없다.

정답 - X

■ 사례 【7~12】

甲은 층간소음문제로 다툼이 있던 다세대주택 위층에 보복의 목적으로 돌을 던져 유리창을 깨뜨렸다. 그런데 위층에 살던 A는 빚 독촉에 시달려 고민 중 자살하기 위해 창문을 닫은 채 연탄불을 피워 연탄가스에 질식 중이었다. 甲이 유리창을 깨뜨린 결과 A의 목숨은 구조되었다. 이때 甲이 무죄라는 견해에 관한 설명에 타당한가? 변호사시험 제5회

---

7 범죄성립에 있어서 행위불법만을 고려하는 입장에 상응한다.

(해설) 「8번 문제」 해설 참조

정답 - X

8 범죄성립에 있어서 결과불법만을 고려하는 입장에 상응한다.

(해설) 甲은 보복의 목적으로 돌을 던졌으므로 행위불법은 인정된다. 따라서 행위불법만을 고려하는 입장에서는 甲이 무죄라고 할 수 없다. 甲이 무죄라는 견해는 결과불법만을 고려하는 결과반가치론에 따른 결론이다.

정답 - O

9 행위불법과 결과불법이 모두 상쇄되어야 위법성이 조각된다는 입장에 상응한다.

(해설) 행위불법과 결과불법이 모두 상쇄되어야 위법성이 조각된다는 것은 결과반가치론이 아니라 이원적 인적불법론의 입장이다.

정답 - X

10 이 견해에 대해서는 주관적 정당화사정이 있는 경우와 없는 경우를 똑같이 취급한다는 비판이 제기된다.

(해설) 결과반가치론은 주관적 정당화상황을 고려하지 않으므로 보기와 같은 비판이 있다.

정답 - O

11 이 견해에 대해서는 미수범 처벌규정이 없는 경우에는 처벌의 흠결이 발생할 수 있다는 비판이 제기된다.

> (해설 ✐) 이원적 인적불법론에 대한 비판이다. 이원적 인적불법론에 따르면 주관적 정당화 요소
> 가 결여된 경우 불능미수로 처벌한다. 결과불법이 없다는 점에서 구조적 유사점이 있기 때문
> 이다. 따라서 미수범 처벌규정이 없는 경우 처벌의 흠결이 발생할 수 있다. [정답] - X

12 이 견해에 대해서는 객관적 정당화사정이 행위자에게 유리하게 작용하지 못한다는 비판이 제기된다.

> (해설 ✐) 지문은 결과반가치론이 아니라 인적불법론에 대한 비판이다. 행위반가치만을 고려하
> 는 인적불법론에 따르면 객관적 정당화 상황을 고려하지 않으므로 행위자에게 유리하게 작용
> 하지 못한다는 비판이 있다. [정답] - X

제2절 정당방위

1 정당방위의 성립요건으로서의 방어행위는 순수한 수비적 방어뿐만 아니라 적극적 반격을 포함하는 반격방어의 형태도 포함된다. 변호사시험 제1회

> (해설 ✐) 정당방위가 성립하려면 침해행위에 의하여 침해되는 법익의 종류, 정도, 침해의 방법,
> 침해행위의 완급과 방위행위에 의하여 침해될 법익의 종류, 정도 등 일체의 구체적 사정들을
> 참작하여 방위행위가 사회적으로 상당한 것이어야 하고, **정당방위의 성립요건으로서의 방어
> 행위에는 순수한 수비적 방어뿐 아니라 적극적 반격을 포함하는 반격방어의 형태도 포함되**
> 나, 그 방어행위는 자기 또는 타인의 법익침해를 방위하기 위한 행위로서 상당한 이유가 있어
> 야 한다(대판 1992. 12. 22, 92도2540). [정답] - O

2 가해자의 행위가 피해자의 부당한 공격을 방위하기 위한 것이라기보다는 서로 공격할 의사로 싸우다가 먼저 공격을 받고 이에 대항하여 가해하게 된 경우, 그 가해행위는 방어행위인 동시에 공격행위의 성격을 가지므로 정당방위라고 볼 수 없다. 변호사시험 제3회

> (해설 ✐) 가해자의 행위가 피해자의 부당한 공격을 방위하기 위한 것이라기 보다는 서로 공격할
> 의사로 싸우다가 먼저 공격을 받고 이에 대항하여 가해하게 된 것이라고 봄이 상당한 경우,
> 그 가해행위는 방어행위인 동시에 공격행위의 성격을 가지므로 정당방위 또는 과잉방위행위
> 라고 볼 수 없다(대판 2000. 3. 28, 2000도228). [정답] - O

3 자신의 남편과 甲이 불륜을 저지른 것으로 의심한 乙이 이를 따지기 위해 乙의 아들 등과 함께 甲의 집 안으로 들어와 서로 합세하여 甲을 구타하자, 그로부터 벗어나기 위해 손을 휘저으며 발버둥치는 과정에서 乙에게 상해를 가한 甲의 행위는 위법성이 조각된다.

변호사시험 제3회

해설 ✏️　甲과 자신의 남편과의 관계를 의심하게 된 상대방이 자신의 아들 등과 함께 갑의 아파트에 찾아가 현관문을 발로 차는 등 소란을 피우다가, 출입문을 열어주자 곧바로 甲을 밀치고 신발을 신은 채로 거실로 들어가 상대방 일행이 서로 합세하여 甲을 구타하기 시작하였고, 甲은 이를 벗어나기 위하여 손을 휘저으며 발버둥치는 과정에서 상대방 등에게 상해를 가하게 된 사안에서, 상대방의 남편과 甲이 불륜을 저지른 것으로 생각하고 이를 따지기 위하여 甲의 집을 찾아가 甲을 폭행하기에 이른 것이라는 것만으로 상대방 등의 위 공격행위가 적법하다고 할 수 없고, 甲은 그러한 위법한 공격으로부터 자신을 보호하고 이를 벗어나기 위한 사회관념상 상당성 있는 방어행위로서 유형력의 행사에 이르렀다고 할 것이어서 위 행위의 위법성이 조각된다고 판단한 원심판결에 법리오해의 위법이 없다고 한 사례(대판 2010. 2. 11, 2009도12958).

정답 － ○

4　甲은 경찰관 A로부터 불심검문을 받고 운전면허증을 교부하였는데 A가 이를 곧바로 돌려주지 않고 신분조회를 위해 순찰차로 가는 것을 보자 화가 나 인근 주민 여러 명이 있는 가운데 A에게 큰 소리로 욕설을 하였다. 이에 A는 「형사소송법」 제200조의5에 따라 피의사실의 요지, 체포의 이유, 변호인선임권 등을 고지한 후 甲을 모욕죄의 현행범으로 체포하였고, 그 과정에서 甲은 A에게 반항하면서 몸싸움을 하다가 얼굴 부위에 찰과상 등을 가하였다. 이 때, 甲이 공무집행방해죄와 상해죄로 기소된 경우 법원은 甲의 행위가 위법한 공무집행에 대한 항의과정에서 발생한 것이므로 두 죄 모두 정당방위를 이유로 무죄를 선고하여야 한다.

변호사시험 제5회

해설 ✏️　[1] 형법 제136조가 규정하는 <u>공무집행방해죄는 공무원의 직무집행이 적법한 경우에 한하여 성립</u>하고, 여기서 적법한 공무집행은 그 행위가 공무원의 추상적 권한에 속할 뿐 아니라 구체적 직무집행에 관한 법률상 요건과 방식을 갖춘 경우를 가리킨다. 경찰관이 현행범인 체포 요건을 갖추지 못하였는데도 실력으로 현행범인을 체포하려고 하였다면 적법한 공무집행이라고 할 수 없고, 현행범인 체포행위가 적법한 공무집행을 벗어나 불법인 것으로 볼 수밖에 없다면, 현행범이 체포를 면하려고 반항하는 과정에서 경찰관에게 상해를 가한 것은 불법체포로 인한 신체에 대한 현재의 부당한 침해에서 벗어나기 위한 행위로서 정당방위에 해당하여 위법성이 조각된다.

[2] 피고인이 경찰관의 불심검문을 받아 운전면허증을 교부한 후 경찰관에게 큰 소리로 욕설을 하였는데, 경찰관이 모욕죄의 현행범으로 체포하겠다고 고지한 후 피고인의 오른쪽 어깨를 붙잡자 반항하면서 경찰관에게 상해를 가한 사안에서, 피고인은 경찰관의 불심검문에 응하여 이미 운전면허증을 교부한 상태이고, 경찰관뿐 아니라 인근 주민도 욕설을 직접 들었으므로, 피고인이 도망하거나 증거를 인멸할 염려가 있다고 보기는 어렵고, 피고인의 모욕 범행은 불심검문에 항의하는 과정에서 저지른 일시적, 우발적인 행위로서 사안 자체가 경미할 뿐 아니라, 피해자인 경찰관이 범행현장에서 즉시 범인을 체포할 급박한 사정이 있다고 보기도 어려우므로, <u>경찰관이 피고인을 체포한 행위는 적법한 공무집행이라고 볼 수 없고</u>, 피고인이 체포를 면하려고 반항하는 과정에서 <u>상해를 가한 것은 불법체포로 인한 신체에 대한 현재의 부당한 침해</u>

에서 벗어나기 위한 행위로서 정당방위에 해당한다는 이유로, 피고인에 대한 상해 및 공무집행 방해의 공소사실을 무죄로 인정한 원심판단을 수긍한 사례(대판 2011. 5. 26, 2011도3682).

→ 경찰관이 피고인을 체포한 행위가 적법한 것이 아니므로 공무집행방해죄의 구성요건 해당성이 부정된다. 따라서 공무집행방해죄에 대하여는 정당방위를 이유로 무죄를 선고할 수 없다.

정답 - X

5 甲이 乙과 말다툼을 하던 중 乙이 건초더미에 있던 낫을 들고 반항하자 乙로부터 낫을 빼앗아 그 낫으로 乙의 가슴, 배, 왼쪽 허벅지 부위 등을 수차례 찔러 乙이 사망한 경우, 위법성이 조각된다. 변호사시험 제6회

해설 ✎ 원심은 그 채택 증거들을 종합하여, 피고인이 피해자와 말다툼을 하다가 건초더미에 있던 낫을 들고 반항하는 피해자로부터 낫을 빼앗아 그 낫으로 피해자의 가슴, 배, 등, 뒤통수, 목, 왼쪽 허벅지 부위 등을 10여 차례 찔러 피해자로 하여금 다발성 자상에 의한 기흉 등으로 사망하게 하였다는 사실을 인정한 다음, 이에 비추어 보면, 피고인에게는 이 사건 범행 당시 적어도 살인의 미필적 고의는 있었다고 판단하였는바, 기록에 비추어 살펴보면, 위와 같은 원심의 판단은 옳고, 거기에 상고이유의 주장과 같은 채증법칙 위배 또는 심리미진으로 인한 사실오인이나 미필적 고의에 관한 법리오해 등의 위법이 있다고 할 수 없다.

형법 제21조 소정의 정당방위가 성립하려면 침해행위에 의하여 침해되는 법익의 종류, 정도, 침해의 방법, 침해행위의 완급과 방위행위에 의하여 침해될 법익의 종류, 정도 등 일체의 구체적 사정들을 참작하여 방위행위가 사회적으로 상당한 것이어야 한다.

원심은 그 채택 증거에 의하여 판시와 같은 사실을 인정한 다음, 피해자가 피고인에게 한 가해의 수단 및 정도, 그에 비교되는 피고인의 행위의 수단, 방법과 행위의 결과 등 제반 사정에 비추어, 피고인의 이 사건 범행행위가 피해자의 피고인에 대한 현재의 부당한 침해를 방위하거나 그러한 침해를 예방하기 위한 행위로 상당한 이유가 있는 경우에 해당한다고 볼 수 없고, 또 피고인의 이 사건 범행행위는 방위행위가 그 정도를 초과한 때에 해당하거나 정도를 초과한 방위행위가 야간 기타 불안스러운 상태하에서 공포, 경악, 흥분 또는 당황으로 인한 때에 해당한다고 볼 수도 없다고 판단하였는바, 앞서 본 법리와 기록에 비추어 살펴보면, 위와 같은 원심의 조치는 옳은 것으로 수긍이 가고, 거기에 상고이유의 주장과 같은 채증법칙 위배로 인한 사실오인이나 정당방위 및 과잉방위에 관한 법리오해의 위법이 있다고 할 수 없다(대판 2007. 4. 26, 2007도1794).

정답 - X

6 변호사 甲은 참고인 조사를 받는 줄 알고 검찰청에 자진출석한 자신의 사무장 乙을 합리적 근거 없이 검사가 긴급체포하자 이를 제지하는 과정에서 검사에게 상해를 가한 경우, 위법성이 조각된다. 변호사시험 제6회

해설 ✎ 검사가 참고인 조사를 받는 줄 알고 검찰청에 자진출석한 변호사사무실 사무장을 합리적 근거 없이 긴급체포하자 그 변호사가 이를 제지하는 과정에서 위 검사에게 상해를 가한 것이 정당방위에 해당한다고 본 사례(대판 2006. 9. 8, 2006도148).

정답 - O

제3절 긴급피난

1 선박의 이동에도 새로운 공유수면점용허가가 있어야 하고 휴지선을 이동하는 데는 예인선이 따로 필요한 관계로 비용이 많이 들어 다른 해상으로 이동을 하지 못하고 있는 사이에 태풍을 만나게 되고, 그와 같은 위급한 상황에서 선박과 선원들의 안전을 위한 조치를 취한 결과 인근 양식장에 피해를 준 경우 긴급피난에 해당한다. 변호사시험 제3회

> (해설) [1] 피고인들이 피조개양식장에 피해를 주지 아니하도록 할 의도에서 선박의 닻줄을 7샤클(175미터)에서 5샤클(125미터)로 감아놓았고 그 경우에 피조개양식장까지의 거리는 약 30미터까지 근접한다는 것이므로 닻줄을 50미터 더 늘여서 7샤클로 묘박하였다면 선박이 태풍에 밀려 피조개양식장을 침범하여 물적 손해를 입히리라는 것은 당연히 예상되는 것이고, 그럼에도 불구하고 태풍에 대비한 선박의 안전을 위하여 선박의 닻줄을 7샤클로 늘여 놓았다면 이는 피조개양식장의 물적피해를 인용한 것이라 할 것이어서 재물손괴의 점에 대한 미필적 고의를 인정할 수 있다.
>
> [2] 선박의 이동에도 새로운 공유수면점용허가가 있어야 하고 휴지선을 이동하는데는 예인선이 따로 필요한 관계로 비용이 많이 들어 다른 해상으로 이동을 하지 못하고 있는 사이에 태풍을 만나게 되고 그와 같은 위급한 상황에서 선박과 선원들의 안전을 위하여 사회통념상 가장 적절하고 필요불가결하다고 인정되는 조치를 취하였다면 형법상 긴급피난으로서 위법성이 없어서 범죄가 성립되지 아니한다고 보아야 하고 미리 선박을 이동시켜 놓아야 할 책임을 다하지 아니함으로써 위와 같은 긴급한 위난을 당하였다는 점만으로는 긴급피난을 인정하는데 아무런 방해가 되지 아니한다(대판 1987. 1. 20, 85도221).
>
> → 양식장 피해에 대한 미필적 고의는 인정되나 긴급피난에 해당한다고 본 사안이다.

정답 - O

2 甲이 乙의 개가 자신의 애완견을 물어뜯는 공격을 하자 소지하고 있던 기계톱으로 乙의 개를 절개하여 죽인 경우, 위법성이 조각된다. 변호사시험 제6회

> (해설) 원심은 그 채택 증거들을 종합하여 판시와 같은 사실을 인정한 다음, 피고인으로서는 자신의 진돗개를 보호하기 위하여 몽둥이나 기계톱 등을 휘둘러 피해자의 개들을 쫓아버리는 방법으로 자신의 재물을 보호할 수 있었을 것이므로 피해견을 기계톱으로 내리쳐 등 부분을 절개한 것은 피난행위의 상당성을 넘은 행위로서 형법 제22조 제1항에서 정한 긴급피난의 요건을 갖춘 행위로 보기 어려울 뿐 아니라, 그 당시 피해견이 피고인을 공격하지도 않았고 피해견이 평소 공격적인 성향을 가지고 있었다고 볼 자료도 없는 이상 형법 제22조 제3항에서 정한 책임조각적 과잉피난에도 해당하지 아니한다고 보아 이 사건 공소사실 중 재물손괴의 점을 무죄로 판단한 제1심판결을 파기하고 이 부분 공소사실을 유죄로 인정하였다.
>
> 원심판결 이유를 앞서 본 법리와 원심이 적법하게 채택한 증거들에 비추어 살펴보면, 원심의 위와 같은 판단은 정당하고, 거기에 상고이유 주장과 같이 논리와 경험의 법칙을 위반하여 자유심증주의의 한계를 벗어나거나 긴급피난에 관한 법리를 오해한 잘못이 없다(대판 2016. 1. 28, 2014도2477).

정답 - X

■ 사례 【3~7】

다음과 같은 근거로 벌하지 아니하는 경우는? (다툼이 있는 경우 판례에 의함)

변호사시험 제7회

> 자기 또는 타인의 법익에 대한 현재의 위난을 피하기 위한 행위는 상당한 이유가 있는 때에는 벌하지 아니한다.

3 정당 당직자가 국회 외교통상 상임위원회 회의장 앞 복도에서 출입이 봉쇄된 회의장 출입구를 뚫을 목적으로 회의장 출입문 및 그 안쪽에 쌓여있던 집기를 손상하거나 국회 심의를 방해할 목적으로 회의장 내에 물을 분사한 경우

(해설 ✎) 甲 정당 당직자인 피고인들 등이 국회 외교통상 상임위원회 회의장 앞 복도에서 출입이 봉쇄된 회의장 출입구를 뚫을 목적으로 회의장 출입문 및 그 안쪽에 쌓여있던 책상, 탁자 등 집기를 손상하거나, 국회의 심의를 방해할 목적으로 소방호스를 이용하여 회의장 내에 물을 분사한 사안에서, 피고인들의 위와 같은 행위는 공용물건손상죄 및 국회회의장소동죄의 구성요건에 해당하고, 국민의 대의기관인 국회에서 서로의 의견을 경청하고 진지한 토론과 양보를 통하여 더욱 바람직한 결론을 도출하는 합법적 절차를 외면한 채 곧바로 폭력적 행동으로 나아가 방법이나 수단에 있어서도 상당성의 요건을 갖추지 못하여 이를 위법성이 조각되는 정당행위나 <u>긴급피난의 요건을 갖춘 행위로 평가하기 어렵다</u>고 한 사례(대판 2013. 6. 13, 2010도13609). 정답 – X

4 자신의 진돗개를 물어뜯는 공격을 하였다는 이유로 소지하고 있던 기계톱으로 타인의 개를 내리쳐 등 부분을 절개하여 죽인 경우

(해설 ✎) 원심은 그 채택 증거들을 종합하여 판시와 같은 사실을 인정한 다음, 피고인으로서는 자신의 진돗개를 보호하기 위하여 몽둥이나 기계톱 등을 휘둘러 피해자의 개들을 쫓아버리는 방법으로 자신의 재물을 보호할 수 있었을 것이므로 피해견을 기계톱으로 내리쳐 등 부분을 절개한 것은 피난행위의 상당성을 넘은 행위로서 <u>형법 제22조 제1항에서 정한 긴급피난의 요건을 갖춘 행위로 보기 어려울 뿐 아니라</u>, 그 당시 피해견이 피고인을 공격하지도 않았고 피해견이 평소 공격적인 성향을 가지고 있었다고 볼 자료도 없는 이상 <u>형법 제22조 제3항에서 정한 책임조각적 과잉피난에도 해당하지 아니한다</u>고 보아 이 사건 공소사실 중 재물손괴의 점을 무죄로 판단한 제1심판결을 파기하고 이 부분 공소사실을 유죄로 인정하였다.

원심판결 이유를 앞서 본 법리와 원심이 적법하게 채택한 증거들에 비추어 살펴보면, 원심의 위와 같은 판단은 정당하고, 거기에 상고이유 주장과 같이 논리와 경험의 법칙을 위반하여 자유심증주의의 한계를 벗어나거나 긴급피난에 관한 법리를 오해한 잘못이 없다(대판 2016. 1. 28, 2014도2477). 정답 – X

5 아파트 입주자대표회의 회장이 다수 입주민들의 민원에 따라 위성방송 수신을 방해하는 케이블TV방송의 시험방송 송출을 중단시키기 위하여 위 케이블TV방송의 방송안테나를 절단하도록 지시한 경우

(해설 ✎) 아파트 입주자대표회의 회장이 다수 입주민들의 민원에 따라 위성방송 수신을 방해하는 케이블TV방송의 시험방송 송출을 중단시키기 위하여 위 케이블TV방송의 방송안테나를 절단하도록 지시한 행위를 긴급피난 내지는 정당행위에 해당한다고 볼 수 없다고 한 원심의 판단을 수긍한 사례(대판 2006. 4. 13, 2005도9396).   정답 - X

6 운전자가 경찰관의 불심검문을 받아 운전면허증을 교부한 후 경찰관에게 큰 소리로 욕설을 하였는데, 경찰관이 자신을 모욕죄의 현행범으로 체포하려고 하자 반항하면서 경찰관에게 가벼운 상해를 입힌 경우

(해설 ✎) 피고인이 경찰관의 불심검문을 받아 운전면허증을 교부한 후 경찰관에게 큰 소리로 욕설을 하였는데, 경찰관이 모욕죄의 현행범으로 체포하겠다고 고지한 후 피고인의 오른쪽 어깨를 붙잡자 반항하면서 경찰관에게 상해를 가한 사안에서, 피고인은 경찰관의 불심검문에 응하여 이미 운전면허증을 교부한 상태이고, 경찰관뿐 아니라 인근 주민도 욕설을 직접 들었으므로, 피고인이 도망하거나 증거를 인멸할 염려가 있다고 보기는 어렵고, 피고인의 모욕 범행은 불심검문에 항의하는 과정에서 저지른 일시적, 우발적인 행위로서 사안 자체가 경미할 뿐 아니라, 피해자인 경찰관이 범행현장에서 즉시 범인을 체포할 급박한 사정이 있다고 보기도 어려우므로, 경찰관이 피고인을 체포한 행위는 적법한 공무집행이라고 볼 수 없고, 피고인이 체포를 면하려고 반항하는 과정에서 **상해를 가한 것은 불법체포로 인한 신체에 대한 현재의 부당한 침해에서 벗어나기 위한 행위로서 정당방위에 해당한다**는 이유로, 피고인에 대한 상해 및 공무집행방해의 공소사실을 무죄로 인정한 원심판단을 수긍한 사례(대판 2011. 5. 26, 2011도3682).

→ 긴급피난이 아니라 정당방위를 인정한 사안이다.   정답 - X

7 선장이 피조개양식장에 피해를 주지 않기 위해 양식장까지의 거리가 약 30미터가 되도록 선박의 닻줄을 7샤클(175미터)에서 5샤클(125미터)로 감아놓았는데, 태풍을 갑자기 만나게 되면서 선박의 안전을 위하여 어쩔 수 없이 선박의 닻줄을 7샤클로 늘여 놓았다가 피조개양식장을 침범하여 물적 피해를 야기한 경우

(해설 ✎) [1] 피고인들이 피조개양식장에 피해를 주지 아니하도록 할 의도에서 선박의 닻줄을 7샤클(175미터)에서 5샤클(125미터)로 감아놓았고 그 경우에 피조개양식장까지의 거리는 약 30미터까지 근접한다는 것이므로 닻줄을 50미터 더 늘여서 7샤클로 묘박하였다면 선박이 태풍에 밀려 피조개양식장을 침범하여 물적 손해를 입히리라는 것은 당연히 예상되는 것이고, 그럼에도 불구하고 태풍에 대비한 선박의 안전을 위하여 선박의 닻줄을 7샤클로 늘여 놓았다면 이는 피조개양식장의 물적피해를 인용한 것이라 할 것이어서 재물손괴의 점에 대한 미필적 고의를 인정할 수 있다.

[2] 선박의 이동에도 새로운 공유수면점용허가가 있어야 하고 휴지선을 이동하는데는 예인선이 따로 필요한 관계로 비용이 많이 들어 다른 해상으로 이동을 하지 못하고 있는 사이에 태풍을 만나게 되고 그와 같은 위급한 상황에서 선박과 선원들의 안전을 위하여 사회통념상 가장 적절하고 필요불가결하다고 인정되는 조치를 취하였다면 형법상 긴급피난으로서 위법성이 없어서 범죄가 성립되지 아니한다고 보아야 하고 미리 선박을 이동시켜 놓아야 할 책임을 다하지 아니함으로써 위와 같은 긴급한 위난을 당하였다는 점만으로는 긴급피난을 인정하는 데 아무런 방해가 되지 아니한다(대판 1987. 1. 20, 85도221). 정답 - O

제4절 자구행위

1 인근 상가의 통행로로 이용되고 있는 토지의 사실상 지배권자가 위 토지에 철주와 철망을 설치하고 포장된 아스팔트를 걷어냄으로써 통행로로 이용하지 못하게 한 경우 자구행위에 해당하지 않는다. 변호사시험 제3회

해설 인근 상가의 통행로로 이용되고 있는 토지의 사실상 지배권자가 위 토지에 철주와 철망을 설치하고 포장된 아스팔트를 걷어냄으로써 통행로로 이용하지 못하게 한 경우, 이는 일반교통방해죄를 구성하고 자구행위에 해당하지 않는다고 한 사례.

(판결이유 중)······설사 피고인의 주장대로 이 사건 토지에 인접하여 있는 공소외 2 소유의 광주 서구 화정동 1051 소재 건물에 **건축법상 위법요소가 존재하고 공소외 2가 그와 같은 위법요소를 방치 내지 조장하고 있다거나, 위 건물의 건축허가 또는 이 사건 토지상의 가설건축물 허가 여부에 관한 관할관청의 행정행위에 하자가 존재한다고 가정하더라도, 그러한 사정만으로 이 사건에 있어서 피고인이 이 사건 토지의 소유자를 대위 또는 대리하여 법정절차에 의하여 이 사건 토지의 소유권을 방해하는 사람들에 대한 방해배제 등 **청구권을 보전하는 것이 불가능하였거나 현저하게 곤란하였다고 볼 수 없을 뿐만 아니라, 피고인의 이 사건 행위가 그 청구권의 실행불능 또는 현저한 실행곤란을 피하기 위한 상당한 행위라고 볼 수도 없음을 알 수 있다······(대판 2007. 12. 28, 2007도7717). 정답 - O

2 자구행위가 그 정도를 초과하더라도 야간 기타 불안스러운 상태하에서 공포·경악·흥분·당황으로 인한 경우에는 벌하지 아니한다. 변호사시험 제1회

해설 자구행위의 경우에는 정당방위나 긴급피난과 달리, 야간 기타 불안스러운 상태하에서 공포·경악·흥분·당황으로 인한 경우로 처벌되지 않는 규정은 두고 있지 않다. 정답 - X

제5절 피해자의 승낙

1 피해자의 승낙에 의한 행위가 위법성이 조각되기 위해서는 그 승낙이 유효해야 할 뿐 아니라 그 승낙에 기한 행위가 사회상규에 위배되지 아니한 경우이어야 한다. 변호사시험 제1회

> **해설** 형법 제24조의 규정에 의하여 위법성이 조각되는 피해자의 승낙은 개인적 법익을 훼손하는 경우에 법률상 이를 처분할 수 있는 사람의 승낙을 말할 뿐만 아니라 그 승낙이 윤리적, 도덕적으로 사회상규에 반하는 것이 아니어야 한다(대판 1985. 12. 10, 85도1892). 정답 – O

2 피해자의 승낙은 과실범의 경우에 위법성조각사유가 되지 않는다. 변호사시험 제2회

> **해설** 행위자의 주의의무위반을 예측하고 이를 승낙한 경우에는 과실범의 경우에도 피해자의 승낙이 위법성조각사유가 될 수 있다. 예를 들어, 운동경기 도중에 과실로 상해를 입히는 경우 문제삼지 않기로 하는 것이 이에 해당한다. 정답 – X

3 피해자의 승낙은 형사불법의 귀속에 관하여 피해자에게 처분권을 부여해 주는 규정으로서, 형법이론적으로 피해자 고려, 형법의 보충성 실현, 형법의 민사화 등의 의미를 갖는다. 변호사시험 제5회

> **해설** 피해자의 승낙은 피해자의 의사에 따라 위법성을 조각하는 경우이므로 피해자의 의사를 존중하는 것이며, 이는 형법의 보충성 실현과 민사화 등과도 관련된다. 한편 형법은 국가형벌권 행사에 관한 것임에도 피해자의 승낙은 피해자에게 처분권을 부여하는 것이므로 사회상규에 의한 제한이 문제된다. 정답 – O

4 13세 미만의 소녀가 자신에 대한 간음에 동의하였더라도 간음행위의 위법성이 조각되지 않는다. 변호사시험 제5회

> **해설** 형법 제305조에 규정된 13세미만 부녀에 대한 의제강간, 추행죄는 그 성립에 있어 위계 또는 위력이나 폭행 또는 협박의 방법에 의함을 요하지 아니하며 피해자의 동의가 있었다고 하여도 성립하는 것이다(대판 1982. 10. 12, 82도2183). 정답 – O

5 피해자의 승낙에 의한 행위가 사회상규에 위배된 때에는 위법하다는 이른바 피해자의 승낙에 대한 '사회상규적·윤리적 한계에 의한 제약'은 판례에 의할 때 상해죄에 대하여만 인정된다. 변호사시험 제5회

> **해설** 각종의 장기와 신경이 밀집되어 있어 인체의 가장 중요한 부위를 점하고 있는 흉부에 대한 강도의 타격은 생리적으로 중대한 영향을 줄 뿐만 아니라 신경에 자극을 줌으로써 이에 따른 쇼크로 인해 피해자를 사망에 이르게 할 수 있고, 더우기 그 가격으로 급소를 맞을 때에는 더욱 그러할 것인데, 피할만한 여유도 없는 좁은 장소와 상급자인 피고인이 하급자인 피해자로부터 아프게 반격을 받을 정도의 상황에서 신체가 보다 더 건강한 피고인이 피해자에게 약 1분 이상 가슴과 배를 때렸다면 사망의 결과에 대한 예견가능성을 부정할 수도 없을 것이

며 위와 같은 상황에서 이루어진 **폭행이 장난권투로서 피해자의 승낙에 의한 사회상규에 어긋나지 않는 것이라고도 볼 수 없다**(대판 1989. 11. 28, 89도201).

→ 폭행치사에 대해서도 사회상규적·윤리적 한계에 의한 제약을 인정한다. 　　정답 - X

6 의사의 불충분한 설명을 근거로 환자가 수술에 동의하였더라도 피해자 승낙으로 수술의 위법성이 조각되지 않는다. 　　변호사시험 제5회

해설 🖉　산부인과 전문의 수련과정 2년차인 의사가 자신의 시진, 촉진결과 등을 과신한 나머지 초음파검사 등 피해자의 병증이 자궁외 임신인지, 자궁근종인지를 판별하기 위한 정밀한 진단방법을 실시하지 아니한 채 피해자의 병명을 자궁근종으로 오진하고 이에 근거하여 의학에 대한 전문지식이 없는 피해자에게 자궁적출술의 불가피성만을 강조하였을 뿐 위와 같은 진단상의 과오가 없었으면 당연히 설명받았을 자궁외 임신에 관한 내용을 설명받지 못한 피해자로부터 수술승낙을 받았다면 **위 승낙은 부정확 또는 불충분한 설명을 근거로 이루어진 것으로서 수술의 위법성을 조각할 유효한 승낙이라고 볼 수 없다**(대판 1993. 7. 27, 92도2345). 　정답 - O

7 승낙은 법익침해 후에 하여도 유효하며, 승낙한 이후에는 자유롭게 철회할 수 없다.
　　변호사시험 제5회

해설 🖉　승낙은 행위 당시 있어야 하며, 법익침해 전에 하여야 하며, 원칙적으로 자유롭게 철회할 수 있다. 그러나 철회 전의 행위에 대해서는 영향이 없다. 　　정답 - X

8 추정적 승낙이란 피해자의 현실적인 승낙이 없었다고 하더라도 행위 당시의 모든 객관적 사정에 비추어 볼 때 만일 피해자가 행위의 내용을 알았더라면 당연히 승낙하였을 것으로 예견되는 경우를 말한다. 　　변호사시험 제1회

해설 🖉　추정적 승낙이란 피해자의 현실적인 승낙이 없었다고 하더라도 **행위 당시의 모든 객관적 사정에 비추어 볼 때 만일 피해자가 행위의 내용을 알았더라면 당연히 승낙하였을 것으로 예견되는 경우**를 말하는바……(대판 2006. 3. 24, 2005도8081). 　　정답 - O

9 甲이 자신의 부(父) 乙에게서 乙 소유의 부동산 매매에 관한 권한 일체를 위임받아 이를 매도하였는데, 그 후 乙이 갑자기 사망하자 소유권 이전에 사용할 목적으로 乙이 甲에게 인감증명서 발급을 위임한다는 취지의 인감증명 위임장을 작성한 경우 乙의 추정적 승낙이 인정되므로 사문서위조죄가 성립하지 않는다. 　　변호사시험 제3회

해설 🖉　피고인이 자신의 부(父) 甲에게서 甲 소유 부동산의 매매에 관한 권한 일체를 위임받아 이를 매도하였는데, 그 후 甲이 갑자기 사망하자 부동산소유권 이전에 사용할 목적으로 甲이 자신에게 인감증명서 발급을 위임한다는 취지의 인감증명 위임장을 작성한 후 주민센터 담당직원에게 이를 제출한 사안에서, **甲의 사망으로 포괄적인 명의사용의 근거가 되는 위임관계 내지 포괄적인 대리관계는 종료된 것으로 보아야 하므로 특별한 사정이 없는 한 피고인은 더 이상 위임받은 사무처리와 관련하여 甲의 명의를 사용하는 것이 허용된다고 볼 수 없**

고, 피고인이 사망한 甲의 명의를 모용한 인감증명 위임장을 작성하여 인감증명서를 발급받아야 할 급박한 사정이 있었다고 볼 만한 사정도 없으며, 인감증명 위임장은 본래 생존한 사람이 타인에게 인감증명서 발급을 위임한다는 취지의 문서라는 점을 고려하면, 이미 사망한 甲이 '병안 중'이라는 사유로 피고인에게 인감증명서 발급을 위임한다는 취지의 인감증명 위임장이 작성됨으로써 문서에 관한 공공의 신용을 해할 위험성이 발생하였다 할 것이고, 피고인이 명의자 甲이 승낙하였을 것이라고 기대하거나 예측한 것만으로는 사망한 甲의 승낙이 추정된다고 단정할 수 없는데도, 이와 달리 피고인에게 무죄를 인정한 원심판결에 사망한 사람 명의의 사문서위조죄에서 승낙 내지 추정적 승낙에 관한 법리오해의 위법이 있다고 한 사례(대판 2011. 9. 29, 2011도6223). 정답 - X

제6절 정당행위

1 甲은 처 乙이 丙男과 사귀면서 외출과 외박을 자주하자 乙의 뒤를 추적하던 중 乙이 丙의 집에 들어가는 것을 보고 그 집에 이르러 대문이 잠겨 있자 담을 넘어 방안으로 들어가 乙과 丙에게 욕설을 하고 사진기로 乙과 丙 및 그 집 안방 내부 등을 촬영하였다. 그 후 乙이 집을 나가 돌아오지 않자 甲은 乙을 상대로 이혼소송을 제기하였고, 乙의 행방을 알 수 없어 丙만을 간통죄로 고소하였다. 검사는 丙을 간통죄로 기소하였고, 丙은 제1심에서 징역 1년을 선고받고 항소하지 않아 그 판결이 확정되었다. 丙에 대한 판결 확정 후 乙도 간통죄로 기소되어 乙에 대한 제1심 공판 진행 중 乙이 용서를 빌자 甲은 乙에 대한 고소를 취소하였다. 이 경우, 甲의 주거침입행위는 사회상규에 어긋나지 아니하는 행위로 형법 제20조의 정당행위에 해당하여 범죄가 성립하지 않는다. 변호사시험 제2회

해설 ✎ 간통 현장을 직접 목격하고 그 사진을 촬영하기 위하여 상간자의 주거에 침입한 행위가 정당행위에 해당하지 않는다고 한 사례

(판결이유 중)……피해자가 공소외 1과 함께 외출하였다가 이 사건 주택 내로 들어가는 것을 보고……피고인들이 피해자의 방에 들어가 피고인 1은 피해자에게 욕설을 하고, 피고인 2, 피고인 3은 피해자와 공소외 1이 함께 있는 것, 공소외 1의 옷가지, 부엌 살림살이 등에 관하여 사진 촬영을 한 사실……(대판 2003. 9. 26, 2003도3000).

→ 2015년 2월 26일 간통죄가 헌법재판소에서 위헌결정을 받아 형법에서 삭제되었으므로 동일한 문제가 출제되기는 어려울 것이나. 사인이 민사소송의 증거확보를 위해 타인의 주거를 침입한 행위는 정당행위에 해당하지 않는다는 점은 알아둘 필요가 있다. 정답 - X

2 甲이 군무기피의 목적이 있었으나 국군보안사령부의 민간인에 대한 정치사찰을 폭로한다는 명목으로 군무를 이탈한 경우, 위법성이 조각된다. 변호사시험 제6회

해설 ✎ 서면화된 인사발령 없이 국군보안사령부 서빙고분실로 배치되어 이른바 '혁노맹'사건 수사에 협력하게 된 사정만으로 군무이탈행위에 군무기피목적이 없었다고 할 수 없고, 국군보안사령부의 민간인에 대한 정치사찰을 폭로한다는 명목으로 군무를 이탈한 행위가 정당방위나 정당행위에 해당하지 아니한다고 한 사례(대판 1993. 6. 8, 93도766). 정답 - X

3 甲은 자신의 아파트로 찾아와 소란을 피우는 친구 乙에게 출입문을 열어주었으나, 乙이 신발을 신은 채 거실로 들어와 함께 온 아들과 합세하여 남편과의 불륜관계를 추궁하며 자신을 구타하자, 그로부터 벗어나기 위해 손을 휘저으며 발버둥을 치는 과정에서 乙에게 상해를 가한 경우, 위법성이 조각된다. 변호사시험 제6회

> **해설** 甲과 자신의 남편과의 관계를 의심하게 된 상대방이 자신의 아들 등과 함께 甲의 아파트에 찾아가 현관문을 발로 차는 등 소란을 피우다가, 출입문을 열어주자 곧바로 甲을 밀치고 신발을 신은 채로 거실로 들어가 상대방 일행이 서로 합세하여 甲을 구타하기 시작하였고, 甲은 이를 벗어나기 위하여 손을 휘저으며 발버둥치는 과정에서 상대방 등에게 상해를 가하게 된 사안에서, 상대방의 남편과 甲이 불륜을 저지른 것으로 생각하고 이를 따지기 위하여 甲의 집을 찾아가 甲을 폭행하기에 이른 것이라는 것만으로 상대방 등의 위 공격행위가 적법하다고 할 수 없고, 甲은 그러한 위법한 공격으로부터 자신을 보호하고 이를 벗어나기 위한 **사회관념상 상당성 있는 방어행위로서 유형력의 행사에 이르렀다고 할 것이어서 위 행위의 위법성이 조각된다**고 판단한 원심판결에 법리오해의 위법이 없다고 한 사례(대판 2010. 2. 11, 2009도12958). 정답 - ○

제4장 책임론

제1절 책임이론

1 도의적 책임론은 형사책임의 근거를 행위자의 자유의사에서 찾으며, 가벌성 판단에서 행위보다 행위자에 중점을 두는 주관주의 책임론의 입장이다. 변호사시험 제2회

> **해설** 도의적 책임론은 책임의 근거를 자유의사에 두고, 책임은 자유의사를 가진 자가 자유로운 의사에 의하여 적법한 행위를 할 수 있었음에도 불구하고 위법한 행위를 하였으므로 행위자에게 윤리적 비난을 가하는 것이라고 한다. 도의적 책임론은 자유의사를 전제로 하는 전통적인 고전학파의 책임이론이고 행위자보다 행위에 중점을 두는 객관주의의 책임이론이다. 따라서 주관주의 책임론의 입장이라는 지문은 옳지 않다. 정답 - X

2 사회적 책임론에 따르면, 책임의 근거는 행위자의 반사회적 성격에 있으므로 사회생활을 하고 있는 책임무능력자에 대하여도 사회방위를 위해 보안처분을 가하여야 한다. 이러한 의미에서 책임능력은 형벌능력을 의미한다. 변호사시험 제2회

> **해설** 사회적 책임론은 범죄가 행위자의 소지로가 환경에 의하여 결정되는 것이라고 한다. 이에 의하면 책임의 근거는 행위자의 반사회적 성격에 있으므로 사회생활을 하고 있는 책임무능력자에 대하여도 사회방위의 보안처분을 하여야 한다. 따라서 책임능력은 형벌능력을 의미하고 형벌과 보안처분은 사회방위의 수단인 점에서 동일하며 다만 양적 차이가 있을 뿐이다. 정답 - ○

3 심리적 책임론에 따르면, 책임의 본질은 결과에 대한 인식과 의사인 고의 또는 결과를 인식하지 못한 과실에 있으며, 범죄 성립의 모든 객관적·외적 요소는 구성요건과 위법성단계에, 주관적·내적 요소는 책임단계에 배치한다. 변호사시험 제2회

> 【해설】 심리적 책임론은 책임을 결과에 대한 행위자의 심리적 관계로 이해하여 고의 또는 과실만 있으면 책임조건은 구비되고, 따라서 결과에 대한 인식과 의사인 고의와 이를 인식 또는 의욕하지 않는 과실이 바로 책임이라고 한다. 범죄를 내적 요소 또는 주관적 요소와 외적 요소 또는 객관적 요소로 분리하여, 모든 객관적·외적 요소는 위법성에 속하고 주관적·내적 요소는 책임에 해당한다고 이해한 초기의 범죄론에 의하여 결과에 대한 행위자의 심리적 관계인 고의·과실이 책임의 본질이라고 한 것이다. 【정답】 - ○

4 규범적 책임론에 따르면, 책임의 구성요소는 행위자의 감정세계와 구성요건에 해당하는 결과 사이의 심리적 결합이 아니라 행위자의 적법행위가 요구되었음에도 불구하고 위법행위를 하였다는 환경의 평가에 있으므로, 책임은 구성요건에 해당하는 불법행위에 대한 비난가능성이다. 변호사시험 제2회

> 【해설】 규범적 책임론은 책임을 심리적 사실관계로 이해하는 심리적 책임론과 달리 평가적 가치관계로 이해한다. 이를 처음 전개한 Frank에 의하면 책임의 구성요소는 행위자의 감정세계와 구성요건에 해당하는 결과 사이의 심리적 결합이 아니라 행위자가 법에 따를 것이 요구되었음에도 불구하고 그 의무에 위배하여 행위하였다는 환경의 평가에 있다. 따라서 책임은 구성요건에 해당하는 불법의 비난가능성이다. 【정답】 - ○

5 기능적 책임론에 따르면, 책임의 내용은 형벌의 목적, 특히 일반예방의 목적에 따라 결정되어야 하며, 책임은 예방의 필요성을 한계로 하고 예방의 필요성도 책임형벌을 제한함으로써 책임과 예방의 상호제한적 기능을 인정한다 변호사시험 제2회

> 【해설】 기능적 책임론은 책임의 내용은 형벌의 목적, 특히 일방예방의 목적에 의하여 결정되어야 한다고 주장한다. 개별적인 행위자가 행위시에 달리 행위할 수 있었는가를 확정하는 것은 불가능할 뿐만 아니라 행위자 개인이 달리 행위할 수 없었다는 이유로 처벌하지 않는 것도 옳다고 할 수 없으므로, 책임을 형벌목적과 관련하여 기능적으로 이해한다. 책임은 예방의 필요성을 한계로 하고 예방의 필요성도 책임형벌을 제한한다고 하여 책임과 예방의 상호 제한적 기능을 인정한다. 【정답】 - ○

제2절 책임능력

Ⅰ. 책임무능력자와 한정책임능력자

1 충동조절장애와 같은 성격적 결함은 정신병이 아니기 때문에 그 정도에 상관없이 심신장애에 해당하지 않는다. 변호사시험 제6회

해설 자신의 충동을 억제하지 못하여 범죄를 저지르게 되는 현상은 정상인에게서도 얼마든지 찾아볼 수 있는 일로서, 특단의 사정이 없는 한 위와 같은 성격적 결함을 가진 자에 대하여 자신의 충동을 억제하고 법을 준수하도록 요구하는 것이 기대할 수 없는 행위를 요구하는 것이라고는 할 수 없으므로, 원칙적으로 **충동조절장애와 같은 성격적 결함은 형의 감면사유인 심신장애에 해당하지 아니한다고 봄이 상당하지만**, 그 이상으로 사물을 변별할 수 있는 능력에 장애를 가져오는 원래의 의미의 정신병이 도벽의 원인이라거나 혹은 도벽의 원인이 충동조절장애와 같은 성격적 결함이라 할지라도 <u>그것이 매우 심각하여 원래의 의미의 정신병을 가진 사람과 동등하다고 평가할 수 있는 경우에는 그로 인한 절도 범행은 심신장애로 인한 범행으로 보아야 한다</u>(대판 2002. 5. 24, 2002도1541).　　　　정답 ― X

2 「형법」 제10조에 규정된 심신장애의 유무 및 정도의 판단은 법률적 판단으로서 반드시 전문감정인의 의견에 기속되어야 하는 것은 아니고, 여러 사정을 종합하여 법원이 독자적으로 판단할 수 있다.　　　　변호사시험 제6회

해설 형법 제10조에 규정된 심신장애의 유무 및 정도의 판단은 법률적 판단으로서 반드시 전문감정인의 의견에 기속되어야 하는 것은 아니고, 정신질환의 종류와 정도, 범행의 동기, 경위, 수단과 태양, 범행 전후의 피고인의 행동, 반성의 정도 등 **여러 사정을 종합하여 법원이 독자적으로 판단할 수 있다**(대판 2007. 11. 29, 2007도8333).　　　　정답 ― O

Ⅱ. 원인에 있어서 자유로운 행위

■ 사례【3~5】

다음 사례에 관하여 답하시오.(다툼이 있으면 판례에 의함)　　　　변호사시험 제4회

[사례 1] 甲은 유치원생인 여자아이 앞에서 공연음란행위를 하였다.
[사례 2] 甲은 타인의 집에 들어가 여자의 속옷을 절취하였다.

3 [사례 1]에서 甲에게 소아기호증과 같은 질환이 있었던 경우, 그 자체만으로는 형의 감면사유인 심신장애에 해당하지 아니하지만, 그 증상이 매우 심각하여 원래 의미의 정신병이 있는 사람과 동등하다고 평가할 수 있는 경우에는 심신장애를 인정할 여지가 있다.

해설 특단의 사정이 없는 한 성격적 결함을 가진 자에 대하여 자신의 충동을 억제하고 법을 준수하도록 요구하는 것이 기대할 수 없는 행위를 요구하는 것이라고는 할 수 없으므로, 사춘기 이전의 소아들을 상대로 한 성행위를 중심으로 성적 흥분을 강하게 일으키는 공상, 성적 충동, 성적 행동이 반복되어 나타나는 소아기호증은 성적인 측면에서의 성격적 결함으로 인하여 나타나는 것으로서, 소아기호증과 같은 질환이 있다는 사정은 그 자체만으로는 형의 감면사유인 심신장애에 해당하지 아니한다고 봄이 상당하고, 다만 그 증상이 매우 심각하여 원래의 의미의 정신병이 있는 사람과 동등하다고 평가할 수 있거나, 다른 심신장애사유와 경합

된 경우 등에는 **심신장애를 인정할 여지가 있으며**, 이 경우 심신장애의 인정 여부는 소아기호증의 정도, 범행의 동기 및 원인, 범행의 경위 및 수단과 태양, 범행 전후의 피고인의 행동, 증거인멸 공작의 유무, 범행 및 그 전후의 상황에 관한 기억의 유무 및 정도, 반성의 빛의 유무, 수사 및 공판정에서의 방어 및 변소의 방법과 태도, 소아기호증 발병 전의 피고인의 성격과 그 범죄와의 관련성 유무 및 정도 등을 종합하여 법원이 독자적으로 판단할 수 있다(대판 2007. 2. 8, 2006도7900). 　　　　　　　　　　　　　　　　　　　　정답 − O

4 [사례 2]에서 甲에게 무생물인 옷 등을 성적 각성과 희열의 자극제로 믿고 이를 성적 흥분을 고취시키는 데 쓰는 성주물성애증이라는 정신질환이 있었던 경우, 그러한 사정만으로는 심신장애에 해당한다고 볼 수 없지만, 다른 심신장애사유와 경합된 경우에는 심신장애를 인정할 여지가 있다.

해설 ✎ 특별한 사정이 없는 한 성격적 결함을 가진 사람에 대하여 자신의 충동을 억제하고 법을 준수하도록 요구하는 것이 기대할 수 없는 행위를 요구하는 것이라고는 할 수 없으므로, 무생물인 옷 등을 성적 각성과 희열의 자극제로 믿고 이를 성적 흥분을 고취시키는 데 쓰는 성주물성애증이라는 정신질환이 있다고 하더라도 그러한 사정만으로는 절도 범행에 대한 형의 감면사유인 심신장애에 해당한다고 볼 수 없고, 다만 그 증상이 매우 심각하여 원래의 의미의 정신병이 있는 사람과 동등하다고 평가할 수 있거나, **다른 심신장애사유와 경합된 경우등에는 심신장애를 인정할 여지가 있으며**, 이 경우 심신장애의 인정 여부는 성주물성애증의 정도 및 내용, 범행의 동기 및 원인, 범행의 경위 및 수단과 태양, 범행 전후의 피고인의 행동, 범행 및 그 전후의 상황에 관한 기억의 유무 및 정도, 수사 및 공판절차에서의 태도 등을 종합하여 법원이 독자적으로 판단할 수 있다(대판 2013. 1. 24, 2012도12689). 　　　　정답 − O

5 [사례 1], [사례 2]에서 甲에게 생물학적으로 보아 정신병, 정신박약 등과 같은 심신장애가 있는 경우 또는 심리학적으로 보아 사물에 대한 판별능력과 그에 따른 행위통제능력이 결여되거나 감소된 경우 중에서 어느 하나에 해당하면 형법 제10조(심신장애자) 제1항 내지 제2항이 적용된다.

해설 ✎ 형법 제10조에 규정된 심신장애는 생물학적 요소로서 정신병 또는 비정상적 정신상태와 같은 정신적 장애가 있는 외에 심리학적 요소로서 이와 같은 정신적 장애로 말미암아 사물에 대한 변별능력과 그에 따른 행위통제능력이 결여되거나 감소되었음을 요하므로, **정신적 장애가 있는 자라고 하여도 범행 당시 정상적인 사물변별능력이나 행위통제능력이 있었다면 심신장애로 볼 수 없다**(대판 2007. 2. 8, 2006도7900).
→ 심신장애는 생물학적 요소와 심리학적 요소 모두 갖추어야 한다. 　　　　정답 − X

원인에 있어서 자유로운 행위의 가벌성 근거에 관한 견해 〈보기1〉과 그 내용 〈보기2〉 및 이에 대한 비판 〈보기3〉이 바르게 연결된 것은? 　　　　　변호사시험 제3회

――――――― 〈보기 1〉 ―――――――

가. 가벌성의 근거를 원인설정행위 자체에서 찾는 견해
나. 가벌성의 근거를 원인설정행위와 실행행위의 불가분적 관련에서 찾는 견해
다. 가벌성의 근거를 책임능력 결함상태에서의 실행행위에서 찾는 견해

――――――― 〈보기 2〉 ―――――――

A. 책임능력 결함상태에서 구성요건 해당행위를 시작한 때에 실행의 착수가 있는 것으로 본다.
B. 일종의 '반무의식상태'에서 실행행위가 이루어지는 한 그 주관적 요소를 인정할 수 있다.
C. 원인에 있어서 자유로운 행위를 자신을 책임능력 없는 도구로 이용하는 간접정범으로 이해한다.

――――――― 〈보기 3〉 ―――――――

a. 행위와 책임의 동시존재 원칙의 예외를 인정하는 결과가 되어 책임주의에 반할 위험이 있다.
b. 실행의 착수에 구성요건적 행위정형성이 결여되어 죄형법정주의에 반할 위험이 있다.
c. 대부분의 경우에 행위자의 책임능력이 인정되어 법적 안정성을 해하는 결과를 초래한다.

① 가-A-a, 나-B-b, 다-C-c
② 가-B-b, 나-A-c, 다-C-a
③ 가-B-c, 나-A-a, 다-C-b
④ 가-C-b, 나-A-a, 다-B-c
⑤ 가-C-a, 나-A-b, 다-B-c

해설 ✎

원인설정행위시설 (일치설)	• 원인에 있어서 자유로운 행위는 (C)자신을 도구로 이용하는 간접정범과 유사하므로 원인설정행위가 실행행위(실행의 착수)이고, (가)원인설정행위에 가벌성의 근거가 있다는 견해이다. • 행위와 책임능력의 동시존재의 원칙이 유지된다. • 실행의 착수시기: 원인행위시 • 비판: 원인행위를 실행행위로 보면 (b)실행행위의 정형성을 무시하게 되어 죄형법정주의에 반하여 가벌성이 확장될 위험이 있다(예비를 미수로 보아 가벌성의 확장위험이 있음)

불가분적 연관설 (예외설)	• 실행행위는 심신장애상태에서의 행위이지만 책임능력은 원인설정행위시에 갖추어져 있으므로 (나)원인설정행위와 실행행위의 불가분적 연관에 가벌성의 근거가 있다는 견해이다. • 원인에 있어서 자유로운 행위는 행위와 책임능력의 동시존재의 원칙에 대한 예외로 본다. • 실행의 착수시기: (A)심신장애상태에서의 행위시 • 비판: (a)행위와 책임의 동시존재 원칙의 예외를 인정하는 결과가 되어 책임주의에 반할 위험이 있다.
반무의식상태설	• 현대심리학의 입장에서 실행행위는 무의식상태에서 이루어진 것이 아니라고 보고, (다)실행행위에 가벌성의 근거가 있다는 견해이다. • 원인에 있어서 자유로운 행위는 원인행위인 예비단계로부터 실행행위의 단계로 돌입하는 것이 반무의식적 상태에서 행해지는 것이며, 범죄의 (B)실행행위시에는 그 행위가 반무의식적 상태에서 이루어지는 한 그 주관적 요소를 인정할 수 있다. • 비판: '반무의식상태하에서의 행위'라는 개념을 인정하면 (c)사실상 모든 행위에 책임능력이 인정되어 법적 안정성을 해칠 위험이 있다.

가-C-b, 나-A-a, 다-B-c   정답 - ④

제3절 위법성의 인식

제4절 법률의 착오

I. 법률의 착오의 의의와 태양

1 사인인 甲이 현행범인을 체포하면서 그 범인을 자기 집 안에 감금까지 할 수 있다고 생각하고 감금한 경우, 소극적 구성요건요소이론에 따르면 甲의 착오는 법률의 착오에 해당한다.
변호사시험 제3회

(해설✐) 지문에서 甲은 정당행위인 현행범인 체포의 한계를 넘어 행위한 경우이므로, 위법성 조각사유의 한계에 대한 착오로서 법률의 착오의 한 유형이다. 소극적 구성요건요소이론은 위법성을 구성요건요소로 파악하므로 통상의 위법성의 인식에 관한 착오(법률의 착오)를 구성요건적 착오, 즉 사실의 착오로 이해한다. 따라서 甲의 착오는 소극적 구성요건요소이론에 따르면 사실의 착오에 해당한다.
정답 - X

2 행위자가 금지규범의 존재를 아예 인식하지 못한 '법률의 부지'는 행정형법의 영역에서 많이 발생하며 법률의 착오의 전형적인 사례로 인정된다.
변호사시험 제5회

해설 🖊 형법 제16조에서 "자기가 행한 행위가 법령에 의하여 죄가 되지 아니한 것으로 오인한 행위는 그 오인에 정당한 이유가 있는 때에 한하여 벌하지 아니한다."라고 규정하고 있는 것은 단순한 법률의 부지를 말하는 것이 아니고 일반적으로 범죄가 되는 경우이지만 자기의 특수한 경우에는 법령에 의하여 허용된 행위로서 죄가 되지 아니한다고 그릇 인식하고 그와 같이 그릇 인식함에 정당한 이유가 있는 경우에는 벌하지 않는다는 취지이다(대판 2005. 9. 29, 2005도4592). 정답 - X

3 법률의 착오에 있어 정당한 이유가 있는지 여부는 행위자에게 자기 행위의 위법의 가능성에 대해 심사숙고하거나 조회할 수 있는 계기가 있어 자신의 지적능력을 다하여 이를 회피하기 위한 진지한 노력을 다하였더라면 스스로의 행위에 대하여 위법성을 인식할 수 있는 가능성이 있었음에도 이를 다하지 못한 결과 자기 행위의 위법성을 인식하지 못한 것인지 여부에 따라 판단하여야 한다. 변호사시험 제5회

해설 🖊 형법 제16조에서 자기가 행한 행위가 법령에 의하여 죄가 되지 아니한 것으로 오인한 행위는 그 오인에 정당한 이유가 있는 때에 한하여 벌하지 아니한다고 규정하고 있는 것은 일반적으로 범죄가 되는 경우이지만 자기의 특수한 경우에는 법령에 의하여 허용된 행위로서 죄가 되지 아니한다고 그릇 인식하고 그와 같이 그릇 인식함에 정당한 이유가 있는 경우에는 벌하지 아니한다는 취지이고, 이러한 정당한 이유가 있는지 여부는 행위자에게 자기 행위의 위법의 가능성에 대해 심사숙고하거나 조회할 수 있는 계기가 있어 자신의 지적능력을 다하여 이를 회피하기 위한 진지한 노력을 다하였더라면 스스로의 행위에 대하여 위법성을 인식할 수 있는 가능성이 있었음에도 이를 다하지 못한 결과 자기 행위의 위법성을 인식하지 못한 것인지 여부에 따라 판단하여야 할 것이고, 이러한 위법성의 인식에 필요한 노력의 정도는 구체적인 행위정황과 행위자 개인의 인식능력 그리고 행위자가 속한 사회집단에 따라 달리 평가되어야 한다(대판 2006. 3. 24, 2005도3717). 정답 - O

4 고의의 성립에 위법성의 인식이 필요하다는 고의설과 위법성의 인식은 고의와는 분리된 독립한 책임요소로 보는 책임설의 입장 모두, 금지착오는 고의의 성립에 영향을 미치지 못하고 착오가 회피불가능할 때에는 책임을 조각하지만 회피가능할 때에는 책임을 감경할 수 있을 뿐이라는 결론에 이른다. 변호사시험 제5회

해설 🖊 금지착오는 위법성인식에 대한 착오, 즉 위법성을 인식하지 못한 경우를 의미한다. 그런데, 고의설에 따르면 위법성인식은 고의의 내용이므로 금지착오의 경우 고의가 조각되어 과실범이 문제될 뿐이다. 정답 - X

5 법원의 무죄판결을 신뢰하여 행위한 경우에는 법률의 착오에 정당한 이유가 있는 것으로 인정될 수 있으나, 검사의 혐의 없음 불기소처분을 믿고 행위한 경우에는 검사의 불기소처분에는 확정력이 없으므로 법률의 착오에 정당한 이유가 있는 것으로 인정될 수 없다. 변호사시험 제5회

해설 🖉 가감삼십전대보초와 한약 가지수에만 차이가 있는 십전대보초를 제조하고 그 효능에 관하여 광고를 한 사실에 대하여 **이전에 검찰의 혐의없음 결정을 받은 적이 있다면**, 피고인이 비록 한의사 약사 한약업사 면허나 의약품판매업 허가가 없이 의약품인 가감삼십전대보초를 '나'항과 같이 판매하였다고 하더라도 **자기의 행위가 법령에 의하여 죄가 되지 않는 것으로 믿을 수밖에 없었고, 또 그렇게 오인함에 있어서 정당한 이유가 있는 경우에 해당**한다고 한 사례(대판 1995. 8. 25, 95도717).　　　　　　　　　　　　　　**정답** − X

Ⅱ. 위법성조각사유의 전제사실의 착오

6 甲이 지하철에서 옆 사람이 손잡이를 잡기 위해 팔을 올리는 것을 성추행하는 것으로 경솔하게 오인하여 그 손을 쳐서 전치 4주의 상해를 입힌 경우, 甲의 착오에 대한 엄격책임설과 제한적 책임설의 결론은 동일하다. 　　　　　　　　　　　　변호사시험 제3회

해설 🖉 지문에서 甲은 정당방위 상황이 없음에도 불구하고 있다고 착오하고 있으므로 위법성조각사유의 전제사실에 대한 착오 사례이다. 이에 대해, 엄격책임설은 위법성 인식을 독립된 책임요소로 파악하기 때문에 착오에 정당한 사유가 없는 한 고의범으로 처벌하여 법률의 착오와 동일하게 취급한다. 한편, 제한적 책임설은 위법성 조각사유의 전제사실에 관한 착오가 사실의 착오와 유사점이 있음을 이유로 구성요건적 착오를 유추하거나 책임고의를 부정하여 과실범으로 처벌한다. 따라서 甲은 엄격책임설에 의하면 상해죄, 제한적 책임설에 의하면 과실치상죄가 되므로 결론이 동일하지 않다. 　　　　　　　　　　　　**정답** − X

7 아내 甲이 밤늦게 담을 넘어 오던 남편 A를 도둑으로 착각하고 상해를 가한 경우, 엄격책임설은 「형법」제16조를 적용하여 착오에 과실이 있으면(즉, 정당한 이유가 없으면) 甲에게 과실치상죄의 성립을 인정한다. 　　　　　　　　　　　　변호사시험 제3회

해설 🖉 남편을 도둑으로 착각한 것은 정당방위(위법성조각사유) 상황이 없는데 착오한 것으로, 위법성조각사유 전제사실의 착오이다. 엄격책임설은 위법성 인식을 책임의 요소로 파악하여 위법성조각사유 전제사실의 착오를 금지착오로 취급하므로, 과실범은 성립할 수 없다. 　　　　　　　　　　　　**정답** − X

8 소매치기 甲녀가 도주 중 행인 乙에게 강간범이 쫓아온다고 거짓말하여 이를 믿은 乙로 하여금 甲 자신을 추격해오던 피해자에게 상해를 가하게 한 경우, 소극적구성요건표지이론 및 구성요건착오유추적용설에 따르면 甲에게 상해죄의 교사범이 성립한다(단, 乙에 대한 甲의 우월적 의사지배는 부정되고, 제한종속형식에 따름). 　　　　　　변호사시험 제6회

해설 🖉 乙이 위법성조각사유 전제사실의 착오에 빠져 피해자를 상해한 경우이다. 이 경우 구성요건착오와 동일하게 처리하는 소극적구성요건표지이론 및 구성요건착오유추적용설에 따르면 乙에게 과실치상죄가 성립한다. 제한종속형식에 따르면 공범은 정범의 구성요건해당성 및 위법성에 종속되므로 甲에게 상해죄의 교사범이 성립할 수 없다. 　　　　　　**정답** − X

9 변호사 자격을 가진 국회의원 甲이 선거에 영향을 미칠 수 있는 내용이 포함된 의정보고서를 발간하는 과정에서 보좌관을 통해 관할 선거관리위원회 직원에게 구두로 문의하여 답변을 받은 결과 그 의정보고서를 발간하는 것이 선거법규에 저촉되지 않는다고 오인한 경우, 형법 제16조의 정당한 이유가 인정되지 않는다. 변호사시험 제3회

> **해설** ✎ 국회의원이 의정보고서를 발간하는 과정에서 선거법규에 저촉되지 않는다고 오인한 것에 형법 제16조의 정당한 이유가 없다고 한 사례.
> (판결이유 중)……피고인은 변호사 자격을 가진 국회의원으로서 법률전문가라고 할 수 있는 바……보좌관을 통하여 관할 선거관리위원회 직원에게 문의하여 이 사건 의정보고서에 앞서 본 바와 같은 내용을 게재하는 것이 허용된다는 답변을 들은 것만으로는(또한, 원심도 인정하는 바와 같이 이 사건 의정보고서의 제작과 관련하여, 피고인측에서 관할 선거관리위원회의 지도계장인 공소외 1에게 구두로 문의를 하였을 뿐 관할 선거관리위원회에 정식으로 질의를 하여 공식적인 답신을 받은 것도 아니다), 자신의 지적 능력을 다하여 이를 회피하기 위한 진지한 노력을 다 하였다고 볼 수 없고……(대판 2006. 3. 24, 2005도3717). 정답 – ○

■ 사례 【10~14】

甲은 하산하다가 야생 멧돼지에게 쫓겨 급히 도망치며 달리던 중 마침 乙의 전원주택을 발견하고 그 집으로 뛰어들어가 몸을 숨겨 위기를 모면하였다. 집주인 乙은 甲을 도둑으로 오인하여, 그를 쫓아내려는 의도로 "도둑이야!"라고 외쳤다. 甲이 자초지종을 설명하려고 다가가자 乙은 자신을 공격하려는 것으로 오인하여 그의 가슴을 힘껏 밀어 넘어뜨렸다. 이 사안에서 乙이 오인한 점에 대하여는 정당한 이유가 인정된다고 볼 때, 甲과 乙의 형사책임에 관한 다음 설명이 타당한가? 변호사시험 제1회

---

10 엄격책임설에 따르면 乙의 행위는 폭행의 구성요건적 고의 뿐 아니라 위법성의 인식도 부정되지는 않으므로 폭행죄가 인정된다.

> **해설** ✎ 사례에서 乙은 甲을 도둑이라고 오인하여 자신은 위법성조각사유인 정당방위에 해당한다고 생각하고 甲을 넘어뜨렸다. 즉, 위법성조각사유의 전제사실(甲이 도둑이라는 사실)에 대하여 착오가 있는 경우이다. 엄격책임설은 위법성 인식을 책임의 독립된 요소로 파악하면서 위법성조각사유의 전제사실에 관한 착오를 법률의 착오와 동일하게 취급한다. 사례에서 乙의 오인에 정당한 이유가 있으므로 책임이 조각되어 폭행죄가 성립되지 않는다(형법 제16조). 정답 – X

11 제한책임설(유추적용설)에 따르면 乙은 폭행의 구성요건적 고의가 배제되어 무죄이다.

> **해설** ✎ 제한책임설(유추적용설)은 위법성 인식을 책임 요소로 보면서도 위법성조각사유의 전제사실에 관한 착오의 특수성을 고려해 사실의 착오를 유추적용하는 입장이다. 사례에서 乙의 오인에 정당한 이유가 있으므로 구성요건적 고의는 물론 과실도 인정되지 않아 무죄이다(형법 제13조). 정답 – ○

12 법효과 제한적 책임설에 따르면 乙의 행위는 폭행의 구성요건적 고의가 인정되므로 폭행죄의 죄책을 진다.

(해설) 법효과 제한적 책임설은 위법성 인식을 책임 요소로 보므로 위법성조각사유의 전제사실에 관한 착오에서 구성요건적 고의를 인정한다. 다만, 책임 고의를 부정하여 오인에 정당한 이유가 없는 경우 과실범과 동일한 법효과를 인정한다. 사례에서 乙의 오인에 정당한 이유가 있으므로 책임이 조각되어 무죄이다.　　　　　정답 – X

13 엄격고의설에 따르면 乙의 행위는 폭행의 고의가 인정되므로 폭행죄의 죄책을 진다.

(해설) 엄격고의설은 위법성 인식을 고의의 요소로 보므로 위법성조각사유의 전제사실에 관한 착오를 사실의 착오와 동일하게 취급한다. 사례에서 乙의 오인에 정당한 이유가 있으므로 고의는 물론 과실도 인정되지 않아 무죄이다.　　　　　정답 – X

14 甲의 주거침입행위는 자구행위에 해당하여 무죄이다.

(해설) 자구행위는 청구권을 보전하기 위한 수단이므로(형법 제23조) 야생 멧돼지를 피하려는 甲의 행위와는 무관하다. 긴급피난(형법 제22조)에 해당할 수 있다.　　　　　정답 – X

■ **사례【15~17】**

지방자치단체장 선거에 출마한 甲은 상대후보 A의 도덕성에 치명적 타격을 줄 수 있는 허위의 사실을 지역신문기자 乙에게 제보하였다. 乙은 제보의 사실 여부를 자세히 확인하지 아니한 채, 이를 진실로 여기고 지역주민들의 중요한 알 권리를 위해서 지역신문에 기사화하였다. 이 사례를 위법성조각사유의 전제사실에 관한 착오로 보아 해결할 경우 다음 설명이 타당한가? (「공직선거법」위반은 논외로 함)　　　변호사시험 제2회

---

15 엄격책임설에 의하면 乙은 출판물에 의한 허위사실 적시 명예훼손죄(제309조 제2항)의 간접정범으로 처벌된다.

(해설)

> [형법 제15조(사실의 착오)] ① 특별히 중한 죄가 되는 사실을 인식하지 못한 행위는 중한 죄로 벌하지 아니한다. ② 결과로 인하여 형이 중할 죄에 있어서 그 결과의 발생을 예견할 수 없었을 때에는 중한 죄로 벌하지 아니한다.
> [형법 제16조(법률의 착오)] 자기의 행위가 법령에 의하여 죄가 되지 아니하는 것으로 오인한 행위는 그 오인에 정당한 이유가 있는 때에 한하여 벌하지 아니한다.

→ 엄격책임설은 위법성 인식을 책임의 요소로 보면서 위법성조각사유의 전제사실에 관한 착오를 법률의 착오로 취급한다. 乙은 제보의 사실 여부를 자세히 확인하지 아니하였으므로 정당한 이유가 인정되지 않아 고의범으로 처벌된다. 다만, 허위라는 사실에 대해 인식이 없

으므로 형법 제15조 제2항에 따라 진실한 사실 적시 명예훼손죄(형법 제307조 제1항) 정범
으로 처벌된다.   정답 – X

16 제한적 책임설 중 법효과제한적 책임설에 의하면 乙은 진실한 사실 적시 명예훼손죄(제
307조 제1항)로 처벌된다.

해설 ✎ 법효과제한적 책임설은 위법성조각사유의 전제사실에 관한 착오에 대해, 행위자의 착
오에 과실이 있는 경우 구성요건적 고의는 인정하나 책임고의를 탈락시켜 과실책임만을 인정
한다. 따라서 乙은 과실에 의한 명예훼손이 되고, 형법상 처벌규정이 없으므로 불가벌이다.
정답 – X

17 제한적 책임설 중 유추적용설에 의하면 甲은 乙이 범한 진실한 사실 적시 명예훼손죄(제
307조 제1항)에 대한 교사범으로 처벌된다.

해설 ✎ 유추적용설은 위법성조각사유의 전제사실에 관한 착오가 사실의 착오와 유사한 점을
고려하여 사실의 착오를 유추한다. 따라서 乙은 과실에 의한 명예훼손으로 불가벌이므로, 이
를 교사한 甲은 처벌되지 않는 자를 교사한 경우로서 간접정범이 된다. 따라서 교사범으로 처
벌된다는 지문은 옳지 않다.   정답 – X

제5절 기대가능성

1 적법행위에 대한 기대가능성이 없으면 책임을 물을 수 없다는 것이 규범적 책임론의 입
장이다.   변호사시험 제1회

해설 ✎ 책임의 본질에 대해 심리적 관계로 파악하는 심리적 책임론은 고의와 과실을 바로 책
임이라고 한다. 이와 달리 규범적 책임론은 책임의 본질이 불법의 비난가능성이라는 평가적
가치관계에 있다고 본다. 불법에 대한 비난가능성은 적법행위에 대한 기대가능성을 전제로
한다. 따라서 옳음 지문이다.   정답 – O

2 양심적 병역거부자의 경우 적법행위에 대한 기대가능성이 인정될 수 있다. 변호사시험 제1회

해설 ✎ 양심적 병역거부자에게 그의 양심상의 결정에 반한 행위를 기대할 가능성이 있는지
여부를 판단하기 위해서는, 행위 당시의 구체적 상황하에 행위자 대신에 사회적 평균인을 두
고 이 평균인의 관점에서 그 기대가능성 유무를 판단하여야 할 것인바, 양심적 병역거부자의
양심상의 결정이 적법행위로 나아갈 동기의 형성을 강하게 압박할 것이라고 보이기는 하지만
그렇다고 하여 그가 적법행위로 나아가는 것이 실제로 전혀 불가능하다고 할 수는 없다고 할
것인바, 법규범은 개인으로 하여금 자기의 양심의 실현이 헌법에 합치하는 법률에 반하는 매
우 드문 경우에는 뒤로 물러나야 한다는 것을 원칙적으로 요구하기 때문이다[대판(전합) 2004.
7. 15, 2004도2965].   정답 – O

3 자신의 강도상해 범행을 일관되게 부인하였으나 유죄판결이 확정된 자는, 별건으로 기소된 공범의 형사사건에서 자신의 범행사실을 사실대로 진술할 기대가능성이 없기 때문에 위증죄가 성립하지 않는다.　　　　　　　　　　　　　　　　　　　변호사시험 제1회

해설 ✎ 「5번 문제」해설 참조　　　　　　　　　　　　　　　　　　　정답 - X

4 자신의 강도상해 범행을 일관되게 부인하였으나 유죄판결이 확정된 자는, 별건으로 기소된 공범의 형사사건에서 자신의 범행사실을 사실대로 진술할 기대가능성이 있기 때문에 자신의 범행을 부인하는 허위의 증언을 한 경우 위증죄가 성립한다.　　　　변호사시험 제6회

해설 ✎ 「5번 문제」해설 참조　　　　　　　　　　　　　　　　　　　정답 - O

5 자신의 강도상해 범행을 일관되게 부인하였으나 유죄판결이 확정된 자가, 별건으로 기소된 공범의 형사사건에서 자신의 범행사실을 부인하는 증언을 한 경우에는 사실대로 진술할 기대가능성이 있다고 할 수 없다.　　　　　　　　　　　　　　　　　변호사시험 제7회

해설 ✎ 이미 유죄의 확정판결을 받은 피고인은 공범의 형사사건에서 그 범행에 대한 증언을 거부할 수 없을 뿐만 아니라 나아가 사실대로 증언하여야 하고, 설사 피고인이 자신의 형사사건에서 시종일관 그 범행을 부인하였다 하더라도 이러한 사정은 위증죄에 관한 양형참작사유로 볼 수 있음은 별론으로 하고 이를 이유로 피고인에게 사실대로 진술할 것을 기대할 가능성이 없다고 볼 수는 없다(대판 2008. 10. 23, 2005도10101).　　　정답 - X

6 형법 제12조(강요된 행위)는 적법행위의 기대가능성이 없으므로 책임조각이 인정되는 규정이라고 할 수 있다.　　　　　　　　　　　　　　　　　　　　　　　변호사시험 제1회

해설 ✎ 형법 제12조는 강제상태하에서는 행위자에게 적법행위에 대한 기대가능성이 없다는 이유로 책임이 조각된다는 것을 명백히 한 것이다.　　　　　　　정답 - O

7 적법행위의 기대가능성 유무는 행위 당시의 구체적 상황하에 행위자 대신에 사회적 평균인을 두고 이 평균인의 관점에서 판단하여야 한다.　　　　　　　　변호사시험 제1회

해설 ✎ 피고인에게 적법행위를 기대할 가능성이 있는지 여부를 판단하기 위하여는 행위 당시의 구체적인 상황하에 행위자 대신에 사회적 평균인을 두고 이 평균인의 관점에서 그 기대가능성 유무를 판단하여야 한다(대판 2008. 10. 23, 2005도10101).　　　정답 - O

8 양심적 병역거부자에게 그의 양심상의 결정에 반한 행위를 기대할 가능성이 있는지는 행위 당시의 구체적 상황하에 행위자 대신에 사회적 평균인을 두고 이 평균인의 관점에서 판단하여야 한다.　　　　　　　　　　　　　　　　　　　　　　변호사시험 제7회

해설 ✎ 양심적 병역거부자에게 그의 양심상의 결정에 반한 행위를 기대할 가능성이 있는지 여부를 판단하기 위해서는, 행위 당시의 구체적 상황하에 행위자 대신에 사회적 평균인을 두

고 이 평균인의 관점에서 그 기대가능성 유무를 판단하여야 할 것인바, 양심적 병역거부자의 양심상의 결정이 적법행위로 나아갈 동기의 형성을 강하게 압박할 것이라고 보이기는 하지만 그렇다고 하여 그가 적법행위로 나아가는 것이 실제로 전혀 불가능하다고 할 수는 없다고 할 것인바, 법규범은 개인으로 하여금 자기의 양심의 실현이 헌법에 합치하는 법률에 반하는 매우 드문 경우에는 뒤로 물러나야 한다는 것을 원칙적으로 요구하기 때문이다〔대판(전합) 2004. 7. 15, 2004도2965〕.　　　　　　　　　　　　　　　　　　　　　　　　　정답 － ○

9 직장 상사의 범법행위에 가담한 부하에 대하여 직무상 지휘·복종관계에 있다는 이유만으로 범법행위에 가담하지 않을 기대가능성이 없다고는 할 수 없다.　　　변호사시험 제7회

　　해설 ✎　직장의 상사가 범법행위를 하는데 가담한 부하에게 직무상 지휘·복종관계에 있다 하여 범법행위에 가담하지 않을 기대가능성이 없다고 할 수 없다(대판 1999. 7. 23, 99도1911).
　　　　　　　　　　　　　　　　　　　　　　　　　　　　　　　　　　　정답 － ○

10 「형법」 제12조(강요된 행위)에서 말하는 저항할 수 없는 폭력은 심리적 의미에 있어서 육체적으로 어떤 행위 절대적으로 하지 아니할 수 없게 하는 경우와 윤리적 의미에 있어서 강압된 경우를 말한다.　　　　　　　　　　　　　　　　　　　　　　　변호사시험 제7회

　　해설 ✎　「11번 문제」 해설 참조　　　　　　　　　　　　　　　　　　정답 － ○

11 「형법」 제12조(강요된 행위)의 '저항할 수 없는 폭력'이란 윤리적 의미에서 강압된 경우가 아니라 심리적 의미에서 육체적으로 어떤 행위를 절대적으로 하지 아니할 수 없게 하는 경우를 말한다.　　　　　　　　　　　　　　　　　　　　　　　변호사시험 제6회

　　해설 ✎　형법 제12조에서 말하는 강요된 행위는 저항할 수 없는 폭력이나 생명, 신체에 위해를 가하겠다는 협박 등 다른 사람의 강요에 의하여 이루어진 행위를 의미하는데, 여기서 저항할 수 없는 폭력은 심리적 의미에 있어서 육체적으로 어떤 행위를 절대적으로 하지 아니할 수 없게 하는 경우와 윤리적 의미에 있어서 강압된 경우를 말하고, 협박이란 자기 또는 친족의 생명, 신체에 대한 위해를 달리 막을 방법이 없는 협박을 말하며, 강요라 함은 피강요자의 자유스런 의사결정을 하지 못하게 하면서 특정한 행위를 하게 하는 것을 말하는 것이다(대판 2007. 6. 29, 2007도3306).　　　　　　　　　　　　　　　　　　　　　　정답 － X

12 친족의 신체에 대한 위해를 방어할 방법이 없는 협박에 의하여 강요된 행위는 벌하지 아니한다.　　　　　　　　　　　　　　　　　　　　　　　　　　　　변호사시험 제7회

　　해설 ✎

> 〔형법 제12조(강요된 행위)〕 저항할 수 없는 폭력이나 자기 또는 친족의 생명, 신체에 대한 위해를 방어할 방법이 없는 협박에 의하여 강요된 행위는 벌하지 아니한다.

　　　　　　　　　　　　　　　　　　　　　　　　　　　　　　　　　　　정답 － ○

제5장 미수론

제1절 미수범

1 미수범이 성립하기 위해서는 확정적으로 행위의사가 있어야 하나 행위의사가 확정적이면 그 실행이 일정한 조건의 발생에 좌우되는 때에도 고의는 인정된다. 변호사시험 제5회

> **해설** ✏️ 행위의사가 확정적이면 실행이 일정한 조건에 좌우되더라도 고의가 인정된다. 가령, 독약을 먹이려고 자주 쓰는 양념에 독을 타는 경우가 이에 해당한다. **정답** – ○

2 목적과 같은 초과주관적 요소가 필요한 범죄에 있어서는 그 미수범의 성립에 있어서도 초과주관적 요소가 구비되어야 한다. 변호사시험 제7회

> **해설** ✏️ 미수범은 범죄완성을 위한 결과발생 등의 일부 객관적 구성요건요소 외의 주관적 구성요건요소는 모두 구비하여야 하므로 초과주관적 요소인 목적 등도 구비되어야 한다.
>
> **정답** – ○

3 위장결혼의 당사자 및 브로커와 공모한 피고인이 허위로 결혼사진을 찍고 혼인신고에 필요한 서류를 준비하여 위장결혼의 당사자에게 건네준 것만으로는 공전자기록등불실기재죄의 실행에 착수한 것으로 볼 수 없다. 변호사시험 제1회

> **해설** ✏️ 위장결혼의 당사자 및 브로커와 공모한 피고인이 허위로 **결혼사진을 찍고 혼인신고에 필요한 서류를 준비**하여 위장결혼의 당사자에게 건네준 것만으로는 공전자기록등불실기재죄의 실행에 착수한 것으로 볼 수 없다고 한 사례(대판 2009. 9. 24, 2009도4998). **정답** – ○

4 부동산의 매도인이 제1차 매수인에게서 중도금을 수령한 후, 다시 제2차 매수인에게서 계약금만을 지급받더라도 배임죄의 실행의 착수는 인정된다. 변호사시험 제1회

> **해설** ✏️ 부동산의 이중양도에 있어서 매도인이 제2차 매수인으로부터 계약금만을 지급받고 중도금을 수령한 바 없다면 배임죄의 실행의 착수가 있었다고 볼 수 <u>없다</u>(대판 2003. 3. 25, 2002도7134). **정답** – X

5 피고인이 방화의 의사로 뿌린 휘발유가 인화성이 강한 상태로 피고인의 처와 자녀가 있는 주택 주변과 피해자의 몸에 적지 않게 살포되어 있는 사정을 알면서도 라이터를 켜 불꽃을 일으킴으로써 피해자의 몸에 불이 붙은 경우, 비록 외부적 사정으로 불이 방화 목적물인 주택 자체에 옮겨 붙지는 아니하였다 하더라도 현존건조물방화죄의 실행의 착수가 인정된다. 변호사시험 제1회

> **해설** ✏️ 피고인이 방화의 의사로 뿌린 휘발유가 인화성이 강한 상태로 주택주변과 피해자의 몸에 적지 않게 살포되어 있는 사정을 알면서도 **라이터를 켜 불꽃을 일으킴으로써** 피해자의 몸

에 불이 붙은 경우, 비록 외부적 사정에 의하여 불이 방화 목적물인 주택 자체에 옮겨 붙지는 아니하였다 하더라도 현존건조물방화죄의 **실행의 착수**가 있었다고 봄이 상당하다고 한 사례 (대판 2002. 3. 26, 2001도6641). 정답 – O

6 내리막길에 주차된 자동차를 절취할 목적으로 조수석 문을 열고 시동을 걸려고 차 안의 기기를 만지다가 핸드브레이크를 풀게 되어 시동이 걸리지 않은 상태에서 약 10미터 전진하다가 가로수를 들이받게 한 甲은 절도죄의 기수로 처벌되지 않는다. 변호사시험 제2회

해설 자동차를 절취할 생각으로 자동차의 조수석문을 열고 들어가 시동을 걸려고시도하는 등 차 안의 기기를 이것저것 만지다가 핸드브레이크를 풀게 되었는데 그 장소가 내리막길인 관계로 시동이 걸리지 않은 상태에서 약 10미터 전진하다가 가로수를 들이받는 바람에 멈추게 되었다면 **절도의 기수에 해당한다고 볼 수 없을 뿐** 아니라 도로교통법 제2조 제19호 소정의 자동차의 운전에 해당하지 아니한다(대판 1994. 9. 9, 94도1522). 정답 – O

7 미수범은 구성요건의 객관적 요소가 하나라도 충족되지 아니한 때에 성립하는 것으로, 현행법상 고의범은 물론이고 과실범에 대해서도 성립될 수 있다. 변호사시험 제4회

해설 일반적으로 미수범은 범죄의 실행에 착수하여 행위를 종료하지 못하였거나 결과가 발생하지 아니한 때에는 성립하는 것이고 또한 **현행법은 과실범의 미수를 처벌하지 않는다.** 정답 – X

8 피고인이 신고하지 않은 외화 400만 엔이 들어 있는 휴대용 가방을 보안검색대에 올려놓거나 이를 휴대하고 통과하지 않더라도 공항 내에서 탑승을 기다리고 있던 중에 체포된 경우라면 이미 외국환거래법이 규정한 국외반출죄의 실행의 착수는 인정된다. 변호사시험 제3회

해설 외국환거래법 제28조 제1항 제3호에서 규정하는, 신고를 하지 아니하거나 허위로 신고하고 지급수단·귀금속 또는 증권을 수출하는 행위는 지급수단 등을 국외로 반출하기 위한 행위에 근접·밀착하는 행위가 행하여진 때에 그 실행의 착수가 있다고 할 것인데, 피고인이 일화 500만 ¥은 기탁화물로 부치고 일화 400만 ¥은 휴대용 가방에 넣어 국외로 반출하려고 하는 경우에, 500만 ¥에 대하여는 기탁화물로 부칠 때 이미 국외로 반출하기 위한 행위에 근접·밀착한 행위가 이루어졌다고 보아 실행의 착수가 있었다고 할 것이지만, 휴대용 가방에 넣어 비행기에 탑승하려고 한 나머지 400만 ¥에 대하여는 그 휴대용 가방을 보안검색대에 올려 놓거나 이를 휴대하고 통과하는 때에 비로소 실행의 착수가 있다고 볼 것이고, 피고인이 휴대용 가방을 가지고 보안검색대에 나아가지 않은 채 공항 내에서 탑승을 기다리고 있던 중에 체포되었다면 일화 400만 ¥에 대하여는 <u>실행의 착수가 있다고 볼 수 없다</u>(대판 2001. 7. 27, 2000도4298). 정답 – X

9 독신인 甲은 보험금을 지급받을 목적으로, 2014. 10. 1. 23:30 화재보험에 가입된 혼자 사는 자신의 단독주택에 휘발유를 뿌린 뒤 라이터로 불을 붙였다. 때 마침 불길에 휩싸인 甲의 주택을 보고 깜짝 놀라 달려 나온 이웃주민 A가 甲을 덮쳐 넘어뜨려 체포하였다. A는 甲을 붙잡은 상태에서 곧바로 경찰서에 신고하였고, 이 신고를 받고 출동한 경찰관 B는 2014. 10. 2. 00:10 A로부터 甲을 인도받으면서 피의사실의 요지, 체포이유 등을 고지하였다. B는 甲의 자백과 함께 방화범행의 증거물에 대한 조사를 마치고, 검사에게 구속영장을 신청하면서 수사관계서류를 관할 검찰청에 접수하였고, 검사는 같은 날 17:00 관할법원에 구속영장청구서 및 수사관계서류를 접수시켰다. 관할 법원 영장전담판사는 2014. 10. 3. 10:00 구속 전 피의자심문절차를 실시하였고, 같은 날 13:00 구속영장을 발부하면서, 수사관계서류를 검찰청에 반환하였다. 이 경우 甲이 보험금 지급청구를 하지 않았다면 사기죄의 실행의 착수는 인정되지 않는다. 변호사시험 제4회

해설 🖉 타인의 사망을 보험사고로 하는 생명보험계약을 체결할 때 제3자가 피보험자인 것처럼 가장하여 체결하는 등으로 그 유효요건이 갖추어지지 못한 경우, 보험계약을 체결한 행위만으로 보험금 편취를 위한 기망행위의 실행에 착수한 것으로 볼 수 있는지 여부(원칙적 소극) (판결이유 중)……**보험회사를 기망하여 보험금을 지급받은 편취행위는** 다른 특별한 사정이 없는 한 공소외 2가 위 각 보험계약이 유효하게 체결된 것처럼 기망하여 **보험회사에 보험금을 청구한 때에 실행의 착수가 있었던** 것으로 보아야 할 것이고……(대판 2013. 11. 14, 2013도 7494).

→ 보험금 편취행위는 보험금을 청구한 때에 실행의 착수가 있는 것이므로, 甲이 보험금 지급청구를 하지 않았다면 사기죄의 실행의 착수는 인정되지 않는다. 정답 - ○

10 타인의 사망을 보험사고로 하는 생명보험계약을 체결함에 있어 제3자가 피보험자인 것처럼 가장하여 체결하는 등으로 그 유효요건이 갖추어지지 못한 경우에도 보험사고의 우연성과 같은 보험의 본질을 해칠 정도라고 볼 수 있는 특별한 사정이 없는 한, 하자 있는 보험계약을 체결한 행위만으로는 보험금을 편취하려는 의사에 의한 기망행위의 실행에 착수한 것으로 볼 수 없다. 변호사시험 제5회

해설 🖉 타인의 사망을 보험사고로 하는 생명보험계약을 체결함에 있어 제3자가 피보험자인 것처럼 가장하여 체결하는 등으로 그 유효요건이 갖추어지지 못한 경우에도, 보험계약 체결 당시에 이미 보험사고가 발생하였음에도 이를 숨겼다거나 보험사고의 구체적 발생 가능성을 예견할 만한 사정을 인식하고 있었던 경우 또는 고의로 보험사고를 일으키려는 의도를 가지고 보험계약을 체결한 경우와 같이 **보험사고의 우연성과 같은 보험의 본질을 해칠 정도라고 볼 수 있는 특별한 사정이 없는 한, 그와 같이 하자 있는 보험계약을 체결한 행위만으로는 미필적으로라도 보험금을 편취하려는 의사에 의한 기망행위의 실행에 착수한 것으로 볼 것은 아니다.** 그러므로 그와 같이 기망행위의 실행의 착수로 인정할 수 없는 경우에 피보험자 본인임을 가장하는 등으로 보험계약을 체결한 행위는 단지 장차의 보험금 편취를 위한 예비행위에 지나지 않는다(대판 2013. 11. 14, 2013도7494). 정답 - ○

11 甲은 주택가를 배회하던 중 주차된 자동차를 발견하고 물건을 훔칠 생각으로 자동차의 유리창을 통하여 그 내부를 손전등으로 비추어 보다가 순찰 중이던 경찰관에게 검거되었다. 당시 甲은 저도 범행이 발각되었을 경우 체포를 면탈하는데 도움이 될 수 있을 것이라는 생각에서 등산용 칼과 포장용 테이프를 휴대하고 있었다.

검사는 甲을 절도미수, 강도예비로 기소하였다. 이 경우 甲의 절도미수의 점은 무죄이다.

변호사시험 제3회

> (해설 ✎) 노상에 세워 놓은 자동차안에 있는 물건을 훔칠 생각으로 자동차의 유리창을 통하여 그 내부를 손전등으로 비추어 본 것에 불과하다면 비록 유리창을 따기 위해 면장갑을 끼고 있었고 칼을 소지하고 있었다 하더라도 절도의 예비행위로 볼 수는 있겠으나 타인의 재물에 대한 지배를 침해하는데 밀접한 행위를 한 것이라고는 볼 수 없어 **절취행위의 착수에 이른 것이었다고 볼 수 없다**(대판 1985. 4. 23, 85도464).
>
> → 절도행위의 착수에 이르지 않았으므로 절도미수의 점은 무죄이다.　　　정답 - ○

12 피해자의 해외도피를 방지하기 위하여 피해자를 협박하고 이에 피해자가 겁을 먹고 있는 상태를 이용하여 피해자 소유의 여권을 교부하게 함으로써 피해자가 그의 여권을 강제회수당하였다면 강요죄의 기수가 성립한다.

변호사시험 제1회

> (해설 ✎) 형법 제324조 소정의 폭력에 의한 권리행사방해죄(현행 제324조는 **강요죄**)는 폭행 또는 협박에 의하여 권리행사가 현실적으로 방해되어야 할 것인바, 피해자의 해외도피를 방지하기 위하여 피해자를 협박하고 이에 피해자가 겁을 먹고 있는 상태를 이용하여 동인 소유의 여권을 교부하게 하여 피해자가 그의 여권을 강제 회수당하였다면 피해자가 해외여행을 할 권리는 사실상 침해되었다고 볼 것이므로 권리행사방해죄의 **기수로 보아야 한다**(대판 1993. 7. 27, 93도901).　　　정답 - ○

13 위조사문서행사죄는 상대방이 위조된 문서의 내용을 실제로 인식할 필요 없이 상대방으로 하여금 위조된 문서를 인식할 수 있는 상태에 둠으로써 기수가 된다.

변호사시험 제1회

> (해설 ✎) 위조사문서의 행사는 상대방으로 하여금 위조된 문서를 인식할 수 있는 상태에 둠으로써 기수가 되고 상대방이 실제로 그 내용을 인식하여야 하는 것은 아니므로, 위조된 문서를 우송한 경우에는 그 문서가 상대방에게 도달한 때에 기수가 되고 상대방이 실제로 그 문서를 보아야 하는 것은 아니다(대판 2005. 1. 28, 2004도4663).　　　정답 - ○

14 대금을 결제하기 위하여, 절취한 타인의 신용카드를 제시하고 신용카드회사의 승인까지 받았으나 매출전표에 서명한 사실이 없고 도난카드임이 밝혀져 최종적으로 매출취소로 거래가 종결되었다면 「여신전문금융업법」상 신용카드부정사용죄의 미수범으로 처벌된다.

변호사시험 제7회

해설 피고인이 절취한 신용카드로 대금을 결제하기 위하여 신용카드를 제시하고 카드회사의 승인까지 받았으나 나아가 매출전표에 서명을 한 사실을 인정할 증거는 없고, 카드가 없어진 사실을 알게 된 피해자에 의해 거래가 취소되어 최종적으로 매출취소로 거래가 종결된 사실이 인정된다고 한 다음, 피고인의 행위는 신용카드 부정사용의 미수행위에 불과하다 할 것인데 여신전문금융업법에서 위와 같은 미수행위를 처벌하는 규정을 두고 있지 아니한 이상 피고인을 위 법률위반죄로 처벌할 수 없다는 이유로 무죄를 선고한 1심판결을 유지하고 있는바, 원심의 이러한 법리 및 사실 판단은 정당하고 거기에 상고이유에서 주장하는 것과 같은 여신전문금융업법위반죄의 법리를 오해하거나 채증법칙을 위반한 위법이 없다(대판 2008. 2. 14, 2007도8767). 정답 - X

15 미수범 처벌근거에 대한 학설 중 주관설에 의할 경우 미수와 기수는 동일하게 처벌되어야 한다. 변호사시험 제7회

해설 미수와 기수는 행위불법 동일하여 주관적인 면에서는 차이가 없으므로 주관설에 따르면 동일하게 처벌되어야 한다. 정답 - O

제2절 중지미수

1 중지범은 범죄 실행의 착수 이후의 개념이므로 예비·음모죄에 대하여는 중지범을 인정할 수 없다. 변호사시험 제4회

해설 「2번 문제」해설 참조 정답 - O

2 甲은 2010. 7. 6. 23:00경 강도의 고의를 가지고 가스총을 주머니에 넣은 채 좁은 골목길이 복잡하게 얽혀 있는 동네 길목에서 '표적'을 기다리다가 귀가 중인 피해자에게 다가가 가스총으로 겁을 주어 현금 20만 원과 목걸이 및 반지를 빼앗았다. 일주일 후 甲은 양심의 가책을 느끼고 경찰서에 출석하여 위 범죄사실을 자수하였다. 하지만 경찰관은 甲이 범행한 장소와 피해자를 정확하게 기억하지 못하여 피해자에 대한 조사를 하지 못하였을 뿐 아니라, 목걸이와 반지도 모조품인 것을 알고 쓰레기통에 버렸다고 하고 20만 원은 이미 소비해 버린 상태인 것만 확인한 채 사건을 검찰에 송치하였다. 甲은 검찰에서도 범행을 자백하였고, 특수강도죄로 기소된 후 제1심 공판절차에서도 일관되게 자백하였다. 만약 甲이 동네 길목에서 기다리다가 양심의 가책을 받아 범행을 포기하였더라도 甲에게는 형법 제26조(중지범)가 적용될 수 없다. 변호사시험 제1회

해설 중지범은 범죄의 실행에 착수한 후 자의로 그 행위를 중지한 때를 말하는 것이고 실행의 착수가 있기 전인 예비음모의 행위를 처벌하는 경우에 있어서 중지범의 관념은 이를 인정할 수 없다(대판 1999. 4. 9, 99도424).

→ 동네 길목에서 막연히 '표적'을 기다리는 행위는 실행의 착수가 있다고 볼 수 없으므로 중지범이 인정될 수 없다. 정답 - O

3 甲이 A에게 위조한 주식인수계약서와 통장사본을 보여주면서 50억 원의 투자를 받았다고 거짓말하며 자금 대여를 요청한 후 A와 함께 50억 원의 입금 여부를 확인하기 위해 은행에 가던 중 범행이 발각될 것이 두려워 은행 입구에서 차용을 포기하고 돌아간 행위는 사기죄의 중지미수에 해당하지 않는다. 변호사시험 제5회

> (해설 ✎) 피고인이 甲에게 위조한 예금통장 사본 등을 보여주면서 외국회사에서 투자금을 받았다고 거짓말하며 자금 대여를 요청하였으나, 甲과 함께 그 입금 여부를 확인하기 위해 은행에 가던 중 은행입구에서 차용을 포기하고 돌아가 사기미수로 기소된 사안에서, 피고인이 범행이 발각될 것이 두려워 범행을 중지한 것으로서 일반 사회통념상 범죄를 완수함에 장애가 되는 사정에 해당하여 자의에 의한 중지미수로 볼 수 없다고 한 사례(대판 2011. 11. 10, 2011도10539). 정답 – ○

4 중지미수에 있어서 자의성 판단기준에 관한 학설 중 Frank의 공식은 행위자가 할 수 있었음에도 불구하고 하기를 원하지 않아서 범죄행위를 중지한 경우는 중지미수에 해당하지만 행위자가 범죄행위를 하려고 하였지만 할 수가 없어서 중지한 경우는 장애미수라고 하여 양자를 구별하고 있다. 변호사시험 제5회

> (해설 ✎) Frank의 공식은 할 수 있었음에도 원하지 않아서 중지한 경우에는 자의에 의한 경우이고, 하려고 하였지만 할 수가 없어서 중지한 경우에는 장애미수라고 한다. 자의성과 행위실행의 가능성을 혼동하여 자의성의 범위가 부당하게 확대된다는 비판을 받는다. 정답 – ○

5 실행미수가 중지범으로 인정되기 위해서는 단순히 행위의 계속을 포기하는 것으로 족하지 않고 행위자가 자의에 의하여 결과의 발생을 방지할 것이 요구된다. 변호사시험 제7회

> (해설 ✎) 착수미수가 중지미수로 인정되기 위해서는 행위의 계속을 포기하는 것으로 족하지만, 실행미수가 중지미수로 인정되기 위해서는 행위자가 결과발생을 방지하기 위한 진지한 노력을 하여야 하고 이러한 노력에 의하여 결과발생이 방지될 것이 요구된다. 정답 – ○

6 일반적으로 공범이 자신의 행위를 중지한 것만으로는 중지미수가 성립하지 않지만, 다른 공범 또는 정범의 행위를 중단시키기 위하거나 결과 발생을 저지하기 위한 진지한 노력이 있었을 경우에는 비록 결과가 발생하였다고 할지라도 그 공범에게는 예외적으로 중지미수가 성립될 수 있다. 변호사시험 제3회

> (해설 ✎) 「8번 문제」해설 참조 정답 – X

7 공동정범 중 1인이 자의로 범행을 중지하였다 하더라도 다른 공범자들의 실행행위를 중지시키지 아니하거나 결과발생을 방지하지 아니한 이상 중지범을 인정할 수 없다. 변호사시험 제4회

> (해설 ✎) 「8번 문제」해설 참조 정답 – ○

8 일반적으로 공범이 자신의 행위를 중지한 것만으로는 중지미수가 성립하지 않지만, 다른 공범 또는 정범의 행위를 중단시키거나 결과발생을 저지하기 위한 진지한 노력이 있었을 경우에는 비록 결과가 발생하였다 할지라도 그 공범에게는 예외적으로 중지미수가 성립될 수 있다.　　　　　　　　　　　　　　　　　　　　　　　　변호사시험 제5회

> **해설 ✎**　다른 공범자의 범행을 중지케 한 바 없으면 범의를 철회하여도 중지미수가 될 수 없다 (대판 1969. 2. 25, 68도1676).
> → 범죄결과가 발생하였다면 미수가 성립할 여지가 없다.　　　　　　　　정답 – X

9 甲과 乙이 공동으로 A를 살해하려고 칼로 찔렀으나 A가 상처만 입고 죽지 않자 乙은 그대로 가버리고 甲만이 A를 살리려고 노력하여 A가 사망하지 않은 경우 甲에게만 중지미수에 의한 형의 감면이 인정된다.　　　　　　　　　　　　　　　　변호사시험 제5회

> **해설 ✎**　중지미수가 성립하는 경우 형을 감경하거나 면제한다. 이를 책임감경·조각사유라는 견해, 면제의 경우 인적처벌조각사유라는 견해 등이 있으나, 어느 견해에 의하든 중지미수의 효과는 자의로 중지한 자에게만 미친다. 따라서 결과 방지를 위해 진지한 노력을 한 甲에게만 중지미수에 의한 형의 감면이 인정된다. 乙은 장애미수에 해당한다.　　　　정답 – O

제3절 불능미수

1 상대방으로부터 소송비용 명목으로 일정한 금액을 이미 송금받았음에도 불구하고 그 상대방을 피고로 하여 소송비용 상당액의 지급을 구하는 손해배상금 청구의 소를 제기하였다가 판사의 권유에 따라 소를 취하한 경우라도 사기죄의 미수범으로 처벌된다.

　　　　　　　　　　　　　　　　　　　　　　　　　　　　　　　변호사시험 제1회

> **해설 ✎**　「3번 문제」해설 참조　　　　　　　　　　　　　　　　정답 – X

2 소송비용을 편취할 의사로 소송비용의 지급을 구하는 손해배상청구의 소를 제기한 경우에는 사기죄의 불가벌적 불능범에 해당한다.　　　　　　　　　　변호사시험 제2회

> **해설 ✎**　「3번 문제」해설 참조　　　　　　　　　　　　　　　　정답 – O

3 甲이 소송비용을 편취할 의사로 소송비용의 지급을 구하는 손해배상청구의 소를 제기한 경우 사기죄의 불가벌적 불능범에 해당한다.　　　　　　　　　　변호사시험 제4회

> **해설 ✎**　소송비용을 편취할 의사로 소송비용의 지급을 구하는 손해배상청구의 소를 제기한 경우, 사기죄의 불능범에 해당한다.
> (판결이유 중)……원심이, 채용 증거에 의하여 피고인이 공소외 1로부터 소송비용 명목으로 공소외 2를 통하여 100만 원을 이미 송금받았음에도 불구하고……소송비용 상당액의 지급을 구하는 손해배상금 청구의 소를 제기하였다가 담당 판사로부터 소송비용의 확정은 소송비용

액 확정절차를 통하여 하라는 권유를 받고 위 소를 취하한 사실을 인정한 다음, 피고인이 제기한 이 사건 손해배상금 청구의 소는 소의 이익이 흠결된 부적법한 소로서 각하를 면할 수 없어 피고인이 승소할 수 없다는 것이고, 그렇다면 피고인의 이 부분 소송사기 범행은 실행수단의 착오로 인하여 결과 발생이 불가능할 뿐만 아니라 위험성도 없다 할 것이어서 **소송사기죄의 불능미수에 해당한다고 볼 수 없으므로** 결국 범죄로 되지 아니하는 때에 해당한다고 판단하여 피고인에 대하여 이 부분 <u>무죄</u>를 선고한 조치는 옳고……(대판 2005. 12. 8, 2005도8105).

정답 - ○

4 불능미수는 행위자가 결과발생이 불가능하다는 것을 알면서 실행에 착수하여 결과는 발생하지 않았지만 위험성이 있는 경우에 성립한다.　　　　　변호사시험 제3회

(해설) 미수가 성립하기 위해서 필요한 고의는 '기수의 고의'이다. 따라서 처음부터 결과발생의 불가능을 인식하였다면 기수의 고의를 인정할 수 없어 미수범이 성립하지 않는다.

정답 - X

제4절 예비죄

1 예비와 미수는 각각 형법각칙에 처벌규정이 있는 경우에만 처벌할 수 있지만, 구체적인 법정형까지 규정될 필요는 없다.　　　　　변호사시험 제3회

(해설) 부정선거관련자처벌법 제5조 제4항에 동법 제5조 제1항의 예비음모는 이를 처벌한다고만 규정하고 있을 뿐이고 그 형에 관하여 따로 규정하고 있지 아니한 이상 죄형법정주의의 원칙상 위 <u>예비음모를 처벌할 수 없다</u>(대판 1977. 6. 28, 77도251).

정답 - X

2 예비죄에 대해서는 공동정범만 인정될 수 있고 방조범은 성립될 수 없다.　　변호사시험 제3회

(해설) 형법 제32조 제1항 소정 타인의 범죄란 정범이 범죄의 실현에 착수한 경우를 말하는 것이므로 종범이 처벌되기 위하여는 정범의 실행의 착수가 있는 경우에만 가능하고 형법 전체의 정신에 비추어 정범이 실행의 착수에 이르지 아니한 예비의 단계에 그친 경우에는 이에 가공하는 행위가 예비의 공동정범이 되는 경우를 제외하고는 종범의 성립을 부정하고 있다고 보는 것이 타당하다(대판 1976. 5. 25, 75도1549).

정답 - ○

3 정범의 범죄를 방조하려는 자가 예비단계에서의 방조에 그친 경우, 정범이 실행에 착수하였더라도 방조자를 처벌할 수 없다.　　　　　변호사시험 제6회

(해설) 종범은 정범이 실행행위에 착수하여 범행을 하는 과정에서 이를 방조한 경우뿐 아니라, 정범의 실행의 착수 이전에 장래의 실행행위를 미필적으로나마 예상하고 이를 용이하게 하기 위하여 방조한 경우에도 그 후 <u>정범이 실행행위에 나아갔다면 성립할 수 있다</u>(대판 2013. 11. 14, 2013도7494).

정답 - X

4 정범이 예비죄로 처벌되는 경우에는 예비죄의 방조가 성립될 수 있다. 변호사시험 제6회

(해설 ✏) 예비행위의 방조범은 처벌되지 아니한다(대판 1979. 11. 27, 79도2201). 정답 - X

5 정범이 실행에 착수하지 아니하는 한 예비의 공동정범은 성립할 수 없다. 변호사시험 제6회

(해설 ✏) 형법 제32조 제1항 소정 타인의 범죄란 정범이 범죄의 실현에 착수한 경우를 말하는 것이므로 종범이 처벌되기 위하여는 정범의 실행의 착수가 있는 경우에만 가능하고 형법 전체의 정신에 비추어 정범이 실행의 착수에 이르지 아니한 예비의 단계에 그친 경우에는 이에 가공하는 행위가 예비의 공동정범이 되는 경우를 제외하고는 종범의 성립을 부정하고 있다고 보는 것이 타당하다(대판 1976. 5. 25, 75도1549). 정답 - X

제6장 공범론

제1절 공범이론

Ⅰ. 공범의 의의

1 대향범은 2인 이상의 대향적 협력에 의하여 성립하는 범죄로서 대향자쌍방의 불법내용이 같으므로 형법상 쌍방을 처벌하는 경우 전부 쌍방의 법정형이 같은데, 다만 대향자 일방만을 처벌하는 경우가 있다. 변호사시험 제4회

(해설 ✏)

> 〔형법 제129조(수뢰, 사전수뢰)〕 ① 공무원 또는 중재인이 그 직무에 관하여 뇌물을 수수, 요구 또는 약속한 때에는 5년 이하의 징역 또는 10년 이하의 자격정지에 처한다.
> 〔형법 제133조(뇌물공여등)〕 ① 제129조 내지 제132조에 기재한 뇌물을 약속, 공여 또는 공여의 의사를 표시한 자는 5년 이하의 징역 또는 2천만원 이하의 벌금에 처한다.

→ 대향범 각각의 불법이 같다고 볼 수 없다. 실제로 뇌물죄와 같이 대향범 쌍방을 처벌하는 경우에도 쌍방의 법정형이 다르다. 정답 - X

2 변호사 사무실 직원 甲이 법원공무원 乙에게 부탁하여 수사 중인 사건의 체포영장 발부자 명단을 누설받은 경우, 乙이 직무상 비밀을 누설한 행위와 甲이 이를 누설받은 행위는 대향범 관계에 있으므로 甲의 행위를 공무상비밀누설교사죄로 처벌할 수 없다.
변호사시험 제4회

(해설 ✏) 변호사 사무실 직원인 피고인 甲이 법원공무원인 피고인 乙에게 부탁하여, 수사 중인 사건의 체포영장 발부자 53명의 명단을 누설받은 사안에서, 피고인 乙이 직무상 비밀을 누설한 행위와 피고인 甲이 이를 누설받은 행위는 대향범 관계에 있으므로 공범에 관한 형법총칙 규정이 적용될 수 없는데도, 피고인 甲의 행위가 공무상비밀누설교사죄에 해당한다고 본 원심판단에 법리오해의 위법이 있다고 한 사례(대판 2011. 4. 28, 2009도3642). 정답 - ○

3 변호사가 변호사 아닌 자에게 고용되어 법률사무소의 개설·운영에 관여하는 행위는 변호사법위반죄의 방조범으로 처벌할 수 없다. 변호사시험 제5회

> (해설 ✎) 변호사 아닌 자가 변호사를 고용하여 법률사무소를 개설·운영하는 행위에 있어서는 변호사 아닌 자는 변호사를 고용하고 변호사는 변호사 아닌 자에게 고용된다는 서로 대향적인 행위의 존재가 반드시 필요하고, 나아가 변호사 아닌 자에게 고용된 변호사가 고용의 취지에 따라 법률사무소의 개설·운영에 어느 정도 관여할 것도 당연히 예상되는바, 이와 같이 **변호사가 변호사 아닌 자에게 고용되어 법률사무소의 개설·운영에 관여하는 행위는** 위 범죄가 성립하는 데 당연히 예상될 뿐만 아니라 범죄의 성립에 없어서는 아니 되는 것인데도 이를 처벌하는 규정이 없는 이상, 그 입법 취지에 비추어 볼 때 변호사 아닌 자에게 고용되어 법률사무소의 개설·운영에 관여한 변호사의 행위가 일반적인 형법 총칙상의 공모, 교사 또는 방조에 해당된다고 하더라도 **변호사를 변호사 아닌 자의 공범으로서 처벌할 수는 없다**(대판 2004. 10. 28, 2004도3994). 정답 - ○

4 매도, 매수와 같이 2인 이상의 서로 대향된 행위의 존재를 필요로 하는 관계에 있어서는 매도인에게 따로 처벌규정이 없는 이상 매도인의 매도행위는 그와 대향적 행위의 존재를 필요로 하는 상대방의 매수범행에 대하여 공범이나 방조범관계가 성립되지 아니한다. 변호사시험 제4회

> (해설 ✎) 매도, 매수와 같이 2인 이상의 서로 대향된 행위의 존재를 필요로 하는 관계에 있어서는 공범이나 방조범에 관한 형법총칙 규정의 적용이 있을 수 없고, 따라서 **매도인에게 따로 처벌규정이 없는 이상 매도인의 매도행위는 그와 대향적 행위의 존재를 필요로 하는 상대방의 매수범행에 대하여 공범이나 방조범관계가 성립되지 아니한다**(대판 2001. 12. 28, 2001도5158). 정답 - ○

5 의사가 직접 환자를 진찰하지 않고 처방전을 작성하여 교부한 경우, 그 행위와 대향범 관계에 있는 '처방전을 교부받은 행위'를 한 자가 의사에게 진찰 없는 처방전 교부를 교사한 사실이 인정되더라도 그에게 「형법」 총칙상 교사범 규정을 적용할 수 없다. 변호사시험 제7회

> (해설 ✎) 2인 이상의 서로 대향된 행위의 존재를 필요로 하는 대향범에 대하여는 공범에 관한 형법총칙 규정이 적용될 수 없는데, 구 의료법(2007. 7. 27. 법률 제8559호로 개정되기 전의 것) 제17조 제1항 본문은 의료업에 종사하고 직접 진찰한 의사가 아니면 처방전을 작성하여 환자 등에게 교부하지 못한다고 규정하면서 제89조에서는 위 조항 본문을 위반한 자를 처벌하고 있을 뿐, 위와 같이 작성된 처방전을 교부받은 상대방을 처벌하는 규정이 따로 없는 점에 비추어, 위와 같이 작성된 처방전을 교부받은 자에 대하여는 공범에 관한 형법총칙 규정이 적용될 수 없다고 보아야 한다(대판 2011. 10. 13, 2011도6287). 정답 - ○

Ⅱ. 정범과 공범의 구별

6 뇌수술을 받고 중환자실에 입원해 있던 환자 A의 처 乙은 치료비에 상당한 부담을 느낀 나머지 A의 치료를 중단시킬 의도로 퇴원을 요구하였고, 주치의 甲이 이런 의도를 알면서도 치료중단 및 퇴원을 허용하는 조치를 취하여 A가 사망에 이른 경우, 甲에게 환자의 사망이라는 결과 발생에 대한 정범의 고의는 인정되나 A의 사망에 이르는 사태의 핵심적 경과를 계획적으로 조종하거나 저지·촉진하는 등으로 지배하고 있었다고 보기는 어려우므로 공동정범의 객관적 요건인 기능적 행위지배가 흠결되어 살인죄의 공동정범으로서의 죄책이 없다.
변호사시험 제5회

> **해설** ✐ 보호자가 의학적 권고에도 불구하고 치료를 요하는 환자의 퇴원을 간청하여 담당 전문의와 주치의가 치료중단 및 퇴원을 허용하는 조치를 취함으로써 환자를 사망에 이르게 한 행위에 대하여 보호자, 담당 전문의 및 주치의가 부작위에 의한 살인죄의 공동정범으로 기소된 사안에서, 담당 전문의와 주치의에게 환자의 사망이라는 결과 발생에 대한 정범의 고의는 인정되나 환자의 사망이라는 결과나 그에 이르는 사태의 핵심적 경과를 계획적으로 조종하거나 저지·촉진하는 등으로 지배하고 있었다고 보기는 어려워 공동정범의 객관적 요건인 이른바 기능적 행위지배가 흠결되어 있다는 이유로 작위에 의한 살인방조죄만 성립한다고 한 사례(대판 2004. 6. 24, 2002도995). 정답 - O

7 공동정범은 공동의사에 의한 기능적 행위지배가 있음에 반하여 종범은 그 행위지배가 없는 점에서 양자가 구별된다.
변호사시험 제7회

> **해설** ✐ 공동정범의 본질은 분업적 역할분담에 의한 기능적 행위지배에 있으므로 **공동정범은 공동의사에 의한 기능적 행위지배가 있음에 반하여 종범은 그 행위지배가 없는 점에서 양자가 구별된다**(대판 1989. 4. 11, 88도1247). 정답 - O

Ⅲ. 공범의 종속성

8 제한종속형식에 의할 경우 위법성이 조각되는 행위를 교사·방조한 경우에는 공범이 성립될 가능성이 없다.
변호사시험 제6회

> **해설** ✐ 제한종속형식에 의하면 공범은 정범의 구성요건해당성과 위법성에 종속하므로, 정범의 위법성이 조각되는 경우는 공범의 위법성 역시 인정할 수 없어 공범이 성립할 수 없다. 정답 - O

■ 사례 【9~13】

甲은 A의 아들이다. 술만 마시면 폭행을 하는 버릇이 있고 성격까지 포악한 A는 자신의 부인인 乙(甲의 母)과 甲을 지속적으로 학대하고 폭행하여 왔다. 甲은 A의 행패를 더 이상 참지 못하고 A를 살해하기로 마음먹었다. 어느 날 A가 술에 취하여 행패를 부리다가 잠이 든 사이에 甲은 A의 목을 졸랐다. A가 의식을 잃자 甲은 A가 죽은 것으로 생각하고 A를 차에 싣고 가서 무거운 돌을 매달아 한강에 빠뜨렸다. 乙은 甲이 A를 살해하는 줄 알고 있으면서도 A가 죽어도 좋다고 생각하여 그냥 자는 척했다. 나중에 A는 목 졸려 숨진 것이 아니라 익사한 것으로 밝혀졌다. 이상의 사례에서 甲과 乙의 죄책과 관련한 형법이론상의 논점과 관련이 없는 것은?

변호사시험 제4회

9 부진정부작위범의 보증인적 지위

(해설 ✎) 乙은 A의 법률상 배우자이므로 부작위에 의한 살인죄가 문제된다. 즉, A에 대한 살인을 막을 작위의무와 관련하여 부진정부작위범의 보증인적 지위가 문제된다.   정답 – X

10 정당화적 긴급피난이나 면책적 긴급피난

(해설 ✎) 甲이 A가 술에 취하여 상습적으로 행패를 부리는 것을 모면하기 위하여 A를 살해하였으므로 정당화적 긴급피난이나 면책적 긴급피난이 논의될 수 있다.   정답 – X

11 개괄적 고의 또는 인과관계의 착오

(해설 ✎) 甲이 살해를 기도하여 A가 기절하였으나 죽은 것으로 알고 한강에 빠뜨려서 익사한 경우 甲에게 개괄적 고의 또는 인과관계의 착오가 문제된다.   정답 – X

12 공범의 종속정도

(해설 ✎) 甲은 존속살인을 하였는데, 이 때 직계비속이라는 신분은 책임가중적 신분에 해당한다. 이에 가담한 乙은 비신분자이므로 처벌과 관련하여 공범의 종속정도가 문제될 수 있다.

정답 – X

13 원인에 있어서 자유로운 행위

(해설 ✎) 특별히 문제되는 부분이 없다.   정답 – O

제2절 간접정범

1 「형법」상 과실범으로 처벌되는 자를 방조하여 범죄행위의 결과를 발생하게 한 자는 방조의 예에 의하여 처벌된다.   변호사시험 제7회

해설 ✏️

〔형법 제34조(간접정범, 특수한 교사, 방조에 대한 형의 가중)〕① 어느 행위로 인하여 처벌되지 아니하는 자 또는 과실범으로 처벌되는 자를 교사 또는 방조하여 범죄행위의 결과를 발생하게 한 자는 교사 또는 방조의 예에 의하여 처벌한다.

정답 - ○

제3절 공동정범

1 甲이 A녀를 강간하고 있을 때, 乙 스스로 甲의 강간행위에 가담할 의사로 甲이 모르는 사이에 망을 보아준 경우, 乙은 강간죄의 공동정범이 된다.   변호사시험 제1회

해설 ✏️ 공동정범은 행위자 상호간에 범죄행위를 공동으로 한다는 공동가공의 의사를 가지고 범죄를 공동실행하는 경우에 성립하는 것으로서, 여기에서의 **공동가공의 의사는 공동행위자 상호간에 있어야 하며 행위자 일방의 가공의사만으로는 공동정범관계가 성립할 수 없다**(대판 1985. 5. 14, 84도2118).

→ 위와 같이 편면적 공동정범은 인정하지 않는 것이 판례이며, 통설의 태도이다. 지문은 甲이 모르는 사이에 乙이 가담한 경우이므로 일방적 가공에 해당하여 공동정범이 될 수 없다.

정답 - X

2 2인 이상이 범죄에 공동가공하는 공범관계에서 비록 전체의 모의과정이 없더라도 수인 사이에 순차적으로 또는 암묵적으로 상통하여 의사의 결합이 이루어지면 공모관계가 성립한다.   변호사시험 제2회

해설 ✏️ 2인 이상이 범죄에 공동가공하는 공범관계에서 공모는 법률상 어떤 정형을 요구하는 것이 아니고 2인 이상이 공모하여 범죄에 공동가공하여 범죄를 실현하려는 의사의 결합만 있으면 되는 것으로서, 비록 전체의 모의과정이 없더라도 수인 사이에 순차적으로 또는 암묵적으로 상통하여 의사의 결합이 이루어지면 공모관계가 성립한다(대판 2011. 12. 22, 2011도9721).

정답 - ○

3 포괄일죄의 범행 도중에 공동정범으로 범행에 가담한 자는 비록 그가 그 범행에 가담할 때에 이미 이루어진 종전의 범행을 알았다 하더라도 그 가담 이후의 범행에 대하여만 공동정범의 책임을 진다.   변호사시험 제7회

(해설 🖉) 포괄일죄의 범행 도중에 공동정범으로 범행에 가담한 자는 비록 그가 그 범행에 가담할 때에 이미 이루어진 종전의 범행을 알았다 하더라도 그 가담 이후의 범행에 대하여만 공동정범으로 책임을 진다(대판 1997. 6. 27, 97도163).　　　　　정답 - ○

4 형법 제30조의 '공동하여 죄를 범한 때'의 '죄'는 고의범이건 과실범이건 불문한다고 해석하여야 할 것이므로, 2인 이상이 서로의 의사연락 아래 어떠한 과실행위를 하여 범죄결과가 발생한 경우 과실범의 공동정범이 성립한다.　　　　　변호사시험 제3회

(해설 🖉) 공동정범은 고의범이나 과실범을 불문하고 의사의 연락이 있는 경우면 성립하는 것으로서 2인 이상이 서로의 의사연락 아래 과실행위를 하여 범죄되는 결과를 발생하게 하면 과실범의 공동정범이 성립하는 것이다(대판 1994. 5. 24, 94도660).　　　　　정답 - ○

5 공모공동정범의 경우 제반 상황에 비추어 공모자들이 범행도중에 부수적인 다른 범죄가 파생되리라고 예상하거나 충분히 예상할 수 있는데도 이를 방지하기 위한 합리적인 조치를 취하지 아니하여 예상되던 범행들이 발생하였다면, 그 파생적인 범행에 대하여 개별적인 의사의 연락이 없었다고 하더라도 당초의 공모자들 사이에 그 범행 전부에 대하여 암묵적인 공모는 물론 그에 대한 기능적 행위지배가 인정된다.　　　　　변호사시험 제4회

(해설 🖉) 공모공동정범의 경우, 범죄의 수단과 태양, 가담하는 인원과 그 성향, 범행 시간과 장소의 특성, 범행과정에서 타인과의 접촉가능성과 예상되는 반응 등 제반 상황에 비추어, 공모자들이 그 공모한 범행을 수행하거나 목적 달성을 위해 나아가는 도중에 부수적인 다른 범죄가 파생되리라고 예상하거나 충분히 예상할 수 있는데도 그러한 가능성을 외면한 채 이를 방지하기에 족한 합리적인 조치를 취하지 아니하고 공모한 범행에 나아갔다가 결국 그와 같이 예상되던 범행들이 발생하였다면, 비록 그 파생적인 범행 하나하나에 대하여 개별적인 의사의 연락이 없었다고 하더라도 당초의 공모자들 사이에 그 범행 전부에 대하여 암묵적인 공모는 물론 그에 대한 기능적 행위지배가 존재한다고 보아야 한다(대판 2011. 1. 27, 2010도11030).　　　　　정답 - ○

6 甲이 주도하여 乙, 丙과 절도를 하기로 공모한 후, 甲과 乙이 실행행위에 이르기 전에 망을 보기로 한 丙이 공모관계에서 이탈한 경우, 그 이후의 甲과 乙의 절취행위에 대하여 丙은 공동정범으로서의 책임을 지지 아니하고 그 이탈의 표시는 명시적일 필요는 없다.　　　　　변호사시험 제1회

(해설 🖉) [1] 소위 공모공동정범에 있어서도 다른 공모자가 실행행위에 이르기 전에 그 공모관계에서 이탈한 때에는 공동정범의 책임을지지 않는다.
[2] 그 경우에 이탈의 의사표시는 반드시 명시적임을 요하지 않는다(대판 1972. 4. 20, 71도2277).
　→ 丙이 절도 공모에 가담하였으나, 다른 공모자인 甲과 乙이 실행행위에 이르기 전에 공모관계에서 이탈했으므로 공동정범으로서의 책임을지지 아니한다.　　　　　정답 - ○

7 甲은 2010. 7. 6. 23:00경 강도의 고의를 가지고 가스총을 주머니에 넣은 채 좁은 골목길이 복잡하게 얽혀 있는 동네 길목에서 '표적'을 기다리다가 귀가 중인 피해자에게 다가가 가스총으로 겁을 주어 현금 20만 원과 목걸이 및 반지를 빼앗았다. 일주일 후 甲은 양심의 가책을 느끼고 경찰서에 출석하여 위 범죄사실을 자수하였다. 하지만 경찰관은 甲이 범행한 장소와 피해자를 정확하게 기억하지 못하여 피해자에 대한 조사를 하지 못하였을 뿐 아니라, 목걸이와 반지도 모조품인 것을 알고 쓰레기통에 버렸다고 하고 20만 원은 이미 소비해 버린 상태인 것만 확인한 채 사건을 검찰에 송치하였다. 甲은 검찰에서도 범행을 자백하였고, 특수강도죄로 기소된 후 제1심 공판절차에서도 일관되게 자백하였다. 만약 甲의 주도하에 甲과 乙이 사전에 범행을 모의하고 범행 당일 23:00경 범행 장소에서 만나기로 하였는데 乙이 마음을 바꾸어 약속장소에 나타나지 않아 甲이 혼자서 위 사례와 같은 범행을 한 것이라면, 乙에게도 특수강도죄의 공동정범이 성립한다. _{변호사시험 제1회}

해설 공모공동정범에 있어서 공모자 중의 1인이 다른 공모자가 실행행위에 이르기 전에 그 공모관계에서 이탈한 때에는 그 이후의 다른 공모자의 행위에 관하여는 <u>공동정범으로서의 책임은 지지 않는다</u> 할 것이나, 공모관계에서의 이탈은 공모자가 공모에 의하여 담당한 기능적 행위지배를 해소하는 것이 필요하므로 공모자가 공모에 주도적으로 참여하여 다른 공모자의 실행에 영향을 미친 때에는 범행을 저지하기 위하여 적극적으로 노력하는 등 실행에 미친 영향력을 제거하지 아니하는 한 공모관계에서 이탈하였다고 할 수 없다(대판 2008. 4. 10, 2008도1274).

→ 범행의 주도자가 아닌 乙이 범죄의 실행행위에 이르기 전에 그 공모관계에서 이탈하였으므로, 乙에게 특수강도죄의 공동정범은 별도로 성립하지 아니한다. 정답 - X

8 甲이 A회사의 직원으로서 경쟁업체에 유출하기 위해 회사의 영업비밀을 무단으로 반출함으로써 업무상배임죄의 기수에 이르렀다면, 그 이후 乙이 甲과 접촉하여 그 영업비밀을 취득하더라도 乙에 대해서 업무상배임죄의 공동정범은 성립하지 않는다. _{변호사시험 제1회}

해설 회사직원이 영업비밀을 경쟁업체에 유출하거나 스스로의 이익을 위하여 이용할 목적으로 무단으로 반출한 때 업무상배임죄의 기수에 이르렀다고 할 것이고, 그 이후에 위 직원과 접촉하여 영업비밀을 취득하려고 한 자는 업무상배임죄의 공동정범이 될 수 없다고 한 사례(대판 2003. 10. 30, 2003도4382). 정답 - O

9 甲과 乙이 공동하여 강도하기로 공모하고 함께 협박에 사용할 등산용 칼을 구입하였으나 실행의 착수에 이르지 못한 경우, 강도예비죄의 공동정범이 된다. _{변호사시험 제1회}

해설 형법 제32조 제1항 소정 타인의 범죄란 정범이 범죄의 실현에 착수한 경우를 말하는 것이므로 종범이 처벌되기 위하여는 정범의 실행의 착수가 있는 경우에만 가능하고 형법 전체의 정신에 비추어 정범이 실행의 착수에 이르지 아니한 예비의 단계에 그친 경우에는 이에 가공하는 행위가 예비의 공동정범이 되는 경우를 제외하고는 종범의 성립을 부정하고 있다고 보는 것이 타당하다(대판 1976. 5. 25, 75도1549).

→ 甲과 乙이 강도를 공모하였으며 등산용 칼을 구입한 것은 예비행위에 해당하므로 강도예
비죄의 공동정범이 된다. 정답 – ○

10 공모공동정범에서 공모관계로부터의 이탈은 공모자가 공모에 의하여 담당한 기능적 행
위지배를 해소하는 것이 필요하므로, 공모자가 공모에 주도적으로 참여하여 다른 공모자
의 실행에 영향을 미친 때에는 범행을 저지하기 위하여 적극적으로 노력하는 등 실행에
미친 영향력을 제거하지 않는 한 공모관계로부터 이탈하였다고 할 수 없다.변호사시험 제4회

(해설 ✏️) 공모공동정범에 있어서 공모자 중의 1인이 다른 공모자가 실행행위에 이르기 전에 그
공모관계에서 이탈한 때에는 그 이후의 다른 공모자의 행위에 관하여는 공동정범으로서의 책
임은 지지 않는다 할 것이나, 공모관계에서의 이탈은 공모자가 공모에 의하여 담당한 기능적
행위지배를 해소하는 것이 필요하므로 공모자가 공모에 주도적으로 참여하여 다른 공모자의
실행에 영향을 미친 때에는 범행을 저지하기 위하여 적극적으로 노력하는 등 실행에 미친 영
향력을 제거하지 아니하는 한 공모자가 구속되었다는 등의 사유만으로 공모관계에서 이탈하
였다고 할 수 없다(대판 2010. 9. 9, 2010도6924). 정답 – ○

11 甲이 부녀를 유인하여 성매매를 통해 수익을 얻을 것을 乙과 공모한 후, 乙로 하여금 유
인된 A녀(16세)의 성매매 홍보용 나체사진을 찍도록 하고, A가 중도에 약속을 어길 경우
민·형사상 책임을 진다는 각서를 작성하도록 하였지만, 자신이 별건으로 체포되어 구치
소에 수감 중인 동안 A가 乙의 관리 아래 성매수의 대가로 받은 돈을 A, 乙 및 甲의 처 등
이 나누어 사용한 경우라도 甲에게는 공모관계에서의 이탈이 인정된다. 변호사시험 제2회

(해설 ✏️) 甲이 乙과 공모하여 가출 청소년 丙(여, 16세)에게 낙태수술비를 벌도록 해 주겠다고
유인하였고, 乙로 하여금 丙의 성매매 홍보용 나체사진을 찍도록 하였으며, 丙이 중도에 약
속을 어길 경우 민형사상 책임을 진다는 각서를 작성하도록 한 후, 자신이 별건으로 체포되어
구치소에 수감 중인 동안 丙이 乙의 관리 아래 12회에 걸쳐 불특정 다수 남성의 성매수 행위
의 상대방이 된 대가로 받은 돈을 丙, 乙 및 甲의 처 등이 나누어 사용한 사안에서, 丙의 성매
매 기간 동안 甲이 수감되어 있었다 하더라도 위 甲은 乙과 함께 미성년자유인죄, 구 청소년
의 성보호에 관한 법률(2009. 6. 9. 법률 제9765호 아동·청소년의 성보호에 관한 법률로 전부
개정되기 전의 것) 위반죄의 책임을 진다고 한 원심판단을 수긍한 사례(대판 2010. 9. 9, 2010
도6924). 정답 – X

12 甲은 乙, 丙과 함께 지나가는 행인을 대상으로 강도를 하기로 모의한 뒤(甲은 모의과정에
서 모의를 주도하였다), 함께 범행대상을 물색하다가 乙, 丙이 행인 A를 강도 대상으로 지
목하고 뒤쫓아 가자 甲은 단지 "어?"라고만 하고 비대한 체격 때문에 뒤따라가지 못한 채
범행현장에서 200m 정도 떨어진 곳에 앉아있었다. 乙, 丙은 A를 쫓아가 A를 폭행하고 지
갑과 현금 30만 원을 빼앗았다. 甲은 강도죄의 공모관계에서 이탈하였다고 볼 수 없으므
로 특수강도죄의 공동정범의 죄책을 진다. 변호사시험 제3회

다른 3명의 공모자들과 강도 모의를 하면서 삽을 들고 사람을 때리는 시늉을 하는 등 그 모의를 주도한 피고인이 함께 범행 대상을 물색하다가 다른 공모자들이 강도의 대상을 지목하고 뒤쫓아 가자 단지 "어?"라고만 하고 비대한 체격 때문에 뒤따라가지 못한 채 범행현장에서 200m 정도 떨어진 곳에 앉아 있었으나 위 공모자들이 피해자를 쫓아가 강도상해의 범행을 한 사안에서, 피고인에게 공동가공의 의사와 공동의사에 기한 기능적 행위지배를 통한 범죄의 실행사실이 인정되므로 강도상해죄의 공모관계에 있고, 다른 공모자가 강도상해죄의 실행에 착수하기까지 범행을 만류하는 등으로 그 **공모관계에서 이탈하였다고 볼 수 없으므로 강도상해죄의 공동정범으로서의 죄책을 진다**고 한 사례(대판 2008. 4. 10, 2008도1274).

→ 甲이 모의를 주도했으므로 공모관계에서의 이탈이 인정되지 않아 공동정범의 죄책을 진다.

정답 - ○

13 乙, 丙과 A회사의 사무실 금고에서 현금을 절취할 것을 공모한 甲이 乙과 丙에게 범행도구를 구입하여 제공해 주었을 뿐만 아니라 乙과 丙이 사무실에서 현금을 절취하는 동안 범행장소가 보이지 않는 멀리 떨어진 곳에서 기다렸다가 절취한 현금을 운반한 경우, 甲은 乙, 丙의 합동절도의 공동정범의 죄책을 진다. 변호사시험 제2회

해설 ✎ 피고인이 甲, 乙과 공모한 후 甲, 乙은 피해자 회사의 사무실 금고에서 현금을 절취하고, 피고인은 위 사무실로부터 약 100m 떨어진 곳에서 망을 보는 방법으로 합동하여 재물을 절취하였다고 하여 주위적으로 기소된 사안에서, 제반 사정에 비추어 甲, 乙의 합동절도 범행에 대한 **공동정범으로서 죄책을 면할 수 없는데도**, 이와 달리 보아 피고인에게 무죄를 인정한 원심판결에 법리오해의 위법이 있다고 한 사례

(판결이유 중) 원심은,……이 사건 범행 당일 피고인은 원심 공동피고인 2를 원심 공동피고인 1에게 소개시켜 준 다음 이들과 함께 범행 장소인 공소외 합명회사 **사무실로부터 약 200m 떨어진 ○○○○ 주유소 앞까지 갔고, 그 지점에서는 위 사무실이 보이지 않는 사실** 등이 인정되나, 나아가 피고인이 위 사무실로부터 약 100m 떨어진 지점에서 망을 보는 방법으로 합동하여 이 사건 범행을 저질렀다는 점에 관하여는 검사가 제출한 증거들을 모두 모아 보더라도 이를 인정하기에 부족하고 달리 이를 인정할 증거가 없다는 이유로, 이 부분 공소사실을 무죄로 판단한 제1심판결을 그대로 유지하였다.……원심이 적법하게 채택하여 조사한 증거들에 의하면,……③ **피고인이 이 사건 범행 당일 원심 공동피고인 2를 원심 공동피고인 1에게 소개하여 주었고, 원심 공동피고인 1, 2와 함께 이 사건 범행 장소인 공소외 합명회사 사무실 부근까지 동행하였으며**, 도중에 **이 사건 범행에 사용할 면장갑과 쇼핑백을 구입하여 원심 공동피고인 2에게 건네 준 사실**,……⑤ 피고인이 공소외 합명회사 사무실로부터 불과 약 200m 정도 떨어진 ○○○○ 주유소 앞에서 원심 공동피고인 2와 원심 공동피고인 1을 기다리고 있었던 사실, ⑥ 원심 공동피고인 2는 이 사건 범행을 종료한 후 기다리고 있던 원심 공동피고인 1, 피고인과 합류하여 택시를 타고 △△대학교 인근의 식당으로 이동하였고, 피고인은 위와 같이 이동하는 과정에서 원심 공동피고인 2로부터 절취한 현금이 들어 있는 쇼핑백을 건네받아 이를 소지하기도 하였던 사실, ⑦ 피고인은 위 식당에서 원심 공동피고인 1, 2와 함께 절취한 현금의 액수를 확인하였고, 절취한 현금의 약 1/3에 해당하는 175만 원을 분배받은 사실을 알 수 있다(대판 2011. 5. 13, 2011도2021).

정답 - ○

14 공동정범 관계에 있는 여러 사람의 행위가 경합하여 하나의 결과가 발생되었으나 그 결과발생의 원인행위가 밝혀지지 아니한 경우에는 각 행위자를 미수범으로 처벌해야 한다.

변호사시험 제7회

해설 ✏️ 여러 사람의 행위가 경합하여 하나의 결과가 발생되었으나 그 결과발생의 원인행위가 밝혀지지 아니한 경우라도 그들이 공동정범이라면 '일부 실행 전부 책임의 원리'가 적용되어 각 행위자를 기수범으로 처벌해야 한다.

정답 - X

15 甲과 乙이 칼을 들고 강도하기로 공모한 경우, 乙이 피해자의 거소에 들어가 피해자를 향하여 칼을 휘둘러 상해를 가하였다면 대문 밖에서 망을 본 甲은 상해의 결과에 대하여도 공동정범으로서의 책임을 면할 수 없다.

변호사시험 제1회

해설 ✏️ 강도합동범 중 1인이 피고인과 공모한대로 과도를 들고 강도를 하기 위하여 피해자의 거소를 들어가 피해자를 향하여 칼을 휘두른 이상 이미 강도의 실행행위에 착수한 것임이 명백하고, 그가 피해자들을 과도로 찔러 상해를 가하였다면 대문 밖에서 망을 본 공범인 피고인이 구체적으로 상해를 가할 것까지 공모하지 않았다 하더라도 피고인은 **상해의 결과에 대하여도 공범으로서의 책임을 면할 수 없다**(대판 1998. 4. 14, 98도356).

정답 - O

16 甲과 乙은 알선 등과 관련하여 금품 등을 특정 금액 이하로만 받기로 약정하고 이를 수수하기로 공모하였지만 乙이 공모내용을 현저히 초과하는 금품을 수수한 경우, 수수한 금품 등의 구체적 금액을 공범자가 알아야 공모공동정범이 성립하는 것은 아니므로 甲에게는 乙이 수수한 금품 전부에 관하여 공모공동정범이 성립한다.

변호사시험 제2회

해설 ✏️ 구 특정범죄 가중처벌 등에 관한 법률(2010. 3. 31. 법률 제10210호로 개정되기 전의 것) 제3조와 특정경제범죄 가중처벌 등에 관한 법률 제7조 알선수재 및 구 변호사법(2000. 1. 28. 법률 제6207호로 전부 개정되기 전의 것) 제90조 제2호 법률사건에 관한 화해·청탁 알선 등의 공모공동정범에서, 공범자들 사이에 그 알선 등과 관련하여 금품이나 이익을 수수하기로 명시적 또는 암묵적인 공모관계가 성립하고 그 공모 내용에 따라 공범자 중 1인이 금품이나 이익을 수수하였다면, <u>사전에 특정 금액 이하로만 받기로 약정하였다든가 수수한 금액이 공모 과정에서 도저히 예상할 수 없는 고액이라는 등과 같은 특별한 사정이 없는 한</u>, 그 수수한 금품이나 이익 전부에 관하여 위 각 죄의 공모공동정범이 성립하는 것이며, 수수할 금품이나 이익의 규모나 정도 등에 대하여 사전에 서로 의사의 연락이 있거나 수수한 금품 등의 구체적 금액을 공범자가 알아야 공모공동정범이 성립하는 것은 아니고, 이와 같은 법리는 특정경제범죄 가중처벌 등에 관한 법률 제5조가 정한 수재의 공모공동정범에서도 마찬가지로 적용된다(대판 2010. 10. 14, 2010도387).

→ 乙이 공모내용을 현저히 초과하는 금품을 수수하였으므로, 수수한 금품 전부에 관하여 공모공동정범이 성립할 수 없다.

정답 - X

사례 【17~18】

외국인 해적들인 甲, 乙, 丙, 丁은 선박을 강취하여 선원들을 인질로 삼아 석방대가를 요구하기로 공모하고, 공해상에서 운항 중인 한국인 선원이 승선한 선박 ○○호를 강취하였다. 이에 대한민국 해군이 선원의 구조를 위해 ○○호에 접근하자, 甲, 乙, 丙, 丁은 총기를 소지한 채 해군을 살해하여서라도 저지하기로 공모하고, 甲, 乙, 丙은 해군의 보트를 향해서 일제히 조준사격을 하여 해군 3인이 총상을 입었다. 이 때 소총을 소지한 丁은 역할 분담에 따라 통신실에서 통신장비를 감시하고 있었기 때문에 외부의 총격전에는 가담하지 않았다. 해군의 공격에 더 이상 버티기 힘든 상황이 되자, 두목 甲은 같이 있던 乙, 丙에게 총기를 조타실 밖으로 버리고 선실로 내려가 피신하라고 명령하였다. 乙, 丙은 명령을 따랐고, 실질적으로 해적들의 저항은 종료되었다. 이후 甲은 조타실에서 한국인 선장 A를 살해하려고 총격을 가하여 복부관통상을 가하였으나 A는 사망에 이르지 아니하였다. 해군은 甲 등을 총격 종료 직후 현장에서 체포하여 비행기로 부산 김해공항으로 이송하였고, 공항에서 사법경찰관에게 신병을 인도하였다.

변호사시험 제7회

17 해군 3인에게 총상을 입힌 행위에 대하여 丁은 해상강도살인미수죄의 공동정범이 인정된다.

(해설) 사안에서 丁은 甲, 乙, 丙과 총기를 소지한 채 해군을 살해하여서라도 저지하기로 공모하고, 역할 분담에 따라 통신실에서 통신장비를 감시하고 있었기 때문에 외부의 총격전에는 가담하지 않았더라도 기능적 행위지배가 인정되어 공동정범이 되므로 타당한 지문이다(아래「18번 문제」해설 참고).　　　　　정답 - O

18 선장 A를 살해하려는 행위에 대하여 乙, 丙은 해상강도살인미수죄의 공동정범이 인정되지 않는다.

(해설) 소말리아 해적인 피고인들 등이 공모하여 아라비아해 인근 공해상에서 대한민국 해운회사가 운항 중인 선박 '삼호주얼리호'를 납치하여 대한민국 국민인 선원 등에게 해상강도 등 범행을 저질렀다는 내용으로 국내법원에 기소된 사안에서, 피고인 甲이 선장 乙을 살해할 의도로 乙에게 총격을 가하여 미수에 그친 사실을 충분히 인정할 수 있다고 본 다음, 이 사건 해적들의 공모내용은 선박 납치, 소말리아로의 운항 강제, 석방대가 요구 등 본래 목적의 달성에 차질이 생기는 상황이 발생한 때에는 인질 등을 살상하여서라도 본래 목적을 달성하려는 것에 있을 뿐, 본래 목적 달성이 무산되고 자신들의 생존 여부도 장담할 수 없는 상황에서 보복하기 위하여 그 원인을 제공한 이를 살해하는 것까지 공모한 것으로는 볼 수 없고, 당시 피고인 甲을 제외한 나머지 해적들은 두목의 지시에 따라 무기를 조타실 밖으로 버리고 조타실 내에서 몸을 숙여 총알을 피하거나 선실로 내려가 피신함으로써 저항을 포기하였고, 이로써 해적행위에

관한 공모관계는 실질적으로 종료하였으므로, 그 이후 자신의 생존을 위하여 피신하여 있던 나머지 피고인들로서는 피고인 甲이 乙에게 총격을 가하여 살해하려고 할 것이라는 점까지 예상할 수는 없었다고 본 원심판단을 수긍한 사례(대판 2011. 12. 22, 2011도12927). 정답 - ○

제4절 교사범

1 甲이 乙에게 A의 주거에 침입할 것을 교사하였는데 乙이 A의 승낙을 얻어 정당하게 주거에 들어간 경우 공범종속성설 중 제한적 종속형식에 의하면 甲은 주거침입죄의 교사범이 성립하지 않는다.　　　　　　　　　　　　　　　　　　　　　　　　　변호사시험 제3회

해설 ✎

> [형법 제31조(교사범)] ① 타인을 교사하여 죄를 범하게 한 자는 죄를 실행한 자와 동일한 형으로 처벌한다.
> ② 교사를 받은 자가 범죄의 실행을 승낙하고 실행의 착수에 이르지 아니한 때에는 교사자와 피교사자를 음모 또는 예비에 준하여 처벌한다. ③ 교사를 받은 자가 범죄의 실행을 승낙하지 아니한 때에도 교사자에 대하여는 전항과 같다.

→ 제한적 종속형식에 의하면, 정범이 구성요건에 해당하고 위법한 행위를 해야 공범이 성립한다. 주거침입죄에 있어서 승낙은 구성요건을 조각하는 양해로 보는 것이 일반적이나, 위법성을 조각하는 피해자의 승낙으로 보더라도 공범이 성립할 수 없으므로, 甲에게 주거침입죄의 교사범을 인정할 수 없다. 주거침입죄는 예비·음모를 처벌하지 않으므로 기도된 교사(제31조 제2항, 제3항)도 문제되지 않는다. 정답 - ○

2 교사를 받은 자가 범죄의 실행을 승낙하고 실행의 착수에 이르지 아니한 때에는 교사자와 피교사자를 예비 또는 음모에 준하여 처벌한다.　　　　　　　　　　　　변호사시험 제7회

해설 ✎

> [형법 제31조(교사범)] ① 타인을 교사하여 죄를 범하게 한 자는 죄를 실행한 자와 동일한 형으로 처벌한다.
> ② 교사를 받은 자가 범죄의 실행을 승낙하고 실행의 착수에 이르지 아니한 때에는 교사자와 피교사자를 음모 또는 예비에 준하여 처벌한다. ③ 교사를 받은 자가 범죄의 실행을 승낙하지 아니한 때에도 교사자에 대하여는 전항과 같다.

정답 - ○

3 교사자가 피교사자에 대하여 상해를 교사하였는데 피교사자가 이를 넘어 살인을 실행한 경우, 교사자에게 피해자의 사망이라는 결과에 대하여 과실 내지 예견가능성이 있는 때에는 상해치사죄의 교사범으로서의 죄책을 지울 수 있다.　　　　　　변호사시험 제3회

(해설 ✎) 교사자가 피교사자에 대하여 상해 또는 중상해를 교사하였는데 피교사자가 이를 넘어 살인을 실행한 경우 일반적으로 교사자는 상해죄 또는 중상해죄의 교사범이 되지만 이 경우 교사자에게 피해자의 사망이라는 결과에 대하여 과실 내지 예견가능성이 있는 때에는 상해치사죄의 교사범으로서의 죄책을 지울 수 있다(대판 1993. 10. 8, 93도1873). 정답 - ○

4 甲이 乙에게 A의 자동차를 강취할 것을 교사하였으나 乙이 A의 자동차를 절취한 경우 甲은 절도죄의 교사범으로 처벌된다. 변호사시험 제3회

(해설 ✎)

> 〔형법 제31조(교사범)〕① 타인을 교사하여 죄를 범하게 한 자는 죄를 **실행한 자와 동일한 형으로** 처벌한다.
> ② 교사를 받은 자가 범죄의 실행을 승낙하고 실행의 착수에 이르지 아니한 때에는 교사자와 피교사자를 **음모 또는 예비에 준하여** 처벌한다. ③ 교사를 받은 자기 범죄의 실행을 승낙하지 아니한 때에도 교사자에 대하여는 전항과 같다.
> 〔형법 제40조(상상적 경합)〕 1개의 행위가 수개의 죄에 해당하는 경우에는 **가장 중한 죄에 정한 형으로** 처벌한다
> 〔형법 제329조(절도)〕 타인의 재물을 절취한 자는 **6년 이하의 징역 또는 1천만원 이하의 벌금**에 처한다.
> 〔형법 제343조(예비, 음모)〕 강도할 목적으로 예비 또는 음모한 자는 **7년 이하의 징역**에 처한다.

→ 강도와 절도는 동질의 범죄이나 강도가 더 무거우므로, 교사의 착오 중 피교사자의 실행행위가 양적으로 미달한 경우이다. 원칙적으로 공범의 종속성에 의하여 교사자는 피교사자가 실행한 범위에서 책임을 진다(제31조 제1항). 다만, 교사가 기도된 교사에 해당하고(제31조 제2항) 피교사자가 실행한 범죄보다 형이 무거운 경우, 교사한 범죄의 예비·음모와 피교사자가 실행한 범죄의 교사범의 상상적 경합이 성립한다. 따라서 강도를 교사하였으나 절도를 실행한 경우에는 절도죄의 교사범(제31조 제1항)과 강도죄의 예비·음모(제31조 제2항)의 상상적 경합이 되고, 중한 형인 강도죄의 예비·음모로 처벌된다(제40조). 정답 - X

5 甲은 乙에게 A를 살해하라고 교사하였는데 乙은 A가 귀가하는 것을 기다리다가 A로 생각되는 사람을 권총으로 살해하였다. 그러나 乙의 총에 사망한 사람은 B였다. 법정적 부합설에 의하면 甲은 살인죄의 교사범으로 처벌된다. 변호사시험 제3회

(해설 ✎) 법정적 부합설에 의하면 구체적 사실의 착오에 대해서는 객체의 착오든 방법의 착오든 발생한 사실에 대해 고의·기수범을 인정한다. 乙이 A로 생각되는 사람을 살해하려 했으나 실제 죽은 사람은 B였으므로 구체적 사실의 착오 중 객체의 착오에 해당한다. 피교사자의 객체의 착오에 대하여 교사자의 객체의 착오로 보는 견해와 교사자의 방법의 착오로 보는 견해로 나뉜다. 그러나 어느 입장에 의하든 법정적 부합설에 따르면 살인기수죄가 인정되므로, 甲은 살인죄의 교사범으로 처벌된다. 정답 - ○

6 甲은 乙에게 A를 살해하라고 교사하였으나 乙이 B를 A로 착각하여 B를 살해한 경우, 甲에게 객체의 착오를 인정하는 견해에 따르면 甲에게는 B에 대한 살인죄의 교사범이 성립한다.
변호사시험 제6회

(해설 🖉) 구체적 사실의 착오에 중 객체의 착오에 대해서는 발생한 결과에 대한 고의기수책임을 인정하는 것에 이견이 없으므로 甲에게는 B에 대한 살인죄의 교사범이 성립한다. [정답] - O

7 甲은 乙에게 A에 대한 강도를 교사하였으나 乙이 강간을 한 경우, 甲에게는 강간죄의 교사범이 아니라 강도죄의 교사범이 성립한다.
변호사시험 제6회

(해설 🖉)

> 〔형법 제31조(교사범)〕② 교사를 받은 자가 범죄의 실행을 승낙하고 실행의 착수에 이르지 아니한 때에는 교사자와 피교사자를 음모 또는 예비에 준하여 처벌한다.

→ 甲은 乙에게 A에 대한 강도를 교사하였으나 乙이 강간을 한 경우, 교사의 질적 착오이므로 甲에게는 강간죄에 대해 죄책을 물을 수 없고, 다만 강도죄의 예비가 문제된다. [정답] - X

제5절 종 범

1 정범이 실행에 착수하기 전에 방조한 경우에는 그 이후 정범이 실행에 착수하였더라도 방조범이 성립할 수 없다.
변호사시험 제1회

(해설 🖉) 종범은 정범의 실행행위 중에 이를 방조하는 경우뿐만 아니라, 실행 착수 전에 장래의 실행행위를 예상하고 이를 용이하게 하는 행위를 하여 방조한 경우에도 정범이 실행행위를 한 경우에 성립한다(대판 1996. 9. 6, 95도2551). [정답] - X

2 간호조무사의 무면허 진료행위가 있은 후에 이를 의사가 진료부에 기재하는 행위는 범죄 종료 후의 사후행위에 불과하므로 무면허 의료행위의 방조에 해당하지 않는다.
변호사시험 제1회

(해설 🖉) 진료부는 환자의 계속적인 진료에 참고로 공하여지는 진료상황부이므로 **간호보조원**의 무면허 진료행위가 있은 후에 이를 의사가 진료부에다 기재하는 행위는 정범의 실행행위 종료 후의 **단순한 사후행위에 불과하다고 볼 수 없고** 무면허 의료행위의 **방조에 해당한다**(대판 1982. 4. 27, 82도122). [정답] - X

3 방조범에 있어서 정범의 고의는 정범에 의하여 실현되는 범죄의 구체적 내용을 인식할 것을 요하는 것은 아니고 미필적 인식 또는 예견으로 족하다.
변호사시험 제1회

(해설 🖉) 형법상 방조행위는 정범이 범행을 한다는 정을 알면서 그 실행행위를 용이하게 하는 직접·간접의 행위를 말하므로, 방조범은 정범의 실행을 방조한다는 이른바 방조의 고의와 정

범의 행위가 구성요건에 해당하는 행위인 점에 대한 정범의 고의가 있어야 하나, 이와 같은 고의는 내심적 사실이므로 피고인이 이를 부정하는 경우에는 사물의 성질상 고의와 상당한 관련성이 있는 간접사실을 증명하는 방법에 의하여 입증할 수밖에 없고, 이 때 무엇이 상당한 관련성이 있는 간접사실에 해당할 것인가는 정상적인 경험칙에 바탕을 두고 치밀한 관찰력이나 분석력에 의하여 사실의 연결상태를 합리적으로 판단하는 외에 다른 방법이 없다고 할 것이며, 또한 **방조범에 있어서 정범의 고의는 정범에 의하여 실현되는 범죄의 구체적 내용을 인식할 것을 요하는 것은 아니고 미필적 인식 또는 예견으로 족하다**(대판 2005. 4. 29, 2003도 6056). 정답 - ○

4 방조범은 정범이 누구인지를 확실히 알아야 한다. 변호사시험 제1회

해설 ✐ 정범이 범행을 한다는 점을 알면서 그 실행행위를 용이하게 한 이상 그 행위가 간접적이거나 직접적이거나를 가리지 않으며 이 경우 **정범이 누구에 의하여 실행되어지는가를 확지할 필요는 없다**(대판 1977. 9. 28, 76도4133). 정답 - X

5 법률상 정범의 범행을 방지할 의무가 있는 자가 그 범행을 알면서도 방지하지 아니하여 범행을 용이하게 한 때에는 부작위에 의한 종범이 성립한다. 변호사시험 제4회

해설 ✐ 종범의 방조행위는 작위에 의한 경우 뿐만 아니라 부작위에 의한 경우도 포함하는 것으로서 **법률상 정범의 범행을 방지할 의무있는 자가 그 범행을 알면서도 방지하지 아니하여 범행을 용이하게 한 때에는 부작위에 의한 종범이 성립한다**(대판 1985. 11. 26, 85도1906). 정답 - ○

6 종범은 정범의 실행행위 중에 이를 방조하는 경우뿐만 아니라, 정범이 실행행위에 나아 갔다면 실행의 착수 전에 장래의 실행행위를 예상하고 이를 용이하게 한 경우에도 종범이 성립한다. 변호사시험 제4회

해설 ✐ 종범은 정범이 실행행위에 착수하여 범행을 하는 과정에서 이를 방조한 경우뿐 아니라, 정범의 실행의 착수 이전에 장래의 실행행위를 미필적으로나마 예상하고 이를 용이하게 하기 위하여 방조한 경우에도 그 후 정범이 실행행위에 나아갔다면 성립할 수 있다(대판 2013. 11. 14, 2013도7494). 정답 - ○

7 정범의 강도예비행위를 방조하였으나 정범이 실행의 착수에 이르지 못한 경우 방조자는 강도예비죄의 종범에 해당한다. 변호사시험 제4회

해설 ✐ 정범이 실행의 착수에 이르지 아니한 예비의 단계에 그친 경우에는 이에 가공하는 행위가 예비의 공동정범이 되는 경우를 제외하고는 이를 종범으로 처벌할 수 없다(대판 1976. 5. 25, 75도1549). 정답 - X

8 자기의 지휘, 감독을 받는 자를 방조하여 범죄의 결과를 발생하게 한 자는 정범에 정한 형의 장기 또는 다액에 그 2분의 1까지 가중한 형으로 처벌한다. 변호사시험 제4회

해설 🖋️

〔형법 제34조(간접정범, 특수한 교사, 방조에 대한 형의 가중)〕 ① 어느 행위로 인하여 처벌되지 아니하는 자 또는 과실범으로 처벌되는 자를 교사 또는 방조하여 범죄행위의 결과를 발생하게 한 자는 교사 또는 방조의 예에 의하여 처벌한다. ② **자기의 지휘, 감독을 받는 자를 교사 또는 방조하여 전항의 결과를 발생하게 한 자**는 교사인 때에는 정범에 정한 형의 장기 또는 다액에 그 2분의 1까지 가중하고 방조인 때에는 **정범의 형으로** 처벌한다.

정답 ─ X

제6절 공범과 신분

1 「형법」 제152조 제1항과 제2항은 위증을 한 범인이 형사사건의 피고인 등을 '모해할 목적'을 가지고 있었는가 아니면 그러한 목적이 없었는가 하는 범인의 특수한 상태의 차이에 따라 범인에게 과할 형의 경중을 구별하고 있으므로, 이는 「형법」 제33조 단서 소정의 '신분관계로 인하여 형의 경중이 있는 경우'에 해당한다. 변호사시험 제5회

해설 🖋️ 「2번 문제」 해설 참조

정답 ─ O

2 甲이 남자친구인 乙에게 甲의 부(父)인 A를 살해하도록 교사한 경우 甲에게 형법 제33조 단서가 형법 제31조 제1항에 우선하여 적용되어 甲이 乙보다 중하게 처벌된다. 변호사시험 제3회

해설 🖋️ [1] 형법 제152조 제1항과 제2항은 위증을 한 범인이 형사사건의 피고인 등을 '모해할 목적'을 가지고 있었는가 아니면 그러한 목적이 없었는가 하는 범인의 특수한 상태의 차이에 따라 범인에게 과할 형의 경중을 구별하고 있으므로, **이는 바로 형법 제33조 단서 소정의 '신분관계로 인하여 형의 경중이 있는 경우'에 해당한다고 봄이 상당하다.**

[2] 피고인이 甲을 모해할 목적으로 乙에게 위증을 교사한 이상, 가사 정범인 乙에게 모해의 목적이 없었다고 하더라도, **형법 제33조 단서의 규정에 의하여 피고인을 모해위증교사죄로 처단할 수 있다**(대판 1994. 12. 23, 93도1002).

〔형법 제33조(공범과 신분)〕 신분관계로 인하여 성립될 범죄에 가공한 행위는 신분관계가 없는 자에게도 전3조의 규정을 적용한다. 단, 신분관계로 인하여 형의 경중이 있는 경우에는 중한 형으로 벌하지 아니한다.
〔형법 제250조(살인, 존속살해)〕 ① 사람을 살해한 자는 사형, 무기 또는 5년 이상의 징역에 처한다. ② 자기 또는 배우자의 직계존속을 살해한 자는 사형, 무기 또는 7년 이상의 징역에 처한다.

→ 존속살해죄는 전형적으로 신분관계로 인하여 형의 경중이 있는 경우이다(제250조 제2항). 판례는 신분자가 비신분자에게 가담한 경우에도 제33조 단서를 근거로 신분관계에 따라 처벌한다. 따라서 甲은 존속살해죄로 처벌되므로 살인죄로 처벌되는 乙보다 중하게 처벌된다.

정답 ─ O

3 업무상 타인의 사무를 처리하는 자가 그러한 신분관계가 없는 자와 공모하여 업무상배임죄를 저질렀다면 그러한 신분관계가 없는 자에 대하여는 「형법」 제33조 단서에 의하여 단순배임죄가 성립한다. 변호사시험 제5회

해설 ✎ 상호신용금고법 제39조 제1항 제2호 위반죄는 상호신용금고의 발기인·임원·관리인·청산인·지배인 기타 상호신용금고의 영업에 관한 어느 종류 또는 특정한 사항의 위임을 받은 사용인이 그 업무에 위배하여 배임행위를 한 때에 성립하는 것으로서, 이는 위와 같은 지위에 있는 자의 배임행위에 대한 형법상의 배임 내지 업무상배임죄의 가중규정이고, 따라서 형법 제355조 제2항의 배임죄와의 관계에서는 신분관계로 인하여 형의 경중이 있는 경우라고 할 것이다. 그리고 위와 같은 **신분관계가 없는 자가 그러한 신분관계에 있는 자와 공모하여 위 상호신용금고법위반죄를 저질렀다면,** 그러한 신분관계가 없는 자에 대하여는 형법 제33조 단서에 의하여 형법 제355조 제2항에 따라 처단하여야 할 것인바, 그러한 경우에는 **신분관계가 없는 자에게도 일단 업무상배임으로 인한 상호신용금고법 제39조 제1항 제2호 위반죄가 성립한 다음** 형법 제33조 단서에 의하여 중한 형이 아닌 형법 제355조 제2항에 정한 형으로 처벌되는 것이다(대판 1997. 12. 26, 97도2609). 정답 – X

4 도박의 습벽이 있는 자가 습벽이 없는 타인의 도박을 방조하면 상습도박방조죄에 해당한다. 변호사시험 제5회

해설 ✎ 상습도박의 죄나 상습도박방조의 죄에 있어서의 상습성은 행위의 속성이 아니라 행위자의 속성으로서 도박을 반복해서 거듭하는 습벽을 말하는 것인 바, **도박의 습벽이 있는 자가 타인의 도박을 방조하면 상습도박방조의 죄에 해당하는 것이며,** 도박의 습벽이 있는 자가 도박을 하고 또 도박방조를 하였을 경우 상습도박방조의 죄는 무거운 상습도박의 죄에 포괄시켜 1죄로서 처단하여야 한다(대판 1984. 4. 24, 84도195). 정답 – O

5 신분관계로 인하여 형의 경중이 있는 경우에 신분이 있는 자가 신분이 없는 자를 교사하여 죄를 범하게 한 때에는 「형법」 제33조 단서가 「형법」 제31조 제1항에 우선하여 적용된다. 변호사시험 제5회

해설 ✎ 「6번 문제」 해설 참조 정답 – O

6 「형법」 제31조 제1항은 교사범이 그 성립과 처벌에 있어서 정범에 종속한다는 일반적인 원칙을 선언한 것에 불과한 것으로, 신분관계로 인하여 형의 경중이 있는 경우에 신분이 있는 자가 신분이 없는 자를 교사하여 죄를 범하게 한 때에는 「형법」 제33조 단서가 「형법」 제31조 제1항에 우선하여 적용된다. 변호사시험 제6회

해설 ✎ 형법 제31조 제1항은 협의의 공범의 일종인 교사범이 그 성립과 처벌에 있어서 정범에 종속한다는 일반적 원칙을 선언한 것에 불과하고, 신분관계로 인하여 형의 경중이 있는 경우에 신분이 있는 자가 신분이 없는 자를 교사하여 죄를 범하게 한 때에는 **형법 제33조 단서가 형법 제31조 제1항에 우선하여 적용됨으로써** 신분이 있는 교사범이 신분이 없는 정범보다 중하게 처벌된다(대판 1994. 12. 23, 93도1002). 정답 – O

7 의사인 甲이 모발이식시술을 하기 위해서 환자 A의 뒷머리부분에서 모낭을 채취한 후 간호조무사인 乙로 하여금 식모기(植毛機)를 이용하여 A의 앞머리부위 진피층까지 찔러 넣는 방법으로 모낭삽입시술을 하도록 한 경우, 乙의 행위는 진료보조행위의 범위를 벗어나 의료행위에 해당하므로 甲은 무면허의료행위의 공범으로서의 죄책을 진다. 변호사시험 제5회

> **해설 ✎** 의사가 속눈썹이식시술을 하면서 간호조무사로 하여금 피시술자의 후두부에서 채취한 모낭을 속눈썹 시술용 바늘에 일정한 각도로 끼우고 바늘을 뽑아낸 뒤 이식된 모발이 위쪽을 향하도록 모발의 방향을 수정하도록 한 행위나, 모발이식시술을 하면서 간호조무사로 하여금 식모기(식모기)를 피시술자의 머리부위 진피층까지 찔러 넣는 방법으로 수여부에 모낭을 삽입하도록 한 행위가 진료보조행위의 범위를 벗어나 의료행위에 해당한다고 한 사례.
> (판결이유 중)······피고인들이 의료행위 중 일부인 위와 같은 행위를 위 제1심 공동피고인 1로 하여금 하게 한 이상 무면허의료행위의 공범이 된다고 판단하여······원심의 위와 같은 증거취사 및 사실인정과 판단은 옳고,······(대판 2007. 6. 28, 2005도8317). 정답 - ○

8 비의료인인 丙이 실질적으로 운영하는 A의원의 원장이자 유일한 의사인 甲이, A의원의 간호조무사인 乙이 丙의 지시에 따라 환자들에 대해 미용성형수술의 재수술을 맡아 하고 있다는 사실을 알면서 월 1,000만 원의 급여를 안정적으로 지급받으며 원장으로 계속 근무한 경우, 乙, 丙의 무면허의료행위에 가담하였다고 보기는 어려우므로 甲에게는 무면허의료행위에 대한 공동정범으로서의 죄책이 없다. 변호사시험 제5회

> **해설 ✎** 무면허의료행위에 대한 공동정범으로서의 죄책을 인정한 사례
> (판결이유 중)······의원의 원장이자 유일한 의사인 피고인 1가, 의사면허 없는 원심 공동피고인 중 5가 자신이 수술한 환자들에 대해 재수술을 맡아 하고 있다는 사실을 알면서도 월 1,000만 원이라는 급여를 안정적으로 지급받으며 원장으로 계속 근무함으로써 위 원심 공동피고인 중 5의 무면허의료행위가 가능하도록 한 이상, 위 의원을 실질적으로 운영한 피고인 2와 원심 공동피고인 중 4 및 위 원심 공동피고인 중 5와 적어도 묵시적인 의사연결 아래 그 무면허의료행위에 가담하였다고 보아 피고인 1에게 위 무면허의료행위에 대한 공동정범으로서의 죄책이 있다고 판단한 조치는 옳고······(대판 2007. 5. 31, 2007도1977). 정답 - X

9 의사인 甲이 자신이 운영하는 병원의 모든 시술에서 특별한 제한 없이 전신마취제인 프로포폴을 투여하여 준다는 소문을 듣고 찾아온 사람들에게 환자에 대한 진료 및 간호사와 간호조무사에 대한 구체적인 지시·감독 없이 간호사와 간호조무사로 하여금 프로포폴을 제한 없이 투약하게 한 경우, 甲은 무면허의료행위의 공동정범으로서의 죄책을 진다. 변호사시험 제5회

> **해설 ✎** 의사가 간호사에게 의료행위의 실시를 개별적으로 지시하거나 위임한 적이 없음에도 간호사가 주도하여 전반적인 의료행위의 실시 여부를 결정하고 간호사에 의한 의료행위의 실시과정에 의사가 지시·관여하지 아니한 경우, 의료법 제27조 제1항이 금지하는 무면허의료행위에 해당하는지 여부(적극)

(판결이유 중)⋯⋯피고인들은, 자신들이 운영하는 병원의 모든 시술에서 특별한 제한 없이 프로포폴을 투여하여 준다는 소문을 듣고 찾아온 사람들에게 환자에 대한 진료 및 간호사와 간호조무사에 대한 구체적인 지시·감독 없이 간호사와 간호조무사로 하여금 제1심 판시 각 범죄일람표 기재와 같이 프로포폴을 제한 없이 투약하게 함으로써 무면허의료행위를 하였음을 인정할 수 있다⋯⋯(대판 2014. 9. 4, 2012도16119). 정답 ─ ○

■ 사례【10~13】

乙에게 인정되는 범죄와 동일한 범죄의 공동정범, 교사범 또는 방조범의 성립을 甲에게도 인정할 수 있는 경우는?(다툼이 있는 경우에는 판례에 의함) 변호사시험 제1회

10 부인 甲이 그의 아들 乙과 더불어 남편을 살해한 경우

(해설 ✐) 형법 제33조 공범과 신분에 관한 문제이다. 판례는 가감적 신분의 경우에도 본문을 적용하여 비신분자에게 신분범이 성립한다고 한다(대판 1961. 8. 2, 4294형상284; 부인이 아들과 공동하여 남편을 살해한 경우 처에게도 존속살해죄의 **공동정범**을 인정). 단, 처벌은 본조 단서를 책임개별화 원칙으로 이해하여 비신분범으로 처벌한다. 정답 ─ ○

11 A회사 경리과장 乙의 배임행위를 A회사 직원이 아닌 친구 甲이 함께한 경우

(해설 ✐) **상호신용금고법 제39조 제1항 제2호 위반죄는** 상호신용금고의 발기인·임원·관리인·청산인·지배인 기타 상호신용금고의 영업에 관한 어느 종류 또는 특정한 사항의 위임을 받은 사용인이 그 업무에 위배하여 배임행위를 한 때에 성립하는 것으로서, 이는 위와 같은 지위에 있는 자의 배임행위에 대한 **형법상의 배임 내지 업무상배임죄의 가중규정이고,** 따라서 형법 제355조 제2항의 배임죄와의 관계에서는 신분관계로 인하여 형의 경중이 있는 경우라고 할 것이다. 그리고 위와 같은 **신분관계가 없는 자가 그러한 신분관계에 있는 자와 공모하여 위 상호신용금고법위반죄를 저질렀다면,** 그러한 신분관계가 없는 자에 대하여는 형법 제33조 단서에 의하여 형법 제355조 제2항에 따라 처단하여야 할 것인바, 그러한 경우에는 **신분관계가 없는 자에게도 일단 업무상배임으로 인한 상호신용금고법 제39조 제1항 제2호 위반죄가 성립**한 다음 형법 제33조 단서에 의하여 중한 형이 아닌 형법 제355조 제2항에 정한 형으로 처벌되는 것이다(대판 1997. 12. 26, 97도2609).

→ 경리과장인 乙은 업무상 배임죄에 해당하며, 직원이 아닌 甲도 乙에게 가담하였으므로 형법 제33조 본문에 따라 업무상배임죄의 공동정범이 된다. 다만, 형법 제33조 단서에 따라 단순배임죄로 처벌된다. 정답 ─ ○

12 甲이 乙을 사주하여 법정에서 위증하게 한 경우

(해설 ✐) 乙이 위증죄에 해당하므로 이에 가담한 甲도 형법 제33조 본문에 따라 위증죄의 교사범이 된다. 정답 ─ ○

13 공무원이 아닌 甲이 공무원인 남편 乙과 함께 뇌물을 수수한 경우

> (해설) 공무원인 乙은 수뢰죄에 해당하며, 이에 가담한 甲은 형법 제33조 본문에 따라 수뢰죄의 공동정범이 된다.
> 정답 - ○

제7장 죄수론

제1절 죄수이론

제2절 일 죄

Ⅰ. 법조경합

1 공무원이 직무집행을 빙자하여 타인의 재물을 갈취한 경우, 공갈죄만 성립한다.

변호사시험 제1회

> (해설) 공무원이, 직무집행의 의사없이, 또는 직무처리와 대가적 관계없이, 타인을 공갈하여, 재물의 교부를 받은 경우, 뇌물수수죄의 성부.
> (판결이유 중)……피고인 2가 **직무집행의 의사없이** 또는 어느 직무처리에 대한 대가적 관계없이 피고인 1을 **공갈하여 재물을 교부시켰다면** 비록 피해자인 피고인 1에게 뇌물을 공여할 의사가 있었다고 하더라도……**뇌물수수죄를 구성하지 아니하고**……(대판 1966. 4. 6, 66도12).
> 정답 - ○

2 甲은 2015. 6. 16. 15:40경 휴가를 떠나 비어 있던 A의 집에 들어가 잠을 잔 후, 같은 날 22:00경 방에 있던 태블릿PC 1대와 자기앞수표 1장을 훔쳤다. 만약 甲이 태블릿PC를 자기 것인 양 중고사이트에 올려 매각하고, 자기앞수표로 백화점에서 물건을 구입한 경우, 매각행위와 구입행위는 절취한 재물을 통해 새로운 법익을 침해한 것으로 각각 사기죄가 성립한다.

변호사시험 제5회

> (해설) 금융기관 발행의 자기앞수표는 즉시 지급받을 수 있어 현금에 대신하는 기능을 하고 있는 점에서 현금적인 성격이 강하므로 **절취한 자기앞수표의 환금행위는 절취행위에 대한 수반한 당연의 경과라** 하여 절도행위에 대한 가벌적 평가에 당연히 포함된다 봄이 상당하므로 사기죄가 성립하지 아니한다(대판 1982. 7. 27, 82도822).
> 정답 - X

3 감금행위가 강간죄나 강도죄의 수단이 된 경우에도 감금죄는 강간죄나 강도죄에 흡수되지 아니하고 별도로 성립한다.

변호사시험 제6회

> (해설) 감금행위가 강간죄나 강도죄의 수단이 된 경우에도 감금죄는 강간죄나 강도죄에 흡수되지 아니하고 별죄를 구성한다(대판 1997. 1. 21, 96도2715).
> 정답 - ○

4 감금을 하기 위한 수단으로 행사된 단순한 협박행위는 감금죄에 흡수되어 따로 협박죄를 구성하지 않는다. 변호사시험 제6회

(해설) 감금을 하기 위한 수단으로서 행사된 단순한 협박행위는 감금죄에 흡수되어 따로 협박죄를 구성하지 아니한다(대판 1982. 6. 22, 82도705). 정답 - O

5 국립병원 의사가 허위의 진단서를 작성한 경우, 허위진단서작성죄와 허위공문서작성죄의 상상적 경합에 해당한다. 변호사시험 제1회

(해설) 「6번 문제」해설 참조 정답 - X

6 공무원인 의사가 공무소의 명의로 허위진단서를 작성한 경우에는 허위공문서작성죄와 허위진단서작성죄가 성립하고 두 죄는 상상적 경합 관계에 있다. 변호사시험 제7회

(해설) 형법이 제225조 내지 제230조에서 공문서에 관한 범죄를 규정하고, 이어 제231조 내지 제236조에서 사문서에 관한 범죄를 규정하고 있는 점 등에 비추어 볼 때 형법 제233조 소정의 허위진단서작성죄의 대상은 공무원이 아닌 의사가 사문서로서 진단서를 작성한 경우에 한정되고, 공무원인 의사가 공무소의 명의로 허위진단서를 작성한 경우에는 허위공문서작성죄만이 성립하고 허위진단서작성죄는 별도로 성립하지 않는다(대판 2004. 4. 9, 2003도7762). 정답 - X

7 경찰서 형사과장인 甲이 압수물을 범죄 혐의의 입증에 사용하도록 하는 등의 적절한 조치를 취하지 아니하고 피압수자에게 돌려준 경우, 甲에게는 작위범인 증거인멸죄만이 성립하고 부작위범인 직무유기죄는 따로 성립하지 아니한다. 변호사시험 제7회

(해설) 경찰서 방범과장이 부하직원으로부터 음반·비디오물 및 게임물에 관한 법률 위반 혐의로 오락실을 단속하여 증거물로 오락기의 변조 기판을 압수하여 사무실에 보관중임을 보고받아 알고 있었음에도 그 직무상의 의무에 따라 위 압수물을 수사계에 인계하고 검찰에 송치하여 범죄 혐의의 입증에 사용하도록 하는 등의 적절한 조치를 취하지 않고, 오히려 부하직원에게 위와 같이 압수한 변조 기판을 돌려주라고 지시하여 오락실 업주에게 이를 돌려준 경우, 작위범인 증거인멸죄만이 성립하고 부작위범인 직무유기(거부)죄는 따로 성립하지 아니한다[대판(전합) 2006. 10. 19, 2005도3909]. 정답 - O

8 甲(17세)은 친구들과 술을 마셔 혀가 꼬부라진 발음을 하며 걸음을 제대로 걷지 못한 채 비틀거리는 등 만취한 상태에서 00:45경 자동차를 운전하다가 행인 A를 뒤늦게 발견하고 미처 피하지 못하여 A에게 전치 4주의 상해를 입히고 B 소유의 상점 출입문을 들이받아 파손한 후 의식을 잃고 곧바로 사고현장 인근 병원 응급실로 후송되었다. 병원 응급실로 출동한 경찰관 P는 甲에게서 술 냄새가 강하게 나는 등 음주운전의 가능성이 현저하자 같은 날 01:50경 甲의 아버지의 동의를 받고 그 병원 의료인에게 의학적인 방법에 따

라 필요최소한의 한도 내에서 甲의 혈액을 채취하게 한 후 그 혈액을 영장 없이 압수하였다. 그 후 P는 그 혈액을 국립과학수사연구원에 감정의뢰하였고 甲의 혈중알콜농도는 0.15%로 회신되었다. 이 경우, 甲이 A에게 상해를 입힌 점은 교통사고처리특례법위반(치상)죄와 특정범죄가중처벌등에관한법률위반(위험운전치상)죄를 구성하고 양자는 상상적 경합관계에 있다.

변호사시험 제7회

해설 ✏️　음주로 인한 특정범죄가중처벌 등에 관한 법률 위반(위험운전치사상)죄는 그 입법 취지와 문언에 비추어 볼 때, 주취상태의 자동차 운전으로 인한 교통사고가 빈발하고 그로 인한 피해자의 생명·신체에 대한 피해가 중대할 뿐만 아니라, 사고발생 전 상태로의 회복이 불가능하거나 쉽지 않은 점 등의 사정을 고려하여, 형법 제268조에서 규정하고 있는 업무상과실치사상죄의 특례를 규정하여 가중처벌함으로써 피해자의 생명·신체의 안전이라는 개인적 법익을 보호하기 위한 것이다. 따라서 그 죄가 성립하는 때에는 차의 운전자가 형법 제268조의 죄를 범한 것을 내용으로 하는 교통사고처리특례법 위반죄는 그 죄에 흡수되어 별죄를 구성하지 아니한다(대판 2008. 12. 11, 2008도9182).　　　　　　　　　　　　　정답 – X

9　甲은 乙로부터 5,000만 원을 차용하면서 그 담보로 甲의 丙에 대한 5,000만 원 임대차보증금 반환채권을 乙에게 양도하기로 하고 乙과 채권양도계약을 체결하였다. 그런데 甲은 丙에게 채권양도통지를 하지 않고 있다가 채권양도 사실을 모르고 있던 丙으로부터 5,000만 원을 지급받아 이를 임의로 소비하였다. 이를 알게 된 乙은 甲이 운영하는 성매매업소에 찾아가 자신이 휴대한 회칼로 甲과 손님들을 위협한 후 야구방망이로 甲을 폭행하였다. 사법경찰관은 "乙의 주거지인 3층 옥탑방에 보관 중인 야구방망이 등 범행도구"가 압수·수색할 장소와 물건으로 기재된 압수·수색영장을 집행하여 1층 주인집 거실에서 발견된 주인소유의 야구방망이를 압수하였다. 며칠 후 사법경찰관은 乙의 자동차에서 위 회칼을 발견하여 甲으로부터 범행도구임을 확인받고 甲으로부터 임의제출을 받은 것으로 압수조서를 작성하고 이를 압수하였다. 이 경우 甲이 차용금에 대한 변제의사 및 능력이 없고, 처음부터 채권양도통지를 할 생각 없이 乙을 속이기 위하여 담보로 채권양도를 하겠다고 한 경우라면 사기죄와 횡령죄의 양 죄가 성립하고, 양 죄는 상상적 경합범의 관계에 있다.

변호사시험 제3회

해설 ✏️　피고인이 피해자 甲에게서 돈을 빌리면서 담보 명목으로 乙에 대한 채권을 양도하였는데도 乙에게 채권양도 통지를 하기 전에 이를 추심하여 임의로 소비한 사안에서, 차용금 편취의 점과 담보로 양도한 채권을 추심하여 임의 소비한 횡령의 점은 양도된 채권의 가치, 채권양도에 관한 피고인의 진정성 등의 사정에 따라 비양립적인 관계라 할 것이어서, 이러한 사정을 심리하여 피고인의 위 일련의 행위가 그 중 어느 죄에 해당하는지를 가렸어야 할 것인데도, 사기죄 및 횡령죄를 모두 인정한 원심판단에 법리오해 및 심리미진의 위법이 있다고 한 사례(대판 2011. 5. 13, 011도1442).　　　　　　　　　　　　정답 – X

Ⅱ. 포괄일죄

10 甲이 예금주인 현금카드 소유자 乙을 협박하여 그 카드를 갈취한 다음 乙의 승낙에 의하여 현금카드를 사용할 권한을 부여받아 현금자동지급기에서 현금을 인출한 행위는 포괄하여 하나의 공갈죄를 구성한다.   변호사시험 제1회

> (해설✐) 예금주인 현금카드 소유자를 협박하여 그 카드를 갈취하였고, 하자 있는 의사표시이기는 하지만 피해자의 승낙에 의하여 현금카드를 사용할 권한을 부여받아 이를 이용하여 현금을 인출한 이상, 피해자가 그 승낙의 의사표시를 취소하기까지는 현금카드를 적법, 유효하게 사용할 수 있고, 은행의 경우에도 피해자의 지급정지 신청이 없는 한 피해자의 의사에 따라 그의 계산으로 적법하게 예금을 지급할 수밖에 없는 것이므로, 피고인이 피해자로부터 현금카드를 사용한 예금인출의 승낙을 받고 현금카드를 교부받은 행위와 이를 사용하여 현금자동지급기에서 예금을 여러 번 인출한 행위들은 모두 피해자의 예금을 갈취하고자 하는 피고인의 단일하고 계속된 범의 아래에서 이루어진 일련의 행위로서 **포괄하여 하나의 공갈죄를 구성**한다고 볼 것이지, 현금지급기에서 피해자의 예금을 취득한 행위를 현금지급기 관리자의 의사에 반하여 그가 점유하고 있는 현금을 절취한 것이라 하여 이를 현금카드 갈취행위와 분리하여 따로 절도죄로 처단할 수는 없다(대판 1996. 9. 20, 95도1728).   정답 ― ○

11 절도범이 체포를 면탈할 목적으로 체포하려는 A와 B를 같은 기회에 폭행하여 그중 A에게만 상해를 가한 경우 A에 대한 강도상해죄와 B에 대한 준강도죄가 성립하고 두 죄는 상상적 경합범 관계이다.   변호사시험 제3회

> (해설✐) 「14번 문제」 해설 참조   정답 ― X

12 절도범인이 체포를 면탈할 목적으로 체포하려는 여러 사람에게 같은 기회에 폭행을 가하여 그중 1인에게만 상해를 가하였다면 포괄하여 하나의 강도상해죄만 성립한다.
변호사시험 제4회

> (해설✐) 「14번 문제」 해설 참조   정답 ― ○

13 절도범이 체포를 면탈할 목적으로 여러 명의 피해자에게 같은 기회에 폭행을 가하여 그중 1인에게만 상해를 가한 경우 포괄하여 하나의 강도상해죄가 성립한다.   변호사시험 제6회

> (해설✐) 「14번 문제」 해설 참조   정답 ― ○

14 절도범이 절도현장에서 체포면탈을 목적으로 자신을 체포하려는 A와 B를 같은 기회에 폭행하여 B에게만 상해를 가한 경우에는 포괄하여 하나의 강도상해죄가 성립한다.
변호사시험 제7회

해설 절도범이 체포를 면탈할 목적으로 체포하려는 여러 명의 피해자에게 같은 기회에 폭행을 가하여 그 중 1인에게만 상해를 가하였다면 이러한 행위는 포괄하여 하나의 강도상해죄만 성립한다(대판 2001. 8. 21, 2001도3447).　　　　　　　　　정답 ─ O

■ 사례【14~17】

甲의 ⓑ행위가 ⓐ행위와 결합하여 실체법상 일죄로 평가받는 관계에 있거나, ⓐ 행위에 대한 불가벌적 사후행위로 평가받는 사례를 모두 고르시오.(다툼이 있는 경우에는 판례에 의함)

변호사시험 제1회

---

15 ⓐ 전과가 있던 甲은 친구 乙인 것처럼 가장하여 A회사에 취직하기 위하여 허락없이 임의로 친구 乙 명의의 이력서를 작성하였다.

ⓑ 甲은 위 乙 명의의 이력서에 날인하기 위하여 허락 없이 임의로 乙 명의의 인장을 만들어 乙 이름 뒤에 날인하였다.

> **해설** 행사의 목적으로 타인의 인장을 위조하고 그 위조한 인장을 사용하여 권리의무 또는 사실증명에 관한 타인의 사문서를 위조한 경우에는 **인장위조죄**는 **사문서위조죄에 흡수**되고 따로 인장위조죄가 성립하는 것은 아니라고함은……(대판 1978. 9. 26. 78도1787).
> → 甲이 임의로 乙 명의의 이력서를 작성하였으므로 사문서위조죄가 성립한다. 사문서위조죄가 성립하는 경우 이를 위해 행해진 인장위조죄는 흡수되어 따로 성립하지 않는다. 따라서 실체법상 일죄이다.　　　　　　　　　정답 ─ O

---

16 ⓐ 甲은 乙을 살해하였다.

ⓑ 甲은 乙의 시체를 바다에 투기하였다.

> **해설** 사람을 살해한 다음 그 범죄의 흔적을 은폐하기 위하여 그 시체를 다른 장소로 옮겨 유기하였을 때에는 **살인죄와 사체유기죄의 경합범이 성립**하고 사체유기를 불가벌적 사후행위라 할 수 없다(대판 1984. 11. 27, 84도2263).
> → 甲이 乙을 살해한 살인죄와 乙의 시체를 바다에 투기한 사체유기죄는 경합범이 성립하므로 실체법상 일죄이거나 불가벌적 사후행위라 할 수 없다.　　　　　　　정답 ─ X

---

17 ⓐ 甲은 乙의 지갑을 훔쳐 달아나던 중 이웃 주민 丙, 丁에게 추격을 당하게 되었다. 이에 甲은 체포를 면탈할 목적으로 가지고 있던 주머니칼로 丙의 팔에 전치 3주의 상해를 입혔다.

ⓑ 甲은 계속하여 추격해온 丁에게 위 칼을 내밀며 "쫓아오면 칼로 찔러 죽인다."라고 소리쳐 협박하였다.

해설 ✎ ……원심은 제1심판결이 「피고인은 공소외 1 소유의 손목시계 1개 및 그 밖에 12종의 물건을 절취한 다음 도망하려고 할 때에 순찰중인 방범원 공소외 2 및 공소외 3에게 발각되어 동인등으로 부터 추격당하자, 체포를 면탈할 목적으로 가지고 있던 단도로 위의 공소외 2의 왼쪽배 얼굴과 가슴등 6개소를 찔러 그 사람으로 하여금 전치 3주일을 요하는 안부 및 흉부자창의 상해를 입게하고 계속하여 도망하다가 다시 추격하여온 위의 공소외 3에게 단도를 내밀며 쫓아오면 이 칼로 찔러 죽인다고 소리쳐 협박한 것이라는 사실을 인정한 다음……본건의 경우에 있어서 절도범인인 피고인이 체포를 면탈할 목적으로 추격하여온 방범원 공소외 2에게 대하여는 상해를 가하고, 동일한 기회에 공소외 3에게 대하여는 협박을 가하였다 하더라도, 이는 **포괄하여 준강도상해죄의 일죄가 성립**한다고 보아야 할 것임에도……(대판 1966. 12. 6, 66도1392).

→ 포괄하여 준강도상해죄의 일죄이므로 실체법상 일죄이다.   정답 - O

18 ⓐ 乙은 丙으로부터 토지를 매수하면서 甲과 명의신탁약정을 하여 甲이 丙으로부터 곧장 토지의 소유권이전등기를 경료받도록 하였다. 甲은 위 토지를 보관하고 있던 중 토지의 일부가 수용되자 그 대가로 받은 토지수용보상금을 임의로 소비하였다.
ⓑ 이후 甲은 乙로부터 나머지 토지 전체의 소유권이전등기를 乙 명의로 경료해 줄 것을 요청받았으나 甲은 이를 거부하였다.

해설 ✎ 명의수탁자가 신탁 받은 부동산의 일부에 대한 토지수용보상금 중 일부를 소비하고, 이어 수용되지 않은 나머지 부동산 전체에 대한 반환을 거부한 경우, 부동산의 일부에 관하여 수령한 수용보상금 중 일부를 소비하였다고 하여 객관적으로 부동산 전체에 대한 불법영득의 의사를 외부에 발현시키는 행위가 있었다고 볼 수는 없으므로, 그 금원 횡령죄가 성립된 이후에 수용되지 않은 나머지 부동산 전체에 대한 반환을 거부한 것은 새로운 법익의 침해가 있는 것으로서 별개의 횡령죄가 성립하는 것이지 **불가벌적 사후행위라 할 수 없다**고 한 사례 (대판 2001. 11. 27, 2000도3463).   정답 - X

제3절 수 죄

Ⅰ. 상상적 경합

1 타인의 사무를 처리하는 자가 본인을 기망하여 재물을 교부받은 경우, 사기죄만 성립한다.
변호사시험 제1회

해설 ✎ 업무상배임행위에 사기행위가 수반된 때의 죄수 관계에 관하여 보면, 사기죄는 사람을 기망하여 재물의 교부를 받거나 재산상의 이익을 취득하는 것을 구성요건으로 하는 범죄로서 임무위배를 그 구성요소로 하지 아니하고 사기죄의 관념에 임무위배 행위가 당연히 포함된다고 할 수도 없으며, 업무상배임죄는 업무상 타인의 사무를 처리하는 자가 그 업무상의 임무에 위배하는 행위로써 재산상의 이익을 취득하거나 제3자로 하여금 이를 취득하게 하여 본인에게 손해를 가하는 것을 구성요건으로 하는 범죄로서 기망적 요소를 구성요건의 일부로 하는 것이 아니어서 양 죄는 그 구성요건을 달리하는 별개의 범죄이고 형법상으로도 각각 별개의 장에 규정되어 있어, 1개의 행위에 관하여 사기죄와 업무상배임죄의 각 구성요건이 모두 구비된 때에는 양 죄를 **법조경합 관계로 볼 것이 아니라 상상적 경합관계로 봄이 상당하다** 할 것이고, 나아가 업무상배임죄가 아닌 단순배임죄라고 하여 양 죄의 관계를 달리 보아야 할 이유도 없다〔대판(전합) 2002. 7. 18, 2002도669〕. 정답 - X

2 甲은 2014.6.25.23:30경 물건을 훔칠 생각으로 복면을 하고 A의 집에 침입하였다가 마침 거실에 있던 애완견이 짖는 바람에 잠이 깬 A에게 발각되어, A가 도둑이야!라고 고함치자 집 밖으로 도망쳐 나왔다. 마침 A의 집 주변에서 야간순찰 중이던 경찰관 B는 A의 고함소리와 동시에 A의 집에서 도망쳐 나오는 甲을 발견하고, 혼자서 甲을 추격하여 체포하였는데, 그 과정에서 甲은 체포를 면탈할 목적으로 발로 B의 왼쪽 허벅지 부위를 1회 걷어차 폭행하였다. 이 경우, 甲이 B를 폭행한 것은 B에 대하여 준강도죄와 공무집행방해죄를 구성하고, 양 죄는 상상적 경합관계에 있다. 변호사시험 제4회

해설 절도범인이 체포를 면탈할 목적으로 경찰관에게 폭행 협박을 가한 때에는 준강도죄와 공무집행방해죄를 구성하고 양죄는 상상적 경합관계에 있으나, 강도범인이 체포를 면탈할 목적으로 경찰관에게 폭행을 가한 때에는 강도죄와 공무집행방해죄는 실체적 경합관계에 있고 상상적 경합관계에 있는 것이 아니다(대판 1992. 7. 28, 92도917).
→ 甲은 야간에 물건을 훔칠 생각으로 A의 집에 침입하였으므로 절도의 실행의 착수가 인정된다. 따라서 절도범인이 경찰관을 폭행한 경우이므로 준강도죄와 공무집행방해죄를 구성하고, 양 죄는 상상적 경합관계에 있다. 정답 - O

3 자동차 운전자가 업무상 과실로 동시에 수인을 사상케 하고 도주한 경우, 특정범죄가중처벌등에관한법률위반(도주차량)죄는 피해자별로 수죄가 성립하며 이러한 수죄는 상상적 경합관계에 있다. 변호사시험 제5회

해설 한번의 자동차교통사고로 여러사람이 다쳤다면 이는 포괄 1죄가 아니라 1개의 행위가 수개의 죄에 해당하는 경우로서 상상적 경합범으로 처단하여야 한다(대판 1972. 10. 31, 72도2001). 정답 - O

4 甲은 A의 재물을 강취한 후 A를 살해할 목적으로 A가 살고 있는 집에 방화하여 A는 사망하였다. 그 후 수사망을 피해 도피 중이던 甲은 자신의 누나 丁에게 도피자금을 부탁하였고, 丁은 甲에게 도피자금을 송금하였다. 한편 사법경찰관 丙은 丁의 동의를 얻은 후 강도살인과 방화와 관련된 甲과 丁 사이의 통화내용을 녹음하여 녹음테이프를 검사에게 증거로 제출하였다. 이 경우 甲이 A의 재물을 강취한 뒤 A의 집에 방화하여 A를 살해한 행위는 강도살인죄와 현주건조물방화치사죄의 상상적 경합에 해당한다. 변호사시험 제7회

해설 「6번 문제」해설 참조 정답 - O

5 피해자의 재물을 강취한 후 그를 살해할 목적으로 현주건조물에 방화하여 사망에 이르게 한 경우, 강도살인죄는 현주건조물방화치사죄에 대하여 특별관계에 있다. 변호사시험 제6회

> (해설 ✎) 「6번 문제」해설 참조 정답 − X

6 피해자의 재물을 강취한 직후 피해자를 살해할 목적으로 현주건조물에 방화하여 사망에 이르게 한 경우에는 강도살인죄와 현주건조물방화치사죄가 모두 성립하고 두 죄는 상상적 경합의 관계에 있다. 변호사시험 제7회

> (해설 ✎) 피고인들이 피해자들의 재물을 강취한 후 그들을 살해할 목적으로 현주건조물에 방화하여 사망에 이르게 한 경우, 피고인들의 행위는 강도살인죄와 현주건조물방화치사죄에 모두 해당하고 그 두 죄는 상상적 경합범관계에 있다(대판 1998. 12. 8, 98도3416). 정답 − O

7 음주운전으로 자동차운전면허가 취소된 甲은 술을 마신 상태로 도로에서 자동차를 운전하다가 단속 중인 경찰관에게 적발되어 음주측정한 결과 혈중알콜농도 0.078%로 측정되었다. 이 사건을 송치받은 검사는 甲에 대하여 벌금 200만 원의 약식명령을 청구하면서 필요한 증거서류 및 증거물을 법원에 제출하였고, 법원은 검사가 청구한 대로 벌금 200만 원의 약식명령을 발령하였다. 이 경우 甲의 행위는 도로교통법위반(무면허운전)죄 및 도로교통법위반(음주운전)죄가 성립하고, 양 죄는 상상적 경합관계에 있다. 변호사시험 제6회

> (해설 ✎) 형법 제40조에서 말하는 1개의 행위란 법적 평가를 떠나 사회관념상 행위가 사물자연의 상태로서 1개로 평가되는 것을 말하는 바, 무면허인데다가 술이 취한 상태에서 오토바이를 운전하였다는 것은 위의 관점에서 분명히 1개의 운전행위라 할 것이고 이 행위에 의하여 도로교통법 제111조 제2호, 제40조와 제109조 제2호, 제41조 제1항의 각 죄에 동시에 해당하는 것이니 두 죄는 형법 제40조의 상상적 경합관계에 있다고 할 것이다(대판 1987. 2. 24, 86도2731). 정답 − O

Ⅱ. 경합범

8 위조통화를 행사하여 상대방으로부터 재물을 편취한 경우, 위조통화행사죄와 사기죄는 실체적 경합관계에 있다. 변호사시험 제1회

> (해설 ✎) [1] 통화위조죄에 관한 규정은 공공의 거래상의 신용 및 안전을 보호하는 공공적인 법익을 보호함을 목적으로 하고 있고, 사기죄는 개인의 재산법익에 대한 죄이어서 양죄는 그 보호법익을 달리하고 있으므로 위조통화를 행사하여 재물을 불법영득한 때에는 위조통화행사죄와 사기죄의 양죄가 성립된다.
> [2] 무죄부분에 파기사유가 있을 때에는 위 무죄부분과 원심판결 유죄부분은 형법 제37조 전단의 경합범 관계에 있으므로 원판결 전부를 파기한다(대판 1979. 7. 10, 79도840).
> → 무죄부분에만 파기사유가 있으나 위조통화행사죄와 사기죄가 경합범 관계에 있음을 이유로 원판결 전부를 파기한 사건이다. 정답 − O

9 차의 운전자가 음주의 영향으로 정상적인 운전이 곤란한 상태에서의 운전 중 교통사고로 사람에게 상해를 입게 하여 특정범죄가중처벌등에관한법률위반(위험운전치사상)죄와 도로교통법위반(음주운전)죄가 성립한 경우, 양 죄는 실체적 경합관계에 있다.

해설 특정범죄가중처벌 등에 관한 법률상 '위험운전치사상죄'와 도로교통법상 '음주운전죄'의 관계에 관하여 판례는 음주로 인한 특정범죄가중처벌 등에 관한 법률 위반(위험운전치사상)죄와 도로교통법 위반(음주운전)죄는 입법 취지와 보호법익 및 적용영역을 달리하는 별개의 범죄이므로, 양 죄가 모두 성립하는 경우 두 죄는 실체적 경합관계에 있다(대판 2008. 11. 13, 2008도7143)라고 판시하고 있다. 정답 – ○

10 재물을 강취하기 위하여 피해자를 강제로 승용차에 태우고 가다가 주먹으로 때려 반항을 억압한 다음 현금 35만 원 등이 들어 있는 가방을 빼앗은 후 약 15km를 계속하여 진행하여 가다가 교통사고를 일으켜 발각된 경우 감금죄와 강도죄는 실체적 경합 관계이다.

해설 감금행위가 단순히 강도상해 범행의 수단이 되는 데 그치지 아니하고 강도상해의 범행이 끝난 뒤에도 계속된 경우에는 1개의 행위가 감금죄와 강도상해죄에 해당하는 경우라고 볼 수 없고, 이 경우 감금죄와 강도상해죄는 형법 제37조의 경합범 관계에 있다.
(판결이유 중)……피고인은 공소외 1 등과 피해자로부터 돈을 빼앗자고 공모한 다음 그를 강제로 승용차에 태우고 가면서 공소사실과 같이 돈을 빼앗고 상해를 가한 뒤에도 계속하여 상당한 거리를 진행하여 가다가 교통사고를 일으켜 감금행위가 중단되었는데, 이와 같이 감금행위가 단순히 강도상해 범행의 수단이 되는 데 그치지 아니하고 그 범행이 끝난 뒤에도 계속되었으므로, 피고인이 저지른 감금죄와 강도상해죄는 형법 제37조의 경합범 관계에 있다고 보아야 하고……(대판 2003. 1. 10, 2002도4380). 정답 – ○

11 포괄일죄의 중간에 다른 종류의 범죄에 대하여 금고 이상의 형에 처한 확정판결이 끼어 있는 경우 그 포괄일죄는 확정판결 후의 범죄로 다루어야 하므로 사후적 경합범이 되지 않는다.

해설 포괄일죄로 되는 개개의 범죄행위가 다른 종류의 죄의 확정판결의 전후에 걸쳐서 행하여진 경우에는 그 죄는 2죄로 분리되지 않고 확정판결 후인 최종의 범죄행위시에 완성되는 것이다(대판 2003. 8. 22, 2002도5341).
→ 여전히 포괄일죄이므로 사후적 경합범이 되지 않는다. 정답 – ○

12 피고인이 A, B, C죄를 순차적으로 범하고 이 중 A죄에 대하여 벌금형에 처한 판결이 확정된 후, 그 판결확정 전에 범한 B죄와 판결확정 후에 범한 C죄가 기소된 경우 법원은 B죄와 C죄를 동시적 경합범으로 처벌할 수 없다.

해설 ✎

[형법 제37조(경합범)] 판결이 확정되지 아니한 수개의 죄 또는 **금고 이상의 형에 처한 판결이 확정된 죄와 그 판결확정전에 범한 죄를 경합범으로 한다.**

→ A죄에 대하여 벌금형이 확정되었으므로 확정판결과 무관하게 B, C는 형법 제37조 전단의 동시적 경합범 관계에 있다. 정답 - X

13 형법 제37조 후단 경합범의 선고형은 그 죄에 선고될 형과 판결이 확정된 죄의 선고형의 총합이 두 죄에 대하여 형법 제38조를 적용하여 산출한 처단형의 범위에서 정하여야 한다. 변호사시험 제4회

해설 ✎ 형법 제37조의 후단 경합범에 대하여 심판하는 법원은 판결이 확정된 죄와 후단 경합범의 죄를 동시에 판결할 경우와 형평을 고려하여 후단 경합범의 처단형의 범위 내에서 후단 경합범의 선고형을 정할 수 있는 것이고, 그 죄와 판결이 확정된 죄에 대한 선고형의 총합이 두 죄에 대하여 형법 제38조를 적용하여 산출한 처단형의 범위 내에 속하도록 후단 경합범에 대한 형을 정하여야 하는 제한을 받는 것은 아니며, 후단 경합범에 대한 형을 감경 또는 면제할 것인지는 원칙적으로 그 죄에 대하여 심판하는 법원이 재량에 따라 판단할 수 있다(대판 2008. 9. 11, 2006도8376). 정답 - X

14 금고 이상의 형에 처한 확정판결 전에 범한 A죄와 그 확정판결 후에 범한 B죄에 대하여는 별개의 주문으로 형을 선고해야 한다. 변호사시험 제4회

해설 ✎ 수개의 마약류관리에 관한 법률 위반(향정)죄의 중간에 확정판결이 존재하여 확정판결 전후의 범죄가 서로 경합범 관계에 있지 않게 되었으므로, 형법 제39조 제1항에 따라 2개의 주문으로 형을 선고하여야 함에도 징역 및 벌금형이라는 하나의 병과형을 선고한 원심판결에 경합범에 관한 법리오해의 위법이 있다고 한 사례(대판 2010. 11. 25, 2010도10985). 정답 - O

15 甲은 2015. 6. 5. 무전취식 범행을 저질러 2015. 7. 10. 사기죄로 약식명령을 발령받았고 2015. 7. 29. 그 약식명령이 확정되었다. 그런데 이후 甲이 ㉠ 2015. 5. 2., ㉡ 2015. 5. 20., ㉢ 2015. 7. 20., ㉣ 2015. 8. 5. 등 4회에 걸쳐 위와 같은 수법으로 각 무전취식한 사기 사건이 경찰에서 송치되었고 검사는 2015. 8. 20. 이를 상습사기죄로 공소제기하였다. 甲은 법정에서 위 범행 모두를 자백하였으며 보강증거도 충분한 상황이다.
이 경우, 약식명령이 확정되기 이전의 사기 범행과 그 이후의 사기범행에 대하여 형을 분리하여 선고할 것인지 아니면 하나의 형만을 선고할 것인지 여부는 법원의 재량이다. 변호사시험 제5회

해설 원래 실체법상 상습사기의 일죄로 포괄될 수 있는 관계에 있는 일련의 사기 범행의 중간에 동종의 죄에 관한 확정판결이 있는 경우에는 그 확정판결에 의하여 원래 일죄로 포괄될 수 있었던 일련의 범행은 그 확정판결의 전후로 분리되고, 이와 같이 분리된 각 사건은 서로 동일성이 있다고 할 수 없어 **이중으로 기소되더라도 각 사건에 대하여 각각의 주문을 선고하여야 한다**(대판 2000. 2. 11, 99도4797).

→ 甲의 무전취식 행위는 모두 동일한 습벽 발현에 의한 것으로 포괄일죄의 관계에 있다. 그런데 중간 범행에 대해 사기죄로 약식명령이 확정되어 포괄일죄는 확정 전과 후로 분리된다. 따라서 각 사건에 대하여 각각의 주문을 선고하여야 하지, 하나의 형을 선고할 수는 없다.

참고로 99도4797 판결은 2001도3206 판결에 의해 일부 변경되었으나(습벽으로 인해 포괄일죄 관계에 있는 상습범에 대하여 그 중 일부에 대해 기본범죄로 화정판결을 받은 경우 그 이전 상습범과 공소사실의 동일성이 부정된다는 취지로 기판력의 범위를 제한하였다), 해당 판결내용은 변경된 부분과 관련이 없다.   정답 - X

16 2004. 1. 20. 법률 제7077호로 공포·시행된 「형법」 개정법률에서는 「형법」 제37조 후단의 '판결이 확정된 죄'를 '금고 이상의 형에 처한 판결이 확정된 죄'로 개정하면서 특별한 경과규정을 두지 않았다. 그러나 피고인에게 불리하게 되는 등의 특별한 사정이 없는 한 위 개정법률 시행 당시 법원에 계속중인 사건 중 위 개정법률 시행 전에 벌금형에 처한 판결이 확정된 경우에도 개정법률이 적용되는 것으로 보아야 한다.   변호사시험 제6회

해설 2004. 1. 20. 법률 제7077호로 공포·시행된 형법 중 개정법률에 의해 형법 제37조 후단의 '판결이 확정된 죄'가 '금고 이상의 형에 처한 판결이 확정된 죄'로 개정되었는바, 위 개정법률은 특별한 경과규정을 두고 있지 않으나, 형법 제37조는 경합범의 처벌에 관하여 형을 가중하는 규정으로서 일반적으로는 두 개의 형을 선고하는 것보다는 하나의 형을 선고하는 것이 피고인에게 유리하므로 위 개정법률을 적용하는 것이 오히려 피고인에게 불리하게 되는 등의 특별한 사정이 없는 한 형법 제1조 제2항을 유추 적용하여 위 개정법률 시행 당시 법원에 계속중인 사건 중 위 개정법률 시행 전에 벌금형 및 그보다 가벼운 형에 처한 판결이 확정된 경우에도 적용되는 것으로 보아야 할 것이다(대판 2004. 6. 25, 2003도7124).   정답 - ○

17 경합범 중 판결을 받지 아니한 죄가 있는 때에는 그 죄와 판결이 확정된 죄를 동시에 판결할 경우와 형평을 고려하여 그 죄에 대하여 형을 선고한다. 이 경우 그 형을 감경 또는 면제할 수 있다.   변호사시험 제6회

해설

> [형법 제39조(판결을 받지 아니한 경합범, 수개의 판결과 경합범, 형의 집행과 경합범)] ① 경합범중 판결을 받지 아니한 죄가 있는 때에는 그 죄와 판결이 확정된 죄를 동시에 판결할 경우와 형평을 고려하여 그 죄에 대하여 형을 선고한다. 이 경우 그 형을 감경 또는 면제할 수 있다.

정답 - ○

18 '판결이 확정된 죄'라 함은 수개의 독립된 죄 중의 어느 죄에 대하여 확정판결이 있었던 사실 그 자체를 의미하나, 일반사면으로 형의 선고의 효력이 상실된 경우에는 '판결이 확정된 죄'에 해당하지 않는다.   변호사시험 제6회

> (해설 ✎) 형법 제37조 후단의 경합범에 있어서 '판결이 확정된 죄'라 함은 수개의 독립된 죄 중의 어느 죄에 대하여 확정판결이 있었던 사실 자체를 의미하고 일반사면으로 형의 선고의 효력이 상실된 여부는 묻지 않으므로 1995. 12. 2. 대통령령 제14818호로 일반사면령에 의하여 제1심 판시의 확정된 도로교통법위반의 죄가 사면됨으로써 사면법 제5조 제1항 제1호에 따라 형의 선고의 효력이 상실되었다고 하더라도 확정판결을 받은 죄의 존재가 이에 의하여 소멸되지 않는 이상 형법 제37조 후단의 판결이 확정된 죄에 해당한다(대판 1996. 3. 8, 95도2114).   정답 – X

19 감금행위가 단순히 강도상해 범행의 수단이 되는 데 그치지 아니하고 강도상해의 범행이 끝난 뒤에도 계속된 경우에는 감금죄와 강도상해죄가 성립하고, 두 죄는 실체적 경합범 관계에 있다.   변호사시험 제7회

> (해설 ✎) 「20번 문제」해설 참조   정답 – O

20 감금행위가 단순히 강도상해 범행의 수단이 되는 데 그치지 아니하고 강도상해의 범행이 끝난 뒤에도 계속된 경우에는 감금죄와 강도상해죄의 경합범으로 처벌된다.

변호사시험 제7회

> (해설 ✎) 감금행위가 단순히 강도상해 범행의 수단이 되는 데 그치지 아니하고 강도상해의 범행이 끝난 뒤에도 계속된 경우에는 1개의 행위가 감금죄와 강도상해죄에 해당하는 경우라고 볼 수 없고, 이 경우 감금죄와 강도상해죄는 형법 제37조의 경합범 관계에 있다(대판 2003. 1. 10, 2002도4380).   정답 – O

21 배임행위가 본인 이외의 제3자에 대한 사기죄를 구성한다 하더라도 그로 인하여 본인에게 손해가 생긴 때에는 사기죄와 함께 배임죄가 성립하고, 두 죄는 상상적 경합의 관계에 있다.   변호사시험 제7회

> (해설 ✎) 배임행위가 본인 이외의 제3자에 대한 '사기죄'를 구성하는 경우 별도로 '배임죄'가 성립하는지 여부(적극) 및 두 죄의 죄수 관계(=실체적 경합)(대판 2010. 11. 11, 2010도10690).   정답 – X

인터넷 파일공유 사이트를 운영하는 甲은 사이트를 통해 저작재산권 대상인 디지털 콘텐츠가 불법 유통되고 있음을 알면서도 저작재산권의 침해를 방지할 조치를 취하지 않고 회원들로 하여금 불법 디지털 콘텐츠를 업로드하게 한 후 이를 다운로드하게 하면서 일부 이익을 취득하였다.(다툼이 있는 경우에는 판례에 의함)   변호사시험 제3회

22 저작재산권 침해행위는 각각의 저작물에 대한 침해행위가 있더라도 저작권자가 같다면 별개의 죄를 구성하지 않는다.

(해설) 「23번 문제」해설 참조   정답 - X

23 동일 죄명에 해당하는 수개의 행위 또는 연속된 행위는 범의가 단일하지 않아도 포괄일죄로 처단된다.

(해설) 「22번 문제의 해설」저작재산권 침해행위는 저작권자가 같더라도 저작물별로 침해되는 법익이 다르므로, 각각의 저작물에 대한 침해행위는 원칙적으로 각 별개의 죄를 구성한다. 다만 「23번 문제의 해설」단일하고도 계속된 범의 아래 동일한 저작물에 대한 침해행위가 일정기간 반복하여 행하여진 경우에는 포괄하여 하나의 범죄가 성립한다고 볼 수 있다(대판 2012. 5. 10, 2011도12131).   정답 - X

24 상습범을 별도로 처벌하는 규정이 없다면 수회에 걸쳐 죄를 범한 것이 상습성의 발현에 따른 것이라도 원칙적으로 경합범으로 보아야 한다.

(해설) 상습범이란 어느 기본적 구성요건에 해당하는 행위를 한 자가 범죄행위를 반복하여 저지르는 습벽, 즉 상습성이라는 행위자적 속성을 갖추었다고 인정되는 경우에 이를 가중처벌 사유로 삼고 있는 범죄유형을 가리키므로, 상습성이 있는 자가 같은 종류의 죄를 반복하여 저질렀다 하더라도 상습범을 별도의 범죄유형으로 처벌하는 규정이 없는 한 각 죄는 원칙적으로 별개의 범죄로서 경합범으로 처단할 것이다(대판 2012. 5. 10, 2011도12131).   정답 - ○

25 상습성을 이유로 포괄일죄가 되는 범행의 중간에 동종의 상습범에 대한 확정판결이 있을 때에도 포괄일죄는 확정판결 전후의 죄로 분리되지 않는다.

(해설) 원래 실체법상 상습사기의 일죄로 포괄될 수 있는 관계에 있는 일련의 사기 범행의 중간에 동종의 죄에 관한 확정판결이 있는 경우에는 그 확정판결에 의하여 원래 일죄로 포괄될 수 있었던 일련의 범행은 그 확정판결의 전후로 분리되고, 이와 같이 분리된 각 사건은 서로 동일성이 있다고 할 수 없어 이중으로 기소되더라도 각 사건에 대하여 각각의 주문을 선고하여야 한다(대판 2000. 2. 11, 2001도3206).

→ 참고로 아래 전원합의체 판결에 따라 포괄일죄가 확정판결의 전후의 죄로 분리되려면 동종의 기본구성요건의 범죄가 아니라 상습범죄로 기소되어 확정판결을 받았을 것을 요한다. 종래 기본구성요건의 범죄로 처단되는 경우에도 포괄일죄 관계에 있는 그 전 범죄에 관해서 기판력이 미친다고 보았던 태도를 변경했기 때문이다.

[참고판례] 상습범으로서 포괄적 일죄의 관계에 있는 여러 개의 범죄사실 중 일부에 대하여 유죄판결이 확정된 경우에, 그 확정판결의 사실심판결 선고 전에 저질러진 나머지 범죄에 대하여 새로이 공소가 제기되었다면 그 새로운 공소는 확정판결이 있었던 사건과 동일한 사건에 대하여 다시 제기된 데 해당하므로 이에 대하여는 판결로써 면소의 선고를 하여야 하는 것인바(형사소송법 제326조 제1호), 다만 이러한 법리가 적용되기 위해서는 전의 확정판결에서 당해 피고인이 상습범으로 기소되어 처단되었을 것을 필요로 하는 것이고, 상습범 아닌 기본구성요건의 범죄로 처단되는 데 그친 경우에는, 가사 뒤에 기소된 사건에서 비로소 드러났거나 새로 저질러진 범죄사실과 전의 판결에서 이미 유죄로 확정된 범죄사실 등을 종합하여 비로소 그 모두가 상습범으로서의 포괄적 일죄에 해당하는 것으로 판단된다 하더라도 뒤늦게 앞서의 확정판결을 상습범의 일부에 대한 확정판결이라고 보아 그 기판력이 그 사실심판결 선고 전의 나머지 범죄에 미친다고 보아서는 아니 된다[대판(전합) 2004. 9. 16, 2001도3206].

정답 - X

사례 【26~27】

甲은 만취하여 정상적인 운전이 곤란한 상태로 도로에서 자동차를 운전하다가 과실로 보행자를 들이받아 그를 사망케하고 자신은 그 충격으로 기절하였다. 의식을 잃은 甲이 병원 응급실로 호송되자, 출동한 경찰관은 법원으로부터 압수·수색 또는 검증 영장을 발부받지 아니한 채 甲의 아들의 채혈동의를 받고 의사로 하여금 甲으로부터 채혈하도록 한 다음 이를 감정의뢰하였으나, 사후적으로도 지체 없이 이에 대한 법원의 영장을 발부받지 않았다.(다툼이 있는 경우에는 판례에 의함)   변호사시험 제2회

26 甲은 특정범죄가중처벌등에관한법률위반(위험운전치사상)죄와 도로교통법위반(음주운전)죄의 실체적 경합범에 해당한다.

(해설) 음주로 인한 특정범죄가중처벌 등에 관한 법률 위반(위험운전치사상)죄와 도로교통법위반(음주운전)죄는 입법 취지와 보호법익 및 적용영역을 달리하는 별개의 범죄이므로, 양 죄가 모두 성립하는 경우 두 죄는 실체적 경합관계에 있다(대판 2008. 11. 13, 2008도7143).

〔특정범죄 가중처벌 등에 관한 법률 제5조의11(위험운전 치사상)〕 음주 또는 약물의 영향으로 정상적인 운전이 곤란한 상태에서 자동차(원동기장치자전거를 포함한다)를 운전하여 사람을 상해에 이르게 한 사람은 10년 이하의 징역 또는 500만원 이상 3천만원 이하의 벌금에 처하고, 사망에 이르게 한 사람은 1년 이상의 유기징역에 처한다.

[도로교통법 제44조(술에 취한 상태에서의 운전 금지)] ① 누구든지 술에 취한 상태에서 자동차등(「건설기계관리법」 제26조제1항 단서에 따른 건설기계 외의 건설기계를 포함한다. 이하 이 조, 제45조, 제47조, 제93조제1항제1호부터 제4호까지 및 제148조의2에서 같다)을 운전하여서는 아니 된다.

[도로교통법 제148조의2(벌칙)] ② 제44조제1항을 위반하여 술에 취한 상태에서 자동차등을 운전한 사람은 다음 각 호의 구분에 따라 처벌한다.

1. 혈중알콜농도가 0.2퍼센트 이상인 사람은 1년 이상 3년 이하의 징역이나 500만원 이상 1천만원 이하의 벌금
2. 혈중알콜농도가 0.1퍼센트 이상 0.2퍼센트 미만인 사람은 6개월 이상 1년 이하의 징역이나 300만원 이상 500만원 이하의 벌금
3. 혈중알콜농도가 0.05퍼센트 이상 0.1퍼센트 미만인 사람은 6개월 이하의 징역이나 300만원 이하의 벌금

→ 甲이 만취하여 자동차를 운전하다가 보행자를 사망하게 했으므로 특정범죄가중처벌등에관한법률위반(위험운전치사)죄에 해당하고, 만취하여 자동차를 운전했으므로 도로교통법위반(음주운전)죄에 해당한다. 이 경우 둘은 실체적 경합관계라는 것이 판례의 태도이다.

정답 - ○

27 만약 위 사례에서 甲이 다른 자동차를 충격하여 그 운전자를 사망케 함과 동시에 그 자동차를 손괴하였다면, 특정범죄가중처벌등에관한법률위반(위험운전치사상)죄, 도로교통법위반(음주운전)죄, 업무상 과실재물손괴로 인한 도로교통법위반죄의 실체적 경합범에 해당한다.

해설 ✎ 음주 또는 약물의 영향으로 정상적인 운전이 곤란한 상태에서 자동차를 운전하여 사람을 상해에 이르게 함과 동시에 다른 사람의 재물을 손괴한 때에는 특정범죄가중처벌 등에 관한 법률 위반(위험운전치사상)죄 외에 업무상과실 재물손괴로 인한 도로교통법 위반죄가 성립하고, 위 두 죄는 1개의 운전행위로 인한 것으로서 상상적 경합관계에 있다(대판 2010. 1. 14, 2009도10845).

정답 - X

제3편 형벌론

제1절 형벌의 종류

1 甲과 乙은 A모텔 906호실에는 몰래카메라를, 맞은편 B모텔 707호실에는 모니터를 설치하여 사기도박을 하기로 공모하고, 공모사실을 모르는 피해자들을 A모텔 906호실로 오게하였다. 乙은 B모텔 707호실 모니터 화면에서 피해자들의 화투패를 인식하고, 甲은 피해자들과 속칭 '섯다'라는 도박을 정상적으로 하다가 어느 정도 시간이 지난 후에 리시버를 통해서 乙이 알려주는 피해자들의 화투패를 듣고 도박의 승패를 지배하는 방법으로 피해자들로부터 금원을 교부받았다. 만약 피의자 甲, 乙에 대한 적법한 압수수색영장을 발부받아 甲, 乙로부터 위 카메라, 모니터를 압수하였는데 법원에서 심리한 결과 위 압수물은 도망하여 기소되지 아니한 제3의 공범 丙의 소유물인 것이 밝혀졌다고 하더라도, 법원은 피고인 甲, 乙로부터 위 카메라 및 모니터를 몰수할 수 있다. 변호사시험 제1회

> (해설) 형법 제48조 제1항의 '범인'에 해당하는 공범자는 반드시 유죄의 죄책을 지는 자에 국한된다고 볼 수 없고 공범에 해당하는 행위를 한 자이면 족하므로 이러한 자의 소유물도 형법 제48조 제1항의 '범인 이외의 자의 소유에 속하지 아니하는 물건'으로서 이를 피고인으로부터 몰수할 수 있다(대판 2006. 11. 23, 2006도5586).

> [형법 제48조(몰수의 대상과 추징)] ① 범인이외의 자의 소유에 속하지 아니하거나 범죄후 범인이외의 자가 정을 알면서 취득한 다음 기재의 물건은 전부 또는 일부를 몰수할 수 있다.
> 1. 범죄행위에 제공하였거나 제공하려고 한 물건.
> 2. 범죄행위로 인하여 생하였거나 이로 인하여 취득한 물건.
> 3. 전 2호의 대가로 취득한 물건.

정답 - ○

2 자기앞수표를 뇌물로 받아 모두 소비한 후 액면 상당의 현금을 증뢰자에게 반환한 경우에도 수뢰자로부터 그 가액을 추징하여야 한다. 변호사시험 제1회

> (해설) 수뢰자가 자기앞수표를 뇌물로 받아 이를 소비한 후 자기앞수표 상당액을 증뢰자에게 반환하였다 하더라도 뇌물 그 자체를 반환한 것은 아니므로 이를 몰수할 수 없고 수뢰자로부터 그 가액을 추징하여야 할 것이다(대판 1999. 1. 29, 98도3584). 정답 - ○

3 시청 건축 인·허가 담당 공무원 甲은 건축업자 乙로부터 뇌물로 1억원을 받은 혐의로 사법경찰관 A의 신문을 받게 되자 어떠한 명목으로도 乙로부터 돈을 받은 사실이 없다.고

- 106 -

부인하였으나, 乙은 甲에게 뇌물로 1억 원을 주었다고 자백하였다. 검찰 송치 후, 검사 B가 甲과 乙을 대질신문 하자 甲은 진술을 변경하여 뇌물로 1억원을 받은 사실이 있다고 자백하였고, 乙은 종전 진술을 유지하였다. 이후 乙은 갑작스런 사고로 사망하였고, 甲은 특정범죄가중처벌등에관한법률위반(뇌물)죄로 기소되었다. 그런데 甲은 제1회 공판기일에 출석하여, 乙로부터 1억원을 받은 사실은 있으나 이는 빌린 돈이다.라고 진술하였다. 만일 공무원 甲의 공판기일 진술과 같이 甲이 乙로부터 1억 원을 차용하였다고 하더라도, 직무관련성이 있고 이자와 변제기의 약정이 없었다면, 위 돈의 금융이익 상당의 뇌물을 수수한 것으로 볼 수 있으므로, 이러한 경우 몰수 또는 추징금액은 건축업계의 금리체계에 따른 이율과 금품수수일로부터 공소제기일까지의 기간을 기준으로 산정하여야 한다.

변호사시험 제4회

해설 〉 형법 제134조의 규정에 의한 필요적 몰수 또는 추징은 같은 법 제129조 내지 133조를 위반한 자에게 제공되거나 공여될 금품 기타 재산상 이익을 박탈하여 그들로 하여금 부정한 이익을 보유하지 못하게 함에 그 목적이 있다. **금품의 무상대여를 통하여 위법한 재산상 이익을 취득한 경우 범인이 받은 부정한 이익은 그로 인한 금융이익 상당액이라 할 것이므로 추징의 대상이 되는 것은 무상으로 대여받은 금품 그 자체가 아니라 위 금융이익 상당액이라고 봄이 상당하다.** 한편 여기에서 추징의 대상이 되는 금융이익 상당액은 객관적으로 산정되어야 할 것인데, 범인이 금융기관으로부터 대출받는 등 통상적인 방법으로 자금을 차용하였을 경우 부담하게 될 대출이율을 기준으로 하거나 그 대출이율을 알 수 없는 경우에는 금품을 제공받은 피고인의 지위에 따라 민법 또는 상법에서 규정하고 있는 법정이율을 기준으로 하여, 변제기나 지연손해금에 관한 약정이 가장되어 무효라고 볼 만한 사정이 없는 한 금품수수일로부터 약정된 변제기까지 금품을 무이자로 차용하여 얻은 금융이익의 수액을 산정한 뒤 이를 추징하여야 한다. 나아가 그와 같이 **약정된 변제기가 없는 경우에는**, 판결 선고일 전에 실제로 차용금을 변제하였다거나 대여자의 변제 요구에 의하여 변제기가 도래하였다는 등의 특별한 사정이 없는 한, 금품수수일로부터 판결 선고시까지 금품을 무이자로 차용하여 얻은 금융이익의 수액을 산정한 뒤 이를 추징하여야 할 것이다(대판 2014. 5. 16, 2014도1547). **정답** - X

4 甲은 유흥주점 허가를 받기 위해 구청 담당 과장 乙과 친하다는 丙을 찾아가 乙에게 전달하여 달라고 부탁하면서 2,500만 원을 제공하였다. 丙은 乙에게 甲의 유흥주점 허가를 부탁하면서 2,000만 원을 교부하고, 나머지 500만 원은 자신이 사용하였다. 한편, 乙은 구의원 丁에게 丙으로부터 받은 2,000만 원을 교부하면서, 구청장에게 부탁하여 구청 정기인사에서 자신이 좋은 평정을 받게 해달라고 말하였다. 甲에게 유흥주점 허가가 난 후, 甲은 감사의 표시로 자신의 유흥주점에 乙을 초대하였고, 乙은 대학동창인 회사원 3명에게 자신이 술값을 낸다고 말하고 이들과 함께 甲의 유흥주점에 가서 400만 원의 향응을 제공받았다. 이 경우, 乙에게 추징할 수 있는 금액은 2,400만 원이다. 변호사시험 제5회

해설 〉 丙으로부터 직접 취득한 2000만원과 유흥주점에서 받은 향응의 대가인 400만원을 乙로부터 추징할 수 있다. **정답** - ○

5 뇌물을 수수한 자가 공동수수자가 아닌 교사범 또는 종범에게 뇌물 중 일부를 사례금 등의 명목으로 교부한 경우, 실제 수익은 뇌물에서 사례금을 공제한 금액이므로, 전체 뇌물액수에서 사례금 상당액을 공제한 금액을 뇌물수수자에게서 몰수·추징하여야 한다.

변호사시험 제7회

(해설) 여러 사람이 공동으로 뇌물을 수수한 경우 그 가액을 추징하려면 실제로 분배받은 금품만을 개별적으로 추징하여야 하고 수수금품을 개별적으로 알 수 없을 때에는 평등하게 추징하여야 하며 공동정범뿐 아니라 교사범 또는 종범도 뇌물의 공동수수자에 해당할 수 있으나, 공동정범이 아닌 교사범 또는 종범의 경우에는 정범과의 관계, 범행 가담 경위 및 정도, 뇌물 분배에 관한 사전약정의 존재 여부, 뇌물공여자의 의사, 종범 또는 교사범이 취득한 금품이 전체 뇌물수수액에서 차지하는 비중 등을 고려하여 공동수수자에 해당하는지를 판단하여야 한다. 그리고 뇌물을 수수한 자가 공동수수자가 아닌 교사범 또는 종범에게 뇌물 중 일부를 사례금 등의 명목으로 교부하였다면 이는 뇌물을 수수하는 데 따르는 부수적 비용의 지출 또는 뇌물의 소비행위에 지나지 아니하므로, 뇌물수수자에게서 수뢰액 전부를 추징하여야 한다(대판 2011. 11. 24, 2011도9585). [정답] - X

■ 사례【6~7】

공정거래위원회 소속 공무원 甲은 乙로부터 불공정거래행위 신고나 관련 처리업무를 할 경우 잘 봐 달라는 취지로 건네주는 액면금 100만 원짜리 자기앞수표 3장을 교부받았다. 검사 丙은 이 사실을 수사한 후 甲을 뇌물수수죄로 기소하였다. 丙은 이 사건 공소제기 후 공판절차가 진행 중 수소법원이 아닌 영장전담 판사 A로부터 압수·수색영장을 발부받아 그 집행을 통하여 확보한 위 자기앞수표 사본 3장과 이를 기초로 작성한 수사보고서를 증거로 제출하였다. 한편, 甲은 공판관여 참여주사 丁에게 형량을 감경하여 달라는 청탁과 함께 현금 100만 원을 교부하였다.(다툼이 있는 경우에는 판례에 의함)

변호사시험 제3회

6 甲이 유죄로 인정되면, 甲이 乙로부터 받은 자기앞수표를 소비한 후 현금 300만 원을 乙에게 반환한 경우에 甲으로부터 그 가액을 추징해야 한다.

(해설) 수뢰자가 자기앞수표를 뇌물로 받아 이를 소비한 후 자기앞수표 상당액을 증뢰자에게 반환하였다 하더라도 뇌물 그 자체를 반환한 것은 아니므로 이를 몰수할 수 없고 수뢰자로부터 그 가액을 추징하여야 할 것이다(대판 1999. 1. 29, 98도3584). [정답] - ○

7 甲이 유죄로 인정되면, 甲이 乙로부터 받은 자기앞수표를 그대로 보관하고 있다가 乙에게 반환한 경우에 乙로부터 몰수 또는 추징을 해야 한다.

해설 ✎ 증뢰자에게 반환한 뇌물을 수뢰자로부터 추징함의 적부에 관하여 관례는 수뢰자가 뇌물을 그대로 보관하였다가 증뢰자에게 반환한 때에는 증뢰자로 부터 몰수·추징할 것이다(대판 1984. 2. 28, 83도2783)라고 판시하고 있다. **정답** – ○

■ 사례 【8~10】

금융컨설팅 주식회사 대표이사 甲은 금융기관에 청탁하여 B 주식회사가 20억 원의 대출을 받을 수 있도록 알선행위를 하고 그 대가로서 컨설팅 용역계약 수수료 명목으로 1억 원을 A 주식회사의 계좌로 송금받았다. 위 1억 원 중 1,000만 원은 직원급여로 지급되었다. 검사는 甲을 특정경제범죄가중처벌등에관한법률위반(알선수재)죄로 기소하였고 제1심 법원은 甲의 유죄를 인정하고 징역 및 추징을 선고하였다. 이에 甲은 추징액이 잘못되었다고 주장하면서 추징 부분에 대하여만 항소를 제기하였다. 변호사시험 제7회

---

8 대출 알선행위의 대가로 받은 수수료에 대한 권리가 A 회사에 귀속되므로 수수료로 받은 금원의 가액을 A 회사로부터 추징하여야 한다.

해설 ✎ 「9번 문제」해설 참조 **정답** – X

---

9 甲이 위 1억 원 중 개인적으로 실제 사용한 금원이 있을 경우 그 금원에 한해 그 가액을 추징할 수 있다.

해설 ✎ 甲 주식회사 대표이사인 피고인이 금융기관에 청탁하여 乙 주식회사가 대출을 받을 수 있도록 알선행위를 하고 그 대가로 용역대금 명목의 수수료를 甲회사 계좌를 통해 송금받아 특정경제범죄 가중처벌 등에 관한 법률 위반(알선수재)죄가 인정된 사안에서, 피고인이 甲 회사의 대표이사로서 같은 법 제7조에 해당하는 행위를 하고 당해 행위로 인한 「8번 문제의 해설」 대가로 수수료를 받았다면, 수수료에 대한 권리가 甲회사에 귀속된다 하더라도 행위자인 피고인으로부터 수수료로 받은 금품을 몰수 또는 그 가액을 추징할 수 있으므로, 「9번 문제의 해설」 피고인이 개인적으로 실제 사용한 금품이 없더라도 마찬가지라고 본 원심판단을 정당하다고 한 사례(대판 2015. 1. 15, 2012도7571). **정답** – X

---

10 위 사례에서 법원이 선고하여야 할 추징 액수는 직원에게 지급된 급여를 제외한 9,000만 원이다.

해설 ✎ 특정범죄가중처벌등에관한법률 제13조의 규정에 의한 필요적 몰수 또는 추징은, 범인이 취득한 당해 재산을 범인으로부터 박탈하여 범인으로 하여금 부정한 이익을 보유하지 못하게 함에 그 목적이 있는 것이므로, 공무원의 직무에 속한 사항의 알선에 관하여 금품을 받고 그 금품 중의 일부를 실제로 금품을 받은 취지에 따라 청탁과 관련하여 관계 공무원에게 뇌물로 공여하거나 다른 알선행위자에게 청탁의 명목으로 교부한 경우에는 그 부분의 이익은

실질적으로 범인에게 귀속된 것이 아니므로 그 부분을 제외한 나머지 금품만을 몰수하거나 그 가액을 추징하여야 하지만, 공무원의 직무에 속한 사항의 알선에 관하여 금품을 받은 자가 그 금품 중의 일부를 다른 알선행위자에게 청탁의 명목으로 교부하였다 하더라도 당초 금품을 받을 당시부터 그 금품을 그와 같이 사용하기로 예정되어 있었기 때문에 금품을 받은 취지에 따라 그와 같이 사용한 것이 아니라, **범인이 독자적인 판단에 따라 경비로 사용한 것이라면 이는 범인이 받은 돈을 소비하는 방법에 지나지 아니하므로 그 금액 역시 범인으로부터 추징하여야 할 것이다**(대판 1999. 5. 11, 99도963).

→ 직원의 급여 지급은 甲이 받은 돈을 소비하는 방법에 지나지 않으므로 이를 추징 액수에서 제외할 것은 아니다.
　　　　　　　　　　　　　　　　　　　　　　　　　　　　　　정답 ‒ X

제2절 형의 양정

1 「형법」은 상대적 법정형을 원칙으로 하고, 여적죄에 관해서만 절대적 법정형을 두고 있다
　　　　　　　　　　　　　　　　　　　　　　　　　　　　　　변호사시험 제5회

해설

　〔형법 제93조(여적)〕 적국과 합세하여 대한민국에 항적한 자는 **사형에 처한다.**
　→ 형법은 법률에서 형벌의 종류와 범위를 정하고, 그 범위 내에서 형의 적용을 법관의 재량에 맡기는 상대적 법정형주의를 택하고 있다. 그러나 제93조에서 예외적으로 여적죄를 절대적 법정형으로 사형을 규정하고 있다.

　　　　　　　　　　　　　　　　　　　　　　　　　　　　　　정답 ‒ O

2 甲은 집에서 필로폰을 투약한 다음, 함께 사는 사촌언니 A의 K은행 예금통장을 몰래 가지고 나와 K은행 현금자동지급기에 넣고 미리 알고 있던 통장 비밀번호를 입력하여 A 명의의 예금잔고 중 100만 원을 甲 명의의 M은행 계좌로 이체한 후 집으로 돌아와 예금통장을 원래 자리에 가져다 놓았다. 이후 甲은 자신의 신용카드로 M은행 현금자동지급기에서 위와 같이 이체한 100만 원을 인출하였다. 마침 부근을 순찰 중인 경찰관이 필로폰 기운으로 비틀거리는 甲을 수상히 여겨 甲에게 동행을 요구하였으나 甲은 그대로 도주하였다. 필로폰 투약 사실을 알게 된 A의 설득으로 甲은 다음 날 경찰서에 자진출석하였으나 필로폰 투약 사실을 일관되게 부인하며 소변의 임의제출도 거부하므로 경찰관은 소변 확보를 위해 압수·수색·검증영장을 발부받았다. 이 경우, 甲은 경찰서에 자진 출석하였으나 혐의를 부인하고 있으므로 필로폰 투약 사실에 대한 자수로서의 효력이 없다.
　　　　　　　　　　　　　　　　　　　　　　　　　　　　　　변호사시험 제7회

해설 　형법 제52조 제1항 소정의 자수란 범인이 자발적으로 자신의 범죄사실을 수사기관에 신고하여 그 소추를 구하는 의사표시로서 이를 형의 감경사유로 삼는 주된 이유는 범인이 그 죄를 뉘우치고 있다는 점에 있으므로 **범죄사실을 부인하거나 죄의 뉘우침이 없는 자수는 그**

외형은 자수일지라도 법률상 형의 감경사유가 되는 진정한 자수라고는 할 수 없다(대판 1994. 10. 14, 94도2130).

→ 甲이 혐의를 부인하고 있으므로 진정한 자수라 할 수 없다.　정답 - O

3 형법총칙은 일반적 가중사유로 경합범 가중, 누범 가중, 특수교사·방조의 세 가지 경우를 인정하고 있다.　변호사시험 제5회

해설 ✏️

〔형법 제56조(가중감경의 순서)〕 형을 가중감경할 사유가 경합된 때에는 다음 순서에 의한다.
1. 각칙 본조에 의한 가중
2. 제34조제2항의 가중
3. 누범가중
4. 법률상감경
5. 경합범가중
6. 작량감경

→ 형법은 일반적 가중사유로 특수 교사·방조 가중 (제34조 제2항), 경합범 가중 (제38조), 누범 가중 (제35조)를 두고 있다.　정답 - O

4 형법총칙상 필요적 감경사유에는 심신미약, 농아자, 중지범 등이 있고, 임의적 감경사유에는 과잉방위, 과잉피난, 불능미수, 종범, 자수 또는 자복 등이 있다.　변호사시험 제5회

해설 ✏️

〔형법 제32조(종범)〕 ① 타인의 범죄를 방조한 자는 종범으로 처벌한다. ② 종범의 형은 정범의 형보다 감경한다.

→ 종범은 필요적 감경사유이다.　정답 - X

5 작량감경을 할 때 작량감경사유가 수개 있는 경우에는 거듭 감경할 수 없지만, 법률상 감경을 한 후에 다시 작량감경을 할 수는 있다.　변호사시험 제5회

해설 ✏️ 작량감경사유가 수개 있는 경우에도 거듭 감경할 수는 없다(대판 1964. 4. 7, 63도410).

〔형법 제56조(가중감경의 순서)〕 형을 가중감경할 사유가 경합된 때에는 다음 순서에 의한다.
1. 각칙 본조에 의한 가중
2. 제34조제2항의 가중
3. 누범가중
4. 법률상감경
5. 경합범가중
6. 작량감경

정답 - O

6 범죄의 불법과 책임을 근거지우거나 가중·감경사유가 된 상황은 다시 양형의 자료가 될 수 없는데, 이를 '이중평가의 금지'라고 한다.   변호사시험 제5회

(해설 ✐) 이미 법적 구성요건요소로 되어 있는 상황은 양형에 있어서 이중으로 평가되어서는 안 된다는 것을 이중평가의 금지라고 한다. 이에 따라 구성요건의 불법과 책임을 근거지우거나 가중·감경사유가 된 상황은 다시 양형의 자료가 될 수 없다.   [정답] - ○

■ 사례 【7~11】

다음은 〈사례〉에 대하여 형의 선택 및 가중, 감경을 한 것이다.(다툼이 있는 경우 판례에 의함)   변호사시험 제6회

> 甲은 2011. 3. 2. 사기죄로 징역 2년을 선고받아 2012. 11. 5. 그 형의 집행을 종료하였다. 甲은 다시 2015. 6. 2. 사기죄를 범한 후 도피 중 2016. 6. 7. 강도상해죄를 범하고 체포되어 위 두 죄로 기소되었다. 법원은 공소사실을 모두 유죄로 인정하고 제1심 판결을 선고하면서 작량감경을 하고, 특히 강도상해죄를 범할 당시 심신미약의 상태였음을 인정한다.
> ※「형법」제337조 강도상해죄의 법정형은 무기 또는 7년 이상의 징역이고, 「형법」제347조 사기죄의 법정형은 10년 이하의 징역 또는 2천만 원 이하의 벌금이다.
> ※ 이 사례에서 제시된 것 외의 다른 가중, 감경 사유는 없다.

---

7 강도상해죄에 대하여 무기징역을 선택하고 사기죄에 대하여 징역형을 선택할 경우, 처단형의 장기는 20년이다.

(해설 ✐) 강도상해죄에 대해 무기징역을 선택하면, 심신미약으로 인한 법률상감경으로 10년 이상 50년 이하의 징역이 된다(형법 제55조 제1항 제2호). 사기죄는 누범가중으로 인해 1월 이상 20년 이하의 징역이 된다(제35조, 제42조 본문). 강도상해죄와 사기죄는 판결이 확정되지 아니한 수개의 죄로서 경합범 관계에 있는데(제37조 전단), 경합범 가중을 하더라도 가중의 상한이 50년이므로(제42조 단서) 10년 이상 50년 이하의 징역이다. 끝으로 작량감경을 하면 처단형은 <u>5년 이상 25년 이하</u>의 징역이 된다(제55조 제1항 제3호)(조문은 아래 「10번 문제」 해설 참고).   [정답] - X

8 강도상해죄에 대하여 무기징역을 선택하고 사기죄에 대하여 징역형을 선택할 경우, 처단형의 단기는 10년이다.

(해설 ✐) 강도상해죄에 대해 무기징역을 선택하면, 심신미약으로 인한 법률상감경으로 10년 이상 50년 이하의 징역이 된다(제55조 제1항 제2호). 사기죄는 누범가중으로 인해 1월 이상 20년 이하의 징역이 된다(제35조, 제42조 본문). 강도상해죄와 사기죄는 판결이 확정되지 아니한 수개의 죄로서 경합범 관계에 있는데(제37조 전단), 경합범 가중을 하더라도 가중의 상한이 50년이므로(제42조 단서) 10년 이상 50년 이하의 징역이다. 끝으로 작량감경을 하면 처단형은 <u>5년 이상 25년 이하의 징역</u>이 된다(제55조 제1항 제3호)(조문은 아래 「10번 문제」 해설 참고).   [정답] - X

9 두 개의 죄에 대하여 모두 유기징역을 선택할 경우, 처단형의 장기는 15년이다.

[해설 🖊] 강도상해죄에 대하여 유기징역을 선택하면, 7년 이상 30년 이하의 징역(제42조 본문)에 심신미약으로 인한 법률상 감경을 하여 3년 6개월 이상 15년 이하의 징역이 된다. 사기죄의 1월 이상 20년 이하의 징역과 경합범 가중을 하면, 3년 6개월 이상 30년 이하의 징역이며(제38조 제1항 제2호) 다시 작량감경을 하면 **1년 9개월 이상 15년 이하**의 징역이 처단형이 된다 (조문은 아래 「10번 문제」 해설 참고).   [정답] – ○

10 두 개의 죄에 대하여 모두 유기징역을 선택할 경우, 처단형의 단기는 3년 6개월이다.

[해설 🖊]

> [형법 제35조(누범)] ① 금고 이상의 형을 받아 그 **집행을 종료**하거나 면제를 받은 후 **3년내** 에 금고 이상에 해당하는 **죄를 범한 자**는 누범으로 처벌한다. ② 누범의 형은 그 죄에 정한 형 의 장기의 2배까지 가중한다.
>
> [형법 제37조(경합범)] 판결이 확정되지 아니한 **수개의 죄** 또는 금고 이상의 형에 처한 판결 이 확정된 죄와 그 판결확정 전에 범한 죄를 경합범으로 한다.
>
> [형법 제38조(경합범과 처벌례)] ① 경합범을 동시에 판결할 때에는 다음의 구별에 의하여 처 벌한다.
>
> 1. 가장 중한 죄에 정한 형이 사형 또는 무기징역이나 무기금고인 때에는 가장 중한 죄에 정한 형으로 처벌한다.
> 2. 각 죄에 정한 형이 사형 또는 무기징역이나 무기금고 이외의 **동종의 형**인 때에는 **가장 중한 죄에 정한 장기 또는 다액에 그 2분의 1까지 가중**하되 **각 죄에 정한 형의 장기 또는 다액을 합산한 형기 또는 액수를 초과할 수 없다.** 단 과료와 과료, 몰수와 몰수는 병과할 수 있다.
> 3. 각 죄에 정한 형이 무기징역이나 무기금고 이외의 **이종의 형**인 때에는 병과한다.
> ② 전항 각호의 경우에 있어서 징역과 금고는 동종의 형으로 간주하여 징역형으로 처벌한다.
>
> [형법 제42조(징역 또는 금고의 기간)] 징역 또는 금고는 무기 또는 유기로 하고 유기는 1개 월 이상 30년 이하로 한다. 단, 유기징역 또는 유기금고에 대하여 **형을 가중하는 때에는 50** 년까지로 한다.
>
> [형법 제55조(법률상의 감경)] ① 법률상의 감경은 다음과 같다.
> 2. 무기징역 또는 무기금고를 감경할 때에는 **10년 이상 50년 이하**의 징역 또는 금고로 한다.
> 3. 유기징역 또는 유기금고를 감경할 때에는 그 **형기의 2분의 1**로 한다.
> 6. 벌금을 감경할 때에는 그 **다액의 2분의 1**로 한다.
> ② 법률상 감경할 사유가 수개있는 때에는 거듭 감경할 수 있다.
>
> [형법 제56조(가중감경의 순서)] 형을 가중감경할 사유가 경합된 때에는 다음 순서에 의한다.
> 1. 각칙 본조에 의한 가중
> 2. 제34조 제2항의 가중
> 3. 누범가중
> 4. 법률상감경
> 5. 경합범가중
> 6. 작량감경

→ 강도상해죄에 대하여 유기징역을 선택하면, 7년 이상 30년 이하의 징역(제42조 본문)에 심신미약으로 인한 법률상 감경을 하여 3년 6개월 이상 15년 이하의 징역이 된다. 사기죄의 1월 이상 20년 이하의 징역과 경합범 가중을 하면, 3년 6개월 이상 30년 이하의 징역이며(제38조 제1항 제2호) 다시 작량감경을 하면 **1년 9개월 이상** 15년 이하의 징역이 처단형이 된다.
정답 - X

11 강도상해죄에 대하여 유기징역을 선택하고 사기죄에 대하여 벌금형을 선택할 경우, 벌금형 처단형의 다액은 500만 원이다.

> (해설) 형법 제35조 제1항에 규정된 '금고 이상에 해당하는 죄'라 함은 유기금고형이나 유기징역형으로 처단할 경우에 해당하는 죄를 의미하는 것으로서 법정형 중 **벌금형을 선택한 경우에는 누범가중을 할 수 없다**(대판 1982. 9. 14, 82도1702).
>
> → 강도상해죄의 유기징역과 사기죄의 벌금형은 이종의 형이므로 병과하게 되어(제38조 제1항 3호) 벌금형만을 살펴보면, 다액은 누범가중 없이 2천만원 이하인데, 작량감경하여 **1천만원 이하**가 된다.
정답 - X

제3절 누 범

제4절 집행유예·선고유예·가석방

Ⅰ. 집행유예

1 형법 제37조 후단의 경합범 관계에 있는 죄에 대하여 하나의 판결로 두 개의 자유형을 선고하는 경우에 하나의 자유형에 대하여는 실형을, 다른 하나의 자유형에 대하여는 집행유예를 선고하는 것은 허용되지 않는다.
변호사시험 제3회

> (해설) 형법 제37조 후단의 경합범 관계에 있는 두 개의 범죄에 대하여 하나의 판결로 두 개의 자유형을 선고하는 경우 그 두 개의 자유형은 각각 별개의 형이므로 형법 제62조 제1항에 정한 집행유예의 요건에 해당하면 그 각 자유형에 대하여 각각 집행유예를 선고할 수 있는 것이고, 또 그 두 개의 징역형 중 **하나의 징역형에 대하여는 실형을 선고하면서 다른 징역형에 대하여 집행유예를 선고하는 것도** 우리 형법상 이러한 조치를 금하는 명문의 규정이 없는 이상 <u>허용되는 것으로 보아야 한다</u>(대판 2001. 10. 12, 2001도3579).
정답 - X

2 집행유예의 선고를 받은 후에 그 선고가 실효 또는 취소됨이 없이 유예기간이 경과하더라도 형의 선고가 있었다는 사실 자체가 없어지는 것은 아니다.
변호사시험 제3회

> (해설) 형법 제65조 소정의 "형의 선고는 효력을 잃는다."는 취의는 형의 선고의 법률적 효과가 없어진다는 것일 뿐 형의 선고가 있었다는 기왕의 사실 자체까지 없어진다는 뜻이 아니다(대결 1983. 4. 2, 자 83모8).

> 〔형법 제65조(집행유예의 효과)〕집행유예의 선고를 받은 후 그 선고의 실효 또는 취소됨
> 이 없이 유예기간을 경과한 때에는 형의 선고는 효력을 잃는다.

정답 - ○

3 집행유예를 선고하면서 사회봉사명령으로서 일정액의 금전출연을 주된 내용으로 하는
사회공헌계획의 성실한 이행을 명하는 것은 허용될 수 없다. 변호사시험 제3회

해설 ✎ 형법과 보호관찰 등에 관한 법률의 관계 규정을 종합하면, 사회봉사는 형의 집행을 유
예하면서 부가적으로 명하는 것이고 집행유예 되는 형은 자유형에 한정되고 있는 점 등에 비
추어, 법원이 형의 집행을 유예하는 경우 명할 수 있는 사회봉사는 자유형의 집행을 대체하기
위한 것으로서 500시간 내에서 시간 단위로 부과될 수 있는 일 또는 근로활동을 의미하는 것
으로 해석되므로, 법원이 형법 제62조의2의 규정에 의한 **사회봉사명령**으로 피고인에게 일정
한 금원을 출연하거나 이와 동일시할 수 있는 행위를 명하는 것은 허용될 수 없다(대판 2008.
4. 11, 2007도8373).

정답 - ○

4 甲(1994.4.15.생)은 2011.6.15. 서울중앙지방법원에서 폭력행위등처벌에관한법률위반(집
단·흉기등상해)죄로 징역 1년에 집행유예 2년을 선고받아 201.6.22. 판결이 확정되었다.
甲은 19세 미만이던 2013.2.1. 11:00경 피해자(여, 55세)가 현금인출기에서 돈을 인출하여
가방에 넣고 나오는 것을 발견하고 오토바이를 타고 피해자를 뒤따라가 인적이 드문 골
목길에 이르러 속칭 '날치기' 수법으로 손가방만 살짝 채어 갈 생각으로 피해자의 손가방
을 순간적으로 낚아채어 도망을 갔다. 甲이 손가방을 낚아채는 순간 피해자가 넘어져 2주
간의 치료가 필요한 상해를 입었다. 甲은 같은 날 22:30경 주택가를 배회하던 중 주차된
자동차를 발견하고 물건을 훔칠 생각으로 자동차의 유리창을 통하여 그 내부를 손전등으
로 비추어 보다가 순찰 중이던 경찰관에게 검거되었다. 당시 甲은 저도 범행이 발각되었
을 경우 체포를 면탈하는데 도움이 될 수 있을 것이라는 생각에서 등산용 칼과 포장용 테
이프를 휴대하고 있었다. 검사는 2013.2.5. 甲을 강도치상, 절도미수, 강도예비로 기소하
였고 재판 도중에 강도예비를 주위적 공소사실로, 「폭력행위 등 처벌에 관한 법률」 제7조
위반을 예비적 공소사실로 공소장변경을 신청하였다. 제1심법원은 2013.3.29. 유죄 부분
에 대하여 징역 단기 2년, 장기 4년을 선고하였다. 이에 대하여 甲만 항소하였는데, 항소
심법원은 2013.6.28. 판결을 선고하였다.
이 경우, 甲은 항소심판결 선고시 집행유예기간이 경과하였으므로 항소심법원이 다시 집
행유예를 선고하더라도 위법하지 않다. 변호사시험 제3회

해설 ✎ 집행유예 기간 중에 범한 죄에 대하여 형을 선고할 때에, 집행유예의 결격사유를 정하
는 형법 제62조 제1항 단서 소정의 요건에 해당하는 경우란, 이미 집행유예가 실효 또는 취소
된 경우와 그 선고 시점에 미처 유예기간이 경과하지 아니하여 형 선고의 효력이 실효되지 아
니한 채로 남아 있는 경우로 국한되고, 집행유예가 실효 또는 취소됨이 없이 유예기간을 경과
한 때에는, 형의 선고가 이미 그 효력을 잃게 되어 '금고 이상의 형을 선고'한 경우에 해당한

다고 보기 어려울 뿐 아니라, 집행의 가능성이 더 이상 존재하지 아니하여 집행종료나 집행면제의 개념도 상정하기 어려우므로 위 단서 소정의 요건에 해당하지 않는다고 할 것이므로, **집행유예 기간 중에 범한 범죄라고 할지라도 집행유예가 실효 취소됨이 없이 그 유예기간이 경과한 경우에는 이에 대해 다시 집행유예의 선고가 가능하다**(대판 2007. 2. 8, 2006도6196).

→ 甲의 범행이 있던 2013. 2. 1은 집행유예 기간 중이었으나(2011. 6. 15.로부터 2년 이내임) 항소심 선고는 집행유예기간이 경과한 뒤에 있었으므로 집행유예의 선고가 가능하다.

정답 - ○

Ⅱ. 선고유예

5 '개전의 정상이 현저한 때'라고 함은 피고인이 죄를 깊이 뉘우치는 경우를 뜻하는 것이므로 피고인이 범죄사실을 자백하지 않고 부인할 경우에는 언제나 선고유예를 할 수 없다.

변호사시험 제3회

해설 선고유예의 요건 중 '개전의 정상이 현저한 때'라고 함은, 반성의 정도를 포함하여 널리 형법 제51조가 규정하는 양형의 조건을 종합적으로 참작하여 볼 때 **형을 선고하지 않더라도 피고인이 다시 범행을 저지르지 않으리라는 사정이 현저하게 기대되는 경우**를 가리킨다고 해석할 것이고, 이와 달리 여기서의 '개전의 정상이 현저한 때'가 반드시 피고인이 죄를 깊이 뉘우치는 경우만을 뜻하는 것으로 제한하여 해석하거나, 피고인이 범죄사실을 자백하지 않고 부인할 경우에는 언제나 선고유예를 할 수 없다고 해석할 것은 아니며, 또한 형법 제51조의 사항과 개전의 정상이 현저한지 여부에 관한 사항은 널리 형의 양정에 관한 법원의 재량사항에 속한다고 해석되므로, 상고심으로서는 형사소송법 제383조 제4호에 의하여 사형·무기 또는 10년 이상의 징역·금고가 선고된 사건에서 형의 양정의 당부에 관한 상고이유를 심판하는 경우가 아닌 이상, 선고유예에 관하여 형법 제51조의 사항과 개전의 정상이 현저한지 여부에 대한 원심 판단의 당부를 심판할 수 없고, 그 원심 판단이 현저하게 잘못되었다고 하더라도 달리 볼 것이 아니다[대판 2003. 2. 20, 2001도6138].

정답 - X

6 형법 제39조 제1항에 의하여 형법 제37조 후단 경합범 중 판결을 받지 아니한 죄에 대하여 형을 선고하는 경우에, 형법 제37조 후단에 규정된 '금고 이상의 형에 처한 판결이 확정된 죄'의 형은 선고유예의 결격사유인 '자격정지 이상의 형을 받은 전과'에 포함되지 않는다.

변호사시험 제3회

해설 선고유예가 주로 범정이 경미한 초범자에 대하여 형을 부과하지 않고 자발적인 개선과 갱생을 촉진시키고자 하는 제도인 점, 형법은 선고유예의 예외사유를 '자격정지 이상의 형을 받은 전과'라고만 규정하고 있을 뿐 그 전과를 범행 이전의 것으로 제한하거나 형법 제37조 후단 경합범 규정상의 금고 이상의 형에 처한 판결에 의한 전과를 제외하고 있지 아니한 점, 형법 제39조 제1항은 경합범 중 판결을 받지 아니한 죄가 있는 때에는 그 죄와 판결이 확정된 죄를 동시에 판결할 경우와 형평을 고려하여 그 죄에 대하여 형을 선고하여야 하는데 이미 판결이 확정된 죄에 대하여 금고 이상의 형이 선고되었다면 나머지 죄가 위 판결이 확정된 죄와 동시에 판결되었다고 하더라도 선고유예가 선고되었을 수 없을 것인데 나중에 별도로 판결이 선고된다는 이유만으로 선고유예가 가능하다고 하는 것은 불합리한 점 등을 종합하여 보면, 형법 제39조 제1항에 의하여 형법 제37조 후단 경합범 중 판결을 받지 아니한 죄에 대하여 형을 선고하는 경우에 있어서 형법 제37조 후단에 규정된 금고 이상의 형에 처한 판결이 확정된 죄의 형도 형법 제59조 제1항 단서에서 정한 '자격정지 이상의 형을 받은 전과'에 포함된다고 봄이 상당하다(대판 2010. 7. 8, 2010도931).

> 〔형법 제59조(선고유예의 요건)〕 ① 1년 이하의 징역이나 금고, 자격정지 또는 벌금의 형을 선고할 경우에 제51조의 사항을 참작하여 개전의 정상이 현저한 때에는 그 선고를 유예할 수 있다. 단, 자격정지 이상의 형을 받은 전과가 있는 자에 대하여는 예외로 한다. ② 형을 병과할 경우에도 형의 전부 또는 일부에 대하여 그 선고를 유예할 수 있다.

정답 - X

사례 【7~11】

다음 사례에 관하여 답하시오.(다툼이 있는 경우 판례에 의함) 변호사시험 제7회

甲은 ㉠ 2004. 9. 27. 폭력행위등처벌에관한법률위반(공동상해)죄로 징역 2년을 선고받고, ㉡ 2008. 5. 19. 도로교통법위반(음주운전)죄로 징역 4월에 집행유예 2년을 선고받고, ㉢ 2012. 6. 5. 폭력행위등처벌에관한법률위반(공동상해)죄로 징역 2년에 집행유예 4년을 선고받아 같은 날 확정되었다. 그리고 甲은 ㉣ 2015. 6. 1. 폭력행위등처벌에관한법률위반(공동상해)죄로 징역 2년을 선고받아 그 판결이 2016. 1. 31. 확정되었고, ㉤ 2017. 3. 3. 다시 폭력행위등처벌에관한법률위반(공동상해)죄로 공소제기되었는데, 공소제기 시점에서 ㉠의 형은 「형의 실효 등에 관한 법률」에 의하여 실효된 상태이다.

7 만약 ㉠의 판결이 확정된 때부터 그 집행을 종료하거나 면제된 후 3년까지의 기간에 ㉡의 죄를 범하였다면, ㉡의 죄에 대하여는 징역형의 집행유예를 선고할 수 없다.

해설 🖉

> 〔형법 제62조(집행유예의 요건)〕 ① 3년 이하의 징역이나 금고 또는 500만원 이하의 벌금의 형을 선고할 경우에 제51조의 사항을 참작하여 그 정상에 참작할 만한 사유가 있는 때에는 1년 이상 5년 이하의 기간 형의 집행을 유예할 수 있다. 다만, 금고 이상의 형을 선고한 판결이 확정된 때부터 그 집행을 종료하거나 면제된 후 3년까지의 기간에 범한 죄에 대하여 형을 선고하는 경우에는 그러하지 아니하다. ② 형을 병과할 경우에는 그 형의 일부에 대하여 집행을 유예할 수 있다.

→ 甲은 ㉠에서 징역형을 선고 받았으므로 제62조 단서 요건에 해당하여 집행유예를 선고할 수 없다.

정답 - O

8 ⓒ의 판결이 확정되고 그 집행유예 기간 중, ㉠의 판결이 확정된 때부터 그 집행을 종료하거나 면제된 후 3년까지의 기간에 ⓒ의 죄를 범한 사실이 발각되면 ⓒ의 집행유예 선고를 취소한다.

> **[해설 ✎]**
>
> 〔형법 제64조(집행유예의 취소)〕① 집행유예의 선고를 받은 후 제62조 단행의 사유가 발각된 때에는 집행유예의 선고를 취소한다. ② 제62조의2의 규정에 의하여 보호관찰이나 사회봉사 또는 수강을 명한 집행유예를 받은 자가 준수사항이나 명령을 위반하고 그 정도가 무거운 때에는 집행유예의 선고를 취소할 수 있다.

정답 - ○

9 ⓒ의 집행유예 기간 중 ㉣의 죄가 범하여진 경우, ㉣의 죄로 징역형의 실형을 선고받아 그 판결이 확정되었으므로 ⓒ의 집행유예의 선고는 효력을 잃는다.

> **[해설 ✎]**
>
> 〔형법 제63조(집행유예의 실효)〕집행유예의 선고를 받은 자가 유예기간 중 고의로 범한 죄로 금고 이상의 실형을 선고받아 그 판결이 확정된 때에는 집행유예의 선고는 효력을 잃는다.

정답 - ○

10 만약 ⓒ의 집행유예 선고가 실효 또는 취소되지 않고 유예기간을 경과하였다면, ⓒ의 전과는 「폭력행위 등 처벌에 관한 법률」 제2조 제3항에서 말하는 '징역형을 받은 경우'에 해당하지 않는다.

> **[해설 ✎]** 형법 제65조는 "집행유예의 선고를 받은 후 그 선고의 실효 또는 취소됨이 없이 유예기간을 경과한 때에는 형의 선고는 효력을 잃는다."라고 규정하고 있다. 여기서 "형의 선고가 효력을 잃는다."는 의미는 형의 실효와 마찬가지로 형의 선고에 의한 법적 효과가 장래를 향하여 소멸한다는 취지이다. 따라서 형법 제65조에 따라 형의 선고가 효력을 잃는 경우에도 그 전과는 폭력행위 등 처벌에 관한 법률 제2조 제3항에서 말하는 '징역형을 받은 경우'라고 할 수 없다(대판 2016. 6. 23, 2016도5032).

정답 - ○

11 ㉠과 ㉣의 전과는 「폭력행위 등 처벌에 관한 법률」 제2조 제3항에서 말하는 '징역형을 받은 경우'에 해당하고, 그 횟수가 2회 이상이므로 甲은 ㉤의 죄가 유죄로 인정되는 경우 「폭력행위 등 처벌에 관한 법률」 제2조 제3항을 적용하여 처벌되어야 한다.

> **[해설 ✎]** 폭력행위 등 처벌에 관한 법률(이하 '폭력행위처벌법'이라 한다) 제2조 제3항은 "이 법(형법 각 해당 조항 및 각 해당 조항의 상습범, 특수범, 상습특수범, 각 해당 조항의 상습범의 미수범, 특수범의 미수범, 상습특수범의 미수범을 포함한다)을 위반하여 2회 이상 징역형을 받은 사람이 다시 제2항 각 호에 규정된 죄를 범하여 누범으로 처벌할 경우에는 다음 각 호의 구분에 따라 가중처벌한다."라고 규정하고 있다. 그런데 형의 실효 등에 관한 법률에 따라 형이 실효된 경우에

는 형의 선고에 의한 법적 효과가 장래를 향하여 소멸하므로 형이 실효된 후에는 그 전과를 폭력행위처벌법 제2조 제3항에서 말하는 '징역형을 받은 경우'라고 할 수 없다(대판 2016. 6. 23, 2016도5032). 정답 - X

제5절 형의 시효와 소멸

제6절 보안처분

형법각론

제1편 개인적 법익에 대한 죄
제2편 사회적 법익에 대한 죄
제3편 국가적 법익에 대한 죄

제1장 생명과 신체에 대한 죄

제1절 살인의 죄

1 甲은 피해자 A(만 7세)를 도로에서 약 17미터 떨어진 야산 속의 경작하지 않는 밭으로 데리고 들어가 주먹으로 얼굴을 수차례 때리고, 가지고 있던 스카프로 A의 목을 감아 스카프의 양끝을 양손으로 나누어 잡고 A의 머리를 땅에 비비면서 약 4분 동안 2회에 걸쳐 목을 졸라 실신시킨 후 A를 버려둔 채 그곳을 떠났고, 그로 인하여 A는 사망한 채로 다음날 발견되었다. 제1심 법원에서는 위와 같은 사실관계에 비추어 甲에게 살인죄의 유죄를 인정하였다. 살인죄의 고의는 자기의 행위로 인하여 피해자가 사망할 수도 있다는 사실을 인식·예견하는 것으로 족하므로 甲에게 살인의 고의가 없었다고 할 수 없다.　　　　변호사시험 제1회

> (해설) 살인죄의 범의는 자기의 행위로 인하여 피해자가 사망할 수도 있다는 사실을 인식·예견하는 것으로 족하고 피해자의 사망을 희망하거나 목적으로 할 필요는 없고, 또 확정적인 고의가 아닌 미필적 고의로도 족한 것이다.
>
> (판결이유 중)……피고인이 9세의 여자 어린이에 불과하여 항거를 쉽게 제압할 수 있는 피해자의 목을 감아서 졸라 실신시킨 후 그곳을 떠나버린 이상 그와 같은 자신의 가해행위로 인하여 피해자가 사망에 이를 수도 있다는 사실을 인식하지 못하였다고 볼 수 없으므로, 적어도 그 범행 당시에는 피고인에게 살인의 범의가 있었다 할 것이니……(대판 1994. 12. 22, 94도2511).　　　　정답 - ○

2 자신을 죽여달라는 친구의 부탁을 받고 독약을 준비하였다가 이를 버린 경우 촉탁살인죄의 예비죄로 처벌할 수 있다.　　　　변호사시험 제6회

> (해설) 촉탁살인죄는 예비·음모의 처벌규정이 없다.　　　　정답 - X

3 살인예비죄가 성립하기 위해서는 살인죄의 실현을 위한 준비행위가 있어야 하는데, 여기서 준비행위는 반드시 객관적으로 보아 살인죄의 실현에 실질적으로 기여할 수 있는 외적 행위임을 요하지 아니하고 단순히 범행의 의사 또는 계획만으로 족하다.　　　　변호사시험 제7회

> (해설) 형법 제255조, 제250조의 살인예비죄가 성립하기 위하여는 형법 제255조에서 명문으로 요구하는 살인죄를 범할 목적 외에도 살인의 준비에 관한 고의가 있어야 하며, 나아가 실행의 착수까지에는 이르지 아니하는 살인죄의 실현을 위한 준비행위가 있어야 한다. 여기서의 준비

행위는 물적인 것에 한정되지 아니하며 특별한 정형이 있는 것도 아니지만, **단순히 범행의 의사 또는 계획만으로는 그것이 있다고 할 수 없고 객관적으로 보아서 살인죄의 실현에 실질적으로 기여할 수 있는 외적 행위를 필요로 한다**(대판 2009. 10. 29, 2009도7150). 정답 - X

제2절 상해와 폭행의 죄

Ⅰ. 상해죄

1 시간적 차이가 있는 독립된 상해행위나 폭행행위가 경합하여 사망의 결과가 일어나고 그 사망의 원인된 행위가 판명되지 않은 경우에는 공동정범의 예에 의하여 처벌된다.

변호사시험 제7회

해설 ✏️ 시간적 차이가 있는 독립된 상해행위나 폭행행위가 경합하여 사망의 결과가 일어나고 그 사망의 원인된 행위가 판명되지 않은 경우에는 공동정범의 예에 의하여 처벌할 것이다(대판 2000. 7. 28, 2000도2466).

〔형법 제263조(동시범)〕 독립행위가 경합하여 상해의 결과를 발생하게 한 경우에 있어서 원인된 행위가 판명되지 아니한 때에는 공동정범의 예에 의한다.

→ 판례는 상해치사나 폭행치사의 경우도 동시범 특례에 따라 처벌한다. 정답 - O

Ⅱ. 폭행의 죄

2 피해자의 신체에 공간적으로 근접하여 손발이나 물건을 휘두르거나 던지는 행위는 직접 피해자의 신체에 접촉하지 아니하였다 하더라도 피해자에 대한 불법한 유형력의 행사로서 폭행죄의 폭행에 해당될 수 있다.

변호사시험 제7회

해설 ✏️ 피해자의 신체에 공간적으로 근접하여 고성으로 폭언이나 욕설을 하거나 동시에 손발이나 물건을 휘두르거나 던지는 행위는 직접 피해자의 신체에 접촉하지 아니하였다 하더라도 피해자에 대한 불법한 유형력의 행사로서 폭행에 해당될 수 있는 것이지만, 거리상 멀리 떨어져 있는 사람에게 전화기를 이용하여 전화하면서 고성을 내거나 그 전화 대화를 녹음 후 듣게 하는 경우에는 특수한 방법으로 수화자의 청각기관을 자극하여 그 수화자로 하여금 고통스럽게 느끼게 할 정도의 음향을 이용하였다는 등의 특별한 사정이 없는 한 신체에 대한 유형력의 행사를 한 것으로 보기 어렵다(대판 2003. 1. 10, 2000도5716). 정답 - O

3 「폭력행위 등 처벌에 관한 법률」제2조 제2항의 '2인 이상이 공동하여 상해 또는 폭행의 죄를 범한 때'라 함은 수인이 동일 장소에서 동일 기회에 범행을 한 경우이면 족하고, 수인 사이에 범죄에 공동 가공하여 이를 공동으로 실현하려는 의사의 결합이 있어야 하는 것은 아니다.

변호사시험 제5회

해설 폭력행위 등 처벌에 관한 법률 제2조 제2항에서 정한 '2인 이상이 공동하여 상해 또는 폭행의 죄를 범한 때'의 의미

(판결이유 중)……폭력행위 등 처벌에 관한 법률 제2조 제2항의 '2인 이상이 공동하여 상해 또는 폭행의 죄를 범한 때'라 함은……수인이 동일 장소에서 동일 기회에 상호 다른 자의 범행을 인식하고 이를 이용하여 범행을 한 경우라야 하며……**범죄에 공동 가공하여 이를 공동으로 실현하려는 의사의 결합이 있어야 할 것이고**……(대판 2013. 11. 28, 2013도4430). 정답 − X

■ 사례 【4~5】

甲과 乙은 식당에서 큰 소리로 대화를 하던 중 옆 테이블에서 혼자 식사 중인 丙이 甲, 乙에게 "식당 전세 냈나, 조용히 좀 합시다."라고 말하자, 甲, 乙은 丙에게 다가가 甲은 "식당에서 말도 못하나?"라고 소리치며 丙을 밀어 넘어뜨리고, 乙은 이에 가세하여 발로 丙의 몸을 찼다. 이로 인하여 丙은 약 3주간의 치료를 요하는 상해를 입었는데 甲, 乙 중 누구의 행위에 의하여 상해가 발생하였는지는 불분명하다. 한편, 丙은 이에 대항하여 甲의 얼굴을 주먹으로 때려 약 2주간의 치료를 요하는 상해를 가하였는데 수사기관에서 자신의 범행을 부인하였다. 검사는 甲, 乙, 丙을 하나의 사건으로 기소하였고 甲, 乙, 丙은 제1심 소송계속 중이다.   변호사시험 제7회

4 甲, 乙 중 누구의 행위에 의하여 상해의 결과가 발생되었는가를 불문하고 甲, 乙은 상해의 결과에 대하여 책임을 진다.

해설

> 〔형법 제263조(동시범)〕 독립행위가 경합하여 상해의 결과를 발생하게 한 경우에 있어서 원인된 행위가 판명되지 아니한 때에는 공동정범의 예에 의한다.

→ 사안에서 甲과 乙에게 공동정범이 인정된다면 일부실행 전부책임의 원리에 따라 甲, 乙은 상해의 결과에 대하여 책임을 지게 되고, 공동정범이 인정되지 않아 동시범만 인정되더라도 형법 제263조에 따라 甲, 乙은 상해의 결과에 대하여 책임을 지게 되므로 타당한 지문이다. 정답 − O

5 만일 乙이 甲과 상해에 대해 공모한 사실이 없고 발로 丙의 몸을 찬 사실, 즉 丙에게 폭행을 가한 사실 자체도 분명하지 않은 경우, 「형법」 제263조 동시범의 특례 규정이 적용되지 아니하여 乙은 상해죄의 죄책을 지지 아니한다.

해설 상해죄에 있어서의 동시범은 두사람 이상이 가해행위를 하여 상해의 결과를 가져올 경우에 그 상해가 어느 사람의 가해행위로 인한 것인지가 분명치 않다면 가해자 모두를 공동정범으로 본다는 것이므로 **가해행위를 한 것 자체가 분명치 않은 사람에 대하여는 동시범으로 다스릴 수 없다**(대판 1984. 5. 15, 84도488). 정답 − O

「폭력행위 등 처벌에 관한 법률」 제3조 제1항(집단·흉기등)의 '행위자가 흉기 기타 위험한 물건을 휴대'한 경우라고 인정될 수 있는 사례를 모두 고르시오.(다툼이 있는 경우에는 판례에 의함)

(폭력행위 등 처벌에 관한 법률 제3조 제1항은 2016. 1. 6 삭제되었으나, 문제에 인용된 판례는 '위험한 물건'의 의미와 관련하여 참고할 여지가 있다-역자 주)   변호사시험 제2회

6   甲은 주먹으로 A의 얼굴 부위를 1회 때려 그로 인하여 상해가 발생하였고, 당구대 위에 놓여 있던 당구공으로 A의 머리를 툭툭 건드렸고 그로 인하여 상해가 발생하지는 아니하였다.

   해설 ✎   상해행위 과정에서 사용한 당구공이 폭력의 정도와 결과 등에 비추어 폭력행위 등 처벌에 관한 법률 제3조 제1항의 '위험한 물건'에 해당하지 않는다고 한 사례
   (판결이유 중)……피고인이 2006. 12. 21. 02:00경 당구장에서 피해자가 시끄럽게 떠든다는 이유로, 주먹으로 피해자의 얼굴 부위를 1회 때리고 그곳 당구대 위에 놓여있던 당구공으로 피해자의 머리 부위를 수회 때려, 피해자에게 치료일수 불상의 입술 부위가 터지고 머리부위가 부어오르는 상해를 가하였다는 이 사건 공소사실에 대하여,……위 당구공은 폭력행위 등 처벌에 관한 법률 제3조 제1항의 '위험한 물건'에는 해당하지 아니한다고……(대판 2008. 1. 17, 2007도9624).   정답 - X

7   甲은 자신의 승용차 트렁크에서 공기총을 꺼내어 A를 향해 들이대고 협박하였다. 공기총에는 실탄이 장전되지 아니한 상태였으나, 승용차 트렁크에는 공기총 실탄이 보관되어 있었다.

   해설 ✎   피고인이 공기총에 실탄을 장전하지 아니하였다고 하더라도 범행 현장에서 공기총과 함께 실탄을 소지하고 있었고 피고인으로서는 언제든지 실탄을 장전하여 발사할 수도 있으므로 공기총이 '위험한 물건'에 해당한다고 한 사례
   (판결이유 중)……피고인이 피고인의 승용차 트렁크에서 공기총(구경 4.5㎜로 독일제인 다이아나 54이다)을 꺼내어 피해자를 향해 들이대고 피해자를 협박한 사실, 그 무렵 피고인은 위 승용차 트렁크에 공기총 실탄 474개를 위 공기총과 함께 보관하고 있었던 사실을 인정하고 나서, 비록 피고인이 위 공기총에 실탄을 장전하지 아니하였다고 하더라도 피고인은 범행 현장에서 공기총과 함께 실탄을 소지하고 있었고 피고인으로서는 언제든지 실탄을 장전하여 발사할 수도 있었던 것이므로……(대판 2002. 11. 26, 2002도4586).   정답 - O

8   甲은 A가 식칼을 들고 나와 자신을 찌르려고 하자 이를 저지하기 위하여 그 칼을 뺏은 다음 A를 훈계하면서 칼의 칼자루 부분으로 A의 머리를 가볍게 쳤다.

해설 ✏️ 폭력행위등처벌에관한법률 제3조 제1항 소정의 위험한 물건의 위험성 여부는 구체적인 사안에 따라서 사회통념에 비추어 그 물건을 사용하면 그 상대방이나 제3자가 곧 위험성을 느낄 수 있으리라고 인정되는 물건인가의 여부에 따라 이를 판단하여야 할 것인바, 피해자가 먼저 식칼을 들고 나와 피고인을 찌르려다가 피고인이 이를 저지하기 위하여 그 칼을 뺏은 다음 피해자를 훈계하면서 위 칼의 칼자루 부분으로 피해자의 머리를 가볍게 쳤을 뿐이라면 피해자가 위험성을 느꼈으리라고는 할 수 없다(대판 1989. 12. 22, 89도1570).

→ 따라서 지문의 식칼은 위험한 물건으로 볼 수 없다. 정답 － X

9 甲은 A가 견인료 납부를 요구하면서 자신의 승용차 앞을 가로막고 서 있자 A의 다리 부분을 위 승용차 앞범퍼로 들이받고 약 1m 정도 진행하였고, 이로 인하여 A는 땅바닥으로 넘어졌다.

해설 ✏️ 견인료납부를 요구하는 교통관리직원을 승용차 앞범퍼 부분으로 들이받아 폭행한 사안에서, 승용차가 폭력행위등처벌에관한법률 제3조 제1항 소정의 '위험한 물건'에 해당한다고 본 사례

(판결이유 중)……피고인은 견인료납부를 요구하면서 피고인 운전의 광주 1라8700호 캐피탈 승용차의 앞을 가로막고 있는 교통관리직원인 피해자 이영수의 다리 부분을 위 승용차 앞범퍼 부분으로 들이받고 약 1m 정도 진행하여 동인을 땅바닥에 넘어뜨려 폭행하였다는 것이므로,……(대판 1997. 5. 30, 97도597). 정답 － ○

10 甲은 A 등과 이혼에 관한 사항을 협의하던 도중 A 등과 가벼운 실랑이를 하게 되었다. 이 과정에서 甲의 승낙 없이 A의 아버지인 B가 甲의 아들을 자신의 중형승용차에 태운 후 시동을 걸고 출발하려고 하였다. 甲은 이를 제지하기 위하여 급히 자신의 소형승용차를 출발시켜 B가 운전하던 승용차를 저속으로 가볍게 충격하였다. 이로 인하여 B는 특별한 치료를 요하지 않는 가벼운 상해를 입었으며, 甲의 차량과 B의 차량도 경미한 손상을 입게 되었다.

해설 ✏️ 자동차를 이용하여 다른 자동차를 충격한 사안에서, 충격 당시 차량의 크기, 속도, 손괴 정도 등 제반 사정에 비추어 위 자동차가 폭력행위 등 처벌에 관한 법률 제3조 제1항에 정한 '위험한 물건'에 해당하지 않는다고 한 사례

(판결이유 중)……피고인이 이혼 분쟁 과정에서 자신의 아들을 승낙 없이 자동차에 태우고 떠나려고 하는 피해자들 일행을 상대로 급하게 추격 또는 제지하는 과정에서 이 사건 자동차를 사용하게 된 점, 이 사건 범행은 소형승용차(라노스)로 중형승용차(쏘나타)를 충격한 것이고, 충격할 당시 두 차량 모두 정차하여 있다가 막 출발하는 상태로서 차량 속도가 빠르지 않았으며 상대방 차량의 손괴 정도가 그다지 심하지 아니한 점, 이 사건 자동차의 충격으로 피해자들이 입은 상해의 정도가 비교적 경미한 점 등의 여러 사정을 종합하면,……(대판 2009. 3. 26, 2007도3520). 정답 － X

제3절 과실치사상의 죄

1 「특정범죄 가중처벌 등에 관한 법률」 제5조의3 제1항 소정의 '차의 교통으로 인하여 「형법」 제286조의 죄를 범한 당해차량의 운전자'란 차의 교통으로 인한 업무상과실 또는 중대한 과실로 인하여 사람을 사상에 이르게 한 자를 가리키는 것이지 과실이 없는 사고 운전자까지 포함하는 것은 아니다.　　　　　　　　　　　　　　　변호사시험 제5회

> （해설 🖉）　특정범죄가중처벌등에관한법률 제5조의3 제1항 소정의 '차의 교통으로 인하여 형법 제268조의 죄를 범한 당해차량의 운전자'란 차의 교통으로 인한 업무상과실 또는 중대한 과실로 인하여 사람을 사상에 이르게 한 자를 가리키는 것이지 과실이 없는 사고 운전자까지 포함하는 것은 아니다(대판 1991. 5. 28, 91도711).　　　　　정답 – ○

2 甲(17세)은 친구들과 술을 마셔 혀가 꼬부라진 발음을 하며 걸음을 제대로 걷지 못한 채 비틀거리는 등 만취한 상태에서 00:45경 자동차를 운전하다가 행인 A를 뒤늦게 발견하고 미처 피하지 못하여 A에게 전치 4주의 상해를 입히고 B 소유의 상점 출입문을 들이받아 파손한 후 의식을 잃고 곧바로 사고현장 인근 병원 응급실로 후송되었다. 병원 응급실로 출동한 경찰관 P는 甲에게서 술 냄새가 강하게 나는 등 음주운전의 가능성이 현저하자 같은 날 01:50경 甲의 아버지의 동의를 받고 그 병원 의료인에게 의학적인 방법에 따라 필요최소한의 한도 내에서 甲의 혈액을 채취하게 한 후 그 혈액을 영장 없이 압수하였다. 그 후 P는 그 혈액을 국립과학수사연구원에 감정의뢰하였고 甲의 혈중알콜농도는 0.15%로 회신되었다. 이 경우, 甲이 B 소유의 상점 출입문을 파손한 점은 도로교통법위반죄를 구성하지만, B가 甲을 처벌하지 말아달라는 의사표시를 한 경우 검사는 甲을 도로교통법위반죄로 기소할 수 없다.　　　　　　　　　　　　　　변호사시험 제7회

（해설 🖉）

> 〔도로교통법 제151조(벌칙)〕 차의 운전자가 업무상 필요한 주의를 게을리하거나 중대한 과실로 다른 사람의 건조물이나 그 밖의 재물을 손괴한 경우에는 2년 이하의 금고나 500만원 이하의 벌금에 처한다.
>
> 〔교통사고처리 특례법 제3조(처벌의 특례)〕 ① 차의 운전자가 교통사고로 인하여 「형법」 제268조의 죄를 범한 경우에는 5년 이하의 금고 또는 2천만원 이하의 벌금에 처한다. ② **차의 교통으로 제1항의 죄 중 업무상과실치상죄(업무상과실치상죄) 또는 중과실치상죄(중과실치상죄)와 「도로교통법」 제151조의 죄를 범한 운전자에 대하여는 피해자의 명시적인 의사에 반하여 공소(공소)를 제기할 수 없다.** 다만, 차의 운전자가 제1항의 죄 중 업무상과실치상죄 또는 중과실치상죄를 범하고도 피해자를 구호(구호)하는 등 「도로교통법」 제54조 제1항에 따른 조치를 하지 아니하고 도주하거나 피해자를 사고 장소로부터 옮겨 유기(유기)하고 도주한 경우, 같은 죄를 범하고 「도로교통법」 제44조 제2항을 위반하여 음주측정 요구에 따르지 아니한 경우(운전자가 채혈 측정을 요청하거나 동의한 경우는 제외한다)와 다음 각 호의 어느 하나에 해당하는 행위로 인하여 같은 죄를 범한 경우에는 그러하지 아니하다.

1. 「도로교통법」 제5조에 따른 신호기가 표시하는 신호 또는 교통정리를 하는 경찰공무원등의 신호를 위반하거나 통행금지 또는 일시정지를 내용으로 하는 안전표지가 표시하는 지시를 위반하여 운전한 경우

2. 「도로교통법」 제13조 제3항을 위반하여 중앙선을 침범하거나 같은 법 제62조를 위반하여 횡단, 유턴 또는 후진한 경우

3. 「도로교통법」 제17조 제1항 또는 제2항에 따른 제한속도를 시속 20킬로미터 초과하여 운전한 경우

4. 「도로교통법」 제21조 제1항, 제22조, 제23조에 따른 앞지르기의 방법·금지시기·금지장소 또는 끼어들기의 금지를 위반하거나 같은 법 제60조 제2항에 따른 고속도로에서의 앞지르기 방법을 위반하여 운전한 경우

5. 「도로교통법」 제24조에 따른 철길건널목 통과방법을 위반하여 운전한 경우

6. 「도로교통법」 제27조 제1항에 따른 횡단보도에서의 보행자 보호의무를 위반하여 운전한 경우

7. 「도로교통법」 제43조, 「건설기계관리법」 제26조 또는 「도로교통법」 제96조를 위반하여 운전면허 또는 건설기계조종사면허를 받지 아니하거나 국제운전면허증을 소지하지 아니하고 운전한 경우. 이 경우 운전면허 또는 건설기계조종사면허의 효력이 정지 중이거나 운전의 금지 중인 때에는 운전면허 또는 건설기계조종사면허를 받지 아니하거나 국제운전면허증을 소지하지 아니한 것으로 본다.

8. 「도로교통법」 제44조 제1항을 위반하여 술에 취한 상태에서 운전을 하거나 같은 법 제45조를 위반하여 약물의 영향으로 정상적으로 운전하지 못할 우려가 있는 상태에서 운전한 경우

9. 「도로교통법」 제13조 제1항을 위반하여 보도(보도)가 설치된 도로의 보도를 침범하거나 같은 법 제13조 제2항에 따른 보도 횡단방법을 위반하여 운전한 경우

10. 「도로교통법」 제39조 제3항에 따른 승객의 추락 방지의무를 위반하여 운전한 경우

11. 「도로교통법」 제12조 제3항에 따른 어린이 보호구역에서 같은 조 제1항에 따른 조치를 준수하고 어린이의 안전에 유의하면서 운전하여야 할 의무를 위반하여 어린이의 신체를 상해(상해)에 이르게 한 경우

12. 「도로교통법」 제39조 제4항을 위반하여 자동차의 화물이 떨어지지 아니하도록 필요한 조치를 하지 아니하고 운전한 경우

→ 甲이 B 소유의 상점 출입문을 파손한 점은 도로교통법 제151조의 업무상과실 또는 중과실 재물손괴죄에 해당하지만, 동죄는 교통사고처리 특례법 제3조 제2항에 따라 반의사불벌죄이다. 따라서 B가 甲을 처벌하지 말아달라는 의사표시를 한 경우 검사는 甲을 도로교통법 위반죄로 기소할 수 없다. 정답 - ○

3 사고운전자가 사고 후 피해자 일행에게 자신의 인적사항을 알려주었고 근처에 있던 택시 기사에게 피해자를 병원으로 이송해줄 것을 부탁하였다면, 피해자의 병원 이송 및 경찰관의 사고현장 도착 이전에 사고운전자가 사고현장을 이탈하였더라도 특정범죄가중처벌 등에관한법률위반(도주차량)죄가 인정되지 않는다. 변호사시험 제5회

해설 ✏️ 사고 운전자가 그가 일으킨 교통사고로 상해를 입은 피해자에 대한 구호조치의 필요성을 인식하고 부근의 택시 기사에게 피해자를 병원으로 이송하여 줄 것을 요청하였으나 경찰관이 온 후 병원으로 가겠다는 피해자의 거부로 피해자가 병원으로 이송되지 아니한 사이에 피해자의 신고를 받은 경찰관이 사고현장에 도착하였고, 피해자의 병원이송 및 경찰관의 사고현장 도착 이전에 사고 운전자가 사고현장을 이탈하였다면, 비록 그 후 피해자가 택시를 타고 병원에 이송되어 치료를 받았다고 하더라도 운전자는 피해자에 대한 적절한 구호조치를 취하지 않은 채 사고현장을 이탈하였다고 할 것이어서, **설령 운전자가 사고현장을 이탈하기 전에 피해자의 동승자에게 자신의 신원을 알 수 있는 자료를 제공하였다고 하더라도, 피고인의 이러한 행위는 '피해자를 구호하는 등 조치를 취하지 아니하고 도주한 때'에 해당한다고** 한 사례(대판 2004. 3. 12, 2004도250). 정답 – X

4 사고운전자가 사고 후 주변사람의 신고로 도착한 구급차에 올라타서 피해자와 함께 병원에 동행하면서 사고와 무관한 사람인 것처럼 행세하였지만 1시간 가량 경과 후 자신의 잘못을 인정하고 가해자임을 밝혔다면, 특정범죄가중처벌등에관한법률위반(도주차량)죄가 인정되지 않는다. 변호사시험 제5회

해설 ✏️ 특정범죄가중처벌등에관한법률 제5조의3 제1항에 정하여진 '피해자를 구호하는 등 도로교통법 제50조 제1항의 규정에 의한 조치를 취하지 아니하고 도주한 때'라고 함은 사고운전자가 사고로 인하여 피해자가 사상을 당한 사실을 인식하였음에도 불구하고 '도로교통법 제50조 제1항의 규정에 의한 조치'를 취하지 아니하고 사고 장소를 이탈하여 사고를 낸 사람이 누구인지 확정될 수 없는 상태를 초래하는 경우를 말하고, '도로교통법 제50조 제1항의 규정에 의한 조치'에는 피해자나 경찰관 등 교통사고와 **관계 있는 사람에게 사고운전자의 신원을 밝히는 것도 포함**된다.
[2] 교통사고 야기자가 피해자를 병원에 후송하기는 하였으나 조사 경찰관에게 <u>사고사실을 부인하고 자신을 목격자라고 하면서 참고인 조사를 받고 귀가한 경우</u>, 특정범죄가중처벌등에관한법률 제5조의3 제1항 소정의 '도주'에 해당한다고 한 사례(대판 2003. 3. 25, 2002도5748).

> 〔특정범죄 가중처벌 등에 관한 법률 제5조의3(도주차량 운전자의 가중처벌)〕① 「도로교통법」 제2조에 규정된 자동차·원동기장치자전거의 교통으로 인하여 「형법」 제268조의 죄를 범한 해당 차량의 운전자(이하 '사고운전자'라 한다)가 피해자를 구호(구호)하는 등 「도로교통법」 제54조 제1항에 따른 조치를 하지 아니하고 도주한 경우에는 다음 각 호의 구분에 따라 가중처벌한다.
> 1. 피해자를 사망에 이르게 하고 도주하거나, 도주 후에 피해자가 사망한 경우에는 무기 또는 5년 이상의 징역에 처한다.
> 2. 피해자를 상해에 이르게 한 경우에는 1년 이상의 유기징역 또는 500만원 이상 3천만원 이하의 벌금에 처한다.
> ② 사고운전자가 피해자를 사고 장소로부터 옮겨 유기하고 도주한 경우에는 다음 각 호의 구분에 따라 가중처벌한다.

1. 피해자를 사망에 이르게 하고 도주하거나, 도주 후에 피해자가 사망한 경우에는 사형, 무기 또는 5년 이상의 징역에 처한다.

2. 피해자를 상해에 이르게 한 경우에는 3년 이상의 유기징역에 처한다.

〔도로교통법 제54조(사고발생 시의 조치)〕① 차의 운전 등 교통으로 인하여 사람을 사상하 거나 물건을 손괴(이하 '교통사고'라 한다)한 경우에는 그 차의 운전자나 그 밖의 승무원(이하 '운전 자등'이라 한다)은 즉시 정차하여 다음 각 호의 조치를 하여야 한다.

1. 사상자를 구호하는 등 필요한 조치

2. 피해자에게 인적 사항(성명·전화번호·주소 등을 말한다. 이하 제148조 및 제156조 제 10호에서 같다) 제공

→ 지문에서는 사고운전자가 병원에 동행하여 사상자를 구호하는 등 필요한 조치를 하였을 뿐만 아니라, 판례 사안과 달리 자신이 가해자임을 밝히고 있어 인적 사항을 제공하였으므 로 도주차량죄에 해당하지 않는다. 정답 ─ ○

5 운전자가 11세인 피해자의 왼쪽 손부분 등을 차로 들이받아 땅바닥에 넘어뜨려 약 1주일 간의 치료를 요하는 상해를 입게 한 사건에서, 스스로 자기 몸의 상처가 어느 정도인지 충분히 파악 하기에는 나이어린 피해자가 집으로 혼자 돌아갈 수 있느냐는 질문에 "예"라 답했다는 이유만으로 아무런 보호조치도 없는 상태에서 피해자를 그냥 돌아가게 했다면 도주에 해당한다. 변호사시험 제5회

해설 ✏️ 11세 남짓 된 피해자를 아무런 보호조치도 없이 돌아가게 한 것이 특정범죄가중처벌 등에관한법률 제5조의3 제1항 제2호 소정의 도주에 해당한다고 한 원심판결을 수긍한 사례. (판결이유 중)……피고인이 그가 운전하는 자동차의 우측 앞부분으로 11세 남짓의 국민학교 4 학년 어린이인 피해자의 왼쪽 손부분 등을 들이받아 땅바닥에 넘어뜨려 약 1주일간의 치료 를 요하는 우 제5수지 관절염좌상 등을 가한 이 사건에 있어서, 전혀 사리분별을 할 수 없지 는 않지만 아직 스스로 자기 몸의 상처가 어느 정도인지 충분히 파악하기에는 나이 어린 피 해자가 피고인 운전의 승용차에 부딪쳐 땅에 넘어진 이상, 의학에 전문지식이 없는 피고인으 로서는 의당 피해자를 병원으로 데려가서 있을지도 모르는 다른 상처 등에 대한 진단 및 치 료를 받게 하여야 할 것이며, 또 어린 피해자에게 집으로 혼자 돌아갈 수 있느냐고 질문하여 "예"라고 대답하였다는 이유만으로 아무런 보호조치도 없는 상태에서 피해자를 그냥 돌아가 게 하였다면 사고의 야기자가 누구인지를 쉽게 알 수 없도록 하였다 할 것이므로,……(대판 1996. 8. 20, 96도1461). 정답 ─ ○

제4절 낙태의 죄

1 사람의 시기(始期)는 규칙적인 진통을 동반하면서 분만이 개시된 때를 말하고, 제왕절개 수술의 경우에는 '의학적으로 제왕절개 수술이 가능하였고 규범적으로 수술이 필요하였 던 때'를 분만이 개시된 때로 보아야 한다. 변호사시험 제7회

해설 🖊 제왕절개 수술의 경우 '의학적으로 제왕절개 수술이 가능하였고 규범적으로 수술이 필요하였던 시기(時期)'는 판단하는 사람 및 상황에 따라 다를 수 있어, 분만개시 시점 즉, 사람의 시기(始期)도 불명확하게 되므로 이 시점을 **분만의 시기(始期)로 볼 수는 없다**(대판 2007. 6. 29, 2005도3832).

정답 – X

2 산부인과 의사가 임신한 부녀의 촉탁을 받아 약물에 의한 유도분만의 방법으로 낙태시술을 하였다가 태아가 살아서 미숙아 상태로 출생하자 염화칼륨을 주입하여 사망하게 한 경우에는 살인죄와 업무상촉탁낙태죄의 경합범으로 처벌된다. 변호사시험 제7회

해설 🖊 산부인과 의사인 피고인이 약물에 의한 유도분만의 방법으로 낙태시술을 하였으나 태아가 살아서 미숙아 상태로 출생하자 그 미숙아에게 염화칼륨을 주입하여 사망하게 한 사안에서, 염화칼륨 주입행위를 낙태를 완성하기 위한 행위에 불과한 것으로 볼 수 없고, 살아서 출생한 미숙아가 정상적으로 생존할 확률이 적다고 하더라도 그 상태에 대한 확인이나 최소한의 의료행위도 없이 적극적으로 염화칼륨을 주입하여 미숙아를 사망에 이르게 하였다면 피고인에게는 **미숙아를 살해하려는 범의가 인정된다**고 한 원심의 판단을 수긍한 사례.

(판결이유 중)······ **살인과 업무상촉탁낙태죄** 부분에 대한 피고인의 상고는 이유 없다 할 것인바, 판시 각 부분은 모두 **형법 제37조 전단의 경합범** 관계에 있으므로······(대판 2005. 4. 15, 2003도2780).

→ 판례는 살인죄와 업무상촉탁낙태죄의 경합범을 인정하였다. 정답 – O

제5절 유기와 학대의 죄

제2장 자유에 대한 죄

제1절 협박의 죄

1 A 주식회사 대표이사에게 자신의 횡령행위를 문제 삼으면 A 주식회사의 내부비리 등을 금융감독원 등 관계기관에 고발하겠다고 발언하는 경우 대표이사뿐만 아니라 법인에 대하여도 협박죄가 성립한다. 변호사시험 제3회

해설 🖊 [1] 협박죄는 사람의 의사결정의 자유를 보호법익으로 하는 범죄로서 형법규정의 체계상 개인적 법익, 특히 사람의 자유에 대한 죄 중 하나로 구성되어 있는바, 위와 같은 협박죄의 보호법익, 형법규정상 체계, 협박의 행위 개념 등에 비추어 볼 때, 협박죄는 자연인만을 그 대상으로 예정하고 있을 뿐 **법인은 협박죄의 객체가 될 수 없다.**

[2] 채권추심 회사의 지사장이 회사로부터 **자신의 횡령행위에 대한 민·형사상 책임을 추궁당할 지경에 이르자** 이를 모면하기 위하여 회사 본사에 '회사의 내부비리 등을 금융감독원 등 관계 기관에 고발하겠다'는 취지의 서면을 보내는 한편, 위 회사 경영지원본부장이자 상무이사에게 전화를 걸어 자신의 횡령행위를 문제삼지 말라고 요구하면서 위 서면의 내용과 같

은 취지로 발언한 사안에서, 위 상무이사에 대한 협박죄를 인정한 원심의 판단을 수긍한 사례 (대판 2010. 7. 15, 2010도1017).

→ 법인에 대한 협박죄는 성립하지 않으므로 옳지 않다. 　　　　　　　　　[정답] - X

■ 사례【2~6】

A회사 감사팀으로부터 횡령 의혹을 받고 있는 직원인 甲과 乙은 공모하여 '회사의 내부 비리를 금융감독원 등 관계기관에 고발하겠다'는 취지의 서면을 A회사 대표이사의 처남이자 상무이사인 B에게 팩스로 송부하였다. 그후 甲은 B에게 전화를 하여 "당신도 그 비리에 연루되어 있으니 우리의 횡령행위를 문제삼지 말라."라고 요구하면서 위 서면의 내용과 같은 말을 하였다. 이에 B는 甲과 乙을 협박죄로 고소하여 검사는 甲과 乙을 협박죄의 공동정범으로 기소하였는데, 재판 도중 B는 乙과 합의하고 乙에 대한 고소를 취소하였다.(특별법 위반의 점은 논외로 하고, 다툼이 있는 경우에는 판례에 의함)

변호사시험 제1회

---

2. 피해자 본인이나 그 친족 이외의 '제3자'에 대한 법익 침해를 내용으로 하는 해악을 고지한 것이므로 甲과 乙에게 협박죄가 성립할 수 없다.

(해설) 협박죄에서 협박이란 일반적으로 보아 사람으로 하여금 공포심을 일으킬 정도의 해악을 고지하는 것을 의미하며, 그 고지되는 해악의 내용, 즉 침해하겠다는 법익의 종류나 법익의 향유 주체 등에는 아무런 제한이 없다. 따라서 피해자 본인이나 그 친족뿐만 아니라 그 밖의 '제3자'에 대한 법익 침해를 내용으로 하는 해악을 고지하는 것이라고 하더라도 피해자 본인과 제3자가 밀접한 관계에 있어 그 해악의 내용이 피해자 본인에게 공포심을 일으킬 만한 정도의 것이라면 협박죄가 성립할 수 있다. 이 때 '제3자'에는 자연인뿐만 아니라 법인도 포함된다 할 것인데, 피해자 본인에게 법인에 대한 법익을 침해하겠다는 내용의 해악을 고지한 것이 피해자 본인에 대하여 공포심을 일으킬 만한 정도가 되는지 여부는 고지된 해악의 구체적 내용 및 그 표현방법, 피해자와 법인의 관계, 법인 내에서의 피해자의 지위와 역할, 해악의 고지에 이르게 된 경위, 당시 법인의 활동 및 경제적 상황 등 여러 사정을 종합하여 판단하여야 한다(대판 2010. 7. 15, 2010도1017). 　　　　　　　　　[정답] - X

---

3 비리를 관계기관에 고발하는 것은 국민의 권리일 뿐 아니라 고발의 내용도 위법하지 않으므로 甲과 乙의 행위는 정당한 권리행사로서 협박죄가 성립할 수 없다.

(해설) 채권추심 회사의 지사장이 회사로부터 자신의 횡령행위에 대한 민·형사상 책임을 추궁당할 지경에 이르자 이를 모면하기 위하여 회사 본사에 '회사의 내부비리 등을 금융감독원 등 관계 기관에 고발하겠다'는 취지의 서면을 보내는 한편, 위 회사 경영지원본부장이자 상무이사에게 전화를 걸어 자신의 횡령행위를 문제삼지 말라고 요구하면서 위 서면의 내용과 같은 취지로 발언한 사안에서, 위 상무이사에 대한 협박죄를 인정한 원심의 판단을 수긍한 사례

(판결이유 중)······ 피고인이 피해자에게 해악을 고지하게 된 경위 및 동기, 피고인이 고지한 해악의 구체적인 내용 및 표현방법 등을 종합하면, 피고인에게 협박의 고의가 있었음을 충분히 인정할 수 있으며,······회사에 대하여 정당한 절차와 방법을 통해 자신의 무고함을 주장하는데 그치지 않고 피해자를 상대로 그와 무관한 회사의 내부 비리 등을 고발하겠다는 내용의 해악을 고지한 것은 **관습이나 윤리관념 등 사회통념에 비추어 용인할 수 있는 정도의 것이라고는 볼 수 없다**(대판 2010. 7. 15, 2010도1017).　　　　　정답 – X

4 B가 현실적으로 공포심을 일으키지 아니하였다고 하더라도 협박죄의 기수에 해당한다.

(해설 ✍) 협박죄가 성립하려면 고지된 해악의 내용이 행위자와 상대방의 성향, 고지 당시의 주변 상황, 행위자와 상대방 사이의 친숙의 정도 및 지위 등의 상호관계, 제3자에 의한 해악을 고지한 경우에는 그에 포함되거나 암시된 제3자와 행위자 사이의 관계 등 행위 전후의 여러 사정을 종합하여 볼 때에 일반적으로 사람으로 하여금 공포심을 일으키게 하기에 충분한 것이어야 하지만, 상대방이 그에 의하여 현실적으로 공포심을 일으킬 것까지 요구하는 것은 아니며, 그와 같은 정도의 해악을 고지함으로써 상대방이 그 의미를 인식한 이상, **상대방이 현실적으로 공포심을 일으켰는지 여부와 관계없이 그로써 구성요건은 충족되어 협박죄의 기수에 이르는 것으로 해석하여야 한다**[대판(전합) 2007. 9. 28, 2007도606].　　　정답 – ○

5 B가 乙과 합의하고 乙에 대한 고소를 취소하였으므로 고소불가분의 원칙상 甲을 협박죄로 처벌할 수 없다.

(해설 ✍) 형사소송법이 고소와 고소취소에 관한 규정을 하면서 제232조 제1항, 제2항에서 고소취소의 시한과 재고소의 금지를 규정하고 제3항에서는 반의사불벌죄에 제1항, 제2항의 규정을 준용하는 규정을 두면서도, **제233조에서 고소와 고소취소의 불가분에 관한 규정을 함에 있어서는 반의사불벌죄에 이를 준용하는 규정을 두지 아니한 것은** 처벌을 희망하지 아니하는 의사표시나 처벌을 희망하는 의사표시의 철회에 관하여 친고죄와는 달리 **공범자간에 불가분의 원칙을 적용하지 아니하고자 함**에 있다고 볼 것이지, 입법의 불비로 볼 것은 아니다(대판 1994. 4. 26, 93도1689).

[형법 제283조(협박, 존속협박)] ① 사람을 협박한 자는 3년 이하의 징역, 500만원 이하의 벌금, 구류 또는 과료에 처한다. ② 자기 또는 배우자의 직계존속에 대하여 제1항의 죄를 범한 때에는 5년 이하의 징역 또는 700만원 이하의 벌금에 처한다. ③ 제1항 및 제2항의 죄는 피해자의 명시한 의사에 반하여 공소를 제기할 수 없다.

→ 협박죄는 반의사불벌죄이므로 고소불가분의 원칙이 적용되지 않는다.　　　정답 – X

6 법원은 乙의 이익을 위하여 乙에게 공소기각의 판결을 하지 아니하고 무죄를 선고할 수 있다.

(해설 ✍) 무죄의 제1심판결에 대하여 검사가 채증법칙 위배 등을 들어 항소하였으나 공소기각 사유가 있다고 인정될 경우, 항소심법원은 직권으로 판단하여 제1심판결을 파기하고 피고인에 대한 공소사실에 관하여 무죄라는 판단을 하기에 앞서 공소기각의 판결을 선고하여야 하

고, 공소기각 사유가 있으나 피고인의 이익을 위한다는 이유로 검사의 항소를 기각하여 <u>무죄</u>
<u>의 제1심판결을 유지할 수 없다</u>(대판 1994. 10. 14, 94도1818).   정답 - X

사례【7~8】

甲은 사장 A가 자신을 해고한 것에 불만을 품고 A의 휴대전화로 "그런 식으로 살지 말
라. 계속 그렇게 행동하다간 너의 가족이 무사하지 않을 것이다."라는 내용의 문자메시
지를 보내고, 그 후 다시 "따님은 학교를 잘 다니고 계신지. 곧 못 볼 수도 있는 딸인데
맛있는 것 많이 사 주시지요."라는 문자메시지를 보냈다. 이를 본 A는 전혀 공포심을 느
끼지 못했다.(다툼이 있는 경우에는 판례에 의함)   변호사시험 제2회

7 협박죄에는 상대방 본인뿐만 아니라 본인과 밀접한 관계에 있는 제3자에 대한 해악을 고
지하는 것도 포함되기 때문에 甲의 행위는 협박죄의 협박에 해당한다.

해설   형법 제283조에서 정하는 협박죄의 성립에 요구되는 '협박'이라고 함은 일반적으로 그
상대방이 된 사람으로 하여금 공포심을 일으키기에 충분한 정도의 해악을 고지하는 것으로서,
그러한 해악의 고지에 해당하는지 여부는 행위자와 상대방의 성향, 고지 당시의 주변 상황, 행
위자와 상대방 사이의 관계·지위, 그 친숙의 정도 등 행위 전후의 여러 사정을 종합하여 판단
되어야 한다. 한편 여기서의 '해악'이란 법익을 침해하는 것을 가리키는데, 그 해악이 반드시
피해자 본인이 아니라 그 친족 그 밖의 제3자의 법익을 침해하는 것을 내용으로 하더라도 피
해자 본인과 제3자가 밀접한 관계에 있어서 그 해악의 내용이 피해자 본인에게 공포심을 일
으킬 만한 것이라면 협박죄가 성립할 수 있다(대판 2012. 8. 17, 2011도10451).   정답 - O

8 만일 甲에게 협박죄가 성립한다면 협박죄는 위험범이므로 A가 공포심을 느끼지 못했다
고 하더라도 협박죄의 기수가 된다.

해설   [1] 협박죄가 성립하려면 고지된 해악의 내용이 행위자와 상대방의 성향, 고지 당시의
주변 상황, 행위자와 상대방 사이의 친숙의 정도 및 지위 등의 상호관계, 제3자에 의한 해악
을 고지한 경우에는 그에 포함되거나 암시된 제3자와 행위자 사이의 관계 등 행위 전후의 여
러 사정을 종합하여 볼 때에 일반적으로 사람으로 하여금 공포심을 일으키게 하기에 충분한
것이어야 하지만, 상대방이 그에 의하여 현실적으로 공포심을 일으킬 것까지 요구하는 것은
아니며, 그와 같은 정도의 해악을 고지함으로써 상대방이 그 의미를 인식한 이상, 상대방이
현실적으로 공포심을 일으켰는지 여부와 관계없이 그로써 구성요건은 충족되어 협박죄의 기
수에 이르는 것으로 해석하여야 한다.
[2] 결국, 협박죄는 사람의 의사결정의 자유를 보호법익으로 하는 위험범이라 봄이 상당하
고, 협박죄의 미수범 처벌조항은 해악의 고지가 현실적으로 상대방에게 도달하지 아니한 경
우나, 도달은 하였으나 상대방이 이를 지각하지 못하였거나 고지된 해악의 의미를 인식하지
못한 경우 등에 적용될 뿐이다[대판 2007. 9. 28, 2007도606].   정답 - O

9 A주식회사는 직원 甲을 통해 乙에게 외제 승용차를 할부 판매하였고, 乙이 이를 친구인
   丙 명의로 등록하여 운행하던 중 乙이 약정기일에 1억 원의 할부금을 갚지 못하였다. 그
   로 인하여 甲이 회사에서 책임추궁을 당하자 할부금을 갚지 않으면 乙의 아들에게 상해
   를 가하겠다는 협박편지를 乙의 아파트 우편함에 넣어 두었으나 경비원이 이를 휴지통에
   버린 경우 甲은 협박죄의 미수에 해당한다.

   해설 ✍ 협박죄는 사람의 의사결정의 자유를 보호법익으로 하는 위험범이라 봄이 상당하고,
   협박죄의 미수범 처벌조항은 해악의 고지가 현실적으로 상대방에게 도달하지 아니한 경우
   나, 도달은 하였으나 상대방이 이를 지각하지 못하였거나 고지된 해악의 의미를 인식하지 못
   한 경우 등에 적용될 뿐이다[대판(전합) 2007. 9. 28, 2007도606].
   → 甲의 협박편지가 乙에게 현실적으로 도달하지 않았으므로 협박죄의 미수에 해당한다.

   정답 − ○

10 乙은 甲으로부터 수회 할부금 변제 독촉을 받자 A회사의 내부 비리를 검찰에 고발하겠다
   는 협박편지를 A회사에게 발송한 경우 乙은 A회사에 대한 협박죄의 미수에 해당한다.

   해설 ✍ 협박죄는 사람의 의사결정의 자유를 보호법익으로 하는 범죄로서 형법규정의 체계상 개
   인적 법익, 특히 사람의 자유에 대한 죄 중 하나로 구성되어 있는바, 위와 같은 협박죄의 보호법
   익, 형법규정상 체계, 협박의 행위 개념 등에 비추어 볼 때, 협박죄는 자연인만을 그 대상으로 예
   정하고 있을 뿐 법인은 협박죄의 객체가 될 수 없다(대판 2010. 7. 15, 2010도1017).   정답 − X

제2절 체포와 감금의 죄

1 정신병자도 감금죄의 객체가 될 수 있다.   변호사시험 제6회

   해설 ✍ 정신병자에 대한 감금죄의 성립여부에 관하여 정신병자도 감금죄의 객체가 될 수 있
   다(대판 2002. 10. 11, 2002도4315)라고 판시하고 있다.   정답 − ○

2 경찰서 내 대기실로서 일반인과 면회인 및 경찰관이 수시로 출입하는 곳이고 여닫이문만
   열면 나갈 수 있도록 된 구조라 하여도 경찰서 밖으로 나가지 못하도록 그 신체의 자유를
   제한하는 유·무형의 억압이 있었다면 이는 감금에 해당한다.   변호사시험 제6회

   해설 ✍ 감금죄에 있어서의 감금행위는 사람으로 하여금 일정한 장소 밖으로 나가지 못하도록 하
   여 신체의 자유를 제한하는 행위를 가리키는 것이고, 그 방법은 반드시 물리적, 유형적 장애를 사

용하는 경우뿐만 아니라 심리적, 무형적 장애에 의하는 경우도 포함되는 것이므로, 설사 그 장소가 경찰서 내 대기실로서 일반인과 면회인 및 경찰관이 수시로 출입하는 곳이고 여닫이 문만 열면 나갈 수 있도록 된 구조라 하여도 경찰서 밖으로 나가지 못하도록 그 신체의 자유를 제한하는 유형, 무형의 억압이 있었다면 이는 감금에 해당한다(대판 1997. 6. 13, 97도877).　정답 - ○

제3절 약취와 유인 및 인신매매의 죄

1　미성년자가 혼자 머무는 주거에 침입하여 그를 감금한 후 협박에 의하여 부모의 출입을 봉쇄한 경우 미성년자의 장소적 이전이 없었으므로 미성년자약취죄가 성립하지 않는다.

　　　　　　　　　　　　　　　　　　　　　　　　　　　　　　　　　변호사시험 제3회

（해설 ✐）「2번 문제」해설 참조　　　　　　　　　　　　　　　　　정답 - X

2　미성년자가 혼자 머무는 주거에 침입하여 그를 감금한 뒤 폭행 또는 협박에 의하여 부모의 출입을 봉쇄하고 독자적인 생활관계를 형성하기에 이르렀다면 비록 장소적 이전이 없었다 할지라도 미성년자약취죄가 성립한다.　　　　　　　　　　　　　　변호사시험 제7회

（해설 ✐）미성년자가 혼자 머무는 주거에 침입하여 그를 감금한 뒤 폭행 또는 협박에 의하여 부모의 출입을 봉쇄하거나, 미성년자와 부모가 거주하는 주거에 침입하여 부모만을 강제로 퇴거시키고 독자적인 생활관계를 형성하기에 이르렀다면 비록 장소적 이전이 없었다 할지라도 형법 제287조의 미성년자약취죄에 해당함이 명백하지만, 강도 범행을 하는 과정에서 혼자 주거에 머무르고 있는 미성년자를 체포·감금하거나 혹은 미성년자와 그의 부모를 함께 체포·감금, 또는 폭행·협박을 가하는 경우, 나아가 주거지에 침입하여 미성년자의 신체에 위해를 가할 것처럼 협박하여 부모로부터 금품을 강취하는 경우와 같이, 일시적으로 부모와의 보호관계가 사실상 침해·배제되었다 할지라도, 그 의도가 미성년자를 기존의 생활관계 및 보호관계로부터 이탈시키는 데 있었던 것이 아니라 단지 금품 강취를 위하여 반항을 제압하는 데 있었다거나 금품 강취를 위하여 고지한 해악의 대상이 그곳에 거주하는 미성년자였던 것에 불과하다면, 특별한 사정이 없는 한 미성년자를 약취한다는 범의를 인정하기 곤란할 뿐 아니라, 보통의 경우 시간적 간격이 짧아 그 주거지를 중심으로 영위되었던 기존의 생활관계로부터 완전히 이탈되었다고 평가하기도 곤란하다(대판 2008. 1. 17, 2007도8485).　정답 - ○

3　미성년자의 어머니가 교통사고로 사망하여 아버지가 미성년자의 양육을 외조부에게 맡겼으나 교통사고 배상금 등으로 분쟁이 발생하자, 학교에서 귀가하는 미성년자를 아버지가 본인의 의사에 반하여 강제로 차에 태우고 데려간 경우 미성년자약취죄가 성립한다.

　　　　　　　　　　　　　　　　　　　　　　　　　　　　　　　　　변호사시험 제3회

（해설 ✐）[1] 미성년자를 보호감독하는 자라 하더라도 다른 보호감독자의 감호권을 침해하거나 자신의 감호권을 남용하여 미성년자 본인의 이익을 침해하는 경우에는 미성년자 약취·유인죄의 주체가 될 수 있다.

[2] 외조부가 맡아서 양육해 오던 미성년인 자(子)를 자의 의사에 반하여 사실상 자신의 지배하에 옮긴 친권자에 대하여 미성년자 약취·유인죄를 인정한 사례.

(판결이유 중)……원심은 피해자의 아버지인 피고인 2가 피해자의 어머니이자 피고인의 처인 공소외 1이 교통사고로 사망하자 피해자의 외조부인 공소외 2에게 피해자의 양육을 맡겨 왔으나, 교통사고 배상금 등을 둘러싸고 공소외 2 등과 사이에 분쟁이 발생하자 자신이 직접 피해자를 양육하기로 마음먹고, 피고인 1과 공모하여 학교에서 귀가하는 피해자를 본인의 의사에 반하여 강제로 차에 태우고……사실상 지배함으로써 미성년자인 피해자를 약취하였다고 인정하였는바, 이러한 원심의 사실인정 및 법리판단은 앞서 본 법리 및 기록에 비추어 정당하여 수긍할 수 있고……(대판 2008. 1. 31, 2007도8011). [정답] － O

제4절 강요의 죄

1 골프시설의 운영자가 골프회원에게 불리하게 내용이 변경된 회칙에 대하여 동의한다는 내용의 등록신청서를 제출하지 않으면 회원으로 대우하지 않겠다고 통지하는 것은 강요죄의 협박에 해당한다. 변호사시험 제3회

(해설) [1] 강요죄라 함은 폭행 또는 협박으로 사람의 권리행사를 방해하거나 의무 없는 일을 하게 하는 것을 말하고, 여기에서의 협박은 객관적으로 사람의 의사결정의 자유를 제한하거나 의사실행의 자유를 방해할 정도로 겁을 먹게 할 만한 해악을 고지하는 것을 말한다.
[2] 골프시설의 운영자가 골프회원에게 불리하게 변경된 내용의 회칙에 대하여 동의한다는 내용의 등록신청서를 제출하지 아니하면 회원으로 대우하지 아니하겠다고 통지한 것이 강요죄에 해당한다고 한 사례(대판 2003. 9. 26, 2003도763). [정답] － O

제5절 강간과 추행의 죄

1 甲, 乙, 丙이 사전의 모의에 따라 강간할 목적으로 심야에 인가에서 멀리 떨어져 있어 쉽게 도망할 수 없는 야산으로 피해자 A, B, C를 유인한 다음 곧바로 암묵적인 합의에 따라 각자 마음에 드는 피해자 1명씩만을 데리고 불과 100m 이내의 거리에 있는 곳으로 흩어져 동시 또는 순차적으로 피해자들을 각각 강간하였다면, 甲에게는 A, B, C 모두에 대한 성폭력범죄의 처벌 등에 관한 특례법상의 특수강간죄가 성립한다. 변호사시험 제2회

(해설) 피고인 등이 비록 특정한 1명씩의 피해자만 강간하거나 강간하려고 하였다 하더라도, 사전의 모의에 따라 강간할 목적으로 심야에 인가에서 멀리 떨어져 있어 쉽게 도망할 수 없는 야산으로 피해자들을 유인한 다음 곧바로 암묵적인 합의에 따라 각자 마음에 드는 피해자들을 데리고 불과 100m 이내의 거리에 있는 곳으로 흩어져 동시 또는 순차적으로 피해자들을 각각 강간하였다면, 그 각 강간의 실행행위도 시간적으로나 장소적으로 협동관계에 있었다고 보아야 할 것이므로, 피해자 3명 모두에 대한 특수강간죄 등이 성립된다고 한 사례(대판 2004. 8. 20, 2004도2870). [정답] － O

2 「형법」은 유사강간죄의 법정형을 강간죄의 법정형보다 낮게 규정하고 있다. 변호사시험 제5회

해설 ✎

〔형법 제297조(강간)〕 폭행 또는 협박으로 사람을 강간한 자는 3년 이상의 유기징역에 처한다.

〔형법 제297조의2(유사강간)〕 폭행 또는 협박으로 사람에 대하여 구강, 항문 등 신체(성기는 제외한다)의 내부에 성기를 넣거나 성기, 항문에 손가락 등 신체(성기는 제외한다)의 일부 또는 도구를 넣는 행위를 한 사람은 2년 이상의 유기징역에 처한다.

정답 - ○

3 강간범이 범행현장에서 범행에 사용하려는 의도 아래 흉기 등 위험한 물건을 지닌 이상 그 사실을 피해자가 인식하거나 실제로 범행에 사용하지 않은 경우도 「성폭력범죄의 처벌 등에 관한 특례법」 제4조 제1항 소정의 '흉기나 그 밖의 위험한 물건을 지닌 채 강간죄를 범한 자'에 해당한다. 변호사시험 제7회

해설 ✎ 성폭력범죄의처벌및피해자보호등에관한법률의 목적과 같은 법 제6조의 규정 취지에 비추어 보면 같은 법 제6조 제1항 소정의 '흉기 기타 위험한 물건을 휴대하여 강간죄를 범한 자'란 범행 현장에서 그 범행에 사용하려는 의도 아래 흉기를 소지하거나 몸에 지니는 경우를 가리키는 것이고, 그 범행과는 전혀 무관하게 우연히 이를 소지하게 된 경우까지를 포함하는 것은 아니라 할 것이나, 범행 현장에서 범행에 사용하려는 의도 아래 흉기 등 위험한 물건을 소지하거나 몸에 지닌 이상 그 사실을 피해자가 인식하거나 실제로 범행에 사용하였을 것까지 요구되는 것은 아니다(대판 2004. 6. 11, 2004도2018).

→ 성폭력범죄의처벌및피해자보호등에관한법률 제6조 제1항은 현행 성폭력범죄의 처벌 등에 관한 특례법 제4조 제1항에 해당한다.

정답 - ○

4 자신이 알고 있는 사람과 다툼을 일으키고 자신의 말을 무시하고 차량이 주차된 장소로 가는 48세 부녀자인 A를 뒤따라가 "그냥 가면 가만두지 않겠다."라고 하면서 바지를 벗고 자신의 성기를 보여준 甲의 행위는 비록 사람들이 왕래하는 골목길 도로이고 직접적인 신체적 접촉이 없었으나, 주차된 차량들 사이에서 발생한 것이고, 저녁 8시경에 이루어졌으며, 객관적으로 일반인에게 성적수치심과 혐오감을 일으키는 행위이므로 강제추행죄가 성립한다. 변호사시험 제2회

해설 ✎ 피고인이 피해자 甲(여, 48세)에게 욕설을 하면서 자신의 바지를 벗어 성기를 보여주는 방법으로 강제추행하였다는 내용으로 기소된 사안에서, 甲의 성별·연령, 행위에 이르게 된 경위, 甲에 대하여 어떠한 신체 접촉도 없었던 점, 행위장소가 사람 및 차량의 왕래가 빈번한 도로로서 공중에게 공개된 곳인 점, 피고인이 한 욕설은 성적인 성질을 가지지 아니하는 것으로서 '추행'과 관련이 없는 점, 甲이 자신의 성적 결정의 자유를 침해당하였다고 볼 만한 사정이 없는 점 등 제반 사정을 고려할 때, 단순히 피고인이 바지를 벗어 자신의 성기를 보여준 것만으로는 폭행 또는 협박으로 '추행'을 하였다고 볼 수 없는데도, 이와 달리 보아 유죄를 인정한 원심판결에 강제추행죄의 추행에 관한 법리오해의 위법이 있다고 한 사례

(판결이유 중)……피해자는 피고인의 말을 무시하고 위 식당 앞 도로에 주차하여 둔 자신의 차량으로 걸어갔고 이에 피고인은 피해자의 뒤를 쫓아가면서 공소사실과 같이 욕을 하고 바지를 벗어 성기를 피해자에게 보였다.……그곳은 허심청 온천 뒷길로 식당 및 편의점 등이 있어서 저녁 8시 무렵에도 사람 및 차량의 왕래가 빈번한 도로이고……(대판 2012. 7. 26, 2011도8805).

정답 - X

5 강제추행죄는 폭행이 추행행위에 앞서 이루어진 경우뿐만 아니라 폭행행위 자체가 추행행위라고 인정되는 경우에도 성립한다. 변호사시험 제4회

해설 ✏ 「6번 문제」 해설 참조

정답 - O

6 강제추행죄는 사람에 대하여 폭행 또는 협박을 가하여 항거를 곤란하게 한 뒤에 추행행위를 하는 경우뿐만 아니라 폭행 자체가 추행행위로 인정되는 경우도 포함한다.

변호사시험 제7회

해설 ✏ 강제추행죄에 있어서 폭행의 형태와 정도에 관하여 판례는 강제추행죄는 상대방에 대하여 폭행 또는 협박을 가하여 항거를 곤란하게 한 뒤에 추행행위를 하는 경우뿐만 아니라 폭행행위 자체가 추행행위라고 인정되는 경우도 포함되는 것이며, 이 경우에 있어서의 폭행은 반드시 상대방의 의사를 억압할 정도의 것임을 요하지 않고 상대방의 의사에 반하는 유형력의 행사가 있는 이상 그 힘의 대소강약을 불문한다(대판 2002. 4. 26, 2001도2417)라고 판시하고 있다.

정답 - O

7 피고인이 간음하기 위해 피해자의 바지를 벗기려는 순간 피해자가 어렴풋이 잠에서 깨어나 피고인을 자신의 애인으로 착각하여 불을 끄라고 말하였고, 피고인이 여관으로 가자고 제의하자 그냥 빨리하라고 하면서 성교에 응하자 피고인이 피해자를 간음한 경우 준강간죄가 성립하지 않는다. 변호사시험 제4회

해설 ✏ 간음행위 당시 피해자가 심신상실상태에 있었다고 볼 수 없다고 한 사례

(판결이유 중)……피고인이……피해자의 바지를 벗기려는 순간 피해자가 어렴풋이 잠에서 깨어났으나……피고인을 자신의 애인으로 잘못 알고 불을 끄라고 말하였고, 피고인이 자신을 애무할 때 누구냐고 물었으며, 피고인이 여관으로 가자고 제의하자 그냥 빨리 하라고 말한 사실을 알 수 있으므로, 피고인의 이 사건 간음행위 당시 피해자가 심신상실상태에 있었다고 볼 수 없다……(대판 2000. 2. 25, 98도4355).

→ 피해자가 심신상실상태에 있지 않았으므로 이를 구성요건으로 하는 준강간죄는 성립할 수 없다.

정답 - O

8 甲이 성인인 A와 술값 문제로 시비가 되어 A를 폭행하여 비골 골절 등의 상해를 가한 다음 A의 가슴을 만지는 등 A를 강제로 추행한 경우 甲에게는 상해죄와 강제추행치상죄가 성립한다.

변호사시험 제3회

해설 [1] 강제추행치상죄에서 상해의 결과는 강제추행의 수단으로 사용한 폭행이나 추행행위 그 자체 또는 강제추행에 수반하는 행위로부터 발생한 것이어야 한다. 따라서 **상해를 가한 부분을 고의범인 상해죄로 처벌하면서 이를 다시 결과적 가중범인 강제추행치상죄의 상해로 인정하여 이중으로 처벌할 수는 없다.**

[2] 피고인이 피해자를 폭행하여 비골 골절 등의 상해를 가한 다음 강제추행한 사안에서, 피고인의 위 폭행을 강제추행의 수단으로서의 폭행으로 볼 수 없어 위 상해와 강제추행 사이에 인과관계가 없다는 이유로, 폭력행위 등 처벌에 관한 법률 위반죄로 처벌한 **상해를 다시 결과적 가중범인 강제추행치상죄의 상해로 인정한 원심판결을 파기**한 사례(대판 2009. 7. 23, 2009 도1934). 정답 — X

---

9 전자충격기를 사용하여 피해자에게 강간을 시도하다가 미수에 그치고 약 2주간의 치료를 요하는 상해에 이르게 한 경우, 「성폭력범죄의 처벌 등에 관한 특례법」상의 특수강간치상죄가 성립한다. 변호사시험 제6회

해설 위험한 물건인 **전자충격기를 사용하여 강간을 시도하다가 미수에 그치고, 피해자에게 약 2주간의 치료를 요하는 안면부 좌상 등의 상해를 입힌** 사안에서, 성폭력범죄의 처벌 및 피해자보호 등에 관한 법률에 의한 **특수강간치상죄가 성립**한다고 본 사례(대판 2008. 4. 24, 2007도10058). 정답 — O

---

10 특수강간이 미수에 그쳤다 하더라도 그로 인하여 피해자가 상해를 입었으면 특수강간치상죄가 성립하고, 특수강간의 죄를 범한 자가 피해자에 대하여 상해의 고의를 가지고 피해자에게 상해를 입히려다가 미수에 그친 경우에는 특수강간상해죄의 미수범으로 처벌된다. 변호사시험 제7회

해설 성폭력범죄의 처벌 및 피해자보호 등에 관한 법률 제9조 제1항에 의하면 같은 법 제6조 제1항에서 규정하는 특수강간의 죄를 범한 자뿐만 아니라, **특수강간이 미수에 그쳤다고 하더라도 그로 인하여 피해자가 상해를 입었으면 특수강간치상죄가 성립**하는 것이고, 같은 법 제12조에서 규정한 위 제9조 제1항에 대한 **미수범 처벌규정은** 제9조 제1항에서 특수강간치상죄와 함께 규정된 **특수강간상해죄의 미수에 그친 경우, 즉 특수강간의 죄를 범하거나 미수에 그친 자가 피해자에 대하여 상해의 고의를 가지고 피해자에게 상해를 입히려다가 미수에 그친 경우 등에도 적용**된다(대판 2008. 4. 24, 2007도10058). 정답 — O

---

11 평소 건강에 별다른 이상이 없는 피해자에게 성인 권장용량의 2배에 해당하는 졸피뎀 성분의 수면제가 섞인 커피를 마시게 하여 피해자가 정신을 잃고 깊이 잠이 든 사이 피해자를 간음한 경우, 피해자가 4시간 뒤에 깨어나 잠이 든 이후의 상황에 대해서 제대로 기억하지 못하였다면 이는 강간치상죄의 상해에 해당한다. 변호사시험 제7회

해설 강간치상죄나 강제추행치상죄에 있어서의 상해는 피해자의 신체의 완전성을 훼손하거나 생리적 기능에 장애를 초래하는 것, 즉 피해자의 건강상태가 불량하게 변경되고 생활기

능에 장애가 초래되는 것을 말하는 것으로, 여기서의 생리적 기능에는 육체적 기능뿐만 아니라 정신적 기능도 포함된다. 따라서 수면제와 같은 약물을 투약하여 피해자를 일시적으로 수면 또는 의식불명 상태에 이르게 한 경우에도 약물로 인하여 피해자의 건강상태가 불량하게 변경되고 생활기능에 장애가 초래되었다면 자연적으로 의식을 회복하거나 외부적으로 드러난 상처가 없더라도 이는 강간치상죄나 강제추행치상죄에서 말하는 상해에 해당한다. 그리고 피해자에게 이러한 상해가 발생하였는지는 객관적, 일률적으로 판단할 것이 아니라 피해자의 연령, 성별, 체격 등 신체·정신상의 구체적인 상태, 약물의 종류와 용량, 투약방법, 음주 여부 등 약물의 작용에 미칠 수 있는 여러 요소를 기초로 하여 약물 투약으로 인하여 피해자에게 발생한 의식장애나 기억장애 등 신체, 정신상의 변화와 내용 및 정도를 종합적으로 고려하여 판단하여야 한다.

(판결이유 중)……피해자(여, 40세)는 평소 건강에 별다른 이상이 없었던 사람으로 피고인으로부터 졸피뎀 성분의 수면제가 섞인 커피를 받아 마신 다음 곧바로 정신을 잃고 깊이 잠들었다가 약 4시간 뒤에 깨어났는데, 피고인이 피해자에게 투약한 수면제는 성인 권장용량의 1.5배 내지 2배 정도에 해당하는 양이었다…… 피해자는 그때마다 잠이 든 이후의 상황에 대해서 제대로 기억하지 못하였고……(대판 2017. 6. 29, 2017도3196).   정답 - O

12 피고인이 심신미약자인 피해자를 여관으로 유인하기 위하여 인터넷쪽지로 남자를 소개해 주겠다고 거짓말을 하여 피해자가 이에 속아 여관으로 오게 되었고, 그곳에서 성관계를 하게 되었다면 거짓말로 여관으로 유인한 행위는 위계에 의한 심신미약자간음죄의 위계에 해당한다.   변호사시험 제4회

해설 ✐ 피고인이 피해자를 여관으로 유인하기 위하여 남자를 소개시켜 주겠다고 거짓말을 하고 피해자가 이에 속아 여관으로 오게 되었고 거기에서 성관계를 하게 되었다 할지라도, 그녀가 여관으로 온 행위와 성교행위 사이에는 불가분의 관련성이 인정되지 아니하는 만큼 이로 인하여 피해자가 간음행위 자체에 대한 착오에 빠졌다거나 이를 알지 못하였다고 할 수는 없다 할 것이어서, 피고인의 위 행위는 형법 제302조 소정의 위계에 의한 심신미약자간음죄에 있어서 <u>위계에 해당하지 아니한다</u>(대판 2002. 7. 12, 2002도2029).   정답 - X

13 8세인 미성년자에 대한 추행행위로 피해자의 외음부 부위에 염증이 발생한 경우 그 증상이 약간의 발적과 경도의 염증이 수반된 정도에 불과하더라도 그로 인하여 피해자 신체의 건강상태가 불량하게 되고 생활기능에 장애가 초래된 것이라면 이러한 상해는 미성년자의제강제추행치상죄의 상해의 개념에 해당한다.   변호사시험 제4회

해설 ✐ 피해자의 외음부염증이 미성년자의제강제추행치상죄에 있어서 상해에 해당한다고 본 사례이다. 판례는 미성년자에 대한 추행행위로 인하여 그 피해자의 외음부 부위에 염증이 발생한 것이라면, 그 증상이 약간의 발적과 경도의 염증이 수반된 정도에 불과하다고 하더라도 그로 인하여 피해자 신체의 건강상태가 불량하게 변경되고 생활기능에 장애가 초래된 것이 아니라고 볼 수 없으니, 이러한 상해는 미성년자의제강제추행치상죄의 상해의 개념에 해당한다고 (대판 1996. 11. 22, 96도1395)라고 판시하고 있다.   정답 - O

제3장 명예와 신용에 대한 죄

제1절 명예에 관한 죄

1 진정서 사본과 고소장 사본을 특정사람들에게만 개별적으로 우송한 경우라도 그 수가 200여 명에 이른 경우에는 명예훼손죄의 요건인 공연성이 인정된다. 변호사시험 제3회

> (해설 ✎) 명예훼손죄의 요건인 공연성은 불특정 또는 다수인이 인식할 수 있는 상태를 말하는 것이므로, 진정서와 고소장을 특정 사람들에게 개별적으로 우송하여도 다수인(19명, 193명)에게 배포하였고, 또 그 내용이 다른 사람에게 전파될 가능성도 있어 공연성의 요건이 충족된다고 본 사례(대판 1991. 6. 25, 91도347). [정답] - ○

2 정부 또는 국가기관은 형법상 명예훼손죄의 피해자가 될 수 없으나, 언론보도의 내용이 공직자 개인에 대한 악의적인 공격으로 현저히 상당성을 잃은 것으로 평가되는 경우에는, 그 보도로 인하여 공직자 개인에 대한 명예훼손죄가 성립할 수 있다. 변호사시험 제3회

> (해설 ✎) 언론보도로 인한 명예훼손이 문제되는 경우에는 그 보도로 인한 피해자가 공적인 존재인지 사적인 존재인지, 그 보도가 공적인 관심사안에 관한 것인지 순수한 사적인 영역에 속하는 사안에 관한 것인지, 그 보도가 객관적으로 국민이 알아야 할 공공성, 사회성을 갖춘 사안에 관한 것으로 여론형성이나 공개토론에 기여하는 것인지 아닌지 등을 따져보아 공적 존재에 대한 공적 관심사안과 사적인 영역에 속하는 사안 간 심사기준에 차이를 두어야 하는데, 당해 표현이 사적인 영역에 속하는 사안에 관한 것인 경우에는 언론의 자유보다 명예의 보호라는 인격권이 우선할 수 있으나, 공공적·사회적인 의미를 가진 사안에 관한 것인 경우에는 그 평가를 달리하여야 하고 언론의 자유에 대한 제한이 완화되어야 한다. 특히 정부 또는 국가기관의 정책결정이나 업무수행과 관련된 사항은 항상 국민의 감시와 비판의 대상이 되어야 하고, 이러한 감시와 비판은 이를 주요 임무로 하는 언론보도의 자유가 충분히 보장될 때 비로소 정상적으로 수행될 수 있으며, **정부 또는 국가기관은 형법상 명예훼손죄의 피해자가 될 수 없으므로**, 정부 또는 국가기관의 정책결정 또는 업무수행과 관련된 사항을 주된 내용으로 하는 언론보도로 인하여 그 정책결정이나 업무수행에 관여한 공직자에 대한 사회적 평가가 다소 저하될 수 있더라도, 그 보도의 내용이 **공직자 개인에 대한 악의적이거나 심히 경솔한 공격으로서 현저히 상당성을 잃은 것으로 평가되지 않는 한**, 그 보도로 인하여 곧바로 공직자 개인에 대한 명예훼손이 된다고 할 수 없다(대판 2011. 9. 2, 2010도17237). [정답] - ○

3 인터넷 포털사이트의 기사란에 마치 특정 여자연예인이 재벌의 아이를 낳았거나 그 대가를 받은 것처럼 댓글이 달린 상황에서 "지고지순의 뜻이 뭔지나 아나? 모 재벌님하고의 관계는 끝났나?"라는 추가 댓글을 게시한 경우, 허위사실의 적시에 해당하여 「정보통신망 이용촉진 및 정보보호 등에 관한 법률」상의 명예훼손죄가 성립한다. 변호사시험 제3회

인터넷 포탈사이트의 기사란에 마치 특정 여자연예인이 재벌의 아이를 낳았거나 그 대가를 받은 것처럼 댓글이 달린 상황에서 같은 취지의 댓글을 추가 게시한 경우, 구 정보통신망 이용촉진 및 정보보호 등에 관한 법률 제61조 제2항의 **명예훼손죄가 성립한다**고 한 사례. (판결이유 중)……피고인은 인터넷 포탈사이트의 피해자에 대한 기사란에 그녀가 재벌과 사이에 아이를 낳거나 아이를 낳아준 대가로 수십억 원을 받은 사실이 없음에도 불구하고, 그러한 사실이 있는 것처럼 댓글이 붙어 있던 상황에서, 추가로 "지고지순이 뜻이 뭔지나 아니? 모 재벌님하고의 관계는 끝났나?"라는 내용의 댓글을 게시하였다는 것인바……(대판 2008. 7. 10, 2008도2422).

정답 - O

4 인터넷 포털사이트의 지식 검색 질문·답변 게시판에 성형시술 결과가 만족스럽지 못하다는 주관적인 평가를 주된 내용으로 하는 한 줄의 댓글을 게시한 경우, 사실의 적시에는 해당하지만 비방의 목적이 없어서 「정보통산망 이용촉진 및 정보보호 등에 관한 법률」상의 명예훼손죄과 성립하지 않는다. 변호사시험 제3회

해설 ✎ 인터넷 포털사이트의 지식검색 질문·답변 게시판에 성형시술 결과가 만족스럽지 못하다는 주관적인 평가를 주된 내용으로 하는 한 줄의 댓글을 게시한 사안에서, '사실을 적시' 한 것은 맞지만 '비방할 목적'이 있었다고 보기 어렵다고 한 사례
(판결이유 중)……**구 정보통신망 이용촉진 및 정보보호 등에 관한 법률**'(2007. 12. 21. 법률 제8778호로 개정되기 전의 것, 이하 '이 사건 법률'이라 한다.) 제61조 제1항 소정의 명예훼손죄의……이 사건 법률 제61조 제1항 소정의 '사람을 비방할 목적'이란 가해의 의사 내지 목적을 요하는 것으로서……피고인에게 비방할 목적이 있었다고 보기는 어렵다……그럼에도 불구하고 원심이 그 판시와 같은 사정만을 들어 피고인에게 피해자를 비방할 목적이 있었다고 판단한 것은 이 사건 법률 제61조 제1항 소정의 명예훼손죄의 구성요건요소인 '사람을 비방할 목적'에 관한 법리를 오해하여 판결에 영향을 미친 위법이 있다……(대판 2009. 5. 28, 2008도8812).

정답 - O

5 자신의 아들 등으로부터 폭행을 당하여 입원한 피해자의 병실로 병문안을 간 가해자의 어머니가 피해자의 어머니와 폭행사건에 대하여 대화하던 중 피해자의 어머니의 친척 등 모두 3명이 있는 자리에서 "학교에 알아보니 피해자에게 원래 정신병이 있었다고 하더라"라고 허위사실을 말한 경우, 공연성이 인정되므로 허위사실적시에 의한 명예훼손죄가 성립한다. 변호사시험 제3회

해설 ✎ 피고인이 자신의 아들 등에게 폭행을 당하여 입원한 피해자의 병실로 찾아가 그의 모(母) 甲과 대화하던 중 甲의 이웃 乙 및 피고인의 일행 丙 등이 있는 자리에서 "학교에 알아보니 피해자에게 원래 정신병이 있었다고 하더라."라고 허위사실을 말하여 피해자의 명예를 훼손하였다는 내용으로 기소된 사안에서, 피고인의 발언에 공연성이 있다고 보아 <u>유죄를 인정</u>한 원심판단에 법리오해 등의 위법이 있다고 한 사례(대판 2011. 9. 8, 2010도7497).

정답 - X

6 개인 블로그의 비공개 대화방에서 상대방으로부터 비밀을 지키겠다는 말을 듣고 1:1로 대화하면서 타인의 명예를 훼손하는 발언을 한 경우 상대방이 대화내용을 불특정 또는 다수인에게 전파할 가능성이 있다고 할 수 없다. 변호사시험 제5회

(해설) 개인 블로그의 비공개 대화방에서 상대방으로부터 비밀을 지키겠다는 말을 듣고 일대일로 대화하였다고 하더라도, 그 사정만으로 대화 상대방이 대화내용을 불특정 또는 다수에게 전파할 가능성이 없다고 할 수 없으므로, 명예훼손죄의 요건인 공연성을 인정할 여지가 있다고 본 사례(대판 2008. 2. 14, 2007도8155). 정답 - X

7 '여성 아나운서'와 같이 집단 표시에 의한 구성원 개개인에 대한 명예훼손죄는 성립되지 않는 것이 원칙이고 모욕죄의 경우도 마찬가지이다. 변호사시험 제5회

(해설) 이른바 **집단표시에 의한 명예훼손**은 그러한 방송 등이 그 집단에 속한 특정인에 대한 것이라고는 해석되기 힘들고 집단표시에 의한 비난이 개별구성원에 이르러서는 비난의 정도가 희석되어 구성원의 사회적 평가에 영향을 미칠 정도에 이르지 않으므로 **구성원 개개인에 대한 명예훼손은 성립되지 않는다고 봄이 원칙**이지만, 다만 예외적으로 구성원 개개인에 대하여 방송하는 것으로 여겨질 정도로 구성원 수가 적거나 방송 등 당시의 주위 정황 등으로 보아 집단 내 개별구성원을 지칭하는 것으로 여겨질 수 있는 때에는 집단 내 개별구성원이 피해자로서 특정된다고 보아야 하고, 그 구체적 기준으로는 집단의 크기, 집단의 성격과 집단 내에서의 피해자의 지위 등을 들 수 있다(대판 2003. 9. 2, 2002다63558).

모욕죄는 특정한 사람 또는 인격을 보유하는 단체에 대하여 사회적 평가를 저하시킬 만한 경멸적 감정을 표현함으로써 성립하므로 그 피해자는 특정되어야 한다. 그리고 이른바 **집단표시에 의한 모욕**은, 모욕의 내용이 집단에 속한 특정인에 대한 것이라고는 해석되기 힘들고, 집단표시에 의한 비난이 개별구성원에 이르러서는 비난의 정도가 희석되어 구성원 개개인의 사회적 평가에 영향을 미칠 정도에 이르지 아니한 경우에는 **구성원 개개인에 대한 모욕이 성립되지 않는다고 봄이 원칙**이고, 비난의 정도가 희석되지 않아 구성원 개개인의 사회적 평가를 저하시킬 만한 것으로 평가될 경우에는 예외적으로 구성원 개개인에 대한 모욕이 성립할 수 있다. 한편 구성원 개개인에 대한 것으로 여겨질 정도로 구성원 수가 적거나 당시의 주위 정황 등으로 보아 집단 내 개별구성원을 지칭하는 것으로 여겨질 수 있는 때에는 집단 내 개별구성원이 피해자로서 특정된다고 보아야 할 것인데, 구체적인 기준으로는 집단의 크기, 집단의 성격과 집단 내에서의 피해자의 지위 등을 들 수 있다.

(판결이유 중)…… 피고인의 이 사건 발언은 여성 아나운서 일반을 대상으로 한 것으로서 그 개별구성원인 피해자들에 이르러서는 비난의 정도가 희석되어 피해자 개개인의 사회적 평가에 영향을 미칠 정도에까지는 이르지 아니하므로 **형법상 모욕죄에 해당한다고 보기는 어렵다고 볼 여지가 충분하다**……(대판 2014. 3. 27, 2011도15631). 정답 - ○

8 甲이 경찰관 A를 상대로 진정한 직무유기 사건이 혐의가 인정되지 않아 내사종결처리되었음에도, 甲이 도청에 찾아가 다수인이 듣고 있는 가운데 "내일부로 검찰청에서 A에 대한 구속영장이 떨어진다."라고 소리친 경우, 이는 실현가능성이 없는 장래의 일을 적시한 것에 불과하여 설령 그것이 과거 또는 현재의 사실을 기초로 하더라도 명예훼손죄는 성립되지 않는다.　　　　　　　　　　　　　　　　　　　　　　　　변호사시험 제5회

(해설 🖉) 　피고인이 경찰관을 상대로 진정한 사건이 혐의인정되지 않아 내사종결 처리되었음에도 불구하고 공연히 "사건을 조사한 경찰관이 내일부로 검찰청에서 구속영장이 떨어진다."고 말한 것은 현재의 사실을 기초로 하거나 이에 대한 주장을 포함하여 장래의 일을 적시한 것으로 볼 수 있어 명예훼손죄에 있어서의 <u>사실의 적시에 해당한다</u>고 한 사례(대판 2003. 5. 13, 2002도7420).　　　　　　　　　　　　　　　　　　　　　　　　　　　　　　　정답 － Ⅹ

9 다음 사안에 대하여 답하시오.(다툼이 있는 경우에는 판례에 의함)

> 甲은 A에게 공공장소에서 "㉠ 너는 사기 전과가 5개나 되잖아. ㉡ 이 사기꾼 같은 놈아, 너 같은 사기꾼은 총 맞아 뒈져야 해."라고 말하여 A의 명예를 훼손하였다는 사실로 기소되었다.
> 검사가 제출한 증거는 아래와 같다.
> ㉮ A가 작성한 고소장(㉡을 말하였으므로 처벌해 달라는 취지)
> ㉯ 사법경찰관이 작성한 A에 대한 진술조서(㉡의 말을 하였다는 취지)
> ㉰ 사법경찰관이 작성한 甲에 대한 피의자신문조서(㉠,㉡의 말을 하였다는 취지)
> ㉱ 검사가 작성한 甲에 대한 피의자신문조서(㉠,㉡의 말을 하였다는 취지)
> 제1심에서 甲은 ㉡ 사실은 자백하였으나 ㉠은 말한 사실이 없다고 진술하면서, ㉮,㉯에 대하여 「동의」, ㉰,㉱에 대하여 「성립 및 임의성 인정, 내용부인」의 증거의견을 제출하였다.
> 제1심은 무죄를 선고하였다. 검사는 항소하였고 항소심에서 모욕죄로 공소장이 변경되었다. 그 후 A는 고소를 취소하였다.

㉠사실에 해당하는 범죄는 공연성을 구성요건으로 하지만, ㉡사실에 해당하는 범죄는 공연성을 구성요건으로 하지 않는다.　　　　　　　　　　　　　　　　　변호사시험 제2회

(해설 🖉)

> 〔형법 제307조(명예훼손)〕 ① 공연히 사실을 적시하여 사람의 명예를 훼손한 자는 2년 이하의 징역이나 금고 또는 500만원 이하의 벌금에 처한다. ② 공연히 허위의 사실을 적시하여 사람의 명예를 훼손한 자는 5년 이하의 징역, 10년 이하의 자격정지 또는 1천만원 이하의 벌금에 처한다.
> 〔형법 제311조(모욕)〕 <u>공연히</u> 사람을 모욕한 자는 1년 이하의 징역이나 금고 또는 200만원 이하의 벌금에 처한다.

→ ㉠사실은 입증이 가능한 구체적 사실을 적시하고 있으므로 명예훼손죄(형법 제307조)가 문제되나, ㉡사실은 구체적 사실을 언급하지 않으므로 모욕죄(형법 제311조)가 문제된다. 두 범죄 모두 '공연성'을 구성요건으로 한다.　　　　　　　　　　　　　　　　정답 － Ⅹ

10 채권자인 甲과 그의 아내 乙은 빚을 갚지 못하고 있는 채무자 A를 찾아가 함께 심한 욕설을 하였다. 이 사건현장에 甲, 乙, A만 있었다면 모욕죄는 성립하지 않는다.　변호사시험 제6회

（해설 ✎）　피고인이 각 피해자에게 "사이비 기자 운운" 또는 "너 이 쌍년 왔구나"라고 말한 장소가 여관방안이고 그곳에는 피고인과 그의 처, 피해자들과 그들의 딸, 사위, 매형 밖에 없었고 피고인이 피고인의 딸과 피해자들의 아들간의 파탄된 혼인관계를 수습하기 위하여 만나 얘기하던 중 감정이 격화되어 위와 같은 발설을 한 사실이 인정된다면, 위 발언은 불특정 또는 다수인이 인식할 수 있는 상태, 또는 불특정다수인에게 전파될 가능성이 있는 상태에서 이루어진 것이라 보기 어려우므로 이는 **공연성이 없다** 할 것이다(대판 1984. 4. 10, 83도49).

→ 따라서 공연성을 구성요건으로 하는 모욕죄는 성립하지 않는다.　정답 – ○

■ 사례【11~15】

甲은 A를 아파트 관리기금을 횡령한 혐의로 경찰에 고소하였다. 그후 甲은 경찰로부터 기소의견으로 검찰에 사건을 송치하였다는 민원사건처리결과통지서를 받자, "A의 횡령혐의가 기소의견으로 검찰에 송치되었고, A는 민사상 위자료까지 부담하게 되어 매우 안타깝다."라는 내용의 안내문과 민원사건처리결과통지서 사본을 아파트 55세대의 우편함에 넣어 배포하였다. 검사는 甲을 A에 대한 명예훼손죄로 기소하였지만, 甲은 자신의 행위는 A의 비리를 알려 입주민 전체의 분열과 갈등으로 인한 피해를 방지하기 위한 것으로서 오로지 공공의 이익을 위하여 진실한 사실을 적시한 것이므로 형법 제310조의 위법성조각사유에 해당한다고 주장하였다.(다툼이 있는 경우에는 판례에 의함)　변호사시험 제1회

---

11 사실을 적시한 행위자의 주요한 목적이 공공의 이익을 위한 것이면 부수적으로 다른 목적이 있었다고 하더라도 형법 제310조의 적용을 배제할 수 없다.

（해설 ✎）　「12번 문제」해설 참조　정답 – ○

12 형법 제310조는 적시사실이 진실한 사실일 것을 요건으로 하지만, 통지서 사본이 첨부된 위 안내문의 주요내용이 진실하다면 일부 자세한 부분이 진실과 약간 차이가 나거나 다소 과장된 표현이 있다고 하더라도 적용될 수 있다.

（해설 ✎）　형법 제310조에는 "형법 제307조 제1항의 행위가 진실한 사실로서 오로지 공공의 이익에 관한 때에는 처벌하지 않는다."고 규정하고 있는데, 여기서 '진실한 사실'이라 함은 그 내용 전체의 취지를 살펴볼 때 중요한 부분이 객관적 사실과 합치되는 사실이라는 의미로 세부에 있어 진실과 약간 차이가 나거나 다소 과장된 표현이 있더라도 무방하다 할 것이며, 한편 '오로지 공공의 이익에 관한 때'라 함은 적시된 사실이 객관적으로 볼 때 공공의 이익에 관한 것으로서 행위자도 주관적으로 공공의 이익을 위하여 그 사실을 적시한 것이어야 하는 것인데, 여기의 공공의 이익에 관한 것에는 널리 국가·사회 기타 일반 다수인의 이익에 관한 것

뿐만 아니라 특정한 사회집단이나 그 구성원 전체의 관심과 이익에 관한 것도 포함하는 것이고, 적시된 사실이 공공의 이익에 관한 것인지 여부는 당해 적시 사실의 내용과 성질, 당해 사실의 공표가 이루어진 상대방의 범위, 그 표현의 방법 등 그 표현 자체에 관한 제반 사정을 감안함과 동시에 그 표현에 의하여 훼손되거나 훼손될 수 있는 명예의 침해 정도 등을 비교·고려하여 결정하여야 하며, **행위자의 주요한 동기 내지 목적이 공공의 이익을 위한 것이라면 부수적으로 다른 사익적 목적이나 동기가 내포되어 있더라도 형법 제310조의 적용을 배제할 수 없다**(대판 2000. 2. 11, 99도3048).　　　　　　　　　　　　정답 – O

13 만약 통지서 사본이 첨부된 위 안내문이 출판물에 해당한다면, 甲에게 공공의 이익을 위한 목적이 인정되더라도 형법 제310조의 적용대상이 될 수 없다.

해설 　형법 제309조 소정의 '사람을 비방할 목적'이란 가해의 의사 내지 목적을 요하는 것으로서 공공의 이익을 위한 것과는 행위자의 주관적 의도의 방향에 있어 서로 상반되는 관계에 있다고 할 것이므로, **적시한 사실이 공공의 이익에 관한 것인 때에는 특별한 사정이 없는 한 비방의 목적은 부인된다**(대판 2000. 2. 25, 98도2188).

> 〔형법 제309조(출판물 등에 의한 명예훼손)〕 ① 사람을 비방할 목적으로 신문, 잡지 또는 라디오 기타 **출판물에 의하여 제307조 제1항의 죄를 범한 자**는 3년 이하의 징역이나 금고 또는 700만원 이하의 벌금에 처한다.
> 〔형법 제310조(위법성의 조각)〕 제307조 제1항의 행위가 진실한 사실로서 오로지 공공의 이익에 관한 때에는 처벌하지 아니한다.

→ 甲에게 공공의 이익을 위한 목적이 인정되면 비방의 목적이 부인되어, 안내문이 출판물에 해당하더라도 제309조 제1항은 문제되지 않는다. 결국 제307조 제1항이 문제되므로 형법 제310조의 적용대상이 될 수 있다.　　　　　　　　　　　　정답 – X

14 형법 제310조에 의하여 위법성이 조각되기 위해서는 그것이 진실한 사실로서 오로지 공공의 이익에 관한 때에 해당된다는 점을 행위자가 증명하여야 한다.

해설 　「15번 문제」해설 참조　　　　　　　　　　　　정답 – O

15 형법 제310조의 위법성조각사유에 대한 증명은 반드시 엄격한 증명에 의하여야 하는 것은 아니다.

해설 　공연히 사실을 적시하여 사람의 명예를 훼손한 행위가 **형법 제310조의 규정에 따라서 위법성이 조각되어 처벌대상이 되지 않기 위하여는 그것이 진실한 사실로서 오로지 공공의 이익에 관한 때에 해당된다는 점을 행위자가 증명하여야 하는 것이나, 그 증명은 유죄의 인정에 있어 요구되는 것과 같이 법관으로 하여금 의심할 여지가 없을 정도의 확신을 가지게 하는 증명력을 가진 엄격한 증거에 의하여야 하는 것은 아니므로, 이 때에는 전문증거에 대한 증거능력의 제한을 규정한 형사소송법 제310조의2는 적용될 여지가 없다**(대판 1996. 10. 25, 95도1473).　　　　　　　　　　　　정답 – O

사례 【16~17】

甲은 자신의 아들 A에게 폭행을 당하여 입원한 B의 1인병실로 병문안을 가서 B의 모친인 C와 대화하던 중 C의 여동생인 D가 있는 자리에서 "과거에 B에게 정신병이 있었다고 하더라"라고 말하였다. 이에 화가 난 B는 甲을 명예훼손죄로 고소하였고, 甲은 명예훼손죄로 기소되었다. 한편 C는 자신과 D가 나눈 대화내용을 녹음한 녹음테이프를 증거로 제출하였는데 "그 녹음테이프에는 甲이 위의 발언을 한 것을 들었다"라는 D의 진술이 녹음되어 있었다.(다툼이 있는 경우 판례에 의함)   변호사시험 제4회

16 甲이 B, C, D의 3명이 있는 자리에서 위의 발언을 한 것이라면 불특정 또는 다수인이 인식할 수 있는 상태라고 할 수 없다.

해설 피고인이 자신의 아들 등에게 폭행을 당하여 입원한 피해자의 병실로 찾아가 그의 모(母) 甲과 대화하던 중 甲의 이웃 乙 및 피고인의 일행 丙 등이 있는 자리에서 "학교에 알아보니 피해자에게 원래 정신병이 있었다고 하더라."라고 허위사실을 말하여 피해자의 명예를 훼손하였다는 내용으로 기소된 사안에서, 피고인의 발언에 공연성이 있다고 보아 유죄를 인정한 원심판단에 법리오해 등의 위법이 있다고 한 사례(대판 2011. 9. 8, 2010도7497).   정답 - ○

17 甲이 자신의 위 발언내용을 진실한 것으로 알고 있었다면 그것이 객관적으로 허위의 사실로 밝혀지더라도 형법 제307조 제2항의 허위사실적시 명예훼손죄에 해당하지 않는다.

해설

> [형법 제307조(명예훼손)] ① 공연히 사실을 적시하여 사람의 명예를 훼손한 자는 2년 이하의 징역이나 금고 또는 500만원 이하의 벌금에 처한다. ② 공연히 허위의 사실을 적시하여 사람의 명예를 훼손한 자는 5년 이하의 징역, 10년 이하의 자격정지 또는 1천만원 이하의 벌금에 처한다.
> [형법 제15조(사실의 착오)] ① 특별히 중한 죄가 되는 사실을 인식하지 못한 행위는 중한 죄로 벌하지 아니한다. ② 결과로 인하여 형이 중할 죄에 있어서 그 결과의 발생을 예견할 수 없었을 때에는 중한 죄로 벌하지 아니한다.

→ 甲의 행위는 객관적으로 사실적시 명예훼손죄보다 더 중한 죄인 허위사실적시 명예훼손죄에 해당하나, 甲이 이를 인식하지 못했으므로 사실적시 명예훼손죄에 해당한다.

정답 - ○

甲은 자신의 집에서 A4용지 1장에, A에 대하여 아래와 같은 내용을 수기(手記)로 작성한 다음 잉크젯 복합기를 이용하여 복사하는 방법으로 유인물을 30장 제작하였다. 甲은 15장은 자신이 직접, 나머지 15장은 친구 乙에게 부탁하여 A가 거주하는 아파트 단지 곳곳에 게시하였다.(다툼이 있는 경우 판례에 의함)   변호사시험 제4회

> A, 그는 누구인가?!
> A는 처자식이 있는 몸임에도 불구하고, 2014. 12.경 △△도 ○○시 등지
> 모텔에서 B와 수차례 불륜행위를 저질렀다.

18 다른 사람들이 보기 전에 A가 아파트 단지에 게시된 위 유인물을 모두 회수하였다면 甲과 乙은 명예훼손죄의 미수범으로 처벌된다.

(해설 ✎) 명예훼손죄의 요건인 공연성은 불특정 또는 다수인이 인식할 수 있는 상태를 말하고 (대판 1984. 2. 28, 83도3124 판결 등 참조), 그 내용이 현실로 불특정 또는 다수인에게 알려져 야만 하는 것은 아니다(대판 2007. 3. 30, 2007도914).

→ 다른 사람들이 볼 수 있게 아파트 단지 곳곳에 게시한 때에 명예훼손죄의 공연성이 인정되 므로 공연히 사실을 적시한 것에 해당하여 명예훼손죄의 기수범이 된다.   정답 - X

19 수사기관에 출석한 B가 자신의 명예도 훼손되었다고 진술하고 있는 경우, B에 대한 명예 훼손범행을 처벌하기 위하여 B의 고소가 필요한 것은 아니다.

(해설 ✎)

> 〔형법 제312조(고소와 피해자의 의사)〕 ① 제308조와 제311조의 죄는 고소가 있어야 공소를 제기할 수 있다. ② 제307조와 제309조의 죄는 피해자의 명시한 의사에 반하여 공소를 제기 할 수 없다.

→ 명예훼손죄(형법 제307조)는 친고죄가 아니므로 B의 고소가 필요하지 않다.   정답 - O

20 위 유인물은 복합기를 이용하여 제작되었으므로 형법 제309조 소정의 출판물에 해당한다.

(해설 ✎) [1] 형법이 출판물 등에 의한 명예훼손죄를 일반 명예훼손죄보다 중벌하는 이유는 사 실적시의 방법으로서의 출판물 등의 이용이 그 성질상 다수인이 견문할 수 있는 높은 전파성 과 신뢰성 및 장기간의 보존가능성 등 피해자에 대한 법익침해의 정도가 더욱 크다는 데 있는 점에 비추어 보면, 형법 제309조 제1항 소정의 '기타 출판물'에 해당한다고 하기 위하여는 그 것이 등록·출판된 제본인쇄물이나 제작물은 아니라고 할지라도 적어도 그와 같은 정도의 효 용과 기능을 가지고 사실상 출판물로 유통·통용될 수 있는 외관을 가진 인쇄물로 볼 수 있어 야 한다.

[2] 컴퓨터 워드프로세서로 작성되어 프린트된 A4 용지 7쪽 분량의 인쇄물이 형법 제309조 제1항 소정의 '기타 출판물'에 해당하지 않는다고 본 사례(대판 2000. 2. 11, 99도3048).

→ 甲이 제작한 유인물 30장은 등록·출판된 제본인쇄물이나 제작물이라 할 수 없고 그와 같은 정도의 효용과 기능을 가진 것으로 볼 수도 없다. 　　　　　　　　　　　　정답 – X

제2절 신용·업무와 경매에 관한 죄

1 甲은 'A퀵서비스'라는 상호로 배달·운송업을 하는 자로, 과거 乙이 운영하는 'B퀵서비스'의 직원으로 일하던 중 소지하게 된 B퀵서비스 명의로 된 영수증을 보관하고 있던 것을 이용하여, 2010. 2. 1.부터 2011. 2. 1.까지 자신의 A퀵서비스 배달업무를 하면서 불친절하고 배달을 지연시켜 손님의 불만이 예상되는 배달 건에 대하여는 B퀵서비스 명의로 된 영수증에 자신이 한 배달내역을 기입하여 손님들의 불만을 乙에게 떠넘기는 방법으로 영업을 하였다. 乙은 甲의 행위에 의하여 자신의 신용이 훼손되었다는 이유로 2011.10.1. 甲을 고소하였다. 검사는 甲을 신용훼손죄로 기소하였다가, 공판 중 동일한 사실관계에 대하여 예비적으로 업무방해죄의 공소사실 및 적용법조를 추가한다는 공소장변경신청을 하였다. 이 경우 甲의 행위는 신용훼손죄에 해당한다. 　　　　　　변호사시험 제1회

해설 　퀵서비스 운영자인 피고인이 배달업무를 하면서, 손님의 불만이 예상되는 경우에는 평소 경쟁관계에 있는 피해자 운영의 퀵서비스 명의로 된 영수증을 작성·교부함으로써 손님들로 하여금 불친절하고 배달을 지연시킨 사업체가 피해자 운영의 퀵서비스인 것처럼 인식하게 한 사안에서, 퀵서비스의 주된 계약내용이 신속하고 친절한 배달이라 하더라도, 그와 같은 사정만으로 위 행위가 피해자의 경제적 신용, 즉 지급능력이나 지급의사에 대한 사회적 신뢰를 저해하는 행위에 해당한다고 보기는 어렵다는 이유로, 피고인에 대한 <u>신용훼손의 주위적 공소사실을 무죄로 인정한 원심판단을 수긍한 사례</u>(대판 2011. 5. 13, 2009도5549). 　정답 – X

2 업무방해죄의 성립에는 업무방해의 결과가 실제로 발생함을 요하지 않고, 업무방해의 결과를 초래할 위험이 발생하는 것이면 족하다. 　　　　　　　　　　변호사시험 제2회

해설 　업무방해죄의 성립요건에 관하여 판례는 형법 제314조의 위계 또는 위력에 의한 업무방해죄가 성립하려면 업무방해의 결과가 실제로 발생할 것을 요하지 아니하지만 업무방해의 결과를 초래할 위험은 발생하여야 하고, 그 위험의 발생은 위계 또는 위력으로 인한 것이어야 한다(대판 2005. 4. 15, 2002도3453)라고 판시하고 있다. 　　　　　　　　정답 – O

3 시장번영회의 회장으로서 시장번영회에서 제정하여 시행 중인 관리규정을 위반하여 칸막이를 천장까지 설치한 일부 점포주들에 대하여 회원들의 동의를 얻어 시행되고 있는 관리규정에 따라 단전조치를 한 경우 업무방해죄로 처벌할 수 없다. 　　　변호사시험 제2회

해설 　시장관리규정에 따른 단전조치가 업무방해죄의 조각사유로서의 정당행위에 해당한다고 한 사례

(판결이유 중)······원심은, 피고인이 이 사건 시장번영회의 회장으로서 시장번영회에서 제정하여 시행중인 관리규정을 위반하여 칸막이를 천장에까지 설치한 일부 점포주들에 대하여 단전조치를 하여 위력으로써 그들의 업무를 방해하였다는 공소사실에 대하여,······형법 제20조 소정의 정당행위에 해당한다고 판단하였는바,······원심의 이러한 판단은 정당하고······(대판 1994. 4. 15, 93도2899).　　　　　　　　　　　　　　　　　　　　정답 − ○

4　근로자들이 집단적으로 근로의 제공을 거부하여 사용자의 정상적인 업무 운영을 저해하고 손해를 발생하게 한 행위는 당연히 업무방해죄의 위력에 해당되고 노동관계 법령에 따른 정당한 쟁의행위로서 위법성이 조각되는 경우가 아닌 한 업무방해죄로 처벌된다.

변호사시험 제2회

해설　(가) 업무방해죄는 위계 또는 위력으로써 사람의 업무를 방해한 경우에 성립하며(형법 제314조 제1항), '위력'이란 사람의 자유의사를 제압·혼란케 할 만한 일체의 세력을 말한다. 쟁의행위로서 파업(노동조합 및 노동관계조정법 제2조 제6호)도, 단순히 근로계약에 따른 노무의 제공을 거부하는 부작위에 그치지 아니하고 이를 넘어서 사용자에게 압력을 가하여 근로자의 주장을 관철하고자 집단적으로 노무제공을 중단하는 실력행사이므로, 업무방해죄에서 말하는 위력에 해당하는 요소를 포함하고 있다. (나) 근로자는 원칙적으로 헌법상 보장된 기본권으로서 근로조건 향상을 위한 자주적인 단결권·단체교섭권 및 단체행동권을 가지므로(헌법 제33조 제1항), 쟁의행위로서 파업이 언제나 업무방해죄에 해당하는 것으로 볼 것은 아니고, 전후 사정과 경위 등에 비추어 사용자가 예측할 수 없는 시기에 전격적으로 이루어져 사용자의 사업운영에 심대한 혼란 내지 막대한 손해를 초래하는 등으로 사용자의 사업계속에 관한 자유의사가 제압·혼란될 수 있다고 평가할 수 있는 경우에 비로소 집단적 노무제공의 거부가 위력에 해당하여 업무방해죄가 성립한다고 보는 것이 타당하다〔대판(전합) 2011. 3. 17, 2007 도482〕.　　　　　　　　　　　　　　　　　　　정답 − X

5　폭력조직 간부가 조직원들과 공모하여 타인이 운영하는 성매매업소 앞에 속칭 '병풍'을 치거나 차량을 주차해 놓는 등 위력으로써 성매매업을 방해한 경우 업무방해죄로 처벌할 수 없다.

변호사시험 제2회

해설　폭력조직 간부인 피고인이 조직원들과 공모하여 甲이 운영하는 성매매업소 앞에 속칭 '병풍'을 치거나 차량을 주차해 놓는 등 위력으로써 업무를 방해하였다는 내용으로 기소된 사안에서, 甲은 사창가 골목에서 윤락녀를 고용하여 성매매업소를 운영하여 왔는데, 성매매업소 운영에는 성매매를 알선·권유하거나 성매매장소를 제공하는 행위 등이 필연적으로 수반되고 따라서 업소운영자는 구 성매매알선 등 행위의 처벌에 관한 법률(2010. 4. 15. 법률 제10261호로 개정되기 전의 것) 제19조 제1항 제1호의 '성매매알선 등 행위를 한 자' 또는 같은 법 제19조 제2항 제1호의 '영업으로 성매매알선 등 행위를 한 자'에 해당하므로, 甲의 성매매업소 운영업무는 업무방해죄의 보호대상이 되는 업무라고 볼 수 없는데도, 이와 달리 보아 피고인에게 유죄를 인정한 원심판결에 법리오해의 위법이 있다고 한 사례(대판 2011. 10. 13, 2011도7081).　　　　　　　　　　　　　　　　　　　정답 − ○

6 수산업협동조합의 신규직원 채용에 응시한 A와 B가 필기시험에서 합격선에 못 미치는 점수를 받게 되자, 채점업무 담당자들이 조합장인 피고인의 지시에 따라 점수조작행위를 통하여 이들을 필기시험에 합격시킴으로써 필기시험 합격자를 대상으로 하는 면접시험에 응시할 수 있도록 한 사안에서, 위 점수조작행위에 공모 또는 양해하였다고 볼 수 없는 일부 면접위원들이 조합의 신규직원 채용업무로서 수행한 면접업무는 위 점수조작행위에 의하여 방해되었다고 보아야 한다. 변호사시험 제2회

> (해설) 수산업협동조합의 신규직원 채용에 응시한 甲과 乙이 필기시험에서 합격선에 못 미치는 점수를 받게 되자, 채점업무 담당자들이 조합장인 피고인의 지시에 따라 점수조작행위를 통하여 이들을 필기시험에 합격시킴으로써 필기시험 합격자를 대상으로 하는 면접시험에 응시할 수 있도록 한 사안에서, 위 점수조작행위에 공모 또는 양해하였다고 볼 수 없는 일부 면접위원들이 조합의 신규직원 채용업무로서 수행한 면접업무는 위 점수조작행위에 의하여 방해되었다고 보아야 함에도, 이와 달리 무죄로 판단한 원심판결에 위계에 의한 업무방해죄의 법리를 오해한 위법이 있다고 한 사례(대판 2010. 3. 25, 2009도8506). [정답] - ○

7 甲이 포털사이트 운영회사의 통계집계시스템 서버에 허위의 클릭정보를 전송하여 검색순위결정과정에서 위와 같이 전송된 허위의 클릭정보가 실제로 통계에 반영됨으로써 정보처리에 장애가 발생하더라도 그로 인하여 실제로 검색순위에 변동을 초래하지 않았다면 甲에게 컴퓨터등장애업무방해죄가 성립하지 않는다. 변호사시험 제5회

> (해설) 형법 제314조 제2항의 '컴퓨터 등 장애 업무방해죄'가 성립하기 위해서는 가해행위 결과 정보처리장치가 그 사용목적에 부합하는 기능을 하지 못하거나 사용목적과 다른 기능을 하는 등 정보처리에 장애가 현실적으로 발생하였을 것을 요하나, 정보처리에 장애를 발생하게 하여 업무방해의 결과를 초래할 위험이 발생한 이상, 나아가 업무방해의 결과가 실제로 발생하지 않더라도 위 죄가 성립한다. 따라서 포털사이트 운영회사의 통계집계시스템 서버에 허위의 클릭정보를 전송하여 검색순위 결정과정에서 위와 같이 전송된 허위의 클릭정보가 실제로 통계에 반영됨으로써 정보처리에 장애가 현실적으로 발생하였다면, 그로 인하여 실제로 검색순위의 변동을 초래하지는 않았다 하더라도 '컴퓨터 등 장애 업무방해죄'가 성립한다(대판 2009. 4. 9, 2008도11978). [정답] - X

8 지방공사 사장이 신규직원 채용권한을 행사하는 것은 공사의 기관으로서 공사의 업무를 집행하는 것이므로, 신규직원 채용업무는 위 권한의 귀속주체인 사장 본인에 대한 관계에서도 업무방해죄의 객체인 타인의 업무에 해당한다. 변호사시험 제6회

> (해설) 지방공사 사장이 신규직원 채용권한을 행사하는 것은 공사의 기관으로서 공사의 업무를 집행하는 것이므로, 위 권한의 귀속주체인 사장 본인에 대한 관계에서도 업무방해죄의 객체인 타인의 업무에 해당한다고 한 사례(대판 2007. 12. 27, 2005도6404). [정답] - ○

9 타인 명의로 허위의 학력과 경력을 기재한 이력서를 작성하고, 그 타인의 고등학교 생활기록부 등 관련 서류를 작성·제출하여 응시자의 지능과 경험, 교육정도 등을 감안하여 적격여부를 판단하는 A회사의 채용시험에 합격하였다면, A회사의 채용업무를 위계에 의하여 방해하였다고 보아야 한다. 변호사시험 제6회

(해설 ✎) 회사가 공원모집을 함에 있어 학력, 경력을 기재한 이력서와 주민등록등본, 생활기록부및각서 등 서류를 교부받고, 응모자를 상대로 문제를 출제하여 시험을 보게 한 것은 단순히 응모자의 노동력을 평가하기 위한 것만이 아니라 노사간의 신뢰 형성및기업질서 유지를 위한 응모자의 지능과 경험, 교육 정도, 정직성및직장에 대한 적응도 등을 감안하여 위 회사의 근로자로서 고용할 만한 적격자인지 여부를 결정하기 위한 자료를 얻기 위함인 것으로 인정되는데 피고인이 노동운동을 하기 위하여 노동현장에 취업하고자 하나, 자신이 대학교에 입학한 학력과 국가보안법위반죄의 처벌 전력 때문에 쉽사리 입사할 수 없음을 알고, 타인 명의로 허위의 학력과 경력을 기재한 이력서를 작성하고, 동인의 고등학교 생활기록부 등 서류를 작성 제출하여 시험에 합격하였다면, 피고인은 위계에 의하여 위 회사의 근로자로서의 적격자를 채용하는 업무를 방해하였다고 본 사례(대판 1992. 6. 9, 91도2221). 정답 ─ ○

10 의료인이 아니거나 의료법인이 아닌 자가 의료기관을 개설하여 운영하는 행위는 업무방해죄의 보호대상이 되는 업무에 포함된다. 변호사시험 제6회

(해설 ✎) 의료인이나 의료법인이 아닌 자가 의료기관을 개설하여 운영하는 행위는 그 위법의 정도가 중하여 사회생활상 도저히 용인될 수 없는 정도로 반사회성을 띠고 있으므로 업무방해죄의 보호대상이 되는 '업무'에 해당하지 않는다(대판 2001. 11. 30, 2001도2015). 정답 ─ X

11 법원의 직무집행정지 가처분결정에 의하여 그 직무집행이 정지된 자가 법원의 결정에 반하여 직무를 수행함으로써 업무를 계속하는 경우에 그 업무는 업무방해죄에서 말하는 업무에 해당한다. 변호사시험 제6회

(해설 ✎) 법원의 직무집행정지 가처분결정에 의하여 그 직무집행이 정지된 자가 법원의 결정에 반하여 직무를 수행함으로써 업무를 계속 행하는 경우, 그 업무는 업무방해죄의 보호대상이 되는 업무에 해당하지 않는다고 한 사례(대판 2002. 8. 23, 2001도5592). 정답 ─ X

12 대부업체 직원이 대출금을 회수하기 위하여 소액의 지연이자를 문제 삼아 법적 조치를 거론하면서 소규모 간판업자인 채무자의 휴대전화로 한 달 여에 걸쳐 수백 회에 이르는 전화공세를 한 경우 업무방해죄를 구성한다. 변호사시험 제6회

(해설 ✎) 대부업체 직원이 대출금을 회수하기 위하여 소액의 지연이자를 문제삼아 법적 조치를 거론하면서 소규모 간판업자인 채무자의 휴대전화로 수백 회에 이르는 전화공세를 한 것이 사회통념상 허용한도를 벗어난 채권추심행위로서 채무자의 간판업 업무가 방해되는 결과를 초래할 위험이 있었다고 보아 업무방해죄를 구성한다고 한 사례(대판 2005. 5. 27, 2004도8447). 정답 ─ ○

입시학원 강사인 甲은 A사립대학에 재직중인 입학처장 乙에게 요청하여 A대학의 신입생 전형 논술시험문제를 전자우편으로 전송받았다. 甲은 공모에 따라 A대학에 진학하고자 하는 학생들에게 시험문제와 답안을 알려주었고, 학생들은 답안지를 그대로 작성하여 그 정을 모르는 시험감독관에게 제출하였다.(다툼이 있는 경우 판례에 의함) 변호사시험 제6회

13 甲은 위계로써 입시감독업무를 방해하였으므로 업무방해죄가 성립한다.

(해설) 교수인 피고인 甲이 출제교수들로부터 대학원신입생전형시험문제를 제출받아 피고인 乙, 丙에게 그 시험문제를 알려주자 그들이 답안쪽지를 작성한 다음 이를 답안지에 그대로 베껴써서 그 정을 모르는 시험감독관에게 제출한 경우, 위계로써 입시감독업무를 방해한 것이므로 업무방해죄에 해당한다(대판 1991. 11. 12, 91도2211). 정답 - O

14 乙이 자신의 범행발각을 두려워하여 A대학의 입학관련 메인컴퓨터의 비밀번호를 변경하고 그 비밀번호를 입학담당관에게 알려주지 않은 경우, 乙에게는 컴퓨터등장애업무방해죄가 성립한다.

(해설) 대학 교직원이 전보발령으로 인하여 웹서버를 관리, 운영할 권한이 없는 상태에서 웹서버에 접속하여 홈페이지 관리자의 비밀번호를 무단으로 변경한 행위가 컴퓨터등장애업무방해죄를 구성한다고 한 사례(대판 2007. 3. 16, 2006도6663).

→ 乙은 입학처장으로서 권한이 없는 상태가 아니므로 비밀번호를 변경한 것만으로 컴퓨터등장애업무방해에 해당하지 않는다.

메인 컴퓨터의 비밀번호는 시스템관리자가 시스템에 접근하기 위하여 사용하는 보안 수단에 불과하므로, 단순히 메인 컴퓨터의 비밀번호를 알려주지 아니한 것만으로는 정보처리장치의 작동에 직접 영향을 주어 그 사용목적에 부합하는 기능을 하지 못하게 하거나 사용목적과 다른 기능을 하게 하였다고 볼 수 없어 형법 제314조 제2항에 의한 컴퓨터등장애업무방해죄로 의율할 수 없다 할 것이다(대판 2004. 7. 9, 2002도631). 정답 - X

사례 【15~16】

사채업자 甲은 소규모 간판업자 乙에게 300만 원을 빌려 주었는데 乙이 변제기가 지나도록 채무를 변제하지 않자 하루 간격으로 두차례 과격한 표현의 경고성 문구를 담은 문자메시지를 乙의 휴대폰으로 발송하고, 乙의 사무실과 휴대폰으로 매일 수십 회에 걸쳐 독촉전화를 걸었다. 그러나 실제 통화를 한 것은 한 번뿐이고 나머지는 전화를 받지 아니하였다. 이에 甲은 乙을 찾아가 "당장 돈을 내놓지 않으면 사람을 시켜 쥐도 새도 모르게 죽여버리겠다."라고 乙을 위협하였고, 이에 乙은 겁을 먹고 자신의 현금카드를 건네주면서 현금자동지급기에서 원금과 이자조로 현금 400만 원을 직접 인출해 가도록 하였다.(다툼이 있는 경우 판례에 의함)

변호사시험 제7회

15 甲이 乙의 휴대폰으로 경고성 문구를 담은 문자메시지를 발송한 점은 정보통신망이용촉진및정보보호등에관한법률위반죄를 구성한다.

(해설) [1] 정보통신망 이용촉진 및 정보보호 등에 관한 법률 제74조 제1항 제3호, 제44조의7 제1항 제3호는 '정보통신망을 통하여 공포심이나 불안감을 유발하는 문언을 반복적으로 상대방에게 도달하게 한 자'를 처벌하고 있다. 이 범죄는 구성요건상 위 조항에서 정한 정보통신망을 이용하여 상대방의 불안감 등을 조성하는 일정 행위의 반복을 필수적인 요건으로 삼고 있을 뿐만 아니라, 그 입법 취지에 비추어 보더라도 위 정보통신망을 이용한 일련의 불안감 조성행위가 이에 해당한다고 하기 위해서는 각 행위 상호간에 일시·장소의 근접, 방법의 유사성, 기회의 동일, 범의의 계속 등 밀접한 관계가 있어 그 전체를 일련의 반복적인 행위로 평가할 수 있는 경우라야 한다. 따라서 그와 같이 평가될 수 없는 일회성 내지 비연속적인 단발성 행위가 수차 이루어진 것에 불과한 경우에는 그 문언의 구체적 내용 및 정도에 따라 협박죄나 경범죄처벌법상 불안감 조성행위 등 별개의 범죄로 처벌함은 별론으로 하더라도 위법 위반죄로 처벌할 수는 없다.

[2] 투자금 반환과 관련하여 **을로부터 지속적인 변제독촉을 받아오던 갑이 을의 핸드폰으로 하루 간격으로 2번 문자메시지를 발송한 행위**는 일련의 반복적인 행위라고 단정할 수 없을 뿐만 아니라, 그 경위도 피해자의 불법적인 모욕행위에 격분하여 그러한 행위의 중단을 촉구하는 차원에서 일시적·충동적으로 다소 과격한 표현의 경고성 문구를 발송한 것이어서, '정보통신망 이용촉진 및 정보보호 등에 관한 법률' 제74조 제1항 제3호에 정한 '공포심이나 불안감을 유발하는 문언을 반복적으로 도달하게 한 행위'에 <u>해당하지 않는</u>다고 한 사례(대판 2009. 4. 23, 2008도11595).

정답 - X

16 甲이 우월한 경제적 지위를 이용하여 乙을 압박하는 방법으로 전화공세를 하여 乙의 업무가 방해될 위험이 발생하였다면 甲은 업무방해의 죄책을 진다.

(해설) 대부업체 직원이 대출금을 회수하기 위하여 소액의 지연이자를 문제삼아 법적 조치를 거론하면서 소규모 간판업자인 채무자의 휴대전화로 수백 회에 이르는 전화공세를 한 것

이 사회통념상 허용한도를 벗어난 채권추심행위로서 채무자의 간판업 업무가 방해되는 결과를 초래할 위험이 있었다고 보아 **업무방해죄를 구성한다**고 한 사례(대판 2005. 5. 27, 2004도8447).

정답 – O

■ 사례 【17~18】

甲은 乙로부터 5,000만 원을 차용하면서 그 담보로 甲의 丙에 대한 5,000만 원 임대차보증금 반환채권을 乙에게 양도하기로 하고 乙과 채권양도계약을 체결하였다. 그런데 甲은 丙에게 채권양도통지를 하지 않고 있다가 채권양도 사실을 모르고 있던 丙으로부터 5,000만 원을 지급받아 이를 임의로 소비하였다. 이를 알게 된 乙은 甲이 운영하는 성매매업소에 찾아가 자신이 휴대한 회칼로 甲과 손님들을 위협한 후 야구방망이로 甲을 폭행하였다. 사법경찰관은 "乙의 주거지인 3층 옥탑방에 보관 중인 야구방망이 등 범행도구"가 압수·수색할 장소와 물건으로 기재된 압수·수색영장을 집행하여 1층 주인집 거실에서 발견된 주인소유의 야구방망이를 압수하였다. 며칠 후 사법경찰관은 乙의 자동차에서 위 회칼을 발견하여 甲으로부터 범행도구임을 확인받고 甲으로부터 임의제출을 받은 것으로 압수조서를 작성하고 이를 압수하였다.(다툼이 있는 경우에는 관례에 의함)

변호사시험 제3회

---

17 乙에게는 甲에 대한 업무방해죄를 인정할 수 있다.

해설 폭력조직 간부인 피고인이 조직원들과 공모하여 甲이 운영하는 성매매업소 앞에 속칭 '병풍'을 치거나 차량을 주차해 놓는 등 위력으로써 업무를 방해하였다는 내용으로 기소된 사안에서, 甲은 사창가 골목에서 윤락녀를 고용하여 성매매업소를 운영하여 왔는데, 성매매업소 운영에는 성매매를 알선·권유하거나 성매매장소를 제공하는 행위 등이 필연적으로 수반되고 따라서 업소 운영자는 구 성매매알선 등 행위의 처벌에 관한 법률(2010. 4. 15. 법률 제10261호로 개정되기 전의 것) 제19조 제1항 제1호의 '성매매알선 등 행위를 한 자' 또는 같은 법 제19조 제2항 제1호의 '영업으로 성매매알선 등 행위를 한 자'에 해당하므로, **甲의 성매매업소 운영업무는 업무방해죄의 보호대상이 되는 업무라고 볼 수 없는데도**, 이와 달리 보아 피고인에게 유죄를 인정한 원심판결에 법리오해의 위법이 있다고 한 사례(대판 2011. 10. 13, 2011도7081).

정답 – X

---

18 乙이 甲과 손님을 위협, 폭행한 행위는 甲에 대한 업무방해의 수단이 되었으므로 이 폭행, 협박은 업무방해죄의 불가벌적 수반행위로 업무방해죄에 흡수된다.

해설 업무방해죄와 폭행죄는 구성요건과 보호법익을 달리하고 있고, 업무방해죄의 성립에 일반적·전형적으로 사람에 대한 폭행행위를 수반하는 것은 아니며, 폭행행위가 업무방해죄에 비하여 별도로 고려되지 않을 만큼 경미한 것이라고 할 수도 없으므로, 설령 **피해자에 대**

한 폭행행위가 동일한 피해자에 대한 업무방해죄의 수단이 되었다고 하더라도 그러한 폭행
행위가 이른바 '불가벌적 수반행위'에 해당하여 업무방해죄에 대하여 흡수관계에 있다고 볼
수는 없다(대판 2012. 10. 11, 2012도1895). 정답 – X

제4장 사생활의 평온에 대한 죄

제1절 비밀침해의 죄
제2절 주거침입의 죄

1   주거침입죄에서 주거란 단순히 가옥 자체만을 말하는 것이 아니라 그 정원 등 위요지를
포함한다. 변호사시험 제1회

해설 ✎ 주거침입죄의 성립요건 및 주거침입죄에 있어서 '주거'의 의미에 관하여 판례는 주거
침입죄는 사실상의 주거의 평온을 보호법익으로 하는 것으로 거주자가 누리는 사실상의 주거
의 평온을 해할 수 있는 정도에 이르렀다면 범죄구성요건을 충족하는 것이라고 보아야 하고,
주거침입죄에 있어서 주거라 함은 단순히 가옥 자체만을 말하는 것이 아니라 그 위요지를 포
함한다(대판 2001. 4. 24, 2001도1092)라고 판시하고 있다. 정답 – O

2   다세대주택·연립주택·아파트 등 공동주택의 내부에 있는 엘리베이터, 공용 계단과 복도
는 특별한 사정이 없는 한 주거침입죄의 객체인 '사람의 주거'에 해당한다. 변호사시험 제1회

해설 ✎ 주거침입죄에 있어서 주거란 단순히 가옥 자체만을 말하는 것이 아니라 그 정원 등 위
요지를 포함한다. 따라서 다가구용 단독주택이나 다세대주택·연립주택·아파트 등 공동주택
안에서 공용으로 사용하는 엘리베이터, 계단과 복도는 주거로 사용하는 각 가구 또는 세대의
전용 부분에 필수적으로 부속하는 부분으로서 그 거주자들에 의하여 일상생활에서 감시·관
리가 예정되어 있고 사실상의 주거의 평온을 보호할 필요성이 있는 부분이므로, 다가구용 단
독주택이나 다세대주택·연립주택·아파트 등 공동주택의 내부에 있는 엘리베이터, 공용 계단
과 복도는 특별한 사정이 없는 한 주거침입죄의 객체인 '사람의 주거'에 해당하고, 위 장소에
거주자의 명시적, 묵시적 의사에 반하여 침입하는 행위는 주거침입죄를 구성한다(대판 2009.
9. 10, 2009도4335). 정답 – O

3   피고인이 피해자가 사용중인 공중화장실의 용변칸에 노크하여 남편으로 오인한 피해자
가 용변칸 문을 열자 강간할 의도로 용변칸에 들어간 것이라면, 피해자가 명시적 또는 묵
시적으로 이를 승낙하였다고 볼 수 없어 주거침입에 해당한다. 변호사시험 제1회

해설 ✎ 피고인이 피해자가 사용중인 공중화장실의 용변칸에 노크하여 남편으로 오인한 피해
자가 용변칸 문을 열자 강간할 의도로 용변칸에 들어간 것이라면 피해자가 명시적 또는 묵
시적으로 이를 승낙하였다고 볼 수 없어 주거침입죄에 해당한다고 한 사례(대판 2003. 5. 30,
2003도1256). 정답 – O

4 복수의 주거권자 중 한 사람이 그 주거에의 출입을 승낙하더라도, 그 승낙이 다른 주거권자의 의사에 직접·간접으로 반하는 경우 그 출입행위는 주거침입에 해당한다.

변호사시험 제1회

(해설) 형법상 주거침입죄의 보호법익은 주거권이라는 법적 개념이 아니고 사적 생활관계에 있어서의 사실상 주거의 자유와 평온으로서 그 주거에서 공동생활을 하고 있는 전원이 평온을 누릴 권리가 있다 할 것이나 복수의 주거권자가 있는 경우 한 사람의 승낙이 다른 거주자의 의사에 직접·간접으로 반하는 경우에는 그에 의한 주거에의 출입은 그 의사에 반한 사람의 주거의 평온 즉 주거의 지배·관리의 평온을 해치는 결과가 되므로 <u>주거침입죄가 성립한다</u>(대판 1984. 6. 26, 83도685).

정답 - ○

5 임대차 기간이 종료된 후에는 임차인이 계속 점유하고 있는 건물에 그 소유자가 무단으로 들어가더라도 주거침입죄가 성립하지 않는다.

변호사시험 제1회

(해설) 임차인이 임료를 제대로 지급하지 않거나 임대차 기간이 지났음에도 임대차건물에서 나가지 않는다는 이유로, 임대인이 임차인의 의사에 반하여 임대차건물에 들어간다면 이 또한 <u>주거침입죄가 성립한다</u>(대판 1973. 6. 26, 73도460).

정답 - X

6 A회사의 감사인 甲은 경영진과의 불화로 회사를 퇴사한 후 30일이 지나 회사의 승낙 없이 자신이 사용하던 A회사 소유의 컴퓨터 하드디스크를 가지고 가기 위하여 일출 직후인 06:48경 A회사에 갔으나 자신의 출입카드가 정지되어 출입구가 열리지 않자 경비원으로부터 임시 출입증을 받아 감사실에 들어간 경우 甲에게는 방실침입죄가 성립한다.

변호사시험 제3회

(해설) 甲 주식회사 감사인 피고인이 회사 경영진과의 불화로 한 달 가까이 결근하다가 자신의 출입카드가 정지되어 있는데도 이른 아침에 경비원에게서 출입증을 받아 컴퓨터 하드디스크를 절취하기 위해 회사 감사실에 들어간 사안에서, 위 방실침입 행위가 정당행위에 해당하지 않는다고 본 원심판단을 수긍한 사례(대판 2011. 8. 18, 2010도9570).
→ 정당행위에 해당하지 않아 위법성이 조각되지 않으므로 방실침입죄가 성립한다.

정답 - ○

7 A건설회사에 근무하는 甲과 乙은 영업비밀을 경쟁업체에 유출하여 판매하기 위해 다른 사원들이 모두 퇴근한 자정 무렵 경비원 몰래 A회사 건물 안으로 진입하여, 乙이 사무실 출입문 밖에서 망을 보고 있는 사이 甲은 사무실 안으로 들어가 컴퓨터에 저장되어 있는 설계도면 파일을 열어 프린터를 이용하여 출력해 나왔다. 그 후 甲과 乙은 설계도면 출력물의 구매자를 물색하다가 경쟁업체인 B건설회사 사장 丙에게 접근하여 1억 원을 주면 출력물을 넘겨주겠다고 제안하였으나 丙이 5,000만 원만 주겠다고 하여 출력물을 넘겨주는 대가로 5,000만 원을 받고 그에게 출력물을 넘겨주었다. 이 경우, 甲과 乙이 A회사 건물 안으로 들어간 행위는「폭력행위 등 처벌에 관한 법률」상의 공동주거침입에 해당한다. 변호사시험 제6회

해설 ✐ 주거침입죄는 사실상의 주거의 평온을 보호법익으로 하는 것이므로 그 거주자 또는 관리자가 건조물 등에 거주 또는 관리할 권한을 가지고 있는가 여부는 범죄의 성립을 좌우하는 것이 아니고, 그 거주자나 관리자와의 관계 등으로 **평소 그 건조물에 출입이 허용된 사람이라 하더라도 주거에 들어간 행위가 거주자나 관리자의 명시적 또는 추정적 의사에 반함에도 불구하고 감행된 것이라면 주거침입죄는 성립**하며, 출입문을 통한 정상적인 출입이 아닌 경우 특별한 사정이 없는 한 그 침입 방법 자체에 의하여 위와 같은 의사에 반하는 것으로 보아야 한다(대판 2007. 8. 23, 2007도2595).

〔폭력행위 등 처벌에 관한 법률 제2조(폭행 등)〕 ② 2명 이상이 공동하여 다음 각 호의 죄를 범한 사람은 「형법」 각 해당 조항에서 정한 형의 2분의 1까지 가중한다.

1. 「형법」 제260조 제1항(폭행), 제283조 제1항(협박), **제319조(주거침입, 퇴거불응)** 또는 제366조(재물손괴 등)의 죄
2. 「형법」 제260조 제2항(존속폭행), 제276조 제1항(체포, 감금), 제283조 제2항(존속협박) 또는 제324조 제1항(강요)의 죄
3. 「형법」 제257조 제1항(상해)·제2항(존속상해), 제276조 제2항(존속체포, 존속감금) 또는 제350조(공갈)의 죄

→ 甲과 乙은 영업비밀을 유출하기 위해 회사 건물 안으로 들어간 것이므로 주거침입에 해당하며, 2인 이상이 공동하여 주거에 침입한 경우이므로 공동주거침입에 해당한다. **정답** - ○

제5장 재산에 대한 죄

제1절 절도의 죄

1 길가에 세워져 있는 자동차 안의 금품을 절취하기 위하여 준비한 손전등으로 유리창을 통해 자동차의 내부를 비추어 보다가 발각되었다면, 절도죄의 실행의 착수를 인정하기 어려워 절도미수죄로 처벌할 수 없으나 절도예비죄로는 처벌할 수 있다. 변호사시험 제2회

해설 ✐ 절취의 목적으로 자동차내부를 손전등으로 비추어 본 것이 절도의 실행에 착수한 것인지 여부에 관하여 판례는 『노상에 세워 놓은 자동차안에 있는 물건을 훔칠 생각으로 자동차의 유리창을 통하여 그 내부를 손전등으로 비추어 본 것에 불과하다면 비록 유리창을 따기 위해 면장갑을 끼고 있었고 칼을 소지하고 있었다 하더라도 절도의 예비행위로 볼 수는 있겠으나 타인의 재물에 대한 지배를 침해하는데 밀접한 행위를 한 것이라고는 볼 수 없어 절취행위의 착수에 이른 것이었다고 볼 수 없다』(대판 1985. 4. 23, 85도464)라고 판시하고 있다.

정답 - X

2 甲이 A 소유 토지에 임대차계약 등을 체결하지 않는 등 권한 없이 식재한 감나무에서 감을 수확한 경우 그 감나무는 甲의 소유라고 볼 수 있으므로 甲은 절도죄로 처벌되지 않는다. 변호사시험 제2회

해설 🖉 타인의 토지상에 권원 없이 식재한 수목의 소유권은 토지소유자에게 귀속하고 권원에 의하여 식재한 경우에는 그 소유권이 식재한 자에게 있으므로, **권원 없이 식재한 감나무에서 감을 수확한 것은 절도죄에 해당한다**(대판 1998. 4. 24, 97도3425).　　정답 - X

3 A가 육지에서 멀리 떨어진 섬에서 광산을 개발하기 위하여 발전기, 경운기 엔진을 섬으로 반입하였다가 광업권 설정이 취소됨으로써 광산 개발이 불가능하게 되자 그 물건들을 창고 안에 두고 철수한 뒤 10년 동안 나타나지 않고 사망한 후, 그 섬에서 거주하는 甲이 그 물건들을 자신의 집 근처로 옮겨 놓은 경우, A의 상속인에게 그 물건에 대한 점유가 인정되지 않으므로 甲은 절도죄로 처벌되지 않는다.　　변호사시험 제2회

해설 🖉 육지로부터 멀리 떨어진 섬에서 광산을 개발하기 위하여 발전기, 경운기 엔진을 섬으로 반입하였다가 광업권 설정이 취소됨으로써 광산개발이 불가능하게 되자 육지로 그 물건들을 반출하는 것을 포기하고 그대로 유기하여 둔채 섬을 떠난 후 10년 동안 그 물건들을 관리하지 않고 있었다면, 그 섬에 거주하는 피고인이 그 소유자가 섬을 떠난지 7년이 경과한 뒤 노후된 물건들을 피고인 집 가까이에 옮겨 놓았다 하더라도, 그 물건들의 반입 경위, 그 소유자가 섬을 떠나게 된 경위, 그 물건들을 옮긴 시점과 그간의 관리상황 등에 비추어 볼 때 피고인이 그 물건들을 옮겨 갈 당시 원소유자나 그 상속인이 그물건들을 점유할 의사로 사실상 지배하고 있었다고는 볼 수 없으므로, 그 물건들을 절도죄의 객체인 타인이 점유하는 물건으로 볼 수 **없다**고 한 원심판결을 수긍한 사례(대판 1994. 10. 11, 94도1481).　　정답 - O

4 甲이 A의 자취방에서 재물강취의사 없이 A를 살해한 후 4시간 30분 동안 그 곁에 있다가 예금통장과 인장이 들어 있는 A의 잠바를 걸치고 나온 경우, A의 점유가 인정되므로 甲은 절도죄로 처벌된다.　　변호사시험 제2회

해설 🖉 피해자를 살해한 방에서 사망한 피해자 곁에 4시간 30분쯤 있다가 그곳 피해자의 자취방 벽에 걸려 있던 피해자가 소지하는 물건들을 영득의 의사로 가지고 나온 경우 **피해자가 생전에 가진 점유는 사망 후에도 여전히 계속되는 것으로 보아야 한다**(대판 1993. 9. 28, 93도2143).
→ 따라서 甲은 A 점유의 잠바를 절취한 것이므로 절도죄로 처벌된다.　　정답 - O

5 금은방에서 순금목걸이를 구입할 것처럼 기망하여 건네받은 다음 화장실에 다녀오겠다고 거짓말하고 도주한 甲은 절도죄로 처벌된다.　　변호사시험 제2회

해설 🖉 피고인이 피해자 경영의 금방에서 마치 귀금속을 구입할 것처럼 가장하여 피해자로부터 순금목걸이 등을 건네받은 다음 화장실에 갔다 오겠다는 핑계를 대고 도주한 것이라면 위 순금목걸이 등은 도주하기 전까지는 아직 피해자의 점유하에 있었다고 할 것이므로 이를 **절도죄로 의율 처단한 것은 정당하다**(대판 1994. 8. 12, 94도1487).　　정답 - O

6 甲이 야간에 카페에서 업주의 주거로 사용되는 그곳 내실에 침입하여 장식장 안에 들어 있는 정기적금통장을 꺼내 들고 카페로 나오던 중 발각되어 돌려준 경우 야간주거침입절도죄의 기수가 성립한다.　변호사시험 제3회

해설 ✎　피고인이 피해자 경영의 까페에서 야간에 아무도 없는 그 곳 내실에 침입하여 장식장 안에 들어 있던 정기적금통장 등을 꺼내 들고 까페로 나오던 중 발각되어 돌려 준 경우 피고인은 피해자의 재물에 대한 소지(점유)를 침해하고, 일단 피고인 자신의 지배 내에 옮겼다고 볼 수 있으니 절도의 미수에 그친 것이 아니라 야간주거침입절도의 기수라고 할 것이다(대판 1991. 4. 23, 91도476).　정답 － ○

7 甲이 乙 명의로 구입·등록하여 乙에게 명의신탁한 자동차를 피해자에게 담보로 제공한 후, 甲이 피해자가 점유 중인 자동차를 몰래 가져간 경우 이 자동차는 甲 소유의 재물이어서 권리행사방해죄의 객체가 되므로 자동차에 대한 절도죄가 성립하지 않는다.　변호사시험 제3회

해설 ✎ 「9번 문제」해설 참조　정답 － X

8 A가 자동차를 구입하여 장애인에 대한 면세 혜택 등의 적용을 받기 위해 戊 명의를 빌려 등록하였다. 명의수탁자 戊와 그의 딸 己는 공모하여, 戊는 己에게 자동차이전등록 서류를 교부하고, 己는 그 자동차를 명의신탁자 A 몰래 가져와 이를 다른 사람에게 처분하였다. 자동차에 대한 실질적인 소유권은 A에게 있으므로 戊와 己는 절도죄의 공동정범의 죄책을 진다.　변호사시험 제3회

해설 ✎ 「9번 문제」해설 참조　정답 － ○

9 甲이 자신의 어머니 乙 명의로 구입·등록하여 乙에게 명의신탁한 자동차를 丙에게 담보로 제공한 후 丙 몰래 가져간 경우, 甲에게는 절도죄가 성립한다.　변호사시험 제4회

해설 ✎ [1] 당사자 사이에 자동차의 소유권을 등록명의자 아닌 자가 보유하기로 약정한 경우, 약정 당사자 사이의 내부관계에서는 등록명의자 아닌 자가 소유권을 보유하게 된다고 하더라도 제3자에 대한 관계에서는 어디까지나 등록명의자가 자동차의 소유자라고 할 것이다.
[2] 피고인이 자신의 母 乙 명의로 구입·등록하여 乙에게 명의신탁한 자동차를 丙에게 담보로 제공한 후 丙 몰래 가져가 절취하였다는 내용으로 기소된 사안에서, 丙에 대한 관계에서 자동차의 소유자는 乙이고 피고인은 소유자가 아니므로 丙이 점유하고 있는 자동차를 임의로 가져간 이상 절도죄가 성립한다고 본 원심판단을 정당하다고 한 사례(대판 2012. 4. 26, 2010도11771).　정답 － ○

10 손님이 甲이 PC방에서 다른 손님이 두고 간 휴대전화를 업주 몰래 가지고 간 경우 업주가 휴대전화를 현실적으로 발견하지 않는 한 이에 대한 점유를 개시하였다고 할 수 없으므로 절도죄가 아닌 점유이탈물횡령죄가 성립한다.　변호사시험 제3회

해설 피씨방에 두고 간 다른 사람의 핸드폰을 취한 행위가 <u>절도죄를 구성한다</u>고 한 사례(대 판 2007. 3. 15, 2006도9338).

【참고판례】 종업원으로 종사하던 당구장에서 주운 금반지를 처분한 자의 죄책에 관하여 판 례는 어떤 물건을 잃어버린 장소가 당구장과 같이 타인의 관리 아래 있을 때에는 그 물건은 일응 그 관리자의 점유에 속한다 할 것이고, 이를 그 관리자 아닌 제3자가 취거하는 것은 유 실물횡령이 아니라 절도죄에 해당한다(대판 1988. 4. 25, 88도409)라고 판시하고 있다.

정답 — X

11 양도담보권설정자인 채무자가 점유개정의 방식으로 담보목적물인 동산을 점유하고 있는 상태에서 양도담보권자인 채권자 丙이 丁에게 담보목적물을 매각하고 목적물반환청구권 을 양도하여 丁이 임의로 이를 가져가게 하였다. 동산의 실질적인 소유권은 채무자에게 있으므로 丙과 丁은 절도죄의 공동정범의 죄책을 진다.   변호사시험 제3회

해설 양도담보권자인 채권자가 제3자에게 담보목적물인 동산을 매각한 경우, 제3자는 채권 자와 채무자 사이의 정산절차 종결 여부와 관계없이 양도담보 목적물을 인도받음으로써 소 유권을 취득하게 되고, 양도담보의 설정자가 담보목적물을 점유하고 있는 경우에는 그 목적 물의 인도는 채권자로부터 목적물반환청구권을 양도받는 방법으로도 가능하다. 채권자가 양 도담보 목적물을 위와 같은 방법으로 제3자에게 처분하여 그 목적물의 소유권을 취득하게 한 다음 그 제3자로 하여금 그 목적물을 취거하게 한 경우, 그 제3자로서는 자기의 소유물을 취거한 것에 불과하므로, 채권자의 이 같은 행위는 <u>절도죄를 구성하지 않는다</u>(대판 2008. 11. 27, 2006도4263).

정답 — X

12 A건설회사에 근무하는 甲과 乙은 영업비밀을 경쟁업체에 유출하여 판매하기 위해 다른 사원들이 모두 퇴근한 자정 무렵 경비원 몰래 A회사 건물 안으로 진입하여, 乙이 사무실 출입문 밖에서 망을 보고 있는 사이 甲은 사무실 안으로 들어가 컴퓨터에 저장되어 있는 설계도면 파일을 열어 프린터를 이용하여 출력해 나왔다. 그 후 甲과 乙은 설계도면 출력 물의 구매자를 물색하다가 경쟁업체인 B건설회사 사장 丙에게 접근하여 1억 원을 주면 출력물을 넘겨주겠다고 제안하였으나 丙이 5,000만 원만 주겠다고 하여 출력물을 넘겨주 는 대가로 5,000만 원을 받고 그에게 출력물을 넘겨주었다. 이 경우, 甲과 乙의 행위는 설 계도면 파일을 2인 이상이 합동하여 절취한 경우에 해당한다.   변호사시험 제6회

해설 절도죄의 객체는 관리가능한 동력을 포함한 '재물'에 한한다 할 것이고, 또 절도죄가 성립하기 위해서는 그 재물의 소유자 기타 점유자의 점유 내지 이용가능성을 배제하고 이를 자신의 점유하에 배타적으로 이전하는 행위가 있어야만 할 것인바, **컴퓨터에 저장되어 있는 '정보' 그 자체는 유체물이라고 볼 수도 없고, 물질성을 가진 동력도 아니므로 재물이 될 수 없다** 할 것이며, 또 이를 복사하거나 출력하였다 할지라도 그 정보 자체가 감소하거나 피해자 의 점유 및 이용가능성을 감소시키는 것이 아니므로 그 복사나 출력 행위를 가지고 절도죄를 구성한다고 볼 수도 없다(대판 2002. 7. 12, 2002도745).

정답 — X

13 피해자에게 자동차를 매도하겠다고 거짓말하고 매매대금을 받고 자동차를 양도하면서 자동차에 미리 부착해 놓은 지피에스(GPS)로 위치를 추적하여 자동차를 몰래 가져왔으나, 피해자에게 자동차를 인도하고 소유권이전등록에 필요한 일체의 서류를 교부함으로써 피해자가 언제든지 자동차의 소유권이전등록을 마칠 수 있게 되었다면 절도죄만 성립할 뿐 그와는 별도로 사기죄가 성립하지는 않는다.　　　　　　　　　　　변호사시험 제7회

> **해설** ✎ 피고인 등이 피해자 甲 등에게 자동차를 매도하겠다고 거짓말하고 자동차를 양도하면서 매매대금을 편취한 다음, 자동차에 미리 부착해 놓은 지피에스(GPS)로 위치를 추적하여 자동차를 절취하였다고 하여 사기 및 특수절도로 기소된 사안에서, 피고인이 甲 등에게 자동차를 인도하고 소유권이전등록에 필요한 일체의 서류를 교부함으로써 甲 등이 언제든지 자동차의 소유권이전등록을 마칠 수 있게 된 이상, 피고인이 자동차를 양도한 후 다시 절취할 의사를 가지고 있었더라도 자동차의 소유권을 이전하여 줄 의사가 없었다고 볼 수 없고, 피고인이 자동차를 매도할 당시 곧바로 다시 절취할 의사를 가지고 있으면서도 이를 숨긴 것을 기망이라고 할 수 없어, 결국 피고인이 자동차를 매도할 당시 기망행위가 없었으므로, 피고인에게 사기죄를 인정한 원심판결에 법리오해의 잘못이 있다고 한 사례(대판 2016. 3. 24, 2015도17452).　　[정답] – ○

14 甲이 상사와의 의견충돌 끝에 항의의 표시로 사표를 제출한 다음 평소 자신이 전적으로 보관·관리해 오던 비자금관련 서류 및 금품이 든 가방을 가지고 나왔으나 그 이후 계속 정상적으로 근무한 경우 불법영득의사를 인정할 수 없어 절도죄가 성립하지 않는다.　　　　　　　　　　　변호사시험 제3회

> **해설** ✎ 상사와의 의견 충돌 끝에 항의의 표시로 사표를 제출한 다음 평소 피고인이 전적으로 보관, 관리해 오던 이른바 비자금 관계 서류 및 금품이 든 가방을 들고 나온 경우, **불법령득의 의사가 있다고 할 수 없을 뿐만 아니라**, 그 서류 및 금품이 타인의 점유하에 있던 물건이라고도 볼 수 없다고 한 사례
> (판결이유 중)……피고인이 이 사건 서류와 금품이 든 위 가방을 들고 나감으로써 이를 **절취하였다는 취지의 공소사실에 대해 무죄를 선고한 원심판결은 정당하다** 할 것이고……(대판 1995. 9. 5, 94도3033).　　[정답] – ○

15 甲이 피해자의 영업점 내에 있는 피해자 소유의 휴대전화를 허락 없이 가지고 나와 휴대전화를 이용하여 통화하고 문자메시지를 주고받은 다음 2시간 후에 피해자에게 아무런 말을 하지 않고 피해자의 영업점 정문 옆 화분에 놓아두고 간 경우 불법영득의 의사가 인정되기 때문에 절도죄가 성립한다.　　　　　　　　　　　변호사시험 제3회

> **해설** ✎ 「16번 문제」 해설 참조　　　　　　　　　　　[정답] – ○

16 甲은 A의 영업점 내에 있는 A 소유의 휴대전화를 허락없이 가지고 나와 이를 이용하여 통화를 하고 문자 메시지를 주고받은 다음 약 1~2시간 후 A에게 아무런 말도 하지 않고 위 영업점 정문 옆 화분에 놓아두고 간 경우 甲에게 휴대전화에 대한 불법영득의사가 인정되지 않는다.　　　　　　　　　　　변호사시험 제5회

해설 ✎ 피고인이 甲의 영업점 내에 있는 甲 소유의 휴대전화를 허락 없이 가지고 나와 이를 이용하여 통화를 하고 문자메시지를 주고받은 다음 약 1~2시간 후 甲에게 아무런 말을 하지 않고 위 영업점 정문 옆 화분에 놓아두고 감으로써 이를 절취하였다는 내용으로 기소된 사안에서, 피고인이 甲의 휴대전화를 자신의 소유물과 같이 경제적 용법에 따라 이용하다가 본래의 장소와 다른 곳에 유기한 것이므로 피고인에게 불법영득의사가 있었다고 할 것인데도, 이와 달리 보아 무죄를 선고한 원심판결에 절도죄의 불법영득의사에 관한 법리오해의 위법이 있다고 한 사례(대판 2012. 7. 12, 2012도1132). 정답 - X

17 A주식회사는 직원 甲을 통해 乙에게 외제 승용차를 할부 판매하였고, 乙이 이를 친구인 丙 명의로 등록하여 운행하던 중 乙이 약정기일에 1억 원의 할부금을 갚지 못하였다. 乙이 약정기일에 할부금을 변제하지 못하면 위 승용차를 회수해도 좋다는 각서 및 매매계약서와 양도증명서를 작성하여 교부한 후 乙이 그 채무를 불이행하자 甲은 취거 당시 乙의 의사에 반하여 위 승용차를 임의로 가져간 경우라도 영득이 적법하므로 절도죄가 성립하지 않는다.
변호사시험 제4회

해설 ✎ 굴삭기 매수인이 약정된 기일에 대금채무를 이행하지 아니하면 굴삭기를 회수하여 가도 좋다는 약정을 하고 각서와 매매계약서 및 양도증명서 등을 작성하여 판매회사 담당자에게 교부한 후 그 채무를 불이행하자 그 담당자가 굴삭기를 취거하여 매도한 경우, 굴삭기에 대한 소유권 등록 없이 매수인의 위와 같은 약정 및 각서 등의 작성, 교부만으로 굴삭기에 대한 소유권이 판매회사로 이전될 수는 없으므로 굴삭기 취거 당시 그 소유권은 여전히 매수인에게 남아 있고, 매수인의 의사표시 중에 자신의 동의나 승낙 없이 현실적으로 자신의 점유를 배제하고 굴삭기를 가져가도 좋다는 의사까지 포함되어 있었던 것으로 보기는 어렵다는 이유로, 그 굴삭기 취거행위는 <u>절도죄에 해당</u>하고 <u>불법영득의 의사도 인정</u>된다고 한 사례(대판 2001. 10. 26, 2001도4546). 정답 - X

18 甲은 리스한 승용차를 사채업자 A에게 담보로 제공하였고, 사채업자 A는 甲이 차용금을 변제하지 못하자 승용차를 B에게 매도하였는데, 이후 甲은 위 승용차를 발견하고 이를 본래 소유자였던 리스 회사에 반납하기 위하여 취거한 경우 甲에게 절도죄가 성립한다.
변호사시험 제5회

해설 ✎ 형법상 절취란 타인이 점유하고 있는 자기 이외의 자의 소유물을 점유자의 의사에 반하여 점유를 배제하고 자기 또는 제3자의 점유로 옮기는 것을 말한다. 그리고 절도죄의 성립에 필요한 불법영득의 의사란 타인의 물건을 그 권리자를 배제하고 자기의 소유물과 같이 그 경제적 용법에 따라 이용·처분하고자 하는 의사를 말하는 것으로서, 단순히 타인의 점유만을 침해하였다고 하여 그로써 곧 절도죄가 성립하는 것은 아니나, 재물의 소유권 또는 이에 준하는 본권을 침해하는 의사가 있으면 되고 반드시 영구적으로 보유할 의사가 필요한 것은 아니며, 그것이 물건 자체를 영득할 의사인지 물건의 가치만을 영득할 의사인지를 불문한다. 따라서 어떠한 물건을 점유자의 의사에 반하여 취거하는 행위가 결과적으로 소유자의 이익으로 된다는 사정 또는 소유자의 추정적 승낙이 있다고 볼 만한 사정이 있다고 하더라도, 다른 특별한 사정이 없는 한 그러한 사유만으로 불법영득의 의사가 없다고 할 수는 없다.

(판결이유 중)……원심판결 이유와 제1심이 적법하게 채택한 증거들에 의하면, ① 피고인은 2011년 9월경 이 사건 승용차의 소유자인 ○○캐피탈로부터 공소외인 명의로 위 승용차를 리스하여 운행하던 중, 사채업자로부터 1,300만 원을 빌리면서 위 승용차를 인도한 사실, ② 위 사채업자는 피고인이 차용금을 변제하지 못하자 위 승용차를 매도하였고 최종적으로 피해자가 위 승용차를 매수하여 점유하게 된 사실, ③ 피고인은 위 승용차를 회수하기 위해서 피해자와 만나기로 약속을 한 다음 2012. 10. 22.경 약속장소에 주차되어 있던 위 승용차를 미리 가지고 있던 보조열쇠를 이용하여 임의로 가져간 사실, ④ 이후 위 승용차는 공소외인을 통하여 약 한 달 뒤인 2012. 11. 23.경 ○○캐피탈에 반납된 사실 등을 알 수 있다……위와 같은 사실관계를 앞서 본 법리에 비추어 살펴보면,……행위가 '절취'에 해당함은 분명하다. 또한……피고인에게 불법영득의 의사가 없다고 할 수도 없다……(대판 2014. 2. 21, 2013도14139).

정답 - O

19 A 주식회사 감사인 甲이 회사 경영진과의 불화로 한 달 가까이 결근하다가 회사 감사실에 침입하여 자신이 사용하던 컴퓨터에서 하드디스크를 떼어간 후 4개월 가까이 지난 시점에 반환한 경우 일시 보관하였다고 평가하기 어려워 甲에게 절도죄가 성립한다.

변호사시험 제5회

(해설) 甲 주식회사 감사인 피고인이 회사 경영진과의 불화로 한 달 가까이 결근하다가 회사 감사실에 침입하여 자신이 사용하던 컴퓨터에서 하드디스크를 떼어간 후 4개월 가까이 지난 시점에 반환한 사안에서, 피고인이 하드디스크를 일시 보관 후 반환하였다고 평가하기 어려워 불법영득의사를 인정할 수 있다고 본 원심판단을 수긍한 사례(대판 2011. 8. 18, 2010도9570).
→ 따라서 하드디스크를 절취한 점에 불법영득의사가 인정되므로 절도죄가 성립한다.

정답 - O

20 甲은 2015. 6. 16. 15:40경 휴가를 떠나 비어 있던 A의 집에 들어가 잠을 잔 후, 같은 날 22:00경 방에 있던 태블릿PC 1대와 자기앞수표 1장을 훔쳤다. 甲에게는 야간주거침입절도죄가 성립되지 않는다

변호사시험 제5회

(해설) 형법은 제329조에서 절도죄를 규정하고 곧바로 제330조에서 야간주거침입절도죄를 규정하고 있을 뿐, 야간절도죄에 관하여는 처벌규정을 별도로 두고 있지 아니하다. 이러한 형법 제330조의 규정형식과 그 구성요건의 문언에 비추어 보면, 형법은 야간에 이루어지는 주거침입행위의 위험성에 주목하여 그러한 행위를 수반한 절도를 야간주거침입절도죄로 중하게 처벌하고 있는 것으로 보아야 하고, 따라서 주거침입이 주간에 이루어진 경우에는 야간주거침입절도죄가 성립하지 않는다고 해석하는 것이 타당하다(대판 2011. 4. 14, 2011도300).

정답 - O

21 검사는 특수(합동)절도(㉠)를 범한 甲과 乙에 대하여 공소를 제기하였다. 그러면서 甲에 대하여는 甲이 단독으로 범한 절도(㉡)도 경합범으로 함께 기소하였다. 검사는 제1회 공판기일에 기소요지를 진술하면서 증거목록을 제출하였는데, 甲은 증거목록상의 증거들을 부동의하면서 자신은 사건 당시 집에 있었으므로 공동피고인 乙과 합동한 사실이 없고 단독으로 절도를 범한 사실도 없다고 하면서 범행을 부인하고 있다. 한편, 乙은 자신의 범행을 자백하였고, 乙의 진술 중 甲의 진술과 배치되는 부분에 대하여는 甲의 변호인이 乙에 대하여 반대신문을 실시하였다. 이 때, 甲의 변호인이 "합동범이 성립하기 위하여는 주관적 요건으로서의 공모와 객관적 요건으로서의 실행행위의 분담이 있어야 하고, 그 실행행위에 있어서는 시간적으로나 장소적으로 협동관계가 있음을 요한다."라고 주장하는 경우, 이 주장은 판례의 입장과 부합한다.　　　변호사시험 제7회

> 해설 🖉　합동범의 성립요건에 관하여 판례는 합동범이 성립하기 위하여는 주관적 요건으로서의 공모와 객관적 요건으로서의 실행행위의 분담이 있어야 하고, 특히 그 실행행위에 있어서는 반드시 시간적으로나 장소적으로 협동관계가 있음을 요하는 것이다(대판 1994. 11. 25, 94도1622)라고 판시하고 있다.　　　정답 ─ ○

22 상습으로 단순절도죄를 범한 범인이 범행의 수단으로 주간에 주거침입을 한 경우 주거침입행위는 상습절도죄(「형법」 제332조)와 별개로 주거침입죄를 구성한다.　　　변호사시험 제7회

> 해설 🖉　형법 제330조에 규정된 야간주거침입절도죄 및 같은 법 제331조 제1항에 규정된 손괴특수절도죄를 제외하고 일반적으로 주거침입은 절도죄의 구성요건이 아니므로 절도범인이 그 범행수단으로 주거침입을 한 경우에 그 주거침입행위는 절도죄에 흡수되지 아니하고 별개로 주거침입죄를 구성하여 절도죄와는 실체적 경합의 관계에 서는 것이 원칙이다(대법원 1984. 12. 26. 선고 84도1573 전원합의체 판결 참조). 또 형법 제332조는 단순절도, 야간주거침입절도와 특수절도 및 자동차 등 불법사용의 죄에 정한 각 형의 2분의 1을 가중하여 처벌하도록 규정하고 있으므로, 위 규정은 주거침입을 구성요건으로 하지 않는 상습단순절도와 주거침입을 구성요건으로 하고 있는 상습야간주거침입절도 또는 상습손괴특수절도에 대한 취급을 달리하여, 주거침입을 구성요건으로 하고 있는 상습야간주거침입절도 또는 상습손괴특수절도를 더 무거운 법정형을 기준으로 가중처벌하고 있다. 따라서 상습으로 단순절도를 범한 범인이 상습적인 절도범행의 수단으로 주간에 주거침입을 한 경우에 그 주간 주거침입행위의 위법성에 대한 평가가 형법 제332조, 제329조의 구성요건적 평가에 포함되어 있다고 볼 수 없다. 그러므로 **형법 제332조에 규정된 상습절도죄를 범한 범인이 그 범행의 수단으로 주간에 주거침입을 한 경우 그 주간 주거침입행위는 상습절도죄와 별개로 주거침입죄를 구성한다.** 또 형법 제332조에 규정된 상습절도죄를 범한 범인이 그 범행 외에 상습적인 절도의 목적으로 주간에 주거침입을 하였다가 절도에 이르지 아니하고 주거침입에 그친 경우에도 그 주간 주거침입행위는 상습절도죄와 별개로 주거침입죄를 구성한다(대판 2015. 10. 15, 2015도9049).　　　정답 ─ ○

23 甲은 2015. 6. 16. 15:40경 휴가를 떠나 비어 있던 A의 집에 들어가 잠을 잔 후, 같은 날 22:00경 방에 있던 태블릿PC 1대와 자기앞수표 1장을 훔쳤다. 만약 甲이 A의 혼인 외의 출생자인데, 공판 기간 중 A가 甲을 인지한 경우라면 친족상도례의 규정을 적용할 수 없어 甲에 대한 형을 면제할 수 없다.　　　　　　　　　　　　　　　　　변호사시험 제5회

해설 ✎　　형법 제344조, 제328조 제1항 소정의 친족간의 범행에 관한 규정이 적용되기 위한 친족관계는 원칙적으로 범행 당시에 존재하여야 하는 것이지만, 부가 혼인 외의 출생자를 인지하는 경우에 있어서는 민법 제860조에 의하여 그 자의 출생시에 소급하여 인지의 효력이 생기는 것이며, 이와 같은 **인지의 소급효는 친족상도례에 관한 규정의 적용에도 미친다고 보아야 할 것이므로, 인지가 범행 후에 이루어진 경우라고 하더라도 그 소급효에 따라 형성되는 친족관계를 기초로 하여 친족상도례의 규정이 적용된다**(대판 1997. 1. 24, 96도1731).

> 〔형법 제328조(친족간의 범행과 고소)〕① **직계혈족**, 배우자, 동거친족, 동거가족 또는 그 배우자간의 제323조의 **죄는 그 형을 면제한다.**
> 〔형법 제329조(절도)〕타인의 재물을 절취한 자는 6년 이하의 징역 또는 1천만원 이하의 벌금에 처한다.
> 〔형법 제344조(친족간의 범행)〕제328조의 규정은 **제329조 내지 제332조의 죄 또는 미수범**에 준용한다.

→ A가 甲을 인지하여 직계혈족 관계에 있게 되므로 형을 면제해야 한다.　　　정답 – X

24 친족상도례가 적용되기 위하여는 친족관계가 객관적으로 존재하고, 행위자가 이를 인식하여야 한다.　　　　　　　　　　　　　　　　　　　　　　　　　　　변호사시험 제6회

해설 ✎　　친족상도례는 처벌조각사유이므로 고의의 내용이 아니다. 따라서 친족관계에 대한 인식은 불필요하다.　　　　　　　　　　　　　　　　　　　　　　　정답 – X

25 절도범인이 피해물건의 소유자나 점유자의 어느 일방과의 사이에서만 친족관계가 있는 경우에는 친족상도례에 관한 규정이 적용되지 않는다.　　　　　　　　변호사시험 제7회

해설 ✎　　절도범인이 피해물건의 소유자나 점유자의 어느 일방과의 사이에서만 친족관계가 있는 경우에 친족상도례에 관한 규정의 적용이 있는지 여부에 관하여 판례는 친족상도례에 관한 규정은 범인과 피해물건의 소유자 및 점유자 모두 사이에 친족관계가 있는 경우에만 적용되는 것이고 **절도범인이 피해물건의 소유자나 점유자의 어느 일방과 사이에서만 친족관계가 있는 경우에는 그 적용이 없다**(대판 1980. 11. 11, 80도131)라고 판시하고 있다.　　　정답 – O

甲과 乙은 2009. 4. 22. 13:00경 A가 거주하는 00아파트 C동 202호에 이르러 그 곳에 들어가 금품을 절취하기 위하여 육각렌치로 출입문 시정장치를 손괴하던 중 A에게 발각되어 도주하다가 경찰에게 체포되었다.(다툼이 있는 경우에는 판례에 의함) 변호사시험 제2회

26 甲과 乙에게 특수절도죄의 미수범이 성립한다.

　(해설 🖉) 　甲과 乙은 출입문 시정장치를 손괴하던 중 도주하였으므로 특수절도죄 실행에 착수했다고 볼 수 없어 미수범이 성립하지 않는다(아래 「28번 문제」 해설 참고).　정답 – X

27 만약 甲과 乙이 출입문 시정장치를 손괴하고 방 안까지 들어가자마자 A에게 발각되어 도주한 경우라면 특수절도죄의 미수범이 성립한다.

　(해설 🖉) 　甲과 乙은 방 안까지 들어갔더라도 물색행위를 시작하기 전이므로 특수절도죄 실행에 착수했다고 볼 수 없어 미수범이 성립하지 않는다(아래 「28번 문제」 해설 참고).　정답 – X

28 만약 甲과 乙이 방 안까지 들어갔다가 절취할 금품을 찾지 못하여 거실로 돌아 나오다 A에게 발각되어 도주한 경우라면 특수절도죄의 미수범이 성립한다.

　(해설 🖉) 　형법 제331조 제2항의 특수절도에 있어서 주거침입은 그 구성요건이 아니므로, 절도범인이 그 범행수단으로 주거침입을 한 경우에 그 주거침입행위는 절도죄에 흡수되지 아니하고 별개로 주거침입죄를 구성하여 절도죄와는 실체적 경합의 관계에 있게 되고, 2인 이상이 합동하여 야간이 아닌 주간에 절도의 목적으로 타인의 주거에 침입하였다 하여도 아직 절취할 물건의 물색행위를 시작하기 전이라면 특수절도죄의 실행에는 착수한 것으로 볼 수 없는 것이어서 그 미수죄가 성립하지 않는다(대판 2009. 12. 24, 2009도9667).
　　→ 甲과 乙이 금품을 찾는 물색행위를 시작하였으므로 특수절도죄의 미수범이 성립한다.
　정답 – ○

29 만약 甲이 1층에서 망을 보고 乙이 같은 날 23:30경 위 202호의 불이 꺼져 있는 것을 보고 금품을 절취하기 위하여 도시가스 배관을 타고 올라가다가 발은 1층 방범창을 딛고 두 손은 1층과 2층 사이에 있는 도시가스 배관을 잡고 있던 상태에서 A에게 발각되어 도주한 경우라면 특수절도죄의 미수범이 성립한다.

　(해설 🖉) 　야간에 다세대주택에 침입하여 물건을 절취하기 위하여 가스배관을 타고 오르다가 순찰 중이던 경찰관에게 발각되어 그냥 뛰어내렸다면, 야간주거침입절도죄의 실행의 착수에 이르지 못했다고 한 사례
　　(판결이유 중)……피고인이 이 사건 다세대주택 2층의 불이 꺼져있는 것을 보고 물건을 절취하기 위하여 가스배관을 타고 올라가다가, 발은 1층 방범창을 딛고 두 손은 1층과 2층 사이에

있는 가스배관을 잡고 있던 상태에서 순찰 중이던 경찰관에게 발각되자 그대로 뛰어내린 사실을 인정한 후……(대판 2008. 3. 27, 2008도917).

→ 甲에게 절도죄 실행의 착수가 인정되지 않으므로 미수범이 성립하지 않는다. 정답 - X

30 만약 甲과 乙이 절도의 범의로 같은 날 22:00경 乙이 아파트 현관에서 망을 보고 甲이 202호 출입문 시정장치를 육각렌치로 손괴한 후 안으로 들어가려는 순간, 귀가하던 A에게 발각되어 도주한 경우라면 특수절도죄의 미수범이 성립한다.

해설 야간에 절도목적으로 출입문의 자물통고리를 절단하고 집안으로 침입하려다가 발견된 경우, 특수절도의 실행의 착수여부에 관하여 판례는 야간에 절도의 목적으로 출입문에 장치된 자물통 고리를 절단하고 출입문을 손괴한 뒤 집안으로 침입하려다가 발각된 것이라면 이는 특수절도죄의 실행에 착수한 것이다(대판 1986. 9. 9, 86도1273)라고 판시하고 있다.

→ 야간에 절도의 목적으로 출입문의 시정장치를 손괴한 경우 특수절도의 실행의 착수가 인정되므로, 甲과 乙에게 특수절도죄의 미수범이 성립한다. 정답 - ○

■ 사례【31~32】

甲, 乙, 丙, 丁은 절도를 하기로 모의하였다. 빈집털이 경험이 풍부한 甲은 乙, 丙, 丁에게 빈집털이와 관련하여 범행대상, 물색방법, 범행 시 유의사항 등을 자세히 설명하였다. 乙, 丙, 丁은 A의 집을 범행대상으로 정하고, 당일 14시 30분경 丙과 丁이 A의 집 문을 열고 침입하여 현금 800만 원을 절취하였다. 丙과 丁이 A의 집 안으로 들어간 직후 밖에서 망을 보기로 한 乙은 갑자기 후회가 되어 현장을 이탈하였다. 검사 P는 丙과 丁을 특수절도죄, 甲을 특수절도죄에 대한 공동정범으로 기소하였으나 乙은 범행모의단계에서 기여도가 적고 절도범행이 개시되기 이전에 이탈했다는 점을 고려하여 기소유예처분을 하였다.(다툼이 있는 경우에는 판례에 의함) 변호사시험 제2회

31 만일 丙과 丁이 금품을 절취하기 위하여 A의 집에 침입한 사실이 함께 기소되었다면, 특수절도죄와 주거침입죄의 상상적 경합범으로 처벌된다.

해설 형법 제331조 제2항의 특수절도에 있어서 주거침입은 그 구성요건이 아니므로, 절도범인이 그 범행수단으로 주거침입을 한 경우에 그 주거침입행위는 절도죄에 흡수되지 아니하고 별개로 주거침입죄를 구성하여 절도죄와는 실체적 경합의 관계에 있게 되고, 2인 이상이 합동하여 야간이 아닌 주간에 절도의 목적으로 타인의 주거에 침입하였다 하여도 아직 절취할 물건의 물색행위를 시작하기 전이라면 특수절도죄의 실행에는 착수한 것으로 볼 수 없는 것이어서 그 미수죄가 성립하지 않는다(대판 2009. 12. 24, 2009도9667).

〔형법 제331조(특수절도)〕② 흉기를 휴대하거나 2인 이상이 합동하여 타인의 재물을 절취한 자도 전항의 형과 같다.

→ 丙과 丁이 합동하여 금품을 절취하였으므로 특수절도죄(형법 제331조 제2항)에 해당하며 이는 주거침입죄와 실체적 경합관계에 있다. 정답 - X

32 특수절도죄의 성립과 관련하여 검사 P가 범행현장에 없었던 甲을 특수절도죄의 공동정범으로 인정한 것은 대법원의 태도에 부합한다.

해설 3인 이상의 범인이 합동절도의 범행을 공모한 후 적어도 2인 이상의 범인이 범행 현장에서 시간적, 장소적으로 협동관계를 이루어 절도의 실행행위를 분담하여 절도 범행을 한 경우에는 공동정범의 일반 이론에 비추어 그 공모에는 참여하였으나 현장에서 절도의 실행행위를 직접 분담하지 아니한 다른 범인에 대하여도 그가 현장에서 절도 범행을 실행한 위 2인 이상의 범인의 행위를 자기 의사의 수단으로 하여 합동절도의 범행을 하였다고 평가할 수 있는 정범성의 표지를 갖추고 있다고 보여지는 한 그 다른 범인에 대하여 합동절도의 공동정범의 성립을 부정할 이유가 없다고 할 것이다. 형법 제331조 제2항 후단의 규정이 위와 같이 3인 이상이 공모하고 적어도 2인 이상이 합동절도의 범행을 실행한 경우에 대하여 공동정범의 성립을 부정하는 취지라고 해석할 이유가 없을 뿐만 아니라, 만일 공동정범의 성립가능성을 제한한다면 직접 실행행위에 참여하지 아니하면서 배후에서 합동절도의 범행을 조종하는 수괴는 그 행위의 기여도가 강력함에도 불구하고 공동정범으로 처벌받지 아니하는 불합리한 현상이 나타날 수 있다. 그러므로 합동절도에서도 공동정범과 교사범·종범의 구별기준은 일반원칙에 따라야 하고, 그 결과 범행현장에 존재하지 아니한 범인도 공동정범이 될 수 있으며, 반대로 상황에 따라서는 장소적으로 협동한 범인도 방조만 한 경우에는 종범으로 처벌될 수도 있다[대판(전합) 1998. 5. 21, 98도321].

→ 甲은 빈집털이 경험이 많아 공모과정에서 주요한 역할을 하고 있으므로 판례에 따르면 특수절도죄의 공동정범이 된다. 정답 - ○

사례 【33~34】

甲女는 A연구소 마당에 승용차를 세워 두고 그곳에서 약 20m 떨어진 마당 뒤편에서 절취하기 위하여 타인 소유의 나무 한 그루를 캐내었으나, 이 나무는 높이가 약 150cm 이상, 폭이 약 1m 정도로 상당히 커서 甲이 혼자서 이를 운반하기 어려웠다. 이에 甲은 남편인 乙에게 전화를 하여 사정을 이야기하고 나무를 차에 싣는 것을 도와 달라고 말하였는데, 이를 승낙하고 잠시 후 현장에 온 乙은 甲과 함께 나무를 승용차까지 운반하였다. 그 후 甲은 친구인 丙에게 위 절취사실을 말해 주었다.(다툼이 있는 경우에는 판례에 의함) 변호사시험 제2회

33 乙은 甲의 절도범행이 기수에 이르기 전에 그 범행에 가담하여 甲이 캔 나무를 甲과 함께 승용차에 싣기 위해 운반함으로써 절도범행을 완성한 것이다.

해설 「34번 문제」해설 참조 정답 - X

34 乙은 절도범행의 기수 이전에 甲과 함께 절취하였으므로 절도죄의 승계적 공동정범이 성립한다.

(해설) [1] 입목을 절취하기 위하여 캐낸 때에 소유자의 입목에 대한 점유가 침해되어 범인의 사실적 지배하에 놓이게 되므로 범인이 그 점유를 취득하고 **절도죄는 기수에 이른다.** 이를 운반하거나 반출하는 등의 행위는 필요하지 않다.

[2] 절도범인이 혼자 입목을 땅에서 완전히 캐낸 후에 비로소 제3자가 가담하여 함께 입목을 운반한 사안에서, 특수절도죄의 성립을 부정한 사례(대판 2008. 10. 23, 2008도6080).

→ 甲이 나무를 캐내었을 때 이미 절도죄는 기수에 이르렀다. 따라서 乙이 가담한 것은 절도죄가 이미 기수에 이른 후이므로 승계적 공동정범이 성립하지 않는다. [정답] - X

사례 【35~37】

甲은 2015. 11. 3. 01:00경 건축자재 등을 훔칠 생각으로 乙과 함께 주택 신축공사현장에 있는 컨테이너 박스 앞에서, 乙은 망을 보고 甲은 컨테이너 박스 앞에 놓여있던 노루발못뽑이(일명 빠루)를 이용하여 컨테이너 박스의 출입문의 시정장치를 부순 혐의로 기소되었다. 甲은 제1심법정에서 乙이 시켜서 한 일이라고 자백하였으나, 제1심법원은 공소사실에는 「형법」제331조 제2항(합동절도)의 특수절도미수죄만 포함되어 있음을 전제로, 乙의 존재에 대하여는 증거가 불충분하여 공소사실을 무죄로 판단하면서, 다만 공소사실에는 절도미수죄의 공소사실이 포함되어 있다는 이유로 동일한 공소사실범위 내에 있는 절도미수죄만을 유죄로 인정하였다.(다툼이 있는 경우 판례에 의함) 변호사시험 제5회

---

35 乙의 존재가 인정되지 않는다면 甲의 행위는 「형법」제331조 제1항(야간손괴침입절도)에 해당하므로 손괴행위시에 실행의 착수가 인정되어, 甲에게는 특수절도죄의 미수범이 성립한다.

(해설) 피고인이 甲과 합동하여 야간에 절취 목적으로 공사 현장 컨테이너 박스 출입문 시정장치를 부수다가 체포되어 미수에 그쳤다는 내용으로 기소된 사안에서, 위 공소사실에는 형법 제342조, 제331조 제2항의 특수절도미수죄 외에 야간주거침입손괴에 의한 형법 제342조, 제331조 제1항의 특수절도미수죄도 포함되어 있는데 원심이 이에 관하여 아무런 판단을 하지 아니한 것은 위법하다고 한 사례.

(판결이유 중)……이 사건 특수절도미수죄의 공소사실은, "피고인과 성을 알 수 없는 공소외 1은 2010. 11. 3. 1:00경 수원시 팔달구 고등동 (지번 생략) 주택 신축공사 현장에 있는 컨테이너 박스 앞에 이르러, 성을 알 수 없는 공소외 1은 망을 보고, 피고인은 컨테이너 박스 앞에 놓여 있던 노루발못뽑이(일명 빠루)를 이용하여 컨테이너 박스의 출입문의 시정장치를 부수고 안에 들어가 피해자 공소외 2 소유의 재물을 절취하려 하였으나 문 부수는 소리를 듣고 달려나온 피해자에게 발각되어 **체포됨으로써,** 피고인과 성을 알 수 없는 공소외 1은 합동하여 피해자의 재물을 절취하려다가 미수에 그쳤다."는 것이다……(대판 2011. 9. 29, 2011도8015).

야간에 절도의 목적으로 출입문에 장치된 자물통 고리를 절단하고 **출입문을 손괴한 뒤 집안으로 침입하려다가 발각된 것이라면 이는 특수절도죄의 실행에 착수한 것이다**(대판 1986. 9. 9, 86도1273).

→ 乙의 존재가 인정되지 않으면 2인 이상이 협동하여 성립하는 특수절도(형법 제331조 제2항)는 문제되지 않으므로 야간주거침입손괴에 의한 특수절도죄(제331조 제1항)만 문제된다. 한편, 출입문 시정장치를 부수다가 발각되었으므로 특수절도의 착수가 인정되나 미수범이 성립한다(제342조, 제331조 제1항).　　　　　정답 － ○

36 만약 甲과 乙이 합동하여 주간에 타인의 아파트에 들어가 물건을 절취하면서 그 범행수단으로 주거침입을 한 경우에 그 주거침입행위는 별죄를 구성한다.

(해설 ✎) 「37번 문제」해설 참조　　　　　정답 － ○

37 만약 甲과 乙이 절도의 의사로 합동하여 주간에 아파트의 출입문 시정장치를 손괴하다가 발각되어 함께 체포되었다면, 甲, 乙에게는 「형법」제331조 제2항(합동절도)의 특수절도 미수죄가 성립한다.

(해설 ✎) 「36번 문제의 해설」형법 제331조 제2항의 특수절도에 있어서 주거침입은 그 구성요건이 아니므로, 절도범인이 그 범행수단으로 주거침입을 한 경우에 그 주거침입행위는 절도죄에 흡수되지 아니하고 별개로 주거침입죄를 구성하여 절도죄와는 실체적 경합의 관계에 있게 되고, 「37번 문제의 해설」2인 이상이 합동하여 야간이 아닌 주간에 절도의 목적으로 타인의 주거에 침입하였다 하여도 아직 절취할 물건의 물색행위를 시작하기 전이라면 특수절도죄의 실행에는 착수한 것으로 볼 수 없는 것이어서 그 미수죄가 성립하지 않는다(대판 2009. 12. 24, 2009도9667).

→ 출입문 시정장치를 손괴한 것만으로 물색행위를 시작했다고 볼 수 없으므로 합동절도의 특수절도죄는 실행에 착수한 것이 아니다. 따라서 **미수죄가 성립하지 않는다.**　　　　　정답 － X

■ 사례【38~40】

甲은 A가 운영하는 식당에 들어가 금품을 절취하기로 마음먹고 야간에 A의 식당 창문과 방충망을 그대로 창틀에서 분리만 한 후 식당 안으로 들어갔으나 곧바로 방범시스템이 작동하여 그 경보 소리를 듣고 달려온 A와 근처를 순찰중이던 경찰관 B에게 발각되자 체포를 면탈할 목적으로 A와 B를 폭행하고 도주하였다. 이러한 상황은 식당에 설치된 CCTV에 모두 녹화되었다. 甲은 공소제기되어 제1심 법원에서 재판 진행 중이다.(다툼이 있는 경우 판례에 의함)

변호사시험 제6회

38 甲은 A에 대하여 준강도미수죄, B에 대하여 준강도미수죄와 공무집행방해죄가 성립하고, 각 죄는 실체적 경합관계에 있다.

해설 ✎ 절도범인이 체포를 면탈할 목적으로 경찰관에게 폭행 협박을 가한 때에는 준강도죄와 공무집행방해죄를 구성하고 양죄는 상상적 경합관계에 있으나, 강도범인이 체포를 면탈할 목적으로 경찰관에게 폭행을 가한 때에는 강도죄와 공무집행방해죄는 실체적 경합관계에 있고 상상적 경합관계에 있는 것이 아니다(대판 1992. 7. 28, 92도917). 정답 – X

39 만일 甲이 위와 같은 방법으로 식당 안에 침입하여 현금을 절취한 후 발각되지 않고 도주 하였다면, 甲은「형법」제331조 제1항(야간손괴침입절도)의 특수절도죄의 죄책을 진다.

해설 ✎ 피고인이 야간에 피해자들이 운영하는 식당의 창문과 방충망을 손괴하고 침입하여 현금을 절취하였다는 내용으로 형법 제331조 제1항의 특수절도로 기소된 사안에서, 피고인은 창문과 방충망을 창틀에서 분리하였을 뿐 물리적으로 훼손하여 효용을 상실하게 한 것은 아니라는 이유로 무죄를 인정한 사례(대판 2015. 10. 29, 2015도7559). 정답 – X

40 만일 상습으로 단순절도를 범했던 甲이 오후 3시에 A의 식당에 들어가 현금을 절취한 후 발각되지 않고 도주하였다면, 甲에게는 상습절도죄와 별개로 주거침입죄가 성립한다.

해설 ✎ 형법 제330조에 규정된 야간주거침입절도죄 및 형법 제331조 제1항에 규정된 특수절도(야간손괴침입절도)죄를 제외하고 일반적으로 주거침입은 절도죄의 구성요건이 아니므로 절도범인이 범행수단으로 주거침입을 한 경우에 주거침입행위는 절도죄에 흡수되지 아니하고 별개로 주거침입죄를 구성하여 절도죄와는 실체적 경합의 관계에 서는 것이 원칙이다(대판 2015. 10. 15, 2015도8169). 정답 – O

■ 사례【41~42】

甲은 집에서 필로폰을 투약한 다음, 함께 사는 사촌언니 A의 K은행 예금통장을 몰래 가지고 나와 K은행 현금자동지급기에 넣고 미리 알고 있던 통장 비밀번호를 입력하여 A 명의의 예금잔고 중 100만 원을 甲 명의의 M은행 계좌로 이체한 후 집으로 돌아와 예금통장을 원래 자리에 가져다 놓았다. 이후 甲은 자신의 신용카드로 M은행 현금자동지급기에서 위와 같이 이체한 100만 원을 인출하였다. 마침 부근을 순찰 중인 경찰관이 필로폰 기운으로 비틀거리는 甲을 수상히 여겨 甲에게 동행을 요구하였으나 甲은 그대로 도주하였다. 필로폰 투약 사실을 알게 된 A의 설득으로 甲은 다음 날 경찰서에 자진출석하였으나 필로폰 투약 사실을 일관되게 부인하며 소변의 임의제출도 거부하므로 경찰관은 소변 확보를 위해 압수·수색·검증영장을 발부받았다. 변호사시험 제7회

41 A의 예금통장을 가지고 나온 행위에 대하여 甲이 비록 예금통장을 그 자리에 가져다 놓았다고 하더라도 절도죄가 인정되지만 A의 고소가 있어야 처벌이 가능하다.

해설 ✎ 예금통장은 예금채권을 표창하는 유가증권이 아니고 그 자체에 예금액 상당의 경제적

가치가 화체되어 있는 것도 아니지만, 이를 소지함으로써 예금채권의 행사자격을 증명할 수 있는 자격증권으로서 예금계약사실 뿐 아니라 예금액에 대한 증명기능이 있고 이러한 증명기능은 예금통장 자체가 가지는 경제적 가치라고 보아야 하므로, 예금통장을 사용하여 예금을 인출하게 되면 그 인출된 예금액에 대하여는 예금통장 자체의 예금액 증명기능이 상실되고 이에 따라 그 상실된 기능에 상응한 경제적 가치도 소모된다. 그렇다면 **타인의 예금통장을 무단사용하여 예금을 인출한 후 바로 예금통장을 반환하였다 하더라도** 그 사용으로 인한 위와 같은 경제적 가치의 소모가 무시할 수 있을 정도로 경미한 경우가 아닌 이상, 예금통장 자체가 가지는 예금액 증명기능의 경제적 가치에 대한 불법영득의 의사를 인정할 수 있으므로 **절도죄가 성립한다**(대판 2010. 5. 27, 2009도9008).

〔형법 제328조(친족간의 범행과 고소)〕① 직계혈족, 배우자, 동거친족, **동거가족** 또는 그 배우자간의 제323조의 **죄는 그 형을 면제한다.**

→ 甲이 예금통장을 원래 자리에 가져다 놓았다고 하더라도 100만 원을 이체하여 예금통장의 경제적 가치가 소모되었으므로 절도죄가 성립한다. 다만, A는 甲과 함께 사는 사촌언니이므로 동거가족에 해당하여 형을 면제한다. 〔정답〕 - X

42 甲이 자신의 신용카드로 현금자동지급기에서 100만 원을 인출한 행위는 별도로 절도죄나 사기죄의 구성요건에 해당하지 않는다.

〔해설〕 甲이 자신의 신용카드로 현금자동지급기에서 100만 원을 인출한 행위는 별도로 절도죄나 사기죄의 구성요건에 해당하지 않는다.
컴퓨터등사용사기죄의 범행으로 예금채권을 취득한 다음 자기의 현금카드를 사용하여 현금자동지급기에서 현금을 인출한 경우, 현금카드 사용권한 있는 자의 정당한 사용에 의한 것으로서 현금자동지급기 관리자의 의사에 반하거나 기망행위 및 그에 따른 처분행위도 없었으므로, **별도로 절도죄나 사기죄의 구성요건에 해당하지 않는다** 할 것이고, 그 결과 그 인출된 현금은 재산범죄에 의하여 취득한 재물이 아니므로 장물이 될 수 없다고 한 사례(대판 2004. 4. 16, 2004도353). 〔정답〕 - ○

■ 사례 【43~44】

甲의 주도하에 甲, 乙, 丙은 절도를 공모하고 2010. 7. 8. 23:00경 乙은 A의 집에 들어가 A 소유의 다이아몬드 반지 1개를 가지고 나오고, 丙은 A의 집 문앞에서 망을 보았다는 공소사실로 기소되었다. 법원의 심리결과 공소사실은 모두 사실로 밝혀졌고, 다만 甲은 자신의 집에서 전화로 지시를 하였을 뿐 30km 떨어져 있는 A의 집에는 가지 않았음이 확인되었다. 甲의 누나로서, 결혼하여 따로 살고 있는 A는 경찰에 도난신고를 할 당시에는 범인이 누구인지를 알지 못하고 무조건 범인 모두를 처벌해 달라고 고소하였는데, 나중에 친동생 甲이 처벌되는 것을 원하지 않아 제1심 공판 중 甲에 대한 고소만을 취소하였다.(다툼이 있는 경우에는 판례에 의함) 변호사시험 제1회

43 乙에 대해서는 야간주거침입절도죄가 성립하고, 丙에 대해서는 야간주거침입절도죄의 방조범이 성립한다.

(해설) 두사람이 공모 합동하여 타인의 재물을 절취하려고 한 사람은 망을 보고 또 한 사람은 기구를 가지고 출입문의 자물쇠를 떼어내거나 출입문의 환기창문을 열었다면 **특수절도죄의** 실행에 착수한 것이다(대판 1986. 7. 8, 86도843).

> 〔형법 제331조(특수절도)〕② 흉기를 휴대하거나 **2인 이상이 합동**하여 타인의 재물을 절취한 자도 전항의 형과 같다.

→ 乙, 丙은 절도를 공모하고 乙이 다이아몬드를 절취하는 동안 丙이 망을 본 것은 2인 이상이 합동하여 절도를 실행한 것으로 특수절도에 해당한다. 따라서 乙은 야간주거침입절도죄, 丙은 그의 방조범이 성립한다고 한 지문은 옳지 않다. 정답 - X

44 甲에 대해서는 특수절도죄의 공동정범이 성립한다.

(해설) 3인 이상의 범인이 합동절도의 범행을 공모한 후 적어도 2인 이상의 범인이 범행 현장에서 시간적, 장소적으로 협동관계를 이루어 절도의 실행행위를 분담하여 절도 범행을 한 경우에는 공동정범의 일반 이론에 비추어 그 공모에는 참여하였으나 현장에서 절도의 실행행위를 직접 분담하지 아니한 다른 범인에 대하여도 그가 현장에서 절도 범행을 실행한 위 2인 이상의 범인의 행위를 자기 의사의 수단으로 하여 합동절도의 범행을 하였다고 평가할 수 있는 정범성의 표지를 갖추고 있다고 보여지는 한 그 다른 범인에 대하여 **합동절도의 공동정범의 성립을 부정할 이유가 없다**고 할 것이다. 형법 제331조 제2항 후단의 규정이 위와 같이 3인 이상이 공모하고 적어도 2인 이상이 합동절도의 범행을 실행한 경우에 대하여 공동정범의 성립을 부정하는 취지라고 해석할 이유가 없을 뿐만 아니라, 만일 공동정범의 성립가능성을 제한한다면 직접 실행행위에 참여하지 아니하면서 배후에서 합동절도의 범행을 조종하는 수괴는 그 행위의 기여도가 강력함에도 불구하고 공동정범으로 처벌받지 아니하는 불합리한 현상이 나타날 수 있다. 그러므로 **합동절도에서도 공동정범과 교사범·종범의 구별기준은 일반 원칙에 따라야 하고, 그 결과 범행현장에 존재하지 아니한 범인도 공동정범이 될 수 있으며,** 반대로 상황에 따라서는 장소적으로 협동한 범인도 방조만 한 경우에는 종범으로 처벌될 수도 있다〔대판(전합) 1998. 5. 21, 98도321〕.

→ 甲은 절도 현장에는 없었으나, 범행을 주도하고 집에서 전화로 지시를 하였다는 점에서 정범성의 표지를 갖추고 있으므로 특수절도죄의 공동정범이 된다. 정답 - O

제2절 강도의 죄

1 피고인이 술값의 지급을 면하기 위하여 술집주인인 피해자를 부근에 있는 아파트 뒤편 골목으로 유인한 후 폭행하여 반항하지 못하게 하고 그대로 도주함으로써 술값의 지급을 면한 경우 준강도죄가 성립한다.

변호사시험 제4회

해설 [1] 형법 제335조는 '절도'가 재물의 탈환을 항거하거나 체포를 면탈하거나 죄적을 인멸한 목적으로 폭행 또는 협박을 가한 때에 준강도가 성립한다고 규정하고 있으므로, 준강도죄의 주체는 절도범인이고, 절도죄의 객체는 재물이다.

[2] 피고인이 술집 운영자 甲으로부터 술값의 지급을 요구받자 甲을 유인·폭행하고 도주함으로써 술값의 지급을 면하여 재산상 이익을 취득하고 상해를 가하였다고 하여 강도상해로 기소되었는데, 원심이 위 공소사실을 '피고인이 甲에게 지급해야 할 술값의 지급을 면하여 재산상 이익을 취득하고 甲을 폭행하였다'는 범죄사실로 인정하여 준강도죄를 적용한 사안에서, 원심이 인정한 범죄사실에는 그 자체로 <u>절도의 실행에 착수하였다는 내용이 포함되어 있지 않음에도 준강도죄를 적용하여 유죄로 인정한 원심판결에 준강도죄의 주체에 관한 법리오해의 잘못이 있다</u>고 한 사례(대판 2014. 5. 16, 2014도2521). 정답 − X

2 준강도의 주체는 절도범인으로 절도의 실행에 착수한 이상 미수,기수 여부를 불문한다.
변호사시험 제1회

해설 준강도의 주체는 절도 즉 절도범인으로, 절도의 실행에 착수한 이상 미수이거나 기수이거나 불문하고, 야간에 타인의 재물을 절취할 목적으로 사람의 주거에 침입한 경우에는 주거에 침입한 단계에서 이미 형법 제330조에서 규정한 야간주거침입절도죄라는 범죄행위의 실행에 착수한 것이라고 보아야 하며, 주거침입죄의 경우 주거침입의 범의로써 예컨대, 주거로 들어가는 문의 시정장치를 부수거나 문을 여는 등 침입을 위한 구체적 행위를 시작하였다면 주거침입죄의 실행의 착수는 있었다고 보아야 한다(대판 2003. 10. 24, 2003도4417). 정답 − ○

3 강도예비·음모죄가 성립하기 위해서는 예비·음모 행위자에게 미필적으로라도 '강도'를 할 목적이 있어야 하고, 그에 이르지 않고 단순히 '준강도'를 할 목적이 있음에 그치는 경우 강도예비·음모죄로 처벌할 수 없다.
변호사시험 제4회

해설 「4번 문제」 해설 참조 정답 − ○

4 절도를 준비하면서 뜻하지 않게 절도 범행이 발각될 경우에 대비하여 체포를 면탈할 목적으로 칼을 휴대하고 있었더라도 강도예비죄가 성립하지 않는다.
변호사시험 제6회

해설 강도예비·음모죄가 성립하기 위해서는 예비·음모 행위자에게 미필적으로라도 '강도'를 할 목적이 있음이 인정되어야 하고 그에 이르지 않고 단순히 '준강도'할 목적이 있음에 그치는 경우에는 강도예비·음모죄로 처벌할 수 없다. 기록에 의하여 인정되는 피고인의 전력 등에 의하면, 피고인이 휴대 중이던 등산용 칼을 그 주장하는 바와 같이 뜻하지 않게 절도 범행이 발각되었을 경우 체포를 면탈하는데 도움이 될 수 있을 것이라는 정도의 생각에서 더 나아가, 타인으로부터 물건을 강취하는 데 사용하겠다는 생각으로 준비하였다고 단정하기는 어렵고, 이와 같이 피고인에게 준강도할 목적이 인정되는 정도에 그치는 이상 피고인에게 강도할 목적이 있었다고 볼 수 없으므로 강도예비죄의 죄책을 인정할 수는 없다 할 것이다(대판 2006. 9. 14, 2004도6432). 정답 − ○

5 준강도죄의 기수 여부는 절도행위의 기수 여부를 기준으로 판단하여야 하지만 절도미수범이 체포를 면탈할 목적으로 상해를 가한 경우 강도상해의 기수범으로 처벌된다.

변호사시험 제4회

(해설 ✐) 형법 제335조에서 절도가 재물의 탈환을 항거하거나 체포를 면탈하거나 죄적을 인멸할 목적으로 폭행 또는 협박을 가한 때에 준강도로서 강도죄의 예에 따라 처벌하는 취지는, 강도죄와 준강도죄의 구성요건인 재물탈취와 폭행·협박 사이에 시간적 순서상 전후의 차이가 있을 뿐 실질적으로 위법성이 같다고 보기 때문인바, 이와 같은 준강도죄의 입법 취지, 강도죄와의 균형 등을 종합적으로 고려해 보면, 준강도죄의 기수 여부는 절도행위의 기수 여부를 기준으로 하여 판단하여야 한다[대판(전합) 2004. 11. 18, 2004도5074].

절도가 체포를 면탈할 목적으로 폭행을 가하여 피해자에게 상해의 결과를 발생케 한 경우에는 비록 재물의 절취는 미수에 그쳤다 할지라도 형법 제337조의 기수범으로 보아야 한다(대판 1971. 1. 26, 70도2518).

> [형법 제337조(강도상해, 치상)] 강도가 사람을 상해하거나 상해에 이르게 한때에는 무기 또는 7년 이상의 징역에 처한다.

정답 — O

6 甲은 乙, 丙과 함께 지나가는 행인을 대상으로 강도를 하기로 모의한 뒤(甲은 모의과정에서 모의를 주도하였다), 함께 범행대상을 물색하다가 乙, 丙이 행인 A를 강도 대상으로 지목하고 뒤쫓아 가자 甲은 단지 "어?"라고만 하고 비대한 체격 때문에 뒤따라가지 못한 채 범행현장에서 200m 정도 떨어진 곳에 앉아있었다. 乙, 丙은 A를 쫓아가 A를 폭행하고 지갑과 현금 30만 원을 빼앗았다. 乙과 丙은 2인 이상이 합동하여 범행한 경우로서 특수강도죄의 죄책을 진다.

변호사시험 제3회

(해설 ✐)

> [형법 제334조(특수강도)] ① 야간에 사람의 주거, 관리하는 건조물, 선박이나 항공기 또는 점유하는 방실에 침입하여 제333조의 죄를 범한 자는 무기 또는 5년 이상의 징역에 처한다. ② 흉기를 휴대하거나 2인 이상이 합동하여 전조의 죄를 범한 자도 전항의 형과 같다.

→ 乙과 丙이 합동하여 A를 폭행하고 재물(지갑, 현금)을 빼앗았으므로 특수강도에 해당한다.

정답 — O

7 甲은 2014.6.25.23:30경 물건을 훔칠 생각으로 복면을 하고 A의 집에 침입하였다가 마침 거실에 있던 애완견이 짖는 바람에 잠이 깬 A에게 발각되어, A가 도둑이야!라고 고함치자 집 밖으로 도망쳐 나왔다. A는 혼자서 甲을 추격하여 체포하였는데, 그 과정에서 甲은 체포를 면탈할 목적으로, 주먹으로 A의 얼굴 부위를 1회 때려 A에게 비골 골절상을 가하였다. 이 경우, 甲이 A에게 상해를 가한 것은 A에 대하여 강도상해죄를 구성한다.

변호사시험 제4회

(해설 ✎) 야간에 타인의 재물을 절취할 목적으로 사람의 주거에 침입한 경우에는 주거에 침입한 단계에서 이미 형법 제330조에서 규정한 야간주거침입절도죄라는 범죄행위의 실행에 착수한 것이라고 보아야 한다(대판 2006. 9. 14, 2006도2824).

절도가 체포를 면탈할 목적으로 폭행을 가하여 피해자에게 상해의 결과를 발생케 한 경우에는 비록 재물의 절취는 미수에 그쳤다 할지라도 형법 제337조의 기수범으로 보아야 한다(대판 1971. 1. 26, 70도2518).

→ 甲은 야간에 물건을 훔칠 생각으로 A의 집에 침입하였으므로 절도 실행의 착수가 인정된다. 나아가 체포를 면탈할 목적으로 A를 때려 비골 골절상이라는 상해를 입힌 것은 절도가 미수였더라도 강도상해죄에 해당한다. 　　　　　　　　　　　　　　　　　정답 ─ ○

8 강도 범행 이후 피해자의 심리적 저항불능 상태가 해소되지 않은 상태에서 피해자를 계속 끌고 다니거나 차량에 태우고 함께 이동하는 등 강취행위와 상해행위 사이에 다소의 시간적·공간적 간격이 있는 상태에서 강도 범인의 상해행위가 있었다면 강도상해죄가 성립한다. 　　　　　　　　　　　　　　　　　　　　　　　변호사시험 제5회

(해설 ✎) 「9번 문제」해설 참조 　　　　　　　　　　　　　　　정답 ─ ○

9 강도범인이 상해행위를 하였다면 강취행위와 상해행위 사이에 다소의 시간적·공간적 간격이 있었다는 것만으로는 강도상해죄의 성립에 영향이 없으나, 상해의 결과는 강도범행의 수단으로 한 폭행에 의하여 발생해야 하므로 상해행위는 강도가 기수에 이르기 전에 행하여져야 한다. 　　　　　　　　　　　　　　　　　　　　변호사시험 제7회

(해설 ✎) 형법 제337조의 강도상해죄는 강도범인이 강도의 기회에 상해행위를 함으로써 성립하므로 강도범행의 실행 중이거나 실행 직후 또는 실행의 범의를 포기한 직후로서 사회통념상 범죄행위가 완료되지 아니하였다고 볼 수 있는 단계에서 상해가 행하여짐을 요건으로 한다. 그러나 「8번 문제의 해설」 반드시 강도범행의 수단으로 한 폭행에 의하여 상해를 입힐 것을 요하는 것은 아니고 상해행위가 강도가 기수에 이르기 전에 행하여져야만 하는 것은 아니므로, 「7번문제의 해설」 강도범행 이후에도 피해자를 계속 끌고 다니거나 차량에 태우고 함께 이동하는 등으로 강도범행으로 인한 피해자의 심리적 저항불능 상태가 해소되지 않은 상태에서 강도범인의 상해행위가 있었다면 강취행위와 상해행위 사이에 다소의 시간적·공간적 간격이 있었다는 것만으로는 강도상해죄의 성립에 영향이 없다(대판 2014. 9. 26, 2014도9567). 　　　　　　　　　　　　　　　　　　　　　　　　정답 ─ ✕

10 甲과 乙은 날치기 범행을 공모한 후 혼자 걸어가는 여성 A를 발견하고 乙은 A를 뒤쫓아가고 甲은 차량을 운전하여 뒤따라가면서 망을 보았다. 乙은 A의 뒤쪽에서 접근한 후 A의 왼팔에 끼고 있던 손가방의 끈을 잡아당겼으나 A가 가방을 놓지 않으려고 버티다가 바닥에 넘어졌다. 넘어진 A가 손가방의 끈을 놓지 않은 채 버티자 乙은 계속하여 손가방 끈을 잡아당겨 A를 5미터 가량 끌고 갔고 A는 힘이 빠져 손가방을 놓치게 되었다. 乙은 손가방

을 빼앗은 후 甲이 운전하는 차량에 올라타 도망갔다. A는 약 3주간의 치료를 요하는 상해를 입었다. 강제력의 행사가 점유탈취 과정에서 우연히 가해진 경우로서 甲, 乙은 특수절도죄 및 폭력행위등처벌에관한법률위반(공동상해)죄의 죄책을 진다. 　　　변호사시험 제7회

해설 ✏️ [1] 소위 '날치기'와 같이 강제력을 사용하여 재물을 절취하는 행위가 때로는 피해자를 넘어뜨리거나 상해를 입게 하는 경우가 있고, 그러한 결과가 피해자의 반항 억압을 목적으로 함이 없이 점유탈취의 과정에서 우연히 가해진 경우라면 이는 강도가 아니라 절도에 불과하지만, 그 강제력의 행사가 사회통념상 객관적으로 상대방의 반항을 억압하거나 항거 불능케 할 정도의 것이라면 이는 강도죄의 폭행에 해당한다. 그러므로 날치기 수법의 점유탈취 과정에서 이를 알아채고 재물을 뺏기지 않으려는 상대방의 반항에 부딪혔음에도 계속하여 피해자를 끌고 가면서 억지로 재물을 빼앗은 행위는 피해자의 반항을 억압한 후 재물을 강취한 것으로서 강도에 해당한다.

[2] 날치기 수법으로 피해자가 들고 있던 가방을 탈취하면서 가방을 놓지 않고 버티는 피해자를 5m 가량 끌고 감으로써 피해자의 무릎 등에 상해를 입힌 경우, 반항을 억압하기 위한 목적으로 가해진 강제력으로서 그 <u>반항을 억압할 정도에 해당한다고 보아 강도치상죄의 성립</u>을 인정한 사례

(판결이유 중)……피고인들은 빌린 승용차를 함께 타고 돌아다니다가 범행대상 여자가 나타나면 피고인 1이 범행대상을 쫓아가 돈을 빼앗고 피고인 2는 승용차에서 대기하다가 범행을 끝낸 피고인 1을 차에 태워 도주하기로 공모한 다음……**피해자 공소외인(여, 55세)이 위 현금인출기에서 돈을 인출하여 가방에 넣고 나오는 것을 발견하고 피고인 1이 차에서 내려 피해자를 뒤따라간 사실,** 피고인 1은 그 곳에서 400m 가량 떨어진 대구은행 황금동지점 입구까지 5~6m 정도의 거리를 두고 피해자를 따라가다가 피해자가 상가건물 안의 위 은행으로 들어가려고 하는 것을 보고 피해자의 뒤쪽 왼편으로 접근하여 피해자의 왼팔에 끼고 있던 손가방의 끈을 오른손으로 잡아당겼으나 피해자는 가방을 놓지 않으려고 버티다가 몸이 돌려지면서 등을 바닥 쪽으로 하여 넘어진 사실, 피고인 1이 가방 끈을 잡고 계속하여 당기자 피해자는 바닥에 넘어진 상태로 가방 끈을 놓지 않은 채 "내 가방, 사람 살려!!!"라고 소리치면서 약 5m 가량 끌려가다가 힘이 빠져 가방을 놓쳤고, 그 사이에 위 피고인은 피해자의 가방을 들고 도망가던 중 아파트경비업체 직원에게 붙잡힌 사실, 피고인 1의 위와 같은 행위로 인하여 피해자의 가방이 약간 찢어졌으며, 피해자는 바닥에 넘어져 끌려가는 과정에서 왼쪽 무릎이 조금 긁히고 왼쪽 어깨부위에 견관절 염좌상을 입은 사실이 인정된다……(대판 2007. 12. 13, 2007도7601).

정답 ─ X

11 甲은 2016. 12. 4. 02:30경 A의 자취방에서 A로부터 심한 욕설을 듣자 격분하여 부엌칼로 A를 찔러 살해하였다. 甲은 같은 날 05:00경 피 묻은 자신의 옷을 A의 점퍼로 갈아입고 나오려 하다가 A의 점퍼 주머니 안에 A 명의의 B은행 계좌의 예금통장(예금액 500만 원)과 도장이 들어 있는 것을 발견하였다. 甲은 A의 점퍼를 입고 집으로 돌아간 후에 2016. 12. 5. 10:30경 B은행으로 가서 위 예금통장과 도장을 이용하여 A 명의로 예금청구서를 작성하여 이를 은행직원에게 제출하고 예금 500만 원을 모두 인출하였고, 위 예금통장과

도장은 甲의 집에 보관하고 있었다. 甲이 A를 살해하고 A의 예금통장과 도장이 들어 있는 점퍼를 입고 나온 행위는 강도살인죄가 성립한다. 변호사시험 제6회

(해설 ✎) 피고인이 피해자를 살해한 방에서 사망한 피해자 곁에 4시간 30분쯤 있다가 그 곳 피해자의 자취방 벽에 걸려있던 피해자가 소지하는 원심판시 물건들을 영득의 의사로 가지고 나온 사실이 인정되는바, 이와 같은 경우에 피해자가 생전에 가진 점유는 사망 후에도 여전히 계속되는 것으로 보아 이를 보호함이 법의 목적에 맞는 것이라고 할 것이고, 따라서 피고인의 위 행위는 피해자의 점유를 침탈한 것으로서 <u>절도죄에 해당</u>하므로, 원심판결에 채증법칙을 위반하여 점유이탈물횡령의 범행을 절도로 오인한 잘못이나 절도죄의 고의에 관한 법리를 오해한 위법이 있다는 논지는 받아들일 수 없다(대판 1993. 9. 28, 93도2143).

→ 甲이 A를 살해할 때는 강도의 고의가 없었기 때문에 강도살인죄는 성립할 수 없다. 다만, 판례는 사자의 점유를 일정 범위 확대하여 살인과 별도로 절도죄를 인정하였다. [정답] - X

12 강간범이 강간행위 후에 강도의 범의를 일으켜 그 부녀의 재물을 강취하는 경우에는 강도강간죄가 아니라 강간죄와 강도죄의 경합범이 성립한다. 변호사시험 제2회

(해설 ✎) 「14번 문제」해설 참조 [정답] - O

13 특수강간범이 강간행위 계속 중에 특수강도의 행위를 한 후 강간행위를 종료한 경우 성폭력범죄의 처벌 등에 관한 특례법상의 특수강도강간죄가 성립한다. 변호사시험 제2회

(해설 ✎) 「14번 문제」해설 참조 [정답] - O

14 강간범이 강간행위 후에 강도의 범의를 일으켜 피해자의 재물을 강취한 경우에는 강도강간죄가 아니라 강간죄와 강도죄의 경합범으로 처벌될 수 있을 뿐이나, 강간행위를 종료하기 전에 강도행위를 하고 그 자리에서 강간행위를 계속한 때에는 강도강간죄로 처벌된다. 변호사시험 제7회

(해설 ✎) 「12번 문제와 14번 문제의 해설」 강간범이 강간행위 후에 강도의 범의를 일으켜 그 부녀의 재물을 강취하는 경우에는 강도강간죄가 아니라 강간죄와 강도죄의 경합범이 성립될 수 있을 뿐이지만, 강간행위의 종료 전 즉 그 실행행위의 계속 중에 강도의 행위를 할 경우에는 이때에 바로 강도의 신분을 취득하는 것이므로 이후에 그 자리에서 강간행위를 계속하는 때에는 강도가 부녀를 강간한 때에 해당하여 형법 제339조에 정한 강도강간죄를 구성하고, 구 성폭력범죄의 처벌 및 피해자보호 등에 관한 법률(2010. 4. 15. 법률 제10258호 성폭력범죄의 피해자보호 등에 관한 법률로 개정되기 전의 것) 제5조 제2항은 형법 제334조(특수강도) 등의 죄를 범한 자가 형법 제297조(강간) 등의 죄를 범한 경우에 이를 특수강도강간 등의 죄로 가중하여 처벌하는 것이므로, 다른 특별한 사정이 없는 한 「13번 문제의 해설」 특수강간범이 강간행위 종료 전에 특수강도의 행위를 한 이후에 그 자리에서 강간행위를 계속하는 때에도 특수강도가 부녀를 강간한 때에 해당하여 구 **성폭력범죄의 처벌 및 피해자보호 등에 관한 법률 제5조 제2항**에 정한 특수강도강간죄로 의율할 수 있다(대판 2010. 12. 9, 2010도9630). [정답] - O

甲(1994.4.15.생)은 201.6.15. 서울중앙지방법원에서 폭력행위등처벌에관한법률위반(집단·흉기등상해)죄로 징역 1년에 집행유예 2년을 선고받아 201.6.22. 판결이 확정되었다. 甲은 19세 미만이던 2013.2.1. 11:00경 피해자(여, 55세)가 현금인출기에서 돈을 인출하여 가방에 넣고 나오는 것을 발견하고 오토바이를 타고 피해자를 뒤따라가 인적이 드문 골목길에 이르러 속칭 '날치기' 수법으로 손가방만 살짝 채어 갈 생각으로 피해자의 손가방을 순간적으로 낚아채어 도망을 갔다. 甲이 손가방을 낚아채는 순간 피해자가 넘어져 2주 간의 치료가 필요한 상해를 입었다. 甲은 같은 날 22:30경 주택가를 배회하던 중 주차된 자동차를 발견하고 물건을 훔칠 생각으로 자동차의 유리창을 통하여 그 내부를 손전등으로 비추어 보다가 순찰 중이던 경찰관에게 검거되었다. 당시 甲은 저도 범행이 발각되었을 경우 체포를 면탈하는데 도움이 될 수 있을 것이라는 생각에서 등산용 칼과 포장용 테이프를 휴대하고 있었다. 검사는 2013.2.5. 甲을 강도치상, 절도미수, 강도예비로 기소하였고 재판 도중에 강도예비를 주위적 공소사실로,「폭력행위 등 처벌에 관한 법률」제7조 위반을 예비적 공소사실로 공소장변경을 신청하였다. 제1심법원은 2013.3.29. 유죄 부분에 대하여 징역 단기 2년, 장기 4년을 선고하였다. 이에 대하여 甲만 항소하였는데, 항소심법원은 2013.6.28. 판결을 선고하였다.

*참조 조문:「폭력행위 등 처벌에 관한 법률」제7조(우범자)

정당한 이유 없이 이 법에 규정된 범죄에 공용될 우려가 있는 흉기 기타 위험한 물건을 휴대하거나 제공 또는 알선한 자는 3년 이하의 징역 또는 300만원 이하의 벌금에 처한다.

변호사시험 제3회

15 甲이 손가방을 낚아채어 달아나면서 피해자에게 상해를 입힌 것은 강도치상죄에 해당하지 아니한다.

> (해설) 피해자가 상해를 입은 것은 날치기 과정에서 우연히 가해진 것이며 특별히 반항을 하다가 발생한 것은 아니므로, 甲은 강도치상죄에 해당하지 아니한다(아래「16번 문제」해설 참고).　　　　　　　　　　　　　　　　　　　　　　　　　　　　　　　 정답 － ○

16 만일 피해자가 넘어진 상태에서 손가방을 빼앗기지 않으려고 계속 붙잡고 매달리자 甲이 이 상태로 피해자를 10여m 끌고 가 피해자에게 상해를 입힌 경우라면 甲은 강도치상죄로 처벌될 수 있다.

> (해설) [1]「15번 문제의 해설」소위 '날치기'와 같이 강제력을 사용하여 재물을 절취하는 행위가 때로는 피해자를 넘어뜨리거나 상해를 입게 하는 경우가 있고, 그러한 결과가 피해자의 반항 억압을 목적으로 함이 없이 점유탈취의 과정에서 우연히 가해진 경우라면 이는 강도가

아니라 절도에 불과하지만, 그 강제력의 행사가 사회통념상 객관적으로 상대방의 반항을 억압하거나 항거 불능케 할 정도의 것이라면 이는 강도죄의 폭행에 해당한다. 그러므로 「16번 문제의 해설」날치기 수법의 점유탈취 과정에서 이를 알아채고 재물을 뺏기지 않으려는 상대방의 반항에 부딪혔음에도 계속하여 피해자를 끌고 가면서 억지로 재물을 빼앗은 행위는 피해자의 반항을 억압한 후 재물을 강취한 것으로서 강도에 해당한다.

[2] 「16번 문제의 해설」날치기 수법으로 피해자가 들고 있던 가방을 탈취하면서 가방을 놓지 않고 버티는 피해자를 5m 가량 끌고 감으로써 피해자의 무릎 등에 상해를 입힌 경우, 반항을 억압하기 위한 목적으로 가해진 강제력으로서 그 반항을 억압할 정도에 해당한다고 보아 강도치상죄의 성립을 인정한 사례(대판 2007. 12. 13, 2007도7601).

→ 손가방을 빼앗기지 않으려고 계속 붙잡고 매달리는 피해자를 뿌리치고 이로 인해 상해를 입힌 경우라면 반항을 억압할 정도의 강제력이 있었던 것이므로 甲은 강도치상죄로 처벌될 수 있다. 　　　　　　　　　　　　　　　　　　　　　　　　　　　　　　　[정답] - ○

17 강도예비 공소사실에 대하여는 甲에게 단순히 '준강도'할 목적이 있음에 그쳤으므로 강도예비죄로 처벌할 수 없다.

(해설 ✎) 강도를 할 목적에 이르지 않고 준강도할 목적이 있음에 그치는 경우에 강도예비·음모죄가 성립하는지 여부에 관하여 판례는 강도예비·음모죄가 성립하기 위해서는 예비·음모 행위자에게 미필적으로라도 '강도'를 할 목적이 있음이 인정되어야 하고 그에 이르지 않고 단순히 '준강도'할 목적이 있음에 그치는 경우에는 강도예비·음모죄로 처벌할 수 없다(대판 2006. 9. 14, 2004도6432)라고 판시하고 있다. 　　　　　　　　　　　　　　　　[정답] - ○

■ 사례 【18~19】

甲과 乙은 야간에 A의 집에 있는 다이아몬드를 훔쳐서 유흥비를 마련하기로 모의하면서, 범행이 발각되는 경우 어떤 수단을 사용해서라도 체포되어서는 아니된다고 약속하였다. 밤 12시 경 甲이 집 밖에서 망을 보고있는 사이 乙은 A의 집에 들어가서 다이아몬드를 들고 나오다가 이를 본 A가 "도둑이야!"라고 소리치자 집 밖으로 도망쳤다. A가 乙을 체포하기 위해 집 밖으로 나오는 순간 집 밖에서 기다리고 있던 甲은 체포를 면탈할 목적으로 A를 넘어뜨려 A는 상해를 입었고, A는 더 이상 추적을 할 수 없었다.(다툼이 있는 경우 판례에 의함) 　　　　　　　　　　　　　　　　　　　변호사시험 제6회

18 甲에게는 강도상해죄 또는 강도치상죄가 성립한다.

(해설 ✎) 절도가 절도행위의 기회계속중이라고 볼 수 있는 그 실행중 또는 실행직후에 체포를 면탈할 목적으로 폭행을 가한 때에는 준강도죄가 성립되고 이로써 상해를 입혔을 때는 강도상해죄가 성립된다(대판 1987. 10. 26, 87도1662). 　　　　　　　　　[정답] - ○

19 乙에게는 강도상해죄 또는 강도치상죄가 성립한다.

해설 ✏️   2인 이상이 합동하여 절도를 한 경우 범인중의 1인이 체포를 면탈할 목적으로 폭행을 하여 상해를 가한 때에는 **나머지 범인도 이를 예기하지 못한 것으로 볼 수 없으면 강도상해 죄의 죄책을 면할 수 없다**(대판 1988. 2. 9, 87도2460).

→ 어떤 수단을 써서라도 체포되어서는 안 된다고 약속했으므로 상해를 예견할 수 있었다고 볼 수 있다.

정답 - ○

제3절 사기의 죄

1 변호사가 대법관에게 로비자금으로 사용한다고 기망하여 의뢰인에게서 금원을 교부받은 경우 사기죄가 성립할 수 있다.
변호사시험 제1회

해설 ✏️   사기죄의 실행행위로서의 기망은 반드시 법률행위의 중요 부분에 관한 허위표시임을 요하지 아니하고 상대방을 착오에 빠지게 하여 행위자가 희망하는 재산적 처분행위를 하도록 하기 위한 판단의 기초가 되는 사실에 관한 것이면 충분하므로, 용도를 속이고 돈을 빌린 경우에 만일 진정한 용도를 고지하였더라면 상대방이 빌려 주지 않았을 것이라는 관계에 있는 때에는 사기죄의 실행행위인 기망은 있는 것으로 보아야 한다.

(판결이유 중)······원심은, 피고인이 상고한 사건에 관하여, 사실은 **대법관에게 로비자금으로 쓸 의사도 없고** 대법원에서 피고인의 상고가 기각되더라도 **피해자에게 변호사비용을 제외한 나머지 돈을 돌려줄 의사가 없음에도**······"대법원에는 판사가 많기 때문에 로비자금이 많이 필요하고 상고기각되더라도 착수금만 제외하고 나머지 돈은 다 돌려 받을 수 있으니 1억 5천만 원만 빌려달라"고 **거짓말하여**······**약속어음 1매를 교부받아 이를 편취**하였다 하여 형법 제347조의 사기죄로 제기된 위 공소사실에 대하여······피고인이 당초부터 변제할 의사나 능력이 없이 위 약속어음을 차용한 것으로 볼 수도 없다고 판단하여, 위 공소사실을 유죄로 인정한 제1심판결은 위법하다고 파기하고 무죄를 선고하였다.······사정이 위와 같다면 피고인은 용도를 속이고 돈을 빌린 것으로 보여지고 만약 진정한 용도를 고지하였으면 당시 자신 소유의 호텔이 경매에 처하는 등의 어려운 상황에 처해 있었던 피해자가 피고인에게 금 1억 5천만 원이나 되는 약속어음을 선뜻 빌려 주지 않았을 것으로 추단되므로 피고인의 **이러한 행위는 사기죄에 있어서 기망에 해당한다**고 보아야 할 것이다.······그렇다면 원심으로서는······채증법칙 위배나 사기죄에 있어서 기망에 관한 법리를 오해한 위법이 있다 할 것이므로······(대판 1995. 9. 15, 95도707).

정답 - ○

2 사기 범행의 피해자로부터 현금을 예금계좌로 송금받은 경우 사기죄의 객체는 재산상 이익이 아니라 재물이다.
변호사시험 제1회

해설 ✏️   사기죄의 객체는 타인이 점유하는 '타인의' 재물 또는 재산상의 이익이므로, 피해자와의 관계에서 살펴보아 그것이 피해자 소유의 재물인지 아니면 피해자가 보유하는 재산상의 이익인지에 따라 '재물'이 객체인지 아니면 '재산상의 이익'이 객체인지 구별하여야 하는 것으로서, 이 사건과 같이 피해자가 본범의 기망행위에 속아 **현금을 피고인 명의의 은행 예금계좌로 송금하였다면, 이는 재물에 해당하는 현금을 교부하는 방법이 예금계좌로 송금하는 형식으로 이루어진 것에 불과하여, 피해자의 은행에 대한 예금채권은 당초 발생하지 않는다**(대판 2010. 12. 9, 2010도6256). 정답 - ○

3 임대차 계약을 체결하면서 임대인이 임차인에게 임대목적물에 대한 경매가 진행 중인 사실을 알리지 않으면 사기죄가 성립할 수 있다. 변호사시험 제1회

해설 ✎ 「4번 문제」해설 참조 정답 - ○

4 임대인 甲이 자신 소유의 여관건물에 대하여 임차인 乙과 임대차계약을 체결하면서 乙에게 당시 임대목적물에 관하여 법원의 경매개시결정에 따른 경매절차가 진행 중인 사실을 알리지 아니하였더라도, 乙이 등기부를 확인 또는 열람하는 것이 가능하였다면 기망행위가 있었다고 볼 수 없어, 甲에게는 사기죄가 성립하지 아니한다. 변호사시험 제7회

해설 ✎ 임대인이 임대차계약을 체결하면서 임차인에게 임대목적물이 경매진행중인 사실을 알리지 아니한 경우, 임차인이 등기부를 확인 또는 열람하는 것이 가능하더라도 사기죄가 성립한다고 본 사례(대판 1998. 12. 8, 98도3263). 정답 - X

5 피기망자와 피해자가 일치하지 않아도 사기죄가 성립할 수 있다. 변호사시험 제1회

해설 ✎ **사기죄가 성립되려면 피기망자가 착오에 빠져 어떤 재산상의 처분행위를 하도록 유발하여 재산적 이득을 얻을 것을 요하고 피기망자와 재산상의 피해자가 같은 사람이 아닌 경우에는 피기망자가 피해자를 위하여 그 재산을 처분할 수 있는 권능이나 지위에 있어야 하며 기망, 착오, 처분, 이득 사이에 인과관계가 있어야 한다**(대판 1989. 7. 11, 89도346). 정답 - ○

6 甲이 사망자 乙 명의의 문서를 위조하여 소장에 첨부한 후, 乙을 상대로 법원에 제소한 경우 사문서위조 및 위조사문서행사죄는 성립하지만 사기죄는 성립하지 않는다. 변호사시험 제4회

해설 ✎ 문서위조죄는 문서의 진정에 대한 공공의 신용을 그 보호법익으로 하는 것이므로 행사할 목적으로 작성된 문서가 일반인으로 하여금 당해 명의인의 권한 내에서 작성된 문서라고 믿게 할 수 있는 정도의 형식과 외관을 갖추고 있으면 문서위조죄가 성립하는 것이고, 위와 같은 요건을 구비한 이상 그 명의인이 실재하지 않는 허무인이거나 또는 **문서의 작성일자 전에 이미 사망하였다고 하더라도** 그러한 문서 역시 공공의 신용을 해할 위험성이 있으므로 문서위조죄가 성립한다고 봄이 상당하며, 이는 공문서뿐만 아니라 사문서의 경우에도 마찬가지라고 보아야 한다[대판(전합) 2005. 2. 24, 2002도18].
소송사기에 있어서 피기망자인 법원의 재판은 피해자의 처분행위에 갈음하는 내용과 효력이 있는 것이어야 하고, 그렇지 아니하는 경우에는 착오에 의한 재물의 교부행위가 있다고 할 수 없어서 사기죄는 성립되지 아니한다고 할 것이므로, 피고인의 제소가 사망한 자를 상대로 한

것이라면 이와 같은 사망한 자에 대한 판결은 그 내용에 따른 효력이 생기지 아니하여 상속인에게 그 효력이 미치지 아니하고 따라서 **사기죄를 구성한다고 할 수 없다**(대판 2002. 1. 11, 2000도1881).

→ 사망한 자의 명의를 도용하여 사문서를 위조하는 경우도 사문서위조죄를 처벌된다. 따라서 甲이 사망자 乙 명의의 문서를 위조하여 소장에 첨부한 것은 사문서위조 및 위조사문서행사죄에 해당한다. 다만, 사망한 자를 상대로 제소한 것은 사기죄를 구성한다고 할 수 없으므로, 乙에 대한 사기죄는 성립하지 않는다. 정답 - O

7 부동산등기부상 소유자로 등기된 적이 있는 甲이 자신 이후에 소유권이전등기를 경료한 등기명의인들을 상대로 허위의 사실을 주장하면서 그들 명의의 소유권이전등기말소를 구하는 소를 제기하더라도 사기죄의 실행에 착수한 것이 아니다. 변호사시험 제4회

(해설 ✏️) 이른바 소송사기는 법원을 기망하여 자기에게 유리한 재판을 얻고 이에 기하여 상대방으로부터 재물의 교부를 받거나 재산상 이익을 취득하는 것을 말하는 것인바, **부동산등기부상 소유자로 등기된 적이 있는 자가 자기 이후에 소유권이전등기를 경료한 등기명의인들을 상대로 허위의 사실을 주장하면서 그들 명의의 소유권이전등기의 말소를 구하는 소송을 제기한 경우** 그 소송에서 승소한다면 등기명의인들의 등기가 말소됨으로써 그 소송을 제기한 자의 등기명의가 회복되는 것이므로 이는 법원을 기망하여 재물이나 재산상 이익을 편취한 것이라고 할 것이고 따라서 등기명의인들 전부 또는 일부를 상대로 하는 그와 같은 말소등기청구 소송의 제기는 **사기의 실행에 착수한 것이라고 보아야 한다**(대판 2003. 7. 22, 2003도1951). 정답 - X

8 甲이 피담보채권인 공사대금채권을 실제와 달리 허위로 크게 부풀려 유치권에 기한 경매신청을 한 경우 사기죄의 실행에 착수한 것이다. 변호사시험 제4회

(해설 ✏️) 유치권에 의한 경매를 신청한 유치권자는 일반채권자와 마찬가지로 피담보채권액에 기초하여 배당을 받게 되는 결과 **피담보채권인 공사대금 채권을 실제와 달리 허위로 크게 부풀려 유치권에 의한 경매를 신청할 경우** 정당한 채권액에 의하여 경매를 신청한 경우보다 더 많은 배당금을 받을 수도 있으므로, 이는 법원을 기망하여 배당이라는 법원의 처분행위에 의하여 재산상 이익을 취득하려는 행위로서, 불능범에 해당한다고 볼 수 없고, **소송사기죄의 실행의 착수에 해당한다**(대판 2012. 11. 15, 2012도9603). 정답 - O

9 甲이 진정한 임차권자가 아니면서 허위의 임대차 계약서를 법원에 제출하여 임차권등기명령을 신청한 경우 사기죄의 실행에 착수한 것이다. 변호사시험 제4회

(해설 ✏️) 「10번 문제」 해설 참조 정답 - O

10 통정허위표시로서 무효인 임대차계약에 기초하여 임차권등기를 마침으로써 외형상 임차인으로서 취득하게 된 권리는 사기죄에서의 재산상 이익에 해당하지 않는다.

변호사시험 제6회

해설 ✏️ 통정허위표시로서 무효인 임대차계약에 기초하여 임차권등기명령을 받아 임차권등기를 마친 경우, 외형상 임차인으로서 취득하게 되는 권리가 사기죄의 객체인 '재산상 이익'에 해당하는지 여부(적극)(대판 2012. 5. 24, 2010도12732).　　　**정답** - X

11 비의료인이 개설한 의료기관이 마치 「의료법」에 의하여 적법하게 개설된 요양기관인 것처럼 국민건강보험공단에 요양급여비용의 지급을 청구하여 요양급여비용을 지급받더라도, 의료기관의 개설인인 비의료인이 개설 명의를 빌려준 의료인으로 하여금 환자들에게 진단, 치료 등 요양급여를 실제로 제공하게 하였다면 사기죄가 성립하지 않는다.

변호사시험 제5회

해설 ✏️ 국민건강보험법 제42조 제1항 제1호는 요양급여를 실시할 수 있는 요양기관 중 하나인 의료기관을 '의료법에 따라 개설된 의료기관'으로 한정하고 있다. 따라서 의료법 제33조 제2항을 위반하여 적법하게 개설되지 아니한 의료기관에서 환자를 진료하는 등의 요양급여를 실시하였다면 해당 의료기관은 국민건강보험법상 요양급여비용을 청구할 수 있는 요양기관에 해당되지 아니하므로 요양급여비용을 적법하게 지급받을 자격이 없다. 따라서 **비의료인이 개설한 의료기관이 마치 의료법에 의하여 적법하게 개설된 요양기관인 것처럼 국민건강보험공단에 요양급여비용의 지급을 청구하는 것은** 국민건강보험공단으로 하여금 요양급여비용 지급에 관한 의사결정에 착오를 일으키게 하는 것으로서 **사기죄의 기망행위에 해당하고, 이러한 기망행위에 의하여 국민건강보험공단에서 요양급여비용을 지급받을 경우에는 사기죄가 성립한다.** 이 경우 의료기관의 개설인인 비의료인이 개설 명의를 빌려준 의료인으로 하여금 환자들에게 요양급여를 제공하게 하였다 하여도 마찬가지이다.　　　**정답** - X

12 甲은 乙과 공동으로 구입하여 자신이 점유하고 있던 복사기를 A에게 매도하기로 하고 계약금과 중도금을 받았다. 그후 甲은 복사기를 수리하기 위해 수리점에 맡겼다고 乙에게 거짓말하고 이를 다시 丙에게 매도한 후 복사기를 건네주었으며, 丙은 선의, 무과실로 이를 취득하였다. 며칠 후 이 사실을 알게 된 乙은 丙 몰래 위 복사기를 가져가 버렸다. 수사기관에서 甲의 아내 B는 참고인으로서 진술하고 진술조서에는 가명으로 서명, 날인하였다. 甲에 대한 재판 중 B가 증인으로 출석하였고, 재판장은 B에게 증언거부권이 있음을 고지하였다. 이 경우, 甲은 乙에 대하여 횡령죄와 사기죄의 상상적 경합범이 성립한다.

변호사시험 제5회

해설 ✏️ 타인의 재물을 공유하는 자가 공유자의 승낙을 받지 않고 공유대지를 담보에 제공하고 가등기를 경료한 경우 횡령행위는 기수에 이르고 그후 가등기를 말소했다고 하여 중지미수에 해당하는 것이 아니며 가등기말소 후에 다시 새로운 영득의사의 실현행위가 있을 때에는 그 두개의 횡령행위는 경합범 관계에 있다(대판 1978. 11. 28, 78도2175). 사기죄는 타인이 점유하는 재물을 그의 처분행위에 의하여 취득함으로써 성립하는 죄이므로 **자기가 점유하는 타인의 재물에 대하여는 이것을 영득함에 기망행위를 한다 하여도 사기죄는 성립하지 아니하고 횡령죄만을 구성한다**(대판 1987. 12. 22, 87도2168).

→ 甲과 乙은 복사기를 공동으로 구입하였으므로 복사기는 공유하는 재물에 해당하여 甲은 타인의 재물을 보관하는 지위에 있다. 한편, 자기가 점유하는 타인의 재물에 대해서는 사기죄가 성립하지 않으므로 甲은 乙에 대하여 횡령죄만 성립한다. 정답 - X

13 주유소 운영자가 농·어민등에게 「조세특례제한법」에 정한 면세유를 공급한 것처럼 위조한 유류공급확인서로 정유회사를 기망하여 면세유를 공급받은 경우, 국가 또는 지방자치단체에 대한 사기죄를 구성하지 않는다. 변호사시험 제6회

해설 🖉 주유소 운영자가 농·어민 등에게 조세특례제한법에 정한 면세유를 공급한 것처럼 위조한 면세유류공급확인서로 정유회사를 기망하여 면세유를 공급받음으로써 면세유와 정상유의 가격 차이 상당의 이득을 취득한 사안에서, 정유회사에 대하여 사기죄를 구성하는 것은 별론으로 하고, 국가 또는 지방자치단체를 기망하여 국세 및 지방세의 환급세액 상당을 편취한 것으로 볼 수 없다고 한 사례(대판 2008. 11. 27, 2008도7303). 정답 - ○

14 사기죄가 성립하려면 행위자의 기망행위, 피기망자의 착오와 그에 따른 처분행위 그리고 행위자 등의 재물이나 재산상 이익의 취득이 있고, 그 사이에 순차적인 인과관계가 존재하여야 한다. 변호사시험 제7회

해설 🖉 사기죄는 타인을 기망하여 착오에 빠뜨리고 그로 인하여 피기망자(기망행위의 상대방)가 처분행위를 하도록 유발하여 재물 또는 재산상의 이익을 얻음으로써 성립하는 범죄이다. 따라서 사기죄가 성립하려면 행위자의 기망행위, 피기망자의 착오와 그에 따른 처분행위, 그리고 행위자 등의 재물이나 재산상 이익의 취득이 있고, 그 사이에 순차적인 인과관계가 존재하여야 한다. 그리고 사기죄의 피해자가 법인이나 단체인 경우에 기망행위로 인한 착오, 인과관계 등이 있었는지는 법인이나 단체의 대표 등 최종 의사결정권자 또는 내부적인 권한 위임 등에 따라 실질적으로 법인의 의사를 결정하고 처분을 할 권한을 가지고 있는 사람을 기준으로 판단하여야 한다(대판 2017. 9. 26, 2017도8449). 정답 - ○

15 전문적으로 대출을 취급하면서 차용인에 대한 체계적인 신용조사를 행하는 금융기관이 금원을 대출한 경우에는, 비록 대출 신청 당시 차용인에게 변제기 안에 대출금을 변제할 능력이 없었고, 자체 신용조사 결과에는 관계없이 '변제기 안에 대출금을 변제하겠다'는 취지의 차용인 말만을 그대로 믿고 대출하였다고 하더라도, 차용인의 이러한 기망행위와 금융기관의 대출행위 사이에 인과관계를 인정할 수는 없다. 변호사시험 제7회

해설 🖉 금융대출을 위한 차용인의 기망행위와 금융기관의 대출행위 사이에 인과관계를 인정할 수 없다고 보아 사기죄의 성립을 부정한 사례.
(판결이유 중)······일반 사인이나 회사가 금원을 대여한 경우와는 달리 전문적으로 대출을 취급하면서 차용인에 대한 체계적인 신용조사를 행하는 금융기관이 금원을 대출한 경우에는, 비록 대출 신청 당시 차용인에게 변제기 안에 대출금을 변제할 능력이 없었고, 금융기관으로서 자체 신용조사 결과에는 관계없이 '변제기 안에 대출금을 변제하겠다'는 취지의 차용인 말만을

그대로 믿고 대출하였다고 하더라도, 차용인의 이러한 기망행위와 금융기관의 대출행위 사이에 인과관계를 인정할 수는 없다 할 것이다……(대판 2000. 6. 27, 2000도1155).　정답 ― ○

16 중고 자동차 매매를 하면서 자신의 할부금융회사에 대한 할부금 채무가 매수인에게 당연히 승계되는 것이 아니라는 이유로 그 할부금 채무의 존재를 매수인에게 고지하지 아니한 매도인에게는 부작위에 의한 사기죄가 성립하지 않는다.　변호사시험 제2회

(해설) 「17번 문제」해설 참조　정답 ― ○

17 甲은 할부금융회사로부터 금융을 얻어 자동차를 매수한 후 乙에게 그 자동차를 매도하였는데, 계약체결 당시 자동차에 대하여 저당권이 설정되거나 가압류된 사실이 없고 甲과 乙 사이의 계약조건에 할부금채무의 승계에 대한 내용도 없다면, 甲이 할부금채무의 존재를 乙에게 고지하지 않았더라도 사기죄가 성립하지 않는다.　변호사시험 제7회

(해설) 중고 자동차 매매에 있어서 매도인의 할부금융회사 또는 보증보험에 대한 할부금 채무가 매수인에게 당연히 승계되는 것이 아니라는 이유로 그 할부금 채무의 존재를 매수인에게 고지하지 아니한 것이 부작위에 의한 기망에 해당하지 아니한다고 본 원심판결을 수긍한 사례(대판 1998. 4. 14, 98도231).　정답 ― ○

18 신장결핵을 앓고 있는 甲이 乙보험회사가 정한 약관에 신장결핵을 포함한 질병에 대한 고지의무를 규정하고 있음을 알면서도 이를 고지하지 아니한 채 그 사실을 모르는 乙보험회사와 그 질병을 담보하는 보험계약을 체결한 후 신장결핵의 발병을 사유로 하여 보험금을 청구하여 수령한 경우, 甲에게는 사기죄가 성립한다.　변호사시험 제7회

(해설) 특정 질병을 앓고 있는 사람이 보험회사가 정한 약관에 그 질병에 대한 고지의무를 규정하고 있음을 알면서도 이를 고지하지 아니한 채 그 사실을 모르는 보험회사와 그 질병을 담보하는 보험계약을 체결한 다음 바로 그 질병의 발병을 사유로 하여 보험금을 청구하였다면 특별한 사정이 없는 한 **사기죄에 있어서의 기망행위 내지 편취의 범의를 인정할 수 있고**, 보험회사가 그 사실을 알지 못한 데에 과실이 있다거나 고지의무위반을 이유로 보험계약을 해제할 수 있다고 하여 사기죄의 성립에 영향이 생기는 것은 아니다(대판 2007. 4. 12, 2007도967).　정답 ― ○

19 매매 대상 토지에 대하여 도시계획이 입안되어 협의 수용될 것을 알고 있는 매도인이 이러한 사실을 모르는 매수인에게 이 같은 사실을 고지하지 아니하고 매도하였더라도 매수인에게 소유권이전등기가 완료되었다면 부작위에 의한 사기죄가 성립하지 않는다.　변호사시험 제3회

(해설) 「20번 문제」해설 참조　정답 ― X

20 토지 소유자인 甲이 그 소유 토지에 대하여 여객정류장시설을 설치하는 도시계획이 입안되어 있어 장차 위 토지가 수용될 것이라는 점을 알고 있었음에도, 이러한 사정을 모르는 매수인 乙에게 이러한 사실을 고지하지 않고 토지를 매도하고 매매대금을 수령하였다면, 甲에게는 사기죄가 성립한다.   변호사시험 제7회

> (해설) 토지에 대하여 도시계획이 입안되어 있어 장차 협의매수되거나 수용될 것이라는 사정을 매수인에게 고지하지 아니한 행위가 부작위에 의한 <u>사기죄를 구성한다</u>고 본 사례(대판 1993. 7. 13, 93도14).   정답 – ○

21 甲은 乙 명의의 차용증을 위조한 후 乙 소유 부동산에 대한 가압류신청을 하여 법원으로부터 가압류결정을 받았다. 이에 대하여 乙의 고소로 개시된 수사절차에서, 乙이 미국에 거주하는 A로부터 위 부동산을 1억 5,000만 원에 매수한 것인 양 신고하여 부동산등기부에 매매가액이 1억 5,000만 원으로 기재되게 하고 소유권이전등기를 마친 사실이 확인되었다. 미국에 있는 A와의 전화통화 내용을 문답 형식으로 기재하고 검찰주사만 기명날인한 수사보고서를 검사는 공소제기 후 증거로 제출하였다. 한편, 甲의 범행을 알고 있는 B가 법정에서 허위증언을 하자 검사가 B를 소환하여 추궁 끝에 법정증언을 번복하는 취지의 진술조서를 작성하여 이를 증거로 제출하였다. 이 경우 甲이 본안소송을 제기하지 아니한 채 가압류를 신청한 것만으로는 사기죄의 실행에 착수하였다고 할 수 없다.   변호사시험 제3회

> (해설) 가압류는 강제집행의 보전방법에 불과한 것이어서 허위의 채권을 피보전권리로 삼아 가압류를 하였다고 하더라도 그 채권에 관하여 현실적으로 청구의 의사표시를 한 것이라고는 볼 수 없으므로, 본안소송을 제기하지 아니한 채 <u>가압류를 한 것만으로는 사기죄의 실행에 착수</u>하였다고 할 수 없다(대판 1988. 9. 13, 88도55).   정답 – ○

22 피해자에 대한 사기범행을 실현하는 수단으로서 타인을 기망하여 그를 피해자로부터 편취한 재물이나 재산상 이익을 전달하는 도구로만 이용한 경우에는 피해자에 대한 사기죄만 성립할 뿐 도구로 이용된 타인에 대한 사기죄가 별도로 성립하지는 않는다.   변호사시험 제7회

> (해설) 피해자에 대한 사기범행을 실현하는 수단으로서 타인을 기망하여 그를 피해자로부터 편취한 재물이나 재산상 이익을 전달하는 도구로서만 이용한 경우, 피해자에 대한 사기죄 외에 도구로 이용된 타인에 대한 사기죄가 별도로 성립하는지 여부에 관하여 판례는 간접정범을 통한 범행에서 피이용자는 간접정범의 의사를 실현하는 수단으로서의 지위를 가질 뿐이므로, 피해자에 대한 사기범행을 실현하는 수단으로서 타인을 기망하여 그를 피해자로부터 편취한 재물이나 재산상 이익을 전달하는 도구로서만 이용한 경우에는 편취의 대상인 재물 또는 재산상 이익에 관하여 <u>피해자에 대한 사기죄가 성립</u>할 뿐 도구로 이용된 타인에 대한 사기죄가 별도로 성립한다고 할 수 없다(대판 2017. 5. 31, 2017도3894)라고 판시하고 있다.   정답 – ○

23 불법원인급여에 해당하여 급여자가 수익자에 대한 반환청구권을 행사할 수 없다고 하더라도 수익자가 기망을 통하여 급여자로 하여금 불법원인급여에 해당하는 재물을 제공하도록 하였다면 사기죄가 성립한다.　　　　　　　　　　　　　　　변호사시험 제2회

> 해설 ✏ 불법원인급여에 해당하는 경우에도 사기죄가 성립할 수 있는지 여부(적극)
> (판결이유 중)……민법 제746조의 불법원인급여에 해당하여 급여자가 수익자에 대한 반환청구권을 행사할 수 없다고 하더라도, 수익자가 기망을 통하여 급여자로 하여금 불법원인급여에 해당하는 재물을 제공하도록 하였다면 사기죄가 성립한다고 할 것인바……(대판 2006. 11. 23, 2006도6795).　　　　　　　　　　　　　　　　　　　　정답 ― ○

24 A주식회사는 직원 甲을 통해 乙에게 외제 승용차를 할부 판매하였고, 乙이 이를 친구인 丙 명의로 등록하여 운행하던 중 乙이 약정기일에 1억 원의 할부금을 갚지 못하였다. 丙이 명의수탁 받은 위 승용차를 자신의 소유라고 속여 B에게 매도하였다면 B가 자기의 명의로 소유권이전등록을 하였더라도 丙은 B에 대하여 사기죄가 성립한다.　　변호사시험 제4회

> 해설 ✏ 부동산의 명의수탁자가 부동산을 제3자에게 매도하고 매매를 원인으로 한 소유권이전등기까지 마쳐 준 경우, 명의신탁의 법리상 대외적으로 수탁자에게 그 부동산의 처분권한이 있는 것임이 분명하고, 제3자로서도 자기 명의의 소유권이전등기가 마쳐진 이상 무슨 실질적인 재산상의 손해가 있을 리 없으므로 그 명의신탁 사실과 관련하여 신의칙상 고지의무가 있다거나 기망행위가 있었다고 볼 수도 없어서 그 제3자에 대한 <u>사기죄가 성립될 여지가 없고</u>, 나아가 그 처분시 매도인(명의수탁자)의 소유라는 말을 하였다고 하더라도 역시 <u>사기죄가 성립하지 않으며</u>, 이는 <u>자동차의 명의수탁자가 처분한 경우에도 마찬가지이다</u>(대판 2007. 1. 11, 2006도4498).　　　　　　　　　　　　　　　　　　　　정답 ― X

25 금융기관 직원인 甲이 전산단말기를 이용하여 다른 공범들이 지정한 계좌에 허위의 정보를 입력하는 방법으로 입금되도록 한 경우, 그후 입금이 취소되어 인출하지 못하였다고 하더라도 컴퓨터등사용사기죄가 성립한다.　　　　　　　　　　　　　　변호사시험 제1회

> 해설 ✏ 금융기관 직원이 전산단말기를 이용하여 다른 공범들이 지정한 특정계좌에 돈이 입금된 것처럼 허위의 정보를 입력하는 방법으로 위 계좌로 입금되도록 한 경우, 이러한 입금절차를 완료함으로써 장차 그 계좌에서 이를 인출하여 갈 수 있는 재산상 이익을 취득하였으므로 형법 제347조의2에서 정하는 컴퓨터 등 사용사기죄는 기수에 이르렀고, 그 후 그러한 입금이 취소되어 현실적으로 인출되지 못하였다고 하더라도 이미 성립한 컴퓨터 등 사용사기죄에 어떤 영향이 있다고 할 수는 없다(대판 2006. 9. 14, 2006도4127).　　　　　　정답 ― ○

26 전자복권구매시스템에서 은행환불명령을 입력하여 가상계좌 잔액이 1,000원 이하로 되었을 때 복권 구매명령을 입력하면 가상계좌로 복권 구매요청금과 동일한 액수의 가상현금이 입금되는 프로그램 오류를 이용하였을 뿐 허위의 정보를 입력한 경우가 아닌 때에도 부정한 명령의 입력에 해당하여 컴퓨터등사용사기죄가 성립할 수 있다. 변호사시험 제5회

해설 피고인이 甲 주식회사에서 운영하는 전자복권구매시스템에서 은행환불명령을 입력하여 가상계좌 잔액이 1,000원 이하로 되었을 때 복권 구매명령을 입력하면 가상계좌로 복권 구매요청금과 동일한 액수의 가상현금이 입금되는 프로그램 오류를 이용하여 잔액을 1,000원 이하로 만들고 다시 복권 구매명령을 입력하는 행위를 반복함으로써 피고인의 가상계좌로 구매요청금 상당의 금액이 입금되게 한 사안에서, 피고인의 행위는 형법 제347조의2에서 정한 '허위의 정보 입력'에 해당하지는 않더라도, 프로그램 자체에서 발생하는 오류를 적극적으로 이용하여 사무처리의 목적에 비추어 정당하지 아니한 사무처리를 하게 한 행위로서 '부정한 명령의 입력'에 해당한다고 한 사례(대판 2013. 11. 14, 2011도4440). 정답 - ○

27 乙이 자유로운 의사로 甲에게 자신의 현금카드를 주면서 400만 원을 인출해 가라고 하였는데 甲이 500만 원을 인출한 다음 현금카드를 되돌려주었다면, 위임받은 범위를 초과하여 인출한 100만 원에 대해서는 컴퓨터등사용사기의 죄책을 진다. 변호사시험 제7회

해설 예금주인 현금카드 소유자로부터 일정한 금액의 현금을 인출해 오라는 부탁을 받으면서 이와 함께 현금카드를 건네받은 것을 기화로 그 위임을 받은 금액을 초과하여 현금을 인출하는 방법으로 그 차액 상당을 위법하게 이득할 의사로 현금자동지급기에 그 초과된 금액이 인출되도록 입력하여 그 초과된 금액의 현금을 인출한 경우에는 그 인출된 현금에 대한 점유를 취득함으로써 이 때에 그 인출한 현금 총액 중 인출을 위임받은 금액을 넘는 부분의 비율에 상당하는 재산상 이익을 취득한 것으로 볼 수 있으므로 이러한 행위는 그 차액 상당액에 관하여 형법 제347조의2(컴퓨터등사용사기)에 규정된 '컴퓨터 등 정보처리장치에 권한 없이 정보를 입력하여 정보처리를 하게 함으로써 재산상의 이익을 취득'하는 행위로서 컴퓨터등 사용사기죄에 해당된다(대판 2006. 3. 24, 2005도3516). 정답 - ○

28 甲은 집에서 필로폰을 투약한 다음, 함께 사는 사촌언니 A의 K은행 예금통장을 몰래 가지고 나와 K은행 현금자동지급기에 넣고 미리 알고 있던 통장 비밀번호를 입력하여 A 명의의 예금잔고 중 100만 원을 甲 명의의 M은행 계좌로 이체한 후 집으로 돌아와 예금통장을 원래 자리에 가져다 놓았다. 이후 甲은 자신의 신용카드로 M은행 현금자동지급기에서 위와 같이 이체한 100만 원을 인출하였다. 마침 부근을 순찰 중인 경찰관이 필로폰 기운으로 비틀거리는 甲을 수상히 여겨 甲에게 동행을 요구하였으나 甲은 그대로 도주하였다. 필로폰 투약 사실을 알게 된 A의 설득으로 甲은 다음 날 경찰서에 자진출석하였으나 필로폰 투약 사실을 일관되게 부인하며 소변의 임의제출도 거부하므로 경찰관은 소변 확보를 위해 압수·수색·검증영장을 발부받았다. 이 때, A의 예금계좌에서 甲의 계좌로 100만 원을 이체한 행위는 컴퓨터등사용사기죄에 해당되고 이 경우 친족상도례가 적용되지 않는다. 변호사시험 제7회

해설 ✎ 컴퓨터 등 정보처리장치를 통하여 이루어지는 금융기관 사이의 전자식 자금이체거래는 금융기관 사이의 환거래관계를 매개로 하여 금융기관 사이나 금융기관을 이용하는 고객 사이에서 현실적인 자금의 수수 없이 지급·수령을 실현하는 거래방식인바, 권한 없이 컴퓨터 등 정보처리장치를 이용하여 예금계좌 명의인이 거래하는 금융기관의 계좌 예금 잔고 중 일부를 자신이 거래하는 다른 금융기관에 개설된 그 명의 계좌로 이체한 경우, 예금계좌 명의인의 거래 금융기관에 대한 예금반환 채권은 이러한 행위로 인하여 영향을 받을 이유가 없는 것이므로, 거래 금융기관으로서는 예금계좌 명의인에 대한 예금반환 채무를 여전히 부담하면서도 환거래관계상 다른 금융기관에 대하여 자금이체로 인한 이체자금 상당액 결제채무를 추가 부담하게 됨으로써 이체된 예금 상당액의 채무를 이중으로 지급해야 할 위험에 처하게 된다. 따라서 **친척 소유 예금통장을 절취한 자가 그 친척 거래 금융기관에 설치된 현금자동지급기에 예금통장을 넣고 조작하는 방법으로 친척 명의 계좌의 예금 잔고를 자신이 거래하는 다른 금융기관에 개설된 자기 계좌로 이체한 경우**, 그 범행으로 인한 피해자는 이체된 예금 상당액의 채무를 이중으로 지급해야 할 위험에 처하게 되는 그 친척 거래 금융기관이라 할 것이고, 거래 약관의 면책 조항이나 채권의 준점유자에 대한 법리 적용 등에 의하여 위와 같은 범행으로 인한 피해가 최종적으로는 예금 명의인인 친척에게 전가될 수 있다고 하여, 자금이체 거래의 직접적인 당사자이자 이중지급 위험의 원칙적인 부담자인 거래 **금융기관**을 위와 같은 컴퓨터 등 사용사기 범행의 피해자에 해당하지 않는다고 볼 수는 없으므로, 위와 같은 경우에는 친족 사이의 범행을 전제로 하는 친족상도례를 적용할 수 없다(대판 2007. 3. 15, 2006도2704).

정답 ― ○

29 甲이 피해자 A의 케이티전화카드(한국통신의 후불식 통신카드)를 절취하여 전화통화에 이용하였으나 A가 통신요금을 납부할 책임을 부담한다면 편의시설부정이용죄는 성립하지 않는다.   변호사시험 제6회

해설 ✎ 형법 제348조의2에서 규정하는 편의시설부정이용의 죄는 부정한 방법으로 대가를 지급하지 아니하고 자동판매기, 공중전화 기타 유료자동설비를 이용하여 재물 또는 재산상의 이익을 취득하는 행위를 범죄구성요건으로 하고 있는데, **타인의 전화카드(한국통신의 후불식 통신카드)를 절취하여 전화통화에 이용한 경우**에는 통신카드서비스 이용계약을 한 피해자가 그 통신요금을 납부할 책임을 부담하게 되므로, 이러한 경우에는 피고인이 '대가를 지급하지 아니하고' 공중전화를 이용한 경우에 해당한다고 볼 수 없어 **편의시설부정이용의 죄를 구성하지 않는다**(대판 2001. 9. 25, 2001도3625).

정답 ― ○

30 甲이 乙의 명의를 모용하여 발급받은 신용카드로 현금자동지급기에서 현금대출을 받는 행위는 절도죄에 해당한다.   변호사시험 제1회

해설 ✎ 「31번 문제」 해설 참조

정답 ― ○

31 타인의 명의를 모용하여 발급받은 신용카드를 사용하여 현금자동지급기에서 현금대출 (현금서비스)을 받은 행위는 그 현금을 객체로 하는 절도죄가 성립한다.   변호사시험 제4회

> (해설 🖋) 피고인이 타인의 명의를 모용하여 신용카드를 발급받은 경우, 비록 카드회사가 피고인 으로부터 기망을 당한 나머지 피고인에게 피모용자 명의로 발급된 신용카드를 교부하고, 사실 상 피고인이 지정한 비밀번호를 입력하여 현금자동지급기에 의한 현금대출(현금서비스)을 받을 수 있도록 하였다 할지라도, 카드회사의 내심의 의사는 물론 표시된 의사도 어디까지나 카드명 의인인 피모용자에게 이를 허용하는 데 있을 뿐, 피고인에게 이를 허용한 것은 아니라는 점에 서 **피고인이 타인의 명의를 모용하여 발급받은 신용카드를 사용하여 현금자동지급기에서 현 금대출을 받는 행위**는 카드회사에 의하여 미리 포괄적으로 허용된 행위가 아니라, 현금자동지 급기의 관리자의 의사에 반하여 그의 지배를 배제한 채 **그 현금을 자기의 지배하에 옮겨 놓는 행위로서 절도죄에 해당한다**고 봄이 상당하다(대판 2002. 7. 12, 2002도2134).   정답 - ○

32 강취한 타인의 신용카드를 사용하여 현금자동지급기에서 예금을 인출한 행위는 그 현금 을 객체로 하는 절도죄가 성립한다.   변호사시험 제4회

> (해설 🖋) 강도죄는 공갈죄와는 달리 피해자의 반항을 억압할 정도로 강력한 정도의 폭행·협박 을 수단으로 재물을 탈취하여야 성립하므로, 피해자로부터 현금카드를 강취하였다고 인정되 는 경우에는 피해자로부터 현금카드의 사용에 관한 승낙의 의사표시가 있었다고 볼 여지가 없다. 따라서 **강취한 현금카드를 사용하여 현금자동지급기에서 예금을 인출한 행위**는 피해 자의 승낙에 기한 것이라고 할 수 없으므로, 현금자동지급기 관리자의 의사에 반하여 그의 지 배를 배제하고 **그 현금을 자기의 지배하에 옮겨 놓는 것**이 되어서 강도죄와는 **별도로 절도죄 를 구성한다**(대판 2007. 5. 10, 2007도1375).   정답 - ○

33 절취한 타인의 신용카드를 사용하여 현금자동지급기에서 현금대출(현금서비스)을 받은 행위는 그 현금을 객체로 하는 절도죄가 성립한다.   변호사시험 제4회

> (해설 🖋) 피해자 명의의 신용카드를 부정사용하여 현금자동인출기에서 현금을 인출하고 그 현 금을 취득까지 한 행위는 신용카드업법 제25조 제1항의 부정사용죄에 해당할 뿐 아니라 그 현금을 취득함으로써 현금자동인출기 관리자의 의사에 반하여 그의 지배를 배제하고 그 현금 을 자기의 지배하에 옮겨 놓는 것이 되므로 **별도로 절도죄를 구성**하고, 위 양 죄의 관계는 그 보호법익이나 행위태양이 전혀 달라 실체적 경합관계에 있는 것으로 보아야 한다.
> (판결이유 중)……피고인이……집 안방에 다락을 통하여 침입하고 그곳 장롱 서랍속에 있 던……삼성위너스카드 1매와 현금 2만 원을 가지고 나와 이를 절취하고…… 위 절취한 신용 카드를 사용하여 현금서비스 금 50만 원을, 1994.1.9.경 서울 도봉구 창동 창동전철역 내 현 금자동인출기에서 같은 방법으로 현금서비스 금 50만 원을 각 인출하여……(대판 1995. 7. 28, 95도997).
> → 절취한 신용카드로 현금서비스를 받은 행위에 대해 판례는 절도죄를 인정한다.   정답 - ○

34 물품을 구입하고 절취한 신용카드로 결제를 하면서 매출전표에 서명하여 이를 교부한 경우 신용카드부정사용죄 외에 사문서위조죄 및 위조사문서행사죄로 처벌된다.

변호사시험 제4회

해설 📝 신용카드업법 제25조 제1항은 신용카드를 위조·변조하거나 도난·분실 또는 위조·변조된 신용카드를 사용한 자는 7년 이하의 징역 또는 5천만 원 이하의 벌금에 처한다고 규정하고 있는바, 위 부정사용죄의 구성요건적 행위인 신용카드의 사용이라 함은 신용카드의 소지인이 신용카드의 본래 용도인 대금결제를 위하여 가맹점에 신용카드를 제시하고 매출표에 서명하여 이를 교부하는 일련의 행위를 가리키고 단순히 신용카드를 제시하는 행위만을 가리키는 것은 아니라고 할 것이므로, 위 매출표의 서명 및 교부가 별도로 사문서위조 및 동행사의 죄의 구성요건을 충족한다고 하여도 이 **사문서위조 및 동행사의 죄는 위 신용카드부정사용죄에 흡수되어 신용카드부정사용죄의 1죄만이 성립하고 별도로 사문서위조 및 동행사의 죄는 성립하지 않는다**(대판 1992. 6. 9, 92도77). 　정답 - X

35 갈취한 타인의 신용카드와 그 타인으로부터 알아낸 비밀번호를 이용하여 현금자동지급기에서 예금을 인출한 행위는 그 현금을 객체로 하는 절도죄가 성립한다.　

변호사시험 제4회

해설 📝 예금주인 현금카드 소유자를 협박하여 그 카드를 갈취한 다음 피해자의 승낙에 의하여 현금카드를 사용할 권한을 부여받아 이를 이용하여 현금자동지급기에서 현금을 인출한 행위는 모두 피해자의 예금을 갈취하고자 하는 피고인의 단일하고 계속된 범의 아래에서 이루어진 일련의 행위로서 포괄하여 하나의 공갈죄를 구성하므로, **현금자동지급기에서 피해자의 예금을 인출한 행위를 현금카드 갈취행위와 분리하여 따로 절도죄로 처단할 수는 없다**. 왜냐하면 위 예금 인출 행위는 하자 있는 의사표시이기는 하지만 피해자의 승낙에 기한 것이고, 피해자가 그 승낙의 의사표시를 취소하기까지는 현금카드를 적법, 유효하게 사용할 수 있으므로, 은행으로서도 피해자의 지급정지 신청이 없는 한 그의 의사에 따라 그의 계산으로 적법하게 예금을 지급할 수밖에 없기 때문이다(대판 2007. 5. 10, 2007도1375).　정답 - X

36 「특정경제범죄 가중처벌 등에 관한 법률」에는 친족상도례에 관한 규정을 적용한다는 명시적인 규정이 없으므로 특정경제범죄가중처벌등에관한법률위반(사기)죄에는 친족상도례에 관한 규정이 적용되지 않는다.

변호사시험 제7회

해설 📝 친족상도례에 관한 형법규정이 특정경제범죄 가중처벌 등에 관한 법률 제3조 제1항 위반죄에도 적용되는지 여부에 관하여 판례는 형법 제354조, 제328조의 규정에 의하면, 직계혈족, 배우자, 동거친족, 동거가족 또는 그 배우자 간의 사기죄는 그 형을 면제하여야 하고 그 외의 친족 간에는 고소가 있어야 공소를 제기할 수 있는바, 형법상 사기죄의 성질은 **특정경제범죄 가중처벌 등에 관한 법률 제3조 제1항에 의해 가중처벌되는 경우에도 그대로 유지되고 같은 법률에 친족상도례의 적용을 배제한다는 명시적인 규정이 없으므로, 형법 제354조는 같은 법률 제3조 제1항 위반죄에도 그대로 적용된다**(대판 2010. 2. 11, 2009도12627)라고 판시하고 있다.

[특정경제범죄 가중처벌 등에 관한 법률 제3조(특정재산범죄의 가중처벌)] ① 「형법」 제347조(사기), 제347조의2(컴퓨터등 사용사기), 제350조(공갈), 제350조의2(특수공갈), 제351조(제347조, 제347조의2, 제350조 및 제350조의2의 상습범만 해당한다), 제355조(횡령·배임) 또는 제356조(업무상의 횡령과 배임)의 죄를 범한 사람은 그 범죄행위로 인하여 취득하거나 제3자로 하여금 취득하게 한 재물 또는 재산상 이익의 가액(이하 이 조에서 '이득액'이라 한다)이 5억원 이상일 때에는 다음 각 호의 구분에 따라 가중처벌한다.
1. 이득액이 50억원 이상일 때: 무기 또는 5년 이상의 징역
2. 이득액이 5억원 이상 50억원 미만일 때: 3년 이상의 유기징역

정답 - X

37 법원을 기망하여 제3자로부터 재물을 편취한 경우 피해자는 법원이 아니라 재물을 편취당한 제3자이므로 제3자와 사기죄를 범한 자가 직계혈족의 관계에 있을 때에는 그 범인에 대하여 형을 면제하여야 한다. 변호사시험 제7회

해설 ✎ 법원을 기망하여 제3자로부터 재물을 편취한 경우에 피기망자인 법원은 피해자가 될 수 없고 재물을 편취당한 제3자가 피해자라고 할 것이므로 피해자인 제3자와 사기죄를 범한 자가 직계혈족의 관계에 있을 때에는 그 범인에 대하여 형법 328조 제1항을 준용하여 형을 면제하여야 한다(대판 1976. 4. 13, 75도781). 정답 - O

38 A와 B를 기망하여 이들의 합유로 되어 있는 부동산에 대한 매매계약을 체결하고 소유권을 이전받은 다음 잔금을 지급하지 않은 경우, A와는 형이 면제되는 친족관계가 있으나 B와는 아무런 친족관계가 없다면 친족상도례에 관한 규정이 적용되지 않는다. 변호사시험 제7회

해설 ✎ 피고인 등이 공모하여, 피해자 甲, 乙 등을 기망하여 甲, 乙 및 丙과 부동산 매매계약을 체결하고 소유권을 이전받은 다음 잔금을 지급하지 않아 같은 금액 상당의 재산상 이익을 편취하였다는 내용으로 기소된 사안에서, 甲은 피고인의 8촌 혈족, 丙은 피고인의 부친이나, 위 부동산이 甲, 乙, 丙의 합유로 등기되어 있어 피고인에게 형법상 친족상도례 규정이 적용되지 않는다고 본 원심판단을 수긍한 사례(대판 2015. 6. 11, 2015도3160).
→ 사기 피해자인 합유자 중 일부가 친족관계에 있지 않다면 그에 대해서 친족상도례가 적용되지 않는다. 정답 - O

39 사돈지간은 「민법」상 친족이 아니므로 백화점 내 점포에 입점시켜 주겠다고 거짓말을 하여 사돈지간인 피해자로부터 입점비 명목으로 돈을 편취하였다면 친족상도례에 관한 규정이 적용되지 않는다. 변호사시험 제7회

해설 ✎ [1] 친족상도례가 적용되는 친족의 범위는 민법의 규정에 의하여야 하는데, 민법 제767조는 배우자, 혈족 및 인척을 친족으로 한다고 규정하고 있고, 민법 제769조는 혈족의 배우자, 배우자의 혈족, 배우자의 혈족의 배우자만을 인척으로 규정하고 있을 뿐, 구 민법

(1990. 1. 13. 법률 제4199호로 개정되기 전의 것) 제769조에서 인척으로 규정하였던 '혈족의 배우자의 혈족'을 인척에 포함시키지 않고 있다. 따라서 사기죄의 피고인과 피해자가 사돈지간이라고 하더라도 이를 민법상 친족으로 볼 수 없다.

[2] 피고인이 백화점 내 점포에 입점시켜 주겠다고 속여 피해자로부터 입점비 명목으로 돈을 편취하였다며 사기로 기소된 사안에서, 피고인의 딸과 피해자의 아들이 혼인하여 피고인과 피해자가 사돈지간이라고 하더라도 민법상 친족으로 볼 수 없는데도, 2촌의 인척인 친족이라는 이유로 위 범죄를 친족상도례가 적용되는 친고죄라고 판단한 후 피해자의 고소가 고소기간을 경과하여 부적법하다고 보아 공소를 기각한 원심판결 및 제1심판결에 친족의 범위에 관한 법리오해의 위법이 있다고 하여 모두 파기한 사례(대판 2011. 4. 28, 2011도2170). 정답 - ○

■ **사례【40~42】**

甲과 乙은 A모텔 906호실에는 몰래카메라를, 맞은편 B모텔 707호실에는 모니터를 설치하여 사기도박을 하기로 공모하고, 공모사실을 모르는 피해자들을 A모텔 906호실로 오게 하였다. 乙은 B모텔 707호실 모니터 화면에서 피해자들의 화투패를 인식하고, 甲은 피해자들과 속칭 '섯다'라는 도박을 정상적으로 하다가 어느 정도 시간이 지난 후에 리시버를 통해서 乙이 알려주는 피해자들의 화투패를 듣고 도박의 승패를 지배하는 방법으로 피해자들로부터 금원을 교부받았다.(다툼이 있는 경우에는 판례에 의함) 변호사시험 제1회

---

40 甲, 乙이 사기도박에 필요한 준비를 갖추고 그러한 의도로 피해자들에게 도박에 참가하도록 권유한 때 또는 늦어도 그 정을 알지 못하는 피해자들이 도박에 참가한 때 이미 사기죄의 실행의 착수가 인정된다.

해설 「41번 문제」해설 참조 정답 - ○

41 甲, 乙이 사기도박을 숨기기 위하여 얼마간 정상적인 도박을 한 부분은 피해자들에 대한 사기죄 외에 도박죄가 따로 성립한다.

해설 「40번 문제의 해설」 피고인 등이 사기도박에 필요한 준비를 갖추고 그러한 의도로 피해자들에게 도박에 참가하도록 권유한 때 또는 늦어도 그 정을 알지 못하는 피해자들이 도박에 참가한 때에는 이미 사기죄의 실행에 착수하였다고 할 것이므로,「41번 문제의 해설」 피고인 등이 그 후에 사기도박을 숨기기 위하여 얼마간 정상적인 도박을 하였더라도 이는 사기죄의 실행행위에 포함되는 것이어서 피고인에 대하여는 피해자들에 대한 사기죄만이 성립하고 <u>도박죄는 따로 성립하지 아니함</u>에도, 이와 달리 피해자들에 대한 사기죄 외에 도박죄가 별도로 성립하는 것으로 판단하고 이를 유죄로 인정한 원심판결에 사기도박에 있어서의 실행의 착수시기 등에 관한 법리오해의 위법이 있다고 한 사례(대판 2011. 1. 13, 2010도9330).

정답 - X

42 사기도박과 같이 도박당사자의 일방이 사기의 수단으로써 승패를 지배하는 경우에는 도박에서의 우연성이 결여되어 사기죄만 성립하고 도박죄는 성립하지 아니한다.

(해설 🖉) 도박이란 2인 이상의 자가 상호간에 재물을 도(도)하여 우연한 승패에 의하여 그 재물의 득실을 결정하는 것이므로, 이른바 사기도박과 같이 도박당사자의 일방이 사기의 수단으로써 승패의 수를 지배하는 경우에는 도박에서의 우연성이 결여되어 사기죄만 성립하고 도박죄는 성립하지 아니한다(대판 2011. 1. 13, 2010도9330).   [정답] - O

■ 사례【43~44】

甲과 乙은 고의로 교통사고를 낸 뒤 보험금을 청구하여 수령하기로 계획하였다. 이에 甲은 乙의 다리를 고의로 자동차로 치어 전치 4주의 상해를 입게 한 후 위 교통사고가 마치 과실에 의한 교통사고인 양 A보험회사와 B보험회사에 보험금을 청구하였다. 그 이후 甲은 교통사고에 대하여 교통사고처리특례법위반죄로 기소되어 유죄판결을 받고 확정되었다. 甲과 乙은 A보험회사로부터는 보험금을 수령했고, B보험회사로부터는 보험금을 수령하지 못하였다. 이후 검사는 甲과 乙의 보험사기 범행에 대하여 사기 및 사기미수죄로 기소하였고, 甲은 교통사고처리특례법위반과 사기 및 사기미수는 일련의 행위로서 기본적 사실관계가 동일하다는 이유로 면소판결을 해 달라고 주장하였다.(다툼이 있는 경우에는 판례에 의함)   변호사시험 제2회

---

43 사기죄의 실행의 착수시기는 편취의 의사로 기망행위를 개시한 때이며, 단순히 기망을 위한 수단을 준비하는 정도로는 아직 실행의 착수가 있다고 볼 수 없기 때문에 본 사안의 경우 사기죄의 실행의 착수를 인정할 수 없다.

(해설 🖉) 타인의 사망을 보험사고로 하는 생명보험계약을 체결할 때 제3자가 피보험자인 것처럼 가장하여 체결하는 등으로 그 유효요건이 갖추어지지 못한 경우, 보험계약을 체결한 행위만으로 보험금 편취를 위한 기망행위의 실행에 착수한 것으로 볼 수 있는지 여부(원칙적 소극)

(판결이유 중)……**보험회사를 기망하여 보험금을 지급받은 편취행위**는 다른 특별한 사정이 없는 한 공소외 2가 위 각 보험계약이 유효하게 체결된 것처럼 기망하여 **보험회사에 보험금을 청구한 때에 실행의 착수가 있었던 것**으로 보아야 할 것이고……(대판 2013. 11. 14, 2013도7494).

→ 보험금을 편취하려는 경우, 단순히 보험계약을 체결한 것만으로는 실행의 착수에 있었다고 보기 어렵지만, 사안과 같이 보험금을 청구한 경우에는 실행의 착수가 인정된다.

[정답] - X

---

44 보험금을 청구하였지만 보험금을 수령하지 못했다고 하더라도 사기죄는 기수가 된다.

(해설 🖉) 사기죄는 기망을 통해 재물을 교부 받거나 재산상의 이익을 취득한 때에 기수가 된다. 따라서 보험금을 수령하지 못했다면 사기죄는 기수가 된다고 할 수 없다.   [정답] - X

제4절 공갈의 죄

1 A가 B의 돈을 절취한 다음 다른 금전과 섞거나 교환하지 않고 쇼핑백에 넣어 자신의 집에 숨겨두었는데 甲이 B의 지시를 받아 乙과 함께 A를 위협하여 쇼핑백에 들어 있던 절취된 돈을 교부받았다면 甲은 폭력행위등처벌에관한법률위반(공동공갈)의 죄책을 진다.

변호사시험 제7회

(해설 ✎) 甲이 乙의 돈을 절취한 다음 다른 금전과 섞거나 교환하지 않고 쇼핑백 등에 넣어 자신의 집에 숨겨두었는데, 피고인이 乙의 지시로 폭력조직원 丙과 함께 甲에게 겁을 주어 쇼핑백 등에 들어 있던 절취된 돈을 교부받아 갈취하였다고 하여 폭력행위 등 처벌에 관한 법률 위반(공동공갈)으로 기소된 사안에서, 피고인 등이 甲에게서 되찾은 돈은 절취 대상인 당해 금전이라고 구체적으로 특정할 수 있어 객관적으로 甲의 다른 재산과 구분됨이 명백하므로 이를 타인인 甲의 재물이라고 볼 수 없고, 따라서 비록 피고인 등이 甲을 공갈하여 돈을 교부받았더라도 타인의 재물을 갈취한 행위로서 **공갈죄가 성립된다고 볼 수 없는데도**, 이와 달리 보아 유죄를 인정한 원심판결에 공갈죄의 대상인 타인의 재물 등에 관한 법리오해의 위법이 있다고 한 사례(대판 2012. 8. 30, 2012도6157). 정답 – X

2 채권자인 甲과 그의 아내 乙은 빚을 갚지 못하고 있는 채무자 A를 찾아가 함께 심한 욕설을 하였다. 만일 甲과 乙이 심한 욕설과 함께 A의 사무실 유리탁자 등 집기를 손괴하면서 당장 빚을 갚지 않으면 조직폭력배를 동원하여 A의 가족에게 해를 가하겠다고 말하였더라도 甲과 乙은 채권자로서 권리를 행사한 것이므로 공갈죄는 성립할 수 없다. 변호사시험 제6회

(해설 ✎) 권리행사를 빙자하여 사회통념상 용인되기 어려운 협박을 하여 상대방을 외포케 한 경우 공갈죄의 성부에 관하여 판례는 정당한 권리가 있다 하더라도 그 권리행사를 빙자하여 사회통념상 용인되기 어려운 정도를 넘는 협박을 수단으로 상대방을 외포케 하여 재물의 교부 또는 재산상의 이익을 받으려 하였다면 **공갈죄가 성립한다**(대판 1996. 3. 22, 95도2801)라고 판시하고 있다. 정답 – X

■ 사례【3~4】

甲은 동거하지 않는 이종사촌동생인 乙의 기망에 의하여 乙로 부터 부동산을 비싸게 매수하자 乙이 취득한 전매차익 1,000만 원을 받아내기 위하여 주방용 칼을 들고 乙의 집으로 찾아가 전매차익을 돌려주지 않으면 죽여버리겠다고 협박하여 乙로부터 1,000만 원을 돌려받았다. 이에 乙은 甲을 경찰서에 신고하여 처벌을 원한다고 진술하였으나, 사건이 검찰에 송치된 후에 甲으로부터 500만 원을 돌려받고 '원만히 합의되었으므로 앞으로 어떠한 민·형사상의 책임을 묻지 않겠다'는 취지의 합의서를 작성하여 검사에게 제출하였다. 이후 검사는 甲을 폭력행위등처벌에관한법률위반(집단·흉기등공갈)죄로 기소하였다.(다툼이 있는 경우에는 판례에 의함))

변호사시험 제2회

3 甲은 기망에 의하여 乙로부터 부동산을 비싸게 매수한 것이므로 위와 같이 乙로부터 1,000만 원을 돌려받은 것은 정당한 권리행사에 해당되어 무죄이다.

> (해설 ✎) 피해자의 기망에 의하여 부동산을 비싸게 매수한 피고인이라도 그 계약을 취소함이 없이 등기를 피고인 앞으로 둔 채 피해자의 전매차익을 받아낼 셈으로 **피해자를 협박하여 재산상의 이득을 얻거나 돈을 받았다면** 이는 정당한 권리행사의 범위를 넘은 것으로서 사회통념상 용인될 수 없으므로 **공갈죄를 구성한다**(대판 1991. 9. 24, 91도1824).
>
> → 판례는 재산죄에 있어서 불법영득(이득)의사가 문제되는 경우 영득(이득)의 불법이 아니라 수단의 불법을 문제 삼으므로, 정당한 권리를 가진 자이더라도 이를 행사하는 방식이 사회통념상 용인될 수 없는 경우 불법영득(이득)의사를 인정하여 범죄 성립을 긍정한다.
>
> 정답 - X

4 甲과 乙은 이종사촌 사이로 형법 제354조, 제328조의 친족간의 범행에 관한 규정이 적용될 여지가 없으므로 甲은 유죄이다.

> (해설 ✎)
>
> > 〔형법 제328조(친족간의 범행과 고소)〕 ① 직계혈족, 배우자, 동거친족, 동거가족 또는 그 배우자간의 제323조의 죄는 그 형을 면제한다. ② **제1항이외의 친족간에 제323조의 죄를 범한 때에는 고소가 있어야 공소를 제기할 수 있다.** ③ 전 2항의 신분관계가 없는 공범에 대하여는 전 이항을 적용하지 아니한다.
> > 〔형법 제350조의2(특수공갈)〕 단체 또는 다중의 위력을 보이거나 **위험한 물건을 휴대하여** 제350조의 죄를 범한 자는 1년 이상 15년 이하의 징역에 처한다.
> > 〔형법 제354조(친족간의 범행, 동력)〕 제328조와 제346조의 규정은 본장의 죄(사기와 공갈의 죄-역자 주)에 준용한다.
> > 〔민법 제777조(친족의 범위)〕 친족관계로 인한 법률상 효력은 이 법 또는 **다른 법률에 특별한 규정이 없는 한** 다음 각호에 해당하는 자에 미친다.
> > 1. 8촌 이내의 혈족
>
> → 甲이이 칼을 들고 협박하여 돈을 받았으므로 특수공갈에 해당한다. 특수공갈의 경우도 친족상도례 규정이 적용되는데, 甲과 乙은 이종사촌 간이며 8촌 이내의 혈족에 해당하므로, 甲과 乙은 동거하지 않는 친족에 해당한다. 따라서 형법 제354조, 제328조의 친족간의 범행에 관한 규정이 적용된다.
>
> 정답 - X

사례 【5~6】

사채업자 甲은 소규모 간판업자 乙에게 300만 원을 빌려 주었는데 乙이 변제기가 지나
도록 채무를 변제하지 않자 하루 간격으로 두차례 과격한 표현의 경고성 문구를 담은
문자메시지를 乙의 휴대폰으로 발송하고, 乙의 사무실과 휴대폰으로 매일 수십 회에 걸
쳐 독촉전화를 걸었다. 그러나 실제 통화를 한 것은 한 번뿐이고 나머지는 전화를 받지
아니하였다. 이에 甲은 乙을 찾아가 "당장 돈을 내놓지 않으면 사람을 시켜 쥐도 새도
모르게 죽여버리겠다."라고 乙을 위협하였고, 이에 乙은 겁을 먹고 자신의 현금카드를
건네주면서 현금자동지급기에서 원금과 이자조로 현금 400만 원을 직접 인출해 가도록
하였다.(다툼이 있는 경우 판례에 의함)   변호사시험 제7회

5 甲이 乙을 위협하여 乙로부터 현금카드를 건네받아 현금자동지급기에서 400만 원을 인
출한 점은 포괄하여 하나의 공갈죄를 구성한다.

    (해설) 예금주인 현금카드 소유자를 협박하여 그 카드를 갈취하였고, 하자 있는 의사표시이
기는 하지만 피해자의 승낙에 의하여 현금카드를 사용할 권한을 부여받아 이를 이용하여 현
금을 인출한 이상, 피해자가 그 승낙의 의사표시를 취소하기까지는 현금카드를 적법, 유효하
게 사용할 수 있고, 은행의 경우에도 피해자의 지급정지 신청이 없는 한 피해자의 의사에 따
라 그의 계산으로 적법하게 예금을 지급할 수밖에 없는 것이므로, 피고인이 피해자로부터 현
금카드를 사용한 예금인출의 승낙을 받고 현금카드를 교부받은 행위와 이를 사용하여 현금자
동지급기에서 예금을 여러 번 인출한 행위들은 모두 피해자의 예금을 갈취하고자 하는 피고
인의 단일하고 계속된 범의 아래에서 이루어진 일련의 행위로서 **포괄하여 하나의 공갈죄를
구성한다**고 볼 것이지, 현금지급기에서 피해자의 예금을 취득한 행위를 현금지급기 관리자의
의사에 반하여 그가 점유하고 있는 현금을 절취한 것이라 하여 이를 현금카드 갈취행위와 분
리하여 따로 절도죄로 처단할 수는 없다(대판 1996. 9. 20, 95도1728).   정답 — ○

6 공갈죄의 수단으로서 한 협박은 공갈죄에 흡수되어 별도로 협박죄를 구성하지 않으므로,
乙이 甲을 협박죄로 고소하였다가 취소하였다고 하여도 이는 甲을 공갈죄로 처벌하는 데
에 장애가 되지 않는다.

    (해설) 공갈죄의 수단으로서 한 협박은 공갈죄에 흡수될 뿐 별도로 협박죄를 구성하지 않으
므로, 그 범죄사실에 대한 피해자의 고소는 결국 공갈죄에 대한 것이라 할 것이어서 그 후 고
소가 취소되었다 하여 공갈죄로 처벌하는 데에 아무런 장애가 되지 아니하며, 검사가 공소를
제기할 당시에는 그 범죄사실을 협박죄로 구성하여 기소하였다 하더라도, 그 후 공판 중에 기
본적 사실관계가 동일하여 공소사실을 공갈미수로 공소장 변경이 허용된 이상 그 공소제기의
하자는 치유된다(대판 1996. 9. 24, 96도2151).   정답 — ○

제5절 횡령의 죄

1 제3자에 대한 뇌물공여의 목적으로 전달하여 달라고 교부받은 돈을 전달하지 않고 임의로 소비하였다고 하더라도 횡령죄가 성립하지 않는다.

변호사시험 제1회

(해설 ✎) 민법 제746조에 불법의 원인으로 인하여 재산을 급여하거나 노무를 제공한 때에는 그 이익의 반환을 청구하지 못한다고 규정한 뜻은 급여를 한 사람은 그 원인행위가 법률상 무효임을 내세워 상대방에게 부당이득반환청구를 할 수 없고, 또 급여한 물건의 소유권이 자기에게 있다고 하여 소유권에 기한 반환청구도 할 수 없어서 결국 급여한 물건의 소유권은 급여를 받은 상대방에게 귀속되는 것이므로, 甲이 乙로부터 **제3자에 대한 뇌물공여** 또는 배임증재의 **목적으로 전달하여 달라고 교부받은** 금전은 불법원인급여물에 해당하여 그 소유권은 甲에게 귀속되는 것으로서 甲이 위 금전을 제3자에게 전달하지 않고 임의로 소비하였다고 하더라도 **횡령죄가 성립하지 않는다**(대판 1999. 6. 11, 99도275). 정답 - ○

2 명의신탁 약정에 따라 수탁자가 부동산 매매계약의 매수인으로 나서서 그 정을 모르는 매도인과 매매계약을 체결하고 그 목적물을 자기 명의로 등기한 후 임의로 처분한 경우에는 횡령죄가 성립한다.

변호사시험 제1회

(해설 ✎) 횡령죄는 타인의 재물을 보관하는 자가 그 재물을 횡령하는 경우에 성립하는 범죄인 바, 부동산실권리자명의등기에관한법률 제2조 제1호 및 제4조의 규정에 의하면, 신탁자와 수탁자가 명의신탁 약정을 맺고, 이에 따라 **수탁자가 당사자가 되어 명의신탁 약정이 있다는 사실을 알지 못하는 소유자와 사이에서 부동산에 관한 매매계약을 체결한 후** 그 매매계약에 기하여 당해 부동산의 소유권이전등기를 수탁자 명의로 경료한 경우에는, 그 소유권이전등기에 의한 당해 부동산에 관한 물권변동은 유효하고, 한편 신탁자와 수탁자 사이의 명의신탁 약정은 무효이므로, 결국 수탁자는 전소유자인 매도인뿐만 아니라 신탁자에 대한 관계에서도 유효하게 당해 부동산의 소유권을 취득한 것으로 보아야 할 것이고, 따라서 **그 수탁자는 타인의 재물을 보관하는 자라고 볼 수 없다**(대판 2000. 3. 24, 98도4347).
→ 따라서 수탁자가 매매 목적물을 임의로 처분하여도 횡령죄가 성립하지 않는다. 정답 - X

3 양도담보로 제공된 동산을 채권자가 채무자와의 합의를 통해 점유보관하고 있다가 변제기가 도래하기 전에 그 목적물을 임의로 제3자에게 처분하면 횡령죄가 성립한다.

변호사시험 제1회

(해설 ✎) 채무자가 채무이행의 담보를 위하여 동산에 관한 양도담보계약을 체결하고 점유개정의 방법으로 여전히 그 동산을 점유하는 경우 그 계약이 채무의 담보를 위하여 양도의 형식을 취하였을 뿐이고 실질은 채무의 담보와 담보권실행의 청산절차를 주된 내용으로 하는 것이라면 별단의 사정이 없는 한 그 동산의 소유권은 여전히 채무자에게 남아 있고, 채권자는 단지 양도담보물권을 취득하는 데 지나지 않으므로 그 동산을 다른 사유에 의하여 보관하게 된 채권자는 타인 소유의 물건을 보관하는 자로서 횡령죄의 주체가 될 수 있다.

(판결이유 중)……위 피담보채권의 변제기인 1985.11.28.이 도래하지 않았고, 사후수습책을 마련하기 위한 합의도 이루어지지 아니한 상황에서……이를 처분한 사실을 인정할 수 있으니 피고인들은 횡령죄의 주체에 해당한다 할 것이므로 피고인들을 횡령죄로 처단한 원심판결에 양도담보에 관한 법리를 오해한 위법이 있다고 볼 수 없으므로……(대판 1989. 4. 11, 88도906). 정답 ─ ○

4 위탁판매에서 판매대금에 대한 특약이나 특별한 사정이 없는 한 수탁자가 판매대금을 임의로 사용한 경우는 횡령죄가 성립한다. 변호사시험 제1회

해설 ✎ 통상 위탁판매의 경우에 위탁판매인이 위탁물을 매매하고 수령한 금원은 위탁자의 소유에 속하여 위탁판매인이 함부로 이를 소비하거나 인도를 거부하는 때에는 횡령죄가 성립한다고 할 것이나, 위탁판매인과 위탁자간에 판매대금에서 각종 비용이나 수수료 등을 공제한 이익을 분배하기로 하는 등 그 대금처분에 관하여 특별한 약정이 있는 경우에는 이에 관한 정산관계가 밝혀지지 않는 한 위탁물을 판매하여 이를 소비하거나 인도를 거부 하였다 하여 곧바로 횡령죄가 성립한다고는 할 수 없다(대판 1990. 3. 27, 89도813). 정답 ─ ○

5 동업재산은 동업자의 합유에 속하는 것이므로 동업자 중 한 사람이 지분을 임의로 처분하거나 또는 동업재산의 처분으로 얻은 대금을 보관 중 임의로 소비하였다면 횡령죄가 성립한다. 변호사시험 제1회

해설 ✎ 동업재산은 동업자의 합유에 속하므로, 동업관계가 존속하는 한 동업자는 동업재산에 대한 지분을 임의로 처분할 권한이 없고, 동업자 한 사람이 지분을 임의로 처분하거나 또는 동업재산의 처분으로 얻은 대금을 보관 중 임의로 소비하였다면 횡령죄의 죄책을 면할 수 없다(대판 2011. 6. 10, 2010도17684). 정답 ─ ○

6 조합장이 조합으로부터 공무원에게 뇌물로 전달하여 달라고 금원을 교부 받고도, 이를 뇌물로 전달하지 않고 개인적으로 소비한 경우에 횡령죄가 성립한다. 변호사시험 제3회

해설 ✎ 민법 제746조에 불법의 원인으로 인하여 재산을 급여하거나 노무를 제공한 때에는 그 이익의 반환을 청구하지 못한다고 규정한 뜻은 급여를 한 사람은 그 원인행위가 법률상 무효임을 내세워 상대방에게 부당이득반환청구를 할 수 없고, 또 급여한 물건의 소유권이 자기에게 있다고 하여 소유권에 기한 반환청구도 할 수 없어서 결국 급여한 물건의 소유권은 급여를 받은 상대방에게 귀속된다는 것이므로 조합장이 조합으로부터 공무원에게 뇌물로 전달하여 달라고 금원을 교부받은 것은 불법원인으로 인하여 지급 받은 것으로서 이를 뇌물로 전달하지 않고 타에 소비하였다고 해서 타인의 물을 보관중 횡령하였다고 볼 수는 없다(대판 1988. 9. 20, 86도628). 정답 ─ X

7 타인이 착오로 피고인 명의의 홍콩H은행 계좌로 잘못 송금한 300만 홍콩달러를 피고인이 임의로 인출하여 사용하였더라도 피고인과 송금인 사이에 별다른 거래관계가 없는 경우에는 횡령죄가 성립하지 않는다. 변호사시험 제3회

해설 ✎ 착오로 송금되어 입금된 돈을 임의로 인출하여 소비한 행위가 송금인과 피고인 사이
에 별다른 거래관계가 없는 경우에도 횡령죄에 해당하는지 여부(적극)

(판결 이유 중)……피고인은 2008. 6. 4.경 피해자 공소외 주식회사에 근무하는 이름을 알 수
없는 직원이 착오로 피고인 명의의 홍콩상하이(HSBC)은행 계좌로 잘못 송금한 300만 홍콩
달러(한화 약 3억 9,000만 원 상당)를 그 무렵 임의로 인출하여 사용한 사실을 인정하였다.
이를 위 법리에 비추어 살펴보면, 피고인의 행위는 횡령죄에 해당한다……(대판 2010. 12. 9,
2010도891).
정답 - X

8 지명채권의 양도인이 채무자에 대한 양도의 통지 전에 채무자로부터 채권을 추심하여 금
전을 수령한 경우 그 금전은 양도인의 소유에 속하므로 이를 양도인이 임의로 소비하더
라도 횡령죄가 성립하지 않는다.   변호사시험 제3회

해설 ✎ 채권양도는 채권을 하나의 재화로 다루어 이를 처분하는 계약으로서, 채권 자체가 그
동일성을 잃지 아니한 채 양도인으로부터 양수인에게로 바로 이전하고, 이 경우 양수인으로서
는 채권자의 지위를 확보하여 채무자로부터 유효하게 채권의 변제를 받는 것이 그 목적인바,
우리 민법은 채무자와 제3자에 대한 대항요건으로서 채무자에 대한 양도의 통지 또는 채무자
의 양도에 대한 승낙을 요구하고, 채무자에 대한 통지의 권능을 양도인에게만 부여하고 있으
므로, 양도인은 채무자에게 채권양도 통지를 하거나 채무자로부터 채권양도 승낙을 받음으로
써 양수인으로 하여금 채무자에 대한 대항요건을 갖출 수 있도록 해 줄 의무를 부담하며, 양
도인이 채권양도 통지를 하기 전에 타에 채권을 이중으로 양도하여 채무자에게 그 양도통지
를 하는 등 대항요건을 갖추어 줌으로써 양수인이 채무자에게 대항할 수 없게 되면 양수인은
그 목적을 달성할 수 없게 되므로, 양도인이 이와 같은 행위를 하지 않음으로써 양수인으로 하
여금 원만하게 채권을 추심할 수 있도록 하여야 할 의무도 당연히 포함되고, 양도인의 이와 같
은 적극적 · 소극적 의무는 이미 양수인에게 귀속된 채권을 보전하기 위한 것이고, 그 채권의
보전 여부는 오로지 양도인의 의사에 매여 있는 것이므로, 채권양도의 당사자 사이에서는 양
도인은 양수인을 위하여 양수채권 보전에 관한 사무를 처리하는 자라고 할 수 있고, 따라서 채
권양도의 당사자 사이에는 양도인의 사무처리를 통하여 양수인은 유효하게 채무자에게 채권
을 추심할 수 있다는 신임관계가 전제되어 있다고 보아야 할 것이고, 나아가 **양도인이 채권양
도 통지를 하기 전에 채무자로부터 채권을 추심하여 금전을 수령한 경우**, 아직 대항요건을 갖
추지 아니한 이상 채무자가 양도인에 대하여 한 변제는 유효하고, 그 결과 양수인에게 귀속되
었던 채권은 소멸하지만, 이는 이미 채권을 양도하여 그 채권에 관한 한 아무런 권한도 가지지
아니하는 양도인이 양수인에게 귀속된 채권에 대한 변제로서 수령한 것이므로, 채권양도의 당
연한 귀결로서 그 금전을 자신에게 귀속시키기 위하여 수령할 수는 없는 것이고, 오로지 양수
인에게 전달해 주기 위하여서만 수령할 수 있을 뿐이어서, **양도인이 수령한 금전은 양도인과
양수인 사이에서 양수인의 소유에 속하고**, 여기에다가 위와 같이 양도인이 양수인을 위하여
채권보전에 관한 사무를 처리하는 지위에 있다는 것을 고려하면, **양도인은 이를 양수인을 위
하여 보관하는 관계에 있다고 보아야 할 것이다**[대판(전합) 1999. 4. 15, 97도666].

→ 양도인이 금전을 임의로 소비하였다면 횡령죄가 성립한다는 취지이다.
정답 - X

9 임차토지에 동업계약에 기해 식재되어 있는 수목을 관리·보관하던 동업자 일방이 다른 동업자의 허락을 받지 않고 함부로 제3자에게 수목을 매도하기로 계약을 체결한 후 계약금을 수령·소비하였으나, 다른 동업자의 저지로 계약의 추가적인 이행이 진행되지 아니한 경우 횡령죄 미수가 성립한다. 변호사시험 제3회

> **해설** ✏️ 동업재산은 동업자의 합유에 속한다 할 것이므로 동업관계가 존속하는 한 동업자는 동업재산에 대한 그 지분을 임의로 처분할 권한이 없고 동업자의 한 사람이 그 지분을 임의로 처분하거나 또는 동업재산의 처분으로 얻은 대금을 보관중 임의로 소비하였다면 횡령죄의 죄책을 면할 수 없다(대판 1982. 9. 28, 81도2777).
> → 동업계약에 기해 식재되어 있는 수목은 동업재산에 해당하므로 이를 함부로 제3자에게 매도하는 행위는 횡령죄에 해당한다. 다만, 실제로 처분이 이루어지지 않았으므로 횡령죄 미수가 성립한다. 정답 - ○

10 주주나 대표이사 또는 그에 준하여 회사 자금의 보관이나 운용에 관한 사실상의 사무를 처리하는 자가 회사 소유의 재산을 제3자의 자금 조달을 위하여 담보로 제공하는 등 사적인 용도로 임의 처분하였더라도, 그 처분에 관하여 주주총회나 이사회의 결의가 있었던 경우에는 횡령죄가 성립하지 않는다. 변호사시험 제3회

> **해설** ✏️ 주식회사는 주주와 독립된 별개의 권리주체로서 이해가 반드시 일치하는 것은 아니므로, 주주나 대표이사 또는 그에 준하여 회사 자금의 보관이나 운용에 관한 사실상의 사무를 처리하는 자가 회사 소유 재산을 제3자의 자금 조달을 위하여 담보로 제공하는 등 사적인 용도로 임의 처분하였다면 그 처분에 관하여 주주총회나 이사회의 결의가 있었는지 여부와는 관계없이 <u>횡령죄의 죄책을 면할 수는 없다</u>(대판 2011. 3. 24, 2010도17396). 정답 - ✕

11 신탁자가 수탁자에게 부동산의 매수위임과 함께 명의신탁약정을 맺고 수탁자가 당사자가 되어 그 정을 알지 못하는 매도인과 부동산 매매계약을 체결하고 등기이전을 받은 뒤 수탁자가 이를 임의로 처분한 경우 신탁자에 대한 횡령죄가 성립하지 않으나, 배임죄는 성립한다. 변호사시험 제4회

> **해설** ✏️ 수탁자가 계약명의신탁의 약정에 따라 취득한 부동산에 대하여 신탁자의 반환요구를 거절하고 수탁자 명의로 그 소유권이전등기를 경료하였다 하여 <u>업무상배임죄가 성립하지 아니한다</u>고 한 사례.
> (판결이유 중)……신탁자와 수탁자가 명의신탁약정을 맺고, 그에 따라 수탁자가 당사자가 되어 명의신탁약정이 있다는 사실을 알지 못하는 소유자와 사이에서 부동산에 관한 매매계약을 체결한 계약명의신탁에 있어서 수탁자는 신탁자에 대한 관계에서도 신탁 부동산의 소유권을 완전히 취득하고 단지 신탁자에 대하여 명의신탁약정의 무효로 인한 부당이득반환의무만을 부담할 뿐인바, 그와 같은 부당이득반환의무는 명의신탁약정의 무효로 인하여 수탁자가 신탁자에 대하여 부담하는 통상의 채무에 불과할 뿐 아니라, 신탁자와 수탁자 간의 명의신탁약정이 무효인 이상, 특별한 사정이 없는 한 신탁자와 수탁자 간에 명의신탁약정과 함께

이루어진 부동산 매입의 위임 약정 역시 무효라고 볼 것이어서 수탁자를 신탁자와의 신임관계에 기하여 신탁자를 위하여 신탁 부동산을 관리하면서 신탁자의 허락 없이는 이를 처분하여서는 아니되는 의무를 부담하는 등으로 신탁자의 재산을 보전·관리하는 지위에 있는 자에 해당한다고 볼 수 없어 **수탁자는 <u>타인의 사무를 처리하는 자의 지위에 있지 아니하다</u>** 할 것이고……(대판 2004. 4. 27, 2003도6994).

→ 수탁자는 타인의 사무를 처리하는 자가 아니므로 배임죄가 성립할 수 없다. [정답] ─ X

12 소유자로부터 부동산을 매수한 자가 본인 명의로 소유권이전등기를 하지 않고 제3자와 맺은 명의신탁약정에 따라 매도인으로부터 바로 그 제3자에게 중간생략의 소유권이전등기를 경료한 경우 그 제3자가 자신의 명의로 신탁된 부동산을 임의로 처분하였다면 신탁자에 대한 횡령죄가 성립한다.

변호사시험 제4회

(해설 🖉) 부동산을 그 소유자로부터 매수한 자가 그의 명의로 소유권이전등기를 하지 아니하고 제3자와 맺은 명의신탁약정에 따라 매도인으로부터 바로 그 제3자에게 중간생략의 소유권이전등기를 경료한 경우, 그 제3자가 그와 같은 명의신탁 약정에 따라 그 명의로 신탁된 부동산을 임의로 처분하였다면 신탁자에 대한 횡령죄가 성립하고, 그 명의신탁이 부동산실권리자명의등기에관한법률 시행 전에 이루어졌고 같은 법이 정한 유예기간 이내에 실명등기를 하지 아니함으로써 그 명의신탁약정 및 이에 따라 행하여진 등기에 의한 물권변동이 무효로 된 후에 처분이 이루어졌다고 하여 달리 볼 것은 아니다(대판 2001. 11. 27, 2000도3463). [정답] ─ O

13 甲이 乙과 동업계약을 체결한 다음 乙의 승낙 없이 동업재산인 사업권을 제3자에게 양도하는 계약을 체결한 후 그 계약금을 받아 임의로 소비한 경우, 甲과 乙의 동업계약상 지분비율과 관계없이 임의로 소비한 금액 전부에 대하여 횡령죄의 죄책을 부담한다.

변호사시험 제4회

(해설 🖉) 피고인과 甲 주식회사가 서로 금전 또는 노무를 출자하여 甲 회사 명의로 공동주택건립사업을 시행하기로 하는 내용의 동업약정을 맺고 사업을 진행하다가 乙 주식회사에 사업권을 양도하는 양도양수계약을 체결한 다음, 위 양도대금에서 비용을 공제한 이익금을 같은 비율로 분배하기로 약정했는데도, 피고인이 乙 회사에게서 甲 명의의 법인계좌로 송금받은 일부 계약금을 보관 중 甲 회사 대표이사인 丙 승낙 없이 그 대부분을 임의로 인출하여 개인적인 용도로 소비한 사안에서, 피고인이 甲 회사와 동업관계에 있더라도 지분비율에 관계없이 임의로 소비한 금액 전부에 대하여 횡령죄의 죄책을 면할 수 없다는 이유로, 같은 취지의 원심판단을 수긍한 사례(대판 2011. 6. 10, 2010도17684). [정답] ─ O

14 甲이 A와의 합의하에 A 소유의 예당저수지 사금채취광업권을 명의신탁받아 보관하던 중, A로부터 위 광업권을 반환하라는 요구를 받고도 자신은 A로부터 위 광업권을 금 5,000만 원에 매수한 것이라 주장하면서 그 반환요구를 거부한 경우 횡령죄가 성립한다.

변호사시험 제5회

해설 ✎ 광업권은 재물인 광물을 취득할 수 있는 권리에 불과하지 재물 그 자체는 아니므로 횡령죄의 객체가 된다고 할 수 없고, 광업법 제12조가 광업권을 물권으로 하고 광업법에서 따로 정한 경우를 제외하고는 부동산에 관한 민법 기타 법령의 규정을 준용하도록 규정하고 있다 하여 광업권이 부동산과 마찬가지로 횡령죄의 객체가 된다고 할 수는 없다.

(판결이유 중)……피고인이 1990. 8.경 피해자……합의하에 그로부터 그 소유의 예당저수지 124광구의 사금채취광업권을 명의신탁 받아 보관하던 중, 1991.5. 중순경 위 피해자로부터 위 광업권을 반환하라는 요구를 받고도 1990. 9. 15. 위 피해자로부터 위 광업권을 금 50,000,000원에 매수한 것이라고 주장하면서 그 반환요구를 거부한 것을 비롯하여 수차례에 걸친 반환요구를 같은 이유로 거부하여 위 광업권 시가 금 200,000,000원 상당을 횡령하였다는 것이다……(대판 1994. 3. 8, 93도2272).   정답 - X

15 甲이 A회사와 "판매대금은 매일 본사에 송금하여야 하고 본사의 계좌로 입금된 매출 총이익의 30~33%는 본사에게 귀속하고, 나머지는 가맹점에 귀속한다."라는 내용의 가맹점계약을 체결하고 편의점을 운영하다가 물품판매 대금을 본사로 송금하지 아니하고 임의로 소비한 경우 횡령죄가 성립하지 않는다.   변호사시험 제5회

해설 ✎ 피고인이 본사와 맺은 가맹점계약은 독립된 상인간에 일방이 타방의 상호, 상표 등의 영업표지를 이용하고 그 영업에 관하여 일정한 통제를 받으며 이에 대한 대가를 타방에 지급하기로 하는 특수한 계약 형태인 이른바 '프랜차이즈 계약'으로서 그 기본적인 성격은 각각 독립된 상인으로서의 본사 및 가맹점주 간의 계약기간 동안의 계속적인 물품공급계약이고, 본사의 경우 실제로는 가맹점의 영업활동에 관여함이 없이 경영기술지도, 상품대여의 대가로 결과적으로 매출액의 일정 비율을 보장받는 것에 지나지 아니하여 본사와 가맹점이 독립하여 공동경영하고, 그 사이에서 손익분배가 공동으로 이루어진다고 할 수 없으므로 이러한 가맹점 계약을 동업계약 관계로는 볼 수 없고, 따라서 가맹점주인 피고인이 판매하여 보관 중인 물품판매 대금은 피고인의 소유라 할 것이어서 피고인이 이를 임의 소비한 행위는 프랜차이즈 계약상의 채무불이행에 지나지 아니하므로, 결국 횡령죄는 성립하지 아니한다고 판단한 원심판결을 수긍한 사례.

(판결이유 중)……피고인과 공소외 미원통상 주식회사(이하 본사라고 한다) 사이에 체결된 미니스톱 가맹점 계약은……판매대금은 매일 본사에 송금하여야 하고, 본사의 구좌로 입금된 가맹점의 매출대금을 1개월 단위로 정산하여 매출총이익의 30%(영업시간이 1일 24시간인 경우) 내지 33%(영업시간이 1일 24시간 미만인 경우)는 본사에게 귀속하고……(대판 1998. 4. 14, 98도292).   정답 - O

16 K의 착오에 의해 자신의 계좌로 1,000만 원이 잘못 송금되어 입금된 것을 발견한 甲은 이를 전액 인출한 다음, 다른 지방에 거주하는 친구인 乙에게 위 사정을 말하고 그 돈을 맡겼다. 乙은 그 돈을 자신의 계좌에 입금하였다가, 그중 100만 원을 수표로 인출하여 임의로 사용하였다. 甲은 점유이탈물횡령죄로 약식명령을 받은 후 양형 부당을 이유로 A법원에 정식재판을 청구하였고, 검사는 정식재판을 청구하지 않았다. 甲에 대한 재판 계속 중

검사는 횡령죄로 공소장변경을 신청하고, 증거를 보완하기 위하여 乙 주거지 관할 B법원에 乙의 금융계좌 등에 대한 압수·수색영장을 청구하였다. 이 경우, 甲은 K와 거래관계가 없다고 하더라도 신의칙상 보관관계가 인정되어 횡령죄가 성립하고, 乙은 K에 대하여는 횡령죄가 성립하나 甲에 대하여는 횡령죄가 성립하지 않는다.　　　　변호사시험 제5회

　　해설 🖉　어떤 예금계좌에 돈이 착오로 잘못 송금되어 입금된 경우에는 그 예금주와 송금인 사이에 신의칙상 보관관계가 성립한다고 할 것이므로, 피고인이 송금 절차의 착오로 인하여 피고인 명의의 은행 계좌에 입금된 돈을 임의로 인출하여 소비한 행위는 횡령죄에 해당하고, 이는 송금인과 피고인 사이에 별다른 거래관계가 없다고 하더라도 마찬가지이다(대판 2010. 12. 9, 2010도891).

　　장물보관 의뢰를 받은 자가 그 정을 알면서 이를 보관하고 있다가 임의 처분한 경우, 장물보관죄 이외에 횡령죄가 성립하는지 여부(소극)(대판 2004. 4. 9, 2003도8219).

　　→ 甲이 K가 착오 송금한 돈을 인출한 행위는 횡령죄에 해당(첫 번째 판례)하므로 이때 인출한 돈은 재산범죄로 취득한 재물(횡령죄는 타인의 '재물'을 보관하는 자가 그 '재물'을 횡령하거나 반환을 거부한 때 성립한다)로서 장물에 해당한다. 乙은 이러한 사정을 알면서 이를 보관하였으므로 장물보관죄에 해당하며, K와 위탁관계가 인정되지 않아 횡령죄는 성립하지 않는다. 한편, 乙이 甲에게 받은 돈을 임의로 처분한 것은 장물보관죄와 별도로 횡령죄가 성립하지 않는다(두 번째 판례).　　　　　정답 ─ X

17 재무구조가 매우 열악한 회사의 실질적 1인 주주인 대표이사 甲은 자신이 다니는 교회에 회사자산으로 거액을 기부하였다. 이 경우, 甲의 행위는 업무상횡령죄에 해당하지 않는다.　　　　변호사시험 제5회

　　해설 🖉　1인 회사의 주주가 그 회사의 금원을 업무상 보관중 이를 임의로 처분한 행위가 업무상횡령죄를 구성하는지 여부에 관하여 판례는 주식회사의 주식이 사실상 1인의 주주에 귀속하는 1인 회사에 있어서도 회사와 주주는 분명히 별개의 인격이어서 1인 회사의 재산이 곧바로 그 1인 주주의 소유라고 볼 수 없으므로, 회사의 사실상 1인 주주라고 하더라도 회사의 금원을 업무상 보관중 이를 임의로 처분한 소위는 업무상횡령죄를 구성한다(대판 1995. 3. 14, 95도59)라고 판시하고 있다.　　　　　정답 ─ X

18 타인으로부터 용도가 엄격히 제한된 자금을 위탁받아 집행하는 경우라도 결과적으로 자금을 위탁한 본인을 위하는 면이 있다면 제한된 용도 이외의 목적으로 사용하더라도 횡령죄가 성립하지 않는다.　　　　변호사시험 제1회

　　해설 🖉　횡령죄에 있어서의 불법영득의 의사라 함은 자기 또는 제3자의 이익을 꾀할 목적으로 보관하고 있는 타인의 재물을 자기의 소유인 것과 같이 사실상 또는 법률상 처분하는 의사를 의미하는 것으로, 타인으로부터 용도가 엄격히 제한된 자금을 위탁받아 집행하면서 그 제한된 용도 이외의 목적으로 자금을 사용하는 것은, 그 사용이 개인적인 목적에서 비롯된 경우는 물론 결과적으로 자금을 위탁한 본인을 위하는 면이 있더라도, 그 사용행위 자체로서 불법영득의 의사를 실현한 것이 되어 횡령죄가 성립한다(대판 2002. 8. 23, 2002도366).　　정답 ─ X

19 甲이 보관·관리하고 있던 회사의 비자금이 인출·사용되었음에도 甲이 주장하는 사용처에 비자금이 사용되었다는 점을 인정할 수 있는 자료가 부족하고 오히려 甲이 비자금을 개인적인 용도에 사용하였다는 점에 대한 신빙성 있는 자료가 많은 경우에는 甲이 비자금을 불법영득의 의사로써 횡령한 것이라고 추단할 수 있다. 변호사시험 제5회

> **해설** 🖊 피고인들이 보관, 관리하고 있던 회사의 비자금이 인출, 사용되었음에도 피고인들이 그 행방이나 사용처를 제대로 설명하지 못하거나, 피고인들이 주장하는 사용처에 사용된 자금이 그 비자금과는 다른 자금으로 충당된 것으로 드러나는 등 피고인들이 주장하는 사용처에 비자금이 사용되었다는 점을 인정할 수 있는 자료가 부족하고 오히려 피고인들이 비자금을 개인적인 용도에 사용하였다는 점에 대한 신빙성 있는 자료가 많은 경우 등에는 피고인들이 그 돈을 불법영득의 의사로써 횡령한 것이라고 추단할 수 있을 것이다(대판 2009. 2. 26, 2007도4784). 정답 ― ○

20 피해물건의 보관을 의뢰한 위탁자와 그 소유자가 다른 경우, 친족상도례의 특례는 횡령범인이 위탁자뿐만 아니라 소유자와의 사이에도 친족관계가 있는 경우에만 적용된다. 변호사시험 제1회

> **해설** 🖊 횡령범인이 위탁자가 소유자를 위해 보관하고 있는 물건을 위탁자로부터 보관받아 이를 횡령한 경우에 형법 제361조에 의하여 준용되는 제328조 제2항의 친족간의 범행에 관한 조문은 범인과 피해물건의 소유자 및 위탁자 쌍방 사이에 같은 조문에 정한 친족관계가 있는 경우에만 적용되고, 단지 횡령범인과 피해물건의 소유자간에만 친족관계가 있거나 횡령범인과 피해물건의 위탁자간에만 친족관계가 있는 경우에는 적용되지 않는다(대판 2008. 7. 24, 2008도3438). 정답 ― ○

21 자기가 점유하는 타인의 재물을 그 타인을 기망하여 횡령한 경우, 횡령죄만 성립한다. 변호사시험 제6회

> **해설** 🖊 자기가 점유하는 타인의 재물을 횡령하기 위하여 기망을 한 경우와 사기죄에 관하여 판례는 자기가 점유하는 타인의 재물을 횡령하기 위하여 기망수단을 쓴 경우에는 피기망자에 의한 재산처분행위가 없으므로 일반적으로 **횡령죄만 성립**되고 사기죄는 성립되지 아니한다(대판 1980. 12. 9, 80도1177)라고 판시하고 있다. 정답 ― ○

▌사례 [22~23]

甲은 A로부터 직접 소유권이전등기를 받는 형식으로 7억원 상당의 A 소유 아파트를 명의수탁 받아 보관하던 중 명의신탁 사실을 알고 있는 乙에게 매도하였다. 변호사시험 제3회

22 사례와 관련하여 甲에 대하여는 특정경제범죄가중처벌등에관한법률위반(횡령)죄가 성립한다.

(해설 ✎) 부동산의 명의수탁자가 명의신탁자의 위임의 본지에 반하여 그 부동산을 타인에게 소유권이전등기하여 넘겨 주었다면, 그 명의수탁자는 횡령죄의 주체가 되고 그 횡령행위로 인한 피해자는 명의신탁자라고 할 것이다(대판 1989. 10. 24, 89도1605).

> 〔특정경제범죄 가중처벌 등에 관한 법률 제3조(특정재산범죄의 가중처벌)〕 ① 「형법」 제347조(사기), 제347조의2(컴퓨터등 사용사기), 제350조(공갈), 제350조의2(특수공갈), 제351조 (제347조, 제347조의2, 제350조 및 제350조의2의 상습범만 해당한다), **제355조**(횡령·배임) 또는 제356조(업무상의 횡령과 배임)의 죄를 범한 사람은 그 범죄행위로 인하여 취득하거나 제3자로 하여금 취득하게 한 재물 또는 재산상 이익의 가액(이하 이 조에서 '이득액'이라 한다)이 5억원 이상일 때에는 다음 각 호의 구분에 따라 가중처벌한다.
> 1. 이득액이 50억원 이상일 때: 무기 또는 5년 이상의 징역
> 2. 이득액이 5억원 이상 50억원 미만일 때: 3년 이상의 유기징역

→ 甲은 명의수탁으로 보관하던 부동산을 임의로 처분하였으므로 횡령에 해당하며 부동산의 가액이 7억 원으로 5억 원 이상이므로 특정경제범죄가중처벌등에관한법률위반죄가 성립한다.   정답 - ○

23 사례와 관련하여 甲에 대하여 특정경제범죄가중처벌등에관한법률위반(횡령)죄가 성립한다면 乙도 甲의 범죄에 대한 공동정범이 성립한다.

(해설 ✎) 부동산의 등기명의 수탁자가 명의신탁자의 승락없이 이를 제3자에게 양도함으로써 횡령죄가 성립하는 경우에 그것을 양수한 사람이나 이를 중간에서 소개한 사람은 비록 그 점을 알고 있었다 하더라도 처음부터 수탁자와 짜고 불법영득할 것을 공모한 것이 아닌 한 그 횡령죄의 공동정범이 될 수 없다(대판 1983. 10. 25, 83도2027).   정답 - X

■ 사례【24~26】

甲은 乙로부터 명의신탁을 받아 관리하던 시가 2억원 상당의 토지를 명의신탁자 乙의 승낙 없이, 2014.3.2.丙으로부터 8,000만원을 빌리면서 채권최고액 1억원의 근저당권설정등기를 경료하여 주었다.(다툼이 있으면 판례에 의함)   변호사시험 제4회

24 甲이 乙의 승낙 없이 丙에게 근저당권설정등기를 경료하여 준 행위는 횡령죄의 구성요건에 해당한다.

(해설 ✎) 수탁자인 甲은 乙의 재물인 부동산을 보관하는 자이므로 수탁 받은 부동산에 임의로 근저당권설정등기를 한 행위는 횡령죄에 해당한다(아래 「26번 문제」 해설 참고).   정답 - ○

25 이 건 범행으로 인한 甲의 이득액은 2억 원이다.

해설 ✎ 피고인이 피해자 甲으로부터 명의신탁을 받아 보관 중인 토지 9필지와 건물 1채에 갑의 승낙 없이 임의로 채권최고액 266,000,000원의 근저당권을 설정하였는데, 당시 위 각 부동산 중 토지 7필지의 시가는 합계 724,379,000원, 나머지 2필지와 건물 1채의 시가는 미상인 반면 위 각 부동산에는 그 이전에 채권최고액 434,000,000원의 근저당권설정등기가 마쳐져 있고, 이에 대하여 甲은 220,000,000원의 피담보채무를 부담하고 있는 사안에서, **피고인이 근저당권설정등기를 마치는 방법으로 위 각 부동산을 횡령하여 취득한 구체적인 이득액**은 위 각 부동산의 시가 상당액에서 위 범행 전에 설정된 피담보채무액을 공제한 잔액이 아니라 위 **각 부동산을 담보로 제공한 피담보채무액 내지 그 채권최고액이라고 보아야 하고**, 이 경우 피고인의 이득액은 5억 원 미만이므로 구 특정경제범죄 가중처벌 등에 관한 법률(2012. 2. 10. 법률 제11304호로 개정되기 전의 것, 이하 '특경가법'이라 한다) 제3조 제1항을 적용할 수 없는데도, 이와 달리 특경가법 위반(횡령)죄를 인정한 원심판결에 법리오해의 잘못이 있다고 한 사례(대판 2013. 5. 9, 2013도2857).

→ 甲의 이득액은 피담보채무액(8000만 원) 내지 채권최고액(1억 원)이므로, 부동산 시가(2억 원)가 아니다.

정답 – X

26 만일 甲의 丙에 대한 근저당권 설정행위가 횡령죄를 구성한다고 볼 경우, 甲이 그 후 乙의 승낙 없이 제3자인 丁에게 매도하였다면, 그 행위는 별개의 횡령죄를 구성한다.

해설 ✎ [1] 횡령죄는 다른 사람의 재물에 관한 소유권 등 본권을 보호법익으로 하고 법익침해의 위험이 있으면 침해의 결과가 발생되지 아니하더라도 성립하는 위험범이다. 그리고 일단 특정한 처분행위(이를 '선행 처분행위'라 한다)로 인하여 법익침해의 위험이 발생함으로써 횡령죄가 기수에 이른 후 종국적인 법익침해의 결과가 발생하기 전에 새로운 처분행위(이를 '후행 처분행위'라 한다)가 이루어졌을 때, 후행 처분행위가 선행 처분행위에 의하여 발생한 위험을 현실적인 법익침해로 완성하는 수단에 불과하거나 그 과정에서 당연히 예상될 수 있는 것으로서 새로운 위험을 추가하는 것이 아니라면 후행 처분행위에 의해 발생한 위험은 선행 처분행위에 의하여 이미 성립된 횡령죄에 의해 평가된 위험에 포함되는 것이므로 후행 처분행위는 이른바 불가벌적 사후행위에 해당한다. 그러나 후행 처분행위가 이를 넘어서서, 선행 처분행위로 예상할 수 없는 새로운 위험을 추가함으로써 법익침해에 대한 위험을 증가시키거나 선행 처분행위와는 무관한 방법으로 법익침해의 결과를 발생시키는 경우라면, 이는 선행 처분행위에 의하여 이미 성립된 횡령죄에 의해 평가된 위험의 범위를 벗어나는 것이므로 특별한 사정이 없는 한 별도로 횡령죄를 구성한다고 보아야 한다.

따라서 「24번 문제의 해설」 타인의 부동산을 보관 중인 자가 불법영득의사를 가지고 그 부동산에 근저당권설정등기를 경료함으로써 일단 횡령행위가 기수에 이르렀다 하더라도 그 후 같은 부동산에 별개의 근저당권을 설정하여 새로운 법익침해의 위험을 추가함으로써 법익침해의 위험을 증가시키거나 해당 부동산을 매각함으로써 기존의 근저당권과 관계없이 법익침해의 결과를 발생시켰다면, 이는 당초의 근저당권 실행을 위한 임의경매에 의한 매각 등 그 근저당권으로 인해 당연히 예상될 수 있는 범위를 넘어 새로운 법익침해의 위험을 추가시키거나 법익침해의 결과를 발생시킨 것이므로 특별한 사정이 없는 한 불가벌적 사후행위로 볼 수 없고, 별도로 횡령죄를 구성한다.

[2] 「26번 문제의 해설」 피해자 甲 종중으로부터 종중 소유의 토지를 명의신탁받아 보관 중이던 피고인 乙이 자신의 개인 채무변제에 사용할 돈을 차용하기 위해 위 토지에 근저당권을 설정하였는데, 그 후 피고인 乙, 丙이 공모하여 위 토지를 정에게 매도한 사안에서, 피고인들이 토지를 매도한 행위는 선행 근저당권설정행위 이후에 이루어진 것이어서 불가벌적 사후행위에 해당한다는 취지의 피고인들 주장을 배척하고 위 토지 매도행위가 별도의 횡령죄를 구성한다고 본 원심판단을 정당하다고 한 사례.

(판결이유 중)······피고인 1은 1995. 10. 20. 피해자 종중으로부터 위 종중 소유인 파주시 적성면 (이하 주소 1 생략) 답 2,337㎡, (이하 주소 2 생략) 답 2,340㎡(이하 위 두 필지의 토지를 합하여 '이 사건 토지'라 한다)를 명의신탁받아 보관하던 중 자신의 개인 채무 변제에 사용하기 위한 돈을 차용하기 위해 이 사건 토지에 관하여 1995. 11. 30. 채권최고액 1,400만 원의 근저당권을, 2003. 4. 15. 채권최고액 750만 원의 근저당권을 각 설정한 사실, 그 후 피고인들이 공모하여 2009. 2. 21. 이 사건 토지를 공소외인에게 1억 9,300만 원에 매도한 사실······〔대판(전합) 2013. 2. 21, 2010도10500〕.　　　　　정답 ─ ○

▪ 사례【27~29】

甲은 乙의 부동산을 명의신탁받아 보관하던 중, 乙의 승낙 없이 X은행으로부터 1억원을 대출받고 제1근저당권을 설정해주었다. 그 후 甲은 다시 丙으로부터 1억 5천만 원을 대여받고 제2근저당권을 설정해주었다. 검사는 위의 사실관계를 토대로 甲을 기소하였으며, 제1심법원은 유죄판결을 선고하여 그 판결이 확정되었다. 하지만 甲은 판결선고 전에 사고로 사망하였다.(다툼이 있는 경우 판례에 의함)

---

27 甲의 제1근저당권 설정행위는 횡령죄가 성립한다.　　　　　변호사시험 제5회

(해설 ✎) 수탁자인 甲은 乙의 재물인 부동산을 보관하는 자이므로 수탁 받은 부동산에 임의로 근저당권설정등기를 한 행위는 횡령죄에 해당한다(아래 「28번 문제」 해설 참고).　　정답 ─ ○

28 甲의 제2근저당권 설정행위는 불가벌적 사후행위가 되어 별개의 횡령죄가 성립하지 않는다.　　　　　변호사시험 제5회

(해설 ✎) 횡령죄는 다른 사람의 재물에 관한 소유권 등 본권을 보호법익으로 하고 법익침해의 위험이 있으면 침해의 결과가 발생되지 아니하더라도 성립하는 위험범이다. 그리고 일단 특정한 처분행위(이를 '선행 처분행위'라 한다)로 인하여 법익침해의 위험이 발생함으로써 횡령죄가 기수에 이른 후 종국적인 법익침해의 결과가 발생하기 전에 새로운 처분행위(이를 '후행 처분행위'라 한다)가 이루어졌을 때, 후행 처분행위가 선행 처분행위에 의하여 발생한 위험을 현실적인 법익침해로 완성하는 수단에 불과하거나 그 과정에서 당연히 예상될 수 있는 것으로

서 새로운 위험을 추가하는 것이 아니라면 후행 처분행위에 의해 발생한 위험은 선행 처분행위에 의하여 이미 성립된 횡령죄에 의해 평가된 위험에 포함되는 것이므로 후행 처분행위는 이른바 불가벌적 사후행위에 해당한다. 그러나 후행 처분행위가 이를 넘어서서, 선행 처분행위로 예상할 수 없는 새로운 위험을 추가함으로써 법익침해에 대한 위험을 증가시키거나 선행 처분행위와는 무관한 방법으로 법익침해의 결과를 발생시키는 경우라면, 이는 선행 처분행위에 의하여 이미 성립된 횡령죄에 의해 평가된 위험의 범위를 벗어나는 것이므로 특별한 사정이 없는 한 별도로 횡령죄를 구성한다고 보아야 한다.

따라서 「27번 문제의 해설」 타인의 부동산을 보관 중인 자가 불법영득의사를 가지고 그 부동산에 근저당권설정등기를 경료함으로써 일단 횡령행위가 기수에 이르렀다 하더라도 「28번 문제의 해설」 그 후 같은 부동산에 별개의 근저당권을 설정하여 새로운 법익침해의 위험을 추가함으로써 법익침해의 위험을 증가시키거나 해당 부동산을 매각함으로써 기존의 근저당권과 관계없이 법익침해의 결과를 발생시켰다면, 이는 당초의 근저당권 실행을 위한 임의경매에 의한 매각 등 그 근저당권으로 인해 당연히 예상될 수 있는 범위를 넘어 새로운 법익침해의 위험을 추가시키거나 법익침해의 결과를 발생시킨 것이므로 특별한 사정이 없는 한 불가벌적 사후행위로 볼 수 없고, **별도로 횡령죄를 구성한다**[대판(전합) 2013. 2. 21, 2010도10500]. 정답 – X

29 만약 丙이 명의신탁 약정 사실을 알고 있었다면, 그것만으로도 丙은 횡령죄의 공동정범이 된다. 변호사시험 제5회

(해설) 부동산의 등기명의 수탁자가 명의신탁자의 승락없이 이를 제3자에게 양도함으로써 횡령죄가 성립하는 경우에 그것을 양수한 사람이나 이를 중간에서 소개한 사람은 비록 그 점을 알고 있었다 하더라도 처음부터 수탁자와 짜고 불법영득할 것을 공모한 것이 아닌 한 그 횡령죄의 **공동정범이 될 수 없다**(대판 1983. 10. 25, 83도2027). 정답 – X

■ 사례 【30~33】

A는 삼촌 B로부터 임야를 증여받은 후 친구 甲과 맺은 명의신탁약정에 따라 명의신탁 사실을 알고 있는 증여자인 B로부터 명의수탁자인 甲 앞으로 바로 소유권이전등기를 하였다. 그 후 甲은 A의 허락을 받지 않고 위 임야를 C에게 매도하였다.(다툼이 있는 경우 판례에 의함) 변호사시험 제6회

30 A는 B에게 위 임야에 대한 소유권이전등기청구권을 가진다.

(해설) 「33번 문제」 해설 참조 정답 – O

31 A는 증여계약의 당사자로서 B를 대위하여 위 임야를 이전받아 취득할 수 있는 권리를 가지므로 甲은 A에 대하여 직접 위 임야의 소유권을 이전할 의무를 부담한다.

(해설) 「33번 문제」해설 참조

정답 – X

32 A와 甲 사이의 명의신탁약정 또는 이에 부수한 위임약정이 무효임에도 불구하고 횡령죄 성립을 위한 사무관리·관습·조리·신의칙에 기초한 위탁신임관계가 인정된다.

(해설) 「33번 문제」해설 참조

정답 – X

33 甲이 위 임야를 임의로 처분하여도 A에 대한 관계에서 횡령죄가 성립하지 않는다.

(해설) 형법 제355조 제1항이 정한 횡령죄의 주체는 타인의 재물을 보관하는 자라야 하고, 타인의 재물인지 아닌지는 민법, 상법, 기타의 실체법에 따라 결정하여야 한다. 횡령죄에서 보관이란 위탁관계에 의하여 재물을 점유하는 것을 뜻하므로 횡령죄가 성립하기 위하여는 재물의 보관자와 재물의 소유자(또는 기타의 본권자) 사이에 법률상 또는 사실상의 위탁신임관계가 존재하여야 한다. 이러한 위탁신임관계는 사용대차·임대차·위임 등의 계약에 의하여서뿐만 아니라 사무관리·관습·조리·신의칙 등에 의해서도 성립될 수 있으나, 횡령죄의 본질이 신임관계에 기초하여 위탁된 타인의 물건을 위법하게 영득하는 데 있음에 비추어 볼 때 위탁신임관계는 횡령죄로 보호할 만한 가치 있는 신임에 의한 것으로 한정함이 타당하다. 그런데 부동산을 매수한 명의신탁자가 자신의 명의로 소유권이전등기를 하지 아니하고 명의수탁자와 맺은 명의신탁약정에 따라 매도인에게서 바로 명의수탁자에게 중간생략의 소유권이전등기를 마친 경우, 부동산 실권리자명의 등기에 관한 법률(이하 '부동산실명법'이라 한다) 제4조 제2항 본문에 의하여 명의수탁자 명의의 소유권이전등기는 무효이고, 신탁부동산의 소유권은 매도인이 그대로 보유하게 된다. 따라서 「30번 문제의 해설」 명의신탁자(A)로서는 매도인(B)에 대한 소유권이전등기청구권을 가질 뿐 신탁부동산의 소유권을 가지지 아니하고, 「31번 문제의 해설」 명의수탁자(C) 역시 명의신탁자(A)에 대하여 직접 신탁부동산의 소유권을 이전할 의무를 부담하지는 아니하므로, 신탁부동산의 소유자도 아닌 명의신탁자에 대한 관계에서 명의수탁자가 횡령죄에서 말하는 '타인의 재물을 보관하는 자'의 지위에 있다고 볼 수는 없다. 명의신탁자가 매매계약의 당사자로서 매도인을 대위하여 신탁부동산을 이전받아 취득할 수 있는 권리 기타 법적 가능성을 가지고 있기는 하지만, 명의신탁자가 이러한 권리 등을 보유하였음을 이유로 명의신탁자를 사실상 또는 실질적 소유권자로 보아 민사상 소유권이론과 달리 횡령죄가 보호하는 신탁부동산의 소유자라고 평가할 수는 없다. 명의수탁자에 대한 관계에서 명의신탁자를 사실상 또는 실질적 소유권자라고 형법적으로 평가하는 것은 부동산실명법이 명의신탁약정을 무효로 하고 있음에도 불구하고 무효인 명의신탁약정에 따른 소유권의 상대적 귀속을 인정하는 것과 다름이 없어서 부동산실명법의 규정과 취지에 명백히 반하여 허용될 수 없다.

그리고 부동산에 관한 소유권과 그 밖의 물권을 실체적 권리관계와 일치하도록 실권리자 명의로 등기하게 함으로써 부동산등기제도를 악용한 투기·탈세·탈법행위 등 반사회적 행위를 방지하고 부동산 거래의 정상화와 부동산 가격의 안정을 도모하여 국민경제의 건전한 발전에 이바지함을 목적으로 하고 있는 부동산실명법의 입법 취지와 아울러, 명의신탁약정에 따른 명의수탁자 명의의 등기를 금지하고 이를 위반한 명의신탁자와 명의수탁자 쌍방을 형사 처벌까지 하고 있는 부동산실명법의 명의신탁관계에 대한 규율 내용 및 태도 등에 비추어 볼 때, 「32번 문제의 해설」 명의신탁자와 명의수탁자 사이에 위탁신임관계를 근거 지우는 계약인 명의신탁약정 또는 이에 부수한 위임약정이 무효임에도 불구하고 횡령죄 성립을 위한 사무관리·관습·조리·신의칙에 기초한 위탁신임관계가 있다고 할 수는 없다. 또한 명의신탁자와 명의수탁자 사이에 존재한다고 주장될 수 있는 사실상의 위탁관계라는 것도 부동산실명법에 반하여 범죄를 구성하는 불법적인 관계에 지나지 아니할 뿐 이를 형법상 보호할 만한 가치 있는 신임에 의한 것이라고 할 수 없다.

그러므로 명의신탁자가 매수한 부동산에 관하여 부동산실명법을 위반하여 명의수탁자와 맺은 명의신탁약정에 따라 매도인에게서 바로 명의수탁자 명의로 소유권이전등기를 마친 이른바 중간생략등기형 명의신탁을 한 경우, 명의신탁자는 신탁부동산의 소유권을 가지지 아니하고, 명의신탁자와 명의수탁자 사이에 위탁신임관계를 인정할 수도 없다. 따라서 명의수탁자가 명의신탁자의 재물을 보관하는 자라고 할 수 없으므로, 「33번 문제의 해설」 명의수탁자가 신탁받은 부동산을 임의로 처분하여도 명의신탁자에 대한 관계에서 횡령죄가 성립하지 아니한다 [대판(전합) 2016. 5. 19, 2014도6992]. 정답 - O

제6절 배임의 죄

1 채권자가 양도담보로 제공된 부동산을 변제기 후에 담보권의 실행차원에서 처분한 경우, 그 목적물을 부당하게 염가로 처분하거나 청산금의 잔액을 채무자에게 지급해주지 않으면 배임죄가 성립한다.   변호사시험 제1회

해설 ✎ 양도담보가 처분정산형의 경우이건 귀속정산형의 경우이건 간에 담보권자가 <u>변제기 경과후에</u> 담보권을 실행하여 그 환가대금 또는 평가액을 채권원리금과 담보권 실행비용 등의 변제에 충당하고 환가대금 또는 평가액의 나머지가 있어 이를 담보제공자에게 반환할 의무는 담보계약에 따라 부담하는 자신의 정산의무이므로 그 의무를 이행하는 사무는 곧 자기의 사무처리에 속하는 것이라 할 것이고 이를 부동산매매에 있어서의 매도인의 등기의무와 같이 타인인 채무자의 사무처리에 속하는 것이라고 볼 수는 없어 그 정산의무를 이행하지 아니한 소위는 <u>배임죄를 구성하지 않는다</u>[대판(전합) 1985. 11. 26, 85도1493]. 정답 - X

2 배임죄에서 '재산상 손해를 가한 때'에는 '재산상 손해발생의 위험을 초래한 경우'도 포함되는 것이므로, 법인의 대표이사 甲이 회사의 이익이 아닌 자기 또는 제3자의 이익을 도모할 목적으로 권한을 남용하여 회사 명의의 금전소비대차 공정증서를 작성하여 법인 명의의 채무를 부담한 경우에는 상대방이 대표이사의 진의를 알았거나 알 수 있었다고 할지라도 배임죄가 성립한다.   변호사시험 제3회

주식회사 대표이사인 피고인이 자신의 채권자들에게 회사 명의의 금전소비대차 공정
증서 등을 작성해 주었다고 하여 구 특정경제범죄 가중처벌 등에 관한 법률 위반(배임) 등으
로 기소된 사안에서, 피고인의 행위는 대표권 남용으로서 상대방들도 이를 알았거나 알 수
있었으므로 무효이고, 그로 인하여 회사에 재산상 손해가 발생하였다거나 재산상 실해발생
의 위험이 초래되었다고 볼 수 없다는 이유로 무죄를 선고한 원심판단을 정당하다고 한 사례
(대판 2012. 5. 24, 2012도2142).

→ 최초 전원합의체 판결(2014도1104,「12번 문제」해설 참조)에 따르면 배임죄 미수로 볼 여지
도 있으나, 변경된 판례에 포함되지 않아 옳은 지문이다.　　　　　　　정답 – X

3 甲이 乙로부터 임야를 매수하면서 계약금을 지급하는 즉시 甲 앞으로 소유권을 이전 받
되 위 임야를 담보로 대출을 받아 잔금을 지급하기로 약정하고, 甲이 계약금을 지급한 후
임야에 대한 소유권을 이전 받고 이를 담보로 제공하여 자금을 융통하였음에도 乙에게
잔금을 지급하지 않았다고 하더라도 배임죄가 성립하지 않는다.　　　　　변호사시험 제3회

해설 ✐ 피고인이 甲에게서 임야를 매수하면서, 계약금을 지급하는 즉시 피고인 앞으로 소유
권을 이전받되 매매잔금은 甲의 책임 아래 형질변경과 건축허가를 받으면 일정기간 내에 위
임야를 담보로 대출을 받아 지급하고 건축허가가 나지 아니하면 계약을 해제하여 원상회복
해 주기로 약정하였는데도, 위 임야에 관하여 소유권이전등기를 받은 당일 1건, 그 후 1건의
근저당권을 설정한 사안에서, 피고인이 소유권이전등기를 받은 당일 이를 담보로 제공하여
자금을 융통하였고 그 후에도 같은 일을 하였으며 융통한 자금을 甲에게 매매대금으로 지급
하지 아니하였다고 하여도 타인의 사무를 처리하는 자가 그 임무에 위배하는 행위를 한 것으
로 볼 수 없고, 그러한 담보 제공 등의 행위가 피고인이 위 임야를 갑에게 반환할 의무를 현실
적으로 부담하고 있지 아니한 상태에서 행하여진 이상 달라지지 아니한다는 이유로, 피고인
에게 배임죄가 성립하지 않는다고 본 원심판단을 정당하다고 한 사례(대판 2011. 4. 28, 2011
도3247).　　　　　　　　　　　　　　　　　　　　　　　　　정답 – O

4 아파트 입주자대표회의 회장인 甲이 공공요금의 납부를 위한 지출결의서에 날인을 거부
함으로써 아파트 입주자들에게 그에 대한 통상의 연체료를 부담시켰다면, 위 행위로 인
하여 아파트 입주민에게 연체료 금액만큼 손해를 가하고 연체료를 받은 공공기관은 그
금액만큼 이익을 취득한 것이므로 배임죄가 성립한다.　　　　　　　　　변호사시험 제3회

해설 ✐ 입주자대표회의 회장이 지출결의서에 날인을 거부함으로써 아파트 입주자들에게 그
연체료를 부담시킨 사안에서, 열 사용요금 납부 연체로 인하여 발생한 연체료는 금전채무 불
이행으로 인한 손해배상에 해당하므로, 공급업체가 연체료를 지급받았다는 사실만으로 공급
업체가 그에 해당하는 재산상의 이익을 취득하게 된 것으로 단정하기 어렵고, 나아가 공급업
체가 열 사용요금 연체로 인하여 실제로는 아무런 손해를 입지 않았거나 연체료 액수보다 적
은 손해를 입었다는 등의 특별한 사정이 인정되는 경우에 한하여 비로소 연체료 내지 연체료
금액에서 실제 손해액을 공제한 차액에 해당하는 재산상의 이익을 취득한 것으로 볼 수 있을

뿐이라는 이유로, 공급업체가 연체료 상당의 재산상 이익을 취득한 것으로 보아 업무상 배임죄의 성립을 인정한 원심판결을 파기한 사례(대판 2009. 6. 25, 2008도3792).   정답 - X

5 A주식회사를 인수하는 甲이 일단 금융기관으로부터 인수자금을 대출받아 회사를 인수한 다음, A주식회사에 아무런 반대급부를 제공하지 않고 그 회사의 자산을 위 인수자금 대출금의 담보로 제공하도록 하였다면, 甲에게는 배임죄가 성립한다.   변호사시험 제3회

해설 🖋 이른바 LBO(Leveraged Buyout) 방식의 기업인수 과정에서, 인수자가 제3자가 주채무자인 대출금 채무에 대하여 아무런 대가 없이 피인수회사의 재산을 담보로 제공하였다면, 설사 주채무자인 제3자가 대출원리금 상당의 정리채권 등을 담보로 제공하고 있었다고 하더라도, 피인수회사로서는 이로 인하여 그 담보가치 상당의 재산상 손해를 입었다고 할 것이므로 배임죄가 성립한다고 한 사례(대판 2008. 2. 28, 2007도5987).   정답 - ○

6 회사가 타인의 사무를 처리하는 일을 영업으로 영위하는 경우, 회사의 대표이사는 내부기관으로서 당해 회사가 그 타인에 대하여 부담하고 있는 의무내용대로 사무를 처리할 임무가 있더라도 그 임무는 회사에 대하여 부담하는 임무이지 직접 타인에 대하여 지고 있는 임무는 아니므로, 대표이사가 그 임무에 위배하였다고 하더라도 그 타인에 대한 배임죄가 성립한다고 할 수 없다.   변호사시험 제5회

해설 🖋 형법 제355조 제2항의 배임죄에 있어서 타인의 사무를 처리할 의무의 주체가 법인이 되는 경우라도 법인은 다만 사법상의 의무주체가 될 뿐 범죄능력이 없는 것이며 그 타인의 사무는 법인을 대표하는 자연인인 대표기관의 의사결정에 따른 대표행위에 의하여 실현될 수밖에 없어 그 대표기관은 마땅히 법인이 타인에 대하여 부담하고 있는 의무내용 대로 사무를 처리할 임무가 있다 할 것이므로 법인이 처리할 의무를 지는 타인의 사무에 관하여는 법인이 배임죄의 주체가 될 수 없고 그 법인을 대표하여 사무를 처리하는 자연인인 대표기관이 바로 타인의 사무를 처리하는 자 즉 배임죄의 주체가 된다[대판(전합) 1984. 10. 10, 82도2595].   정답 - X

7 자기소유의 동산에 대해 매수인과 매매계약을 체결한 매도인이 중도금까지 지급받은 상태에서 그 목적물을 제3자에 대한 자기의 채무변제에 갈음하여 그 제3자에게 양도해 버린 경우에는 기존 매수인에 대한 배임죄가 성립한다.   변호사시험 제1회

해설 🖋 피고인이 '인쇄기'를 甲에게 양도하기로 하고 계약금 및 중도금을 수령하였음에도 이를 자신의 채권자 乙에게 기존 채무 변제에 갈음하여 양도함으로써 재산상 이익을 취득하고 甲에게 동액 상당의 손해를 입혔다는 배임의 공소사실에 대하여, 이를 무죄로 선고한 원심판단을 수긍한 사례[대판(전합) 2011. 1. 20, 2008도10479].   정답 - X

8 동산의 매도인이 매수인으로부터 중도금을 수령한 후 그 동산을 제3자에게 양도한 경우 배임죄가 성립하지 않는다.
변호사시험 제4회

(해설 ✐) 「10번 문제」해설 참조
정답 – ○

9 甲은 乙과 공동으로 구입하여 자신이 점유하고 있던 복사기를 A에게 매도하기로 하고 계약금과 중도금을 받았다. 그후 甲은 복사기를 수리하기 위해 수리점에 맡겼다고 乙에게 거짓말하고 이를 다시 丙에게 매도한 후 복사기를 건네주었으며, 丙은 선의, 무과실로 이를 취득하였다. 며칠 후 이 사실을 알게 된 乙은 丙 몰래 위 복사기를 가져가 버렸다. 수사기관에서 甲의 아내 B는 참고인으로서 진술하고 진술조서에는 가명으로 서명, 날인하였다. 甲에 대한 재판 중 B가 증인으로 출석하였고, 재판장은 B에게 증언거부권이 있음을 고지하였다. 이 경우, 甲은 A에 대하여 배임죄가 성립한다.
변호사시험 제5회

(해설 ✐) 「10번 문제」해설 참조
정답 – X

10 동산매매계약에서 매도인은 매수인에 대하여 그의 사무를 처리하는 지위에 있지 아니하므로, 매도인이 목적물을 매수인에게 인도하지 아니하고 이를 타에 처분하였다 하더라도 배임죄가 성립하지 않는다.
변호사시험 제7회

(해설 ✐) 「8번 문제와 9번 문제의 해설」 매도인이 매수인으로부터 중도금을 수령한 이후에 매매목적물인 '동산'을 제3자에게 양도하는 행위가 배임죄에 해당하는지 여부(소극)

(판결이유 중)…… 매매와 같이 당사자 일방이 재산권을 상대방에게 이전할 것을 약정하고 상대방이 그 대금을 지급할 것을 약정함으로써 그 효력이 생기는 계약의 경우(민법 제563조), 쌍방이 그 계약의 내용에 좇은 이행을 하여야 할 채무는 특별한 사정이 없는 한 '자기의 사무'에 해당하는 것이 원칙이다. 매매의 목적물이 동산일 경우, 매도인은 매수인에게 계약에 정한 바에 따라 그 목적물인 동산을 인도함으로써 계약의 이행을 완료하게 되고 그때 매수인은 매매목적물에 대한 권리를 취득하게 되는 것이므로, 매도인에게 자기의 사무인 동산인도채무 외에 별도로 매수인의 재산의 보호 내지 관리 행위에 협력할 의무가 있다고 할 수 없다. 「10번 문제의 해설」 동산매매계약에서의 매도인은 매수인에 대하여 그의 사무를 처리하는 지위에 있지 아니하므로, 매도인이 목적물을 매수인에게 인도하지 아니하고 이를 타에 처분하였다 하더라도 형법상 배임죄가 성립하는 것은 아니다.……〔대판(전합) 2011. 1. 20, 2008도10479〕.
정답 – ○

11 법인의 대표자 또는 피용자가 법인 명의로 한 채무부담행위가 관련 법령에 위배되어 법률상 효력이 없는 경우에는 그로 인하여 법인에게 어떠한 손해가 발생한다고 할 수 없으므로, 그 행위로 인하여 법인이 「민법」상 사용자책임 또는 법인의 불법행위책임을 부담하는 등의 특별한 사정이 없는 한 그 대표자 또는 피용자의 행위는 배임죄를 구성하지 아니한다.
변호사시험 제6회

해설 ✐ 법인의 대표자 또는 피용자가 그 법인명의로 한 채무부담행위가 관련 법령에 위배되어 무효인 경우, 위 법인에 대한 배임죄를 구성하는지 여부에 관하여 판례는 법인의 대표자 또는 피용자가 그 법인 명의로 한 채무부담행위가 관련 법령에 위배되어 법률상 효력이 없는 경우에는 그로 인하여 법인에게 어떠한 손해가 발생한다고 할 수 없으므로, 그 행위로 인하여 법인이 민법상 사용자책임 또는 법인의 불법행위책임을 부담하는 등의 특별한 사정이 없는 한 그 대표자 또는 피용자의 행위는 배임죄를 구성하지 아니한다(대판 2010. 9. 30, 2010도6490)라고 판시하고 있다.

→ 최근 전원합의체 판결(2014도1104, 아래 「12번 문제」 해설 참고)에 따르면 배임죄 미수로 볼여지도 있으나, 변경 판례에 포함되지 않아 옳은 지문이다.　　　　　　　　　　　정답 ─ ○

12 회사의 대표이사가 대표권을 남용하여 회사 명의의 약속어음을 발행하였다면, 비록 상대방이 그 남용의 사실을 알았거나 중대한 과실로 알지 못하여 회사가 상대방에 대하여는 채무를 부담하지 아니한다 하더라도 그 약속어음이 제3자에게 유통되지 아니한다는 특별한 사정이 없는 한 회사에 대하여 업무상배임죄에서의 재산상 실해 발생의 위험이 초래되었다 할 것이다.　　　　　　　　　　　　　　　　　　　　　　　변호사시험 제6회

해설 ✐ 배임죄로 기소된 형사사건의 재판실무에서 배임죄의 기수시기를 심리·판단하기란 쉽지 않다. 타인의 사무를 처리하는 자가 형식적으로는 본인을 위한 법률행위를 하는 외관을 갖추고 있지만 그러한 행위가 실질적으로는 배임죄에서의 임무위배행위에 해당하는 경우, 이러한 행위는 민사재판에서 반사회질서의 법률행위(민법 제103조 참조) 등에 해당한다는 사유로 무효로 판단될 가능성이 적지 않은데, 형사재판에서 배임죄의 성립 여부를 판단할 때에도 이러한 행위에 대한 민사법상의 평가가 경제적 관점에서 피해자의 재산 상태에 미치는 영향 등을 충분히 고려하여야 하기 때문이다. 결국 형사재판에서 배임죄의 객관적 구성요건요소인 손해 발생 또는 배임죄의 보호법익인 피해자의 재산상 이익의 침해 여부를 판단할 때에는 종래의 대법원판례를 기준으로 하되 구체적 사안별로 타인의 사무의 내용과 성질, 임무위배의 중대성 및 본인의 재산 상태에 미치는 영향 등을 종합하여 신중하게 판단하여야 한다. 주식회사의 대표이사가 대표권을 남용하는 등 그 임무에 위배하여 회사 명의로 의무를 부담하는 행위를 하더라도 일단 회사의 행위로서 유효하고, 다만 상대방이 대표이사의 진의를 알았거나 알 수 있었을 때에는 회사에 대하여 무효가 된다. 따라서 상대방이 대표권남용 사실을 알았거나 알 수 있었던 경우 그 의무부담행위는 원칙적으로 회사에 대하여 효력이 없고, 경제적 관점에서 보아도 이러한 사실만으로는 회사에 현실적인 손해가 발생하였다거나 실해 발생의 위험이 초래되었다고 평가하기 어려우므로, 달리 그 의무부담행위로 인하여 실제로 채무의 이행이 이루어졌다거나 회사가 민법상 불법행위책임을 부담하게 되었다는 등의 사정이 없는 이상 배임죄의 기수에 이른 것은 아니다. 그러나 이 경우에도 대표이사로서는 배임의 범의로 임무위배행위를 함으로써 실행에 착수한 것이므로 배임죄의 미수범이 된다. 그리고 상대방이 대표권남용 사실을 알지 못하였다는 등의 사정이 있어 그 의무부담행위가 회사에 대하여 유효한 경우에는 회사의 채무가 발생하고 회사는 그 채무를 이행할 의무를 부담하므로, 이러한 채무의 발생은 그 자체로 현실적인 손해 또는 재산상 실해 발생의 위험이라고 할 것이어서 그

채무가 현실적으로 이행되기 전이라도 배임죄의 기수에 이르렀다고 보아야 한다.

주식회사의 대표이사가 대표권을 남용하는 등 그 임무에 위배하여 약속어음 발행을 한 행위가 배임죄에 해당하는지도 원칙적으로 위에서 살펴본 의무부담행위와 마찬가지로 보아야 한다. 다만 약속어음 발행의 경우 어음법상 발행인은 종전의 소지인에 대한 인적 관계로 인한 항변으로써 소지인에게 대항하지 못하므로(어음법 제17조, 제77조), **어음발행이 무효라 하더라도 그 어음이 실제로 제3자에게 유통되었다면 회사로서는 어음채무를 부담할 위험이 구체적·현실적으로 발생하였다고 보아야 하고**, 따라서 그 어음채무가 실제로 이행되기 전이라도 배임죄의 기수범이 된다. 그러나 약속어음 발행이 무효일 뿐만 아니라 그 어음이 유통되지도 않았다면 회사는 어음발행의 상대방에게 어음채무를 부담하지 않기 때문에 특별한 사정이 없는 한 회사에 현실적으로 손해가 발생하였다거나 실해 발생의 위험이 발생하였다고도 볼 수 없으므로, 이때에는 배임죄의 기수범이 아니라 배임미수죄로 처벌하여야 한다[대판(전합) 2017. 7. 20, 2014도1104]. 　　　　　　　　　　　　　　　　　　　　　　　　정답 - ○

13 타인 소유의 특허권을 명의신탁 받아 관리하는 업무를 수행해 오다가 제3자로부터 특허권을 이전해 달라는 제의를 받고 대금을 지급받고는 그 타인의 승낙도 받지 않은 채 제3자 앞으로 특허권을 이전등록한 경우에는 업무상배임죄가 성립한다. 　　변호사시험 제7회

> (해설 🖊) 피고인 2가 피해자들의 공동소유인 이 사건 특허권에 대하여 피해자들로부터 명의신탁을 받아 관리하는 업무를 맡아오던 피고인 1에게 대금 1,000만 원을 지급하고 위 특허권에 관하여 피고인 2 앞으로 이전등록하여, 피고인 1과 공모하여 업무상 임무에 위배하여 피고인 2에게 시가 불상의 이 사건 특허권 상당의 이익을 취하게 하고, 피해자들에게 같은 금액 상당의 손해를 가하였다는 것이다(대판 2016. 10. 13, 2014도17211).
>
> → 위 판례에서 피고인 1에게 업무상배임죄가 성립한다는 전제에서 피고인 2가 공범에 해당하는지 심리하고 있다. 　　　　　　　　　　　　　　　　　　정답 - ○

14 거래상대방의 대향적 행위의 존재를 필요로 하는 유형의 배임죄에서 배임죄의 실행으로 이익을 얻게 되는 수익자는 배임죄의 공범이 되는 것이 원칙이다. 　　변호사시험 제7회

> (해설 🖊) 거래상대방의 대향적 행위의 존재를 필요로 하는 유형의 배임죄에서 거래상대방은 기본적으로 배임행위의 실행행위자와 별개의 이해관계를 가지고 반대편에서 독자적으로 거래에 임한다는 점을 고려하면, **업무상배임죄의 실행으로 이익을 얻게 되는 수익자는 배임죄의 공범이라고 볼 수 없는 것이 원칙이고**, 실행행위자의 행위가 피해자 본인에 대한 배임행위에 해당한다는 점을 인식한 상태에서 배임의 의도가 전혀 없었던 실행행위자에게 배임행위를 교사하거나 또는 배임행위의 전 과정에 관여하는 등으로 배임행위에 적극 가담한 경우에 한하여 배임의 실행행위자에 대한 공동정범으로 인정할 수 있다(대판 2016. 10. 13, 2014도17211). 　　　　　　　　　　　　　　　　　　　　　　　정답 - X

15 회사 직원이 영업비밀을 적법하게 반출하여 그 반출행위가 업무상배임죄에 해당하지 않는 경우라도, 퇴사 시에 회사에 반환해야 할 의무가 있는 영업비밀을 회사에 반환하지 아니하였다면 업무상배임죄가 성립한다.　　　　　　　　　　　　　　　　변호사시험 제7회

（해설）　업무상배임죄의 주체는 타인의 사무를 처리하는 지위에 있어야 한다. 따라서 회사직원이 재직 중에 영업비밀 또는 영업상 주요한 자산을 경쟁업체에 유출하거나 스스로의 이익을 위하여 이용할 목적으로 무단으로 반출하였다면 타인의 사무를 처리하는 자로서 업무상의 임무에 위배하여 유출 또는 반출한 것이어서 유출 또는 반출 시에 업무상배임죄의 기수가 된다. 또한 회사직원이 영업비밀 등을 적법하게 반출하여 반출행위가 업무상배임죄에 해당하지 않는 경우라도, 퇴사 시에 영업비밀 등을 회사에 반환하거나 폐기할 의무가 있음에도 경쟁업체에 유출하거나 스스로의 이익을 위하여 이용할 목적으로 이를 반환하거나 폐기하지 아니하였다면, 이러한 행위 역시 퇴사 시에 업무상배임죄의 기수가 된다(대판 2017. 6. 29, 2017도3808).　　　　　　　　　　　　　　　　　　　　　　　　　　　정답 － ○

16 부동산 소유자인 甲이 乙과 부동산 매매계약을 체결하고 계약금과 중도금을 모두 수령하였는데, 이러한 사실을 모두 알고 있는 丙이 甲에게 부동산의 가격을 더 높게 지불할 테니 자신에게 위 부동산을 매각해 달라는 요청을 하자 위 부동산을 丙에게 이중으로 매도하고 소유권이전등기를 경료해 준 경우, 甲에게는 배임죄가 성립하고, 丙에게는 장물취득죄가 성립한다.　　　　　　　　　　　　　　　　　　　　　　변호사시험 제3회

（해설）　부동산매도인이 매수인으로부터 계약금과 중도금까지 수령한 이상 특단의 약정이 없다면 잔금수령과 동시에 매수인 명의로의 소유권이전등기에 협력할 임무가 있으므로 이를 다시 제3자에게 처분함으로써 제1차 매수인에게 잔대금수령과 상환으로 소유권이전등기절차를 이행하는 것이 불가능하게 되었다면 배임죄의 책임을 면할 수 없다(대판 1988. 12. 13, 88도750).

형법상 장물죄의 객체인 장물이라 함은 재산권상의 침해를 가져 올 위법행위로 인하여 영득한 물건으로서 피해자가 반환청구권을 가지는 것을 말하고 본건 대지에 관하여 매수인 '甲'에게 소유권 이전등기를 하여 줄 임무가 있는 소유자가 그 임무에 위반하여 이를 '乙'에게 매도하고 소유권이전등기를 경유하여 준 경우에는 위 부동산소유자가 배임행위로 인하여 영득한 것은 재산상의 이익이고 위 배임범죄에 제공된 대지는 범죄로 인하여 영득한 것 자체는 아니므로 그 취득자 또는 전득자에게 대하여 배임죄의 가공여부를 논함은 별문제로 하고 **장물취득죄로 처단할 수 없다**(대판 1975. 12. 9, 74도2804).

→ 甲에게는 배임죄가 성립하나, 丙에게는 장물취득죄가 성립하지 않는다.　　정답 － ✕

17 채무자가 채권자에게 동산인 한우 100마리를 양도담보로 제공하고 점유개정의 방법으로 점유하고 있는 상태에서 다시 이를 제3자에게 점유개정의 방법으로 양도하는 경우 배임죄가 성립하지 않는다.　　　　　　　　　　　　　　　　　　변호사시험 제4회

해설 피고인이 그 소유의 이 사건 에어컨 등을 피해자에게 양도담보로 제공하고 점유개정의 방법으로 점유하고 있다가 다시 이를 제3자에게 양도담보로 제공하고 역시 점유개정의 방법으로 점유를 계속한 경우 뒤의 양도담보권자인 제3자는 처음의 담보권자인 피해자에 대하여 배타적으로 자기의 담보권을 주장할 수 없으므로 위와 같이 이중으로 양도담보제공이 된 것만으로는 처음의 양도담보권자에게 담보권의 상실이나 담보가치의 감소 등 손해가 발생한 것으로 볼 수 없으니 배임죄를 구성하지 않는다(대판 1990. 2. 13, 89도1931).   정답 - ○

18 채권담보의 목적으로 부동산에 관한 대물변제예약을 체결한 채무자가 대물로 변제하기로 한 부동산을 제3자에게 임의로 처분한 경우 배임죄가 성립하지 않는다. 변호사시험 제4회

해설 채무자가 채권자에 대하여 소비대차 등으로 인한 채무를 부담하고 이를 담보하기 위하여 장래에 부동산의 소유권을 이전하기로 하는 내용의 대물변제예약에서, 약정의 내용에 좇은 이행을 하여야 할 채무는 특별한 사정이 없는 한 '자기의 사무'에 해당하는 것이 원칙이다. 채무자가 대물변제예약에 따라 부동산에 관한 소유권을 이전해 줄 의무는 예약 당시에 확정적으로 발생하는 것이 아니라 채무자가 차용금을 제때에 반환하지 못하여 채권자가 예약완결권을 행사한 후에야 비로소 문제가 되고, 채무자는 예약완결권 행사 이후라도 얼마든지 금전채무를 변제하여 당해 부동산에 관한 소유권이전등기절차를 이행할 의무를 소멸시키고 의무에서 벗어날 수 있다. 한편 채권자는 당해 부동산을 특정물 자체보다는 담보물로서 가치를 평가하고 이로써 기존의 금전채권을 변제받는 데 주된 관심이 있으므로, 채무자의 채무불이행으로 인하여 대물변제예약에 따른 소유권등기를 이전받는 것이 불가능하게 되는 상황이 초래되어도 채권자는 채무자로부터 금전적 손해배상을 받음으로써 대물변제예약을 통해 달성하고자 한 목적을 사실상 이룰 수 있다. 이러한 점에서 대물변제예약의 궁극적 목적은 차용금반환채무의 이행 확보에 있고, 채무자가 대물변제예약에 따라 부동산에 관한 소유권이전등기절차를 이행할 의무는 궁극적 목적을 달성하기 위해 채무자에게 요구되는 부수적 내용이어서 이를 가지고 배임죄에서 말하는 신임관계에 기초하여 채권자의 재산을 보호 또는 관리하여야 하는 '타인의 사무'에 해당한다고 볼 수는 없다. 그러므로 채권 담보를 위한 대물변제예약 사안에서 채무자가 대물로 변제하기로 한 부동산을 제3자에게 처분하였다고 하더라도 형법상 배임죄가 성립하는 것은 아니다[대판(전합) 2014. 8. 21, 2014도3363].   정답 - ○

19 甲은 乙로부터 명의신탁을 받아 관리하던 시가 2억원 상당의 토지를 명의신탁자 乙의 승낙 없이, 2014.3.2.丙으로부터 8,000만원을 빌리면서 채권최고액 1억원의 근저당권설정등기를 경료하여 주었다. 만일 甲과 乙이 부동산 실권리자명의 등기에 관한 법률에 따라 효력이 부정되는 이른바 계약명의신탁 약정을 맺었고, 그에 따라 甲이 위 약정 사실을 알고 있는 매도인 戊로부터 위 토지에 대한 소유권이전등기를 경료받은 경우, 그 후 甲이 임의로 위 토지를 처분하였더라도 戊에 대하여 배임죄를 구성하지 않는다. 변호사시험 제4회

해설 명의신탁자와 명의수탁자가 이른바 계약명의신탁 약정을 맺고 명의수탁자가 당사자가 되어 명의신탁 약정이 있다는 사실을 알고 있는 소유자와 부동산에 관한 매매계약을 체결한 후 매매계약에 따라 부동산의 소유권이전등기를 명의수탁자 명의로 마친 경우에는 부동

산 실권리자명의 등기에 관한 법률(이하 '부동산실명법'이라 한다) 제4조 제2항 본문에 의하여 수탁자 명의의 소유권이전등기는 무효이고 부동산의 소유권은 매도인이 그대로 보유하게 되므로, 명의수탁자는 부동산 취득을 위한 계약의 당사자도 아닌 명의신탁자에 대한 관계에서 횡령죄에서 '타인의 재물을 보관하는 자'의 지위에 있다고 볼 수 없고, 또한 명의수탁자가 명의신탁자에 대하여 매매대금 등을 부당이득으로 반환할 의무를 부담한다고 하더라도 이를 두고 배임죄에서 '타인의 사무를 처리하는 자'의 지위에 있다고 보기도 어렵다. 한편 위 경우 명의수탁자는 매도인에 대하여 소유권이전등기말소의무를 부담하게 되나, 위 소유권이전등기는 처음부터 원인무효여서 명의수탁자는 매도인이 소유권에 기한 방해배제청구로 말소를 구하는 것에 대하여 상대방으로서 응할 처지에 있음에 불과하고, 그가 제3자와 한 처분행위가 부동산실명법 제4조 제3항에 따라 유효하게 될 가능성이 있다고 하더라도 이는 거래 상대방인 제3자를 보호하기 위하여 명의신탁 약정의 무효에 대한 예외를 설정한 취지일 뿐 매도인과 명의수탁자 사이에 위 처분행위를 유효하게 만드는 어떠한 신임관계가 존재함을 전제한 것이라고는 볼 수 없으므로, 말소등기의무의 존재나 명의수탁자에 의한 유효한 처분가능성을 들어 명의수탁자가 **매도인에 대한 관계에서 횡령죄에서 '타인의 재물을 보관하는 자' 또는 배임죄에서 '타인의 사무를 처리하는 자'의 지위에 있다고 볼 수도 없다**(대판 2012. 11. 29, 2011도7361). 정답 - O

20 甲이 乙로부터 A건설 컨소시엄이 제출한 설계도면에 경쟁업체보다 유리한 점수를 주어 A건설 컨소시엄이 낙찰받을 수 있도록 해달라는 취지의 청탁을 받고 금품을 취득한 이후에 실제로 건설사업의 평가위원으로 위촉되었다면 甲에게 배임수재죄가 성립한다.

변호사시험 제5회

해설 ✏ 시에서 발주한 도시형폐기물종합처리시설 건설사업의 기본설계 적격심의 및 평가위원으로서 그 임무와 관련하여 부정한 청탁을 받고 재물을 취득하였다는 공소사실에 대하여, **청탁을 받을 당시에 위 건설사업에 관한 사무를 처리하는 지위에 있었다고 인정되지 아니하는 이상 배임수재죄로 처벌할 수는 없음에도**, 이와 달리 판단하여 유죄로 인정한 원심판결에 법리오해의 위법이 있다고 한 사례

(판결이유 중)……피고인은 제1심 공동피고인 등으로부터 경쟁 업체보다 ㅇㅇ건설 컨소시엄이 제출한 설계도면에 유리한 점수를 주어 ㅇㅇ건설 컨소시엄이 낙찰을 받을 수 있도록 해 달라는 취지의 청탁을 받은 이후인 2007. 11. 15.에 비로소 이 사건 건설사업의 평가위원으로 위촉된 사실을 인정할 수 있을 뿐이고,……(대판 2010. 7. 22, 2009도12878). 정답 - X

21 甲은 A조합 이사장으로서 A조합이 주관하는 지역축제의 대행기획사를 선정하는 과정에서 최종 기획사로 선정될 경우 조합운영비를 지원하겠다는 B회사의 약속에 따라 위 축제가 끝난 후 B회사로부터 A조합운영비 명목으로 5,000만 원을 교부받아 A조합운영비로 사용하였다면 배임수재죄가 성립하지 않는다.

변호사시험 제6회

해설 ✏ 조합 이사장이 조합이 주관하는 도자기 축제의 대행기획사를 선정하는 과정에서 최종 기획사로 선정된 회사로부터 조합운영비 지급을 약속받고 위 축제가 끝난 후 조합운영비 명

목으로 현금 3,000만 원을 교부받아 조합운영비로 사용한 사안에서, 이사장이 개인적인 이익을 위해서가 아니라 조합의 이사장으로서 위 금원을 받아 조합의 운영경비로 사용한 것이라는 이유로 배임수재죄의 성립을 부정한 사례(대판 2008. 4. 24, 2006도1202).　　정답 – ○

■ 사례【22~24】

A건설회사에 근무하는 甲과 乙은 영업비밀을 경쟁업체에 유출하여 판매하기 위해 다른 사원들이 모두 퇴근한 자정 무렵 경비원 몰래 A회사 건물 안으로 진입하여, 乙이 사무실 출입문 밖에서 망을 보고 있는 사이 甲은 사무실 안으로 들어가 컴퓨터에 저장되어 있는 설계도면 파일을 열어 프린터를 이용하여 출력해 나왔다. 그 후 甲과 乙은 설계도면 출력물의 구매자를 물색하다가 경쟁업체인 B건설회사 사장 丙에게 접근하여 1억 원을 주면 출력물을 넘겨주겠다고 제안하였으나 丙이 5,000만 원만 주겠다고 하여 출력물을 넘겨주는 대가로 5,000만 원을 받고 그에게 출력물을 넘겨주었다.(다툼이 있는 경우 판례에 의함)

변호사시험 제6회

22 甲과 乙이 설계도면을 출력하여 회사 밖으로 무단 반출한 것만으로 업무상배임죄의 기수에 해당한다.

해설 ✏️　회사직원이 영업비밀을 경쟁업체에 유출하거나 스스로의 이익을 위하여 이용할 목적으로 무단으로 반출한 때 업무상배임죄의 기수에 이르렀다고 할 것이고, 그 이후에 위 직원과 접촉하여 영업비밀을 취득하려고 한 자는 업무상배임죄의 공동정범이 될 수 없다고 한 사례(대판 2003. 10. 30, 2003도4382).　　정답 – ○

23 甲과 乙이 설계도면 출력물을 넘겨주는 대가로 5,000만 원을 받은 행위는 배임수재죄에 해당한다.

해설 ✏️　「24번 문제」해설 참조　　정답 – X

24 甲과 乙에게 5,000만 원을 주고 설계도면 출력물을 취득한 丙의 행위는 배임증재죄에 해당한다.

해설 ✏️

[형법 제357조(배임수증재)] ① 타인의 사무를 처리하는 자가 그 임무에 관하여 **부정한 청탁**을 받고 재물 또는 재산상의 이익을 취득하거나 제3자로 하여금 이를 취득하게 한 때에는 5년 이하의 징역 또는 1천만원 이하의 벌금에 처한다. ② **제1항의 재물 또는 이익을 공여한 자는 2**년 이하의 징역 또는 500만원 이하의 벌금에 처한다.

→ 업무상배임죄가 이미 기수에 이른 후에 대가를 받고 설계도면 출력물을 넘겨준 경우이므로, 부정한 청탁을 받고 재물 또는 재산상의 이익을 취득하였다고 볼 수 없다. 〔정답〕 - X

제7절 장물의 죄

1 甲女는 A연구소 마당에 승용차를 세워 두고 그곳에서 약 20m 떨어진 마당 뒤편에서 절취하기 위하여 타인 소유의 나무 한 그루를 캐내었으나, 이 나무는 높이가 약 150cm 이상, 폭이 약 1m 정도로 상당히 커서 甲이 혼자서 이를 운반하기 어려웠다. 이에 甲은 남편인 乙에게 전화를 하여 사정을 이야기하고 나무를 차에 싣는 것을 도와 달라고 말하였는데, 이를 승낙하고 잠시 후 현장에 온 乙은 甲과 함께 나무를 승용차까지 운반하였다. 그 후 甲은 친구인 丙에게 위 절취사실을 말해 주었다. 이 경우, 본범의 정범은 장물죄의 주체가 될 수 없으므로 乙에게는 장물운반죄가 성립하지 않는다. 변호사시험 제2회

〔해설〕 입목을 절취하기 위하여 캐낸 때에 소유자의 입목에 대한 점유가 침해되어 범인의 사실적 지배하에 놓이게 되므로 범인이 그 점유를 취득하고 **절도죄는 기수에 이른다.** 이를 운반하거나 반출하는 등의 행위는 필요하지 않다(대판 2008. 10. 23, 2008도6080).

→ 乙이 가담한 것은 절도죄가 이미 기수에 이른 후이므로 乙은 절도죄의 정범이 아니다. 甲이 절취한 나무는 재산범죄를 통해 영득한 재물로서 장물에 해당하므로, 이를 함께 운반한 것은 장물운반죄가 성립한다. 〔정답〕 - X

2 甲이 권한 없이 인터넷뱅킹을 이용하여 타인의 예금계좌에서 자신의 예금계좌로 돈을 이체한 후 그중 일부를 인출하여 그 정을 아는 乙에게 교부한 경우 乙에게는 장물취득죄가 성립한다. 변호사시험 제3회

〔해설〕 甲이 권한 없이 인터넷뱅킹으로 타인의 예금계좌에서 자신의 예금계좌로 돈을 이체한 후 그 중 일부를 인출하여 그 정을 아는 乙에게 교부한 경우, 甲이 컴퓨터등사용사기죄에 의하여 취득한 예금채권은 재물이 아니라 재산상 이익이므로 그가 자신의 예금계좌에서 돈을 인출하였더라도 장물을 금융기관에 예치하였다가 인출한 것으로 볼 수 없으므로 **乙은 장물취득죄가 성립하지 않는다**(대판 2004. 4. 16, 2004도353). 〔정답〕 - X

3 甲이 단순히 보수를 받고 본범인 乙을 위하여 장물을 일시 사용하거나 사용할 목적으로 장물을 건네받은 것만으로는 장물을 취득한 것으로 볼 수 없다. 변호사시험 제1회

〔해설〕 장물취득죄에서 '취득'이라고 함은 점유를 이전받음으로써 그 장물에 대하여 사실상의 처분권을 획득하는 것을 의미하는 것이므로, 단순히 보수를 받고 본범을 위하여 장물을 일시 사용하거나 그와 같이 사용할 목적으로 장물을 건네받은 것만으로는 장물을 취득한 것으로 볼 수 없다(대판 2003. 5. 13, 2003도1366). 〔정답〕 - O

4 甲은 A가 사기에 이용하려고 한다는 사정을 알고서도 A의 부탁에 따라 자신의 명의로 농협은행 예금계좌를 개설하여 예금통장을 A에게 양도하였고, A는 X를 속여 X로 하여금 5,000만 원을 위 계좌로 송금하게 하였는데, 甲은 위 계좌로 송금된 돈 전액을 인출하였다. 甲의 예금 인출 행위는 장물취득죄에 해당하지 않는다. 변호사시험 제3회

(해설) 「5번 문제」해설 참조 정답 – ○

5 甲이 자기명의의 예금통장과 비밀번호, 도장 등을 양도하는 방법으로 본범 乙의 사기 범행을 방조한 다음, 乙의 범행 결과 자기의 예금계좌에 입금된 돈을 乙이 미처 인출하기에 앞서 인출한 경우 사기죄의 방조범 이외에 장물취득죄가 성립한다. 변호사시험 제4회

(해설) [1] 장물취득죄에서 '취득'이라 함은 장물의 점유를 이전받음으로써 그 장물에 대하여 사실상 처분권을 획득하는 것을 의미하는데, 이 사건의 경우 본범의 사기행위는 피고인이 예금계좌를 개설하여 본범에게 양도한 방조행위가 가공되어 본범에게 편취금이 귀속되는 과정 없이 피고인이 피해자로부터 피고인의 예금계좌로 돈을 송금받아 취득함으로써 종료되는 것이고, 그 후 피고인이 자신의 예금계좌에서 위 돈을 인출하였다 하더라도 이는 예금명의자로서 은행에 예금반환을 청구한 결과일 뿐 본범으로부터 위 돈에 대한 점유를 이전받아 사실상 처분권을 획득한 것은 아니므로, 피고인의 위와 같은 인출행위를 장물취득죄로 벌할 수는 없다.
[2] 사기 범행에 이용되리라는 사정을 알고서도 자신의 명의로 새마을금고 예금계좌를 개설하여 甲에게 이를 양도함으로써 甲이 乙을 속여 乙로 하여금 1,000만 원을 위 계좌로 송금하게 한 사기 범행을 방조한 피고인이 위 계좌로 송금된 돈 중 140만 원을 인출하여 甲이 편취한 장물을 취득하였다는 공소사실에 대하여, 甲이 사기 범행으로 취득한 것은 재산상 이익이어서 장물에 해당하지 않는다는 원심판단은 적절하지 아니하지만, 피고인의 위와 같은 인출행위를 장물취득죄로 벌할 수는 없으므로, 위 '장물취득' 부분을 무죄로 선고한 원심의 결론을 정당하다고 한 사례(대판 2010. 12. 9, 2010도6256). 정답 – X

6 甲이 권한없이 A회사의 아이디와 패스워드를 입력하여 인터넷뱅킹에 접속한 다음에 A회사의 예금계좌로부터 자신의 예금계좌로 합계 2억 원을 이체한 후, 자신의 현금카드를 사용하여 현금자동지급기에서 6,000만 원을 인출하여 그 정을 아는 乙에게 교부하였다면 甲에게는 컴퓨터등사용사기죄, 乙에게는 장물취득죄가 성립한다. 변호사시험 제5회

(해설) 甲이 권한 없이 인터넷뱅킹으로 타인의 예금계좌에서 자신의 예금계좌로 돈을 이체한 후 그 중 일부를 인출하여 그 정을 아는 乙에게 교부한 경우, 甲이 컴퓨터등사용사기죄에 의하여 취득한 예금채권은 재물이 아니라 재산상 이익이므로, 그가 자신의 예금계좌에서 돈을 인출하였더라도 장물을 금융기관에 예치하였다가 인출한 것으로 볼 수 없다는 이유로 乙의 장물취득죄의 성립을 부정한 사례(대판 2004. 4. 16, 2004도353). 정답 – X

7 장물인 귀금속의 매도를 부탁받은 甲이 그 귀금속이 장물임을 알면서도 매매를 중개하고 매수인에게 이를 전달하려다가 매수인을 만나기 전에 체포된 경우에는 위 귀금속의 매매를 중개함으로 인한 장물알선죄가 성립하지 않는다. 변호사시험 제2회

8 甲이 장물인 귀금속의 매도를 부탁받은 후 그 귀금속이 장물임을 알면서도 그 매매를 중개하고 매수인에게 이를 전달하기 위해 매수인을 만나러 가는 도중에 체포되었더라도 장물알선죄는 성립한다.   변호사시험 제6회

> 해설 ✏️ 장물인 귀금속의 매도를 부탁받은 피고인이 그 귀금속이 장물임을 알면서도 매매를 중개하고 매수인에게 이를 전달하려다가 매수인을 만나기도 전에 체포되었다 하더라도, 위 귀금속의 매매를 중개함으로써 장물알선죄가 성립한다고 한 사례(대판 2009. 4. 23, 2009도1203).   정답 – ○

제8절 손괴의 죄
제9절 권리행사를 방해하는 죄

1 렌터카회사의 공동대표이사 중 1인인 A가 회사 보유 차량을 자신의 개인적인 채무담보 명목으로 B에게 넘겨준 후, 렌터카회사와 B 사이에 법적 분쟁이 진행 중에 다른 공동대표이사인 甲이 위 차량을 몰래 회수하도록 한 경우 위 B의 점유는 권리행사방해죄의 보호대상인 점유에 해당하지 않는다.   변호사시험 제2회

> 해설 ✏️ 렌트카회사의 공동대표이사 중 1인이 회사 보유 차량을 자신의 개인적인 채무담보 명목으로 피해자에게 넘겨 주었는데 다른 공동대표이사인 피고인이 위 차량을 몰래 회수하도록 한 경우, 위 피해자의 점유는 <u>권리행사방해죄의 보호대상인 점유에 해당</u>한다고 한 사례(대판 2006. 3. 23, 2005도4455).   정답 – X

2 무효인 경매절차에서 경매목적물을 경락받아 이를 점유하고 있는 낙찰자의 점유는 적법한 점유로서, 동시이행항변권을 가지고 있는 점유자는 권리행사방해죄에 있어서의 타인의 물건을 점유하고 있는 자라고 할 것이다.   변호사시험 제2회

> 해설 ✏️ 형법 제323조의 권리행사방해죄에 있어서의 타인의 점유라 함은 권원으로 인한 점유 즉 정당한 원인에 기하여 그 물건을 점유하는 권리있는 점유를 의미하는 것으로서 본권을 갖지 아니한 절도범인의 점유는 여기에 해당하지 아니하나, 반드시 본권에 의한 점유만에 한하지 아니하고 동시이행항변권 등에 기한 점유와 같은 적법한 점유도 여기에 해당한다고 할 것이고, 한편, 쌍무계약이 무효로 되어 각 당사자가 서로 취득한 것을 반환하여야 할 경우, 어느 일방의 당사자에게만 먼저 그 반환의무의 이행이 강제된다면 공평과 신의칙에 위배되는 결과가 되므로 각 당사자의 반환의무는 동시이행 관계에 있다고 보아 민법 제536조를 준용함이 옳다고 해석되고, 이러한 법리는 경매절차가 무효로 된 경우에도 마찬가지라고 할 것이므로, 무효인 경매절차에서 경매목적물을 경락받아 이를 점유하고 있는 낙찰자의 점유는 적법한 점유로서 그 점유자는 권리행사방해죄에 있어서의 타인의 물건을 점유하고 있는 자라고 할 것이다(대판 2003. 11. 28, 2003도4257).   정답 – ○

3 甲은 乙과 공동으로 구입하여 자신이 점유하고 있던 복사기를 A에게 매도하기로 하고 계약금과 중도금을 받았다. 그후 甲은 복사기를 수리하기 위해 수리점에 맡겼다고 乙에게 거짓말하고 이를 다시 丙에게 매도한 후 복사기를 건네주었으며, 丙은 선의, 무과실로 이를 취득하였다. 며칠 후 이 사실을 알게 된 乙은 丙 몰래 위 복사기를 가져가 버렸다. 수사기관에서 甲의 아내 B는 참고인으로서 진술하고 진술조서에는 가명으로 서명, 날인하였다. 甲에 대한 재판 중 B가 증인으로 출석하였고, 재판장은 B에게 증언거부권이 있음을 고지하였다.

이 경우, 乙은 丙에 대하여 권리행사방해죄가 성립한다.　　　　　　　변호사시험 제5회

해설 ✎

> [민법 제249조(선의취득)] 평온, 공연하게 동산을 양수한 자가 선의이며 과실없이 그 동산을 점유한 경우에는 양도인이 정당한 소유자가 아닌 때에도 **즉시 그 동산의 소유권을 취득한다.**

> → 丙은 민법상 선의취득에 따라 정당하게 소유권을 취득하므로 乙의 행위는 타인의 재물을 절취한 절도죄에 해당한다.　　　　　　　　　　　　　　　　　정답 – X

4 차량의 실소유자인 甲은 자동차등록원부에 제3자인 B의 명의로 등록되어 있는 그 차량을 A에게 자신의 채무에 대한 담보로 제공하였는데, 甲이 A와 사이가 나빠지자 A의 승낙을 받지 않고 미리 소지하고 있던 위 차량의 보조키를 이용하여 위 차량을 운전하여 가져가 버린 경우, 권리행사방해죄는 성립하지 않는다.　　　　　　　변호사시험 제6회

해설 ✎ 피고인이 피해자에게 담보로 제공한 차량이 그 자동차등록원부에 타인 명의로 등록되어 있는 이상 그 차량은 피고인의 소유는 아니라는 이유로, 피고인이 피해자의 승낙 없이 미리 소지하고 있던 위 차량의 보조키를 이용하여 이를 운전하여 간 행위가 권리행사방해죄를 구성하지 않는다고 한 사례(대판 2005. 11. 10, 2005도6604).　　　　　정답 – O

5 甲이 허위양도한 부동산의 시가액보다 그 부동산에 의하여 담보된 채무액이 더 많은 경우, 허위양도로 인하여 채권자를 해할 위험이 없으므로 강제집행면탈죄가 성립하지 않는다.　　　　　　　변호사시험 제1회

해설 ✎ 강제집행면탈죄는 이른바 위태범으로서 강제집행을 당할 구체적인 위험이 있는 상태에서 재산을 은닉, 손괴, 허위양도 또는 허위의 채무를 부담하면 바로 성립하는 것이고, 반드시 채권자를 해하는 결과가 야기되거나 이로 인하여 행위자가 어떤 이득을 취하여야 범죄가 성립하는 것은 아니며, 허위양도한 부동산의 시가액보다 그 부동산에 의하여 담보된 채무액이 더 많다고 하여 그 허위양도로 인하여 채권자를 해할 위험이 없다고 할 수 없다(대판 1999. 2. 12, 98도2474).　　　　　　　　　　　　　　　　정답 – X

6 강제집행면탈죄는 채권자의 권리보호를 주된 보호법익으로 하는 위험범이므로 채권자의 채권이 존재하지 않더라도 강제집행면탈죄가 성립할 수 있다.　　　　　　　변호사시험 제2회

해설 형법 제327조의 강제집행면탈죄는 채권자의 정당한 권리행사 보호 외에 강제집행의 기능보호도 법익으로 하는 것이나, 현행 형법상 강제집행면탈죄가 개인적 법익에 관한 재산범의 일종으로 규정되어 있는 점과 채권자를 해하는 것을 구성요건으로 규정하고 있는 점 등에 비추어 보면 주된 법익은 채권자의 권리보호에 있다고 해석하는 것이 타당하므로, 강제집행의 기본이 되는 채권자의 권리, 즉 채권의 존재는 강제집행면탈죄의 성립요건으로서 **채권의 존재가 인정되지 않을 때에는 강제집행면탈죄는 성립하지 않는다**(대판 2011. 9. 8, 2011도5165).   정답 – X

7 채무자와 제3채무자 사이에 채무자의 장래청구권이 충분하게 표시되었거나 결정된 법률관계가 존재한다면 동산·부동산뿐만 아니라 장래의 권리도 강제집행면탈죄의 객체에 해당한다.   변호사시험 제2회

해설 강제집행면탈죄의 객체인 재산은 채무자의 재산 중에서 채권자가 민사집행법상 강제집행 또는 보전처분의 대상으로 삼을 수 있는 것을 의미하는데, **장래의 권리라도 채무자와 제3채무자 사이에 채무자의 장래청구권이 충분하게 표시되었거나 결정된 법률관계가 존재한다면 재산에 해당**하는 것으로 보아야 한다(대판 2011. 7. 28, 2011도6115).   정답 – O

8 객관적 구성요건으로 강제집행을 받을 객관적 상태가 요구되며, 이는 민사소송에 의한 강제집행 또는 가압류·가처분 등의 집행을 당할 구체적 염려가 있는 상태를 말한다.   변호사시험 제2회

해설 강제집행면탈죄에 있어서 강제집행을 면탈할 객관적 상태의 의미에 관하여 판례는 강제집행면탈죄에 있어서 강제집행을 면탈할 객관적 상태라 함은 민사소송법에 의한 강제집행 또는 이를 준용하는 가압류, 가처분 등의 집행을 당할 구체적인 염려가 있는 상태를 말한다(대판 1981. 6. 23, 81도588)라고 판시하고 있다.   정답 – O

9 약 18억 원 정도의 채무초과 상태에 있는 자가 자신이 발행한 약속어음이 부도가 난 경우, 강제집행을 당할 구체적인 위험을 인정할 수 있다.   변호사시험 제2회

해설 약 18억 원 정도의 채무초과 상태에 있는 피고인 발행의 약속어음이 부도가 난 경우, 강제집행을 당할 구체적인 위험이 있는 상태에 있다고 인정한 사례(대판 1999. 2. 9, 96도3141).   정답 – O

10 국세징수법에 의한 체납처분은 강제집행면탈죄의 강제집행에 포함되지 않는다.   변호사시험 제2회

해설 형법 제327조의 강제집행면탈죄가 적용되는 강제집행은 민사집행법의 적용대상인 강제집행 또는 가압류·가처분 등의 집행을 가리키는 것이므로, **국세징수법에 의한 체납처분을 면탈할 목적으로 재산을 은닉하는 등의 행위는 위 죄의 규율대상에 포함되지 않는다**(대판 2012. 4. 26, 2010도5693).   정답 – O

11 甲은 장기간 세금 납부를 하지 않고 도망 다니던 중 처로부터 체납처분 관련 서류가 집으로 배달되었다는 연락을 받자 이를 면탈할 목적으로 자신의 소유 아파트를 친구에게 허위양도한 경우, 강제집행면탈죄가 성립한다. 변호사시험 제6회

> **해설 ✎** 국세징수법에 의한 체납처분을 면탈할 목적으로 재산을 은닉하는 등의 행위가 강제집행면탈죄의 규율대상인지 여부에 관하여 판례는 형법 제327조의 강제집행면탈죄가 적용되는 강제집행은 민사집행법의 적용대상인 강제집행 또는 가압류·가처분 등의 집행을 가리키는 것이므로, 국세징수법에 의한 체납처분을 면탈할 목적으로 재산을 은닉하는 등의 행위는 위 죄의 규율대상에 포함되지 않는다(대판 2012. 4. 26, 2010도5693)라고 판시하고 있다.
>
> 정답 – X

12 이른바 계약명의신탁의 방식으로 명의수탁자가 당사자가 되어 소유자와 부동산에 관한 매매계약을 체결하고 그 명의로 소유권이전등기를 마친 경우, 채무자인 명의신탁자에게 강제집행면탈죄가 성립될 여지는 없다. 변호사시험 제5회

> **해설 ✎** 명의신탁자와 명의수탁자가 이른바 계약명의신탁 약정을 맺고 명의수탁자가 당사자가 되어 명의신탁 약정이 있다는 사실을 알지 못하는 소유자와 부동산에 관한 매매계약을 체결한 후 그 매매계약에 따라 당해 부동산의 소유권이전등기를 명의수탁자 명의로 마친 경우에는, 명의신탁자와 명의수탁자 사이의 명의신탁 약정의 무효에도 불구하고 부동산 실권리자명의 등기에 관한 법률 제4조 제2항 단서에 의하여 그 명의수탁자는 당해 부동산의 완전한 소유권을 취득한다. 이와 달리 소유자가 계약명의신탁 약정이 있다는 사실을 안 경우에는 수탁자 명의의 소유권이전등기는 무효이고 당해 부동산의 소유권은 매도인이 그대로 보유하게 된다. 어느 경우든지 명의신탁자는 그 매매계약에 의해서는 당해 부동산의 소유권을 취득하지 못하게 되어, 결국 그 부동산은 명의신탁자에 대한 강제집행이나 보전처분의 대상이 될 수 없다(대판 2009. 5. 14, 2007도2168).
>
> → 명의신탁의 목적인 부동산이 채무자인 명의신탁자의 소유가 아니므로 명의신탁자에 대한 강제집행이나 보전처분의 대상이 될 수 없다. 따라서 명의신탁자에게 강제집행면탈죄가 성립할 수 없다.
>
> 정답 – O

13 甲과 乙이 공모하여 甲의 채권자를 해하기 위하여 허위의 채무를 부담하는 내용의 공정증서를 작성하고 그 공정증서에 기하여 법원으로부터 채권압류 및 추심명령을 받은 뒤 배당을 받았다면, 적어도 채권자를 해하는 결과가 야기된 시점은 배당일이므로 그때부터 강제집행면탈죄의 공소시효가 진행한다. 변호사시험 제5회

> **해설 ✎** 허위의 채무를 부담하는 내용의 채무변제계약 공정증서를 작성한 후 이에 기하여 채권압류 및 추심명령을 받은 때에, 강제집행면탈죄가 성립함과 동시에 그 범죄행위가 종료되어 공소시효가 진행한다고 한 사례(대판 2009. 5. 28, 2009도875).
>
> 정답 – X

14 甲이 자신을 상대로 사실혼관계 부당파기로 인한 손해배상 청구소송을 제기한 A에 대한 채무를 면탈하기 위하여 A와 함께 거주하던 甲 명의 아파트를 담보로 10억 원을 대출받아 그 중 8억 원을 타인 명의 계좌로 입금하였다면, 비록 甲이 A의 甲에 대한 위자료 등 채권액을 훨씬 상회하는 다른 재산이 있다고 하더라도 강제집행면탈죄가 성립한다.

변호사시험 제5회

해설 ✎ 피고인이 자신을 상대로 사실혼관계해소 청구소송을 제기한 甲에 대한 채무를 면탈하려고 피고인 명의 아파트를 담보로 10억 원을 대출받아 그 중 8억 원을 타인 명의 계좌로 입금하여 은닉하였다고 하여 강제집행면탈죄로 기소된 사안에서, 피고인의 재산은닉 행위 당시 甲의 재산분할청구권은 존재하였다고 보기 어렵고, 가사사건 제1심판결에 근거하여 위자료 4,000만 원의 채권이 존재한다는 사실이 증명되었다고 볼 여지가 있었을 뿐이므로, 피고인에게 위자료채권액을 훨씬 상회하는 다른 재산이 있었던 이상 강제집행면탈죄는 성립하지 않는다고 보아야 하는데도, 이와 달리 피고인에게 유죄를 인정한 원심판단에 강제집행면탈죄의 성립요건인 채권의 존재 및 강제집행면탈 행위에 관한 법리오해의 위법이 있다고 한 사례(대판 2011. 9. 8, 2011도5165).   정답 - X

15 채권자 A가 甲에 대한 연체차임채권을 확보하기 위하여 甲이 임차하여 운영하는 주유소의 신용카드 매출채권을 가압류하자, 甲이 강제집행을 면탈할 목적으로 그 즉시 타인 명의의 신용카드 결제 단말기를 빌려와 수개월 동안 주유대금 결제에 사용하는 수법으로 주유소의 신용카드 매출채권을 은닉한 경우, 비록 甲이 위 가압류 이전부터 A에 대하여 연체차임을 상회하는 보증금반환채권을 보유하고 있음을 근거로 은닉행위 이후 상계의 의사표시를 함으로써 A의 연체차임채권이 모두 소멸되었다고 하더라도 강제집행면탈죄가 성립한다.

변호사시험 제5회

해설 ✎ 피고인이 처 甲 명의로 임차하여 운영하는 주유소의 주유대금 신용카드 결제를, 별도로 운영하는 다른 주유소의 신용카드 결제 단말기로 처리함으로써 甲 명의 주유소의 매출채권을 다른 주유소의 매출채권으로 바꾸는 수법으로 은닉하여 甲에 대하여 연체차임 등 채권이 있어 甲 명의 주유소의 매출채권을 가압류한 乙 주식회사의 강제집행을 면탈하였다는 내용으로 기소된 사안에서, 乙 회사가 甲을 상대로 미지급 차임 등의 지급을 구하는 민사소송을 제기하였으나 甲이 임대차보증금 반환채권으로 상계한다는 주장을 하여 乙 회사의 청구가 기각된 판결이 확정된 사정에 비추어, 상계의 의사표시에 따라 乙 회사의 차임채권 등은 채권 발생일에 임대차보증금 반환채권과 대등액으로 상계되어 소멸되었으므로 피고인의 행위 당시 乙 회사의 채권의 존재가 인정되지 아니하여 강제집행면탈죄가 성립하지 않는다고 본 원심판단을 정당하다고 한 사례(대판 2012. 8. 30, 2011도2252).   정답 - X

16 채무자인 甲이 채권자 A의 가압류집행을 면탈할 목적으로 제3채무자 B에 대한 채권을 C에게 허위양도한 경우, 가압류결정정본이 B에게 송달된 날짜와 甲이 C에게 채권을 양도한 날짜가 동일하다면 시간상 채권양도가 가압류결정정본 송달보다 먼저 이루어졌더라도 강제집행면탈죄가 성립하지 않는다.

변호사시험 제5회

[해설✐] 채무자인 피고인이 채권자 甲의 가압류집행을 면탈할 목적으로 제3채무자 乙에 대한 채권을 丙에게 허위양도하였다고 하여 강제집행면탈로 기소된 사안에서, **가압류결정 정본이 제3채무자에게 송달된 날짜와 피고인이 채권을 양도한 날짜가 동일하므로 가압류결정 정본이 乙에게 송달되기 전에 채권을 허위로 양도하였다면 강제집행면탈죄가 성립하는데도,** 가압류결정 정본 송달과 채권양도 행위의 선후에 대해 심리·판단하지 아니한 채 무죄를 선고한 원심판결에 법리오해 등의 위법이 있다고 한 사례(대판 2012. 6. 28, 2012도3999). [정답] – X

■ 사례【17~21】

채무자 甲은 채권자 A의 가압류집행을 면탈할 목적으로, 자신이 제3채무자 乙에 대해 가지고 있는 채권을 2016. 12. 8. 丙에게 허위로 양도하였다. 한편 A는 甲의 乙에 대한 위 채권에 대하여 2016. 12. 1. 법원에 가압류신청을 하였고 법원의 가압류결정 정본은 2016. 12. 8. 乙에게 송달되었다.(다툼이 있는 경우 판례에 의함) 변호사시험 제6회

---

17 만일 A가 가압류신청을 한 상태가 아니라 甲을 상대로 가압류신청을 할 태세를 보이고 있는 상황이었더라도 甲에게 강제집행면탈죄가 성립할 수 있다.

[해설✐] 형법 제327조의 강제집행면탈죄는 위태범으로서 현실적으로 민사소송법에 의한 강제집행 또는 가압류·가처분의 집행을 받을 우려가 있는 객관적인 상태 아래, 즉 채권자가 본안 또는 보전소송을 제기하거나 제기할 태세를 보이고 있는 상태에서 주관적으로 강제집행을 면탈하려는 목적으로 재산을 은닉, 손괴, 허위양도하거나 허위의 채무를 부담하여 **채권자를 해할 위험이 있으면 성립하고, 반드시 채권자를 해하는 결과가 야기되거나 행위자가 어떤 이득을 취하여야 범죄가 성립하는 것은 아니다**(대판 2012. 6. 28, 2012도3999). [정답] – O

---

18 만일 A가 가압류가 아닌 담보권 실행을 위한 경매를 신청한 경우라면 甲에게 강제집행면탈죄가 성립하지 않는다.

[해설✐] 형법 제327조의 강제집행면탈죄가 적용되는 강제집행은 민사집행법 제2편의 적용 대상인 '강제집행' 또는 가압류·가처분 등의 집행을 가리키는 것이고, 민사집행법 제3편의 적용 대상인 '담보권 실행 등을 위한 경매'를 면탈할 목적으로 재산을 은닉하는 등의 행위는 위 죄의 규율 대상에 포함되지 않는다(대판 2015. 3. 26, 2014도14909). [정답] – O

---

19 검사가 甲을 강제집행면탈죄로 공소제기한 경우, 법원이 가압류결정 정본 송달과 채권양도행위의 선후에 대해 심리·판단하지 않고 무죄를 선고하였다면 위법하다.

[해설✐] 채무자인 피고인이 채권자 甲의 가압류집행을 면탈할 목적으로 제3채무자 乙에 대한 채권을 병에게 허위양도하였다고 하여 강제집행면탈로 기소된 사안에서, 가압류결정 정본이 제3채무자에게 송달된 날짜와 피고인이 채권을 양도한 날짜가 동일하므로 가압류결정 정본

이 乙에게 송달되기 전에 채권을 허위로 양도하였다면 강제집행면탈죄가 성립하는데도, **가압류결정 정본 송달과 채권양도 행위의 선후에 대해 심리·판단하지 아니한 채 무죄를 선고한 원심판결에 법리오해 등의 위법이 있다고 한 사례**(대판 2012. 6. 28, 2012도3999).   정답 − O

20 만일 甲의 乙에 대한 채권이 '장래의 권리'일지라도 甲과 乙 사이에 장래청구권이 충분하게 표시되었거나 결정된 법률관계가 존재한다면 강제집행면탈죄가 성립할 수 있다.

> **해설** ✎ 강제집행면탈죄의 객체인 재산은 채무자의 재산 중에서 채권자가 민사집행법상 강제집행 또는 보전처분의 대상으로 삼을 수 있는 것을 의미하는데, **장래의 권리라도 채무자와 제3채무자 사이에 채무자의 장래청구권이 충분하게 표시되었거나 결정된 법률관계가 존재한다면 재산에 해당하는 것으로 보아야 한다**(대판 2011. 7. 28, 2011도6115).   정답 − O

21 위 사안에서 강제집행면탈죄가 성립하는 경우, 공소시효는 甲이 乙에게 채권양도의 통지를 한 때가 아니라 丙에게 채권을 허위양도한 때부터 진행한다.

> **해설** ✎ 강제집행면탈죄는 채권자의 권리 실현의 이익을 보호법익으로 하는데, 강제집행 면탈의 목적으로 채무자가 그의 제3채무자에 대한 채권을 허위로 양도한 경우에 제3채무자에게 채권 양도의 통지가 행하여짐으로써 통상 제3채무자가 채권 귀속의 변동을 인식할 수 있게 된 시점에서는 채권 실현의 이익이 해하여질 위험이 실제로 발현되었다고 할 것이므로, **늦어도 그 통지가 있는 때에는 그 범죄행위가 종료하여 그때부터 공소시효가 진행된다고 볼 것이다**(대판 2011. 10. 13, 2011도6855).   정답 − X

제2편 사회적 법익에 대한 죄

제1장 공공의 안전과 평온에 대한 죄

제1절 공안을 해하는 죄
제2절 폭발물에 관한 죄
제3절 방화와 실화의 죄

1 일반물건방화죄의 경우 '공공의 위험 발생'은 고의의 내용이므로 행위자는 이를 인식할
필요가 있다. 변호사시험 제6회

(해설 🖉)

> 〔형법 제167조(일반물건에의 방화)〕 ① 불을 놓아 전3조에 기재한 이외의 물건을 소훼하여
> 공공의 위험을 발생하게 한 자는 1년 이상 10년 이하의 징역에 처한다.

→ 객관적 구성요건요소의 인식은 고의의 내용이 되므로 옳은 지문이다. [정답] - ○

■ 사례 【2~3】

독신인 甲은 보험금을 지급받을 목적으로, 2014. 10. 1. 23:30 화재보험에 가입된 혼자
사는 자신의 단독주택에 휘발유를 뿌린 뒤 라이터로 불을 붙였다. 때 마침 불길에 휩싸
인 甲의 주택을 보고 깜짝 놀라 달려 나온 이웃주민 A가 甲을 덮쳐 넘어뜨려 체포하였
다. A는 甲을 붙잡은 상태에서 곧바로 경찰서에 신고하였고, 이 신고를 받고 출동한 경
찰관 B는 2014. 10. 2. 00:10 A로부터 甲을 인도받으면서 피의사실의 요지, 체포이유 등
을 고지하였다. B는 甲의 자백과 함께 방화범행의 증거물에 대한 조사를 마치고, 검사에
게 구속영장을 신청하면서 수사관계서류를 관할 검찰청에 접수하였고, 검사는 같은 날
17:00 관할법원에 구속영장청구서 및 수사관계서류를 접수시켰다. 관할 법원 영장전담
판사는 2014. 10. 3. 10:00 구속 전 피의자심문절차를 실시하였고, 같은 날 13:00 구속영
장을 발부하면서, 수사관계서류를 검찰청에 반환하였다. 변호사시험 제4회

2 甲의 방화 당시 위 주택에 甲 이외의 사람이 없었다면 현주건조물방화죄는 성립하지 않
는다.

해설 🖉

[형법 제164조(현주건조물등에의 방화)] ① 불을 놓아 **사람이 주거로 사용하거나 사람이 현존하는** 건조물, 기차, 전차, 자동차, 선박, 항공기 또는 광갱을 소훼한 자는 무기 또는 3년 이상의 징역에 처한다.

→ 형법 제164조 제1항 현주건조물방화죄에서 '사람'은 범인 이외의 자를 의미한다. 따라서 甲의 방화 당시 위 주택에 甲 이외의 사람이 없었다면 사람이 현존하지도 않은 것이므로 현주건조물방화죄는 성립하지 않는다. 정답 – ○

3 甲의 주택이 甲의 단독소유이고, 전세권이나 저당권 등 제한물권이 설정되어있지 않았다면, 甲의 행위는 자기소유건조물방화죄에 해당한다.

해설 🖉

[형법 제176조(타인의 권리대상이 된 자기의 물건)] 자기의 소유에 속하는 물건이라도 압류 기타 강제처분을 받거나 타인의 권리 또는 **보험의 목적물**이 된 때에는 본장의 규정의 적용에 있어서 <u>타인의 물건으로 간주한다.</u>

→ 甲의 주택은 화재보험에 가입되어 있으므로 타인의 물건이 되므로 자기소유건조물방화죄가 아니라 일반건조물방화죄에 해당한다. 정답 – X

제4절 일수와 수리에 관한 죄
제5절 교통방해의 죄

1 甲이 고속도로 2차로를 따라 자동차를 운전하다가 1차로를 진행하던 A의 차량 앞에 급하게 끼어든 후 곧바로 정차하여, A의 차량 및 이를 뒤따르던 차량 2대는 연이어 급제동하여 정차하였으나 그 뒤를 따라오던 B의 차량이 앞의 차량들을 연쇄적으로 추돌케 하여 B를 사망에 이르게 한 경우, B에게 주의의무를 위반한 과실이 있다면 甲에게는 일반교통방해치사죄가 성립하지 않는다. 변호사시험 제5회

해설 🖉 피고인이 고속도로 2차로를 따라 자동차를 운전하다가 1차로를 진행하던 甲의 차량 앞에 급하게 끼어든 후 곧바로 정차하여, 甲의 차량 및 이를 뒤따르던 차량 두 대는 연이어 급제동하여 정차하였으나, 그 뒤를 따라오던 乙의 차량이 앞의 차량들을 연쇄적으로 추돌케 하여 乙을 사망에 이르게 하고 나머지 차량 운전자 등 피해자들에게 상해를 입힌 사안에서, 편도 2차로의 고속도로 1차로 한가운데에 정차한 피고인은 현장의 교통상황이나 일반인의 운전 습관·행태 등에 비추어 고속도로를 주행하는 다른 차량 운전자들이 제한속도 준수나 안전거리 확보 등의 주의의무를 완전하게 다하지 않을 수도 있다는 점을 알았거나 충분히 알 수 있었으므로, 피고인의 정차 행위와 사상의 결과 발생 사이에 상당인과관계가 있고, 사상의 결과 발생에 대한 예견가능성도 인정된다는 이유로, 피고인에게 **일반교통방해치사상죄를 인정한 원심판단이 정당하다고** 한 사례(대판 2014. 7. 24, 2014도6206). 정답 – X

2 교통방해치사상죄가 성립하려면 교통방해행위가 피해자의 사상이라는 결과를 발생하게 한 유일하거나 직접적인 원인이 될 필요가 없고, 그 행위와 결과 사이에 피해자나 제3자의 과실 등 다른 사실이 개재된 경우라도 그와 같은 사실이 통상 예견될 수 있는 것이라면 상당인과관계를 인정할 수 있다. 변호사시험 제6회

> **해설** 🖋 교통방해치사상죄의 성립 요건 및 교통방해 행위와 사상의 결과 사이에 상당인과관계를 인정할 수 있는 경우에 관하여 판례는 형법 제188조에 규정된 교통방해에 의한 치사상죄는 결과적 가중범이므로, 위 죄가 성립하려면 교통방해 행위와 사상의 결과 사이에 상당인과관계가 있어야 하고 행위 시에 결과의 발생을 예견할 수 있어야 한다. 그리고 **교통방해 행위가 피해자의 사상이라는 결과를 발생하게 한 유일하거나 직접적인 원인이 된 경우만이 아니라, 그 행위와 결과 사이에 피해자나 제3자의 과실 등 다른 사실이 개재된 때에도 그와 같은 사실이 통상 예견될 수 있는 것이라면 상당인과관계를 인정할 수 있다**(대판 2014. 7. 24, 2014도6206)라고 판시하고 있다. 정답 - O

제2장 공공의 신용에 대한 죄

제1절 통화에 관한 죄
제2절 유가증권·우표와 인지에 관한 죄

1 甲은 발행일이 백지인 수표 1장을 위조하여 乙에게 교부하였다. 그런데 이 수표가 위조된 사실을 알고 있는 乙은 이를 자신의 채무를 변제하기 위하여 사용하였다. 발행일이 기재되지 않은 수표는 적법하게 지급받을 수 없으므로 甲은 수표위조로 인한 부정수표단속법 위반의 죄책을 지지 않는다. 변호사시험 제3회

> **해설** 🖋 금액과 **발행일자의 기재가 없는** 이른바 백지수표도 소지인이 보충권을 행사하여 금액과 날짜를 기입하면 완전무결한 유가증권인 수표가 되는 것이고, 특별한 사정이 없는 한 백지수표를 발행하는 그 자체로서 보충권을 소지인에게 부여하였다고 보아야 하며, 수표면이나 그 부전에 명시되어 있지 않는 한 보충권의 제한을 선의의 취득자에게 대항할 수 없으므로 백지수표도 유통증권에 해당하고, 따라서 **백지수표의 발행도 부정수표 단속법의 규제를 받아야 함은 물론이다**(대판 2013. 12. 26, 2011도7185).

> 〔부정수표 단속법 제2조(부정수표 발행인의 형사책임)〕 ① 다음 각 호의 어느 하나에 해당하는 부정수표를 발행하거나 작성한 자는 5년 이하의 징역 또는 수표금액의 10배 이하의 벌금에 처한다.
> 1. 가공인물의 명의로 발행한 수표
> 2. 금융기관(우체국을 포함한다. 이하 같다)과의 수표계약 없이 발행하거나 금융기관으로부터 거래정지처분을 받은 후에 발행한 수표
> 3. 금융기관에 등록된 것과 다른 서명 또는 기명날인으로 발행한 수표

→ 백지 수표를 위조한 경우에도 부정수표 단속법의 규제를 받으므로 틀린 지문이다. 정답 - X

2 甲이 乙로부터 그 전에 미리 서명날인만을 받아 놓은 백지 약속어음에 발행일, 금액, 수취인을 함부로 기재한 후, 乙을 상대로 제기한 약속어음금 청구사건에서 그 청구를 대여금청구로 변경하면서 그 소 변경신청서에 위 약속어음을 복사한 사본을 첨부하여 제출하였다면 위조유가증권행사죄는 성립하지 않는다.　　　　　　변호사시험 제2회

> (해설 ✐) 위조유가증권행사죄에 있어서의 유가증권이라 함은 위조된 유가증권의 원본을 말하는 것이지 전자복사기 등을 사용하여 기계적으로 복사한 사본은 이에 해당하지 않는다.
> (판결이유 중)……피고인은 그가 위조한 피해자 오OO 명의의 유가증권(피고인은 피해자 오OO 및 공소외 오OO으로부터 그 전에 미리 서명날인만을 받아놓은 백지 약속어음에 발행일 '93. 4. 15.', 금액 '일십팔억원정, 1,800,000,000', 수취인 '김OO, 피고인'이라고 함부로 기재하여 위조하였다)인 약속어음 1매를 피고인이 위 피해자를 상대로 제기한 서울지방법원 94가단174352호 약속어음금청구사건에서 그 청구를 대여금청구로 변경하면서 그 소변경신청서에 이를 첨부하여 제출하여 행사하였다는 것이다.……제1심은 피고인이……사본을 위 민사소송사건에 관하여 위와 같이 소변경신청서에 첨부하여 제출한 사실은 인정되나, 그 당시 위의 위조한 약속어음 원본을 위 소변경신청서에 첨부하여 제출함으로써 행사하였다고 볼 아무런 증거가 없으므로……무죄를 선고하였고, 원심은……제1심판결을 지지하여 검사의 항소를 기각하였다.……원심의 위와 같은 판단은 정당하고……(대판 1998. 2. 13, 97도2922).
> → 사본을 첨부하여 제출하였다면 위조유가증권행사죄가 성립할 수 없다.　　정답 - O

제3절 문서에 관한 죄

1 전자복사기를 사용하여 원본을 기계적 방법으로 복사한 사본도 문서에 해당한다.　　　　　　변호사시험 제1회

> (해설 ✐) 복사문서가 문서위조 및 동 행사죄의 객체인 문서에 해당하는지 여부에 관하여 판례는 사진기나 복사기 등을 사용하여 기계적인 방법에 의하여 원본을 복사한 문서, 이른바 복사문서는 사본이더라도 필기의 방법 등에 의한 단순한 사본과는 달리 복사자의 의식이 개재할 여지가 없고, 그 내용에서부터 규모, 형태에 이르기까지 원본을 실제 그대로 재현하여 보여주므로 관계자로 하여금 그와 동일한 원본이 존재하는 것으로 믿게 할 뿐만 아니라 그 내용에 있어서도 원본 그 자체를 대하는 것과 같은 감각적 인식을 가지게 하고, 나아가 오늘날 일상거래에서 복사문서가 원본에 대신하는 증명수단으로서의 기능이 증대되고 있는 실정에 비추어 볼 때 이에 대한 사회적 신용을 보호할 필요가 있으므로 복사한 **문서의 사본은 문서위조 및 동행사죄의 객체인 문서에 해당한다**[대판(전합) 1989. 9. 12, 87도506]라고 판시하였다.
>
> [형법 제237조의2(복사문서등)] 이 장의 죄에 있어서 전자복사기, 모사전송기 기타 이와 유사한 기기를 사용하여 복사한 문서 또는 도화의 사본도 문서 또는 도화로 본다.
>
> → 전원합의체 판례에 따라 형법 제237조의2는 명문으로 사본도 문서임을 분명히 하였다.
> 　　정답 - O

2 행사할 목적으로 권한없이 타인 명의의 휴대전화 신규 가입신청서를 작성한 후 이를 스캔한 이미지 파일을 제3자에게 이메일로 전송하여 컴퓨터 화면상으로 보게 한 경우, 사문서위조죄 및 위조사문서행사죄가 성립한다. 변호사시험 제1회

(해설 ✎) 휴대전화 신규 가입신청서를 위조한 후 이를 스캔한 이미지 파일을 제3자에게 이메일로 전송한 사안에서, 이미지 파일 자체는 문서에 관한 죄의 '문서'에 해당하지 않으나, 이를 전송하여 컴퓨터 화면상으로 보게 한 행위는 이미 위조한 가입신청서를 행사한 것에 해당하므로 위조사문서행사죄가 성립한다고 한 사례(대판 2008. 10. 23, 2008도5200).

→ 행사할 목적으로 권한없이 타인 명의의 휴대전화 신규 가입신청서를 작성한 것은 사문서위조에 해당하므로(형법 제231조), 사문서위조죄 및 위조사문서행사죄가 성립한다. 정답 - ○

3 문서위조죄가 성립하기 위해서는 공문서와 달리 사문서는 작성명의인이 실재하여야 한다. 변호사시험 제1회

(해설 ✎) 「4번 문제」해설 참조 정답 - X

4 사문서의 경우에는 그 명의인이 실재하지 않는 허무인이거나 문서의 작성일자 전에 이미 사망하였다 하더라도 문서위조죄가 성립하나, 공문서의 경우에는 문서위조죄가 성립하기 위하여 명의인이 실재함을 필요로 한다. 변호사시험 제7회

(해설 ✎) 허무인·사망자 명의의 사문서를 위조한 경우, 사문서위조죄의 성립 여부에 관하여 판례는 문서위조죄는 문서의 진정에 대한 공공의 신용을 그 보호법익으로 하는 것이므로 행사할 목적으로 작성된 문서가 일반인으로 하여금 당해 명의인의 권한 내에서 작성된 문서라고 믿게 할 수 있는 정도의 형식과 외관을 갖추고 있으면 문서위조죄가 성립하는 것이고, 위와 같은 요건을 구비한 이상 그 명의인이 실재하지 않는 허무인이거나 또는 문서의 작성일자 전에 이미 사망하였다고 하더라도 그러한 문서 역시 공공의 신용을 해할 위험성이 있으므로 문서위조죄가 성립한다고 봄이 상당하며, 이는 공문서뿐만 아니라 사문서의 경우에도 마찬가지라고 보아야 한다〔대판(전합) 2005. 2. 24, 2002도18〕라고 판시하고 있다. 정답 - X

5 담뱃갑의 표면에 담배 제조회사와 담배의 종류를 구별·확인할 수 있는 특유의 도안이 표시되어 있는 경우, 담뱃갑은 문서 등 위조의 대상인 도화에 해당한다. 변호사시험 제1회

(해설 ✎) 담뱃갑의 표면에 그 담배의 제조회사와 담배의 종류를 구별·확인할 수 있는 특유의 도안이 표시되어 있는 경우에는 일반적으로 그 담뱃갑의 도안을 기초로 특정 제조회사가 제조한 특정한 종류의 담배인지 여부를 판단하게 된다는 점에 비추어서도 그 담뱃갑은 적어도 그 담뱃갑 안에 들어 있는 담배가 특정 제조회사가 제조한 특정한 종류의 담배라는 사실을 증명하는 기능을 하고 있으므로, 그러한 담뱃갑은 문서 등 위조의 대상인 도화에 해당한다(대판 2010. 7. 29, 2010도2705). 정답 - ○

6 甲이 위조한 전문건설업등록증의 컴퓨터 이미지 파일을 그 위조사실을 모르는 乙에게 이메일로 송부하여 프린터로 출력하게 하였다면, 甲에게 위조공문서행사죄가 성립하지 않는다.

변호사시험 제5회

해설 피고인이 위조·변조한 공문서의 이미지 파일을 甲 등에게 이메일로 송부하여 프린터로 출력하게 함으로써 '행사'하였다는 내용으로 기소되었는데, 甲 등은 출력 당시 위 파일이 위조된 것임을 알지 못한 사안에서, 피고인의 행위가 위조·변조공문서행사죄를 구성한다고 보아야 하는데도, 이와 달리 보아 무죄를 선고한 원심판결에 법리오해의 위법이 있다고 한 사례(대판 2012. 2. 23, 2011도14441). **정답 – X**

7 복사한 문서의 사본도 문서원본과 동일한 의미를 가지는 문서로서 이를 다시 복사한 문서의 재사본도 문서위조죄의 객체인 문서에 해당한다.

변호사시험 제5회

해설 전자복사기로 복사한 문서의 사본도 문서위조죄 및 동 행사죄의 객체인 문서에 해당하고, 위조된 문서원본을 단순히 전자복사기로 복사하여 그 사본을 만드는 행위도 공공의 신용을 해할 우려가 있는 별개의 문서사본을 창출하는 행위로서 문서위조행위에 해당한다(대판 1996. 5. 14, 96도785). **정답 – O**

8 사문서의 작성명의자의 인장이 압날되지 않고 주민등록번호가 기재되지 않았다면 일반인이 그 작성명의자에 의해 작성된 사문서라고 믿을만한 정도의 형식과 외관을 갖추었더라도 사문서위조죄의 객체가 되지 않는다.

변호사시험 제6회

해설 작성명의자의 인영이나 주민등록번호의 등재가 누락된 문서가 사문서위조죄의 객체인 사문서에 해당하는지 여부에 관하여 판례는 사문서의 작성명의자의 인장이 압날되지 아니하고 주민등록번호가 기재되지 않았더라도, 일반인으로 하여금 그 작성명의자가 진정하게 작성한 사문서로 믿기에 충분할 정도의 형식과 외관을 갖추었으면 사문서위조죄 및 동행사죄의 객체가 되는 사문서라고 보아야 한다(대판 1989. 8. 8, 88도2209)라고 판시하고 있다.

정답 – X

9 직접적인 법률관계에 단지 간접적으로 연관된 의사표시 내지 권리·의무의 변동에 사실상으로 영향을 줄 수 있는 의사표시를 내용으로 하는 문서는 사문서위조죄의 객체가 되지 않는다.

변호사시험 제6회

해설 사문서위조, 동 행사죄의 객체인 사문서는 권리·의무 또는 사실증명에 관한 타인의 문서 또는 도화를 가리키고, 권리·의무에 관한 문서라 함은 권리의무의 발생·변경·소멸에 관한 사항이 기재된 것을 말하며, 사실증명에 관한 문서는 권리·의무에 관한 문서 이외의 문서로서 거래상 중요한 사실을 증명하는 문서를 의미한다.

그리고 거래상 중요한 사실을 증명하는 문서는, 법률관계의 발생·존속·변경·소멸의 전후 과정을 증명하는 것이 주된 취지인 문서뿐만 아니라 직접적인 법률관계에 단지 간접적으로만 연관된 의사표시 내지 권리·의무의 변동에 사실상으로만 영향을 줄 수 있는 의사표시를 내용으로 하는 문서도 포함될 수 있다고 할 것인데, 이에 해당하는지 여부는 문서의 제목만을 고려할 것이 아니라 문서의 내용과 더불어 문서 작성자의 의도, 그 문서가 작성된 개관적인 상황, 문서에 적시된 사항과 그 행사가 예정된 상대방과의 관계 등을 종합적으로 고려하여 판단하여야 한다(대판 2009. 4. 23, 2008도8527).　　　　　정답 – X

10 컴퓨터 스캔 작업을 통하여 만들어낸 공인중개사 자격증의 이미지 파일은 전자기록장치에 전자적 형태로서 고정되어 있어 계속성을 인정할 수 있으므로 「형법」상 문서에 관한 죄에 있어서의 문서로 보아야 한다.　　　　　　　　　　　　　　변호사시험 제7회

　　해설 ✐ 컴퓨터 스캔 작업을 통하여 만들어낸 공인중개사 자격증의 이미지 파일이 형법상 문서에 관한 죄의 '문서'에 해당하지 않는다고 한 사례(대판 2008. 4. 10, 2008도1013).　　정답 – X

11 타인명의의 문서를 위조한 뒤 사후승낙을 받았다고 하더라도 위조에 해당한다.
　　　　　　　　　　　　　　　　　　　　　　　　　　　　　　　변호사시험 제1회

　　해설 ✐ 사문서위조나 공정증서원본 불실기재가 성립한 후, 사후에 피해자의 동의 또는 추인 등의 사정으로 문서에 기재된 대로 효과의 승인을 받거나, 등기가 실체적 권리관계에 부합하게 되었다 하더라도, 이미 성립한 범죄에는 아무런 영향이 없다(대판 1999. 5. 14, 99도202).
　　　　　　　　　　　　　　　　　　　　　　　　　　　　　　정답 – ○

12 甲이 사문서를 작성함에 있어 문서 작성권한을 위임받았고 위임받은 권한의 범위내에서 이를 남용하여 문서를 작성하였다면, 사문서위조죄가 성립하지 않는다.　　변호사시험 제5회

　　해설 ✐ 타인의 대표자 또는 대리자가 그 대표명의, 대리명의 또는 직접 본인의 명의를 사용하여 문서를 작성할 권한을 가지는 경우에 그 권한을 남용하여 단순히 자기 또는 제3자의 이익을 도모할 목적으로 마음대로 그 대표자, 대리명의 또는 직접 본인명의로 문서를 작성한 때에는 문서위조죄는 성립하지 아니한다(대판 1983. 10. 25, 83도2257).　　정답 – ○

13 문서의 작성 권한이 없는 甲이 문서에 타인의 서명을 기재한 경우, 일단 서명 등이 완성되었더라도 문서가 완성되지 않았다면 甲에게 서명 등의 위조죄는 성립하지 않는다.
　　　　　　　　　　　　　　　　　　　　　　　　　　　　　　　변호사시험 제5회

　　해설 ✐ 사서명위조죄가 성립하기 위해서는 그 서명이 일반인으로 하여금 특정인의 진정한 서명으로 오신하게 할 정도에 이르러야 할 것이고, 일반인이 특정인의 진정한 서명으로 오신하기에 충분한 정도인지 여부는 그 서명의 형식과 외관, 작성경위 등을 고려하여야 할 뿐만 아니라 그 서명이 기재된 문서에 있어서의 서명 기재의 필요성, 그 문서의 작성경위, 종류, 내용 및 일반거래에 있어서 그 문서가 가지는 기능 등도 함께 고려하여 판단하여야 할 것이지만, 한편 어떤 문서에 권한 없는 자가 타인의 서명을 기재하는 경우에는 그 문서가 완성되기 전이라도 일반인으로서는 그 문서에 기재된 타인의 서명을 그 명의인의 진정한 서명으로 오신할 수도 있으므로, 일단 서명이 완성된 이상 문서가 완성되지 아니한 경우에도 서명의 위조죄는 성립할 수 있는 것이다(대판 2005. 12. 23, 2005도4478).　　정답 – X

14 甲이 다른 서류에 찍혀 있던 乙의 직인을 칼로 오려내어 풀로 붙인 후 이를 복사하여 수상후보자추천서와 경력증명서 각 1통을 만들고 이를 수상자를 선정하는 협회에 발송한 경우, 동 서류 2통을 주의 깊게 관찰하지 아니하면 그 외관에 비정상적인 부분이 있음을 알아차리기가 어렵다면, 甲에게 사문서위조죄 및 위조사문서행사죄가 성립한다.

변호사시험 제5회

(해설 🖋) 피고인이 다른 서류에 찍혀 있던 甲의 직인을 칼로 오려내어 풀로 붙인 후 이를 복사하는 방법으로 甲 명의의 추천서와 경력증명서를 위조하고 이를 행사하였다고 하여 기소된 사안에서, 위 문서는 피고인이 직인을 오려붙인 흔적을 감추기 위하여 복사한 것으로서 일반적으로 문서가 갖추어야 할 형식을 다 구비하고 있고, 주의 깊게 관찰하지 아니하면 외관에 비정상적인 부분이 있음을 알아차리기가 어려울 정도이므로, 일반인이 명의자의 진정한 사문서로 오신하기에 충분한 정도의 형식과 외관을 갖추었다고 한 사례(대판 2011. 2. 10, 2010도8361).

→ 따라서 甲에게 사문서위조죄 및 위조사문서행사죄가 성립한다. 〔정답〕 – ○

15 매수인으로부터 토지매매계약체결에 관하여 포괄적 권한을 위임받은 자가 실제 매수가격보다 높은 가격을 매매대금으로 기재하여 매수인 명의의 매매계약서를 작성하였다 하더라도 그것은 작성권한 있는 자가 허위내용의 문서를 작성한 것에 불과하여 사문서위조죄가 성립할 수 없다.

변호사시험 제7회

(해설 🖋) 매수인으로부터 매도인과의 토지매매계약체결에 관하여 포괄적 권한을 위임받은 자는 위임자 명의로 토지매매계약서를 작성할 적법한 권한이 있다 할 것이므로 매수인으로부터 그 권한을 위임받은 피고인이 실제 매수가격 보다 높은 가격을 매매대금으로 기재하여 매수인 명의의 매매계약서를 작성하였다 하여도 그것은 작성권한 있는 자가 허위내용의 문서를 작성한 것일 뿐 사문서위조죄가 성립될 수는 없다(대판 1984. 7. 10, 84도1146). 〔정답〕 – ○

16 일정 한도액에 관하여 연대보증인이 될 것을 허락한 甲으로부터 그에 필요한 문서를 작성하는 데 쓰일 인감도장과 인감증명서를 교부받아 甲을 직접 차주로 하는 동액 상당의 차용금 증서를 작성한 경우에는 본래의 정당한 권한 범위를 벗어난 것이므로 사문서위조죄가 성립한다.

변호사시험 제7회

(해설 🖋) 피해자들이 일정한도액에 관한 연대보증인이 될 것을 허락하고 이에 필요한 문서를 작성하는데 쓰일 인감도장과 인감증명서(대출보증용)를 채무자에게 건네준 취지는 채권자에 대해 동액상당의 채무를 부담하겠다는 내용의 문서를 작성하도록 허락한 것으로 보아야 할 것이므로 비록 차용금증서에 동 피해자들을 연대보증인으로 하지 않고 직접 차주로 하였을 지라도 그 문서는 정당한 권한에 기하여 그 권한의 범위 안에서 적법하게 작성된 것으로 보아야 한다(대판 1984. 10. 10, 84도1566). 〔정답〕 – X

17 사문서를 변조할 당시 그 명의인의 명시적·묵시적 승낙이 없었더라도 변조된 문서가 그 명의인에게 유리하여 결과적으로 그 의사에 합치되는 때에는 사문서변조죄를 구성하지 않는다. 변호사시험 제6회

> **해설** 🖉 변조된 문서의 내용이 명의인의 의사와 합치하는 경우 문서변조죄의 성부에 관하여 판례는 사문서변조에 있어서 그 변조 당시 명의인의 명시적, 묵시적 승낙없이 한 것이면 변조된 문서가 명의인에게 유리하여 결과적으로 그 의사에 합치한다 하더라도 **사문서변조죄의 구성요건을 충족한다**(대판 1985. 1. 22, 84도2422)라고 판시하고 있다. 정답 – X

18 사문서에 2인 이상의 작성명의인이 있는 때에는 그 명의자 가운데 1인이 나머지 명의자와 합의 없이 행사할 목적으로 그 문서의 내용을 변경하더라도 사문서변조죄를 구성하지 않는다. 변호사시험 제6회

> **해설** 🖉 문서에 2인 이상의 작성명의인이 있는 때에 그 명의자의 한사람이 타명의자와 합의없이 행사할 목적으로 그 문서의 내용을 변경하였을 때는 **사문서변조죄가 성립된다**(대판 1977. 7. 12, 77도1736). 정답 – X

19 주식회사의 지배인이 자신을 그 회사의 대표이사로 표시하여 연대보증채무를 부담하는 취지의 회사 명의의 차용증을 작성한 경우에 그 문서에 허위의 내용이 포함되어 있더라도 사문서위조죄를 구성하지 않는다. 변호사시험 제6회

> **해설** 🖉 주식회사의 지배인이 자신을 그 회사의 대표이사로 표시하여 연대보증채무를 부담하는 취지의 회사 명의의 차용증을 작성·교부한 경우, 그 문서에 일부 허위 내용이 포함되거나 위 연대보증행위가 회사의 이익에 반하는 것이더라도 **사문서위조 및 위조사문서행사에 해당하지 않는다**고 한 사례(대판 2010. 5. 13, 2010도1040). 정답 – O

20 공무원이 아닌 甲이 관공서에 허위 내용의 증명원을 제출하여 그 내용이 허위인 정을 모르는 담당 공무원 乙로부터 그 증명원 내용과 같은 증명서를 발급받은 경우, 공문서위조죄의 간접정범이 성립하지 않는다. 변호사시험 제6회

> **해설** 🖉 어느 문서의 작성권한을 갖는 공무원이 그 문서의 기재 사항을 인식하고 그 문서를 작성할 의사로써 이에 서명날인하였다면, 설령 그 서명날인이 타인의 기망으로 착오에 빠진 결과 그 문서의 기재사항이 진실에 반함을 알지 못한 데 기인한다고 하여도, 그 문서의 성립은 진정하며 여기에 하등 작성명의를 모용한 사실이 있다고 할 수는 없으므로, **공무원 아닌 자가 관공서에 허위 내용의 증명원을 제출하여 그 내용이 허위인 정을 모르는 담당공무원으로부터 그 증명원 내용과 같은 증명서를 발급받은 경우 공문서위조죄의 간접정범으로 의율할 수는 없다**(대판 2001. 3. 9, 2000도938). 정답 – O

21 공무원인 甲은 화물자동차운송회사의 대표인 乙의 교사를 받고 허위의 사실을 기재한 화물자동차운송사업변경(증차)허가신청 검토보고서를 작성하여 그 사정을 모르는 최종 결재자인 담당과장의 결재를 받았다. 위 운송회사의 경리직원인 丙은 사법경찰관 A로부터 甲과 乙에 대한 위 피의사건의 참고인으로 조사를 받게 되자 그 사건에 관하여 허위내용의 사실확인서(증거1)를 작성하여 A에게 제출하고 참고인 진술을 할 당시 위 확인서에 기재된 내용과 같이 허위진술을 하였고, A는 丙에 대한 진술조서를 작성하였다. 검사 P는 丙을 참고인으로 조사하면서 진술조서를 작성하고 그 전 과정을 영상녹화 하였다. 그 후 丙은 이 사건에 관하여 제3자와 대화를 하면서 서로 허위로 진술하고 그 진술을 녹음하여 녹음파일(증거2)을 만들어 검사에게 제출하였다. 검사는 甲과 乙을 기소하였다. 이 경우, 甲에게는 허위공문서작성죄의 간접정범이 성립하지만, 乙에게는 허위공문서작성죄의 간접정범의 교사범이 성립하지 않는다. 변호사시험 제4회

　　(해설 🖉) 공문서의 작성권한이 있는 공무원의 직무를 보좌하는 자가 그 직위를 이용하여 행사할 목적으로 허위의 내용이 기재된 문서 초안을 그 정을 모르는 상사에게 제출하여 결재하도록 하는 등의 방법으로 작성권한이 있는 공무원으로 하여금 허위의 공문서를 작성하게 한 경우에는 간접정범이 성립되고 <u>이와 공모한 자 역시 그 간접정범의 공범으로서의 죄책을 면할 수 없는 것</u>이고, 여기서 말하는 공범은 반드시 공무원의 신분이 있는 자로 한정되는 것은 아니라고 할 것이다(대판 1992. 1. 17, 91도2837).

　　→ 甲은 허위공문서작성죄의 간접정범이 되며, 이를 교사한 乙은 공무원 신분이 없더라도 허위공문서작성죄의 간접정범의 교사범이 된다. 정답 - X

22 공정증서원본불실기재죄가 성립한 후 사후에 피해자의 동의 또는 추인 등의 사정으로 문서에 기재된 대로 효과의 승인을 받거나, 등기가 사후에 실체적 권리 관계에 부합하게 되었다 하더라도 이미 성립한 범죄에는 아무런 영향이 없다. 변호사시험 제2회

　　(해설 🖉) 사문서위조나 공정증서원본 불실기재가 성립한 후, 사후에 피해자의 동의 또는 추인 등의 사정으로 문서에 기재된 대로 효과의 승인을 받거나, 등기가 실체적 권리관계에 부합하게 되었다 하더라도, **이미 성립한 범죄에는 아무런 영향이 없다**(대판 1999. 5. 14, 99도202). 정답 - O

23 신분을 확인하려는 경찰관에게 자신의 인적 사항을 속이기 위하여 미리 소지하고 있던 타인의 운전면허증을 제시하는 경우, 공문서부정행사죄가 성립한다. 변호사시험 제6회

　　(해설 🖉) 「24번 문제」 해설 참조 정답 - O

24 외국인 근로자 甲은 외국인인 A의 운전면허증(서울지방경찰청장 발행)을 훔쳐 소지함을 기화로 이동통신 대리점에서 A로 행세하면서 A 명의로 이동전화가입신청서를 작성하여 A의 운전면허증과 함께 제출한 뒤 휴대전화기를 교부받으려다 A가 아님을 알아차린 업주에게 현행범으로 체포되어 경찰에 인계되어 조사 받은 후 석방되었다. 甲은 검사 작성의 피의자신문조서에 이의없음을 진술하고도 간인, 날인 및 서명을 거부하여 검사는 조서에 그러한 취지를 기재하고 기소하였고, 담당 재판부는 甲이 공판기일에 수회 불출석하여 구속영장을 발부하였다. 공판기일에 A의 사실혼 배우자 B가 증인으로 출석하여 운전면허증을 도난당한 상황을 증언한 후 이어서 A의 증언을 통역하였다. 이 경우, 운전면허증은 자격증명의 기능뿐만 아니라 동일인증명의 기능도 있으므로, 甲이 이동통신 대리점에서 A의 행세를 하면서 A의 운전면허증을 업주에게 제출한 행위는 공문서부정행사죄에 해당한다. 변호사시험 제5회

(해설 ✎) 운전면허증은 운전면허를 받은 사람이 운전면허시험에 합격하여 자동차의 운전이 허락된 사람임을 증명하는 공문서로서, 운전면허증에 표시된 사람이 운전면허시험에 합격한 사람이라는 '자격증명'과 이를 지니고 있으면서 내보이는 사람이 바로 그 사람이라는 '동일인증명'의 기능을 동시에 가지고 있다. 운전면허증의 앞면에는 운전면허를 받은 사람의 성명·주민등록번호·주소가 기재되고 사진이 첨부되며 뒷면에는 기재사항의 변경내용이 기재될 뿐만 아니라, 정기적으로 반드시 갱신교부되도록 하고 있어, 운전면허증은 운전면허를 받은 사람의 동일성 및 신분을 증명하기에 충분하고 그 기재 내용의 진실성도 담보되어 있다. 그럼에도 불구하고 운전면허증을 제시한 행위에 있어 동일인증명의 측면은 도외시하고, 그 사용목적이 자격증명으로만 한정되어 있다고 해석하는 것은 합리성이 없다. 인감증명법상 인감신고인 본인 확인, 공직선거및선거부정방지법상 선거인 본인 확인, 부동산등기법상 등기의무자 본인 확인 등 여러 법령에 의한 신분 확인절차에서도 운전면허증은 신분증명서의 하나로 인정되고 있다. 또한 주민등록법 자체도 주민등록증이 원칙적인 신분증명서이지만, 주민등록증을 제시하지 아니한 사람에 대하여 신원을 증명하는 증표나 기타 방법에 의하여 신분을 확인하도록 규정하는 등으로 다른 문서의 신분증명서로서의 기능을 예상하고 있다. 한편 우리 사회에서 운전면허증을 발급받을 수 있는 연령의 사람들 중 절반 이상이 운전면허증을 가지고 있고, 특히 경제활동에 종사하는 사람들의 경우에는 그 비율이 훨씬 더 이를 앞지르고 있으며, 금융기관과의 거래에 있어서도 운전면허증에 의한 실명확인이 인정되고 있는 등 현실적으로 운전면허증은 주민등록증과 대등한 신분증명서로 널리 사용되고 있다. 따라서 **제3자로부터 신분확인을 위하여 신분증명서의 제시를 요구받고 다른 사람의 운전면허증을 제시한 행위는 그 사용목적에 따른 행사로서 공문서부정행사죄에 해당한다**고 보는 것이 옳다〔대판(전합) 2001. 4. 19, 2000도1985〕. 정답 - ○

25 타인의 주민등록표등본을 그와 아무런 관련이 없는 사람이 마치 자신의 것인 것처럼 행사한 경우, 공문서부정행사죄가 성립한다. 변호사시험 제3회

(해설 ✎) 주민등록표등본은 시장·군수 또는 구청장이 주민의 성명, 주소, 성별, 생년월일, 세대주와의 관계 등 주민등록법 소정의 주민등록사항이 기재된 개인별·세대별 주민등록표의 기재 내용 그대로를 인증하여 사본·교부하는 문서로서 그 사용권한자가 특정되어 있다고 할 수 없고, 또 용도도 다양하며, 반드시 본인이나 세대원만이 사용할 수 있는 것이 아니므로, 타인의 주민등록표등본을 그와 아무런 관련 없는 사람이 마치 자신의 것인 것처럼 행사하였다고 하더라도 공문서부정행사죄가 성립되지 아니한다(대판 1999. 5. 14, 99도206). 정답 - X

26 허위로 선박 사고신고를 하면서 그 선박의 국적증명서와 선박검사증서를 함께 제출한 경우, 공문서부정행사죄가 성립한다. 변호사시험 제3회

(해설 ✎) 선박법 제8조 제2항, 제10조, 선박법 시행규칙 제11조 제1항, 제12조, 선박안전법 제8조 제2항, 제17조 제1항, 제2항 등 관계 법령의 규정에 의하면, 선박국적증서는 한국선박으로서 등록하는 때에 선박번호, 국제해사기구에서 부여한 선박식별번호, 호출부호, 선박의 종류, 명칭, 선적항 등을 수록하여 발급하는 문서이고, 선박검사증서는 선박정기검사 등에 합격한 선박에 대하여 항해구역·최대승선인원 및 만재흘수선의 위치 등을 수록하여 발급하는 문서이다. 위 각 문서는 당해 선박이 한국선박임을 증명하고, 법률상 항행할 수 있는 자격이 있음을 증명하기 위하여 선박소유자에게 교부되어 사용되는 것이다. 따라서 **어떤 선박이 사고를 낸 것처럼 허위로 사고신고를 하면서 그 선박의 선박국적증서와 선박검사증서를 함께 제출하였다고 하더라도**, 선박국적증서와 선박검사증서는 위 선박의 국적과 항행할 수 있는 자격을 증명하기 위한 용도로 사용된 것일 뿐 그 본래의 용도를 벗어나 행사된 것으로 보기는 어려우므로, **이와 같은 행위는 공문서부정행사죄에 해당하지 않는다**(대판 2009. 2. 26, 2008도10851). 정답 - X

27 기왕에 습득한 타인의 주민등록증을 자신의 가족의 것이라고 제시하면서 그 주민등록증상의 명의로 이동전화 가입신청을 한 경우, 공문서부정행사죄가 성립한다. 변호사시험 제3회

(해설 ✎) [1] 사용권한자와 용도가 특정되어 있는 공문서를 사용권한 없는 자가 사용한 경우에도 그 공문서 본래의 용도에 따른 사용이 아닌 경우에는 형법 제230조의 공문서부정행사죄가 성립되지 아니한다.

[2] 피고인이 기왕에 습득한 타인의 주민등록증을 피고인 가족의 것이라고 제시하면서 그 주민등록증상의 명의 또는 가명으로 이동전화 가입신청을 한 경우, 타인의 주민등록증을 본래의 사용용도인 신분확인용으로 사용한 것이라고 볼 수 없어 **공문서부정행사죄가 성립하지 않는다**고 한 사례(대판 2003. 2. 26, 2002도4935). 정답 - X

28 甲은 乙 명의의 차용증을 위조한 후 乙 소유 부동산에 대한 가압류신청을 하여 법원으로 부터 가압류결정을 받았다. 이에 대하여 乙의 고소로 개시된 수사절차에서, 乙이 미국에 거주하는 A로부터 위 부동산을 1억 5,000만 원에 매수한 것인 양 신고하여 부동산등기부에 매매가액이 1억 5,000만 원으로 기재되게 하고 소유권이전등기를 마친 사실이 확인되었다. 미국에 있는 A와의 전화통화 내용을 문답 형식으로 기재하고 검찰주사만 기명날인한 수사보고서를 검사는 공소제기 후 증거로 제출하였다. 한편, 甲의 범행을 알고 있는 B가 법정에서 허위증언을 하자 검사가 B를 소환하여 추궁 끝에 법정증언을 번복하는 취지의 진술조서를 작성하여 이를 증거로 제출하였다. 이 경우 乙이 행정기관에 거래가액을 거짓으로 신고하여 신고필증을 받은 뒤 이를 기초로 사실과 다른 내용의 거래가액이 부동산등기부에 등재되도록 한 것은 공전자기록등불실기재죄 및 불실기재공전자기록등행사죄에 해당한다.

변호사시험 제3회

해설 ✍ 부동산등기법이 2005. 12. 29. 법률 제7764호로 개정되면서 매매를 원인으로 하는 소유권이전등기를 신청하는 경우에는 등기신청서에 거래신고필증에 기재된 거래가액을 기재하고, 신청서에 기재된 거래가액을 부동산등기부 갑구의 권리자 및 기타사항란에 기재하도록 하였는데, 이는 부동산거래 시 거래당사자나 중개업자가 실제 거래가액을 시장, 군수 또는 구청장에게 신고하여 신고필증을 받도록 의무화하면서 거짓 신고 등을 한 경우에는 과태료를 부과하기로 하여 2005. 7. 29. 법률 제7638호로 전부 개정된 '공인중개사의 업무 및 부동산 거래신고에 관한 법률'과 아울러 부동산 종합대책의 일환으로 실시된 것으로서, 그 개정 취지는 부동산거래의 투명성을 확보하기 위한 데에 있을 뿐이므로, 부동산등기부에 기재되는 거래가액은 당해 부동산의 권리의무관계에 중요한 의미를 갖는 사항에 해당한다고 볼 수 없다. 따라서 부동산의 거래당사자가 거래가액을 시장 등에게 거짓으로 신고하여 신고필증을 받은 뒤 이를 기초로 사실과 다른 내용의 거래가액이 부동산등기부에 등재되도록 하였다면, '공인중개사의 업무 및 부동산 거래신고에 관한 법률'에 따른 과태료의 제재를 받게 됨은 별론으로 하고, 형법상의 **공전자기록등불실기재죄 및 불실기재공전자기록등행사죄가 성립하지는 아니한다**(대판 2013. 1. 24, 2012도12363).

정답 ― X

■ 사례【29~31】

甲은 A로부터 B 명의의 주민등록증을 만들어 달라는 의뢰를 받고, 인터넷 포털사이트, 포토샵 프로그램 등을 이용하여 발행인이 서울 X구청장으로 된 주민등록증 이미지 파일을 만들어 A가 요청한 이메일에 첨부하여 전송하는 등 월 10회 이상 주민등록증 등 공문서를 위조해 오고 있다. 한편, 甲이 위와 같이 공문서를 위조한다는 제보를 듣고 수사를 개시한 경찰관 乙은 甲의 컴퓨터에 저장된 문서위조와 관련된 증거를 입수하기 위하여 법원으로부터 압수·수색영장을 발부받아 영장 유효기간 내에 영장을 집행하였다.(다툼이 있는 경우에는 관례에 의함)

변호사시험 제3회

29 컴퓨터 모니터 화면에 나타난 B 명의의 주민등록증 이미지는 계속적으로 화면에 고정된 것으로 볼 수 없어 문서에 관한 죄의 객체인 문서에 해당하지 않는다.

> (해설) 「30번 문제」 해설 참조

정답 - ○

30 甲이 A에게 전송한 B 명의의 주민등록증 이미지 파일은 시각적 방법에 의하여 이해할 수 있는 것이 아니므로 문서에 관한 죄의 객체인 문서에 해당하지 않는다.

> (해설) 컴퓨터 모니터에 나타나는 이미지가 형법상 '문서'에 해당하는지 여부(소극)
> (판결이유 중)……「29번 문제의 해설」컴퓨터 모니터 화면에 나타나는 이미지는 이미지 파일을 보기 위한 프로그램을 실행할 경우에 그때마다 전자적 반응을 일으켜 화면에 나타나는 것에 지나지 않아서 계속적으로 화면에 고정된 것으로는 볼 수 없으므로, 형법상 문서에 관한 죄에 있어서의 문서에는 해당되지 않는다(대판 2007. 11. 29, 2007도7480 ; 대판 2008. 4. 10, 2008도1013 등 참조).……이 사건 졸업증명서 파일은 그 파일을 보기 위하여 일정한 프로그램을 실행하여 모니터 등에 이미지 영상을 나타나게 하여야 하므로, 「30번 문제의 해설」파일 그 자체는 형법상 문서에 관한 죄에 있어서의 문서에 해당되지 않는다고 하여 이 사건 공소사실에 대해 무죄를 선고한 것은 정당하다.……(대판 2010. 7. 15, 2010도6068).

정답 - ○

31 만일 甲이 C의 의뢰로 미리 주워 가지고 있던 D의 공무원신분증에 E의 사진을 정교하게 붙이는 방법으로 일반인이 공무원신분증이라고 믿을만한 외관을 갖춘 다음 이를 스캐너로 읽어 들여 이미지화하고, 그 파일을 의뢰인 C에게 전송하여 C로 하여금 컴퓨터 화면상에서 그 이미지를 보게 하였다면 그 행위는 위조공문서행사죄에 해당하지 않는다.

> (해설) 자신의 이름과 나이를 속이는 용도로 사용할 목적으로 주민등록증의 이름·주민등록번호란에 글자를 오려붙인 후 이를 컴퓨터 스캔 장치를 이용하여 이미지 파일로 만들어 컴퓨터 모니터로 출력하는 한편 타인에게 이메일로 전송한 사안에서, 컴퓨터 모니터 화면에 나타나는 이미지는 형법상 문서에 관한 죄의 문서에 해당하지 않으므로 공문서위조 및 위조공문서행사죄를 구성하지 않는다고 한 사례(대판 2007. 11. 29, 2007도7480).

정답 - ○

제4절 인장에 관한 죄

제3장 공중의 건강에 대한 죄

제1절 음용수에 관한 죄
제2절 아편에 관한 죄

제4장 사회의 도덕에 대한 죄

제1절 성풍속에 관한 죄

1 아동·청소년의 성을 사는 행위를 알선하는 행위를 업으로 하는 사람이 알선의 대상이 아동·청소년임을 인식하면서 알선행위를 하였더라도, 알선행위로 아동·청소년의 성을 사는 행위를 한 사람이 행위의 상대방이 아동·청소년임을 인식하지 못하였다면 아동·청소년의성보호에관한법률위반(알선영업행위등)죄가 성립하지 않는다. 변호사시험 제7회

> **해설** 🖋 아동·청소년의 성을 사는 행위를 알선하는 행위를 업으로 하여 아동·청소년의 성보호에 관한 법률 제15조 제1항 제2호의 위반죄가 성립하기 위하여, 알선행위로 아동·청소년의 성을 사는 행위를 한 사람이 행위의 상대방이 아동·청소년임을 인식하여야 하는지 여부에 관하여 판례는 아동·청소년의 성보호에 관한 법률(이하 '청소년성보호법'이라고 한다)은 성매매의 대상이 된 아동·청소년을 보호·구제하려는 데 입법 취지가 있고, 청소년성보호법에서 '아동·청소년의 성매매 행위'가 아닌 '아동·청소년의 성을 사는 행위'라는 용어를 사용한 것은 아동·청소년은 보호대상에 해당하고 성매매의 주체가 될 수 없어 아동·청소년의 성을 사는 사람을 주체로 표현한 것이다. 그리고 아동·청소년의 성을 사는 행위를 알선하는 행위를 업으로 하는 사람이 알선의 대상이 아동·청소년임을 인식하면서 알선행위를 하였다면, 알선행위로 아동·청소년의 성을 사는 행위를 한 사람이 행위의 상대방이 아동·청소년임을 인식하고 있었는지는 알선행위를 한 사람의 책임에 영향을 미칠 이유가 없다. 따라서 **아동·청소년의 성을 사는 행위를 알선하는 행위를 업으로 하여 청소년성보호법 제15조 제1항 제2호의 위반죄가 성립하기 위해서는 알선행위를 업으로 하는 사람이 아동·청소년을 알선의 대상으로 삼아 그 성을 사는 행위를 알선한다는 것을 인식하여야 하지만, 이에 더하여 알선행위로 아동·청소년의 성을 사는 행위를 한 사람이 행위의 상대방이 아동·청소년임을 인식하여야 한다고 볼 수는 없다**(대판 2016. 2. 18, 2015도15664)라고 판시하고 있다. 정답 – X

제2절 도박과 복표에 관한 죄

1 인터넷도박게임 사이트 개설자가 영리를 목적으로 인터넷도박게임 사이트를 개설한 후, 사이트에 접속하여 도박게임을 하고 게임머니를 획득한 게임이용자들에게 환전을 해 줄 수 있는 상태에 있으면, 게임이용자들이 위 사이트에 접속하여 실제로 게임을 하였는지 여부와 관계없이 도박개장죄의 기수에 해당된다. 변호사시험 제2회

> **해설** 🖋 형법 제247조의 도박개장죄는 영리의 목적으로 도박을 개장하면 기수에 이르고, 현실로 도박이 행하여졌음은 묻지 않는다. 따라서 영리의 목적으로 속칭 포커나 바둑이, 고스톱 등의 인터넷 도박게임 사이트를 개설하여 운영하는 경우, 현실적으로 게임이용자들로부터 돈을 받고 게임머니를 제공하고 게임이용자들이 위 도박게임 사이트에 접속하여 도박을 하여, 위 게임으로 획득한 게임머니를 현금으로 환전해 주는 방법 등으로 게임이용자들과 게

임회사 사이에 있어서 재물이 오고갈 수 있는 상태에 있으면, 게임이용자가 위 도박게임 사이트에 접속하여 실제 게임을 하였는지 여부와 관계없이 도박개장죄는 '기수'에 이른다(대판 2009. 12. 10, 2008도5282). 정답 - ○

제3절 신앙에 관한 죄

1 甲은 피해자 A(만 7세)를 도로에서 약 17미터 떨어진 야산 속의 경작하지 않는 밭으로 데리고 들어가 주먹으로 얼굴을 수차례 때리고, 가지고 있던 스카프로 A의 목을 감아 스카프의 양끝을 양손으로 나누어 잡고 A의 머리를 땅에 비비면서 약 4분 동안 2회에 걸쳐 목을 졸라 실신시킨 후 A를 버려둔 채 그곳을 떠났고, 그로 인하여 A는 사망한 채로 다음날 발견되었다. 제1심 법원에서는 위와 같은 사실관계에 비추어 甲에게 살인죄의 유죄를 인정하였다. 이 경우 결과적으로 A의 사체발견이 현저하게 곤란을 받게 되는 사정이 있다고 하더라도 별도로 사체은닉죄는 성립하지 않는다. 변호사시험 제1회

해설 형법 제161조의 사체은닉이라 함은 사체의 발견을 불가능 또는 심히 곤란하게 하는 것을 구성요건으로 하고 있으나 살인, 강도살인등의 목적으로 사람을 살해한 자가 그 살해의 목적을 수행함에 있어 사후 사체의 발견이 불가능 또는 심히 곤란하게 하려는 의사로 인적이 드문 장소로 피해자를 유인하거나 실신한 피해자를 끌고가서 그곳에서 살해하고 사체를 그대로 둔채 도주한 경우에는 비록 결과적으로 사체의 발견이 현저하게 곤란을 받게 되는 사정이 있다 하더라도 별도로 사체은닉죄가 성립되지 아니한다(대판 1986. 6. 24, 86도891). 정답 - ○

제1장 국가의 존립과 권위에 대한 죄

제1절 내란의 죄

제2절 외환의 죄

제3절 국기에 관한 죄

제4절 국교에 관한 죄

제2장 국가의 기능에 대한 죄

제1절 공무원의 직무에 관한 죄

1 기초지방자치단체장 甲은 파업에 참가한 소속 공무원들에 대하여 광역지방자치단체 인사위원회에 징계의결요구를 할 의무가 있음에도 불구하고, 법률 검토 등을 거쳐 그 징계의결요구를 하지 아니하고 자체적으로 가담 정도의 경중을 가려 자체 인사위원회에 징계의결요구를 하거나 훈계처분을 하도록 지시하였다면 직무유기죄가 성립한다.

변호사시험 제3회

해설 [1] 징계사유의 시효를 정한 지방공무원법 제73조의2 제1항의 규정은 공무원에게 징계사유에 해당하는 비위가 있더라도 그에 따른 징계절차를 진행하지 않았거나 못한 경우 그 사실상태가 일정 기간 계속되면 그 적법·타당성 등을 묻지 아니하고 그 상태를 존중함으로써 공직의 안정성을 보장하려는 취지이지, 임용권자가 징계시효기간 내에만 징계의결요구를 하면 된다는 취지로는 해석되지 아니하고, 오히려 지방공무원 징계 및 소청규정 제2조 제1항, 제6항에서 임용권자는 징계사유에 대한 충분한 조사를 한 후 소속공무원에게 징계사유가 있다고 인정될 때에는 '지체 없이' 관할 인사위원회에 징계의결을 요구하여야 한다고 규정한 취지에 비추어 볼 때, 임용권자는 **징계사유가 발생하면 이에 대한 충분한 조사를 한 다음, 특별한 사정이 없는 한 지체 없이 징계의결요구를 할 직무상 의무가 있다.**

[2] 직무유기죄는 공무원이 법령·내규 등에 의한 추상적 충근의무를 태만히 하는 일체의 경우에 성립하는 것이 아니라, 직장의 무단이탈이나 직무의 의식적인 포기 등과 같이 국가의 기능을 저해하고 국민에게 피해를 야기시킬 구체적 위험성이 있고 불법과 책임비난의 정도가 높은 법익침해의 경우에 한하여 성립하므로, **어떠한 형태로든 직무집행의 의사로 자신의 직무를 수행한 경우에는 그 직무집행의 내용이 위법한 것으로 평가된다는 점만으로 직무유기죄의 성립을 인정할 것은 아니다.**

[3] 지방자치단체장이 전국공무원노동조합이 주도한 파업에 참가한 소속 공무원들에 대하여 관할 인사위원회에 징계의결요구를 하지 아니하고 가담 정도의 경중을 가려 자체 인사위원회에 징계의결요구를 하거나 훈계처분을 하도록 지시한 행위가 직무유기죄를 구성하지 않는다고 한 사례(대판 2007. 7. 12, 2006도1390). 정답 - X

2 공무원이 투기적 사업에 참여할 기회를 뇌물로 제공받아 실제 참여하였으나 경제 사정의 변동 등으로 인하여 당초의 예상과는 달리 그 사업 참여로 인한 아무런 이득을 얻지 못한 경우에도 뇌물수수죄가 성립한다. 변호사시험 제1회

해설 ✏️ 공무원이 뇌물로 투기적 사업에 참여할 기회를 제공받은 경우, 뇌물수수죄의 기수 시기는 투기적 사업에 참여하는 행위가 종료된 때로 보아야 하며, 그 행위가 종료된 후 경제사정의 변동 등으로 인하여 당초의 예상과는 달리 그 사업 참여로 아무런 이득을 얻지 못한 경우라도 뇌물수수죄의 성립에는 영향이 없다(대판 2002. 11. 26, 2002도3539). 정답 - O

3 수수된 금품의 뇌물성을 인정하기 위하여는 그 금품이 개개의 직무행위와 대가적 관계에 있음이 증명되어야 한다. 변호사시험 제7회

해설 ✏️ 뇌물의 직무관련성과 관련하여 판례는 뇌물죄는 직무집행의 공정과 이에 대한 사회의 신뢰에 기하여 직무행위의 불가매수성을 그 직접의 보호법익으로 하고 있고, 직무에 관한 청탁이나 부정한 행위를 필요로 하지 아니하여 수수된 금품의 뇌물성을 인정하는 데 특별히 의무위반행위나 청탁의 유무 등을 고려할 필요가 없으므로, 뇌물은 직무에 관하여 수수된 것으로 족하고 개개의 직무행위와 대가적 관계에 있을 필요는 없으며, 그 직무행위가 특정된 것일 필요도 없다(대판 1997. 4. 17, 96도3378)라고 판시하고 있다. 정답 - X

4 임용될 당시 「지방공무원법」상 임용결격자임에도 공무원으로 임용되어 계속 근무하던 중 직무에 관하여 뇌물을 수수한 경우, 임용행위의 무효에도 불구하고 뇌물수수죄의 성립을 인정할 수 있다. 변호사시험 제7회

해설 ✏️ 형법이 뇌물죄에 관하여 규정하고 있는 것은 공무원의 직무집행의 공정과 그에 대한 사회의 신뢰 및 직무행위의 불가매수성을 보호하기 위한 것이다. 법령에 기한 임명권자에 의하여 임용되어 공무에 종사하여 온 사람이 나중에 그가 임용결격자이었음이 밝혀져 당초의 임용행위가 무효라고 하더라도, 그가 임용행위라는 외관을 갖추어 실제로 공무를 수행한 이상 공무 수행의 공정과 그에 대한 사회의 신뢰 및 직무행위의 불가매수성은 여전히 보호되어야 한다. 따라서 이러한 사람은 형법 제129조에서 규정한 공무원으로 봄이 타당하고, 그가 그 직무에 관하여 뇌물을 수수한 때에는 수뢰죄로 처벌할 수 있다(대판 2014. 3. 27, 2013도11357). 정답 - O

5 공무원이 직접 뇌물을 받지 아니하고 증뢰자로 하여금 공무원 자신의 채권자에게 뇌물을 공여하도록 하여 공무원이 그만큼 지출을 면하게 되는 경우에는 뇌물수수죄가 아니라 제3자뇌물제공죄가 성립한다. 변호사시험 제1회

해설 ✏️ 「6번 문제」 해설 참조 정답 - X

6 공무원이 직접 뇌물을 받지 않고 증뢰자로 하여금 자신이 채무를 부담하고 있었던 제3자에게 뇌물을 공여하게 함으로써 자신의 지출을 면하였다면 「형법」 제130조의 제3자뇌물제공죄가 성립한다.
변호사시험 제7회

> (해설) 형법 제130조의 제3자뇌물제공죄를 형법 제129조 제1항의 단순수뢰죄와 비교하여 보면 공무원이 직접 뇌물을 받지 아니하고, 증뢰자로 하여금 제3자에게 뇌물을 공여하도록 하고 그 제3자로 하여금 뇌물을 받도록 한 경우에는 부정한 청탁을 받고 그와 같은 행위를 한 경우에 한하여 단순수뢰죄와 같은 형으로 처벌하고, 공무원이 직접 뇌물을 받지 아니하고, 증뢰자로 하여금 제3자에게 뇌물을 공여하도록 하고 그 제3자로 하여금 뇌물을 받도록 하였다 하더라도 부정한 청탁을 받은 일이 없다면 이를 처벌하지 아니한다는 취지로 해석하여야 할 것이나, 다만 **공무원이 직접 뇌물을 받지 아니하고, 증뢰자로 하여금 다른 사람에게 뇌물을 공여하도록** 하고 그 다른 사람으로 하여금 뇌물을 받도록 한 경우라 할지라도 그 다른 사람이 공무원의 사자 또는 대리인으로서 뇌물을 받은 경우나 그 밖에 예컨대 평소 공무원이 그 다른 사람의 생활비 등을 부담하고 있었다거나 혹은 그 다른 사람에 대하여 채무를 부담하고 있었다는 등의 사정이 있어서 **그 다른 사람이 뇌물을 받음으로써 공무원은 그만큼 지출을 면하게 되는 경우** 등 사회통념상 그 다른 사람이 뇌물을 받은 것을 공무원이 직접 받은 것과 같이 평가할 수 있는 관계가 있는 경우에는 **형법 제129조 제1항의 단순수뢰죄가 성립한다**(대판 1998. 9. 22, 98도1234).
> 정답 - X

7 경찰서 교통계에 근무하는 경찰관 甲은 乙의 관내 도박장개설 및 도박범행을 묵인하고 편의를 봐주는 대가로 금 150만 원을 교부받고 나아가 그 도박장 개설 및 도박범행사실을 잘 알면서도 이를 단속하지 아니하였다면 사전수뢰죄가 성립한다.
변호사시험 제3회

> (해설) 경찰관직무집행법 제2조 제1호는 경찰관이 행하는 직무 중의 하나로 '범죄의 예방·진압 및 수사'를 들고 있고, 이와 같이 범죄를 예방하거나, 진압하고, 수사하여야 할 일반적 직무권한을 가지는 피고인이 **도박장개설 및 도박범행을 묵인하고 편의를 봐주는 데 대한 사례비 명목으로 금품을 수수하고, 나아가 도박장개설 및 도박범행사실을 잘 알면서도 이를 단속하지 아니하였다면, 이는 경찰관으로서 직무에 위배되는 부정한 행위를 한 것**이라 할 것이고, 비록 피고인이 이 사건 범행당시 원주경찰서 교통계에 근무하고 있어 도박범행의 수사 등에 관한 구체적인 사무를 담당하고 있지 아니하였다 하여도 달리 볼 것은 아니라고 할 것이다(대판 2003. 6. 13, 2003도1060).

> [형법 제129조(수뢰, 사전수뢰)] ① 공무원 또는 중재인이 그 직무에 관하여 뇌물을 수수, 요구 또는 약속한 때에는 5년 이하의 징역 또는 10년 이하의 자격정지에 처한다. ② **공무원 또는 중재인이 될 자가 그 담당할 직무에 관하여 청탁을 받고 뇌물을 수수, 요구 또는 약속한 후 공무원 또는 중재인이 된 때에는 3년 이하의 징역 또는 7년 이하의 자격정지에 처한다.**

> → 甲은 범죄에 대한 일반적 직무권한을 가진 자이므로, 공무원이 되기 전에 뇌물을 수수하는 등의 사전수뢰죄는 해당하지 않는다. 같은 사안에서 관례도 수뢰후부정처사죄를 인정하였다.
> 정답 - X

8 증뢰물전달죄는 증뢰자나 수뢰자가 아닌 제3자가 증뢰자로부터 수뢰할 사람에게 전달될 금품이라는 정을 알면서 그 금품을 받으면 성립하고, 그 금품을 전달하였는지 여부는 증뢰물전달죄의 성립에 영향이 없다.　　　　　　　　　　　　　　　　　　　변호사시험 제1회

해설 　증뇌물전달죄 (형법 제133조 제2항 후단)로 기소된 공소사실을 뇌물수수죄(형법 제 129조 제1항)로 심판한 경우와 공판심리의 범위에 관하여 관례는 증뇌물전달의 죄는 증뢰자 나 수뢰자가 아닌 제3자가 증뢰자로부터 수뢰할 사람에게 전달될 금품이라는 정을 알면서 그 금품을 받으면 그 때 위 죄가 성립하고 그 금품을 그 후 전달하였는지의 여부는 위 죄의 성립 에 영향이 없다(대판 1965. 10. 26, 65도785)라고 판시하고 있다. 　　　　　[정답] – ○

9 뇌물공여죄가 성립되기 위해서는 반드시 상대방 측에서 뇌물수수죄가 성립되어야 할 필 요는 없다.　　　　　　　　　　　　　　　　　　　　　　　　　　　　　변호사시험 제1회

해설 　「10번 문제」 해설 참조　　　　　　　　　　　　　　　　[정답] – ○

10 뇌물공여죄가 성립하기 위하여는 반드시 상대방 측에서 뇌물수수죄가 성립하여야 하는 것은 아니다.　　　　　　　　　　　　　　　　　　　　　　　　　　　　　변호사시험 제7회

해설 　뇌물공여죄가 성립하기 위하여는 뇌물을 공여하는 행위와 상대방측에서 금전적으로 가치가 있는 그 물품 등을 받아들이는 행위가 필요할 뿐 반드시 상대방측에서 뇌물수수죄가 성립하여야 함을 뜻하는 것은 아니다(대판 2006. 2. 24, 2005도4737). 　　　[정답] – ○

■ 사례 【11~12】

공정거래위원회 소속 공무원 甲은 乙로부터 불공정거래행위 신고나 관련 처리업무를 할 경우 잘 봐 달라는 취지로 건네주는 액면금 100만 원짜리 자기앞수표 3장을 교부받았다. 검사 丙은 이 사실을 수사한 후 甲을 뇌물수수죄로 기소하였다. 丙은 이 사건 공소제기 후 공판절차가 진행 중 수소법원이 아닌 영장전담 판사 A로부터 압수·수색영장을 발부받아 그 집행을 통하여 확보한 위 자기앞수표 사본 3장과 이를 기초로 작성한 수사보고서를 증 거로 제출하였다. 한편, 甲은 공판관여 참여주사 丁에게 형량을 감경하여 달라는 청탁과 함께 현금 100만 원을 교부하였다.(다툼이 있는 경우에는 판례에 의함　　변호사시험 제3회

---

11 뇌물죄에서 말하는 '직무'에는 법령에 정하여진 직무뿐만 아니라 그와 관련 있는 직무, 과거에 담당하였거나 장래에 담당할 직무도 포함될 수 있다.

해설 　뇌물죄는 직무집행의 공정과 이에 대한 사회의 신뢰를 기하여 직무행위의 불가매수성을 그 직접적 보호법익으로 하고 있으므로 뇌물성은 의무위반행위의 유무와 청탁의 유무 및 수수 시기의 직무집행행위의 전후를 가리지 아니하고 따라서 뇌물죄에 있어서의 직무와의 관련성도 이와 같은 성질에 따라 **법령에 의하여 정하여진 직무뿐만 아니라 그와 관련있는 직무, 과거에 담당하였거나 또는 장래 담당할 직무 및 사무분장에 따라 현실적으로 담당하지 않는 직무**라고

하더라도 법령상 일반적인 직무권한에 속하는 직무등 공무원이 그 직위에 따라 공무로 담당할 일체의 직무를 뇌물죄에 있어서의 직무라고 새겨야 한다(대판 1984. 9. 25, 84도1568). 정답 - ○

12 甲으로부터 현금 100만 원을 수령한 법원주사 丁에게 뇌물수수죄가 성립한다.

(해설 🖉) 법원의 참여주사가 공판에 참여하여 양형에 관한 사항의 심리내용을 공판조서에 기재한다고 하더라도 이를 가지고 형사사건의 양형이 참여주사의 직무와 밀접한 관계가 있는 사무라고는 할 수 없으므로 참여주사가 형량을 감경케하여 달라는 청탁과 함께 금품을 수수하였다고 하더라도 뇌물수수죄의 주체가 될 수 없다(대판 1980. 10. 14, 80도1373). 정답 - X

■ 사례 【13~14】

甲은 유흥주점 허가를 받기 위해 구청 담당 과장 乙과 친하다는 丙을 찾아가 乙에게 전달하여 달라고 부탁하면서 2,500만 원을 제공하였다. 丙은 乙에게 甲의 유흥주점 허가를 부탁하면서 2,000만 원을 교부하고, 나머지 500만 원은 자신이 사용하였다. 한편, 乙은 구의원 丁에게 丙으로부터 받은 2,000만 원을 교부하면서, 구청장에게 부탁하여 구청 정기인사에서 자신이 좋은 평정을 받게 해달라고 말하였다. 甲에게 유흥주점 허가가 난 후, 甲은 감사의 표시로 자신의 유흥주점에 乙을 초대하였고, 乙은 대학동창인 회사원 3명에게 자신이 술값을 낸다고 말하고 이들과 함께 甲의 유흥주점에 가서 400만 원의 향응을 제공받았다.(다툼이 있는 경우 판례에 의함)   변호사시험 제5회

---

13 丙에게는 2,500만 원에 대한 제3자뇌물취득죄와 2,000만 원에 대한 뇌물공여죄가 성립한다.

(해설 🖉) 형법 제133조 제2항은 증뢰자가 뇌물에 공할 목적으로 금품을 제3자에게 교부하거나 또는 그 정을 알면서 교부받는 증뢰물전달행위를 독립한 구성요건으로 하여 이를 같은 조 제1항의 뇌물공여죄와 같은 형으로 처벌하는 규정으로서, 제3자의 증뢰물전달죄는 제3자가 증뢰자로부터 교부받은 금품을 수뢰할 사람에게 전달하였는지 여부에 관계 없이 제3자가 그 정을 알면서 금품을 교부받음으로써 성립하는 것이며, 나아가 제3자가 그 교부받은 금품을 수뢰할 사람에게 전달하였다고 하여 증뢰물전달죄 외에 별도로 뇌물공여죄가 성립하는 것은 아니다(대판 1997. 9. 5, 97도1572). 정답 - X

14 丁에게 알선수뢰죄가 성립하기 위해서는 단순히 공무원으로서의 신분이 있다는 것만으로는 부족하고, 적어도 다른 공무원이 취급하는 사무의 처리에 법률상이거나 사실상으로 영향을 줄 수 있는 관계 내지 지위를 이용하는 경우이어야 한다.

(해설 🖉) 형법 제132조 소정의 알선수뢰죄에 있어서 '공무원이 그 지위를 이용하여'라 함은 친구, 친족관계 등 사적인 관계를 이용하는 경우에는 여기에 해당한다고 할 수 없으나, 다른 공무원이 취급하는 사무처리에 법률상이거나 사실상으로 영향을 줄 수 있는 관계에 있는 공무

원이 그 지위를 이용하는 경우에는 여기에 해당하고 그 사이에 반드시 상하관계, 협동관계, 감독권한 등의 특수한 관계에 있음을 요하지 않는다(대판 1995. 1. 12, 94도2687). 정답 - ○

■ 사례 【15~16】

유흥업소를 운영하는 甲은 경찰관 乙에게 단속정보를 제공해 주는 대가로 2009. 5. 20. 200만 원의 뇌물을 공여하였다는 혐의로 조사를 받았다. 하지만 甲은 "돈을 가져오지 않으면 구속수사 하겠다는 乙의 협박 때문에 200만 원을 주었을 뿐이고, 乙로부터 단속정보를 제공받은 사실이 없으며, 그 대가로 준 것도 아니다."라고 강하게 부인하였다. 그후 甲이 잠적해 버리자, 고민을 거듭하던 검사는 甲의 부인 A로부터 "구속수사를 피하기 위해 乙에게 200만 원을 주었다는 얘기를 甲으로부터 들었다."라는 진술을 확보하여 2016. 5. 21. 乙을 공갈죄로 기소하였다. 乙의 공판이 진행되던 2016. 7. 10. 검찰에 자진출석한 甲은 "乙로부터 경찰의 단속정보를 제공받는 대가로 200만 원을 제공한 것이 맞다."라고 진술하였다.(다툼이 있는 경우 판례에 의함)   변호사시험 제6회

15 乙이 직무집행의 의사없이 甲을 공갈하여 200만 원을 수수한 경우, 乙에게는 공갈죄와 뇌물수수죄의 상상적 경합이 인정된다.

해설 乙에게 직무집행의 의사가 없어 뇌물수수죄는 성립하지 않는다(아래 「16번 문제」해설과 판례 참고). 정답 - X

16 乙이 직무처리와 대가적 관계없이 甲을 공갈하여 200만 원을 甲으로부터 교부받은 경우, 甲에게는 뇌물공여죄가 성립한다.

해설 공무원이 직무집행의 의사없이 또는 직무처리와 대가적 관계없이 타인을 공갈하여, 재물의 교부를 받은 경우, 뇌물수수죄의 성부에 관하여 관례는 형법 제129조 제1항 소정 공무원이 그 직무에 관하여 뇌물을 수수, 요구 또는 약속하였을 때에는 …의 직무에 관하여라는 뜻이 일정한 직무에 관한 것으로서 족하고, 개개의 직무 행위에 대한, 대가적 이익임을 요하지 않는다고 하더라도 기록에 의하면 피고인 2는 1965.5.2 하순 전주시 소재 선일양조장 탈세사건을 수사중 압수된 비밀장부에 나타난 피고인 1외 7,8명의 전주세무서직원등에 대한 비위사실을 적발하고도 입건하지 않고 불문에 부한 사실(검찰청 고위층의 지시에 의하여 불문에 부하게 되었고, 이 사실은 피고인 1에게 정식으로 고지 되었던것)이 있었다고 하여도 피고인 2가 그 비위사실에 대한 처리에 관하여 피고인 1에게 뇌물을 요구하였거나 비위 사실을 당시 입건조사할 의사가 있었다고 인정할 만한 아무런 증거가 없으므로 필경 원심사실확정과 같이 피고인 2는 검찰청 수사계장이라는 특수한 직위를 이용하여 공갈하였다고 보지 않을 수 없어서 원심의 사실확정과정에는 아무런 위법이 없다 할 것이며, 「15번 문제의 해설」피고인 2가 직무집행의 의사없이 또는 어느 직무처리에 대한 대가적 관계없이 피고인 1을 공갈하여 재물을

교부시켰다면 비록 피해자인 피고인 1에게 뇌물을 공여할 의사가 있었다고 하더라도 피고인 오원택의 소위는 <u>뇌물수수죄를 구성하지 아니하고, 공갈죄를 구성하며</u>,「16번 문제의 해설」 피고인 1의 소위는 단순히 공갈죄의 피해자에 지나지 아니하고, <u>뇌물공여죄를 구성한다고 할 수 없으므로</u> 피고인 2의 입장에서 볼 때에 피고인 1로부터의 금전수수가 오로지 공갈이 었다는 사실이 확정되는 이상 피고인 1이 금전공여의 의사에 관하여 논지가 지적하는 바와 같이, 사례, 또는 앞으로 잘 부탁한다는 취지가 있었다고 하여도 뇌물죄를 구성한다고 할 수 없다할 것이니, 원심조처에 아무런 위법이 없다(대판 1966. 4. 6, 66도12)라고 판시하고 있다.

→ 甲은 공갈죄의 피해자에 지나지 않으므로, 뇌물공여죄가 성립하지 않는다.   정답 － X

■ 사례【17~19】

甲이 공무원 乙에게 뇌물 4,000만 원을 제공하였다는 범죄사실로 甲과 乙이 함께 공소 제기되어 공동피고인으로 재판을 받으면서 甲은 자백하나, 乙은 뇌물을 받은 사실이 없다고 주장하며 다투고 있다.   변호사시험 제7회

---

17 위 뇌물수수사실이 인정되는 경우 甲, 乙은「특정범죄 가중처벌 등에 관한 법률」에 따라 가중처벌된다.

해설 ✎

> 〔형법 제129조(수뢰, 사전수뢰)〕① 공무원 또는 중재인이 그 직무에 관하여 뇌물을 수수, 요구 또는 약속한 때에는 5년 이하의 징역 또는 10년 이하의 자격정지에 처한다. ② 공무원 또는 중재인이 될 자가 그 담당할 직무에 관하여 청탁을 받고 뇌물을 수수, 요구 또는 약속한 후 공무원 또는 중재인이 된 때에는 3년 이하의 징역 또는 7년 이하의 자격정지에 처한다.
> 〔형법 제133조(뇌물공여등)〕① 제129조 내지 제132조에 기재한 뇌물을 약속, 공여 또는 공여의 의사를 표시한 자는 5년 이하의 징역 또는 2천만원 이하의 벌금에 처한다. ② 전항의 행위에 공할 목적으로 제삼자에게 금품을 교부하거나 그 정을 알면서 교부를 받은 자도 전항의 형과 같다.
> 〔특정범죄 가중처벌 등에 관한 법률 제2조(뇌물죄의 가중처벌)〕①「형법」제129조·제130조 또는 제132조에 규정된 죄를 범한 사람은 그 수수·요구 또는 약속한 뇌물의 가액(이하 이 조에서 '수뢰액'이라 한다)에 따라 다음 각 호와 같이 가중처벌한다.
> 1. 수뢰액이 1억원 이상인 경우에는 무기 또는 10년 이상의 징역에 처한다.
> 2. 수뢰액이 5천만원 이상 1억원 미만인 경우에는 7년 이상의 유기징역에 처한다.
> 3. 수뢰액이 3천만원 이상 5천만원 미만인 경우에는 5년 이상의 유기징역에 처한다.

→ 사안에서 수뢰자인 乙은 형법 제129조 제1항 뇌물수수죄에 해당하며, 3천만원 이상 수수했으므로 특정범죄 가중처벌 등에 관한 법률 제2조 제1항 3호에 따라 가중처벌된다. 하지만 증뢰자인 甲은 형법 제133조 제1항의 뇌물공여죄에 해당하고, 특정범죄 가중처벌 등에 관한 법률에서 달리 가중처벌하는 규정을 두지 않고 있다.   정답 － X

18 乙이 그 직무의 대상이 되는 사람으로부터 금품 기타 이익을 받은 때에는 특별한 사정이 없는 한 직무와의 관련성이 없다고 할 수 없고, 비록 사교적 의례의 형식을 빌어 금품을 주고받았다고 하더라도 그것이 乙의 직무와 관련된 이상 그 수수한 금품은 뇌물이 된다.

> **해설** 뇌물죄에 있어 직무관련성 및 뇌물성에 관하여 판례는 공무원이 그 직무의 대상이 되는 사람으로부터 금품 기타 이익을 받은 때에는 그것이 그 사람이 종전에 공무원으로부터 접대 또는 수수받은 것을 갚는 것으로서 사회상규에 비추어 볼 때에 의례상의 대가에 불과한 것이라고 여겨지거나, 개인적인 친분관계가 있어서 교분상의 필요에 의한 것이라고 명백하게 인정할 수 있는 경우 등 특별한 사정이 없는 한 직무와의 관련성이 없는 것으로 볼 수 없고, 공무원의 직무와 관련하여 금품을 수수하였다면 비록 사교적 의례의 형식을 빌어 금품을 주고 받았다 하더라도 그 수수한 금품은 뇌물이 된다(대판 2002. 7. 26, 2001도6721)라고 판시하고 있다.
>
> 정답 - ○

19 「형법」 제134조는 뇌물 또는 뇌물에 공할 금품을 필요적으로 몰수하고 이를 몰수하기 불가능한 때에는 그 가액을 추징하도록 규정하고 있는바, 몰수는 특정된 물건에 대한 것이고 추징은 본래 몰수할 수 있었음을 전제로 하는 것임에 비추어 뇌물 또는 뇌물에 공할 금품이 특정되지 않았던 것은 몰수할 수 없고 그 가액을 추징할 수도 없다.

> **해설** 필요적 몰수의 대상인 뇌물에 공할 금품의 범위에 관하여 판례는 형법 제134조는 뇌물에 공할 금품을 필요적으로 몰수하고 이를 몰수하기 불가능한 때에는 그 가액을 추징하도록 규정하고 있는바, 몰수는 특정된 물건에 대한 것이고 추징은 본래 몰수할 수 있었음을 전제로 하는 것임에 비추어 뇌물에 공할 금품이 특정되지 않았던 것은 몰수할 수 없고 그 가액을 추징할 수도 없다(대판 1996. 5. 8, 96도221)라고 판시하고 있다.
>
> 정답 - ○

제2절 공무방해에 관한 죄

1 甲은 'A퀵서비스'라는 상호로 배달·운송업을 하는 자로, 과거 乙이 운영하는 'B퀵서비스'의 직원으로 일하던 중 소지하게 된 B퀵서비스 명의로 된 영수증을 보관하고 있던 것을 이용하여, 2010. 2. 1.부터 2011. 2. 1.까지 자신의 A퀵서비스 배달업무를 하면서 불친절하고 배달을 지연시켜 손님의 불만이 예상되는 배달 건에 대하여는 B퀵서비스 명의로 된 영수증에 자신이 한 배달내역을 기입하여 손님들의 불만을 乙에게 떠넘기는 방법으로 영업을 하였다. 乙은 甲의 행위에 의하여 자신의 신용이 훼손되었다는 이유로 2011.10.1. 甲을 고소하였다. 검사는 甲을 신용훼손죄로 기소하였다가, 공판 중 동일한 사실관계에 대하여 예비적으로 업무방해죄의 공소사실 및 적용법조를 추가한다는 공소장변경신청을 하였다. 만약 'B퀵서비스'가 국가기관인 우체국이라면 甲의 행위는 공무집행방해죄에 해당한다.

변호사시험 제1회

해설 ✏️

> [형법 제136조(공무집행방해)] ① 직무를 집행하는 공무원에 대하여 **폭행 또는 협박**한 자는 5년 이하의 징역 또는 1천만원 이하의 벌금에 처한다. ② 공무원에 대하여 그 직무상의 행위를 강요 또는 조지하거나 그 직을 사퇴하게 할 목적으로 **폭행 또는 협박**한 자도 전항의 형과 같다.

→ 공무집행방해죄가 성립하려면 공무원에 대한 폭행 또는 협박이 필요하다. 사례에서는 甲이 폭행 또는 협박을 행한 사정이 없으므로 공무집행방해죄에 해당하지 않는다.

참고로 위계에 의한 공무집행방해죄(형법 제137조)가 문제될 수 있다. 다만, 관례는 공무집행방해죄와 달리 위계에 의한 공무집행방해죄에서는 직무집행이 방해된 결과가 발생할 것을 요구하는데(대판 1977. 9. 13, 77도284), 사례에서 그러한 사정이 분명하지 않아 위계에 의한 공무집행방해죄에 해당한다고 단정하기도 어렵다.   정답 – X

2 출원에 대한 심사업무를 담당하는 공무원이 출원인의 출원사유가 허위라는 사실을 알면서도 결재권자로 하여금 오인, 착각, 부지를 일으키게 하고 그 오인, 착각, 부지를 이용하여 인·허가 처분에 대한 결재를 받아낸 경우에는 위계에 의한 공무집행방해죄가 성립한다.   변호사시험 제2회

> **해설** ✏️ 출원에 대한 심사업무를 담당하는 공무원이 출원인의 출원사유가 허위라는 사실을 알면서도 결재권자로 하여금 오인, 착각, 부지를 일으키게 하고 그 오인, 착각, 부지를 이용하여 인·허가처분에 대한 결재를 받아낸 경우에는 출원자가 허위의 출원사유나 허위의 소명자료를 제출한 경우와는 달리 더 이상 출원에 대한 적정한 심사업무를 기대할 수 없게 되었다고 할 것이어서 그와 같은 행위는 위계로써 결재권자의 직무집행을 방해한 것에 해당하므로 위계에 의한 공무집행방해죄가 성립한다(대판 1997. 2. 28, 96도2825).   정답 – O

3 甲이 개인택시운송사업면허 양도제한기간 경과 전에 허위진단서를 첨부하여 甲이 1년 이상의 치료를 요하는 질병에 걸려 직접 운전할 수 없음을 이유로 관할 구청에 개인택시운송사업에 대한 양도·양수 신청을 하였고 담당공무원은 그 진단서 내용을 믿고 인가처분을 하였다면 위계에 의한 공무집행방해죄가 성립한다.   변호사시험 제3회

> **해설** ✏️ 피고인이 개인택시 운송사업면허를 받은 지 5년이 경과되지 아니하여 원칙적으로 개인택시 운송사업을 양도할 수 없는 사람 등과 사이에 마치 그들이 1년 이상의 치료를 요하는 질병으로 인하여 직접 운전할 수 없는 것처럼 가장하여 개인택시 운송사업의 양도·양수인가를 받기로 공모한 후, 질병이 있는 노숙자들로 하여금 그들이 개인택시 운송사업을 양도하려고 하는 사람인 것처럼 위장하여 의사의 진료를 받게 한 다음, 그 정을 모르는 의사로부터 환자가 개인택시 운송사업의 양도인으로 된 허위의 진단서를 발급받아 행정관청에 개인택시 운송사업의 양도·양수 인가신청을 하면서 이를 소명자료로 제출하여 진단서의 기재 내용을 신뢰한 행정관청으로부터 인가처분을 받은 경우, 위계에 의한 공무집행방해죄가 성립한다고 한 사례(대판 2002. 9. 4, 2002도2064).   정답 – O

4 甲은 乙 명의의 차용증을 위조한 후 乙 소유 부동산에 대한 가압류신청을 하여 법원으로부터 가압류결정을 받았다. 이에 대하여 乙의 고소로 개시된 수사절차에서, 乙이 미국에 거주하는 A로부터 위 부동산을 1억 5,000만 원에 매수한 것인 양 신고하여 부동산등기부에 매매가액이 1억 5,000만 원으로 기재되게 하고 소유권이전등기를 마친 사실이 확인되었다. 미국에 있는 A와의 전화통화 내용을 문답 형식으로 기재하고 검찰주사만 기명날인한 수사보고서를 검사는 공소제기 후 증거로 제출하였다. 한편, 甲의 범행을 알고 있는 B가 법정에서 허위증언을 하자 검사가 B를 소환하여 추궁 끝에 법정증언을 번복하는 취지의 진술조서를 작성하여 이를 증거로 제출하였다. 이 경우 甲이 허위 주장을 하거나 허위 증거를 제출하여 가압류결정을 받은 것은 법원의 구체적이고 현실적인 직무집행을 방해한 것이므로 위계에 의한 공무집행방해죄가 성립한다. 변호사시험 제3회

> (해설) 법원은 당사자의 허위 주장 및 증거 제출에도 불구하고 진실을 밝혀야 하는 것이 그 직무이므로, 가처분신청 시 당사자가 허위의 주장을 하거나 허위의 증거를 제출하였다 하더라도 그것만으로 법원의 구체적이고 현실적인 어떤 직무집행이 방해되었다고 볼 수 없으므로 이로써 바로 위계에 의한 공무집행방해죄가 성립한다고 볼 수 없다(대판 2012. 4. 26, 2011도17125).
> → 가압류도 가처분과 같은 보전처분이므로 결론은 동일하다. 정답 – X

5 甲과 乙은 야간에 A의 집에 있는 다이아몬드를 훔쳐서 유흥비를 마련하기로 모의하면서, 범행이 발각되는 경우 어떤 수단을 사용해서라도 체포되어서는 아니된다고 약속하였다. 밤 12시 경 甲이 집 밖에서 망을 보고있는 사이 乙은 A의 집에 들어가서 다이아몬드를 들고 나오다가 이를 본 A가 "도둑이야!"라고 소리치자 집 밖으로 도망쳤다. 이에 A는 경찰서에 신고를 하였고, 출동한 경찰관 B는 乙을 추격하여 체포하려고 하자, 乙은 B를 밀쳐서 B는 상해를 입었다. 乙에게는 공무집행방해치상죄가 성립한다. 변호사시험 제6회

> (해설) 공무집행방해치상죄는 없다. 이와 같은 경우 공무집행방해죄와 폭행치상죄(혹은 상해죄)의 상상적 경합이 된다. 정답 – X

제3절 도주와 범인은닉의 죄

1 사법경찰관 甲은 乙이 반국가단체의 활동에 동조하였다는 제보를 받고 국가보안법위반의 범죄 혐의가 있다고 생각하여, 2014. 12. 18. 06:00경 乙의 집으로 가서 다짜고짜 "경찰서로 잠깐 가서 조사할 것이 있다."고 말하였다. 乙은 가기 싫었으나 겁이 나서 따라나섰고, 甲은 乙을 순찰차에 태워 경찰서로 이동하였다. 甲은 乙에게 혐의사실을 추궁하였으나 乙은 범행을 부인하였다. 甲은 乙이 조사 도중 화장실에 갈 때에도 따라가 감시하였고, 乙이 집에 가서 챙겨 올 것이 있다고 할 때에도 혐의사실을 인정할 때까지는 집에 가지 못한다며 제지하였다. 계속되는 조사에 지친 乙은 결국 같은 날 23:00경 혐의사실을 인정하였고, 이에 甲은 피의사실의 요지, 체포이유 등을 乙에게 고지하는 등 절차를 밟아 乙을

긴급체포하였다. 이 경우 만일 甲이 잠깐 경찰서 내의 다른 사무실에 간 사이 乙이 도주하였다면 도주죄로 처벌된다.　　　　　　　　　　　　　　　　　　　　변호사시험 제4회

(해설)　사법경찰관이 피고인을 수사관서까지 동행한 것이 사실상의 강제연행, 즉 불법 체포에 해당하고, 불법 체포로부터 6시간 상당이 경과한 후에 이루어진 긴급체포 또한 위법하므로 피고인이 불법체포된 자로서 형법 제145조 제1항에 정한 '법률에 의하여 체포 또는 구금된 자'가 아니어서 도주죄의 주체가 될 수 없다고 한 사례.

(판결이유 중)…… 경찰관들이 피고인을 동행한 시각이 동틀 무렵인 새벽 06:00경이었고,……공소외 1은 동행을 요구할 당시……피고인에게 그 요구를 거부할 수 있음을 말해주지 않은 것으로 보이는 점, ④ 피고인이 원심 법정에서 경찰서에서 화장실에 갈 때도 경찰관 1명이 따라와 감시했다고 진술한 점 등에 비추어 피고인이 경찰서에 도착한 이후의 상황도 피고인이 임의로 퇴거할 수 있는 상황은 아니었던 것으로 보이는 점 등 제반 사정에 비추어 보면, 비록 사법경찰관이 피고인을 동행할 당시에 물리력을 행사한 바가 없고, 피고인이 명시적으로 거부의사를 표명한 적이 없다고 하더라도, 사법경찰관이 피고인을 수사관서까지 동행한 것은 위에서 본 적법요건이 갖추어지지 아니한 채 사법경찰관의 동행 요구를 거절할 수 없는 심리적 압박 아래 행하여진 사실상의 강제연행, 즉 불법 체포에 해당한다고 보아야 할 것이고, 사법경찰관이 그로부터 6시간 상당이 경과한 이후에 비로소 피고인에 대하여 긴급체포의 절차를 밟았다고 하더라도 이는 동행의 형식 아래 행해진 불법 체포에 기하여 사후적으로 취해진 것에 불과하므로, 그와 같은 긴급체포 또한 위법하다고 아니할 수 없다.……(대판 2006. 7. 6, 2005도6810).　　정답 - X

2　무면허로 운전하다가 교통사고를 낸 甲이 동거하고 있는 동생 乙을 경찰서에 대신 출석시켜 자신을 위하여 허위의 자백을 하게 하여 범인도피죄를 범하게 한 경우, 범인도피죄의 교사범이 성립하지 않는다.　　　　　　　　　　　　　　　　　　변호사시험 제6회

(해설)　「3번 문제」해설 참조　　　　　　　　　　　　　　　　　　　　정답 - X

3　甲은 A의 재물을 강취한 후 A를 살해할 목적으로 A가 살고 있는 집에 방화하여 A는 사망하였다. 그 후 수사망을 피해 도피 중이던 甲은 자신의 누나 丁에게 도피자금을 부탁하였고, 丁은 甲에게 도피자금을 송금하였다. 한편 사법경찰관 丙은 丁의 동의를 얻은 후 강도살인과 방화와 관련된 甲과 丁 사이의 통화내용을 녹음하여 녹음테이프를 검사에게 증거로 제출하였다. 이 경우 甲이 자신을 위하여 丁으로 하여금 도피자금을 송금하도록 하는 행위는 방어권의 남용으로 범인도피교사죄에 해당한다.　　　　　　　　　　변호사시험 제3회

(해설)　[1] 범인이 자신을 위하여 타인으로 하여금 허위의 자백을 하게 하여 범인도피죄를 범하게 하는 행위는 방어권의 남용으로 범인도피교사죄에 해당하는바, 이 경우 그 타인이 형법 제151조 제2항에 의하여 처벌을 받지 아니하는 친족, 호주 또는 동거 가족에 해당한다 하여 달리 볼 것은 아니다.
[2] 「2번 문제의 해설」 무면허 운전으로 사고를 낸 사람이 동생을 경찰서에 대신 출두시켜 피의자로 조사받도록 한 행위는 범인도피교사죄를 구성한다(대판 2006. 12. 7, 2005도3707).

> 〔형법 제151조(범인은닉과 친족간의 특례)〕 ① 벌금 이상의 형에 해당하는 죄를 범한 자를 은닉 또는 도피하게 한 자는 3년 이하의 징역 또는 500만원 이하의 벌금에 처한다. ② 친족 또는 동거의 가족이 본인을 위하여 전항의 죄를 범한 때에는 처벌하지 아니한다.
>
> 〔민법 제777조(친족의 범위)〕 친족관계로 인한 법률상 효력은 이 법 또는 다른 법률에 특별한 규정이 없는 한 다음 각호에 해당하는 자에 미친다.
>
> 1. 8촌 이내의 혈족
> 2. 4촌 이내의 인척
> 3. 배우자

→ 丁은 甲의 누나이므로 혈족에 해당하여 범인도피죄로 처벌받지 않으나, 이를 교사한 甲은 방어권 남용으로 범인도피교사죄로 처벌된다는 것이 판례의 태도이다.　　정답 - ○

■ 사례 【4~5】

甲과 乙은 술에 취한 A가 모텔에서 혼자 투숙하고 있는 것을 알고 물건을 훔치기로 하여 甲은 밖에서 망을 보고 乙은 객실에 들어가 A의 가방을 뒤져 금목걸이를 가지고 왔다. 수차례의 절도전과가 있던 乙은 甲에게 "만약 경찰에 잡히면 나를 丙이라고 하라."라고 부탁하였다.(다툼이 있는 경우에는 판례에 의함)　　변호사시험 제1회

4 만약 甲이 수사기관에서 乙의 이름에 대하여 丙이라고만 진술하고 적극적으로 구체적인 허위정보나 허위자료를 제출하지 않은 경우라면, 수사기관으로 하여금 乙의 체포를 곤란 내지 불가능하게 할 정도에 이르지 않은 것이어서 범인도피죄가 성립하지 않는다.

(해설) 원래 수사기관은 범죄사건을 수사함에 있어서 피의자나 참고인의 진술 여하에 불구하고 피의자를 확정하고 그 피의사실을 인정할 만한 객관적인 제반 증거를 수집·조사하여야 할 권리와 의무가 있는 것이므로, 참고인이 수사기관에서 범인에 관하여 조사를 받으면서 그가 알고 있는 사실을 묵비하거나 허위로 진술하였다고 하더라도, 그것이 적극적으로 수사기관을 기만하여 착오에 빠지게 함으로써 범인의 발견 또는 체포를 곤란 내지 불가능하게 할 정도의 것이 아니라면 범인도피죄를 구성하지 않는다(대판 2003. 2. 14, 2002도5374).　　정답 - ○

5 만약 乙이 친동생인 丁에게 乙인 것처럼 수사기관에 자수하여 피의자로 조사를 받게 한 경우라면, 비록 丁이 친족으로 처벌받지 않더라도 乙은 범인도피교사죄에 해당한다.

(해설) 범인이 자신을 위하여 타인으로 하여금 허위의 자백을 하게 하여 범인도피죄를 범하게 하는 행위는 방어권의 남용으로 범인도피교사죄에 해당하는바, 이 경우 그 타인이 형법 제151조 제2항에 의하여 처벌을 받지 아니하는 친족, 호주 또는 동거 가족에 해당한다 하여 달리 볼 것은 아니다(대판 2006. 12. 7, 2005도3707).　　정답 - ○

제4절 위증과 증거인멸의 죄

1 허위의 진술이란 그 객관적 사실이 허위라는 것이 아니라 스스로 체험한 사실을 기억에 반하여 진술하는 것을 뜻한다. 　　　　　　　　　　　　　　　　　　　변호사시험 제2회

해설 ✎ 　위증죄에 있어서의 허위의 진술의 의미에 관하여 판례는 위증죄에서 말하는 허위의 진술이라는 것은 그 객관적 사실이 허위라는 것이 아니라 스스로 체험한 사실을 기억에 반하여 진술하는 것, 즉 기억에 반한다는 사실을 말한다(대판 1984. 2. 28, 84도114)라고 판시하고 있다. 　　　　　　　　　　　　　　　　　　　　　　　　　　　　　정답 － ○

2 경험한 사실에 대한 법률적 평가나 단순한 의견에 지나지 아니한 경우 다소의 오류가 있더라도 허위의 진술에 해당하지 아니한다. 　　　　　　　　　　　　　변호사시험 제2회

해설 ✎ 　증인의 진술이 법률적·주관적 평가나 의견인 경우 위증죄의 요건인 '허위의 진술'에 해당하는지 여부 및 그 내용에 다소의 오류나 모순이 있는 경우 위증죄가 성립하는지 여부에 관하여 판례는 위증죄는 법률에 의하여 선서한 증인이 사실에 관하여 기억에 반하는 진술을 한 때에 성립하고, 증인의 진술이 경험한 사실에 대한 법률적 평가이거나 단순한 의견에 지나지 아니하는 경우에는 위증죄에서 말하는 허위의 공술이라고 할 수 없으며(대판 2007. 9. 20, 2005도9590 판결 등 참조), 경험한 객관적 사실에 대한 증인 나름의 법률적·주관적 평가나 의견을 부연한 부분에 다소의 오류나 모순이 있더라도 위증죄가 성립하는 것은 아니라고 할 것이다(대판 2009. 3. 12, 2008도11007)라고 판시하고 있다. 　　　　　　　　　정답 － ○

3 증인의 진술내용이 당해 사건의 요증사실에 관한 것인지, 판결에 영향을 미친 것인지 여부는 위증죄의 성립과 아무런 관계가 없다 　　　　　　　　　　　변호사시험 제2회

해설 ✎ 　허위의 진술이 요증사실에 관한 것인지 또는 판결에 영향을 미친 것인지 여부와 위증죄의 가부에 관하여 판례는 위증죄는 법률에 의하여 선서한 증인이 허위의 공술을 한 때에 성립하는 것으로서, 그 공술의 내용이 당해 사건의 요증사실에 관한 것인지의 여부나 판결에 영향을 미친 것인지의 여부는 위증죄의 성립과 아무런 관계가 없다(대판 1990. 2. 23, 89도1212)라고 판시하고 있다. 　　　　　　　　　　　　　　　　　　　정답 － ○

4 하나의 사건에 관하여 한 번 선서한 증인이 수개의 사실에 관하여 허위의 진술을 한 경우 한 개의 위증죄가 성립한다. 　　　　　　　　　　　　　　　　　　변호사시험 제2회

해설 ✎ 　하나의 사건에 관하여 한 번 선서한 증인이 같은 기일에 여러가지 사실에 관하여 기억에 반하는 허위의 진술을 한 경우 이는 하나의 범죄의사에 의하여 계속하여 허위의 진술을 한 것으로서 포괄하여 1개의 위증죄를 구성하는 것이고 각 진술마다 수 개의 위증죄를 구성하는 것이 아니므로, 당해 위증 사건의 허위진술 일자와 같은 날짜에 한 다른 허위진술로 인한 위증 사건에 관한 판결이 확정되었다면, 비록 종전 사건 공소사실에서 허위의 진술이라고 한 부분과 당해 사건 공소사실에서 허위의 진술이라고 한 부분이 다르다 하여도 종전 사건의 확정

판결의 기관력은 당해 사건에도 미치게 되어 당해 위증죄 부분은 면소되어야 한다(대판 1998. 4. 14, 97도3340). 정답 - O

5 자기의 형사사건에 관하여 타인을 교사하여 위증을 하게 하는 것은 피고인의 형사사건의 방어권 행사와 동일한 의미이므로 위증교사의 책임을 지지 않는다. 변호사시험 제2회

해설 「6번 문제」해설 참조 정답 - X

6 甲이 자기의 형사사건에 관하여 乙을 교사하여 위증죄를 범하게 한 경우, 위증죄의 교사범이 성립한다 변호사시험 제6회

해설 피고인이 자기의 형사사건에 관하여 허위의 진술을 하는 행위는 피고인의 형사소송에 있어서의 방어권을 인정하는 취지에서 처벌의 대상이 되지 않으나, 법률에 의하여 선서한 증인이 타인의 형사사건에 관하여 위증을 하면 형법 제152조 제1항의 위증죄가 성립되므로 자기의 형사사건에 관하여 타인을 교사하여 위증죄를 범하게 하는 것은 이러한 방어권을 남용하는 것이라고 할 것이어서 교사범의 죄책을 부담케 함이 상당하다(대판 2004. 1. 27, 2003도5114). 정답 - O

7 甲은 乙, 丙과 함께 지나가는 행인을 대상으로 강도를 하기로 모의한 뒤(甲은 모의과정에서 모의를 주도하였다), 함께 범행대상을 물색하다가 乙, 丙이 행인 A를 강도 대상으로 지목하고 뒤쫓아 가자 甲은 단지 "어?"라고만 하고 비대한 체격 때문에 뒤따라가지 못한 채 범행현장에서 200m 정도 떨어진 곳에 앉아있었다. 乙, 丙은 A를 쫓아가 A를 폭행하고 지갑과 현금 30만 원을 빼앗았다. 만일 甲이 먼저 붙잡혀 공판과정에서 일관되게 범행을 부인하였지만 유죄판결이 확정되고, 그 후 별건으로 기소된 乙, 丙의 형사사건에서 자신의 범행을 부인하는 증언을 하였더라도 사실대로 진술할 기대가능성이 없어 위증죄는 성립하지 않는다. 변호사시험 제3회

해설 [1] 피고인에게 적법행위를 기대할 가능성이 있는지 여부를 판단하기 위하여는 행위 당시의 구체적인 상황하에 행위자 대신에 사회적 평균인을 두고 이 평균인의 관점에서 그 기대가능성 유무를 판단하여야 한다. 또한, 자기에게 형사상 불리한 진술을 강요당하지 아니할 권리가 결코 적극적으로 허위의 진술을 할 권리를 보장하는 취지는 아니며, 이미 유죄의 확정판결을 받은 경우에는 일사부재리의 원칙에 의해 다시 처벌되지 아니하므로 증언을 거부할 수 없는바, 이는 사실대로의 진술 즉 자신의 범행을 시인하는 진술을 기대할 수 있기 때문이다. 이러한 점 등에 비추어 보면, 이미 유죄의 확정판결을 받은 피고인은 공범의 형사사건에서 그 범행에 대한 증언을 거부할 수 없을 뿐만 아니라 나아가 사실대로 증언하여야 하고, 설사 피고인이 자신의 형사사건에서 시종일관 그 범행을 부인하였다 하더라도 이러한 사정은 위증죄에 관한 양형참작사유로 볼 수 있음은 별론으로 하고 이를 이유로 피고인에게 사실대로 진술할 것을 기대할 가능성이 없다고 볼 수는 없다.

[2] 자신의 강도상해 범행을 일관되게 부인하였으나 유죄판결이 확정된 피고인이 별건으로 기소된 공범의 형사사건에서 자신의 범행사실을 부인하는 증언을 한 사안에서, 피고인에게 사실대로 진술할 기대가능성이 있으므로 위증죄가 성립한다고 판단한 사례(대판 2008. 10. 23, 2005도10101).   정답 - X

8 소송절차가 분리된 공범인 공동피고인이 증언거부권을 고지받은 상태에서 자기의 범죄 사실에 대하여 허위로 증언한 경우에는 위증죄가 성립한다.   변호사시험 제5회

해설 ✎ 형사소송법 제148조는 피고인의 자기부죄거부특권을 보장하기 위하여 자기가 유죄판 결을 받을 사실이 발로될 염려 있는 증언을 거부할 수 있는 권리를 인정하고 있고, 그와 같은 증언거부권 보장을 위하여 형사소송법 제160조는 재판장이 신문 전에 증언거부권을 고지하 여야 한다고 규정하고 있으므로, 소송절차가 분리된 공범인 공동피고인에 대하여 증인적격 을 인정하고 그 자신의 범죄사실에 대하여 신문한다 하더라도 피고인으로서의 진술거부권 내지 자기부죄거부특권을 침해한다고 할 수 없다.
따라서 증인신문절차에서 형사소송법 제160조에 정해진 증언거부권이 고지되었음에도 불구하 고 위 피고인이 자기의 범죄사실에 대하여 증언거부권을 행사하지 아니한 채 허위로 진술하였 다면 위증죄가 성립된다고 할 것이다 (대판 2012. 10. 11, 2012도6848,2012전도143).   정답 - ○

9 甲과 乙은 식당에서 큰 소리로 대화를 하던 중 옆 테이블에서 혼자 식사 중인 丙이 甲, 乙 에게 "식당 전세 냈냐, 조용히 좀 합시다."라고 말하자, 甲, 乙은 丙에게 다가가 甲은 "식 당에서 말도 못하냐?"라고 소리치며 丙을 밀어 넘어뜨리고, 乙은 이에 가세하여 발로 丙 의 몸을 찼다. 이로 인하여 丙은 약 3주간의 치료를 요하는 상해를 입었는데 甲, 乙 중 누 구의 행위에 의하여 상해가 발생하였는지는 불분명하다. 한편, 丙은 이에 대항하여 甲의 얼굴을 주먹으로 때려 약 2주간의 치료를 요하는 상해를 가하였는데 수사기관에서 자신 의 범행을 부인하였다. 검사는 甲, 乙, 丙을 하나의 사건으로 기소하였고 甲, 乙, 丙은 제1 심 소송계속 중이다. 만일 甲, 乙의 공소사실에 대하여 丙을 증인으로 신문하는 과정에서 丙에게 증언거부권이 고지되지 않고 증인신문절차가 진행된 경우, 丙이 자신의 기억에 반하여 甲의 얼굴을 주먹으로 때리지 않았다고 허위로 증언하였더라도, 丙이 증언거부권 을 행사하는 데 사실상 장애가 초래되었다고 볼 수 있는 경우에는 위증죄가 성립하지 않 는다.   변호사시험 제7회

해설 ✎ 증언거부사유가 있음에도 증언거부권을 고지받지 못함으로 인하여 그 증언거부권을 행사하는 데 사실상 장애가 초래되었다고 볼 수 있는 경우 위증죄 성립 여부에 관하여 판례 는 증언거부권 제도는 증인에게 증언의무의 이행을 거절할 수 있는 권리를 부여한 것이고, 형 사소송법상 증언거부권의 고지 제도는 증인에게 그러한 권리의 존재를 확인시켜 침묵할 것 인지 아니면 진술할 것인지에 관하여 심사숙고할 기회를 충분히 부여함으로써 침묵할 수 있 는 권리를 보장하기 위한 것임을 감안할 때, 재판장이 신문 전에 증인에게 증언거부권을 고지 하지 않은 경우에도 당해 사건에서 증언 당시 증인이 처한 구체적인 상황, 증언거부사유의 내

용, 증인이 증언거부사유 또는 증언거부권의 존재를 이미 알고 있었는지 여부, 증언거부권을 고지 받았더라도 허위진술을 하였을 것이라고 볼 만한 정황이 있는지 등을 전체적·종합적으로 고려하여 증인이 침묵하지 아니하고 진술한 것이 자신의 진정한 의사에 의한 것인지 여부를 기준으로 위증죄의 성립 여부를 판단하여야 한다. 그러므로 헌법 제12조 제2항에 정한 불이익 진술의 강요금지 원칙을 구체화한 자기부죄거부특권에 관한 것이거나 기타 증언거부사유가 있음에도 증인이 증언거부권을 고지받지 못함으로 인하여 그 증언거부권을 행사하는데 사실상 장애가 초래되었다고 볼 수 있는 경우에는 위증죄의 성립을 부정하여야 할 것이다 [대판(전합) 2010. 1. 21, 2008도942]라고 판시하고 있다.　　　　　　　　　정답 - ○

10 甲이 타인의 형사사건과 관련하여 허위의 진술서를 작성하여 수사기관에 제출하였다면 증거위조죄가 성립한다.　　　　　　　　　　　　　　　　　　　　변호사시험 제3회

> **해설** 　참고인이 허위의 진술서 등을 작성하여 수사기관에 제출한 경우, 증거위조죄 성립 여부(소극)
>
> (판결이유 중)……참고인이 타인의 형사사건 등에서 직접 진술 또는 증언하는 것을 대신하거나 그 진술 등에 앞서서 허위의 사실확인서나 진술서를 작성하여 수사기관 등에 제출하거나 또는 제3자에게 교부하여 제3자가 이를 제출한 것은 존재하지 않는 문서를 이전부터 존재하고 있는 것처럼 작출하는 등의 방법으로 새로운 증거를 창조한 것이 아닐뿐더러, 참고인이 수사기관에서 허위의 진술을 하는 것과 차이가 없으므로, 증거위조죄를 구성하지 않는다고 할 것이다……(대판 2011. 7. 28, 2010도2244).　　　　　　　　　정답 - X

11 증거위조죄에서 위조란 문서에 관한 죄에서의 위조개념과는 달리 새로운 증거의 창조를 의미하는 것이므로 존재하지 아니한 증거를 이전부터 존재하고 있는 것처럼 만들어 내는 행위도 위조에 해당하며, 증거가 문서의 형식을 갖는 경우 증거위조죄의 증거에 해당하는지는 그 작성권한 유무나 내용의 진실성에 좌우되지 않는다.　　　　　　변호사시험 제4회

> **해설** 　타인의 형사사건 또는 징계사건에 관한 증거를 위조한 경우에 성립하는 형법 제155조 제1항의 증거위조죄에서 '증거'라 함은 타인의 형사사건 또는 징계사건에 관하여 수사기관이나 법원 또는 징계기관이 국가의 형벌권 또는 징계권의 유무를 확인하는 데 관계있다고 인정되는 일체의 자료를 의미하고, 타인에게 유리한 것이건 불리한 것이건 가리지 아니하며 또 증거가치의 유무 및 정도를 불문하는 것이고, 여기서의 '위조'란 문서에 관한 죄에 있어서의 위조 개념과는 달리 새로운 증거의 창조를 의미하는 것이므로 존재하지 아니한 증거를 이전부터 존재하고 있는 것처럼 작출하는 행위도 증거위조에 해당하며, 증거가 문서의 형식을 갖는 경우 증거위조죄에 있어서의 증거에 해당하는지 여부가 그 작성권한의 유무나 내용의 진실성에 좌우되는 것은 아니다(대판 2007. 6. 28, 2002도3600).　　　　　　정답 - ○

12 경찰서 방범과장이 부하직원으로부터 게임산업진흥에관한 법률위반 혐의로 오락실을 단속하여 증거물로 오락기의 변조된 기판을 압수하여 사무실에 보관 중임을 보고받아 알고 있었음에도 그 직무상의 의무에 따라 적절한 조치를 취하지 않고, 오히려 부하직원에게 위와 같이 압수한 변조된 기판을 돌려주라고 지시하여 오락실 업주에게 돌려준 경우 증거인멸죄가 성립한다. 변호사시험 제4회

> 해설 ✎ 경찰서 방범과장이 부하직원으로부터 음반·비디오물 및 게임물에 관한 법률 위반 혐의로 오락실을 단속하여 증거물로 오락기의 변조 기판을 압수하여 사무실에 보관중임을 보고받아 알고 있었음에도 그 직무상의 의무에 따라 위 압수물을 수사계에 인계하고 검찰에 송치하여 범죄 혐의의 입증에 사용하도록 하는 등의 적절한 조치를 취하지 않고, 오히려 부하직원에게 위와 같이 압수한 변조 기판을 돌려주라고 지시하여 오락실 업주에게 이를 돌려준 경우, 작위범인 증거인멸죄만이 성립하고 부작위범인 직무유기(거부)죄는 따로 성립하지 아니한다[대판(전합) 2006. 10. 19, 2005도3909]. 정답 - O

13 자기의 형사사건에 관한 증거를 인멸하기 위하여 타인을 교사하여 증거인멸죄를 범하게 한 자에 대하여는 증거인멸교사죄가 성립한다. 변호사시험 제4회

> 해설 ✎ 자기의 형사 사건에 관한 증거를 인멸하기 위하여 타인을 교사하여 죄를 범하게 한 자에 대하여는 증거인멸교사죄가 성립한다(대판 2000. 3. 24, 99도5275). 정답 - O

14 자신이 직접 형사처분이나 징계처분을 받게 될 것을 두려워한 나머지 자기의 이익을 위하여 그 증거가 될 자료를 인멸하였다 하더라도, 그 행위가 동시에 다른 공범자의 형사사건이나 징계사건에 관한 증거를 인멸한 결과가 되는 경우 증거인멸죄가 성립한다. 변호사시험 제4회

> 해설 ✎ 형법 제155조 제2항 소정의 증인도피죄는 타인의 형사사건 또는 징계사건에 관한 증인을 은닉·도피하게 한 경우에 성립하는 것으로서, 피고인 자신이 직접 형사처분이나 징계처분을 받게 될 것을 두려워한 나머지 자기의 이익을 위하여 증인이 될 사람을 도피하게 하였다면, 그 행위가 동시에 다른 공범자의 형사사건이나 징계사건에 관한 증인을 도피하게 한 결과가 된다고 하더라도 이를 증인도피죄로 처벌할 수 없다(대판 2003. 3. 14, 2002도6134). 정답 - X

15 증거위조죄에서 타인의 형사사건이란 증거위조 행위 시에 아직 수사절차가 개시되기 전이라도 장차 형사사건이 될 수 있는 것까지 포함하고 그 형사사건이 기소되지 아니하거나 무죄가 선고되더라도 증거위조죄의 성립에는 영향이 없다. 변호사시험 제4회

> 해설 ✎ 형법 제155조 제1항의 증거위조죄에서 타인의 형사사건이란 증거위조 행위시에 아직 수사절차가 개시되기 전이라도 장차 형사사건이 될 수 있는 것까지 포함하고, 그 형사사건이 기소되지 아니하거나 무죄가 선고되더라도 증거위조죄의 성립에 영향이 없다. 여기에서의 '위조'란 문서에 관한 죄에 있어서의 위조 개념과는 달리 새로운 증거의 창조를 의미하는 것

이므로 존재하지 아니한 증거를 이전부터 존재하고 있는 것처럼 작출하는 행위도 증거위조에 해당하며, 증거가 문서의 형식을 갖는 경우 증거위조죄에 있어서의 증거에 해당하는지 여부가 그 작성권한의 유무나 내용의 진실성에 좌우되는 것은 아니다. 또한 자기의 형사사건에 관한 증거를 위조하기 위하여 타인을 교사하여 죄를 범하게 한 자에 대하여는 증거위조교사죄가 성립한다(대판 2011. 2. 10, 2010도15986).　　　　　　　　　정답 ─ ○

16 공무원인 甲은 화물자동차운송회사의 대표인 乙의 교사를 받고 허위의 사실을 기재한 화물자동차운송사업변경(증차)허가신청 검토보고서를 작성하여 그 사정을 모르는 최종 결재자인 담당과장의 결재를 받았다. 위 운송회사의 경리직원인 丙은 사법경찰관 A로부터 甲과 乙에 대한 위 피의사건의 참고인으로 조사를 받게 되자 그 사건에 관하여 허위내용의 사실확인서(증거1)를 작성하여 A에게 제출하고 참고인 진술을 할 당시 위 확인서에 기재된 내용과 같이 허위진술을 하였고, A는 丙에 대한 진술조서를 작성하였다. 검사 P는 丙을 참고인으로 조사하면서 진술조서를 작성하고 그 전 과정을 영상녹화 하였다. 그 후 丙은 이 사건에 관하여 제3자와 대화를 하면서 서로 허위로 진술하고 그 진술을 녹음하여 녹음파일(증거2)을 만들어 검사에게 제출하였다. 검사는 甲과 乙을 기소하였다. 이 경우, 丙에게는 증거1에 대한 증거위조죄가 성립하지 않지만, 증거2에 대한 증거위조죄가 성립한다.　　　　　　　　　　　　　　　　　　　　　　　　　　변호사시험 제4회

해설 ✎　참고인이 타인의 형사사건 등에 관하여 제3자와 대화를 하면서 허위로 진술하고 위와 같은 허위 진술이 담긴 대화 내용을 녹음한 녹음파일 또는 이를 녹취한 녹취록은 참고인의 허위진술 자체 또는 참고인 작성의 허위 사실확인서 등과는 달리 그 진술내용만이 증거자료로 되는 것이 아니고 녹음 당시의 현장음향 및 제3자의 진술 등이 포함되어 있어 그 일체가 증거자료가 된다고 할 것이므로, 이는 증거위조죄에서 말하는 '증거'에 해당한다. 또한 위와 같이 참고인의 허위 진술이 담긴 대화 내용을 녹음한 녹음파일 또는 이를 녹취한 녹취록을 만들어 내는 행위는 무엇보다도 그 녹음의 자연스러움을 뒷받침하는 현장성이 강하여 단순한 허위진술 또는 허위의 사실확인서 등에 비하여 수사기관 등을 그 증거가치를 판단함에 있어 오도할 위험성을 현저히 증대시킨다고 할 것이므로, 이러한 행위는 허위의 증거를 새로이 작출하는 행위로서 증거위조죄에서 말하는 '위조'에도 해당한다고 봄이 상당하다. 따라서 참고인이 타인의 형사사건 등에 관하여 제3자와 대화를 하면서 허위로 진술하고 위와 같은 허위 진술이 담긴 대화 내용을 녹음한 녹음파일 또는 이를 녹취한 녹취록을 만들어 수사기관 등에 제출하는 것은, 참고인이 타인의 형사사건 등에 관하여 수사기관에 허위의 진술을 하거나 이와 다를 바 없는 것으로서 허위의 사실확인서나 진술서를 작성하여 수사기관 등에 제출하는 것과는 달리, 증거위조죄를 구성한다(대판 2013. 12. 26, 2013도8085).　　정답 ─ ○

17 甲이 乙을 교사하여 자기의 형사사건에 관한 증거를 변조하도록 하였더라도, 乙이 甲과 공범관계에 있는 형사사건에 관한 증거를 변조한 것에 해당하여 乙이 증거변조죄로 처벌되지 않는 경우, 증거변조죄의 간접정범은 물론 교사범도 성립하지 않는다.　　변호사시험 제6회

해설 ✎ 노동조합 지부장인 **피고인 甲이** 업무상횡령 혐의로 조합원들로부터 고발을 당하자 **피고인 乙과 공동하여** 조합 회계서류를 무단 폐기한 후 폐기에 정당한 근거가 있는 것처럼 **피고인 乙로 하여금** 조합 회의록을 조작하여 수사기관에 제출하도록 교사한 사안에서, 회의록의 변조·사용은 피고인들이 공범관계에 있는 문서손괴죄 형사사건에 관한 증거를 변조·사용한 것으로 볼 수 있어 **피고인 乙에 대한 증거변조죄 및 변조증거사용죄가 성립하지 않으며,** 피교사자인 피고인 乙이 증거변조죄 및 변조증거사용죄로 처벌되지 않은 이상 **피고인 甲에 대하여 공범인 교사범은 물론 그 간접정범도 성립하지 않는다**고 본 원심판단을 수긍한 사례(대판 2011. 7. 14, 2009도13151). 정답 - O

■ 사례 【18~19】

甲과 乙은 쌍방 폭행사건으로 기소되어 공동피고인으로 재판을 받고 있으면서, 공판기일에 甲은 자신은 결코 乙을 때린 적이 없으며, 오히려 자신이 폭행의 피해자라고 주장하였다. 그러던 중 乙을 피고인으로 하는 폭행사건이 변론분리되었고, 그 재판에서 법원은 甲을 증인으로 채택하였다. 甲은 증인으로 서서한 후 乙에 대한 폭행 여부에 대하여 신문을 받았는데, 乙에 대한 폭행을 시인하면 자신의 유죄를 인정하는 것이 되기 때문에 증언거부를 할 수 있었고, 乙에 대한 폭행을 부인하면 위증죄로 처벌받을 수도 있는 상황이었다. 이와 같이 甲에게 증언거부사유가 발생하였음에도 재판장은 증언거부권을 고지하지 아니하고 증인신문절차를 진행하였다. 甲은 결코 乙을 때리지 않았으며, 오히려 자신이 피해자라는 종전의 주장을 되풀이하였으나 이후 甲의 증언이 허위임이 밝혀졌다.(다툼이 있는 경우에는 판례에 의함)   변호사시험 제2회

18 변론분리 전 甲과 乙은 공범 아닌 공동피고인의 관계에 있으므로 甲은 乙의 피고사건에 대하여 증인적격이 없고, 따라서 甲은 위증죄의 주체가 될 수 없다.

해설 ✎ 피고인과는 별개의 범죄사실로 기소되고 다만 병합심리된 것 뿐인 공동피고인은 피고인에 대한 관계에서는 증인의 지위에 있음에 불과하므로 선서없이 한 그 공동피고인의 피고인으로서 한 공판정에서의 진술을 피고인에 대한 공소범죄 사실을 인정하는 증거로 쓸 수 없다(대판 1979. 3. 27, 78도1031).

→ 甲과 乙은 각각 상대방을 피해자로 하는 별개 사건의 범인이므로 공동피고인으로 재판을 받더라도 서로에 대해 증인적격이 있다.   정답 - X

19 증인 甲에게 증언거부사유가 존재함에도 불구하고 증언거부권을 고지받지 않은 채 허위진술을 한 경우 위증죄가 성립하지 않는 것이 원칙이지만, 증언거부권을 고지받았더라도 증언거부권을 포기하고 허위진술을 하였을 것이라는 점이 인정되는 등 그 진술이 자신의 진정한 의사에 의한 것이라고 볼 수 있는 경우에는 위증죄가 성립한다.

해설 ✎ [1] 위증죄의 의의 및 보호법익, 형사소송법에 규정된 증인신문절차의 내용, 증언거부권의 취지 등을 종합적으로 살펴보면, 증인신문절차에서 법률에 규정된 증인 보호를 위한 규정이 지켜진 것으로 인정되지 않은 경우에는 증인이 허위의 진술을 하였다고 하더라도 위증죄의 구성요건인 "법률에 의하여 선서한 증인"에 해당하지 아니한다고 보아 이를 위증죄로 처벌할 수 없는 것이 원칙이다. 다만, 법률에 규정된 증인 보호 절차라 하더라도 개별 보호절차 규정들의 내용과 취지가 같지 아니하고, 당해 신문 과정에서 지키지 못한 절차 규정과 그 경위 및 위반의 정도 등 제반 사정이 개별 사건마다 각기 상이하므로, 이러한 사정을 전체적·종합적으로 고려하여 볼 때, 당해 사건에서 증인 보호에 사실상 장애가 초래되었다고 볼 수 없는 경우에까지 예외 없이 위증죄의 성립을 부정할 것은 아니라고 할 것이다.

[2] 증언거부권 제도는 증인에게 증언의무의 이행을 거절할 수 있는 권리를 부여한 것이고, 형사소송법상 증언거부권의 고지 제도는 증인에게 그러한 권리의 존재를 확인시켜 침묵할 것인지 아니면 진술할 것인지에 관하여 심사숙고할 기회를 충분히 부여함으로써 침묵할 수 있는 권리를 보장하기 위한 것임을 감안할 때, 재판장이 신문 전에 증인에게 증언거부권을 고지하지 않은 경우에도 당해 사건에서 증언 당시 증인이 처한 구체적인 상황, 증언거부사유의 내용, 증인이 증언거부사유 또는 증언거부권의 존재를 이미 알고 있었는지 여부, 증언거부권을 고지 받았더라도 허위진술을 하였을 것이라고 볼 만한 정황이 있는지 등을 전체적·종합적으로 고려하여 증인이 침묵하지 아니하고 진술한 것이 자신의 진정한 의사에 의한 것인지 여부를 기준으로 위증죄의 성립 여부를 판단하여야 한다. 그러므로 헌법 제12조 제2항에 정한 불이익 진술의 강요금지 원칙을 구체화한 자기부죄거부특권에 관한 것이거나 기타 증언거부사유가 있음에도 증인이 증언거부권을 고지받지 못함으로 인하여 그 증언거부권을 행사하는 데 사실상 장애가 초래되었다고 볼 수 있는 경우에는 위증죄의 성립을 부정하여야 할 것이다 [대판(전합) 2010. 1. 21, 2008도942].

정답 - ○

■ 사례【20~22】

甲은 A에 대한 강도상해죄로 기소되었다. 범행을 목격한 甲의 사촌동생 乙은 甲의 강도상해 사건의 증인으로 출석하여 선서한 후, 허위의 진술을 하였다. 한편, 甲은 공소장부본을 송달받은 다음 날 국민참여재판을 신청하였다.(다툼이 있는 경우 판례에 의함) 변호사시험 제5회

20 乙이 증언거부권을 고지받지 못함으로 인하여 그 증언거부권을 행사하는 데 사실상 장애가 초래되었다고 볼 수 있는 경우에는 위증죄의 성립이 부정된다.

해설 ✎ 증언거부권 제도는 증인에게 증언의무의 이행을 거절할 수 있는 권리를 부여한 것이고, 형사소송법상 증언거부권의 고지 제도는 증인에게 그러한 권리의 존재를 확인시켜 침묵할 것인지 아니면 진술할 것인지에 관하여 심사숙고할 기회를 충분히 부여함으로써 침묵할 수 있는 권리를 보장하기 위한 것임을 감안할 때, 재판장이 신문 전에 증인에게 증언거부권을 고지하지 않은 경우에도 당해 사건에서 증언 당시 증인이 처한 구체적인 상황, 증언거부사유

의 내용, 증인이 증언거부사유 또는 증언거부권의 존재를 이미 알고 있었는지 여부, 증언거부권을 고지 받았더라도 허위진술을 하였을 것이라고 볼 만한 정황이 있는지 등을 전체적·종합적으로 고려하여 증인이 침묵하지 아니하고 진술한 것이 자신의 진정한 의사에 의한 것인지 여부를 기준으로 위증죄의 성립 여부를 판단하여야 한다. 그러므로 **헌법 제12조 제2항**에 정한 불이익 진술의 강요금지 원칙을 구체화한 자기부죄거부특권에 관한 것이거나 기타 증언거부사유가 있음에도 증인이 증언거부권을 고지받지 못함으로 인하여 그 증언거부권을 행사하는 데 사실상 장애가 초래되었다고 볼 수 있는 경우에는 위증죄의 성립을 부정하여야 할 것이다[대판(전합) 2010. 1. 21, 2008도942].　　　　　정답 - O

21 만약 甲과 A 사이의 민사소송절차에서 乙이 증언거부권을 고지받지 않은 상태에서 선서와 허위의 진술을 한 경우, 乙에게는 위증죄가 성립한다.

(해설 ✎)　민사소송절차에 증인으로 출석한 피고인이, 민사소송법 제314조에 따라 증언거부권이 있는데도 재판장으로부터 증언거부권을 고지받지 않은 상태에서 허위의 증언을 한 사안에서, 민사소송법이 정하는 절차에 따라 증인으로서 적법하게 선서를 마치고도 허위진술을 한 **피고인의 행위는 위증죄에 해당**하고 기록상 달리 특별한 사정이 보이지 아니하는데도, 법적 근거가 없는 증언거부권의 고지절차가 없었다는 이유로 무죄를 인정한 원심판단에 민사소송절차의 증언거부권 고지에 관한 법리오해의 위법이 있다고 한 사례(대판 2011. 7. 28, 2009도14928).　　정답 - O

22 乙에게 위증죄가 성립하는 경우, 乙이 위 강도상해사건의 재판이 확정되기 전에 자백 또는 자수한 때에는 그 형을 감경 또는 면제한다.

(해설 ✎)

[형법 제153조(자백, 자수)] 전조의 죄를 범한 자가 그 공술한 사건의 재판 또는 징계처분이 확정되기 전에 자백 또는 자수한 때에는 그 형을 감경 또는 면제한다.

정답 - O

제5절 무고의 죄

1 甲은 乙과 乙에게 피해를 당한 사람들 사이의 합의를 주선하기 위하여 甲도 피해자인 것처럼 행세하기 위한 방편으로 乙을 고소하기로 하고 이러한 취지를 乙에게도 미리 알린 후 乙의 승낙을 얻어 乙로부터 차용금 피해를 당한 것처럼 허위사실을 기재하여 乙을 고소하였다. 그러나 甲은 바로 乙에게 합의서를 작성하여 교부해 주는 한편 수사기관의 고소인 출석요구에 응하지 않았고 형사처벌이라는 결과발생을 희망하지 않았으므로 무고죄가 성립하지 않는다.　　　　　　　　　　　　　　　　　　　　변호사시험 제2회

(해설 ✎)　피무고자의 승낙을 받아 허위사실을 기재한 고소장을 제출하였다면 피무고자에 대한 형사처분이라는 결과발생을 의욕한 것은 아니라 하더라도 적어도 그러한 결과발생에 대한 미필적인 인식은 있었던 것으로 보아야 한다고 한 사례

(판결이유 중)……원심은……피고인들은 공소외인과 그로부터 피해를 당한 사람들 사이의 합의를 주선하기 위하여 자신들도 피해자인 것처럼 행세하기 위한 방편으로 공소외인을 고소하기로 하고 이러한 취지를 공소외인에게도 미리 알린 후 공소외인으로부터 차용금 피해를 당한 것처럼 허위사실을 기재하여 공소외인을 고소한 사실,……피고인들은 바로 공소외인에게 합의서를 작성하여 교부해 주는 한편 수사기관의 고소인 출석요구에 응하지 않았고, 결국 피고인들의 고소사건은 고소장 각하로 종결된 사실을 각 인정할 수 있는바……무죄를 선고한 제1심의 조치를 유지하였다.……무고죄에 있어서 **형사처분 또는 징계처분을 받게 할 목적**은 허위신고를 함에 있어서 다른 사람이 그로 인하여 형사 또는 징계처분을 받게 될 것이라는 인식이 있으면 족한 것이고 **그 결과발생을 희망하는 것까지를 요하는 것은 아니므로**, 고소인이 고소장을 수사기관에 제출한 이상 그러한 인식은 있었다고 보아야 할 것이다……피고인들에게 무고의 목적이 없었다고 한 원심의 판단에는 무고죄의 목적에 관한 법리오해의 위법이 있고……(대판 2005. 9. 30, 2005도2712).

→ 무고죄에 대해 무죄를 선고한 원심을 파기환송하였다. 따라서 무고죄가 성립하지 않는다는 지문은 옳지 않다. <u>정답</u> - X

2 상대방의 범행에 공범으로 가담한 자가 자신의 범죄 가담사실을 숨기고 상대방인 다른 공범자만을 고소하였다면 무고죄가 성립한다. 변호사시험 제4회

해설 ✎ 피고인 자신이 상대방의 범행에 공범으로 가담하였음에도 자신의 가담사실을 숨기고 상대방만을 고소한 경우, 피고인의 고소내용이 상대방의 범행 부분에 관한 한 진실에 부합하므로 이를 허위의 사실로 볼 수 없고, 상대방의 범행에 피고인이 공범으로 가담한 사실을 숨겼다고 하여도 그것이 상대방에 대한 관계에서 독립하여 형사처분 등의 대상이 되지 아니할 뿐더러 전체적으로 보아 상대방의 범죄사실의 성립 여부에 직접 영향을 줄 정도에 이르지 아니하는 내용에 관계되는 것이므로 **무고죄가 성립하지 않는다**(대판 2008. 8. 21, 2008도3754).

<u>정답</u> - X

3 타인에게 형사처벌을 받게 할 목적으로 허위의 사실을 신고하였다 하더라도 그 사실 자체가 범죄가 되지 않는다면 무고죄는 성립하지 않는다. 변호사시험 제4회

해설 ✎ 신고한 허위사실 자체가 형사범죄를 구성하지 않는 경우, 무고죄의 성립 여부에 관하여 판례는 타인에게 형사처분을 받게 할 목적으로 허위의 사실을 신고한 행위가 무고죄를 구성하기 위하여는 신고된 사실 자체가 형사처분의 원인이 될 수 있어야 할 것이어서, 가령 허위의 사실을 신고하였다 하더라도 그 사실 자체가 형사범죄로 구성되지 아니한다면 무고죄는 성립하지 아니한다(대판 2008. 1. 24, 2007도9057)라고 판시하고 있다. <u>정답</u> - ○

4 스스로 본인을 무고하는 자기무고는 무고죄의 구성요건에 해당하지 아니하여 무고죄가 성립하지 않는다. 변호사시험 제4회

해설 ✎ 「5번 문제」 해설 참조 <u>정답</u> - ○

5 甲이 乙을 교사하여 甲 자신이 형사처분을 받을 목적으로 수사기관에 대하여 乙이 甲에 대한 허위의 사실을 신고하도록 한 경우, 무고죄의 교사범이 성립한다. 변호사시험 제6회

> (해설 ✎) 형법 제156조의 무고죄는 국가의 형사사법권 또는 징계권의 적정한 행사를 주된 보호법익으로 하는 죄이나, 「4번 문제의 해설」 스스로 본인을 무고하는 자기무고는 무고죄의 구성요건에 해당하지 아니하여 무고죄를 구성하지 않는다. 그러나 「5번 문제의 해설」 피무고자의 교사·방조 하에 제3자가 피무고자에 대한 허위의 사실을 신고한 경우에는 제3자의 행위는 무고죄의 구성요건에 해당하여 무고죄를 구성하므로, 제3자를 교사·방조한 피무고자도 교사·방조범으로서의 죄책을 부담한다(대판 2008. 10. 23, 2008도4852). 정답 - O

6 공소시효가 완성된 범죄사실을 마치 공소시효가 완성되지 않은 것처럼 고소하였다 하더라도 객관적으로 고소된 범죄사실에 대한 공소시효가 완성되었으므로, 무고죄가 성립하지 않는다. 변호사시험 제4회

> (해설 ✎) 객관적으로 고소사실에 대한 공소시효가 완성되었더라도 고소를 제기하면서 마치 공소시효가 완성되지 아니한 것처럼 고소한 경우에는 국가기관의 직무를 그르칠 염려가 있으므로 무고죄를 구성한다(대판 1995. 12. 5, 95도1908). 정답 - X

7 甲은 乙로부터 피해를 당한 사람들과 乙 사이의 합의를 주선하기 위하여 자신도 피해자인 것처럼 행세하기 위한 방편으로 乙의 승낙을 얻어 乙로부터 차용금 피해를 당한 것처럼 허위사실을 기재하여 乙을 고소하였다. 그러나 甲은 바로 乙에게 합의서를 작성하여 교부해 주는 한편 수사기관의 고소인 출석요구에 응하지 않았다. 甲에 대하여 무고죄가 성립한다. 변호사시험 제3회

> (해설 ✎) 피무고자의 승낙을 받아 허위사실을 기재한 고소장을 제출하였다면 피무고자에 대한 형사처분이라는 결과발생을 의욕한 것은 아니라 하더라도 적어도 그러한 결과발생에 대한 미필적인 인식은 있었던 것으로 보아야 한다고 한 사례
> (판결이유 중)……피고인들은 공소외인과 그로부터 피해를 당한 사람들 사이의 합의를 주선하기 위하여 자신들도 피해자인 것처럼 행세하기 위한 방편으로 공소외인을 고소하기로 하고 이러한 취지를 공소외인에게도 미리 알린 후 공소외인으로부터 차용금 피해를 당한 것처럼 허위사실을 기재하여 공소외인을 고소한 사실,……피고인들은 바로 공소외인에게 합의서를 작성하여 교부해 주는 한편 수사기관의 고소인 출석요구에 응하지 않았고,……피고인들에게 무고의 목적이 없었다고 한 원심의 판단에는 무고죄의 목적에 관한 법리오해의 위법이 있고……그러므로 원심판결 중 피고인들에 대하여 각 무죄를 선고한 무고죄 부분은 파기되어야 할 것인바……(대판 2005. 9. 30, 2005도2712). 정답 - O

사례【8~11】

甲은 도박현장에서, 100억대 자산을 가진 건실한 사업가 乙에게 도박자금으로 1,200만 원을 빌려주었다가 乙의 부도로 인하여 빌려준 돈을 돌려받지 못하게 되자, 위 돈을 돌려받을 목적으로 乙을 사기죄로 고소하면서, 위 돈을 도박자금으로 빌려주었다는 사실을 감추고, 乙이 "사고가 나서 급히 필요하니 1,200만원을 빌려주면, 내일 아침에 카드로 현금서비스를 받아 갚아주겠다."고 거짓말하여 이에 속아 乙에게 돈을 빌려주었다고 금전 대여경위를 허위로 기재한 고소장을 경찰관에게 제출하였다.(다툼이 있는 경우 판례에 의함

변호사시험 제4회

8 甲의 고소는 수사기관이 사기죄의 기망행위와 편취범의를 조사하여 형사처분을 할 것인지 여부를 결정하는 데 직접적인 영향을 줄 정도에 이르는 내용에 관하여 허위의 사실을 고소한 것이므로 무고죄의 허위의 사실 신고에 해당한다.

해설 ✎ 도박자금으로 대여한 금전의 용도에 대하여 허위로 신고한 것이 무고죄의 허위신고에 해당한다고 한 사례

(판결이유 중)······피고인이 1999. 6.경 도박현장에서 공소외 1에게 도박자금으로 120만 원을 빌려주었다가 이를 돌려받지 못하게 되자(그 중 100만 원을 수표로 받았으나, 그 수표가 사고수표임이 밝혀져 결국 변제받지 못하였다), 2001. 6. 27. 위 금원을 도박자금으로 빌려주었다는 사실을 감추고 단순한 대여금인 것처럼 하여 공소외 1이 120만 원을 빌려 간 후 변제하지 아니하고 있으니 처벌하여 달라는 취지로 고소하였고, 은평경찰서에서 고소보충 진술을 하면서 금전의 대여경위에 대하여 공소외 1이 사고가 나서 급해서 그러니 120만 원을 빌려주면 다음날 아침에 카드로 현금서비스를 받아 갚아 주겠다고 하여 금전을 빌려준 것이라고 허위로 진술한 사실 등을 인정한 다음,······(대판 2004. 1. 16, 2003도7178).

→ 참고로 금원 대여와 관련한 무고죄에서 용도에 속아 대여를 해주었다는 고소는 고소인이 실제 알고 있었던 대여용도를 속일 경우 무고죄에 해당하나, 차용인이 자력을 속여 대여했다는 고소는 고소인이 실제 용도를 속여도 무고죄가 성립하지 않는다(이하 판례 참고).

금원을 대여한 고소인이 차용금을 갚지 않은 차용인을 사기죄로 고소하는 데 있어서, 피고소인이 차용금의 용도를 사실대로 이야기하였더라면 금원을 대여하지 않았을 것인데 차용금의 용도를 속이는 바람에 대여하였다고 주장하는 사안이라면, 차용금의 실제 용도는 사기죄의 성립 여부에 영향을 미치는 것으로서 고소사실의 중요한 부분이 되고 따라서 **실제 용도에 관하여 고소인이 허위로 신고할 경우에는 그것만으로도 무고죄에서 허위의 사실을 신고한 경우에 해당한다**고 할 수 있다. 그러나 단순히 차용인이 변제의사와 능력의 유무에 관하여 기망하였다는 내용으로 고소한 경우에는, 차용금의 용도와 무관하게 다른 자료만으로도 충분히 차용인의 변제의사나 능력의 유무에 관한 기망사실을 인정할 수 있는 경우도 있을 것이므로, 차용금의 실제 용도에 관하여 사실과 달리 신고하였다는 것만으로는 범죄사실의 성립 여부에 영향을 줄 정도의 중요한 부분을 허위로 신고하였다고 할 수 없다. 이와 같은 법리는 고

소인이 차용사기로 고소할 때 묵비하거나 사실과 달리 신고한 차용금의 실제 용도가 도박자금이었더라도 달리 볼 것은 아니다(대판 2011. 9. 8, 2011도3489). 정답 — ○

9 甲이 고소한 사건의 재판이 확정되기 전에 자백 또는 자수했다면 형을 감경 또는 면제한다.

해설

> 〔형법 제153조(자백, 자수)〕 전조의 죄를 범한 자가 그 공술한 사건의 재판 또는 징계처분이 확정되기 전에 자백 또는 자수한 때에는 그 형을 감경 또는 면제한다.
> 〔형법 제156조(무고)〕 타인으로 하여금 형사처분 또는 징계처분을 받게 할 목적으로 공무소 또는 공무원에 대하여 허위의 사실을 신고한 자는 10년 이하의 징역 또는 1천500만원 이하의 벌금에 처한다.
> 〔형법 제157조(자백·자수)〕 제153조는 전조에 준용한다.

정답 — ○

10 만일 甲의 고소장이 허위라면 이를 경찰관에게 제출하였다가 반환받았더라도, 경찰관에게 제출하였을 때 이미 무고죄의 기수에 이른다.

해설 허위내용의 고소장을 경찰관에게 제출하였다가 반환받은 경우, 무고죄의 성부에 관하여 판례는 피고인이 최초에 작성한 허위내용의 고소장을 경찰관에게 제출하였을 때 이미 허위사실의 신고가 수사기관에 도달되어 무고죄의 기수에 이른 것이라 할 것이므로 그 후에 그 고소장을 되돌려 받았다 하더라도 이는 무고죄의 성립에 아무런 영향이 없다(대판 1985. 2. 8, 84도2215)라고 판시하고 있다.

정답 — ○

11 만일 甲이 위 고소장에 乙에 대한 다른 사기피해 사실도 포함시켜 고소한 경우, 그 중 일부 사실은 진실이나 다른 사실은 허위인 때에는 그 허위사실 부분만이 독립하여 무고죄를 구성한다.   변호사시험 제4회

해설 위증혐의로 고소고발한 사실 중 재판결과에 영향이 없는 사실만이 허위인 경우 무고죄의 성부에 관하여 판례는 1통의 고소, 고발장에 의하여 수개의 혐의사실을 들어 무고로 고소, 고발한 경우 그중 일부사실은 진실이나 다른 사실은 허위인 때에는 그 허위사실부분만이 독립하여 무고죄를 구성하는 것이고, 위증죄는 진술내용이 당해 사건의 요증사항이 아니거나 재판의 결과에 영향을 미친 바 없더라도 선서한 증인이 그 기억에 반하여 허위의 진술을 한 경우에는 성립되어 그 죄책을 면할 수 없으므로, 위증으로 고소, 고발한 사실 중 위증한 당해사건의 요증사항이 아니고 재판결과에 영향을 미친 바 없는 사실만이 허위라고 인정되더라도 무고죄의 성립에는 영향이 없다(대판 1989. 9. 26, 88도1533)라고 판시하고 있다.

정답 — ○

형사소송법

제1편 제 론

제2편 소송주체와 소송행위

제3편 수사와 공소

제4편 공 판

제5판 상소·비상구제절차·특별절차

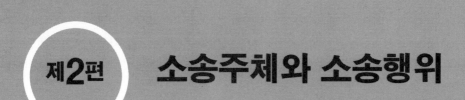

제1편 제 론

제1장 형사소송법

제2장 형사소송의 이념과 구조

제3장 소송절차의 기본이론

제2편 소송주체와 소송행위

제1장 소송의 주체

제1절 법 원

1 피고인 甲의 A사건은 지방법원 본원 항소부에, 甲의 B사건은 고등법원에 각각 계속되어 있는 경우 甲은 대법원의 결정에 의하여 고등법원에서 병합심리를 받을 수 있다.

변호사시험 제3회

해설 🖉

> [법원조직법 제28조(심판권)] 고등법원은 다음의 사건을 심판한다. 다만, 제28조의4제2호에 따라 특허법원의 권한에 속하는 사건은 제외한다.
> 1. **지방법원 합의부**, 가정법원 합의부, 회생법원 합의부 또는 행정법원의 제1심 판결·심판· 결정·명령에 대한 **항소 또는 항고사건**

2. **지방법원단독판사**, 가정법원단독판사의 제1심 판결·심판·결정·명령에 대한 **항소 또는 항고사건으로서** 형사사건을 제외한 사건 중 대법원규칙으로 정하는 사건

3. 다른 법률에 따라 고등법원의 권한에 속하는 사건

〔법원조직법 제32조(합의부의 심판권)〕① 지방법원과 그 지원의 합의부는 다음의 사건을 제1심으로 심판한다.

② 지방법원 본원 합의부 및 춘천지방법원 강릉지원 합의부는 지방법원단독판사의 판결·결정·명령에 대한 항소 또는 항고사건 중 제28조 제2호에 해당하지 아니하는 사건을 제2심으로 심판한다. 다만, 제28조의4 제2호에 따라 특허법원의 권한에 속하는 사건은 제외한다.

〔형사소송규칙 제4조의2(항소사건의 병합심리)〕

① 사물관할을 달리하는 수개의 관련항소사건이 각각 고등법원과 지방법원본원합의부에 계속된 때에는 **고등법원은 결정**으로 지방법원본원합의부에 계속한 사건을 병합하여 심리할 수 있다. 수개의 관련항소사건이 토지관할을 달리하는 경우에도 같다.

→ A사건은 지방법원 본원 항소부에 계류 중인 것으로 보아 1심 단독판사 사건에 대한 항소심이며, B사건은 고등법원에 계류 중이므로 1심 지방법원 합의부 사건으로 보인다. 따라서 사물관할을 달리하는 항소사건이므로 대법원이 아니라 고등법원의 결정으로 병합하여 심리할 수 있다.

정답 — X

2 법원은 소년에 대한 피고사건을 심리한 결과 보호처분에 해당할 사유가 있다고 인정하면 결정으로써 사건을 관할 소년부에 송치하여야 한다. 변호사시험 제3회

해설 ✎

〔소년법 제50조(법원의 송치)〕법원은 소년에 대한 피고사건을 심리한 결과 **보호처분에 해당할 사유**가 있다고 인정하면 결정으로써 사건을 관할 **소년부에 송치**하여야 한다.

정답 — O

3 토지관할은 범죄지, 피고인의 주소, 거소 또는 현재지가 기준이 되는데, 적법한 강제에 의한 현재지도 이에 해당한다. 변호사시험 제7회

해설 ✎ 토지관할을 규정한 형사소송법 제4조 제1항에서 '현재지'의 의미 및 '적법한 강제에 의한 현재지'도 이에 해당하는지 여부에 관하여 판례는 형사소송법 제4조 제1항은 "토지관할은 범죄지, 피고인의 주소, 거소 또는 현재지로 한다."라고 정하고, 여기서 '**현재지**'라고 함은 공소제기 당시 피고인이 현재한 장소로서 임의에 의한 현재지뿐만 아니라 **적법한 강제에 의한 현재지**도 이에 해당한다(대판 2011. 12. 22, 2011도12927)라고 판시하고 있다.

〔제4조(토지관할)〕① 토지관할은 범죄지, 피고인의 주소, 거소 또는 현재지로 한다.

정답 — O

4 관할이전의 사유가 존재하는 경우 검사는 직근상급법원에 관할의 이전을 신청할 의무가 있지만, 피고인은 관할의 이전을 신청할 권리만 있다. 변호사시험 제3회

해설 ✏️

> 〔형사소송법 제15조(관할이전의 신청)〕 검사는 다음 경우에는 직근 상급법원에 관할이전을 신청하여야 한다. 피고인도 이 신청을 할 수 있다.
> 1. 관할법원이 법률상의 이유 또는 특별한 사정으로 재판권을 행할 수 없는 때
> 2. 범죄의 성질, 지방의 민심, 소송의 상황 기타 사정으로 재판의 공평을 유지하기 어려운 염려가 있는 때

정답 - ○

5 단독판사의 관할사건이 공소장변경에 의하여 합의부 관할사건으로 변경된 경우에는 단독판사는 관할위반의 판결을 선고하고 사건을 관할권이 있는 합의부에 이송해야 한다. 변호사시험 제3회

해설 ✏️

> 〔형사사송법 제8조(사건의 직권이송)〕 ① 법원은 피고인이 그 관할구역 내에 현재하지 아니하는 경우에 특별한 사정이 있으면 결정으로 사건을 피고인의 현재지를 관할하는 동급 법원에 이송할 수 있다. ② 단독판사의 관할사건이 공소장변경에 의하여 합의부 관할사건으로 변경된 경우에 법원은 결정으로 관할권이 있는 법원에 이송한다.

→ 관할위반의 판결을 선고할 것은 아니다. 정답 - X

6 약식명령을 내린 판사가 그 정식재판 절차의 항소심판결에 관여함은 형사소송법 제17조 제7호 소정의 법관이 사건에 관하여 전심재판 또는 그 기초되는 조사, 심리에 관여한 때에 해당하여 제척의 원인이 된다. 변호사시험 제4회

해설 ✏️ 「7번 문제」해설 참조 정답 - ○

7 음주운전으로 자동차운전면허가 취소된 甲은 술을 마신 상태로 도로에서 자동차를 운전하다가 단속 중인 경찰관에게 적발되어 음주측정한 결과 혈중알콜농도 0.078%로 측정되었다. 이 사건을 송치받은 검사는 甲에 대하여 벌금 200만 원의 약식명령을 청구하면서 필요한 증거서류 및 증거물을 법원에 제출하였고, 법원은 검사가 청구한 대로 벌금 200만 원의 약식명령을 발령하였다. 이 때, 약식명령을 발부한 법관이 그 정식재판 절차의 항소심 판결에 관여한 경우, 이는 제척사유인 '법관이 사건에 관하여 전심재판 또는 그 기초되는 조사, 심리에 관여한 때'에 해당한다. 변호사시험 제6회

해설 ✏️ 약식명령을 발부한 법관이 그 정식재판 절차의 항소심판결에 관여함은 형사소송법 제17조 제7호, 제18조 제1항 제1호 소정의 법관이 사건에 관하여 전심재판 또는 그 기초되는

조사심리에 관여한 때에 해당하여 제척, 기피의 원인이 되나, 제척 또는 기피되는 재판은 불복이 신청된 당해 사건의 판결절차를 말하는 것이므로 약식명령을 발부한 법관이 그 정식재판 절차의 항소심 공판에 관여한 바 있어도 후에 경질되어 그 판결에는 관여하지 아니한 경우는 전심재판에 관여한 법관이 불복이 신청된 당해 사건의 재판에 관여하였다고 할 수 없다(대판 1985. 4. 23, 85도281).　　　　　　　　　　　　　　　　　　　　　정답 － ○

8 파기환송 전의 원심재판에 관여한 법관이 환송 후의 재판에 관여한 경우에는 제척사유에 해당한다.　　　　　　　　　　　　　　　　　　　　　　　　　　　변호사시험 제5회

　　해설 🖉　환송전 원심에 관여하며 환송후 원심재판관으로서 제척되는지의 여부에 관하여 판례는 환송판결전의 원심에 관여한 재판관이 환송후의 원심재판관으로 관여하였다 하여 군법회의법 제48조나 형사소송법 제17조에 위배된다고 볼 수 없다(대판 1979. 2. 27, 78도3204)라고 판시하고 있다.　　　　　　　　　　　　　　　　　　　　　　　　정답 － X

9 법관이 당사자의 증거신청을 채택하지 아니하거나 이미 한 증거결정을 취소하더라도 그 사유만으로는 '불공평한 재판을 할 염려가 있는 때'에 해당한다고 보기 어렵다.　　　　　　　　　　　　　　　　　　　　　　　　　　　　　　　　　변호사시험 제5회

　　해설 🖉　재판부가 당사자의 증거신청을 채택하지 아니하거나 이미 한 증거결정을 취소하였다 하더라도 그러한 사유만으로는 재판의 공평을 기대하기 어려운 객관적인 사정이 있다고 할 수 없고, 또 형사소송법 제299조 규정상 재판장이 피고인의 증인신문권의 본질적인 부분을 침해하였다고 볼 만한 아무런 소명자료가 없다면, 재판장이 피고인의 증인에 대한 신문을 제지한 사실이 있다는 것만으로는 법관과 사건과의 관계상 불공평한 재판을 할 것이라는 의혹을 갖는 것이 합리적이라고 인정할 만한 객관적인 사정이 있는 경우에 해당한다고 볼 수 없다(대결 1995. 4. 3, 자 95모10).　　　　　　　　　　　　　　　　정답 － ○

10 구속적부심에 관여한 법관이 그 사건에 대한 제1심재판에 관여한 경우 제척사유에 해당하지 않는다.　　　　　　　　　　　　　　　　　　　　　　　　　　　　변호사시험 제5회

　　해설 🖉

[형사소송법 제17조(제척의 원인)] 법관은 다음 경우에는 직무집행에서 제척된다.
1. 법관이 피해자인 때
2. 법관이 피고인 또는 피해자의 친족 또는 친족관계가 있었던 자인 때
3. 법관이 피고인 또는 피해자의 법정대리인, 후견감독인인 때
4. 법관이 사건에 관하여 증인, 감정인, 피해자의 대리인으로 된 때
5. 법관이 사건에 관하여 피고인의 대리인, 변호인, 보조인으로 된 때
6. 법관이 사건에 관하여 검사 또는 사법경찰관의 직무를 행한 때
7. 법관이 사건에 관하여 전심재판 또는 그 기초되는 조사, 심리에 관여한 때

→ 구속적부심에 관여한 법관은 제17조 제7호의 전심재판 관여가 문제된다. 그러나 구속적부심은 제1심에 대하여 심급을 달리하는 전심이라고 볼 수 없어 제척사유에 해당하지 않는다고 할 것이다. 판례(대판 1960. 7. 13, 4293형상166)도 구속적부심사에 관여한 법관은 이에 해당하지 않는다고 하였다. [정답] - ○

11 기피신청을 기각한 결정에 대하여는 즉시항고를 할 수 있다. 변호사시험 제5회

(해설 ✎)

> [형사소송법 제23조(기피신청기각과 즉시항고)] ① 기피신청을 기각한 결정에 대하여는 즉시항고를 할 수 있다.
> ② 제20조 제1항의 기각결정에 대한 즉시항고는 재판의 집행을 정지하는 효력이 없다.

[정답] - ○

12 피고인 丁의 기피신청이 있어 「형사소송법」 제22조에 따라 소송진행을 정지하여야 함에도, 기피신청을 받은 법관이 본안의 소송절차를 정지하지 않고 그대로 증거조사를 실시하였다. 이 경우, 기피신청을 받은 법관이 한 증거조사는 효력이 없지만, 그후 그 기피신청에 대한 기각결정이 확정된 경우 법원은 그 증거조사에서 인정된 증거를 사용할 수 있다. 변호사시험 제5회

(해설 ✎) 기피신청을 받은 법관이 형사소송법 제22조에 위반하여 본안의 소송절차를 정지하지 않은 채 그대로 소송을 진행하여서 한 소송행위는 그 효력이 없고, 이는 그 후 그 기피신청에 대한 기각결정이 확정되었다고 하더라도 마찬가지이다(대판 2012. 10. 11, 2012도8544).

[정답] - X

13 법관이 스스로 기피의 원인이 있다고 판단한 때에는 소속법원에 서면으로 회피를 신청하여야 한다. 변호사시험 제5회

(해설 ✎)

> [형사소송법 제18조(기피의 원인과 신청권자)] ① 검사 또는 피고인은 다음 경우에 법관의 기피를 신청할 수 있다.
> 1. 법관이 전조 각 호의 사유에 해당되는 때
> 2. 법관이 불공평한 재판을 할 염려가 있는 때
> ② 변호인은 피고인의 명시한 의사에 반하지 아니하는 때에 한하여 법관에 대한 기피를 신청할 수 있다.
> [형사소송법 제24조(회피의 원인 등)] ① 법관이 제18조의 규정에 해당하는 사유가 있다고 사료한 때에는 회피하여야 한다. ② 회피는 소속법원에 서면으로 신청하여야 한다. ③ 제21조의 규정은 회피에 준용한다.

[정답] - ○

14 외국인 근로자 甲은 외국인인 A의 운전면허증(서울지방경찰청장 발행)을 훔쳐 소지함을 기화로 이동통신 대리점에서 A로 행세하면서 A 명의로 이동전화가입신청서를 작성하여 A의 운전면허증과 함께 제출한 뒤 휴대전화기를 교부받으려다 A가 아님을 알아차린 업주에게 현행범으로 체포되어 경찰에 인계되어 조사 받은 후 석방되었다. 甲은 검사 작성의 피의자신문조서에 이의없음을 진술하고도 간인, 날인 및 서명을 거부하여 검사는 조서에 그러한 취지를 기재하고 기소하였고, 담당 재판부는 甲이 공판기일에 수회 불출석하여 구속영장을 발부하였다. 공판기일에 A의 사실혼 배우자 B가 증인으로 출석하여 운전면허증을 도난당한 상황을 증언한 후 이어서 A의 증언을 통역하였다. 이 경우, 통역인이 사실혼 배우자인 경우는 제척사유에 해당하지 않으나 통역인이 사건에 관하여 증인으로 증언한 때에는 직무집행에서 제척되므로 B가 통역한 A에 대한 증인신문조서는 유죄인정의 증거로 사용할 수 없다. 변호사시험 제5회

(해설) [1] 형사소송법 제17조 제4호는 "법관이 사건에 관하여 증인, 감정인, 피해자의 대리인으로 된 때에는 직무집행에서 제척된다."고 규정하고 있고, 위 규정은 같은 법 제25조 제1항에 의하여 통역인에게 준용되므로, **통역인이 사건에 관하여 증인으로 증언한 때에는 직무집행에서 제척되고, 제척사유가 있는 통역인이 통역한 증인의 증인신문조서는 유죄 인정의 증거로 사용할 수 없다.**

[2] 형사소송법 제17조 제2호는 "법관이 피고인 또는 피해자의 친족 또는 친족관계가 있었던 자인 때에는 직무집행에서 제척된다."고 규정하고 있고, 위 규정은 형사소송법 제25조 제1항에 의하여 통역인에게 준용되나, 사실혼관계에 있는 사람은 민법에서 정한 친족이라고 할 수 없어 형사소송법 제17조 제2호에서 말하는 친족에 해당하지 않으므로, **통역인이 피해자의 사실혼 배우자라고 하여도 통역인에게 형사소송법 제25조 제1항, 제17조 제2호에서 정한 제척사유가 있다고 할 수 없다.**

[3] 통역인 甲이 피고인들에 대한 **특정경제범죄 가중처벌 등에 관한 법률 위반(사기)** 사건의 제1심 공판기일에 증인으로 출석하여 **진술한 다음,** 같은 기일에 위 사건의 피해자로서 **자신**의 사실혼 배우자인 증인 乙의 진술을 통역한 사안에서, 제척사유 있는 甲이 통역한 乙의 증인신문조서는 유죄 인정의 증거로 사용할 수 없는데도 원심이 이를 증거로 삼은 것은 잘못이라고 한 사례(대판 2011. 4. 14, 2010도13583). 정답 - ○

제2절 검 사

제3절 피고인

1 검사가 피의자를 신문할 때 피의자의 진술에 임의성이 인정된다면 미처 진술거부권을 고지하지는 않았더라도 그 조서는 원칙적으로 증거능력이 인정된다. 변호사시험 제1회

(해설) 「3번 문제」해설 참조 정답 - X

2 수사기관이 피의자를 신문함에 있어서 피의자에게 미리 진술거부권을 고지하지 않은 경우 그 피의자의 진술은 위법하게 수지된 증거로서 진술의 임의성이 인정되는 경우라도 증거능력이 부정된다. 변호사시험 제3회

(해설 ✎) 「3번 문제」해설 참조 정답 - ○

3 甲은 유흥주점 허가를 받기 위해 구청 담당 과장 乙과 친하다는 丙을 찾아가 乙에게 전달하여 달라고 부탁하면서 2,500만 원을 제공하였다. 丙은 乙에게 甲의 유흥주점 허가를 부탁하면서 2,000만 원을 교부하고, 나머지 500만 원은 자신이 사용하였다. 한편, 乙은 구의원 丁에게 丙으로부터 받은 2,000만 원을 교부하면서, 구청장에게 부탁하여 구청 정기인사에서 자신이 좋은 평정을 받게 해달라고 말하였다. 甲에게 유흥주점 허가가 난 후, 甲은 감사의 표시로 자신의 유흥주점에 乙을 초대하였고, 乙은 대학동창인 회사원 3명에게 자신이 술값을 낸다고 말하고 이들과 함께 甲의 유흥주점에 가서 400만 원의 향응을 제공받았다. 이 경우, 수사기관에 피의자로 출석한 乙에게 진술거부권을 고지하지 않은 채 자술서를 작성토록 하였다면, 그 자술서는 증거능력이 없다. 변호사시험 제5회

(해설 ✎) 피의자에게 진술거부권을 고지하지 아니하고 작성한 피의자신문조서의 증거능력 유무에 관하여 판례는 형사소송법 제200조 제2항은 검사 또는 사법경찰관이 출석한 피의자의 진술을 들을 때에는 미리 피의자에 대하여 진술을 거부할 수 있음을 알려야 한다고 규정하고 있는바, 이러한 피의자의 진술거부권은 헌법이 보장하는 형사상 자기에 불리한 진술을 강요당하지 않는 자기부죄거부의 권리에 터잡은 것이므로 수사기관이 피의자를 신문함에 있어서 피의자에게 미리 진술거부권을 고지하지 않은 때에는 그 피의자의 진술은 위법하게 수집된 증거로서 진술의 임의성이 인정되는 경우라도 증거능력이 부인되어야 한다(대판 1992. 6. 23, 92도682)라고 판시하고 있다.

> 〔형사소송법 제312조(검사 또는 사법경찰관의 조서 등)〕 ① 검사가 피고인이 된 피의자의 진술을 기재한 조서는 적법한 절차와 방식에 따라 작성된 것으로서 피고인이 진술한 내용과 동일하게 기재되어 있음이 공판준비 또는 공판기일에서의 피고인의 진술에 의하여 인정되고, 그 조서에 기재된 진술이 특히 신빙할 수 있는 상태하에서 행하여졌음이 증명된 때에 한하여 증거로 할 수 있다. ③ 검사 이외의 수사기관이 작성한 피의자신문조서는 적법한 절차와 방식에 따라 작성된 것으로서 공판준비 또는 공판기일에 그 피의자였던 피고인 또는 변호인이 그 내용을 인정할 때에 한하여 증거로 할 수 있다. ⑤ 제1항부터 제4항까지의 규정은 피고인 또는 피고인이 아닌 자가 수사과정에서 작성한 진술서에 관하여 준용한다.

→ 진술거부권을 고지 받지 못했으므로 乙의 진술은 증거능력이 없으며, 이를 기록한 조서나 진술서(형사소송법 제312조 제5항에 따라 수사과정에서 작성된 진술서는 수사기관 작성의 조서와 동일하게 취급된다) 역시 증거능력이 인정되지 않는다. 정답 - ○

4 재판장은 공판준비기일에 출석한 피고인에게 진술을 거부할 수 있음을 알려주어야 한다.

변호사시험 제1회

해설 ✐

〔형사소송법 제266조의8(검사 및 변호인 등의 출석)〕 ① 공판준비기일에는 검사 및 변호인이 출석하여야 한다.
⑥ 재판장은 출석한 피고인에게 진술을 거부할 수 있음을 알려주어야 한다.

정답 - ○

5 주취운전의 혐의를 받고 있는 운전자에게 호흡측정기에 의한 주취여부의 측정에 응할 것을 요구하는 것은 진술거부권을 침해한 것이 아니다.

변호사시험 제1회

해설 ✐ 헌법 제12조 제2항은 "모든 국민은 고문을 받지 아니하며, 형사상 자기에게 불리한 진술을 강요당하지 아니한다."고 규정하여 형사책임에 관하여 자신에게 불이익한 진술을 강요당하지 아니할 것을 국민의 기본권으로 보장하고 있고, 헌법이 **진술거부권을 기본적 권리로 보장**하는 것은 형사 피의자나 피고인의 인권을 형사소송의 목적인 실체적 진실발견이나 구체적 사회정의의 실현이라는 국가이익보다 우선적으로 보호함으로써 인간의 존엄성과 가치를 보장하고, 나아가 비인간적인 자백의 강요와 고문을 근절하려는 데 있고, 여기서 '진술'이라 함은 생각이나 지식, 경험사실을 정신작용의 일환인 언어를 통하여 표출하는 것을 의미하는데 반해, 도로교통법 제44조 제2항에 규정된 음주측정은 호흡측정기에 입을 대고 호흡을 불어 넣음으로써 신체의 물리적, 사실적 상태를 그대로 드러내는 행위에 불과하므로 이를 두고 '진술'이라 할 수 없으며, 따라서 **주취운전의 혐의자에게 호흡측정기에 의한 주취 여부의 측정에 응할 것을 요구**하고 이에 불응할 경우에는 같은 법 제150조 제2호에 따라 처벌한다고 하여도 이를 형사상 불리한 '진술'을 비인간적으로 강요하는 것에 해당한다고 볼 수는 없으므로, 도로교통법의 위 조항들이 자기부죄금지의 원칙을 규정한 **헌법 제12조 제2항에 위반된다**고 할 수 없다(대판 2009. 9. 24, 2009도7924).

정답 - ○

6 재판장은 피고인에 대하여 통상 인정신문 이전에 진술거부권에 대하여 1회 고지하면 되지만, 공판절차를 갱신하는 때에는 다시 고지하여야 한다.

변호사시험 제1회

해설 ✐

〔형사소송법 제283조의2(피고인의 진술거부권)〕 ① 피고인은 진술하지 아니하거나 개개의 질문에 대하여 진술을 거부할 수 있다. ② 재판장은 피고인에게 제1항과 같이 진술을 거부할 수 있음을 고지하여야 한다.
〔형사소송법 제284조(인정신문)〕 재판장은 피고인의 성명, 연령, 등록기준지, 주거와 직업을 물어서 피고인임에 틀림없음을 확인하여야 한다.
〔형사소송규칙 제144조(공판절차의 갱신절차)〕 ① 법 제301조, 법 제301조의2 또는 제143조에 따른 공판절차의 갱신은 다음 각 호의 규정에 의한다.

> 1. 재판장은 제127조의 규정에 따라 **피고인에게 진술거부권 등을 고지한 후 법 제284조에
> 따른 인정신문을 하여** 피고인임에 틀림없음을 확인하여야 한다.

→ 형사소송법 규정 순서상 통상 진술거부권 고지가 인정신문에 앞서 이루어진다. 공판절차
를 갱신하는 경우, 규칙 제144조 제1항 제1호에 따라 진술거부권을 다시 고지한다.

정답 – ○

7 피고인 또는 피의자는 자신에게 불이익한 사실뿐만 아니라 이익되는 사실에 대하여도 진
술을 거부할 수 있다.   변호사시험 제1회

해설 🖉

> 〔헌법 제12조〕 ② 모든 국민은 고문을 받지 아니하며, 형사상 자기에게 **불리한 진술을 강요
> 당하지 아니한다.**
> 〔형사소송법 제283조의2(피고인의 진술거부권)〕 ① 피고인은 진술하지 아니하거나 개개의
> 질문에 대하여 진술을 거부할 수 있다.

→ 헌법이 진술거부권의 범위를 형사상 불리한 진술로 제한하는 것과 달리 형사소송법은 진
술거부의 범위를 제한하지 않고 있다. 따라서 이익되는 사실에 대하여도 진술을 거부할 수
있다.

정답 – ○

8 피고인 또는 피의자는 진술거부권을 포기하고 피고사건 또는 피의사건에 관하여 진술할
수 있으며, 더 나아가 피고인의 경우에는 진술거부권을 포기하고 증인적격을 취득할 수
있다.   변호사시험 제3회

해설 🖉

> 〔형사소송법 제244조의3(진술거부권 등의 고지)〕 ① 검사 또는 사법경찰관은 피의자를 신문
> 하기 전에 다음 각 호의 사항을 알려주어야 한다.
> 1. 일체의 진술을 하지 아니하거나 개개의 질문에 대하여 진술을 하지 아니할 수 있다는 것
> 2. 진술을 하지 아니하더라도 불이익을 받지 아니한다는 것
> 3. **진술을 거부할 권리를 포기하고** 행한 진술은 법정에서 유죄의 증거로 사용될 수 있다는 것
> 4. 신문을 받을 때에는 변호인을 참여하게 하는 등 변호인의 조력을 받을 수 있다는 것

→ 제244조의3 제1항 제3호 문구를 근거로 진술거부권의 포기를 인정하는 견해가 없지 않으
나, 진술거부권은 헌법상 권리로서 불행사는 허용되나 포기는 할 수 없다고 보는 것이 통설
이다. 따라서 피고인은 진술거부권을 포기하고 증인적격을 취득할 수 없다.   정답 – X

제4절 변호인

1 피고인이 미성년자 또는 70세 이상인 경우에는 필요적 변호사건에 해당된다.

변호사시험 제1회

해설 ✎

> 〔형사소송법 제33조(국선변호인)〕① 다음 각 호의 어느 하나에 해당하는 경우에 변호인이
> 없는 때에는 법원은 직권으로 변호인을 선정하여야 한다.
> 1. 피고인이 구속된 때
> 2. 피고인이 **미성년자**인 때
> 3. 피고인이 **70세 이상**인 때
> 〔형사소송법 제282조(필요적 변호)〕 제33조 제1항 각 호의 어느 하나에 해당하는 사건 및
> 같은 조 제2항·제3항의 규정에 따라 변호인이 선정된 사건에 관하여는 **변호인 없이 개정하지**
> **못한다.** 단, 판결만을 선고할 경우에는 예외로 한다.

정답 − O

2 판결만을 선고할 경우에는 필요적 변호사건이라도 변호인 없이 개정할 수 있다.

변호사시험 제1회

해설 ✎

> 〔형사소송법 제282조(필요적 변호)〕 제33조 제1항 각 호의 어느 하나에 해당하는 사건 및 같
> 은 조 제2항·제3항의 규정에 따라 변호인이 선정된 사건에 관하여는 **변호인 없이 개정하지**
> **못한다.** 단, 판결만을 선고할 경우에는 예외로 한다.

정답 − O

3 필요적 변호사건에서 제1심의 공판절차가 변호인 없이 이루어진 경우 항소심은 위법한
제1심판결을 파기하고 항소심에서의 심리결과에 기하여 다시 판결하여야 한다.

변호사시험 제1회

해설 ✎ 형사소송법 제282조에 규정된 **필요적 변호사건에 해당하는 사건에서 제1심의 공판절**
차가 변호인 없이 이루어진 경우, 그와 같은 위법한 공판절차에서 이루어진 소송행위는 무효
이므로, 이러한 경우에는 **항소심으로서는 변호인이 있는 상태에서 소송행위를 새로이 한 후**
위법한 제1심판결을 파기하고, 항소심에서의 진술 및 증거조사 등 심리결과에 기하여 다시
판결하여야 한다(대판 1995. 4. 25, 94도2347).
정답 − O

4 필요적 변호사건에서 변호인 출석 없이 실체적 심리가 이루어진 경우 그 심리절차는 무효이지만, 그 이외의 절차에서 적법하게 이루어진 소송행위까지 모두 무효라고 볼 수는 없다. 변호사시험 제1회

> **해설** 🖉 필요적 변호사건의 공판절차가 사선 변호인과 국선 변호인이 모두 불출석한 채 개정되어 국선 변호인 선정 취소 결정이 고지된 후 **변호인 없이 피해자에 대한 증인신문 등 심리가 이루어진 경우, 그와 같은 위법한 공판절차에서 이루어진 피해자에 대한 증인신문 등 일체의 소송행위는 모두 무효라고 할 것**이고, 다만 필요적 변호사건에서 변호인이 없거나 출석하지 아니한 채 공판절차가 진행되었기 때문에 그 공판절차가 위법한 것이라 하더라도 그 절차에서의 소송행위 외에 **다른 절차에서 적법하게 이루어진 소송행위까지 모두 무효로 된다고 볼 수는 없다**(대판 1999. 4. 23, 99도915). 정답 - ○

5 공소사실의 동일성이 인정되어 공소장이 변경된 경우, 변호인 선임의 효력은 변경된 공소사실에도 미친다. 변호사시험 제4회

> **해설** 🖉 변호인선임은 사건을 단위로 하는 것이므로 선임의 효력은 공소사실의 동일성이 인정되는 사건의 전부에 미치는 것이 원칙이다. 따라서 공소장변경에 의하여 공소사실이 변경된 경우에도 선임의 효력에는 영향이 없다. 참고로 형사소송규칙 제13조는 피고인 또는 변호인이 다른 의사표시를 하지 않는 경우에는 병합심리된 다른 사건에도 선임의 효력이 미친다는 규정하고 있다. 정답 - ○

6 공소제기 전의 변호인 선임은 제1심에도 그 효력이 있다. 변호사시험 제4회

> **해설** 🖉
> > 〔형사소송법 제32조(변호인선임의 효력)〕 ① 변호인의 선임은 심급마다 변호인과 연명날인한 서면으로 제출하여야 한다. ② 공소제기 전의 변호인 선임은 제1심에도 그 효력이 있다.
>
> 정답 - ○

7 원심법원에서의 변호인 선임은 파기환송 또는 파기이송이 있은 후에도 효력이 있다. 변호사시험 제4회

> **해설** 🖉
> > 〔형사소송규칙 제158조(변호인 선임의 효력)〕 원심법원에서의 변호인 선임은 법 제366조 또는 법 제367조의 규정에 의한 환송 또는 이송이 있은 후에도 효력이 있다.
>
> 정답 - ○

8 변호인이 적극적으로 피고인 또는 피의자로 하여금 허위진술을 하도록 하는 것이 아니라 단순히 헌법상 권리인 진술거부권이 있음을 알려 주고 그 행사를 권고하는 것은 허용된다. 변호사시험 제3회

> (해설 ✎) 변호사인 변호인에게는 변호사법이 정하는 바에 따라서 이른바 진실의무가 인정되는 것이지만, 변호인이 신체구속을 당한 사람에게 법률적 조언을 하는 것은 그 권리이자 의무이므로 변호인이 적극적으로 피고인 또는 피의자로 하여금 허위진술을 하도록 하는 것이 아니라 단순히 헌법상 권리인 진술거부권이 있음을 알려 주고 그 행사를 권고하는 것을 가리켜 변호사로서의 진실의무에 위배되는 것이라고는 할 수 없다(대결 2007. 1. 31, 자 2006모657).
>
> 정답 ― ○

9 검사는 피고인 또는 변호인이 공판기일 또는 공판준비절차에서 현장부재·심신상실 또는 심신미약 등 법률상·사실상의 주장을 한 때에는 피고인 또는 변호인에게 그 주장과 관련된 서류 등의 열람·등사 또는 서면의 교부를 요구할 수 있다. 변호사시험 제2회

> (해설 ✎)
>
> > 〔형사소송법 제266조의11(피고인 또는 변호인이 보관하고 있는 서류등의 열람·등사)〕 ① 검사는 피고인 또는 변호인이 공판기일 또는 공판준비절차에서 현장부재·심신상실 또는 심신미약 등 법률상·사실상의 주장을 한 때에는 피고인 또는 변호인에게 다음 서류등의 열람·등사 또는 서면의 교부를 요구할 수 있다.
> > 1. 피고인 또는 변호인이 증거로 신청할 서류등
> > 2. 피고인 또는 변호인이 증인으로 신청할 사람의 성명, 사건과의 관계 등을 기재한 서면
> > 3. 제1호의 서류등 또는 제2호의 서면의 증명력과 관련된 서류등
> > 4. 피고인 또는 변호인이 행한 법률상·사실상의 주장과 관련된 서류등
>
> 정답 ― ○

10 피고인에게 변호인이 있는 경우에도 피고인은 검사에게 공소제기된 사건에 관한 서류 또는 물건의 목록과 공소사실의 인정 또는 양형에 영향을 미칠 수 있는 서류 등의 열람·등사 또는 서면의 교부를 신청할 수 있다. 변호사시험 제2회

> (해설 ✎) 「11번 문제」 해설 참조 정답 ― X

11 피고인 또는 변호인이 검사에게 열람·등사 또는 교부를 신청할 수 있는 서류 등에는 공소사실의 인정 또는 양형에 영향을 미칠 수 있는 서류 또는 물건만 해당되고, 녹음테이프와 비디오테이프 등 특수매체는 사생활 침해 및 전파가능성이 높기 때문에 포함되지 않는다. 변호사시험 제2회

해설 ✎

〔형사소송법 제266조의3(공소제기 후 검사가 보관하고 있는 서류 등의 열람·등사)〕① 피고인 또는 변호인은 검사에게 공소제기된 사건에 관한 서류 또는 물건(이하 '서류등'이라 한다)의 목록과 공소사실의 인정 또는 양형에 영향을 미칠 수 있는 다음 서류등의 열람·등사 또는 서면의 교부를 신청할 수 있다. 「10번 문제의 해설」 다만, 피고인에게 변호인이 있는 경우에는 피고인은 <u>열람만을 신청할 수 있다.</u>

1. 검사가 증거로 신청할 서류등

2. 검사가 증인으로 신청할 사람의 성명·사건과의 관계 등을 기재한 서면 또는 그 사람이 공판기일 전에 행한 진술을 기재한 서류등

3. 제1호 또는 제2호의 서면 또는 서류등의 증명력과 관련된 서류등

4. 피고인 또는 변호인이 행한 법률상·사실상 주장과 관련된 서류등(관련 형사재판확정기록, 불기소처분기록 등을 포함한다)

⑥ 「11번 문제의 해설」 제1항의 서류등은 도면·사진·녹음테이프·비디오테이프·컴퓨터용 디스크, 그 밖에 정보를 담기 위하여 만들어진 물건으로서 문서가 아닌 <u>특수매체를 포함한다.</u> 이 경우 특수매체에 대한 등사는 필요 최소한의 범위에 한한다.

정답 - X

12 형사소송법상 검사가 수사서류의 열람·등사에 관한 법원의 허용결정을 지체 없이 이행하지 아니하는 때에는 해당 증인 및 서류 등에 대한 증거신청을 할 수 없도록 규정되어 있으므로, 검사는 그와 같은 불이익을 감수하면 법원의 열람·등사의 결정을 따르지 않아도 위법하지 아니하다.

변호사시험 제2회

해설 ✎ 甲 등이 乙 지방검찰청 검사에게 수사서류의 열람·등사를 신청하였으나 거부당하자 법원에 형사소송법 제266조의4 제1항에 따라 수사서류의 열람·등사를 허용하도록 해줄 것을 신청하였고, 이에 대하여 법원은 신청이 이유있다고 인정하여 서류에 대한 열람·등사를 허용할 것을 명하는 결정을 하였는데도 검사가 일부 서류의 열람·등사를 거부한 사안에서, 법원이 검사의 열람·등사 거부처분에 정당한 사유가 없다고 판단하여 수사서류의 열람·등사를 허용하도록 명한 이상, 법에 기속되는 검사로서는 당연히 법원의 그러한 결정에 지체없이 따라야 하는데도 법원의 결정에 반하여 수사서류의 열람·등사를 거부하였다는 이유로, 열람·등사 거부 행위 당시 검사에게 국가배상법 제2조 제1항에서 정한 과실이 인정된다고 한 사례(판결이유 중)……**형사소송법 제266조의4 제5항은 검사가 수사서류의 열람·등사에 관한 법원의 허용 결정을 지체없이 이행하지 아니하는 때에는 해당 증인 및 서류 등에 대한 증거신청을 할 수 없도록 규정하고 있는데, 이는 검사가 그와 같은 불이익을 감수하기만 하면 법원의 열람·등사 결정을 따르지 않을 수도 있다는 의미가 아니라,** 피고인의 열람·등사권을 보장하기 위하여 검사로 하여금 법원의 열람·등사에 관한 결정을 신속히 이행하도록 강제하는 한편 이를 이행하지 아니하는 경우에는 증거신청상의 불이익도 감수하여야 한다는 의미로 해석하여야 할 것이다.……**위법한** 이 사건 열람·등사 거부 행위로 인하여……(대판 2012. 11. 15, 2011다48452).   정답 - X

13 검사는 피고인 또는 변호인의 신청이 있는 경우 서류 등의 목록에 대하여는 열람 또는 등사를 거부할 수 없다.　　　　　　　　　　　　　　　　　　　변호사시험 제2회

해설 🖉

> 〔형사소송법 제266조의3(공소제기 후 검사가 보관하고 있는 서류 등의 열람·등사)〕 ② 검사는 국가안보, 증인보호의 필요성, 증거인멸의 염려, 관련 사건의 수사에 장애를 가져올 것으로 예상되는 구체적인 사유 등 열람·등사 또는 서면의 교부를 허용하지 아니할 상당한 이유가 있다고 인정하는 때에는 열람·등사 또는 서면의 교부를 거부하거나 그 범위를 제한할 수 있다. ⑤ 검사는 제2항에도 불구하고 서류등의 목록에 대하여는 열람 또는 등사를 거부할 수 없다.

정답 - ○

제2장 소송행위와 소송조건

제1절 소송행위의 의의와 종류
제2절 소송행위의 일반적 요소

1 폭행죄의 피해자가 의사능력 있는 미성년자인 경우, 그 미성년자가 가해자에 대한 처벌을 원하지 않는다는 의사표시를 명백히 하면 공소를 제기할 수 없다.　　　변호사시험 제2회

해설 🖉

> 〔형법 제260조(폭행, 존속폭행)〕 ① 사람의 신체에 대하여 폭행을 가한 자는 2년 이하의 징역, 500만원 이하의 벌금, 구류 또는 과료에 처한다. ② 자기 또는 배우자의 직계존속에 대하여 제1항의 죄를 범한 때에는 5년 이하의 징역 또는 700만원 이하의 벌금에 처한다. ③ **제1항 및 제2항의 죄는 피해자의 명시한 의사에 반하여 공소를 제기할 수 없다.**

→ 폭행죄는 피해자의 명시한 의사에 반하여 공소를 제기할 수 없는 반의사불벌죄이다. 미성년자더라도 의사능력이 있다면 가해자에 대한 처벌을 원하지 않는다는 의사표시를 유효하게 할 수 있으므로 지문은 옳다(아래 3번문제 해설 참고).　　　　　　　　정답 - ○

2 의사능력 있는 미성년자가 폭행죄의 피해자인 경우 그 미성년자가 처벌을 원하는 의사표시를 철회할 때에는 법정대리인의 동의가 있어야 한다.　　　　　　　변호사시험 제2회

해설 🖉 「3번 문제」 해설 참조　　　　　　　　　　　　　　　　　　　정답 - X

3 반의사불벌죄에서 의사능력 있는 미성년자인 피해자가 처벌희망 여부에 관한 의사표시를 함에는 법정대리인의 동의가 필요하다.　　　　　　　　　　　　　　변호사시험 제3회

해설 🖉　청소년의 성보호에 관한 법률 제16조에 규정된 반의사불벌죄에서 피해 청소년이 처벌불원 여부 등의 의사표시를 하는 데에 법정대리인의 동의가 필요한지 여부에 관하여 판례는 형사소송법상 소송능력이라 함은 소송당사자가 유효하게 소송행위를 할 수 있는 능력, 즉

피고인 또는 피의자가 자기의 소송상의 지위와 이해관계를 이해하고 이에 따라 방어행위를 할 수 있는 의사능력을 의미한다. 의사능력이 있으면 소송능력이 있다는 원칙은 피해자 등 제3자가 소송행위를 하는 경우에도 마찬가지라고 보아야 한다. 따라서 **반의사불벌죄에 있어서 피해자의 피고인 또는 피의자에 대한 처벌을 희망하지 않는다는 의사표시 또는 처벌을 희망하는 의사표시의 철회는**, 위와 같은 형사소송절차에 있어서의 소송능력에 관한 일반원칙에 따라, 의사능력이 있는 피해자가 단독으로 이를 할 수 있고, 거기에 법정대리인의 동의가 있어야 한다거나 법정대리인에 의해 대리되어야만 한다고 볼 것은 아니다. 나아가 청소년의 성보호에 관한 법률이 형사소송법과 다른 특별한 규정을 두고 있지 않는 한, 위와 같은 반의사불벌죄에 관한 해석론은 청소년의 성보호에 관한 법률의 경우에도 그대로 적용되어야 한다. 그러므로 청소년의 성보호에 관한 법률 제16조에 규정된 반의사불벌죄라고 하더라도, 피해자인 청소년에게 의사능력이 있는 이상, 단독으로 피고인 또는 피의자의 처벌을 희망하지 않는다는 의사표시 또는 처벌희망 의사표시의 철회를 할 수 있고, 거기에 법정대리인의 동의가 있어야 하는 것으로 볼 것은 **아니다**[대판(전합) 2009. 11. 19, 2009도6058]라고 판시하고 있다.

> 〔**아동·청소년의 성보호에 관한 법률 제16조(피해자 등에 대한 강요행위)**〕 폭행이나 협박으로 아동·청소년대상 성범죄의 피해자 또는 「아동복지법」 제3조 제3호에 따른 보호자를 상대로 합의를 강요한 자는 7년 이하의 유기징역에 처한다.

정답 - X

제3절 소송행위의 가치판단
제4절 소송조건

1 채권자인 甲과 그의 아내 乙은 빚을 갚지 못하고 있는 채무자 A를 찾아가 함께 심한 욕설을 하였다. 이 때, 검사가 甲과 乙을 모욕죄로 공소제기한 이후라도 A가 제1심 법원에 고소장을 제출하여 고소가 추완된 경우에는 제1심 법원은 공소기각의 판결이 아니라 실체재판을 하여야 한다.
변호사시험 제6회

해설 ✎ 강간죄는 친고죄로서 피해자의 고소가 있어야 죄를 논할 수 있고 기소 이후의 **고소의 추완은 허용되지 아니한다** 할 것이며 이는 비친고죄인 강간치사죄로 기소되었다가 친고죄인 강간죄로 공소장이 변경되는 경우에도 동일하다 할것이니, 강간치사죄의 공소사실을 강간죄로 변경한 후에 이르러 비로소 피해자의 부가 고소장을 제출한 경우에는 강간죄의 **공소 제기 절차는 법률의 규정에 위반하여 무효인 때에 해당한다**(대판 1982. 9. 14, 82도1504).

> 〔**형사소송법 제327조(공소기각의 판결)**〕 다음 경우에는 판결로써 공소기각의 선고를 하여야 한다.
> 2. 공소제기의 절차가 법률의 규정에 위반하여 무효인 때

→ 모욕죄는 친고죄이므로 고소가 있어야 죄를 논할 수 있다. 그런데 공소제기 후 고소가 제기되었으므로 고소의 추완을 허용하지 않는 판례에 따르면 공소기각의 판결을 하여야 한다.
정답 - X

제1장 수사

제1절 수사의 의의와 구조

1 우편물 통관검사절차에서 이루어지는 우편물의 개봉, 시료채취, 성분분석 등의 검사는 수출입물품에 대한 적정한 통관 등을 목적으로 한 행정조사의 성격을 가지는 것으로서 수사기관의 강제처분이라고 할 수 없으므로, 압수·수색영장 없이 우편물의 개봉, 시료채취, 성분분석 등 검사가 진행되었다고 하더라도 특별한 사정이 없는 한 위법하다고 볼 수 없다. 변호사시험 제4회

> **해설** ✏️ 관세법 제246조 제1항, 제2항, 제257조, '국제우편물 수입통관 사무처리'(2011. 9. 30. 관세청고시 제2011-40호) 제1-2조 제2항, 제1-3조, 제3-6조, 구 '수출입물품 등의 분석사무 처리에 관한 시행세칙'(2013. 1. 4. 관세청훈령 제1507호로 개정되기 전의 것) 등과 관세법이 관세의 부과·징수와 아울러 수출입물품의 통관을 적정하게 함을 목적으로 한다는 점(관세법 제1조)에 비추어 보면, 우편물 통관검사절차에서 이루어지는 우편물의 개봉, 시료채취, 성분분석 등의 검사는 수출입물품에 대한 적정한 통관 등을 목적으로 한 행정조사의 성격을 가지는 것으로서 수사기관의 강제처분이라고 할 수 없으므로, 압수·수색영장 없이 우편물의 개봉, 시료채취, 성분분석 등 검사가 진행되었다 하더라도 특별한 사정이 없는 한 위법하다고 볼 수 없다(대판 2013. 9. 26, 2013도7718). 정답 - ○

2 유인자가 수사기관과 직접적인 관련을 맺지 아니한 상태에서 피유인자를 상대로 단순히 수차례 반복적으로 범행을 부탁하였을 뿐 수사기관이 사술이나 계략 등을 사용하였다고 볼 수 없는 경우에는 그로 인하여 피유인자의 범의가 유발되었고, 유인자의 제보로 수사가 개시되었더라도 이는 위법한 함정수사에 해당하지 아니한다. 변호사시험 제3회

> **해설** ✏️ 수사기관과 직접 관련이 있는 유인자가 피유인자와의 개인적인 친밀관계를 이용하여 피유인자의 동정심이나 감정에 호소하거나, 금전적·심리적 압박이나 위협 등을 가하거나, 거절하기 힘든 유혹을 하거나, 또는 범행방법을 구체적으로 제시하고 범행에 사용할 금전까지 제공하는 등으로 과도하게 개입함으로써 피유인자로 하여금 범의를 일으키게 하는 것은 위법한 함정수사에 해당하여 허용되지 아니하지만, 유인자가 수사기관과 직접적인 관련을 맺지 아니한 상태에서 피유인자를 상대로 단순히 수차례 반복적으로 범행을 부탁하였을 뿐 수사기관이 사술이나 계략 등을 사용하였다고 볼 수 없는 경우는, 설령 그로 인하여 피유인자의 범의가 유발되었다 하더라도 위법한 함정수사에 해당하지 아니한다(대판 2007. 7. 12, 2006도2339). 정답 - ○

3 경찰관이 노래방의 도우미 알선 영업단속 실적을 올리기 위하여 그에 대한 제보나 첩보가 없는데도 손님을 가장하고 들어가 도우미를 불러줄 것을 요구하였으나 한 차례 거절당한 후에 다시 찾아가 도우미를 불러 줄 것을 요구하여 도우미가 오자 단속하였다면 이는 위법한 함정수사에 해당한다. 변호사시험 제6회

(해설 ✎) 경찰관이 노래방의 도우미 알선 영업 단속 실적을 올리기 위하여 그에 대한 제보나 첩보가 없는데도 손님을 가장하고 들어가 도우미를 불러낸 사안에서, 위법한 함정수사로서 공소제기가 무효라고 한 사례(대판 2008. 10. 23, 2008도7362). 정답 - ○

4 위법한 함정수사에 기하여 공소를 제기한 피고사건은 범죄로 되지 아니하므로 「형사소송법」 제325조의 규정에 따라 법원은 판결로써 무죄를 선고하여야 한다. 변호사시험 제6회

(해설 ✎) 「5번 문제」 해설 참조 정답 - X

5 마약수사관 甲은 자신의 정보원으로 일했던 乙에게 "우리 정보원 A가 또 다른 정보원의 배신으로 구속되게 되었다. A의 공적(다른 마약범죄에 대한 정보를 제공하여 수사기관의 수사를 도운 공적)을 만들어 A를 빼내려 한다. 그렇게 하기 위하여는 수사에 사용할 필로폰이 필요하니 좀 구해 달라. 구입하여 오면 수사기관에서 관련자의 안전을 보장한다."라고 하면서, 구입자금까지 교부하며 집요하게 부탁하였다. 이에 乙은 甲을 돕기로 마음먹고 丙에게 이러한 사정을 이야기하면서 필로폰의 매입을 의뢰하였고, 丙도 비로소 필로폰을 매입하여 乙에게 교부하기로 마음먹고 乙에게서 받은 대금으로 B로부터 필로폰을 매수하여 乙을 통하여 甲에게 교부하였다.
乙과 丙이 마약류관리에 관한 법률에 위반한 죄로 기소되었다면 乙과 丙에 대하여 법원은 결정으로 공소를 기각하여야 한다. 변호사시험 제1회

(해설 ✎) 범의를 가진 자에 대하여 단순히 범행의 기회를 제공하거나 범행을 용이하게 하는 것에 불과한 수사방법이 경우에 따라 허용될 수 있음은 별론으로 하고, 본래 범의를 가지지 아니한 자에 대하여 수사기관이 사술이나 계략 등을 써서 범의를 유발케 하여 범죄인을 검거하는 함정수사는 위법함을 면할 수 없고, 이러한 함정수사에 기한 **공소제기는 그 절차가 법률의 규정에 위반하여 무효인 때에 해당한다**(대판 2005. 10. 28, 2005도1247).

> 〔형사소송법 제327조(공소기각의 판결)〕 다음 경우에는 판결로써 공소기각의 선고를 하여야 한다.
> 2. 공소제기의 절차가 법률의 규정에 위반하여 무효인 때

→ 甲은 본래 범의를 가지지 아니한 乙에 대하여 사술을 써서 범의를 유발케 한 경우이므로 위법한 함정수사에 해당한다. 따라서 판결로써 공소를 기각하여야 한다. 정답 - X

제2절 수사의 개시

1 채권자인 甲과 그의 아내 乙은 빚을 갚지 못하고 있는 채무자 A를 찾아가 함께 심한 욕설을 하였다. A가 경찰청 인터넷 홈페이지에 '甲과 乙을 철저히 조사해 달라'는 취지의 민원을 접수하는 형태로 甲과 乙에 대한 조사를 촉구하는 의사표시를 하였더라도 「형사소송법」에 따른 적법한 고소를 한 것으로 볼 수 없다.　　　　　　　　변호사시험 제6회

　　해설 🖉　출판사 대표인 피고인이 도서의 저작권자인 피해자와 전자도서(e-book)에 대하여 별도의 출판계약 등을 체결하지 않고 전자도서를 제작하여 인터넷서점 등을 통해 판매하였다고 하여 구 저작권법 위반으로 기소된 사안에서, **피해자가 경찰청 인터넷 홈페이지에 '피고인을 철저히 조사해 달라'는 취지의 민원을 접수하는 형태로 피고인에 대한 조사를 촉구하는 의사표시를 한 것은 형사소송법에 따른 적법한 고소로 보기 어렵다**는 이유로 공소를 기각한 원심 판단을 정당하다고 한 사례(대판 2012. 2. 23, 2010도9524).　　　　정답 – ○

2 고소권자로부터 고소권한을 위임받은 대리인이 친고죄에 대하여 고소를 한 경우, 고소기간은 대리인이 아니라 고소권자가 범인을 알게 된 날부터 기산한다.　　　변호사시험 제7회

　　해설 🖉　대리인에 의한 고소의 방식 및 그 경우 고소기간의 산정기준에 관하여 판례는 **형사소송법 제236조의 대리인에 의한 고소의 경우, 대리권이 정당한 고소권자에 의하여 수여되었음이 실질적으로 증명되면 충분하고, 그 방식에 특별한 제한은 없으므로, 고소를 할 때 반드시 위임장을 제출한다거나 '대리'라는 표시를 하여야 하는 것은 아니고, 또 고소기간은 대리고소인이 아니라 정당한 고소권자를 기준으로 고소권자가 범인을 알게 된 날부터 기산한다**(대판 2001. 9. 4, 2001도3081)라고 판시하고 있다.　　　　정답 – ○

3 친고죄의 공범인 甲, 乙, 중 甲에 대하여 제1심판결이 선고되었더라도 제1심판결선고전의 乙에 대하여는 고소를 취소할 수 있고, 그 효력은 제1심판결선고전의 乙에게만 미친다.　　　　　　　　　　　　　　　　　　　　　　변호사시험 제3회

　　해설 🖉　「4번 문제」해설 참조　　　　정답 – ✕

4 친고죄의 공범 중 일부에 대하여 제1심 판결이 선고된 후에는 제1심 판결선고 전의 다른 공범자에 대하여 고소를 취소할 수 없고, 고소의 취소가 있다 하더라도 그 효력이 발생하지 않는다.　　　　　　　　　　　　　　　　　　변호사시험 제7회

　　해설 🖉　친고죄의 공범중 일부에 대한 제1심판결선고후, 제1심판결선고전의 다른 공범자에 대한 고소취소의 가부에 관하여 판례는 **친고죄의 공범중 그 일부에 대하여 제1심판결이 선고된 후에는 제1심판결선고전의 다른 공범자에 대하여는 그 고소를 취소할 수 없고 그 고소의 취소가 있다 하더라도 그 효력을 발생할 수 없으며**, 이러한 법리는 필요적 공범이나 임의적 공범이나를 구별함이 없이 모두 적용된다(대판 1985. 11. 12, 85도1940)라고 판시하고 있다.
　　　　정답 – ○

5 다음 사안에 대하여 답하시오.(다툼이 있는 경우에는 판례에 의함)

> 甲은 A에게 공공장소에서 "㉠ 너는 사기 전과가 5개나 되잖아. ㉡ 이 사기꾼 같은 놈아, 너 같은 사기꾼은 총 맞아 뒈져야 해."라고 말하여 A의 명예를 훼손하였다는 사실로 기소되었다. 검사가 제출한 증거는 아래와 같다.
>
>   ㉮ A가 작성한 고소장(㉡을 말하였으므로 처벌해 달라는 취지)
>   ㉯ 사법경찰관이 작성한 A에 대한 진술조서(㉡의 말을 하였다는 취지)
>   ㉰ 사법경찰관이 작성한 甲에 대한 피의자신문조서(㉠,㉡의 말을 하였다는 취지)
>   ㉱ 검사가 작성한 甲에 대한 피의자신문조서(㉠,㉡의 말을 하였다는 취지)
>
> 제1심에서 甲은 ㉡ 사실은 자백하였으나 ㉠은 말한 사실이 없다고 진술하면서, ㉮,㉯에 대하여 「동의」, ㉰,㉱에 대하여 「성립 및 임의성 인정, 내용부인」의 증거의견을 제출하였다. 제1심은 무죄를 선고하였다. 검사는 항소하였고 항소심에서 모욕죄로 공소장이 변경되었다. 그 후 A는 고소를 취소하였다.

친고죄인 모욕죄의 피해자 A가 고소를 취소하였음에도 불구하고 항소심은 유죄 선고를 할 수 있다.

변호사시험 제2회

〔해설〕 친고죄에 있어서의 고소의 취소는 제1심판결 선고전까지만 할 수 있다고 형사소송법 제232조 제1항에 규정되어 있어 **제1심판결 선고후에 고소가 취소된 경우에는 그 취소의 효력이 없으므로** 같은법 제327조 제5호의 공소기각의 재판을 할 수 없다(대판 1985. 2. 8, 84도2682).

> 〔형사소송법 제232조(고소의 취소)〕 ① 고소는 제1심 판결선고 전까지 취소할 수 있다.

→ A는 제1심 판결선고 후 고소를 취소한 것이므로 고소취소의 효력이 없고, 따라서 항소심은 유죄를 선고할 수 있다.
〔정답〕 - ○

6 폭행죄는 반의사불벌죄로서 개인적 법익에 관한 죄이므로 피해자가 폭행과 무관한 사유로 사망한 경우 그 상속인이 피해자를 대신하여 처벌불원의 의사표시를 할 수 있다.

변호사시험 제3회

〔해설〕 폭행죄는 피해자의 명시한 의사에 반하여 공소를 제기할 수 없는 **반의사불벌죄로서 처벌불원의 의사표시는 의사능력이 있는 피해자가 단독으로 할 수 있는 것이고, 피해자가 사망한 후 그 상속인이 피해자를 대신하여 처벌불원의 의사표시를 할 수는 없다고 보아야 한다** (대판 2010. 5. 27, 2010도2680).
〔정답〕 - X

7 甲은 'A퀵서비스'라는 상호로 배달·운송업을 하는 자로, 과거 乙이 운영하는 'B퀵서비스'의 직원으로 일하던 중 소지하게 된 B퀵서비스 명의로 된 영수증을 보관하고 있던 것을 이용하여, 2010. 2. 1.부터 2011. 2. 1.까지 자신의 A퀵서비스 배달업무를 하면서 불친절하고 배달을 지연시켜 손님의 불만이 예상되는 배달 건에 대하여는 B퀵서비스 명의로 된 영수증에 자신이 한 배달내역을 기입하여 손님들의 불만을 乙에게 떠넘기는 방법으로

영업을 하였다. 乙은 甲의 행위에 의하여 자신의 신용이 훼손되었다는 이유로 2011.10.1. 甲을 고소하였다. 검사는 甲을 신용훼손죄로 기소하였다가, 공판 중 동일한 사실관계에 대하여 예비적으로 업무방해죄의 공소사실 및 적용법조를 추가한다는 공소장변경신청을 하였다. 만약 乙이 甲의 행위를 2011. 2. 1. 알게 되었다면 乙의 고소는 6개월의 고소기간을 도과하여 부적법하다.　　　　　　　　　　　　　　　　　　　　　　　　　변호사시험 제1회

(해설 ✎)

> 〔형사소송법 제230조(고소기간)〕① 친고죄에 대하여는 범인을 알게 된 날로부터 6월을 경과하면 고소하지 못한다. 단, 고소할 수 없는 불가항력의 사유가 있는 때에는 그 사유가 없어진 날로부터 기산한다.

→ 신용훼손죄와 업무방해죄 모두 친고죄가 아니다. 따라서 고소기간의 제한을 받지 않는다.

정답 - X

8 비친고죄에 해당하는 죄로 기소되어 항소심에서 친고죄에 해당하는 죄로 공소장이 변경된 후 공소제기 전에 행하여진 고소가 취소되었다면 항소심법원은 공소기각의 판결을 선고하여야 한다.　　　　　　　　　　　　　　　　　　　　　　　　　　　　　변호사시험 제3회

(해설 ✎) 원래 고소의 대상이 된 피고소인의 행위가 친고죄에 해당할 경우 소송요건인 그 친고죄의 고소를 취소할 수 있는 시기를 언제까지로 한정하는가는 형사소송절차운영에 관한 입법정책상의 문제이기에 형사소송법의 그 규정은 국가형벌권의 행사가 피해자의 의사에 의하여 좌우되는 현상을 장기간 방치하지 않으려는 목적에서 고소취소의 시한을 획일적으로 제1심판결 선고시까지로 한정한 것이고, 따라서 그 규정을 현실적 심판의 대상이 된 공소사실이 친고죄로 된 당해 심급의 판결 선고시까지 고소인이 고소를 취소할 수 있다는 의미로 볼 수는 없다 할 것이어서, 항소심에서 공소장의 변경에 의하여 또는 공소장변경절차를 거치지 아니하고 법원 직권에 의하여 친고죄가 아닌 범죄를 친고죄로 인정하였더라도 항소심을 제1심이라 할 수는 없는 것이므로, 항소심에 이르러 비로소 고소인이 고소를 취소하였다면 이는 <u>친고죄에 대한 고소취소로서의 효력은 없다</u>〔대판(전합) 1999. 4. 15, 96도1922〕. 　정답 - X

9 간통사건의 항소심이 제1심판결을 파기하고 이를 제1심법원에 환송하였고, 환송 후 제1심판결의 선고 전에 고소권자인 甲이 간통고소를 취소한 경우에 제1심법원은 공소기각판결을 선고해야 한다.　　　　　　　　　　　　　　　　　　　　　　　　　　　　변호사시험 제4회

(해설 ✎) 「10번 문제」해설 참조　　　　　　　　　　　　　　　　　　정답 - O

10 친고죄에서 고소권자의 고소가 유효함에도 고소의 효력이 없다는 이유로 공소를 기각한 제1심 판결에 대하여 항소심 절차가 진행되던 중 고소인이 고소를 취소하였는데 항소심이 제1심의 공소기각 부분이 위법하다는 이유로 사건을 파기환송한 경우, 환송 후의 제1심 법원은 고소취소를 이유로 공소기각판결을 선고할 수 없다.　　　　　　　　변호사시험 제7회

해설 ✏️ [1] 형사소송법 제232조 제1항은 고소를 제1심판결 선고 전까지 취소할 수 있도록 규정하여 친고죄에서 고소취소의 시한을 한정하고 있다. 그런데 상소심에서 형사소송법 제366조 또는 제393조 등에 의하여 법률 위반을 이유로 제1심 공소기각판결을 파기하고 사건을 제1심법원에 환송함에 따라 다시 제1심 절차가 진행된 경우, 종전의 제1심판결은 이미 파기되어 효력을 상실하였으므로 환송 후의 제1심판결 선고 전에는 고소취소의 제한사유가 되는 제1심판결 선고가 없는 경우에 해당한다. 뿐만 아니라 특히 간통죄 고소는 제1심판결 선고 후 이혼소송이 취하된 경우 또는 피고인과 고소인이 다시 혼인한 경우에도 소급적으로 효력을 상실하게 되는 점까지 감안하면, 환송 후의 제1심판결 선고 전에 간통죄의 고소가 취소되면 형사소송법 제327조 제5호에 의하여 판결로써 공소를 기각하여야 한다.

[2] 피고인의 간통 공소사실에 대한 배우자의 고소가 효력이 없다는 이유로 공소를 기각한 제1심판결에 대하여 항소심 절차가 진행되던 중 고소인이 고소를 취소하였는데, 항소심이 공소기각 부분이 위법하다는 이유로 사건을 파기·환송하였고 환송 후의 제1심 및 원심이 간통을 유죄로 인정한 사안에서, 고소취소가 항소심에서 종전 제1심 공소기각판결이 파기되고 사건이 제1심법원에 환송된 후 진행된 환송 후 제1심판결이 선고되기 전에 이루어진 것으로서 적법하므로, 형사소송법 제327조 제5호에 의하여 <u>판결로써 공소를 기각하였어야</u> 하는데도 이에 관한 실체판단에 나아가 유죄를 인정한 원심판결에는 친고죄의 고소취소 시기에 관한 법리오해의 위법이 있다고 한 사례(대판 2011. 8. 25, 2009도9112).

→ 간통죄는 위헌결정으로 삭제되었으나, 모욕죄 등 다른 친고죄로 동일한 문제가 출제될 수 있다.

정답 – X

11 친고죄로 고소를 제기하였다가 공소제기 전 고소를 취소한 후 고소기간 내에 다시 동일한 친고죄로 고소하여 공소제기된 경우, 수소법원은 「형사소송법」 제327조 제2호의 '공소제기의 절차가 법률의 규정에 위반하여 무효인 때'에 해당함을 이유로 판결로써 공소기각의 선고를 하여야 한다.   변호사시험 제7회

해설 ✏️

[형사소송법 제232조(고소의 취소)] ① 고소는 제1심 판결선고 전까지 취소할 수 있다. ② 고소를 취소한 자는 다시 고소하지 못한다.

[형사소송법 제327조(공소기각의 판결)] 다음 경우에는 판결로써 공소기각의 선고를 하여야 한다.

1. 피고인에 대하여 재판권이 없는 때
2. **공소제기의 절차가 법률의 규정에 위반하여 무효인 때**
3. 공소가 제기된 사건에 대하여 다시 공소가 제기되었을 때
4. 제329조의 규정에 위반하여 공소가 제기되었을 때
5. 고소가 있어야 죄를 논할 사건에 대하여 고소의 취소가 있은 때
6. 피해자의 명시한 의사에 반하여 죄를 논할 수 없는 사건에 대하여 처벌을 희망하지 아니하는 의사표시가 있거나 처벌을 희망하는 의사표시가 철회되었을 때

→ 고소를 취소한 후 다시 고소하지 못하므로(형사소송법 제232조 제2항) 동일한 친고죄로 다시 고소하여도 효력이 없다. 친고죄는 고소가 있어야 죄를 논할 수 있으므로 고소 없이 제기된 공소제기는 절차가 법률의 규정에 위반하여 무효인 때에 해당하여 공소기각의 선고를 하여야 한다(제327조 제2호). 정답 ─ ○

12 甲은 자신의 집에서 A4용지 1장에, A에 대하여 아래와 같은 내용을 수기(手記)로 작성한 다음 잉크젯 복합기를 이용하여 복사하는 방법으로 유인물을 30장 제작하였다. 甲은 15장은 자신이 직접, 나머지 15장은 친구 乙에게 부탁하여 A가 거주하는 아파트 단지 곳곳에 게시하였다.

> A, 그는 누구인가?!
> A는 처자식이 있는 몸임에도 불구하고, 2014. 12.경 △△도 ○○시 등지
> 모텔에서 B와 수차례 불륜행위를 저질렀다.

甲이 A와 합의하여 A가 甲에 대한 처벌을 원하지 않는다는 내용의 합의서를 작성하여 수사기관에 제출한 경우, 이 합의서의 효력은 乙에게도 미친다. 변호사시험 제4회

해설 ✎ 피해자가 경찰에 강간치상의 범죄사실을 신고한 후 경찰관에게 가해자의 처벌을 원한다는 취지의 진술을 하였다가, 그 다음에 가해자와 합의한 후 "이 사건 전체에 대하여 가해자와 원만히 합의하였으므로 피해자는 가해자를 상대로 이 사건과 관련한 어떠한 민·형사상의 책임도 묻지 아니한다."는 취지의 가해자와 피해자 사이의 합의서가 경찰에 제출되었다면, 위와 같은 합의서의 제출로써 피해자는 가해자에 대하여 처벌을 희망하던 종전의 의사를 철회한 것으로서 공소제기 전에 고소를 취소한 것으로 봄이 상당하다(대판 2002. 7. 12, 2001도6777).
→ 합의서를 제출한 것은 고소를 취소한 것으로서 불처벌의사를 표시한 것으로 볼 수 있다. 그러나 친고죄의 고소 취소와 달리 반의사불벌죄에서는 고소취소의 불가분원칙이 적용되지 않으므로(아래 「14번 문제」 해설 참고) 합의서의 효력은 乙에게 미치지 않는다. 정답 ─ X

13 피해자가 반의사불벌죄의 공범 중 그 1인에 대하여 처벌을 희망하는 의사를 철회한 경우, 다른 공범자에 대하여도 처벌희망의사가 철회된 것으로 볼 수 없다. 변호사시험 제7회

해설 ✎ 「14번 문제」 해설 참조 정답 ─ ○

14 친고죄에 있어서 고소불가분의 원칙을 규정한 형사소송법 제233조의 규정은 반의사불벌죄에 준용되지 않는다. 변호사시험 제2회

해설 ✎ 친고죄에 있어서의 고소불가분의 원칙을 규정한 형사소송법 제233조의 규정이 반의사불벌죄에 준용되는지 여부에 관하여 판례는 형사소송법이 고소와 고소취소에 관한 규정을 하면서 제232조 제1항, 제2항에서 고소취소의 시한과 재고소의 금지를 규정하고 제3항에서는 반의사불벌죄에 제1항, 제2항의 규정을 준용하는 규정을 두면서도, 제233조에서 고소와 고소취소의 불가분에 관한 규정을 함에 있어서는 반의사불벌죄에 이를 준용하는 규정을 두지 아니한 것은 처벌을 희망하지 아니하는 의사표시나 처벌을 희망하는 의사표시의 철회에

관하여 **친고죄와는 달리 공범자간에 불가분의 원칙을 적용하지 아니하고자 함에 있다고 볼 것**이지, 입법의 불비로 볼 것은 아니다(대판 1994. 4. 26, 93도1689)라고 판시하고 있다.

> [제233조(고소의 불가분)] 친고죄의 공범 중 그 1인 또는 수인에 대한 고소 또는 그 취소는 다른 공범자에 대하여도 효력이 있다.

정답 - O

15 반의사불벌죄에서 '처벌불원의 의사표시' 또는 '처벌희망 의사표시 철회'의 유무나 그 효력에 관한 사실은 엄격한 증명의 대상이 되지 않는다. 변호사시험 제2회

해설 ✎ 반의사불벌죄에서 '처벌불원의 의사표시' 또는 '처벌희망 의사표시 철회'의 유무나 그 효력에 관한 사실이 엄격한 증명의 대상인지 여부에 관하여 판례는 반의사불벌죄에서 피고인 또는 피의자의 처벌을 희망하지 않는다는 의사표시 또는 처벌희망 의사표시 철회의 유무나 그 효력 여부에 관한 사실은 엄격한 증명의 대상이 아니라 증거능력이 없는 증거나 법률이 규정한 증거조사방법을 거치지 아니한 증거에 의한 증명, 이른바 자유로운 증명의 대상이다(대판 20101. 10. 14, 2010도5610, 2010전도31)라고 판시하고 있다.

정답 - O

16 2인 이상이 공동으로 폭행죄를 범하여 폭력행위등처벌에관한법률위반(공동폭행)죄로 처벌되는 경우 피해자의 명시한 의사에 반하여 공소를 제기할 수 없다는 형법 제260조 제3항은 적용되지 않는다. 변호사시험 제2회

해설 ✎

> [폭력행위 등 처벌에 관한 법률 제2조(폭행 등)] ② 2명 이상이 공동하여 다음 각 호의 죄를 범한 사람은 「형법」 각 해당 조항에서 정한 형의 2분의 1까지 가중한다.
> 1. 「형법」 제260조 제1항(폭행), 제283조 제1항(협박), 제319조(주거침입, 퇴거불응) 또는 제366조(재물손괴 등)의 죄
> 2. 「형법」 제260조 제2항(존속폭행), 제276조 제1항(체포, 감금), 제283조 제2항(존속협박) 또는 제324조 제1항(강요)의 죄
> 3. 「형법」 제257조 제1항(상해)·제2항(존속상해), 제276조 제2항(존속체포, 존속감금) 또는 제350조(공갈)의 죄
> ④ 제2항과 제3항의 경우에는 「형법」 제260조 제3항 및 제283조 제3항을 적용하지 아니한다.
> [형법 제260조(폭행, 존속폭행)] ① 사람의 신체에 대하여 폭행을 가한 자는 2년 이하의 징역, 500만원 이하의 벌금, 구류 또는 과료에 처한다. ② 자기 또는 배우자의 직계존속에 대하여 제1항의 죄를 범한 때에는 5년 이하의 징역 또는 700만원 이하의 벌금에 처한다. ③ 제1항 및 제2항의 죄는 피해자의 명시한 의사에 반하여 공소를 제기할 수 없다.

정답 - O

17 고소의 주관적 불가분의 원칙은 조세범처벌법위반죄에서 소추조건으로 되어 있는 세무공무원의 고발에도 적용된다 　　　　　　　　　　　　　　　　　　변호사시험 제3회

　　해설 ✏️　조세처벌절차법 제8조, 제9조에 의한 즉시고발의 경우에는 고소, 고발 불가분의 원칙은 적용될 수 없다(대판 1962. 1. 11, 4293형상883). 　　　　　　　　　　정답 - X

18 세무공무원 등의 고발이 있어야 공소를 제기할 수 있는 조세범처벌법위반죄에 대하여 고발을 받아 수사한 검사가 불기소처분을 하였다가 나중에 공소를 제기하는 경우에는 세무공무원 등의 새로운 고발이 있어야 하는 것은 아니다. 　　　　　　　　변호사시험 제3회

　　해설 ✏️　검사의 불기소처분에는 확정재판에 있어서의 확정력과 같은 효력이 없어 일단 불기소처분을 한 후에도 공소시효가 완성되기 전이면 언제라도 공소를 제기할 수 있으므로, 세무공무원 등의 고발이 있어야 공소를 제기할 수 있는 조세범처벌법 위반죄에 관하여 일단 불기소처분이 있었더라도 세무공무원 등이 종전에 한 고발은 여전히 유효하다. 따라서 나중에 공소를 제기함에 있어 세무공무원 등의 새로운 고발이 있어야 하는 것은 아니다(대판 2009. 10. 29, 2009도6614). 　　　　　　　　　　　　　　　　　　정답 - O

■ 사례【19~21】

甲의 주도하에 甲, 乙, 丙은 절도를 공모하고 2010. 7. 8. 23:00경 乙은 A의 집에 들어가 A 소유의 다이아몬드 반지 1개를 가지고 나오고, 丙은 A의 집 문앞에서 망을 보았다는 공소사실로 기소되었다. 법원의 심리결과 공소사실은 모두 사실로 밝혀졌고, 다만 甲은 자신의 집에서 전화로 지시를 하였을 뿐 30km 떨어져 있는 A의 집에는 가지 않았음이 확인되었다. 甲의 누나로서, 결혼하여 따로 살고 있는 A는 경찰에 도난신고를 할 당시에는 범인이 누구인지를 알지 못하고 무조건 범인 모두를 처벌해 달라고 고소하였는데, 나중에 친동생 甲이 처벌되는 것을 원하지 않아 제1심 공판 중 甲에 대한 고소만을 취소하였다.(다툼이 있는 경우에는 판례에 의함) 　　　　　　　　　　변호사시험 제1회

---

19 만약 A가 마음을 바꾸어 고소하고자 하더라도 甲을 다시 고소하지 못한다.

　　해설 ✏️

　　　[형법 제328조(친족간의 범행과 고소)] ① 직계혈족, 배우자, 동거친족, 동거가족 또는 그 배우자간의 제323조의 죄는 그 형을 면제한다. ② 제1항이외의 친족간에 제323조의 죄를 범한 때에는 고소가 있어야 공소를 제기할 수 있다. ③ 전2항의 신분관계가 없는 공범에 대하여는 전 이항을 적용하지 아니한다.
　　　[형법 제344조(친족간의 범행)] 제328조의 규정은 제329조 내지 제332조의 죄 또는 미수범에 준용한다.

[형사소송법 제232조(고소의 취소)] ① 고소는 제1심 판결선고 전까지 취소할 수 있다. ② 고소를 취소한 자는 다시 고소하지 못한다.

→ 甲의 특수절도는 친족상도례의 적용으로 친고죄에 해당한다(형법 제344조, 제328조 제2항). 한편, 친고죄에 있어 고소를 취소하면 다시 고소를 하지 못하므로(형사소송법 제232조), A는 다시 고소하지 못한다. 　　　　　　　　　　　　　　　　　　　　　　　정답 － ○

20 고소의 주관적 불가분원칙에 의하여 법원은 甲, 乙, 丙 모두에 대하여 공소기각의 판결을 하여야 한다.

해설 ✎

[형사소송법 제233조(고소의 불가분)] 친고죄의 공범 중 그 1인 또는 수인에 대한 고소 또는 그 취소는 다른 공범자에 대하여도 효력이 있다.

→ 친족상도례는 신분관계 있는 자에게만 적용되므로(위 해설 중 형법 제328조 제3항 참고), 甲의 특수절도와 달리 乙, 丙의 특수절도는 친고죄에 해당하지 않는다. 따라서 친고죄 공범에게 적용되는 고소의 주관적 불가분원칙은 甲, 乙, 丙 사이에 적용이 없다. 판례 역시 상대적 친고죄의 경우 신분관계 있는 자에 대한 피해자의 고소취소는 비신분자에게 효력이 미치지 않는다고 하였다(대판 1964. 12. 15, 64도481). 　　　　　　　　　　정답 － X

21 A의 고소는 범인을 특정하지 않은 것이므로 부적법하다.

해설 ✎　고소는 범죄의 피해자 또는 그와 일정한 관계가 있는 고소권자가 수사기관에 대하여 범죄사실을 신고하여 범인의 처벌을 구하는 의사표시이므로, **고소인은 범죄사실을 특정하여 신고하면 족하고 범인이 누구인지 나아가 범인 중 처벌을 구하는 자가 누구인지를 적시할 필요도 없는바,** 저작권법 제103조의 양벌규정은 직접 위법행위를 한 자 이외에 아무런 조건이나 면책조항 없이 그 업무의 주체 등을 당연하게 처벌하도록 되어 있는 규정으로서 당해 위법행위와 별개의 범죄를 규정한 것이라고는 할 수 없으므로, 친고죄의 경우에 있어서도 행위자의 범죄에 대한 고소가 있으면 족하고, 나아가 양벌규정에 의하여 처벌받는 자에 대하여 별도의 고소를 요한다고 할 수는 없다(대판 1996. 3. 12, 94도2423). 　　　　　　정답 － X

甲은 동거하지 않는 이종사촌동생인 乙의 기망에 의하여 乙로 부터 부동산을 비싸게 매수하자 乙이 취득한 전매차익 1,000만 원을 받아내기 위하여 주방용 칼을 들고 乙의 집으로 찾아가 전매차익을 돌려주지 않으면 죽여버리겠다고 협박하여 乙로부터 1,000만 원을 돌려받았다. 이에 乙은 甲을 경찰서에 신고하여 처벌을 원한다고 진술하였으나, 사건이 검찰에 송치된 후에 甲으로부터 500만 원을 돌려받고 '원만히 합의되었으므로 앞으로 어떠한 민·형사상의 책임을 묻지 않겠다'는 취지의 합의서를 작성하여 검사에게 제출하였다. 이후 검사는 甲을 폭력행위등처벌에관한법률위반(집단·흉기등공갈)죄로 기소하였다.(다툼이 있는 경우에는 판례에 의함)　　　　　　　변호사시험 제2회

22 甲에 대하여 법원은 형사소송법 제327조 제5호(고소가 있어야 죄를 논할 사건에 대하여 고소의 취소가 있은 때)에 의하여 공소기각의 판결을 하여야 한다.

（해설 ✎）　피해자가 경찰에 강간치상의 범죄사실을 신고한 후 경찰관에게 가해자의 처벌을 원한다는 취지의 진술을 하였다가, 그 다음에 가해자와 합의한 후 "이 사건 전체에 대하여 가해자와 원만히 합의하였으므로 피해자는 가해자를 상대로 이 사건과 관련한 어떠한 민·형사상의 책임도 묻지 아니한다."는 취지의 가해자와 피해자 사이의 합의서가 경찰에 제출되었다면, 위와 같은 합의서의 제출로써 피해자는 가해자에 대하여 처벌을 희망하던 종전의 의사를 철회한 것으로서 **공소제기 전에 고소를 취소한 것으로 봄이 상당하다**(대판 2002. 7. 12, 2001도6777).

> 〔형법 제350조의2(특수공갈)〕 단체 또는 다중의 위력을 보이거나 **위험한 물건을 휴대하여** 제350조의 죄를 범한 자는 1년 이상 15년 이하의 징역에 처한다.
> 〔형법 제354조(친족간의 범행, 동력)〕 제328조와 제346조의 규정은 **본장의 죄(사기와 공갈의 죄-역자 주)에 준용한다.**
> 〔형법 제328조(친족간의 범행과 고소)〕 ① 직계혈족, 배우자, 동거친족, 동거가족 또는 그 배우자간의 제323조의 죄는 그 형을 면제한다. ② **제1항이외의 친족간에 제323조의 죄를 범한 때에는 고소가 있어야 공소를 제기할 수 있다.** ③ 전 2항의 신분관계가 없는 공범에 대하여는 전 이항을 적용하지 아니한다.

→ 甲은 乙과 이종사촌관계로서 둘은 동거하지 않은 친족이므로 형법 제354조, 제328조 제2항에 따라 甲의 범죄는 친고죄이다. 한편 피해자인 乙이 합의서를 제출한 것은 고소를 취소한 것으로 볼 수 있으므로 더 이상 죄를 논할 수 없다. 만약 공소가 제기된다면 친고죄에 대하여 고소가 없는 경우로서 공소제기가 법률에 위반한 때에 해당하여 **형사소송법 제327조 2호**에 의해 공소기각 판결을 할 것이다. 참고로 공소제기 후에 비로소 친고죄의 고소가 취소된 경우 제327조 5호에 의해 공소기각의 판결을 한다.　　　　　　　정답 – X

23 甲은 폭력행위등처벌에관한법률위반(집단·흉기등공갈)죄로 처벌되고, 설사 甲과 乙이 형법 제354조, 제328조의 친족관계에 있다 하더라도 법원은 乙의 고소 없이 甲을 처벌할 수 있다.

해설 [1] 형법 제354조, 제328조의 규정에 의하면, 직계혈족, 배우자, 동거친족, 동거가족 또는 그 배우자 간의 공갈죄는 그 형을 면제하여야 하고 그 외의 친족 간에는 고소가 있어야 공소를 제기할 수 있는바, 흉기 기타 위험한 물건을 휴대하고 공갈죄를 범하여 '폭력행위 등 처벌에 관한 법률' 제3조 제1항, 제2조 제1항 제3호에 의하여 가중처벌되는 경우에도 형법상 공갈죄의 성질은 그대로 유지되는 것이고, 특별법인 위 법률에 친족상도례에 관한 형법 제354조, 제328조의 적용을 배제한다는 명시적인 규정이 없으므로, 형법 제354조는 '폭력행위 등 처벌에 관한 법률 제3조 제1항 위반죄'에도 그대로 적용된다.

[2] 피고인과 친족관계에 있는 피해자에 대한 '흉기휴대 공갈'의 '폭력행위 등 처벌에 관한 법률 위반죄'를 형법 제354조, 제328조에 의하여 피해자의 고소가 있어야 논할 수 있는 친고죄로 보고, 제1심판결 선고 전에 피고인의 처벌을 바라지 아니하는 의사가 표시된 합의서가 제출되었다는 이유로, 형사소송법 제327조 제5호에 의하여 공소를 기각한 원심판결을 수긍한 사례(대판 2010. 7. 29, 2010도5795).

→ 현재 폭력행위 등 처벌에 관한 법률 제2조 제1항과 제3조 제1항은 삭제되고, 형법 제350 조의2에 특수공갈이 새로이 규정되었다. 이에 따라 형법 제354조에 의해 특수공갈도 명시적으로 친족상도례 규정이 적용된다. 따라서 甲은 특수공갈죄에 해당하나 乙과의 친족관계로 인해 乙의 고소 없이 처벌할 수 없다(형법 제354조, 제328조 제2항). 정답 - X

24 乙이 작성한 합의서에 비록 고소를 취소한다고 명시한 문구가 없더라도 위와 같은 합의서를 제출한 것은 고소를 취소한 것으로 볼 수 있다.

해설 피해자가 경찰에 강간치상의 범죄사실을 신고한 후 경찰관에게 가해자의 처벌을 원한다는 취지의 진술을 하였다가, 그 다음에 가해자와 합의한 후 "이 사건 전체에 대하여 가해자와 원만히 합의하였으므로 피해자는 가해자를 상대로 이 사건과 관련한 어떠한 민·형사상의 책임도 묻지 아니한다."는 취지의 가해자와 피해자 사이의 합의서가 경찰에 제출되었다면, 위와 같은 합의서의 제출로써 피해자는 가해자에 대하여 처벌을 희망하던 종전의 의사를 철회한 것으로서 공소제기 전에 고소를 취소한 것으로 봄이 상당하다(대판 2002. 7. 12, 2001도6777). 정답 - O

甲은 처 乙이 丙男과 사귀면서 외출과 외박을 자주하자 乙의 뒤를 추적하던 중 乙이 丙의 집에 들어가는 것을 보고 그 집에 이르러 대문이 잠겨 있자 담을 넘어 방안으로 들어가 乙과 丙에게 욕설을 하고 사진기로 乙과 丙 및 그 집 안방 내부 등을 촬영하였다. 그 후 乙이 집을 나가 돌아오지 않자 甲은 乙을 상대로 이혼소송을 제기하였고, 乙의 행방을 알 수 없어 丙만을 간통죄로 고소하였다. 검사는 丙을 간통죄로 기소하였고, 丙은 제1심에서 징역 1년을 선고받고 항소하지 않아 그 판결이 확정되었다. 丙에 대한 판결 확정 후 乙도 간통죄로 기소되어 乙에 대한 제1심 공판 진행 중 乙이 용서를 빌자 甲은 乙에 대한 고소를 취소하였다.(다툼이 있는 경우에는 판례에 의함)
(이하 간통죄는 헌법재판소의 위헌결정이 있은 후 삭제되었으나 모욕죄 등 다른 친고죄로 출제될 수 있는 문제들이다-역자 주)

변호사시험 제2회

25 간통죄는 친고죄인데 乙에 대한 고소가 없으므로 법원은 심리할 필요 없이 바로 공소기각 판결을 하여야 한다.

(해설 ✎)

〔형사소송법 제233조(고소의 불가분)〕 친고죄의 공범 중 그 1인 또는 수인에 대한 고소 또는 그 취소는 다른 공범자에 대하여도 효력이 있다.

→ 丙에 대한 고소는 고소불가분 원칙에 따라 乙에게도 영향을 미치므로 고소가 없다고 할 수 없다.　　　　　　　　　　　　　　　　　　　　　　　　　　　정답 – X

26 甲의 乙에 대한 고소가 없었으므로 甲이 고소를 취소할 수는 없고 고소의 포기로 볼 것이나, 고소의 포기는 인정되지 않는다.

(해설 ✎) 친고죄에 있어서의 피해자의 고소권은 공법상의 권리라고 할 것이므로 법이 특히 명문으로 인정하는 경우를 제외하고는 자유처분을 할 수 없고 따라서 일단한 고소는 취소할 수 있으나 **고소전에 고소권을 포기할 수 없다**고 함이 상당할 것이다(대판 1967. 5. 23, 67도471).

〔형사소송법 제233조(고소의 불가분)〕 친고죄의 공범 중 그 1인 또는 수인에 대한 고소 또는 그 취소는 다른 공범자에 대하여도 효력이 있다.

→ 고소의 포기는 인정되지 않는다. 다만, 丙에 대한 고소는 고소불가분 원칙에 따라 乙에게도 영향을 미치므로 고소를 취소할 수 있다.　　　　　　　　　　정답 – X

27 乙에 대한 제1심 공판 진행 중 甲이 乙에 대하여 고소를 취소한 것은 효력이 없다.

(해설 ✎) 친고죄의 공범중 일부에 대한 제1심판결선고후, 제1심판결선고전의 다른 공범자에 대

한 고소취소의 가부에 관하여 판례는 친고죄의 공범중 그 일부에 대하여 제1심판결이 선고된 후에는 제1심판결선고전의 다른 공범자에 대하여는 그 고소를 취소할 수 없고 그 고소의 취소가 있다 하더라도 그 효력을 발생할 수 없으며, 이러한 법리는 필요적 공범이나 임의적 공범이나를 구별함이 없이 모두 적용된다(대판 1985. 11. 12, 85도1940)라고 판시하고 있다.

→ 간통죄의 공범은 필요적 공범에 해당하는데, 그 중 1인인 丙에 대한 판결이 확정되었으므로 乙에 대하여 고소를 취소한 것은 효력이 없다. 정답 - ○

■ 사례 【28~30】

甲과 乙은 옆 동네에 사는 甲의 사촌동생 A의 신용카드를 훔쳐 은행 현금인출기에서 비밀번호를 입력하고 현금서비스로 100만 원을 인출하였다. 甲은 인출한 100만 원 중 50만 원을 자신의 애인인 丙에게 용돈으로 주었다. 수사가 개시되자 甲은 형사처분을 면할 목적으로 2년간 외국에 도피하였다. 甲이 귀국하자 검사는 甲, 乙, 丙을 위의 공소사실로 기소하였다.(다툼이 있는 경우 판례에 의함) 변호사시험 제5회

28 A의 신용카드를 훔친 甲의 행위는 친고죄에 해당하므로 A의 고소가 없는 경우에 법원은 「형사소송법」제327조 제2호에 의하여 공소기각판결을 선고하여야 한다.

해설 ✎

〔형법 제328조(친족간의 범행과 고소)〕① 직계혈족, 배우자, 동거친족, 동거가족 또는 그 배우자간의 제323조의 죄는 그 형을 면제한다. ② 제1항이외의 친족간에 제323조의 죄를 범한 때에는 고소가 있어야 공소를 제기할 수 있다. ③ 전2항의 신분관계가 없는 공범에 대하여는 전 이항을 적용하지 아니한다.

〔형법 제329조(절도)〕타인의 재물을 절취한 자는 6년 이하의 징역 또는 1천만원 이하의 벌금에 처한다.

〔형법 제344조(친족간의 범행)〕제328조의 규정은 제329조 내지 제332조의 죄 또는 미수범에 준용한다.

〔형사소송법 제327조(공소기각의 판결)〕다음 경우에는 판결로써 공소기각의 선고를 하여야 한다.

1. 피고인에 대하여 재판권이 없는 때
2. **공소제기의 절차가 법률의 규정에 위반하여 무효인 때**
3. 공소가 제기된 사건에 대하여 다시 공소가 제기되었을 때
4. 제329조의 규정에 위반하여 공소가 제기되었을 때
5. 고소가 있어야 죄를 논할 사건에 대하여 고소의 취소가 있은 때
6. 피해자의 명시한 의사에 반하여 죄를 논할 수 없는 사건에 대하여 처벌을 희망하지 아니하는 의사표시가 있거나 처벌을 희망하는 의사표시가 철회되었을 때

→ 甲은 乙과 사촌관계로 형법 제328조 제1항이외의 친족관계에 있으므로 甲의 행위는 친고
죄에 해당한다. 따라서 고소가 없이 공소가 제기된 경우, 공소제기의 절차가 법률의 규정에
위반하여 무효인 때에 해당하여 공소기각판결을 선고하여야 한다. 정답 - ○

29 甲의 신용카드 절도에 대한 A의 적법한 고소가 있는 경우에 甲의 절도 피고사건 항소심
에서 A가 그 고소를 취소하더라도 항소심법원은 그 고소취소를 사유로 공소기각판결을
선고할 수는 없다.

해설

〔형사소송법 제232조(고소의 취소)〕① 고소는 제1심 판결선고 전까지 취소할 수 있다. ②
고소를 취소한 자는 다시 고소하지 못한다. ③ 피해자의 명시한 의사에 반하여 죄를 논할 수 없
는 사건에 있어서 처벌을 희망하는 의사표시의 철회에 관하여도 전2항의 규정을 준용한다.

→ 항소심에서 고소를 취소한 것은 효력이 없으므로 고소취소를 사유로 공소기각판결을 선고
할 수는 없다. 정답 - ○

30 100만 원의 현금서비스를 받은 甲의 행위는 친고죄에 해당하므로 A의 고소가 없는 경우
에 법원은 「형사소송법」 제327조 제2호에 의하여 공소기각판결을 선고하여야 한다.

해설 [1] 신용카드업법 제25조 제1항 소정의 부정사용이라 함은 도난·분실 또는 위조·변
조된 신용카드를 진정한 카드로서 신용카드의 본래의 용법에 따라 사용하는 경우를 말하는
것이므로, 절취한 신용카드를 현금인출기에 주입하고 비밀번호를 조작하여 현금서비스를 제
공받으려는 일련의 행위는 그 부정사용의 개념에 포함된다.
[2] 피해자 명의의 신용카드를 부정사용하여 현금자동인출기에서 현금을 인출하고 그 현금
을 취득까지 한 행위는 신용카드업법(현행 '여신전문금융업법'-역자 주) 제25조 제1항의 부
정사용죄에 해당할 뿐 아니라 그 현금을 취득함으로써 현금자동인출기 관리자의 의사에 반
하여 그의 지배를 배제하고 그 현금을 자기의 지배하에 옮겨 놓는 것이 되므로 별도로 절도
죄를 구성하고, 위 양 죄의 관계는 그 보호법익이나 행위태양이 전혀 달라 **실체적 경합관계**에
있는 것으로 보아야 한다(대판 1995. 7. 28, 95도997).

〔여신전문금융업법 제70조(벌칙)〕① 다음 각 호의 어느 하나에 해당하는 자는 7년 이하의 징
역 또는 5천만원 이하의 벌금에 처한다.
3. 분실하거나 **도난당한 신용카드**나 직불카드를 판매하거나 **사용한 자**

→ 甲의 행위는 여신전문금융업법위반죄(신용카드부정사용)와 절도죄의 실체적 경합에 해당한
다. 여신전문금융업법위반죄는 친족상도례의 적용이 없어 친고죄에 해당하지 않으며, 절도
죄 부분 역시 현금의 점유자는 현금자동인출기 관리자인 금융기관이므로 친족상도례가 적
용되지 않는다. 따라서 현금서비스를 받은 행위는 친고죄에 해당하지 않으므로 틀린 지문
이다. 정답 - X

제3절 임의수사

1 피의자의 지위는 수사기관이 조사대상자에 대한 범죄 혐의를 인정하여 수사를 개시하는 행위를 한 때 인정되므로, 이러한 피의자 지위에 이르지 아니한 자에 대하여는 수사기관이 진술거부권을 고지하지 아니하였더라도 진술의 증거능력이 부정되지 아니한다.

변호사시험 제3회

해설 ✎ 피의자에 대한 진술거부권 고지는 피의자의 진술거부권을 실효적으로 보장하여 진술이 강요되는 것을 막기 위해 인정되는 것인데, 이러한 진술거부권 고지에 관한 형사소송법 규정내용 및 진술거부권 고지가 갖는 실질적인 의미를 고려하면 수사기관에 의한 진술거부권 고지 대상이 되는 피의자 지위는 수사기관이 조사대상자에 대한 범죄혐의를 인정하여 수사를 개시하는 행위를 한 때 인정되는 것으로 보아야 한다. 따라서 이러한 피의자 지위에 있지 아니한 자에 대하여는 진술거부권이 고지되지 아니하였더라도 진술의 증거능력을 부정할 것은 아니다(대판 2011. 11. 10, 2011도8125). 정답 - ○

2 검사가 피의자에게 진술거부권을 고지하였으나, 검사 작성의 피의자신문조서에 진술거부권 행사 여부에 대한 피의자의 답변이 자필로 기재되어 있지 아니하거나 그 답변 부분에 피의자의 기명날인 또는 서명이 되어 있지 아니하였다면 그 피의자신무조서는 '적법한 절차와 방식'에 따라 작성된 것이라고 할 수 없다.

변호사시험 제3회

해설 ✎ 헌법 제12조 제2항, 형사소송법 제244조의3 제1항, 제2항, 제312조 제3항에 비추어 보면, 비록 사법경찰관이 피의자에게 진술거부권을 행사할 수 있음을 알려 주고 그 행사 여부를 질문하였다 하더라도, 형사소송법 제244조의3 제2항에 규정한 방식에 위반하여 진술거부권 행사 여부에 대한 피의자의 답변이 자필로 기재되어 있지 아니하거나 그 답변 부분에 피의자의 기명날인 또는 서명이 되어 있지 아니한 사법경찰관 작성의 피의자신문조서는 특별한 사정이 없는 한 형사소송법 제312조 제3항에서 정한 '적법한 절차와 방식'에 따라 작성된 조서라 할 수 없으므로 그 증거능력을 인정할 수 없다(대판 2013. 3. 28, 2010도3359). 정답 - ○

3 구속영장 발부에 의하여 적법하게 구금된 피의자가 피의자신문을 위한 출석요구에 응하지 아니하면서 수사기관 조사실에 출석하기를 거부한다면, 수사기관은 그 구속영장의 효력에 의하여 피의자를 조사실로 구인할 수 있다.

변호사시험 제4회

해설 ✎ 형사소송법(이하 '법'이라고 한다) 제70조 제1항 제1호, 제2호, 제3호, 제199조 제1항, 제200조, 제200조의2 제1항, 제201조 제1항의 취지와 내용에 비추어 보면, 수사기관이 관할 지방법원 판사가 발부한 구속영장에 의하여 피의자를 구속하는 경우, 그 구속영장은 기본적으로 장차 공판정에의 출석이나 형의 집행을 담보하기 위한 것이지만, 이와 함께 법 제202조, 제203조에서 정하는 구속기간의 범위 내에서 수사기관이 법 제200조, 제241조 내지 제244조의5에 규정된 피의자신문의 방식으로 구속된 피의자를 조사하는 등 적정한 방법으로 범죄를 수사하는 것도 예정하고 있다고 할 것이다. 따라서 **구속영장 발부에 의하여 적법하게 구금된 피의자가 피의자신문을 위한 출석요구에 응하지 아니하면서 수사기관 조사실에 출석을 거부한다면 수사기관은 그 구속영장의 효력에 의하여 피의자를 조사실로 구인할 수 있다고 보아야 한다**(대결 2013. 7. 1, 자 2013모160). 정답 － O

4 검사가 검찰사건사무규칙에 따른 범죄인지 절차를 밟지 않은 상태에서 행한 피의자신문은 위법한 수사에 해당하며, 당해 피의자신문조서는 증거능력이 없다. 변호사시험 제4회

(해설 🖉) 검찰사건사무규칙 제2조 내지 제4조에 의하면, 검사가 범죄를 인지하는 경우에는 범죄인지서를 작성하여 사건을 수리하는 절차를 거치도록 되어 있으므로, 특별한 사정이 없는 한 수사기관이 그와 같은 절차를 거친 때에 범죄인지가 된 것으로 볼 것이나, 범죄의 인지는 실질적인 개념이고, 이 규칙의 규정은 검찰행정의 편의를 위한 사무처리절차 규정이므로, 검사가 그와 같은 절차를 거치기 전에 범죄의 혐의가 있다고 보아 수사를 개시하는 행위를 한 때에는 이 때에 범죄를 인지한 것으로 보아야 하고, 그 뒤 범죄인지서를 작성하여 사건수리 절차를 밟은 때에 비로소 범죄를 인지하였다고 볼 것이 아니며, 이러한 인지절차를 밟기 전에 수사를 하였다고 하더라도, 그 수사가 장차 인지의 가능성이 전혀 없는 상태하에서 행해졌다는 등의 특별한 사정이 없는 한, 인지절차가 이루어지기 전에 수사를 하였다는 이유만으로 그 수사가 위법하다고 볼 수는 없고, 따라서 그 수사과정에서 작성된 피의자신문조서나 진술조서 등의 증거능력도 이를 부인할 수 없다(대판 2001. 10. 26, 2000도2968). 정답 － X

5 피의자신문에 참여한 변호인은 신문 후 의견을 진술할 수 있는 것이 원칙이나, 신문 중이라도 부당한 신문방법에 대하여 이의를 제기할 수 있고, 검사 또는 사법경찰관의 승인을 얻어 의견을 진술할 수 있다 변호사시험 제4회

(해설 🖉)

> 〔형사소송법 제243조의2(변호인의 참여 등)〕 ③ 신문에 참여한 변호인은 신문 후 의견을 진술할 수 있다. 다만, 신문 중이라도 부당한 신문방법에 대하여 이의를 제기할 수 있고, 검사 또는 사법경찰관의 승인을 얻어 의견을 진술할 수 있다.

정답 － O

6 수사기관이 변호인의 피의자신문 참여를 부당하게 제한하거나 중단시킨 경우에는 준항고를 통해 다툴 수 있다. 변호사시험 제4회

(해설 🖉)

> 〔형사소송법 제416조(준항고)〕 ① 재판장 또는 수명법관이 다음 각 호의 1에 해당한 재판을 고지한 경우에 불복이 있으면 그 법관소속의 법원에 재판의 취소 또는 변경을 청구할 수 있다.
> 1. 기피신청을 기각한 재판
> 2. 구금, 보석, 압수 또는 압수물환부에 관한 재판

3. 감정하기 위하여 피고인의 유치를 명한 재판

4. 증인, 감정인, 통역인 또는 번역인에 대하여 과태료 또는 비용의 배상을 명한 재판

〔형사소송법 제417조(동전)〕 검사 또는 사법경찰관의 구금, 압수 또는 압수물의 환부에 관한 처분과 제243조의2에 따른 변호인의 참여 등에 관한 처분에 대하여 불복이 있으면 그 직무집행지의 관할법원 또는 검사의 소속검찰청에 대응한 법원에 그 처분의 취소 또는 변경을 청구할 수 있다.

정답 - ○

7 수사기관은 피의자를 신문하기 전에 변호인의 조력을 받을 수 있다는 것을 알려주어야 한다. 변호사시험 제4회

해설 ✎

〔형사소송법 제244조의3(진술거부권 등의 고지)〕 ① 검사 또는 사법경찰관은 피의자를 신문하기 전에 다음 각 호의 사항을 알려주어야 한다.

1. 일체의 진술을 하지 아니하거나 개개의 질문에 대하여 진술을 하지 아니할 수 있다는 것

2. 진술을 하지 아니하더라도 불이익을 받지 아니한다는 것

3. 진술을 거부할 권리를 포기하고 행한 진술은 법정에서 유죄의 증거로 사용될 수 있다는 것

4. 신문을 받을 때에는 변호인을 참여하게 하는 등 변호인의 조력을 받을 수 있다는 것

정답 - ○

8 영상녹화물은 조사가 행해지는 동안 조사실 전체를 확인할 수 있도록 녹화된 것으로 진술자의 얼굴을 식별할 수 있는 것이어야 하고, 재생화면에는 녹화 당시의 날짜와 시간이 실시간으로 표시되어야 한다. 변호사시험 제4회

해설 ✎

〔형사소송규칙 제134조의2(영상녹화물의 조사 신청)〕 ① 검사는 피고인이 된 피의자의 진술을 영상녹화한 사건에서 피고인이 그 조서에 기재된 내용이 피고인이 진술한 내용과 동일하게 기재되어 있음을 인정하지 아니하는 경우 그 부분의 성립의 진정을 증명하기 위하여 영상녹화물의 조사를 신청할 수 있다. ④ 제1항의 영상녹화물은 조사가 행해지는 동안 조사실 전체를 확인할 수 있도록 녹화된 것으로 진술자의 얼굴을 식별할 수 있는 것이어야 한다. ⑤ 제1항의 영상녹화물의 재생 화면에는 녹화 당시의 날짜와 시간이 실시간으로 표시되어야 한다.

정답 - ○

9 피고인이 된 피의자의 진술을 영상녹화할 경우에는 진술거부권, 변호인의 참여를 요청할 수 있다는 점 등의 고지가 포함되어야 한다. 변호사시험 제4회

해설 🖉

[형사소송규칙 제134조의2(영상녹화물의 조사 신청)] ① 검사는 피고인이 된 피의자의 진술을 영상녹화한 사건에서 피고인이 그 조서에 기재된 내용이 피고인이 진술한 내용과 동일하게 기재되어 있음을 인정하지 아니하는 경우 그 부분의 성립의 진정을 증명하기 위하여 영상녹화물의 조사를 신청할 수 있다. ③ 제1항의 영상녹화물은 조사가 개시된 시점부터 조사가 종료되어 피의자가 조서에 기명날인 또는 서명을 마치는 시점까지 전과정이 영상녹화된 것으로, 다음 각 호의 내용을 포함하는 것이어야 한다.
1. 피의자의 신문이 영상녹화되고 있다는 취지의 고지
2. 영상녹화를 시작하고 마친 시각 및 장소의 고지
3. 신문하는 검사와 참여한 자의 성명과 직급의 고지
4. 진술거부권·변호인의 참여를 요청할 수 있다는 점 등의 고지
5. 조사를 중단·재개하는 경우 중단 이유와 중단 시각, 중단 후 재개하는 시각
6. 조사를 종료하는 시각

정답 - ○

10 진술거부권 고지의 대상이 되는 피의자의 지위는 수사기관이 범죄인지서를 작성하는 등의 형식적인 사건수리 절차를 거치기 전이라도 조사대상자에 대하여 범죄의 혐의가 있다고 보아 실질적으로 수사를 개시하는 행위를 한 때에 인정되므로, 진술조서의 형식을 취하더라도 실질이 피의자신문조서의 성격을 가지는 경우에는 수사기관은 진술을 듣기 전에 조사대상자에게 미리 진술거부권을 고지하여야 한다.   변호사시험 제6회

해설 🖉 피의자의 진술을 기재한 서류 또는 문서가 수사기관에서의 조사 과정에서 작성된 것이라면, 그것이 '진술조서, 진술서, 자술서'라는 형식을 취하였다고 하더라도 피의자신문조서와 달리 볼 수 없고, 수사기관에 의한 진술거부권 고지의 대상이 되는 피의자의 지위는 수사기관이 범죄인지서를 작성하는 등의 형식적인 사건수리 절차를 거치기 전이라도 조사대상자에 대하여 범죄의 혐의가 있다고 보아 실질적으로 수사를 개시하는 행위를 한 때에 인정된다. 특히 조사대상자의 진술 내용이 단순히 제3자의 범죄에 관한 경우가 아니라 자신과 제3자에게 공동으로 관련된 범죄에 관한 것이거나 제3자의 피의사실뿐만 아니라 자신의 피의사실에 관한 것이기도 하여 실질이 피의자신문조서의 성격을 가지는 경우에 수사기관은 진술을 듣기 전에 미리 진술거부권을 고지하여야 한다(대판 2015. 10. 29, 2014도5939).   정답 - ○

11 외국 국적자인 甲은 주간에 A가 운영하는 휴대폰 판매 가게에서 A가 잠시 자리를 비운 틈을 타 중고 휴대폰 여러 대를 훔친 후 자신의 집에 숨겨두었다. 며칠 뒤 사법경찰관이 노래방에서 나오는 甲을 긴급체포하였다. 검사는 검찰수사관과 통역인을 참여시킨 상태에서 甲을 신문하여 피의자신문조서를 작성하였고 영상녹화는 하지 않았다. 만일 검사가 피의자신문 시 甲의 진술을 영상녹화하려면 영상녹화에 대한 甲의 동의를 얻어야 한다.   변호사시험 제7회

해설 ✍

> 〔형사소송법 제244조의2(피의자진술의 영상녹화)〕 ① 피의자의 진술은 영상녹화할 수 있다. 이 경우 미리 영상녹화사실을 알려주어야 하며, 조사의 개시부터 종료까지의 전 과정 및 객관적 정황을 영상녹화하여야 한다.

→ 피의자의 진술을 영상녹화하는 경우 미리 그 사실을 알려주면 족하므로, 甲의 동의를 얻어야 하는 것은 아니다.

[정답] — X

12 아동·청소년 대상 성범죄 피해자의 진술내용과 조사과정에 대한 영상물 녹화는 피해자 또는 법정대리인이 이를 원하지 아니하는 의사를 표시한 때에는 촬영을 하여서는 안 된다. 다만, 가해자가 친족일 경우는 그러하지 아니하다.　　　　　변호사시험 제4회

해설 ✍

> 〔아동·청소년의 성보호에 관한 법률 제26조(영상물의 촬영·보존 등)〕 ① 아동·청소년대상 성범죄 피해자의 진술내용과 조사과정은 비디오녹화기 등 영상물 녹화장치로 촬영·보존하여야 한다. ② 제1항에 따른 영상물 녹화는 피해자 또는 법정대리인이 이를 원하지 아니하는 의사를 표시한 때에는 촬영을 하여서는 아니 된다. 다만, 가해자가 <u>친권자 중 일방</u>인 경우는 그러하지 아니하다.

[정답] — X

사례 【13~16】

다음 사례에 관하여 답하시오.(다툼이 있는 경우 판례에 의함)　　　변호사시험 제4회

> 사법경찰관 甲은 乙이 반국가단체의 활동에 동조하였다는 제보를 받고 국가보안법위반의 범죄 혐의가 있다고 생각하여, 2014. 12. 18. 06:00경 乙의 집으로 가서 다짜고짜 "경찰서로 잠깐 가서 조사할 것이 있다."고 말하였다. 乙은 가기 싫었으나 겁이 나서 따라나섰고, 甲은 乙을 순찰차에 태워 경찰서로 이동하였다. 甲은 乙에게 혐의사실을 추궁하였으나 乙은 범행을 부인하였다. 甲은 乙이 조사 도중 화장실에 갈 때에도 따라가 감시하였고, 乙이 집에 가서 챙겨 올 것이 있다고 할 때에도 혐의사실을 인정할 때까지는 집에 가지 못한다며 제지하였다. 계속되는 조사에 지친 乙은 결국 같은 날 23:00경 혐의사실을 인정하였고, 이에 甲은 피의사실의 요지, 체포이유 등을 乙에게 고지하는 등 절차를 밟아 乙을 긴급체포하였다.

13 乙이 조사할 것이 있다는 甲의 말을 듣고 따라나섰다고 하더라도 乙에 대한 임의동행은 적법하지 않다.

해설 ✍ 「15번 문제」해설 참조

[정답] — ○

14 乙이 집에 가서 챙겨 올 것이 있다고 하였음에도, 甲이 乙의 귀가를 막은 것은 적법하지 않다.

(해설 ✐) **임의동행의 적법요건**에 관하여 판례는 형사소송법 제199조 제1항은 "수사에 관하여 그 목적을 달성하기 위하여 필요한 조사를 할 수 있다. 다만, 강제처분은 이 법률에 특별한 규정이 있는 경우에 한하며, 필요한 최소한도의 범위 안에서만 하여야 한다."고 규정하여 임의수사의 원칙을 명시하고 있는바, 수사관이 수사과정에서 당사자의 동의를 받는 형식으로 피의자를 수사관서 등에 동행하는 것은, 상대방의 신체의 자유가 현실적으로 제한되어 실질적으로 체포와 유사한 상태에 놓이게 됨에도, 영장에 의하지 아니하고 그 밖에 강제성을 띤 동행을 억제할 방법도 없어서 제도적으로는 물론 현실적으로도 임의성이 보장되지 않을 뿐만 아니라, 아직 정식의 체포·구속단계 이전이라는 이유로 상대방에게 헌법 및 형사소송법이 체포·구속된 피의자에게 부여하는 각종의 권리보장 장치가 제공되지 않는 등 형사소송법의 원리에 반하는 결과를 초래할 가능성이 크므로, 수사관이 동행에 앞서 피의자에게 동행을 거부할 수 있음을 알려 주었거나 동행한 피의자가 언제든지 자유로이 동행과정에서 이탈 또는 동행장소로부터 퇴거할 수 있었음이 인정되는 등 오로지 피의자의 자발적인 의사에 의하여 수사관서 등에의 동행이 이루어졌음이 객관적인 사정에 의하여 명백하게 입증된 경우에 한하여, 그 적법성이 인정되는 것으로 봄이 상당하다. 형사소송법 제200조 제1항에 의하여 검사 또는 사법경찰관이 피의자에 대하여 임의적 출석을 요구할 수는 있겠으나, 그 경우에도 수사관이 단순히 출석을 요구함에 그치지 않고 일정 장소로의 동행을 요구하여 실행한다면 위에서 본 법리가 적용되어야 하고, 한편 행정경찰 목적의 경찰활동으로 행하여지는 경찰관직무집행법 제3조 제2항 소정의 질문을 위한 동행요구도 형사소송법의 규율을 받는 수사로 이어지는 경우에는 역시 위에서 본 법리가 적용되어야 한다(대판 2006. 7. 6, 2005도6810)라고 판시하고 있다.

→ 乙을 연행한 것이 임의동행 형식인 이상, 乙이 원하면 언제든지 자유로이 동행장소에서 퇴거할 수 있어야 한다. 그럼에도 불구하고 甲이 乙의 귀가를 막은 것이므로 적법하지 않다.

[정답] - ○

15 甲이 사후적으로 위와 같이 긴급체포절차를 밟았더라도 이와 같은 긴급체포는 위법하다.

(해설 ✐) 「13번 문제의 해설」 사법경찰관이 피고인을 수사관서까지 동행한 것이 사실상의 강제연행, 즉 불법 체포에 해당하고, 불법 체포로부터 6시간 상당이 경과한 「15번 문제의 해설」후에 이루어진 긴급체포 또한 위법하므로 피고인이 불법체포된 자로서 형법 제145조 제1항에 정한 '법률에 의하여 체포 또는 구금된 자'가 아니어서 도주죄의 주체가 될 수 없다고 한 사례 (판결이유 중)······ 경찰관들이 피고인을 동행한 시각이 동틀 무렵인 새벽 06:00경이었고,······ 공소외 1은 동행을 요구할 당시······피고인에게 그 요구를 거부할 수 있음을 말해주지 않은 것으로 보이는 점, ④ 피고인이 원심 법정에서 경찰서에서 화장실에 갈 때도 경찰관 1명이 따라와 감시했다고 진술한 점 등에 비추어 피고인이 경찰서에 도착한 이후의 상황도 피고인이 임의로 퇴거할 수 있는 상황은 아니었던 것으로 보이는 점 등 제반 사정에 비추어 보면, 비록 사법경찰관이 피고인을 동행할 당시에 물리력을 행사한 바가 없고, 피고인이 명시적으로 거

부의사를 표명한 적이 없다고 하더라도, 사법경찰관이 피고인을 수사관서까지 동행한 것은 위에서 본 적법요건이 갖추어지지 아니한 채 사법경찰관의 동행 요구를 거절할 수 없는 심리적 압박 아래 행하여진 사실상의 강제연행, 즉 불법 체포에 해당한다고 보아야 할 것이고, 사법경찰관이 그로부터 6시간 상당이 경과한 이후에 비로소 피고인에 대하여 긴급체포의 절차를 밟았다고 하더라도 이는 동행의 형식 아래 행해진 불법 체포에 기하여 사후적으로 취해진 것에 불과하므로, 그와 같은 긴급체포 또한 위법하다고 아니할 수 없다.……(대판 2006. 7. 6, 2005도6810).

정답 - ○

16 만일 甲이 乙에게 피내사자 신분으로 동행을 요구하였더라도, 乙의 변호인접견교통권은 인정되어야 한다.

해설 변호인의 조력을 받을 권리를 실질적으로 보장하기 위하여는 변호인과의 접견교통권의 인정이 당연한 전제가 되므로, 임의동행의 형식으로 수사기관에 연행된 피의자에게도 변호인 또는 변호인이 되려는 자와의 접견교통권은 당연히 인정된다고 보아야 하고, 임의동행의 형식으로 연행된 피내사자의 경우에도 이는 마찬가지이다(대결 1996. 6. 3, 자 96모18).

정답 - ○

제2장 강제처분과 강제수사

제1절 체포와 구속

1 피의자가 죄를 범하였다고 의심할 만한 상당한 이유가 있고 정당한 이유없이 출석요구에 응하지 아니하거나 아니할 우려가 있는 때라고 하더라도 명백히 체포의 필요가 인정되지 아니하는 경우에는 지방법원판사는 체포영장의 청구를 기각하여야 한다. 변호사시험 제1회

해설

> [형사소송법 제200조의2(영장에 의한 체포)] ① 피의자가 죄를 범하였다고 의심할 만한 상당한 이유가 있고, 정당한 이유없이 제200조의 규정에 의한 출석요구에 응하지 아니하거나 응하지 아니할 우려가 있는 때에는 검사는 관할 지방법원판사에게 청구하여 체포영장을 발부받아 피의자를 체포할 수 있고, 사법경찰관은 검사에게 신청하여 검사의 청구로 관할 지방법원판사의 체포영장을 발부받아 피의자를 체포할 수 있다. 다만, 다액 50만원이하의 벌금, 구류 또는 과료에 해당하는 사건에 관하여는 피의자가 일정한 주거가 없는 경우 또는 정당한 이유없이 제200조의 규정에 의한 출석요구에 응하지 아니한 경우에 한한다. ② 제1항의 청구를 받은 지방법원판사는 상당하다고 인정할 때에는 체포영장을 발부한다. 다만, 명백히 체포의 필요가 인정되지 아니하는 경우에는 그러하지 아니하다.

정답 - ○

2 영장에 의해 피의자를 체포한 경우 체포한 때부터 48시간 이내에 구속영장을 발부받지 못하면 즉시 석방하여야 한다. 변호사시험 제2회

해설 ✎

> 〔형사소송법 제200조의2(영장에 의한 체포)〕 ⑤ 체포한 피의자를 구속하고자 할 때에는 체포한 때부터 48시간이내에 제201조의 규정에 의하여 구속영장을 <u>청구</u>하여야 하고, 그 기간 내에 구속영장을 <u>청구하지</u> 아니하는 때에는 피의자를 즉시 석방하여야 한다.

→ 48시간 이내에 구속영장을 청구하기만 하면 아직 발부받지 못하더라도 체포한 피의자를 즉시 석방해야 하는 것은 아니다. 정답 - X

3 체포영장에 의하여 체포한 피의자를 구속하고자 할 때에는 검사는 체포한 때로부터 48시간 이내에 관할지방법원판사로부터 구속영장을 발부받아야 한다. 변호사시험 제5회

해설 ✎

> 〔형사소송법 제200조의2(영장에 의한 체포)〕 ⑤ 체포한 피의자를 구속하고자 할 때에는 체포한 때부터 48시간이내에 제201조의 규정에 의하여 구속영장을 <u>청구</u>하여야 하고, 그 기간내에 구속영장을 <u>청구하지 아니하는 때</u>에는 피의자를 즉시 석방하여야 한다.

정답 - X

4 긴급체포되었지만 구속영장을 청구하지 아니하여 석방된 자는 영장없이는 동일한 범죄 사실에 관하여 다시 체포하지 못한다. 변호사시험 제1회

해설 ✎

> 〔형사소송법 제200조의4(긴급체포와 영장청구기간)〕 ① 검사 또는 사법경찰관이 제200 조의3의 규정에 의하여 피의자를 체포한 경우 피의자를 구속하고자 할 때에는 지체 없이 검사는 관할지방법원판사에게 구속영장을 청구하여야 하고, 사법경찰관은 검사에게 신청하여 검사의 청구로 관할지방법원판사에게 구속영장을 청구하여야 한다. 이 경우 **구속영장은 피의자를 체포한 때부터 48시간 이내에 청구하여야** 하며, 제200조의3 제3항에 따른 긴급체포서를 첨부하여야 한다. ② 제1항의 규정에 의하여 **구속영장을 청구하지 아니하거나** 발부받지 못한 때에는 피의자를 즉시 석방하여야 한다. ③ 제2항의 규정에 의하여 석방된 자는 영장없이는 동일한 범죄사실에 관하여 체포하지 못한다.

정답 - O

5 현행범체포에 있어서 체포의 목적을 달성하기 위하여 필요한 범위 내에서 사인이라도 강제력을 행사할 수 있다. 변호사시험 제2회

해설 ✎ [1] 현행범인은 누구든지 영장 없이 체포할 수 있으므로 **사인의 현행범인 체포**는 법령에 의한 행위로서 위법성이 조각된다고 할 것인데, 현행범인 체포의 요건으로서는 행위의 가벌성, 범죄의 현행성·시간적 접착성, 범인·범죄의 명백성 외에 체포의 필요성 즉, 도망 또는

증거인멸의 염려가 있을 것을 요한다.

[2] 적정한 한계를 벗어나는 현행범인 체포행위는 그 부분에 관한 한 법령에 의한 행위로 될 수 없다고 할 것이나, 적정한 한계를 벗어나는 행위인가 여부는 결국 정당행위의 일반적 요건을 갖추었는지 여부에 따라 결정되어야 할 것이지 그 행위가 소극적인 방어행위인가 적극적인 공격행위인가에 따라 결정되어야 하는 것은 아니다.

[3] 피고인의 차를 손괴하고 도망하려는 피해자를 도망하지 못하게 멱살을 잡고 흔들어 피해자에게 전치 14일의 흉부찰과상을 가한 경우, 정당행위에 해당한다고 본 사례(대판 1999. 1. 26, 98도3029).

→ 위 관례처럼 사인에 의한 현행범 체포 역시 필요한 범위 내에서 강제력을 행사할 수 있으며, 법령에 의한 행위로서 정당행위에 해당한다.

정답 - ○

6 독신인 甲은 보험금을 지급받을 목적으로, 2014. 10. 1. 23:30 화재보험에 가입된 혼자 사는 자신의 단독주택에 휘발유를 뿌린 뒤 라이터로 불을 붙였다. 때 마침 불길에 휩싸인 甲의 주택을 보고 깜짝 놀라 달려 나온 이웃주민 A가 甲을 덮쳐 넘어뜨려 체포하였다. A는 甲을 붙잡은 상태에서 곧바로 경찰서에 신고하였고, 이 신고를 받고 출동한 경찰관 B는 2014. 10. 2. 00:10 A로부터 甲을 인도받으면서 피의사실의 요지, 체포이유 등을 고지하였다. B는 甲의 자백과 함께 방화범행의 증거물에 대한 조사를 마치고, 검사에게 구속영장을 신청하면서 수사관계서류를 관할 검찰청에 접수하였고, 검사는 같은 날 17:00 관할법원에 구속영장청구서 및 수사관계서류를 접수시켰다. 관할 법원 영장전담판사는 2014. 10. 3. 10:00 구속 전 피의자심문절차를 실시하였고, 같은 날 13:00 구속영장을 발부하면서, 수사관계서류를 검찰청에 반환하였다. 이 경우, A가 甲을 현행범인으로 체포할 당시 甲에게 피의사실의 요지, 체포이유 등을 고지하지 않았다고 하더라도 A의 체포행위는 위법하지 않다.

변호사시험 제4회

해설 「7번 문제」 해설 참조

정답 - ○

7 외국인 근로자 甲은 외국인인 A의 운전면허증(서울지방경찰청장 발행)을 훔쳐 소지함을 기화로 이동통신 대리점에서 A로 행세하면서 A 명의로 이동전화가입신청서를 작성하여 A의 운전면허증과 함께 제출한 뒤 휴대전화기를 교부받으려다 A가 아님을 알아차린 업주에게 현행범으로 체포되어 경찰에 인계되어 조사 받은 후 석방되었다. 甲은 검사 작성의 피의자신문조서에 이의없음을 진술하고도 간인, 날인 및 서명을 거부하여 검사는 조서에 그러한 취지를 기재하고 기소하였고, 담당 재판부는 甲이 공판기일에 수회 불출석하여 구속영장을 발부하였다. 공판기일에 A의 사실혼 배우자 B가 증인으로 출석하여 운전면허증을 도난당한 상황을 증언한 후 이어서 A의 증언을 통역하였다. 이 경우, 업주가 甲을 체포할 때 피의사실의 요지, 체포의 이유와 변호인을 선임할 수 있음을 말하고 변명할 기회를 주어야 할 의무는 없고, 甲을 인도받은 사법경찰관이 인도받을 때 위 절차를 밟으면 된다.

변호사시험 제5회

해설 ✏️

> 〔형사소송법 제200조의5(체포와 피의사실 등의 고지)〕 검사 또는 사법경찰관은 피의자를 체포하는 경우에는 피의사실의 요지, 체포의 이유와 변호인을 선임할 수 있음을 말하고 변명할 기회를 주어야 한다.
>
> 〔형사소송법 제213조(체포된 현행범인의 인도)〕 ① 검사 또는 사법경찰관리 아닌 자가 현행범인을 체포한 때에는 즉시 검사 또는 사법경찰관리에게 인도하여야 한다. ② 사법경찰관리가 현행범인의 인도를 받은 때에는 체포자의 성명, 주거, 체포의 사유를 물어야 하고 필요한 때에는 체포자에 대하여 경찰관서에 동행함을 요구할 수 있다.
>
> 〔형사소송법 제213조의2(준용규정)〕 제87조, 제89조, 제90조, 제200조의2 제5항 및 제200조의5의 규정은 검사 또는 사법경찰관리가 현행범인을 체포하거나 현행범인을 인도받은 경우에 이를 준용한다.

→ 일반인이 현행범인을 체포한 경우 즉시 검사 또는 사법경찰관리에게 인도하여야 하며(형사소송법 제213조 제1항), 현행범인을 인도 받은 검사 또는 사법경찰관리는 피의사실의 요지, 체포이유 등을 고지하여야 한다(제213조의 2, 제200조의5). 이와 별도로 일반인이 피의사실의 요지, 체포이유 등을 고지해야 하는 것은 아니다. 　　　　　　　　　정답 – O

8 　구속영장이 청구되어 심문을 하는 피의자에게 변호인이 없는 경우 지방법원판사는 직권으로 변호인을 선정하여야 하고, 영장의 청구가 기각되더라도 선정의 효력은 제1심까지 지속된다. 　　　　　　　　　　　　　　　　　　　　　　　　　　　변호사시험 제1회

해설 ✏️ 「9번 문제」해설 참조 　　　　　　　　　　　　　　　정답 – X

9 　구속 전 피의자심문에서 피의자에게 변호인이 없는 때에는 지방법원판사는 직권으로 변호인을 선정하여야 하며, 이 경우 변호인의 선정은 구속영장청구가 기각되어도 제1심까지 효력이 있다. 　　　　　　　　　　　　　　　　　　　　　　　　변호사시험 제4회

해설 ✏️

> 〔형사소송법 제201조의2(구속영장 청구와 피의자 심문)〕 ① 제200조의2·제200조의3 또는 제212조에 따라 체포된 피의자에 대하여 **구속영장을 청구받은 판사는 지체 없이 피의자를 심문하여야 한다.** 이 경우 특별한 사정이 없는 한 구속영장이 청구된 날의 다음날까지 심문하여야 한다. ⑧ 심문할 피의자에게 변호인이 없는 때에는 지방법원판사는 직권으로 변호인을 선정하여야 한다. 이 경우 변호인의 선정은 피의자에 대한 <u>구속영장 청구가 기각되어 효력이 소멸한 경우를 제외하고는</u> 제1심까지 효력이 있다.

　　　　　　　　　　　　　　　　　　　　　　　　　　　정답 – X

10 　구속영장을 청구받은 지방법원 판사는 체포된 피의자에 대하여 지체 없이 피의자를 심문하여야 하나, 체포되지 않은 피의자에 대하여는 직권으로 심문 여부를 결정한다.
　　　　　　　　　　　　　　　　　　　　　　　　　　　변호사시험 제2회

해설 ✏

[형사소송법 제201조의2(구속영장 청구와 피의자 심문)] ① 제200조의2·제200조의3 또는 제
212조에 따라 **체포된 피의자에 대하여 구속영장을 청구받은 판사는 지체 없이 피의자를 심문
하여야 한다.** 이 경우 특별한 사정이 없는 한 구속영장이 청구된 날의 다음날까지 심문하여야 한
다. ② 제1항 외의 피의자에 대하여 구속영장을 청구받은 판사는 피의자가 죄를 범하였다고 의
심할 만한 이유가 있는 경우에 구인을 위한 구속영장을 발부하여 **피의자를 구인한 후 심문하여
야 한다.** 다만, 피의자가 도망하는 등의 사유로 심문할 수 없는 경우에는 그러하지 아니하다.

→ 체포되지 않은 피의자에 대하여도 원칙적으로 심문을 하여야 하므로, 직권으로 심문 여부
를 결정하는 것은 아니다.   정답 – X

11 구속영장에 의해 구치소에 구금된 피의자가 검사의 소환에 불응하고 출석하지 않는 경우
검사가 그 피의자를 강제로 출석시킬 수 있도록 법원은 구금된 사람의 구인을 위한 영장
을 발부할 수 있다.   변호사시험 제2회

해설 ✏   형사소송법(이하 '법'이라고 한다) 제70조 제1항 제1호, 제2호, 제3호, 제199조 제1항,
제200조, 제200조의2 제1항, 제201조 제1항의 취지와 내용에 비추어 보면, 수사기관이 관할
지방법원 판사가 발부한 구속영장에 의하여 피의자를 구속하는 경우, 그 구속영장은 기본적
으로 장차 공판정에의 출석이나 형의 집행을 담보하기 위한 것이지만, 이와 함께 법 제202조,
제203조에서 정하는 구속기간의 범위 내에서 수사기관이 법 제200조, 제241조 내지 제244
조의5에 규정된 피의자신문의 방식으로 구속된 피의자를 조사하는 등 적절한 방법으로 범죄
를 수사하는 것도 예정하고 있다고 할 것이다. 따라서 **구속영장 발부에 의하여 적법하게 구
금된 피의자가 피의자신문을 위한 출석요구에 응하지 아니하면서 수사기관 조사실에 출석을
거부한다면 수사기관은 그 구속영장의 효력에 의하여 피의자를 조사실로 구인할 수 있다고
보아야 한다**(대결 2013. 7. 1, 자 2013모160).

→ 이미 영장에 의해 구속된 자를 수사기관이 구인하기 위해 발부받을 수 있는 영장에 대해서
는 명문의 규정이 없다. 형사절차법정주의에 비추어 볼 때, 불가능하다고 볼 것이다. 참고
로 위 문제가 출제된 후, 구속영장에 의해 구금된 피의자는 그 구속영장의 효력에 의하여
수사기관이 조사실로 구인할 수 있다는 판례가 나왔다.   정답 – X

12 독신인 甲은 보험금을 지급받을 목적으로, 2014. 10. 1. 23:30 화재보험에 가입된 혼자 사
는 자신의 단독주택에 휘발유를 뿌린 뒤 라이터로 불을 붙였다. 때 마침 불길에 휩싸인
甲의 주택을 보고 깜짝 놀라 달려 나온 이웃주민 A가 甲을 덮쳐 넘어뜨려 체포하였다. A
는 甲을 붙잡은 상태에서 곧바로 경찰서에 신고하였고, 이 신고를 받고 출동한 경찰관 B
는 2014. 10. 2. 00:10 A로부터 甲을 인도받으면서 피의사실의 요지, 체포이유 등을 고지
하였다. B는 甲의 자백과 함께 방화범행의 증거물에 대한 조사를 마치고, 검사에게 구
속영장을 신청하면서 수사관계서류를 관할 검찰청에 접수하였고, 검사는 같은 날 17:00
관할법원에 구속영장청구서 및 수사관계서류를 접수시켰다. 관할 법원 영장전담판사는

2014. 10. 3. 10:00 구속 전 피의자심문절차를 실시하였고, 같은 날 13:00 구속영장을 발부하면서, 수사관계서류를 검찰청에 반환하였다. 이 경우, B의 구속절차가 적법하다면, B는 2014.10.13.24:00까지 甲을 검사에게 인치하여야 한다. 변호사시험 제4회

(해설 ✏️)

> 〔형사소송법 제66조(기간의 계산)〕① 기간의 계산에 관하여는 시로써 계산하는 것은 즉시부터 기산하고 일, 월 또는 연으로써 계산하는 것은 초일을 산입하지 아니한다. 단, 시효와 **구속기간의 초일은 시간을 계산함이 없이 1일로 산정한다.** ② 연 또는 월로써 정한 기간은 역서에 따라 계산한다. ③ 기간의 말일이 공휴일 또는 토요일에 해당하는 날은 기간에 산입하지 아니한다. 단, 시효와 **구속의 기간에 관하여서는 예외로 한다.**
>
> 〔형사소송법 제201조의2(구속영장 청구와 피의자 심문)〕① 제200조의2·제200조의3 또는 제212조에 따라 체포된 피의자에 대하여 구속영장을 청구받은 판사는 지체 없이 피의자를 심문하여야 한다. 이 경우 특별한 사정이 없는 한 구속영장이 청구된 날의 다음날까지 심문하여야 한다. ⑦ 피의자심문을 하는 경우 법원이 **구속영장청구서·수사 관계 서류 및 증거물을 접수한 날부터 구속영장을 발부하여 검찰청에 반환한 날까지의 기간은 제202조 및 제203조의 적용에 있어서 그 구속기간에 이를 산입하지 아니한다.**
>
> 〔형사소송법 제202조(사법경찰관의 구속기간)〕사법경찰관이 피의자를 구속한 때에는 **10일 이내에 피의자를 검사에게 인치**하지 아니하면 석방하여야 한다.
>
> 〔형사소송법 제203조의2(구속기간에의 산입)〕피의자가 제200조의2·제200조의3·제201조의2제2항 또는 제212조의 규정에 의하여 체포 또는 구인된 경우에는 제202조 또는 제203조의 구속기간은 피의자를 체포 또는 구인한 날부터 기산한다.

→ 구속기간은 초일을 산입하는데(제66조 제1항), 甲이 A에게 체포된 것은 10. 1로 보이나 B에게 인도된 것이 10. 2이므로 구속기간을 어느 시점으로부터 산정할지 문제된다. 형사소송법 제203조의2 문언으로는 체포가 있었던 10. 1로 볼 여지도 있으나, 아래 참고 판례가 체포 후 48시간 내에 구속영장 청구하도록 한 규정(제213조의2, 제200조의2 5항)의 해석과 관련하여 현행범인을 인도받은 때부터 기산하였고, 같은 사건에서 국군 소속군인에 의해 해외에서 체포되어 경찰관에게 인도될 때까지 9일이 소요된 것을 감안하면 구속기간 역시 인도받은 때부터 기산하는 것으로 보인다(체포된 때로부터 구속기간을 산정하면 구속영장청구 기한인 48시간을 산정할 때 그 기한인 10일이 도과해버린다). 따라서 B가 甲을 인도 받은 시점인 10. 2부터 구속기간을 산정하면, 원칙적으로 B는 10. 11일까지 甲을 검사에게 인치하여야 한다. 다만, 영장실질심사 기간이 제외되므로(제201조의2 7항) 수사 관계 서류 등을 접수한 10. 2부터 이를 법원이 반환한 10. 3까지 이틀이 제외된다. 따라서 B는 10. 13. 24:00까지 甲을 검사에게 인치하여야 한다.

[참고판례] [1] 현행범인은 누구든지 영장 없이 체포할 수 있고(형사소송법 제212조), 검사 또는 사법경찰관리(이하 '검사 등'이라고 한다) 아닌 이가 현행범인을 체포한 때에는 즉시 검사 등에게 인도하여야 한다(형사소송법 제213조 제1항). 여기서 '즉시'라고 함은 반드시 체포시점과 시간적으로 밀착된 시점이어야 하는 것은 아니고, '정당한 이유 없이 인도를 지연하거나 체포를 계속하는 등으로 불필요한 지체를 함이 없이'라는 뜻으로 볼 것이다. 또한 검사 등이 현행범인을

체포하거나 현행범인을 인도받은 후 현행범인을 구속하고자 하는 경우 48시간 이내에 구속영장을 청구하여야 하고 그 기간 내에 구속영장을 청구하지 아니하는 때에는 즉시 석방하여야한다(형사소송법 제213조의2, 제200조의2 제5항). 위와 같이 체포된 현행범인에 대하여 일정 시간 내에 구속영장 청구 여부를 결정하도록 하고 그 기간 내에 구속영장을 청구하지 아니하는 때에는 즉시 석방하도록 한 것은 영장에 의하지 아니한 체포 상태가 부당하게 장기화되어서는 안 된다는 인권보호의 요청과 함께 수사기관에서 구속영장 청구 여부를 결정하기 위한 합리적이고 충분한 시간을 보장해 주려는 데에도 그 입법취지가 있다고 할 것이다. 따라서 **검사 등이 아닌 이에 의하여 현행범인이 체포된 후 불필요한 지체 없이 검사 등에게 인도된 경우 위 48시간의 기산점은 체포시가 아니라 검사 등이 현행범인을 인도받은 때라고 할 것이다.**

[2] 소말리아 해적인 피고인들 등이 아라비아해 인근 공해상에서 대한민국 해운회사가 운항 중인 선박을 납치하여 대한민국 국민인 선원 등에게 해상강도 등 범행을 저질렀다는 내용으로 국군 청해부대에 의해 체포·이송되어 국내 수사기관에 인도된 후 구속·기소된 사안에서, 청해부대 소속 군인들이 피고인들을 현행범인으로 체포한 것은 검사 등이 아닌 이에 의한 현행범인 체포에 해당하고, **피고인들 체포 이후 국내로 이송하는 데에 약 9일이 소요된 것은 공간적·물리적 제약상 불가피한 것으로** 정당한 이유 없이 인도를 지연하거나 체포를 계속한 경우로 볼 수 없으며, 경찰관들이 피고인들의 신병을 인수한 때로부터 48시간 이내에 청구하여 발부된 구속영장에 의하여 피고인들이 구속되었으므로, 피고인들은 적법한 체포, 즉시 인도 및 적법한 구속에 의하여 공소제기 당시 국내에 구금되어 있다 할 것이어서 현재지인 국내법원에 토지관할이 있다고 본 원심판단을 수긍한 사례(대판 2011. 12. 22, 2011도12927).　정답 － ○

13 甲은 2016. 12. 4. 02：30경 A의 자취방에서 A로부터 심한 욕설을 듣자 격분하여 부엌칼로 A를 찔러 살해하였다. 甲은 같은 날 05：00경 피 묻은 자신의 옷을 A의 점퍼로 갈아입고 나오려 하다가 A의 점퍼 주머니 안에 A 명의의 B은행 계좌의 예금통장(예금액 500만 원)과 도장이 들어 있는 것을 발견하였다. 甲은 A의 점퍼를 입고 집으로 돌아간 후에 2016. 12. 5. 10：30경 B은행으로 가서 위 예금통장과 도장을 이용하여 A 명의로 예금청구서를 작성하여 이를 은행직원에게 제출하고 예금 500만 원을 모두 인출하였고, 위 예금통장과 도장은 甲의 집에 보관하고 있었다. 이 경우, 검사가 긴급체포된 甲에 대하여 구속영장을 청구한 경우 구속영장을 청구받은 판사는 지체 없이 甲을 심문하여야 하며, 심문할 甲에게 변호인이 없는 때에는 甲의 신청이 있는 경우에 한하여 변호인을 선정하여 주어야 한다.　변호사시험 제6회

(해설)

> 〔형사소송법 제201조의2(구속영장 청구와 피의자 심문)〕 ① 제200조의2·제200조의3 또는 제212조에 따라 체포된 피의자에 대하여 구속영장을 청구받은 판사는 지체 없이 피의자를 심문하여야 한다. 이 경우 특별한 사정이 없는 한 구속영장이 청구된 날의 다음날까지 심문하여야 한다. ⑧ 심문할 피의자에게 변호인이 없는 때에는 지방법원판사는 **직권으로 변호인을 선정하여야 한다.** 이 경우 변호인의 선정은 피의자에 대한 구속영장 청구가 기각되어 효력이 소멸한 경우를 제외하고는 제1심까지 효력이 있다.

정답 － X

14 법원이 구속 피고인에 대하여 집행유예의 판결을 선고하는 경우 구속영장의 효력이 소멸하므로 판결의 확정 전이라도 피고인을 석방하여야 한다. 변호사시험 제1회

해설 🖉

〔형사소송법 제331조(무죄등 선고와 구속영장의 효력)〕 무죄, 면소, 형의 면제, 형의 선고유예, 형의 집행유예, 공소기각 또는 벌금이나 과료를 과하는 판결이 선고된 때에는 구속영장은 효력을 잃는다.

정답 - ○

15 피고인에 대한 구속기간에는 공소제기전의 체포기간도 산입한다. 변호사시험 제1회

해설 🖉

〔형사소송법 제92조(구속기간과 갱신)〕 ① 구속기간은 2개월로 한다.
② 제1항에도 불구하고 특히 구속을 계속할 필요가 있는 경우에는 심급마다 2개월 단위로 2차에 한하여 결정으로 갱신할 수 있다. 다만, 상소심은 피고인 또는 변호인이 신청한 증거의 조사, 상소이유를 보충하는 서면의 제출 등으로 추가 심리가 필요한 부득이한 경우에는 3차에 한하여 갱신할 수 있다. ③ 제22조, 제298조제4항, 제306조제1항 및 제2항의 규정에 의하여 공판절차가 정지된 기간 및 공소제기전의 체포·구인·구금 기간은 제1항 및 제2항의 기간에 산입하지 아니한다.

정답 - ✕

16 구속되었다가 석방된 피의자 또는 피고인은 다른 중요한 증거가 발견된 경우가 아니면 동일한 범죄사실에 관하여 재차 구속하지 못한다. 변호사시험 제2회

해설 🖉

〔형사소송법 제208조(재구속의 제한)〕 ① 검사 또는 사법경찰관에 의하여 구속되었다가 석방된 자는 다른 중요한 증거를 발견한 경우를 제외하고는 동일한 범죄사실에 관하여 재차 구속하지 못한다.

정답 - ○

17 외국인 근로자 甲은 외국인인 A의 운전면허증(서울지방경찰청장 발행)을 훔쳐 소지함을 기화로 이동통신 대리점에서 A로 행세하면서 A 명의로 이동전화가입신청서를 작성하여 A의 운전면허증과 함께 제출한 뒤 휴대전화기를 교부받으려다 A가 아님을 알아차린 업주에게 현행범으로 체포되어 경찰에 인계되어 조사 받은 후 석방되었다. 甲은 검사 작성의 피의자신문조서에 이의없음을 진술하고도 간인, 날인 및 서명을 거부하여 검사는 조서에 그러한 취지를 기재하고 기소하였고, 담당 재판부는 甲이 공판기일에 수회 불출석하여 구속영장을 발부하였다. 공판기일에 A의 사실혼 배우자 B가 증인으로 출석하여 운전면허증을 도난당한 상황을 증언한 후 이어서 A의 증언을 통역하였다. 이 경우, 甲에 대한 구속영

장 발부는 "검사나 사법경찰관에 의하여 구속되었다가 석방된 자는 다른 중요한 증거를 발견한 경우를 제외하고는 동일한 범죄사실에 관하여 재차 구속하지 못한다."는 「형사소송법」 제208조 제1항에 위배되는 위법한 구속이라고 볼 수 없다. 변호사시험 제5회

해설 ✎ 형사소송법 제208조의 규정은 수사기관이 피의자를 구속하는 경우에만 적용되고 법원이 피고인을 구속하는 경우에는 적용되지 않는다(대판 1969. 5. 27, 69도509).

→ 담당 재판부가 구속영장을 발부한 경우이므로 제208조의 적용이 없으므로 옳은 지문이다.

정답 – O

18 이미 구속된 피고인에 대한 구속기간이 만료될 무렵 종전의 구속영장에 기재된 범죄사실과 다른 사실로 피고인을 구속하였다는 사정만으로는 위법하다고 할 수 없다. 변호사시험 제2회

해설 ✎ 형사소송법 제75조 제1항은, "구속영장에는 피고인의 성명, 주거, 죄명, 공소사실의 요지, 인치구금할 장소, 발부연월일, 그 유효기간과 그 기간을 경과하면 집행에 착수하지 못하며 영장을 반환하여야 할 취지를 기재하고 재판장 또는 수명법관이 서명날인하여야 한다."고 규정하고 있는바, 구속의 효력은 원칙적으로 위 방식에 따라 작성된 구속영장에 기재된 범죄사실에만 미치는 것이므로, **구속기간이 만료될 무렵에 종전 구속영장에 기재된 범죄사실과 다른 범죄사실로 피고인을 구속하였다는 사정만으로는 피고인에 대한 구속이 위법하다고 할 수 없다**(대결 2000. 11. 10, 2000모134). 정답 – O

19 접견교통권의 주체는 체포·구속을 당한 피의자이고, 신체 구속상태에 있지 않은 피의자는 포함되지 않는다. 변호사시험 제2회

해설 ✎ 변호인의 조력을 받을 권리를 실질적으로 보장하기 위하여는 변호인과의 접견교통권의 인정이 당연한 전제가 되므로, 임의동행의 형식으로 **수사기관에 연행된 피의자에게도 변호인 또는 변호인이 되려는 자와의 접견교통권은 당연히 인정된다**고 보아야 하고, 임의동행의 형식으로 연행된 피내사자의 경우에도 이는 마찬가지이다(대결 1996. 6. 3, 자 96모18). 정답 – X

20 미결수용자의 변호인 접견권은 국가안전보장·질서유지 또는 공공복리를 위해 필요한 경우 법률로써 제한될 수 있다. 변호사시험 제2회

해설 ✎ 헌법재판소가 91헌마111 결정에서 미결수용자와 변호인과의 접견에 대해 어떠한 명분으로도 제한할 수 없다고 한 것은 구속된 자와 변호인 간의 접견이 실제로 이루어지는 경우에 있어서의 '자유로운 접견', 즉 '대화내용에 대하여 비밀이 완전히 보장되고 어떠한 제한, 영향, 압력 또는 부당한 간섭 없이 자유롭게 대화할 수 있는 접견'을 제한할 수 없다는 것이지, 변호인과의 접견 자체에 대해 아무런 제한도 가할 수 없다는 것을 의미하는 것이 아니므로 **미결수용자의 변호인 접견권 역시 국가안전보장·질서유지 또는 공공복리를 위해 필요한 경우에는 법률로써 제한될 수 있음은 당연하다**(헌재결 2011. 5. 26, 2009헌마341). 정답 – O

21 신체구속을 당한 피고인 또는 피의자에 대한 변호인의 접견교통권은 수사기관의 처분 등에 의해 이를 제한할 수 없고, 다만 법령에 의하여서는 제한이 가능하다. 변호사시험 제2회

（해설 ✎） 변호인의 **구속된 피고인 또는 피의자와의 접견교통권**은 피고인 또는 피의자 자신이 가지는 변호인과의 접견교통권과는 성질을 달리하는 것으로서 헌법상 보장된 권리라고는 할 수 없고, 형사소송법 제34조에 의하여 비로소 보장되는 권리이지만, 신체구속을 당한 피고인 또는 피의자의 인권보장과 방어준비를 위하여 필수불가결한 권리이므로, **수사기관의 처분 등에 의하여 이를 제한할 수 없고, 다만 법령에 의하여서만 제한이 가능하다**(대결 2002. 5. 6, 자 2000모112). 정답 – ○

22 신체구속을 당한 사람이 그 변호인을 자신의 범죄행위에 공범으로 가담시키려고 하였다는 사정만으로 신체구속을 당한 사람과 그 변호인의 접견교통권을 금지하는 것은 정당화될 수 없다. 변호사시험 제2회

（해설 ✎） 신체구속을 당한 피고인 또는 피의자가 범하였다고 의심받는 범죄행위에 자신의 변호인이 관련되었다는 사정만으로 그 변호인과의 접견교통을 금지할 수 있는지 여부(소극)

(판결이유 중)……**신체구속을 당한 사람이 그 변호인을 자신의 범죄행위에 공범으로 가담시키려고 하였다는 등의 사정만으로 그 변호인의 신체구속을 당한 사람과의 접견교통을 금지하는 것이 정당화될 수는 없다.**……(대결 2007. 1. 31, 자 2006모657). 정답 – ○

23 수사기관이 구금장소를 임의적으로 변경하여 접견교통을 어렵게 한 것은 접견교통권의 행사에 중대한 장애를 초래하는 것이므로 위법하다. 변호사시험 제2회

（해설 ✎） 구속영장에는 청구인을 구금할 수 있는 장소로 특정 경찰서 유치장으로 기재되어 있었는데, 청구인에 대하여 위 구속영장에 의하여 1995. 11. 30. 07 : 50경 위 경찰서 유치장에 구속이 집행되었다가 같은 날 08 : 00에 그 신병이 조사차 국가안전기획부 직원에게 인도된 후 위 경찰서 유치장에 인도된 바 없이 계속하여 국가안전기획부 청사에 사실상 구금되어 있다면, 청구인에 대한 이러한 사실상의 **구금장소의 임의적 변경은 청구인의 방어권이나 접견교통권의 행사에 중대한 장애를 초래하는 것이므로 위법하다**(대결 1996. 5. 15, 자 95모94). 정답 – ○

24 구속적부심사를 청구한 피의자에게 변호인이 없는 때에는「형사소송법」제33조의 규정에 따라 법원은 직권으로 변호인을 선정하여야 한다. 변호사시험 제7회

（해설 ✎）「26번 문제」해설 참조 정답 – ○

25 법원은 체포와 구속의 적부심사에서 체포 또는 구속된 피의자에게 변호인이 없는 때에는 국선변호인을 선정하여야 하고, 심문 없이 기각결정을 하는 경우에도 국선변호인을 선정하여야 한다. 변호사시험 제1회

（해설 ✎）「26번 문제」해설 참조 정답 – ○

26 체포적부심사를 청구한 피의자에게 변호인이 없는 때에는 지체 없이 국선변호인을 선정해야 하나, 심문 없이 적부심사청구에 대해 기각 결정을 하는 경우에는 그러하지 아니하다.

변호사시험 제2회

해설 ✍

> [형사소송법 제33조(국선변호인)] ① 다음 각 호의 어느 하나에 해당하는 경우에 변호인이 없는 때에는 법원은 직권으로 변호인을 선정하여야 한다.
>
> 1. 피고인이 구속된 때
>
> [형사소송법 제214조의2(체포와 구속의 적부심사)] ① 체포 또는 구속된 피의자 또는 그 변호인, 법정대리인, 배우자, 직계친족, 형제자매나 가족, 동거인 또는 고용주는 관할법원에 체포 또는 구속의 적부심사를 청구할 수 있다. ③ 법원은 제1항에 따른 청구가 다음 각 호의 어느 하나에 해당하는 때에는 제4항에 따른 심문 없이 결정으로 청구를 기각할 수 있다.
>
> 1. 청구권자 아닌 자가 청구하거나 동일한 체포영장 또는 구속영장의 발부에 대하여 재청구한 때
> 2. 공범 또는 공동피의자의 순차청구가 수사방해의 목적임이 명백한 때
>
> ④ 제1항의 청구를 받은 법원은 청구서가 접수된 때부터 48시간 이내에 체포 또는 구속된 피의자를 심문하고 수사관계서류와 증거물을 조사하여 그 청구가 이유없다고 인정한 때에는 결정으로 이를 기각하고, 이유있다고 인정한 때에는 결정으로 체포 또는 구속된 피의자의 석방을 명하여야 한다. 심사청구후 피의자에 대하여 공소제기가 있는 경우에도 또한 같다. ⑩ **체포 또는 구속된 피의자에게 변호인이 없는 때에는 제33조의 규정을 준용한다.**

→ 국선변호인에 관한 제33조를 준용하면서 예외를 두지 않았으며(형사소송법 제214조의2 제10항), 심문 없이 적부심사청구를 기각하는 경우에도 국선변호인 선정에 대한 예외 규정을 두지 않았다(제214조의2 제3항). [정답] – X

27 체포적부심사절차에서 보증금 납입을 조건으로 체포된 피의자를 석방할 수 있다.

변호사시험 제5회

해설 ✍ 형사소송법은 수사단계에서의 체포와 구속을 명백히 구별하고 있고 이에 따라 체포와 구속의 적부심사를 규정한 같은 법 제214조의2에서 체포와 구속을 서로 구별되는 개념으로 사용하고 있는바, 같은 조 제4항에 기소 전 보증금 납입을 조건으로 한 석방의 대상자가 '구속된 피의자'라고 명시되어 있고, 같은 법 제214조의3 제2항의 취지를 체포된 피의자에 대하여도 보증금 납입을 조건으로 한 석방이 허용되어야 한다는 근거로 보기는 어렵다 할 것이어서 **현행법상 체포된 피의자에 대하여는 보증금 납입을 조건으로 한 석방이 허용되지 않는다**(대결 1997. 8. 27, 자 97모21). [정답] – X

28 공범 또는 공동피의자의 구속적부심사 순차청구가 수사방해의 목적임이 명백하다고 하더라도 법원은 피의자에 대한 심문 없이 그 청구를 기각할 수는 없다. 변호사시험 제7회

해설 🖉

> [형사소송법 제214조의2(체포와 구속의 적부심사)] ① 체포 또는 구속된 피의자 또는 그 변호인, 법정대리인, 배우자, 직계친족, 형제자매나 가족, 동거인 또는 고용주는 관할법원에 체포 또는 구속의 적부심사를 청구할 수 있다. ③ 법원은 제1항에 따른 청구가 다음 각 호의 어느 하나에 해당하는 때에는 제4항에 따른 심문 없이 결정으로 청구를 기각할 수 있다.
> 1. 청구권자 아닌 자가 청구하거나 동일한 체포영장 또는 구속영장의 발부에 대하여 재청구한 때
> **2. 공범 또는 공동피의자의 순차청구가 수사방해의 목적임이 명백한 때**
> ④ 제1항의 청구를 받은 법원은 청구서가 접수된 때부터 48시간 이내에 체포 또는 구속된 피의자를 심문하고 수사관계서류와 증거물을 조사하여 그 청구가 이유없다고 인정한 때에는 결정으로 이를 기각하고, 이유있다고 인정한 때에는 결정으로 체포 또는 구속된 피의자의 석방을 명하여야 한다. 심사청구후 피의자에 대하여 공소제기가 있는 경우에도 또한 같다.

정답 – X

29 구속적부심사청구 후 검사가 피의자를 기소한 경우, 법원은 심문 없이 결정으로 청구를 기각하여야 하며 피고인은 수소법원에 보석을 청구할 수 있다. 변호사시험 제7회

해설 🖉

> [형사소송법 제214조의2(체포와 구속의 적부심사)] ④ 제1항의 청구를 받은 법원은 청구서가 접수된 때부터 48시간 이내에 체포 또는 구속된 피의자를 심문하고 수사관계서류와 증거물을 조사하여 그 청구가 이유없다고 인정한 때에는 결정으로 이를 기각하고, 이유있다고 인정한 때에는 결정으로 체포 또는 구속된 피의자의 석방을 명하여야 한다. **심사청구후 피의자에 대하여 공소제기가 있는 경우에도 또한 같다.**

정답 – X

30 체포적부심사청구를 받은 법원이 그 청구가 이유 있다고 인정한 때에는 결정으로 체포된 피의자의 석방을 명하여야 하며, 검사는 이 결정에 대하여 항고하지 못한다. 변호사시험 제7회

해설 🖉

> [형사소송법 제214조의2(체포와 구속의 적부심사)] ③ 법원은 제1항에 따른 청구가 다음 각 호의 어느 하나에 해당하는 때에는 제4항에 따른 심문 없이 결정으로 청구를 기각할 수 있다.
> 1. 청구권자 아닌 자가 청구하거나 동일한 체포영장 또는 구속영장의 발부에 대하여 재청구한 때
> 2. 공범 또는 공동피의자의 순차청구가 수사방해의 목적임이 명백한 때
> ④ 제1항의 청구를 받은 법원은 청구서가 접수된 때부터 48시간 이내에 체포 또는 구속된 피의자를 심문하고 수사관계서류와 증거물을 조사하여 그 청구가 이유없다고 인정한 때에는 결정으로 이를 기각하고, **이유있다고 인정한 때에는 결정으로 체포 또는 구속된 피의자의 석방**

을 명하여야 한다. 심사청구후 피의자에 대하여 공소제기가 있는 경우에도 또한 같다. ⑧ 제3항과 제4항의 결정에 대하여는 항고하지 못한다.

31 체포적부심사결정에 의하여 석방된 피의자가 도망하거나 죄증을 인멸하는 경우, 동일한 범죄사실에 관하여 재차 체포할 수 있다.　　　　　　　　　　　　　변호사시험 제7회

해설 ✎

〔형사소송법 제214조의2(체포와 구속의 적부심사)〕 ④ 제1항의 청구를 받은 법원은 청구서가 접수된 때부터 48시간 이내에 체포 또는 구속된 피의자를 심문하고 수사관계서류와 증거물을 조사하여 그 청구가 이유없다고 인정한 때에는 결정으로 이를 기각하고, **이유있다고 인정한 때에는 결정으로 체포 또는 구속된 피의자의 석방을 명하여야 한다.** 심사청구후 피의자에 대하여 공소제기가 있는 경우에도 또한 같다. ⑤ **법원은 구속된 피의자(심사청구후 공소제기된 자를 포함한다)에 대하여** 피의자의 출석을 보증할 만한 보증금의 납입을 조건으로 하여 결정으로 제4항의 석방을 명할 수 있다. 다만, 다음 각 호에 해당하는 경우에는 그러하지 아니하다.

1. 죄증을 인멸할 염려가 있다고 믿을만한 충분한 이유가 있는 때
2. 피해자, 당해 사건의 재판에 필요한 사실을 알고 있다고 인정되는 자 또는 그 친족의 생명·신체나 재산에 해를 가하거나 가할 염려가 있다고 믿을만한 충분한 이유가 있는 때

〔형사소송법 제214조의3(재체포 및 재구속의 제한)〕 ① 제214조의2 제4항의 규정에 의한 체포 또는 구속적부심사결정에 의하여 석방된 피의자가 도망하거나 죄증을 인멸하는 경우를 제외하고는 동일한 범죄사실에 관하여 재차 체포 또는 구속하지 못한다. ② 제214조의2 제5항에 따라 석방된 피의자에 대하여 다음 각 호의 1에 해당하는 사유가 있는 경우를 제외하고는 동일한 범죄사실에 관하여 재차 체포 또는 구속하지 못한다.

1. 도망한 때
2. 도망하거나 죄증을 인멸할 염려가 있다고 믿을만한 충분한 이유가 있는 때
3. 출석요구를 받고 정당한 이유없이 출석하지 아니한 때
4. 주거의 제한 기타 법원이 정한 조건을 위반한 때

→ 체포적부심사결정에 의하여 석방된 것은 형사소송법 제214조의3 제4항에 의한 것이므로 제214조의3 제1항에 따라 옳은 지문이다.

32 보석은 유효한 구속영장을 전제로 구속의 집행을 정지시키는 것에 불과하다.

변호사시험 제2회

(해설) 보석은 일정한 보증금의 납부 등을 조건으로 하여 구속의 집행을 정지함으로써 구속된 피고인을 석방하는 제도이다. 구속의 집행만을 정지하는 제도라는 점에서 광의의 구속집행정지에 속한다. 구속의 집행을 정지하는 데 불과하므로 구속영장의 효력에는 영향을 미치지 않는다. 다만 보석은 보증금의 납부 등을 조건으로 한다는 점에서 구속의 집행정지와 구별된다.

정답 - ○

33 보석을 허가하거나 구속을 취소하는 법원의 결정에 대하여 검사는 즉시항고를 할 수 있다.

변호사시험 제5회

(해설)

> [형사소송법 제97조(보석, 구속의 취소와 검사의 의견)] ① 재판장은 보석에 관한 결정을 하기 전에 검사의 의견을 물어야 한다. ② 구속의 취소에 관한 결정을 함에 있어서도 검사의 청구에 의하거나 급속을 요하는 경우외에는 제1항과 같다. ③ 검사는 제1항 및 제2항에 따른 의견 요청에 대하여 지체 없이 의견을 표명하여야 한다. ④ **구속을 취소하는 결정에 대하어는 검사는 즉시항고를 할 수 있다.**

→ 보석을 허가하는 법원의 결정에 대하여는 즉시항고 할 수 없다. 정답 - X

34 보석보증금몰수결정은 반드시 보석취소결정과 동시에 하여야만 하는 것이 아니라 보석취소결정 후에 별도로 할 수도 있다.

변호사시험 제5회

(해설) 보석보증금몰수결정은 반드시 보석취소와 동시에 하여야만 하는지 여부에 관하여 판례는 형사소송법 제102조 제2항은 "보석을 취소할 때에는 결정으로 보증금의 전부 또는 일부를 몰수할 수 있다."라고 규정하고 있는바, 이는 보석취소사유가 있어 보석취소결정을 할 경우에는 보석보증금의 전부 또는 일부를 몰수하는 것도 가능하다는 의미로 해석될 뿐, 문언상 보석보증금의 몰수는 반드시 보석취소와 동시에 결정하여야 한다는 취지라고 단정하기는 어려운 점, 같은 법 제103조에서 보석된 자가 유죄판결 확정 후의 집행을 위한 소환에 불응하거나 도망한 경우 보증금을 몰수하도록 규정하고 있어 보석보증금은 형벌의 집행 단계에서의 신체 확보까지 담보하고 있으므로, 보석보증금의 기능은 유죄의 판결이 확정될 때까지의 신체 확보도 담보하는 취지로 봄이 상당한 점, 보석취소결정은 그 성질상 신속을 요하는 경우가 대부분임에 반하여, 보증금몰수결정에 있어서는 그 몰수의 요부(보석조건위반 등 귀책사유의 유무) 및 몰수 금액의 범위 등에 관하여 신중히 검토하여야 할 필요성도 있는 점 등을 아울러 고려하여 보면, **보석보증금을 몰수하려면 반드시 보석취소와 동시에 하여야만 가능한 것이 아니라 보석취소 후에 별도로 보증금몰수결정을 할 수도 있다.** 그리고 형사소송법 제104조가 구속 또는 보석을 취소하거나 구속영장의 효력이 소멸된 때에는 몰수하지 아니한 보증금을 청구한 날로부터 7일 이내에 환부하도록 규정되어 있다고 하여도, 이 규정의 해석상 보석취소 후에 보증금몰수를 하는 것이 불가능하게 되는 것도 아니다[**대결(전합) 2001. 5. 29, 자 2000모22**]라고 판시하고 있다.

정답 - ○

사례 【35~39】

다음의 사실관계에 관하여 답하시오.(다툼이 있는 경우에는 판례에 의함) 변호사시험 제1회

> 검사 甲은 2010. 12. 8. 16:40경 위증교사 혐의가 있는 변호사 丙의 사무장인 乙에게 참고인 조사를 위하여 검사실로 출석하여 달라고 요구하였고, 같은 날 17:30경 자진출석한 乙에 대하여 참고인으로 조사하지 않고 바로 위증교사 혐의로 피의자신문조서를 작성하기 시작하였다. 이에 乙은 인적사항만을 진술한 후 丙에게 전화하여 '데리고 나가달라'고 요청하였다. 더 이상의 신문이 이루어지지 못하는 사이 丙이 검사실로 찾아와서 乙에게 나가라고 지시하였다. 乙이 일어서서 검사실을 나서려 하자 검사 甲은 乙에게 '지금부터 긴급체포한다'고 하면서 피의사실의 요지나 체포이유 등을 전혀 고지하지 않은 채 乙을 긴급체포하였고, 같은 달 11일 구속영장을 발부받을 때까지 乙을 유치하면서 같은 달 9일과 10일에 각 피의자신문조서를 작성하였다. 乙은 위증교사 혐의로 기소되었으며 긴급체포되어 구속영장이 발부될 때까지 작성된 乙에 대한 피의자신문조서들이 乙에 대한 유죄의 증거로 제출되었다.

35 乙에 대한 긴급체포가 요건을 갖추었는지 여부는 사후에 밝혀진 사정을 기초로 판단하여야 한다.

(해설) 긴급체포는 영장주의원칙에 대한 예외인 만큼 형사소송법 제200조의3 제1항의 요건을 모두 갖춘 경우에 한하여 예외적으로 허용되어야 하고, 요건을 갖추지 못한 긴급체포는 법적 근거에 의하지 아니한 영장 없는 체포로서 위법한 체포에 해당하는 것이고, 여기서 **긴급체포의 요건을 갖추었는지 여부는 사후에 밝혀진 사정을 기초로 판단하는 것이 아니라 체포 당시의 상황을 기초로 판단하여야** 하고, 이에 관한 검사나 사법경찰관 등 수사주체의 판단에는 상당한 재량의 여지가 있다고 할 것이나, 긴급체포 당시의 상황으로 보아서도 그 요건의 충족 여부에 관한 검사나 사법경찰관의 판단이 경험칙에 비추어 현저히 합리성을 잃은 경우에는 그 체포는 위법한 체포라 할 것이고, 이러한 위법은 영장주의에 위배되는 중대한 것이니 그 체포에 의한 유치 중에 작성된 피의자신문조서는 위법하게 수집된 증거로서 특별한 사정이 없는 한 이를 유죄의 증거로 할 수 없다(대판 2002. 6. 11, 2000도5701). 정답 - ○

36 甲은 검사로서 乙을 긴급체포하였으므로 긴급체포서를 작성할 필요가 없다.

(해설)

> [형사소송법 제200조의3(긴급체포)] ① 검사 또는 사법경찰관은 피의자가 사형·무기 또는 장기 3년이상의 징역이나 금고에 해당하는 죄를 범하였다고 의심할 만한 상당한 이유가 있고, 다음 각 호의 어느 하나에 해당하는 사유가 있는 경우에 긴급을 요하여 지방법원판사의 체포영장을 받을 수 없는 때에는 그 사유를 알리고 **영장없이 피의자를 체포할 수 있다.** 이 경우 긴급을 요한다 함은 피의자를 우연히 발견한 경우등과 같이 체포영장을 받을 시간적 여유가 없는 때를 말한다. ③ 검사 또는 사법경찰관은 제1항의 규정에 의하여 피의자를 체포한 경우에는 **즉시 긴급체포서를 작성하여야 한다.**

→ 검사가 긴급체포한 경우라도 긴급체포서는 작성하여야 한다. 　　　　　정답 - X

37 수사기관에 자진출석한 참고인에 대한 긴급체포는 언제나 위법하므로 乙에 대한 긴급체포도 위법하다.

(해설) 피고인이 고소한 피의사건에 대하여 **고소인 자격으로 자진출석하여** 피고소인과 대질조사를 받고 나서 조서에 무인하기를 거부하자 수사검사가 무고혐의가 인정된다면서 무고죄로 인지하여 조사를 하겠다고 하자, 피고인이 조사를 거부하면서 가방을 들고 집으로 돌아가려고 하므로 검사가 범죄사실의 요지, 체포의 이유와 변호인선임권, 변명할 기회를 준 후에 피고인을 체포하였다면, 검사의 행위는 긴급체포의 요건을 갖춘 정당한 공무집행에 해당한다(대판 1998. 7. 6, 98도785).

→ 자진출석한 참고인에 대한 긴급체포라도 언제나 위법하다고 볼 수는 없다. 　정답 - X

38 甲이 乙을 검사실에서 긴급체포하는 경우에는 피의사실의 요지, 체포이유 등을 고지할 필요가 없다.

(해설)

> [헌법 제12조] ⑤ 누구든지 체포 또는 구속의 **이유와 변호인의 조력을 받을 권리가 있음을 고지받지 아니하고는** 체포 또는 구속을 **당하지 아니한다.** 체포 또는 구속을 당한 자의 가족 등 법률이 정하는 자에게는 그 이유와 일시·장소가 지체없이 통지되어야 한다.
> [형사소송법 제200조의5(체포와 피의사실 등의 고지)] 검사 또는 사법경찰관은 피의자를 **체포하는 경우에는 피의사실의 요지, 체포의 이유와 변호인을 선임할 수 있음을 말하고 변명할 기회를 주어야 한다.**

→ 검사실에서 긴급체포하는 경우에도 형사소송법 제200조의5를 준수하여야 한다. 정답 - X

39 乙에 대한 긴급체포에 의한 유치 중에 작성된 乙에 대한 甲 작성의 피의자신문조서는 위법하게 수집된 증거로서 특별한 사정이 없는 한 유죄의 증거로 할 수 없다.

(해설) 긴급체포는 영장주의원칙에 대한 예외인 만큼 형사소송법 제200조의3 제1항의 요건을 모두 갖춘 경우에 한하여 예외적으로 허용되어야 하고, 요건을 갖추지 못한 긴급체포는 법적 근거에 의하지 아니한 영장 없는 체포로서 위법한 체포에 해당하는 것이고, 여기서 긴급체포의 요건을 갖추었는지 여부는 사후에 밝혀진 사정을 기초로 판단하는 것이 아니라 체포 당시의 상황을 기초로 판단하여야 하고, 이에 관한 검사나 사법경찰관 등 수사주체의 판단에는 상당한 재량의 여지가 있다고 할 것이나, 긴급체포 당시의 상황으로 보아서도 그 요건의 충족 여부에 관한 검사나 사법경찰관의 판단이 경험칙에 비추어 현저히 합리성을 잃은 경우에는 그 체포는 위법한 체포라 할 것이고, 이러한 위법은 영장주의에 위배되는 중대한 것이니 그 체포에 의한 유치 중에 작성된 피의자신문조서는 위법하게 수집된 증거로서 특별한 사정이 없는 한 이를 유죄의 증거로 할 수 없다(대판 2002. 6. 11, 2000도5701).

→ 甲이 乙을 체포하면서 피의사실의 요지나 체포이유 등을 전혀 고지하지 않아 형사소송법 제200조의5에 위반한 위법한 체포이다. 따라서 乙을 유치하면서 작성한 피의자신문조서는 유죄의 증거로 할 수 없다.　　　　　　　　　　　　　　　　　　　[정답] - O

사례【40~44】

사법경찰관 A는 피의자 甲을 절도 혐의로 긴급체포한 후 조사하였으나, 甲의 혐의를 입증할 증거가 부족하다고 판단하여 석방하였다. A는 이후 이 절도 사건에 관한 증거를 찾던 중 절도 현장을 목격한 X의 진술을 확보하게 되었다.(다툼이 있는 경우에는 판례에 의함)

변호사시험 제3회

40 A가 목격자 X의 진술을 확보하였다고 하더라도 더 이상 위 절도 혐의로 甲을 긴급체포할 수 없다.

[해설]

〔형사소송법 제200조의4(긴급체포와 영장청구기간)〕① 검사 또는 사법경찰관이 제200조의3의 규정에 의하여 피의자를 체포한 경우 피의자를 구속하고자 할 때에는 지체 없이 검사는 관할지방법원판사에게 구속영장을 청구하여야 하고, 사법경찰관은 검사에게 신청하여 검사의 청구로 관할지방법원판사에게 구속영장을 청구하여야 한다. 이 경우 구속영장은 피의자를 체포한 때부터 48시간 이내에 청구하여야 하며, 제200조의3 제3항에 따른 긴급체포서를 첨부하여야 한다. ② 제1항의 규정에 의하여 구속영장을 청구하지 아니하거나 발부받지 못한 때에는 피의자를 즉시 석방하여야 한다. ③ 제2항의 규정에 의하여 석방된 자는 영장없이는 동일한 범죄사실에 관하여 체포하지 못한다.

→ 긴급체포 되었다가 석방된 자를 다시 동일한 범죄사실에 관하여 체포하기 위해서는 영장이 필요하다. 따라서 甲을 다시 절도 혐의로 긴급체포할 수 없다.　　　　　[정답] - O

41 A는 甲의 위 절도 범행과 다른 별개의 범죄인 모욕죄 혐의에 관하여는 甲을 긴급체포할 수 없다.

[해설]

〔형사소송법 제200조의3(긴급체포)〕① 검사 또는 사법경찰관은 피의자가 사형·무기 또는 장기 3년이상의 징역이나 금고에 해당하는 죄를 범하였다고 의심할 만한 상당한 이유가 있고, 다음 각 호의 어느 하나에 해당하는 사유가 있는 경우에 긴급을 요하여 지방법원판사의 체포영장을 받을 수 없는 때에는 그 사유를 알리고 영장없이 피의자를 체포할 수 있다. 이 경우 긴급을 요한다 함은 피의자를 우연히 발견한 경우등과 같이 체포영장을 받을 시간적 여유가 없는 때를 말한다.
1. 피의자가 증거를 인멸할 염려가 있는 때

2. 피의자가 도망하거나 도망할 우려가 있는 때

[형법 제311조(모욕)] 공연히 사람을 모욕한 자는 1년 이하의 징역이나 금고 또는 200만원 이하의 벌금에 처한다.

→ 모욕죄는 긴급체포의 요건 중 범죄의 중대성을 충족하지 못하여 긴급체포 할 수 없다.

정답 - ○

42 A가 甲의 위 절도 범행과 다른 별개의 범죄인 강간치상 혐의에 관하여 甲을 긴급체포한 경우에는 즉시 검사의 승인을 얻어야 한다.

(해설 ✎)

[형법소송법 제200조의3(긴급체포)] ② 사법경찰관이 제1항의 규정에 의하여 피의자를 체포한 경우에는 즉시 검사의 승인을 얻어야 한다.

정답 - ○

43 수사기관이 위 절도 혐의에 관한 X의 진술조서 등 소명자료를 갖추더라도 법원으로부터 체포영장을 발부받을 수 없다.

(해설 ✎)

[형사소송법 제200조의4(긴급체포와 영장청구기간)] ① 검사 또는 사법경찰관이 제200조의3의 규정에 의하여 피의자를 체포한 경우 피의자를 구속하고자 할 때에는 지체 없이 검사는 관할지방법원판사에게 구속영장을 청구하여야 하고, 사법경찰관은 검사에게 신청하여 검사의 청구로 관할지방법원판사에게 구속영장을 청구하여야 한다. 이 경우 구속영장은 피의자를 체포한 때부터 48시간 이내에 청구하여야 하며, 제200조의3 제3항에 따른 긴급체포서를 첨부하여야 한다. ② 제1항의 규정에 의하여 구속영장을 청구하지 아니하거나 발부받지 못한 때에는 피의자를 즉시 석방하여야 한다. ③ **제2항의 규정에 의하여 석방된 자는 영장없이는 동일한 범죄사실에 관하여 체포하지 못한다.**

→ 형사소송법 제200조의4 제3항 반대해석상 영장에 의한 체포는 가능하다.

정답 - X

44 수사기관이 甲의 위 절도 혐의에 관한 X의 진술조서 등 소명자료를 갖춘 다음 법원으로부터 사전 구속영장을 발부받으면 위 절도 혐의로 甲을 구속할 수 있다.

(해설 ✎)

[형사소송법 제201조(구속)] ① 피의자가 죄를 범하였다고 의심할 만한 상당한 이유가 있고 제70조 제1항 각 호의 1에 해당하는 사유가 있을 때에는 검사는 관할지방법원판사에게 청구하여 구속영장을 받아 피의자를 구속할 수 있고 사법경찰관은 검사에게 신청하여 검사의 청구로 관할지방법원판사의 구속영장을 받아 피의자를 구속할 수 있다. 다만, 다액 50만원이하의 벌금, 구류 또는 과료에 해당하는 범죄에 관하여는 피의자가 일정한 주거가 없는 경우에 한한다.

② 구속영장의 청구에는 구속의 필요를 인정할 수 있는 자료를 제출하여야 한다. ③ 제1항의 청구를 받은 지방법원판사는 신속히 구속영장의 발부여부를 결정하여야 한다. ④ 제1항의 청구를 받은 지방법원판사는 상당하다고 인정할 때에는 구속영장을 발부한다. 이를 발부하지 아니할 때에는 청구서에 그 취지 및 이유를 기재하고 서명날인하여 청구한 검사에게 교부한다. ⑤ 검사가 제1항의 청구를 함에 있어서 동일한 범죄사실에 관하여 그 피의자에 대하여 전에 구속영장을 청구하거나 발부받은 사실이 있을 때에는 다시 구속영장을 청구하는 취지 및 이유를 기재하여야 한다.

〔형사소송법 제208조(재구속의 제한)〕 ① 검사 또는 사법경찰관에 의하여 구속되었다가 석방된 자는 **다른 중요한 증거를 발견한 경우를 제외하고는 동일한 범죄사실에 관하여 재차 구속하지 못한다.** ② 전항의 경우에는 1개의 목적을 위하여 동시 또는 수단결과의 관계에서 행하여진 행위는 동일한 범죄사실로 간주한다.

→ 긴급체포 했다가 석방된 자에 대하여는 형사소송법 제200조의4 3항에 따른 제한 외에는 특별한 제한이 없다. 따라서 영장에 의한 구속은 가능하다. 한편, 형사소송법상 '체포'와 '구속'은 구분되어 규정되어 있으므로 긴급체포되었다가 석방된 경우 재구속의 제한(제208조)은 문제되지 않는다. 참고로 사례가 재구속인 경우에도 범행을 목격한 X의 진술이 새로이 확보되어 甲을 구속할 수 있다.

정답 - ○

■ 사례 【45~46】

사법경찰관 甲은 검사의 지휘를 받아 정보통신망이용촉진및정보보호등에관한법률위반(음란물유포)의 범죄 혐의를 이유로 발부받은 압수·수색영장에 기하여 피의자 A의 주거지를 수색하는 과정에서 대마가 발견되자, A를 체포하지 않으면 도망하거나 증거를 인멸할 염려가 있어 A를 대마소지로 인한 마약류관리에관한법률위반(대마)죄의 현행범인으로 체포하면서 이 대마를 압수하였다. 그러나 다음 날 甲은 체포된 A에 대하여 검사에게 구속영장을 신청하지 않고 A를 석방하였고, 대마의 압수에 대하여는 사후 압수·수색영장을 받지 아니하였다.(다툼이 있는 경우에는 판례에 의함) 변호사시험 제3회

45 A를 체포하는 과정에 甲은 피의사실의 요지와 체포의 이유, 그리고 변호인을 선임할 수 있음을 말하고 변명할 기회를 주어야 한다.

해설

〔형사소송법 제213조의2(준용규정)〕 제87조, 제89조, 제90조, 제200조의2제5항 및 제200조의5의 규정은 검사 또는 사법경찰관리가 현행범인을 **체포**하거나 현행범인을 인도받은 경우에 이를 준용한다.

〔형사소송법 제200조의5(체포와 피의사실 등의 고지)〕 검사 또는 사법경찰관은 피의자를 체포하는 경우에는 피의사실의 요지, 체포의 이유와 변호인을 선임할 수 있음을 말하고 변명할 기회를 주어야 한다.

→ A를 현행범으로 체포하였으므로 그 과정에서 제200조의5를 준수해야 한다.　　정답 - ○

46 甲이 A를 체포영장 없이 체포한 행위는 적법하다.

해설 ✎

〔형사소송법 제211조(현행범인과 준현행범인)〕① 범죄의 실행 중이거나 실행의 즉후인 자를 현행범인이라 한다.
〔형사소송법 제212조(현행범인의 체포)〕현행범인은 누구든지 영장없이 체포할 수 있다.

→ A는 주거지에 대마를 소지하고 있어 현행범에 해당한다. 현행범 체포의 요건으로서 범죄의 명백성, 체포의 필요성(도망, 증거인멸의 우려 등), 비례성이 요구되는데, 사례에서 대마를 소지한 것이 명백하며, 도망이나 증거 인멸할 염려가 있고, 체포가 불필요한 경미한 범죄로 볼 수도 없어 영장 없이 행한 현행범 체포는 적법하다.　　정답 - ○

■ 사례 【47~50】

甲은 경찰관 A로부터 불심검문을 받고 운전면허증을 교부하였는데 A가 이를 곧바로 돌려주지 않고 신분조회를 위해 순찰차로 가는 것을 보자 화가 나 인근 주민 여러 명이 있는 가운데 A에게 큰 소리로 욕설을 하였다. 이에 A는 「형사소송법」 제200조의5에 따라 피의사실의 요지, 체포의 이유, 변호인선임권 등을 고지한 후 甲을 모욕죄의 현행범으로 체포하였고, 그 과정에서 甲은 A에게 반항하면서 몸싸움을 하다가 얼굴 부위에 찰과상 등을 가하였다.(다툼이 있는 경우 판례에 의함)　　변호사시험 제5회

47 A가 甲을 체포할 당시 甲은 모욕 범행을 실행 중이거나 실행행위를 종료한 즉후인 자에 해당하므로 현행범인이다.

해설 ✎

〔형사소송법 제211조(현행범인과 준현행범인)〕① 범죄의 실행 중이거나 실행의 즉후인 자를 현행범인이라 한다.

→ 甲은 모욕 범행을 실행 중이거나 실행행위를 종료한 직후인 자이므로 현행범인이다(아래 「50번 문제」 해설 참고).　　정답 - ○

48 甲이 불심검문에 응하여 이미 운전면허증을 교부한 상태이고, 인근 주민도 甲의 욕설을 들었으므로 甲이 도망하거나 증거를 인멸할 염려가 있다고 보기 어렵다.

해설 ✎ 「50번 문제」 해설 참조　　정답 - ○

49 甲의 모욕 범행은 불심검문에 항의하는 과정에서 저지른 일시적, 우발적인 행위로서 사안 자체가 경미할 뿐 아니라 피해자인 경찰관이 범행 현장에서 즉시 범인을 체포할 급박한 사정이 있다고 보기 어렵다.

(해설 ✎) 「50번 문제」해설 참조   정답 - ○

50 甲에 대한 체포는 현행범인 체포의 요건을 갖추지 못하여 위법한 체포에 해당한다.

(해설 ✎) 피고인이 경찰관의 불심검문을 받아 운전면허증을 교부한 후 경찰관에게 큰 소리로 욕설을 하였는데, 경찰관이 모욕죄의 현행범으로 체포하겠다고 고지한 후 피고인의 오른쪽 어깨를 붙잡자 반항하면서 경찰관에게 상해를 가한 사안에서, 피고인은 경찰관의 불심검문에 응하여 「48번 문제의 해설」이미 운전면허증을 교부한 상태이고, 경찰관뿐 아니라 인근 주민도 욕설을 직접 들었으므로, 피고인이 도망하거나 증거를 인멸할 염려가 있다고 보기는 어렵고, 「49번 문제의 해설」피고인의 모욕 범행은 불심검문에 항의하는 과정에서 저지른 일시적, 우발적인 행위로서 사안 자체가 경미할 뿐 아니라, 피해자인 경찰관이 범행현장에서 즉시 범인을 체포할 급박한 사정이 있다고 보기도 어려우므로, 「50번 문제의 해설」경찰관이 피고인을 체포한 행위는 적법한 공무집행이라고 볼 수 없고, 피고인이 체포를 면하려고 반항하는 과정에서 상해를 가한 것은 불법체포로 인한 신체에 대한 현재의 부당한 침해에서 벗어나기 위한 행위로서 정당방위에 해당한다는 이유로, 피고인에 대한 상해 및 공무집행방해의 공소사실을 무죄로 인정한 원심판단을 수긍한 사례

(판결이유 중)……인근 지역을 순찰하던 경찰관인 공소외 1, 2로부터 불심검문을 받게 되자 공소외 2에게 자신의 운전면허증을 교부한 사실, 공소외 2가 피고인의 신분조회를 위하여 순찰차로 걸어간 사이에, 피고인은 위 불심검문에 항의하면서 공소외 1에게 큰 소리로 욕설을 한 사실,……위 사실관계에 의하면, 공소외 1이 피고인을 현행범인으로 체포할 당시 「47번 문제의 해설」피고인이 이 사건 모욕 범행을 실행 중이거나 실행행위를 종료한 직후에 있었다고 하더라도……(대판 2011. 5. 26, 2011도3682).   정답 - ○

🔲 사례 【51~52】

외국 국적자인 甲은 주간에 A가 운영하는 휴대폰 판매 가게에서 A가 잠시 자리를 비운 틈을 타 중고 휴대폰 여러 대를 훔친 후 자신의 집에 숨겨두었다. 며칠 뒤 사법경찰관이 노래방에서 나오는 甲을 긴급체포하였다. 검사는 검찰수사관과 통역인을 참여시킨 상태에서 甲을 신문하여 피의자신문조서를 작성하였고 영상녹화는 하지 않았다.

변호사시험 제7회

51 甲에 대한 공소제기 전 체포 및 구속기간은 제1심 법원의 구속기간에 산입하지 아니하고, 공판과정에서 구속을 계속할 필요가 있는 때에는 제1심 법원은 결정으로 2개월 단위로 2차에 한하여 구속기간을 갱신할 수 있다.

해설 ✎

〔형사소송법 제92조(구속기간과 갱신)〕 ① 구속기간은 2개월로 한다. ② 제1항에도 불구하고 특히 구속을 계속할 필요가 있는 경우에는 심급마다 2개월 단위로 2차에 한하여 결정으로 갱신할 수 있다. 다만, 상소심은 피고인 또는 변호인이 신청한 증거의 조사, 상소이유를 보충하는 서면의 제출 등으로 추가 심리가 필요한 부득이한 경우에는 3차에 한하여 갱신할 수 있다. ③ 제22조, 제298조 제4항, 제306조 제1항 및 제2항의 규정에 의하여 공판절차가 정지된 기간 및 공소제기전의 체포·구인·구금 기간은 제1항 및 제2항의 기간에 산입하지 아니한다.

정답 - ○

52 검사가 甲에 대하여 구속영장을 청구한 경우 구속영장을 청구받은 판사는 甲을 심문하여야 하고, 심문할 甲에게 변호인이 없는 경우에는 필요적 변호사건이 아니기 때문에 지방법원판사는 甲의 청구가 있는 경우에 한하여 변호인을 선정할 수 있다.

해설 ✎

〔형사소송법 제201조의2(구속영장 청구와 피의자 심문)〕 ① 제200조의2·제200조의3 또는 제212조에 따라 체포된 피의자에 대하여 구속영장을 청구받은 판사는 지체 없이 피의자를 심문하여야 한다. 이 경우 특별한 사정이 없는 한 구속영장이 청구된 날의 다음날까지 심문하여야 한다. ⑧ 심문할 피의자에게 변호인이 없는 때에는 지방법원판사는 직권으로 변호인을 선정하여야 한다. 이 경우 변호인의 선정은 피의자에 대한 구속영장 청구가 기각되어 효력이 소멸한 경우를 제외하고는 제1심까지 효력이 있다.

정답 - X

■ **사례【53~54】**

마약수사관 甲은 자신의 정보원으로 일했던 乙에게 "우리 정보원 A가 또 다른 정보원의 배신으로 구속되게 되었다. A의 공적(다른 마약범죄에 대한 정보를 제공하여 수사기관의 수사를 도운 공적)을 만들어 A를 빼내려 한다. 그렇게 하기 위하여는 수사에 사용할 필로폰이 필요하니 좀 구해 달라. 구입하여 오면 수사기관에서 관련자의 안전을 보장한다."라고 하면서, 구입자금까지 교부하며 집요하게 부탁하였다. 이에 乙은 甲을 돕기로 마음먹고 丙에게 이러한 사정을 이야기하면서 필로폰의 매입을 의뢰하였고, 丙도 비로소 필로폰을 매입하여 乙에게 교부하기로 마음먹고 乙에게서 받은 대금으로 B로부터 필로폰을 매수하여 乙을 통하여 甲에게 교부하였다.(다툼이 있는 경우에는 판례에 의함)

변호사시험 제1회

53 乙이 체포된 후 자신은 수사기관을 도우려 한 것이므로 체포는 부당하다며 체포적부심을 청구하였다면, 이 경우 법원은 보증금납입을 조건으로 乙을 석방할 수 있다.

> (해설 ✎) 형사소송법은 수사단계에서의 체포와 구속을 명백히 구별하고 있고 이에 따라 체포와 구속의 적부심사를 규정한 같은 법 제214조의2에서 체포와 구속을 서로 구별되는 개념으로 사용하고 있는바, 같은 조 제4항에 기소 전 보증금 납입을 조건으로 한 석방의 대상자가 '구속된 피의자'라고 명시되어 있고, 같은 법 제214조의3 제2항의 취지를 체포된 피의자에 대하여도 보증금 납입을 조건으로 한 석방이 허용되어야 한다는 근거로 보기는 어렵다 할 것이어서 현행법상 **체포된 피의자에 대하여는 보증금 납입을 조건으로 한 석방이 허용되지 않는다** (대결 1997. 8. 27, 자 97모21).   정답 - X

54 丙은 구속된 후 수사기관을 도우려 한 자신을 구속하는 것은 부당하다며 구속적부심을 청구하였는데, 검찰이 법원의 석방결정을 우려하여 석방결정전 丙을 기소하였더라도 법원의 그 석방결정의 효력은 丙에게 미친다.

> (해설 ✎)
>
> > [형사소송법 제214조의2(체포와 구속의 적부심사)] ① **체포 또는 구속된 피의자** 또는 그 변호인, 법정대리인, 배우자, 직계친족, 형제자매나 가족, 동거인 또는 고용주는 관할법원에 체포 또는 **구속의 적부심사를 청구할 수 있다.** ④ 제1항의 청구를 받은 법원은 청구서가 접수된 때부터 48시간 이내에 체포 또는 구속된 피의자를 심문하고 수사관계서류와 증거물을 조사하여 그 청구가 이유없다고 인정한 때에는 결정으로 이를 기각하고, 이유있다고 인정한 때에는 결정으로 체포 또는 구속된 피의자의 석방을 명하여야 한다. 심사청구후 피의자에 대하여 공소제기가 있는 경우에도 또한 같다.
>
> → 종래 구속적부심사에서 법원의 석방 명령을 회피하기 위한 수단으로 전격기소가 이루어지던 것이 헌법재판소에 의해 헌법불합치 결정을 받았으며, 이를 입법적으로 해결하였다.
>   정답 - O

제2절 압수·수색·검증

1 전자정보에 대한 압수·수색영장을 집행할 때에는 원칙적으로 혐의사실과 관련된 부분만을 문서 출력물로 수집하거나 수사기관이 휴대한 저장매체에 해당 파일을 복사하는 방식으로 이루어져야 한다.   변호사시험 제4회

> (해설 ✎) 「2번 문제」해설 참조   정답 - O

2 압수·수색영장에 저장매체 자체를 직접 또는 하드카피나 이미징 등 형태로 수사기관 사무실 등 외부로 반출하여 해당 파일을 압수·수색할 수 있도록 기재되어 있지 않더라도, 수사기관이 전자정보의 복사 또는 출력이 불가능하거나 현저히 곤란한 부득이한 사정이 있을 때에는 압수목적물인 저장매체자체를 수사관서로 반출할 수 있다.   변호사시험 제4회

해설 ✏️ 「1번 문제의 해설」전자정보에 대한 압수·수색영장을 집행할 때에는 원칙적으로 영장 발부의 사유인 혐의사실과 관련된 부분만을 문서 출력물로 수집하거나 수사기관이 휴대한 저장매체에 해당 파일을 복사하는 방식으로 이루어져야 하고, 집행현장 사정상 위와 같은 방식에 의한 집행이 불가능하거나 현저히 곤란한 부득이한 사정이 존재하더라도 「2번 문제의 해설」 저장매체 자체를 직접 혹은 하드카피나 이미징 등 형태로 수사기관 사무실 등 외부로 반출하여 해당 파일을 압수·수색할 수 있도록 영장에 기재되어 있고 실제 그와 같은 사정이 발생한 때에 한하여 위 방법이 예외적으로 허용될 수 있을 뿐이다. 나아가 이처럼 저장매체 자체를 수사기관 사무실 등으로 옮긴 후 영장에 기재된 범죄 혐의 관련 전자정보를 탐색하여 해당 전자정보를 문서로 출력하거나 파일을 복사하는 과정 역시 전체적으로 압수·수색영장 집행의 일환에 포함된다고 보아야 한다. 따라서 그러한 경우 문서출력 또는 파일복사 대상 역시 혐의사실과 관련된 부분으로 한정되어야 하는 것은 헌법 제12조 제1항, 제3항, 형사소송법 제114조, 제215조의 적법절차 및 영장주의 원칙상 당연하다. 그러므로 수사기관 사무실 등으로 옮긴 저장매체에서 범죄 혐의 관련성에 대한 구분 없이 저장된 전자정보 중 임의로 문서출력 혹은 파일복사를 하는 행위는 특별한 사정이 없는 한 영장주의 등 원칙에 반하는 위법한 집행이다(대결 2011. 5. 26, 자 2009모1190). 정답 ─ X

3 검사가 영장을 집행하면서 영장 기재 압수·수색의 장소에서 압수할 전자정보를 용이하게 하드카피·이미징 또는 문서로 출력할 수 있음에도 저장매체자체를 반출하여 가지고 간 경우, 직무집행지의 관할 법원에 수사기관의 압수처분에 대하여 취소 또는 변경을 청구할 수 있다. 변호사시험 제4회

해설 ✏️

> 〔형사소송법 제417조(동전)〕 검사 또는 사법경찰관의 구금, 압수 또는 압수물의 환부에 관한 처분과 제243조의2에 따른 변호인의 참여 등에 관한 처분에 대하여 불복이 있으면 그 직무집행지의 관할법원 또는 검사의 소속검찰청에 대응한 법원에 그 처분의 취소 또는 변경을 청구할 수 있다.

정답 ─ O

4 수사기관이 피의자 甲의 공직선거법위반 범행을 영장 기재 범죄사실로 하여 발부받은 압수·수색영장의 집행과정에서, 乙과 丙의 대화가 녹음된 녹음파일을 압수하면서 甲의 범행과 무관한 乙과 丙의 공직선거법 위반 혐의사실을 발견하였다면, 별도의 압수·수색영장 없이 압수한 위 녹음파일은 乙과 丙의 혐의사실에 대하여는 증거능력이 없다. 변호사시험 제4회

해설 ✏️ 수사기관이 피의자 甲의 공직선거법 위반 범행을 영장 범죄사실로 하여 발부받은 압수·수색영장의 집행 과정에서 乙, 丙 사이의 대화가 녹음된 녹음파일(이하 '녹음파일'이라 한다)을 압수하여 乙, 丙의 공직선거법 위반 혐의사실을 발견한 사안에서, 압수·수색영장에 기재된 '피의자'인 甲이 녹음파일에 의하여 의심되는 혐의사실과 무관한 이상, 수사기관이 별

도의 압수·수색영장을 발부받지 아니한 채 압수한 녹음파일은 형사소송법 제219조에 의하여 수사기관의 압수에 준용되는 형사소송법 제106조 제1항이 규정하는 '피고사건' 내지 같은 법 제215조 제1항이 규정하는 '해당 사건'과 '관계가 있다고 인정할 수 있는 것'에 해당하지 않으며, 이와 같은 압수에는 헌법 제12조 제1항 후문, 제3항 본문이 규정하는 영장주의를 위반한 절차적 위법이 있으므로, 녹음파일은 형사소송법 제308조의2에서 정한 '적법한 절차에 따르지 아니하고 수집한 증거'로서 증거로 쓸 수 없고, 그 절차적 위법은 헌법상 영장주의 내지 적법절차의 실질적 내용을 침해하는 중대한 위법에 해당하여 예외적으로 증거능력을 인정할 수도 없다고 한 사례(대판 2014. 1. 16, 2013도7101). 정답 - ○

5 甲은 2015. 6. 16. 15:40경 휴가를 떠나 비어 있던 A의 집에 들어가 잠을 잔 후, 같은 날 22:00경 방에 있던 태블릿PC 1대와 자기앞수표 1장을 훔쳤다. 이 경우, 수사기관이 甲의 주거에 대해 압수·수색영장을 한번 집행한 후 아직 그 영장의 유효기간이 남아 있더라도 甲의 주거에 대하여 다시 압수·수색하기 위해서는 새로운 영장을 발부받아야 한다.

변호사시험 제5회

(해설 ✎) 「6번 문제」해설 참조 정답 - ○

6 압수·수색영장을 한 번 집행하였다면, 아직 그 영장의 유효기간이 남아 있더라도 동일한 장소 또는 목적물에 대하여 압수·수색을 하기 위하여는 다시 새로운 압수·수색영장을 발부받아야 한다.

변호사시험 제6회

(해설 ✎) 수사기관이 압수·수색영장을 제시하고 집행에 착수하여 압수·수색을 실시하고 그 집행을 종료한 후 그 압수·수색영장의 유효기간 내에 동일한 장소 또는 목적물에 대하여 다시 압수·수색할 필요가 있는 경우, 종전의 압수·수색영장을 제시하고 다시 압수·수색할 수 있는지 여부에 관하여 판례는 형사소송법 제215조(압수, 수색, 검증)에 의한 압수·수색영장은 수사기관의 압수·수색에 대한 허가장으로서 거기에 기재되는 유효기간은 집행에 착수할 수 있는 종기(종기)를 의미하는 것일 뿐이므로, 수사기관이 압수·수색영장을 제시하고 집행에 착수하여 압수·수색을 실시하고 그 집행을 종료하였다면 이미 그 영장은 목적을 달성하여 효력이 상실되는 것이고, 동일한 장소 또는 목적물에 대하여 다시 압수·수색할 필요가 있는 경우라면 그 필요성을 소명하여 법원으로부터 새로운 압수·수색영장을 발부 받아야 하는 것이지, 앞서 발부 받은 압수·수색영장의 유효기간이 남아있다고 하여 이를 제시하고 다시 압수·수색을 할 수는 없다(대결 1999. 12. 1, 자 99모161)라고 판시하고 있다. 정답 - ○

7 수사기관이 압수·수색에 착수하면서 그 장소의 관리책임자에게 영장을 제시하였다고 하더라도, 물건을 소지하고 있는 다른 사람으로부터 이를 압수하고자 하는 때에는 그 사람에게 따로 영장을 제시하여야 한다.

변호사시험 제6회

(해설 ✎) 압수·수색영장은 처분을 받는 자에게 반드시 제시하여야 하는바, 현장에서 압수·수색을 당하는 사람이 여러 명일 경우에는 그 사람들 모두에게 개별적으로 영장을 제시해야 하

는 것이 원칙이다. 수사기관이 압수·수색에 착수하면서 그 장소의 관리책임자에게 영장을 제시하였다고 하더라도, 물건을 소지하고 있는 다른 사람으로부터 이를 압수하고자 하는 때에는 그 사람에게 따로 영장을 제시하여야 한다(대판 2009. 3. 12, 2008도763).   정답 – ○

8 압수·수색영장의 피처분자가 현장에 없거나 현장에서 그를 발견할 수 없는 등 영장제시가 현실적으로 불가능한 경우라도 영장을 제시하지 아니한 채 압수·수색을 하면 위법하다.   변호사시험 제6회

해설 ✎ 형사소송법 제219조가 준용하는 제118조는 "압수·수색영장은 처분을 받는 자에게 반드시 제시하여야 한다."고 규정하고 있으나, 이는 영장제시가 현실적으로 가능한 상황을 전제로 한 규정으로 보아야 하고, 피처분자가 현장에 없거나 현장에서 그를 발견할 수 없는 경우 등 영장제시가 현실적으로 불가능한 경우에는 영장을 제시하지 아니한 채 압수·수색을 하더라도 위법하다고 볼 수 없다[대판(전합) 2015. 1. 22, 2014도10978].   정답 – X

9 입시학원 강사인 甲은 A사립대학에 재직중인 입학처장 乙에게 요청하여 A대학의 신입생 전형 논술시험문제를 전자우편으로 전송받았다. 甲은 공모에 따라 A대학에 진학하고자 하는 학생들에게 시험문제와 답안을 알려주었고, 학생들은 답안지를 그대로 작성하여 그 정을 모르는 시험감독관에게 제출하였다. 이 경우, 검사가 乙의 전자우편을 압수·수색하는 과정에서 급속을 요하는 때에는 압수·수색영장을 집행하면서 참여권자에 대한 사전통지를 생략하였다고 하더라도 적법절차원칙에 위배되지 않는다.   변호사시험 제6회

해설 ✎ 피의자 또는 변호인은 압수·수색영장의 집행에 참여할 수 있고(형사소송법 제219조, 제121조), 압수·수색영장을 집행함에는 원칙적으로 미리 집행의 일시와 장소를 피의자 등에게 통지하여야 하나(형사소송법 제122조 본문), **'급속을 요하는 때'**에는 위와 같은 통지를 생략할 수 있다(형사소송법 제122조 단서). 여기서 '급속을 요하는 때'라고 함은 압수·수색영장 집행 사실을 미리 알려주면 증거물을 은닉할 염려 등이 있어 압수·수색의 실효를 거두기 어려울 경우라고 해석함이 옳고, 그와 같이 합리적인 해석이 가능하므로 형사소송법 제122조 단서가 명확성의 원칙 등에 반하여 위헌이라고 볼 수 없다(대판 2012. 10. 11, 2012도7455).   정답 – ○

10 전자우편이 송신되어 수신인이 이를 확인하는 등으로 이미 수신이 완료된 전기통신에 관하여 남아 있는 기록이나 내용을 열어보는 등의 행위는 「통신비밀보호법」에서 규정하는 '전기통신의 감청'에 포함되지 않는다.   변호사시험 제6회

해설 ✎ 통신비밀보호법상 '감청'의 의미 및 이미 수신이 완료된 전기통신 내용을 지득하는 등의 행위도 이에 포함되는지 여부에 관하여 판례는 통신비밀보호법 제2조 제3호 및 제7호에 의하면 같은 법상 '감청'은 전자적 방식에 의하여 모든 종류의 음향·문언·부호 또는 영상을 송신하거나 수신하는 전기통신에 대하여 당사자의 동의 없이 전자장치·기계장치 등을 사용하여 통신의 음향·문언·부호·영상을 청취·공독하여 그 내용을 지득 또는 채록하거나 전기통신의 송·수신을 방해하는 것을 말한다. 그런데 해당 규정의 문언이 송신하거나 수신하는 전기통신 행위를 감청의 대상으로 규정하고 있을 뿐 송·수신이 완료되어 보관 중인 전기통신

내용은 대상으로 규정하지 않은 점, 일반적으로 감청은 다른 사람의 대화나 통신 내용을 몰래 엿듣는 행위를 의미하는 점 등을 고려하여 보면, **통신비밀보호법상 '감청'이란 대상이 되는 전기통신의 송·수신과 동시에 이루어지는 경우만을 의미하고, 이미 수신이 완료된 전기통신의 내용을 지득하는 등의 행위는 포함되지 않는다**(대판 2012. 10. 25, 2012도4644)라고 판시하고 있다.

> [통신비밀보호법 제2조(정의)] 이 법에서 사용하는 용어의 정의는 다음과 같다.
>
> 3. '전기통신'이라 함은 전화·전자우편·회원제정보서비스·모사전송·무선호출 등과 같이 유선·무선·광선 및 기타의 전자적 방식에 의하여 모든 종류의 음향·문언·부호 또는 영상을 송신하거나 수신하는 것을 말한다.
>
> 7. '감청'이라 함은 전기통신에 대하여 당사자의 동의없이 전자장치·기계장치등을 사용하여 통신의 음향·문언·부호·영상을 청취·공독하여 그 내용을 지득 또는 채록하거나 전기통신의 송·수신을 방해하는 것을 말한다.

정답 - O

11 「통신비밀보호법」 제3조 제1항은 "공개되지 아니한 타인간의 대화를 녹음 또는 청취하지 못한다."라고 규정하고 있는데, 3인 간의 대화에서 그 중 한 사람이 그 대화를 녹음 또는 청취하는 경우에 다른 두 사람의 발언은 그 녹음자 또는 청취자에 대한 관계에서 위 규정에서 말하는 '타인 간의 대화'라고 할 수 없다. 변호사시험 제6회

해설 ✎ 통신비밀보호법 제3조 제1항이 "공개되지 아니한 타인간의 대화를 녹음 또는 청취하지 못한다"라고 정한 것은, 대화에 원래부터 참여하지 않는 제3자가 그 대화를 하는 타인들 간의 발언을 녹음해서는 아니 된다는 취지이다. 3인 간의 대화에 있어서 그 중 한 사람이 그 대화를 녹음하는 경우에 다른 두 사람의 발언은 그 녹음자에 대한 관계에서 '타인 간의 대화'라고 할 수 없으므로, 이와 같은 녹음행위가 통신비밀보호법 제3조 제1항에 위배된다고 볼 수는 없다(대판 2006. 10. 12, 2006도4981).

정답 - O

12 수사기관이 구속수감되어 있던 甲으로부터 피고인의 마약류관리에관한법률위반(향정) 범행에 대한 진술을 듣고 추가적인 증거를 확보할 목적으로, 甲에게 그의 압수된 휴대전화를 제공하여 피고인과 통화하고 위 범행에 관한 통화 내용을 녹음하게 한 경우, 甲이 통화당사자가 되므로 그 녹음을 증거로 사용할 수 있다. 변호사시험 제6회

해설 ✎ 전기통신의 감청은 제3자가 전기통신의 당사자인 송신인과 수신인의 동의를 받지 아니하고 전기통신 내용을 녹음하는 등의 행위를 하는 것만을 말한다고 풀이함이 상당하다고 할 것이므로, 전기통신에 해당하는 전화통화 당사자의 일방이 상대방 모르게 통화 내용을 녹음하는 것은 여기의 감청에 해당하지 아니하지만, 제3자의 경우는 설령 **전화통화 당사자 일방의 동의를 받고 그 통화 내용을 녹음하였다 하더라도 그 상대방의 동의가 없었던 이상, 이는 여기의 감청에 해당하여 법 제3조 제1항 위반이 되고**, 이와 같이 법 제3조 제1항에 위반한 불법감청에 의하여 녹음된 전화통화의 내용은 법 제4조에 의하여 증거능력이 없다(대판 2010. 10. 14, 2010도9016).

정답 - X

13 체포영장을 집행함에 있어서 필요한 때에는 영장 없이 타인의 주거에서 피의자를 수사하거나 체포현장에 압수, 수색, 검증을 할 수 있다. 변호사시험 제2회

해설 ✎

> 〔형사소송법 제200조의2(영장에 의한 체포)〕① 피의자가 죄를 범하였다고 의심할 만한 상당한 이유가 있고, 정당한 이유없이 제200조의 규정에 의한 출석요구에 응하지 아니하거나 응하지 아니할 우려가 있는 때에는 검사는 관할 지방법원판사에게 청구하여 체포영장을 발부받아 피의자를 체포할 수 있고, 사법경찰관은 검사에게 신청하여 검사의 청구로 관할지방법원판사의 체포영장을 발부받아 피의자를 체포할 수 있다. 다만, 다액 50만원이하의 벌금, 구류 또는 과료에 해당하는 사건에 관하여는 피의자가 일정한 주거가 없는 경우 또는 정당한 이유없이 제200조의 규정에 의한 출석요구에 응하지 아니한 경우에 한한다.
> 〔형사소송법 제216조(영장에 의하지 아니한 강제처분)〕① 검사 또는 사법경찰관은 제200조의2·제200조의3·제201조 또는 제212조의 **규정에 의하여 피의자를 체포 또는 구속하는 경우에 필요한 때에는 영장없이 다음 처분을 할 수 있다.**
> 1. 타인의 주거나 타인이 간수하는 가옥, 건조물, 항공기, 선차 내에서의 피의자 수사
> 2. 체포현장에서의 압수, 수색, 검증

정답 - ○

14 음주운전 중 교통사고를 야기한 직후 병원 응급실로 후송된 의식불명 피의자에 대하여 수사기관이 그의 혈액을 채취하여 이를 취득하기 위해서는 반드시 사전영장 또는 감정처분허가장을 발부받아야 한다. 변호사시험 제3회

해설 ✎ 음주운전 중 교통사고를 야기한 후 피의자가 의식불명 상태에 빠져 있는 등으로 도로교통법이 음주운전의 제1차적 수사방법으로 규정한 호흡조사에 의한 음주측정이 불가능하고 혈액 채취에 대한 동의를 받을 수도 없을 뿐만 아니라 법원으로부터 혈액 채취에 대한 감정처분허가장이나 사전 압수영장을 발부받을 시간적 여유도 없는 긴급한 상황이 생길 수 있다. 이러한 경우 피의자의 신체 내지 의복류에 주취로 인한 냄새가 강하게 나는 등 형사소송법 제211조 제2항 제3호가 정하는 범죄의 증적이 현저한 준현행범인의 요건이 갖추어져 있고 교통사고 발생 시각으로부터 사회통념상 범행 직후라고 볼 수 있는 시간 내라면, 피의자의 생명·신체를 구조하기 위하여 사고현장으로부터 곧바로 후송된 **병원 응급실 등의 장소는 형사소송법 제216조 제3항의 범죄 장소에 준한다** 할 것이므로, 검사 또는 사법경찰관은 피의자의 혈중알코올농도 등 증거의 수집을 위하여 의료법상 의료인의 자격이 있는 자로 하여금 의료용 기구로 의학적인 방법에 따라 필요최소한의 한도 내에서 피의자의 혈액을 채취하게 한 후 **그 혈액을 영장 없이 압수할 수 있다.** 다만 이 경우에도 형사소송법 제216조 제3항 단서, 형사소송규칙 제58조, 제107조 제1항 제3호에 따라 사후에 지체 없이 강제채혈에 의한 압수의 사유 등을 기재한 영장청구서에 의하여 법원으로부터 압수영장을 받아야 한다(대판 2012. 11. 15, 2011도15258).

정답 - X

15 위법한 강제연행 상태에서 호흡측정 방법에 의한 음주측정을 한 직후 피의자가 호흡측정 결과에 대한 탄핵을 하기 위하여 스스로 혈액채취 방법에 의한 측정을 요구하여 혈액채취가 이루어졌다면 특별한 사정이 없는 한 그러한 혈액채취에 의한 측정 결과는 유죄의 증거로 쓸 수 있다. 　　　　　　　　　　　　　　　　　　　　　　　　　　변호사시험 제3회

해설 ✏️　위법한 강제연행 상태에서 호흡측정 방법에 의한 음주측정을 한 다음 강제연행 상태로부터 시간적·장소적으로 단절되었다고 볼 수도 없고 피의자의 심적 상태 또한 강제연행 상태로부터 완전히 벗어났다고 볼 수 없는 상황에서 피의자가 호흡측정 결과에 대한 탄핵을 하기 위하여 스스로 혈액채취 방법에 의한 측정을 할 것을 요구하여 혈액채취가 이루어졌다고 하더라도 그 사이에 위법한 체포 상태에 의한 영향이 완전하게 배제되고 피의자의 의사결정의 자유가 확실하게 보장되었다고 볼 만한 다른 사정이 개입되지 않은 이상 불법체포와 증거수집 사이의 인과관계가 단절된 것으로 볼 수는 없다. 따라서 그러한 혈액채취에 의한 측정 결과 역시 유죄 인정의 증거로 쓸 수 없다고 보아야 한다. 그리고 이는 수사기관이 위법한 체포 상태를 이용하여 증거를 수집하는 등의 행위를 효과적으로 억지하기 위한 것이므로, 피고인이나 변호인이 이를 증거로 함에 동의하였다고 하여도 달리 볼 것은 아니다(대판 2013. 3. 14, 2010도2094).　정답 – X

16 甲은 2014.6.25.23:30경 물건을 훔칠 생각으로 복면을 하고 A의 집에 침입하였다가 마침 거실에 있던 애완견이 짖는 바람에 잠이 깬 A에게 발각되어, A가 도둑이야!라고 고함치자 집 밖으로 도망쳐 나왔다. 마침 A의 집 주변에서 야간순찰 중이던 경찰관 B는 A의 고함소리와 동시에 A의 집에서 도망쳐 나오는 甲을 발견하고, 혼자서 甲을 추격하여 체포하였는데, 그 과정에서 甲은 체포를 면탈할 목적으로 발로 B의 왼쪽 허벅지 부위를 1회 걷어차 폭행하였다. 이 경우, B가 甲을 체포할 당시 甲이 소지하고 있던 복면은 필요한 때에는 영장 없이 압수할 수 있으나, 계속 압수할 필요가 있는 경우에는 지체없이 압수·수색영장을 청구하여야 한다. 　　　　　　　　　　　　　　　　　　변호사시험 제4회

해설 ✏️

> 〔형사소송법 제211조(현행범인과 준현행범인)〕① 범죄의 실행 중이거나 실행의 즉후인 자를 현행범인이라 한다.
> ② 다음 각 호의 1에 해당하는 자는 현행범인으로 간주한다.
> 1. 범인으로 호창되어 추적되고 있는 때
> 2. 장물이나 범죄에 사용되었다고 인정함에 충분한 흉기 기타의 물건을 소지하고 있는 때
> 3. 신체 또는 의복류에 현저한 증적이 있는 때
> 4. 누구임을 물음에 대하여 도망하려 하는 때
> 〔형사소송법 제212조(현행범인의 체포)〕 현행범인은 누구든지 영장없이 체포할 수 있다.
> 〔형사소송법 제216조(영장에 의하지 아니한 강제처분)〕① 검사 또는 사법경찰관은 제200조의2·제200조의3·제201조 또는 제212조의 규정에 의하여 피의자를 체포 또는 구속하는 경우에 필요한 때에는 영장없이 다음 처분을 할 수 있다.
> 1. 타인의 주거나 타인이 간수하는 가옥, 건조물, 항공기, 선차 내에서의 피의자 수사

2. 체포현장에서의 압수, 수색, 검증

[형사소송법 제217조(영장에 의하지 아니하는 강제처분)] ② 검사 또는 **사법경찰관**은 제1항 또는 제216조 제1항 제2호에 따라 압수한 물건을 계속 압수할 필요가 있는 경우에는 지체 없이 압수수색영장을 청구하여야 한다. 이 경우 압수수색영장의 청구는 체포한 때부터 48시간 이내에 하여야 한다.

→ 甲은 범행 직후인 자로서 현행범인에 해당하여 체포될 당시 그가 소지하고 있던 복면은 형사소송법 제216조 제1항 제2호에 따라 B가 영장 없이 압수할 수 있다. 이 경우 계속 압수할 필요가 있는 경우에는 지체 없이 압수수색영장을 청구하여야 한다(제217조 제2항).

정답 – ○

17 甲은 2016. 12. 4. 02:30경 A의 자취방에서 A로부터 심한 욕설을 듣자 격분하여 부엌칼로 A를 찔러 살해하였다. 甲은 같은 날 05:00경 피 묻은 자신의 옷을 A의 점퍼로 갈아입고 나오려 하다가 A의 점퍼 주머니 안에 A 명의의 B은행 계좌의 예금통장(예금액 500만 원)과 도장이 들어 있는 것을 발견하였다. 甲은 A의 점퍼를 입고 집으로 돌아간 후에 2016. 12. 5. 10:30경 B은행으로 가서 위 예금통장과 도장을 이용하여 A 명의로 예금청구서를 작성하여 이를 은행직원에게 제출하고 예금 500만 원을 모두 인출하였고, 위 예금통장과 도장은 甲의 집에 보관하고 있었다. 만일 사법경찰관이 2016. 12. 6. 14:00에 甲의 집에서 약 10킬로미터 떨어져 있는 버스터미널에서 甲을 적법하게 긴급체포하였다면, 사법경찰관은 긴급히 압수할 필요가 있는 때에는 2016. 12. 7. 14:00 이내에 한하여 甲의 집에서 위 예금통장과 도장을 영장 없이 압수·수색할 수 있다. 변호사시험 제6회

해설 🖋

[형사소송법 제217조(영장에 의하지 아니하는 강제처분)] ① 검사 또는 **사법경찰관**은 제200조의3에 따라 체포된 자가 소유·소지 또는 보관하는 물건에 대하여 긴급히 압수할 필요가 있는 경우에는 체포한 때부터 24시간 이내에 한하여 영장 없이 압수·수색 또는 검증을 할 수 있다.

정답 – ○

18 외국 국적자인 甲은 주간에 A가 운영하는 휴대폰 판매 가게에서 A가 잠시 자리를 비운 틈을 타 중고 휴대폰 여러 대를 훔친 후 자신의 집에 숨겨두었다. 며칠 뒤 사법경찰관이 노래방에서 나오는 甲을 긴급체포하였다. 검사는 검찰수사관과 통역인을 참여시킨 상태에서 甲을 신문하여 피의자신문조서를 작성하였고 영상녹화는 하지 않았다. 이 때, 사법경찰관은 甲이 보관하고 있는 중고 휴대폰을 긴급히 압수할 필요가 있는 경우에 甲을 체포한 때부터 24시간 이내에 한하여 영장 없이 압수·수색할 수 있고, 압수한 중고 휴대폰을 계속 압수할 필요가 있는 경우에는 압수한 때부터 48시간 이내에 압수·수색영장을 청구하여야 한다. 변호사시험 제7회

해설 ✎

〔형사소송법 제217조(영장에 의하지 아니하는 강제처분)〕 ① 검사 또는 사법경찰관은 제200조의3에 따라 체포된 자가 소유·소지 또는 보관하는 물건에 대하여 긴급히 압수할 필요가 있는 경우에는 체포한 때부터 24시간 이내에 한하여 영장 없이 압수·수색 또는 검증을 할 수 있다. ② 검사 또는 **사법경찰관**은 제1항 또는 제216조 제1항 제2호에 따라 압수한 물건을 계속 압수할 필요가 있는 경우에는 지체 없이 압수수색영장을 청구하여야 한다. 이 경우 압수수색영장의 청구는 체포한 때부터 48시간 이내에 하여야 한다.

정답 - X

19 甲은 집에서 필로폰을 투약한 다음, 함께 사는 사촌언니 A의 K은행 예금통장을 몰래 가지고 나와 K은행 현금자동지급기에 넣고 미리 알고 있던 통장 비밀번호를 입력하여 A 명의의 예금잔고 중 100만 원을 甲 명의의 M은행 계좌로 이체한 후 집으로 돌아와 예금통장을 원래 자리에 가져다 놓았다. 이후 甲은 자신의 신용카드로 M은행 현금자동지급기에서 위와 같이 이체한 100만 원을 인출하였다. 마침 부근을 순찰 중인 경찰관이 필로폰 기운으로 비틀거리는 甲을 수상히 여겨 甲에게 동행을 요구하였으나 甲은 그대로 도주하였다. 필로폰 투약 사실을 알게 된 A의 설득으로 甲은 다음 날 경찰서에 자진출석하였으나 필로폰 투약 사실을 일관되게 부인하며 소변의 임의제출도 거부하므로 경찰관은 소변 확보를 위해 압수·수색·검증영장을 발부받았다. 이 때, 사법경찰관은 압수·수색·검증영장의 효력에 의하여 甲의 동의 없이 그 신체에서 소변을 채취할 수 있고, 이 경우 별도로 감정처분허가장까지 필요한 것은 아니다.
변호사시험 제7회

해설 ✎ 한편 기록에 의하면 이 사건에서 수사기관은 법원에 피고인의 소변과 모발 등에 대한 **압수영장을 청구하여 이를 발부받은 바 있다.** 영장주의의 본질은 강제수사의 요부에 대한 판단 권한을 수사의 당사자가 아닌 인적·물적 독립을 보장받는 제3자인 법관에게 유보하는 것인데(헌법재판소 2012. 6. 27, 선고 2011헌가36 전원재판부 결정 등 참조), 이 사건 압수영장의 발부는 수사절차로부터 독립된 법관에 의한 재판의 일종으로서 이에 따라 수사기관에 피고인의 소변·모발 등을 압수할 권한을 부여하고 피고인에게는 그와 같은 수사기관의 압수를 수인할 의무를 부담하게 하는 효력을 지닌다. 그리고 **수사기관은 형사소송법 제120조 소정의 '압수영장의 집행을 위하여 필요한 처분'으로서 피고인에 대한 채뇨 등 절차를 적법하게 행할 수 있다**고 할 것이다. 나아가 기록상 압수영장의 집행과정에 별다른 위법을 찾아볼 수 없고, 피고인 또한 압수영장을 제시받은 뒤 그 집행에 응하여 소변과 모발을 제출한 것으로 인정된다 (대판 2013. 3. 14, 2012도13611).

→ 압수영장만으로 채뇨를 적법하게 할 수 있으므로 감정처분허가장까지 필요한 것은 아니다.

정답 - O

20 무면허운전으로 현행범체포된 피의자에 대하여 절도 범행이 의심되는 상황에서 사법경찰관은 경찰서 주차장에 세워 둔 피의자 차량의 문을 열고 내부를 수색하여 절도 범행의 증거물인 현금, 수표 등을 영장없이 압수할 수 있다. 변호사시험 제5회

〔해설 ✍〕

> 〔형사소송법 제215조(압수, 수색, 검증)〕 ① 검사는 범죄수사에 필요한 때에는 피의자가 죄를 범하였다고 의심할 만한 정황이 있고 해당 사건과 관계가 있다고 인정할 수 있는 것에 한정하여 지방법원판사에게 청구하여 발부받은 영장에 의하여 압수, 수색 또는 검증을 할 수 있다. ② **사법경찰관이 범죄수사에 필요한 때에는 피의자가 죄를 범하였다고 의심할 만한 정황이 있고 해당 사건과 관계가 있다고 인정할 수 있는 것에 한정하여** 검사에게 신청하여 검사의 청구로 지방법원판사가 발부한 영장에 의하여 압수, 수색 또는 검증을 할 수 있다.
> 〔형사소송법 제216조(영장에 의하지 아니한 강제처분)〕 ① 검사 또는 **사법경찰관은** 제200조의2·제200조의3·제201조 또는 제212조의 규정에 의하여 피의자를 체포 또는 구속하는 경우에 필요한 때에는 영장없이 다음 처분을 할 수 있다.
> 1. 타인의 주거나 타인이 간수하는 가옥, 건조물, 항공기, 선차 내에서의 피의자 수사
> 2. **체포현장에서의 압수**, 수색, 검증

→ 무면허운전으로 현행범체포된 경우이므로 당해 사건과 관련된 증거는 영장없이 압수할 수 있다(형사소송법 제216조 제1항 제2호). 그러나 별개의 사건인 절도에 대하여 영장없이 압수할 수는 없다. 정답 – X

21 사법경찰관이 특수절도 혐의로 지명수배되어 도피 중인 피의자의 숙소에 대하여 제보를 받고 급습하였는데 피의자가 숙소에 없는 경우 그곳에 있는 특수절도 범행의 증거물인 통장, 카드 등을 영장없이 압수할 수 있다. 변호사시험 제5회

〔해설 ✍〕 지문은 영장에 의한 체포, 현행범체포, 긴급체포(형사소송법 제217조)에 해당하지 않으므로 체포에서의 압수는 아니다(제216조 제1항). 그렇다고 구속영장을 집행하는 경우(제216조 제2항)이거나 범죄장소(제216조 제3항)도 아니다. 피의자가 임의제출했다는 사정도 나타나 있지 않다(제218조). 달리 영장에 의하지 않고 압수할 수 있는 사정이 없으므로 지문은 옳지 않다. 정답 – X

22 음주운전 혐의가 있는 피의자가 교통사고를 야기한 후 의식불명의 상태로 병원 응급실에 후송되었고 피의자의 신체와 의복에서 술 냄새 등이 현저하더라도 병원 응급실을 범죄장소에 준한다고 볼 수 없으므로 영장없이 채혈할 수 없다. 변호사시험 제5회

〔해설 ✍〕 음주운전 중 교통사고를 야기한 후 피의자가 의식불명 상태에 빠져 있는 등으로 도로교통법이 음주운전의 제1차적 수사방법으로 규정한 호흡조사에 의한 음주측정이 불가능하고 혈액 채취에 대한 동의를 받을 수도 없을 뿐만 아니라 법원으로부터 혈액 채취에 대한 감정처분허가장이나 사전 압수영장을 발부받을 시간적 여유도 없는 긴급한 상황이 생길 수 있다. 이

러한 경우 피의자의 신체 내지 의복류에 주취로 인한 냄새가 강하게 나는 등 형사소송법 제211조 제2항 제3호가 정하는 범죄의 증적이 현저한 준현행범인의 요건이 갖추어져 있고 교통사고 발생 시각으로부터 사회통념상 범행 직후라고 볼 수 있는 시간 내라면, 피의자의 생명·신체를 구조하기 위하여 사고현장으로부터 곧바로 후송된 **병원 응급실 등의 장소는 형사소송법 제216조 제3항의 범죄 장소에 준한다 할 것이므로**, 검사 또는 사법경찰관은 피의자의 혈중알코올농도 등 증거의 수집을 위하여 의료법상 의료인의 자격이 있는 자로 하여금 의료용 기구로 의학적인 방법에 따라 필요최소한의 한도 내에서 피의자의 혈액을 채취하게 한 후 **그 혈액을 영장 없이 압수할 수 있다.** 다만 이 경우에도 형사소송법 제216조 제3항 단서, 형사소송규칙 제58조, 제107조 제1항 제3호에 따라 사후에 지체 없이 강제채혈에 의한 압수의 사유 등을 기재한 영장청구서에 의하여 법원으로부터 압수영장을 받아야 한다(대판 2012. 11. 15, 2011도15258).

정답 — X

23 사법경찰관은 속칭 '대포통장' 거래 혐의로 체포영장이 발부된 피의자를 공원에서 체포한 후 피의자를 주거지에 데리고 가 범행 증거물인 통장을 영장없이 압수할 수 있다.

변호사시험 제5회

해설 ✎

> [형사소송법 제200조의2(영장에 의한 체포)] ① 피의자가 죄를 범하였다고 의심할 만한 상당한 이유가 있고, 징당한 이유없이 제200조의 규정에 의한 출석요구에 응히지 아니하거나 응하지 아니할 우려가 있는 때에는 검사는 관할 지방법원판사에게 청구하여 체포영장을 발부받아 피의자를 체포할 수 있고, 사법경찰관은 검사에게 신청하여 검사의 청구로 관할지방법원판사의 체포영장을 발부받아 피의자를 체포할 수 있다. 다만, 다액 50만원이하의 벌금, 구류 또는 과료에 해당하는 사건에 관하여는 피의자가 일정한 주거가 없는 경우 또는 정당한 이유없이 제200조의 규정에 의한 출석요구에 응하지 아니한 경우에 한한다.
>
> 〔형사소송법 제216조(영장에 의하지 아니한 강제처분)〕 ① 검사 또는 **사법경찰관은 제200조의2·제200조의3·제201조 또는 제212조의 규정에 의하여 피의자를 체포 또는 구속하는 경우에 필요한 때에는 영장없이 다음 처분을 할 수 있다.**
>
> 1. 타인의 주거나 타인이 간수하는 가옥, 건조물, 항공기, 선차 내에서의 피의자 수사
> 2. **체포현장에서의 압수**, 수색, 검증

→ 체포현장은 공원이므로 피의자의 주거지에 있는 증거물은 영장 없이 압수 할 수 없다.

정답 — X

24 마약수사관 甲은 자신의 정보원으로 일했던 乙에게 "우리 정보원 A가 또 다른 정보원의 배신으로 구속되게 되었다. A의 공적(다른 마약범죄에 대한 정보를 제공하여 수사기관의 수사를 도운 공적)을 만들어 A를 빼내려 한다. 그렇게 하기 위하여는 수사에 사용할 필로폰이 필요하니 좀 구해 달라. 구입하여 오면 수사기관에서 관련자의 안전을 보장한다."라고 하면서, 구입자금까지 교부하며 집요하게 부탁하였다. 이에 乙은 甲을 돕기로 마음먹고 丙에게 이러한 사정을 이야기하면서 필로폰의 매입을 의뢰하였고, 丙도 비로소 필로폰을 매입하여 乙에게 교부하기로 마음먹고 乙에게서 받은 대금으로 B로부터 필로폰을 매수하여 乙을 통하여 甲에게 교부하였다.

丙이 더 많은 필로폰을 가지고 있을 것으로 판단한 수사관이 이를 대상으로 하는 압수수색영장을 발부받아 丙의 집에서 이 영장을 제시하고 필로폰을 수색하던 중 컬러복사기로 제작중이던 위조지폐를 발견하고 이를 압수한 경우, 이 위조지폐는 사후에 압수수색영장을 발부받지 않았더라도 통화위조죄의 증거로 사용할 수 있다.

변호사시험 제1회

해설 🖊

〔형사소송법 제215조(압수, 수색, 검증)〕② 사법경찰관이 범죄수사에 필요한 때에는 피의자가 죄를 범하였다고 의심할 만한 정황이 있고 **해당 사건과 관계가 있다고 인정할 수 있는 것에 한정하여** 검사에게 신청하여 검사의 청구로 지방법원판사가 발부한 영장에 의하여 **압수, 수색 또는 검증**을 할 수 있다.

〔형사소송법 제216조(영장에 의하지 아니한 강제처분)〕① 검사 또는 **사법경찰관**은 제200조의2·제200조의3·제201조 또는 **제212조의 규정에 의하여 피의자를 체포** 또는 구속하는 경우에 필요한 때에는 영장없이 다음 처분을 할 수 있다.

1. 타인의 주거나 타인이 간수하는 가옥, 건조물, 항공기, 선차 내에서의 피의자 수사

2. **체포현장에서의 압수**, 수색, 검증

② 전항 제2호의 규정은 검사 또는 사법경찰관이 피고인에 대한 구속영장의 집행의 경우에 준용한다. ③ 범행 중 또는 범행직후의 범죄 장소에서 긴급을 요하여 법원판사의 영장을 받을 수 없는 때에는 영장없이 압수, 수색 또는 검증을 할 수 있다. 이 경우에는 **사후에 지체없이 영장을 받아야 한다.**

〔형사소송법 제217조(영장에 의하지 아니하는 강제처분)〕② 검사 또는 **사법경찰관**은 제1항 또는 제216조 제1항 제2호에 따라 압수한 물건을 계속 압수할 필요가 있는 경우에는 지체 없이 압수수색영장을 청구하여야 한다. 이 경우 압수수색영장의 청구는 체포한 때부터 48시간 이내에 하여야 한다. ③ 검사 또는 **사법경찰관**은 제2항에 따라 청구한 **압수수색영장을 발부받지 못한 때에는 압수한 물건을 즉시 반환하여야 한다.**

→ 영장은 마약류관리에 관한 법률 위반죄와 관련한 것이므로 위조지폐는 이와 관계가 없어 영장에 의한 압수가 불가능하다(제215조 제2항). 다만, 컬러복사기로 제작중이던 위조지폐를 발견한 것이므로 통화위조죄 범행 중이거나 직후로 볼 수 있어 제216조 영장주의의 예외를 고려할 수 있다. 현행범 체포에 의한 체포현장에서의 압수와 범죄현장에서의 압수를 고려할 수 있는데, 모두 사후영장을 필요로 하므로, 사후 영장 없이 증거로 사용할 수 있다는 지문은 옳지 않다.

정답 - X

25 甲과 乙은 A모텔 906호실에는 몰래카메라를, 맞은편 B모텔 707호실에는 모니터를 설치하여 사기도박을 하기로 공모하고, 공모사실을 모르는 피해자들을 A모텔 906호실로 오게 하였다. 乙은 B모텔 707호실 모니터 화면에서 피해자들의 화투패를 인식하고, 甲은 피해자들과 속칭 '섯다'라는 도박을 정상적으로 하다가 어느 정도 시간이 지난 후에 리시버를 통해서 乙이 알려주는 피해자들의 화투패를 듣고 도박의 승패를 지배하는 방법으로 피해자들로부터 금원을 교부받았다. 사법경찰관이 甲, 乙을 범행현장에서 체포하면서 필요한 때에는 위 카메라, 모니터, 도박 판돈을 영장없이 압수할 수 있다.   변호사시험 제1회

해설 ✏️

〔형사소송법 제211조(현행범인과 준현행범인)〕① 범죄의 실행 중이거나 실행의 즉후인 자를 현행범인이라 한다.
〔형사소송법 제212조(현행범인의 체포)〕 현행범인은 누구든지 영장없이 체포할 수 있다.
〔형사소송법 제216조(영장에 의하지 아니한 강제처분)〕① 검사 또는 **사법경찰관**은 제200조의2·제200조의3·제201조 또는 **제212조의 규정에 의하여 피의자를 체포** 또는 구속하는 경우에 필요한 때에는 영장없이 다음 처분을 할 수 있다.
1. 타인의 주거나 타인이 간수하는 가옥, 건조물, 항공기, 선차 내에서의 피의자 수사
2. **체포현장에서의 압수**, 수색, 검증
② 전항 제2호의 규정은 검사 또는 사법경찰관이 피고인에 대한 구속영장의 집행의 경우에 준용한다. ③ **범행 중 또는 범행직후의 범죄 장소에서** 긴급을 요하여 법원판사의 영장을 받을 수 없는 때에는 영장없이 압수, 수색 또는 검증을 할 수 있다. 이 경우에는 **사후에 지체없이 영장을 받아야 한다.**

→ 甲, 乙을 범행현장에서 체포하는 것은 현행범인의 체포에 해당한다(제211조 제1항, 제212조). 따라서 사법경찰관은 제216조 제1항 제2호에 따라 영장없이 위 도박에 사용된 카메라, 모니터, 도박판돈을 압수할 수 있다. 또는 甲, 乙을 체포한 범행현장은 범죄 장소에 해당하므로 제216조 제3항에 따라 영장없이 압수할 수도 있다.   정답 - ○

26 사법경찰관은 속칭 '전화사기' 피의자를 주거지에서 긴급체포하면서 그 주거지에 보관하던 타인의 주민등록증, 운전면허증이 든 지갑 등을 영장없이 압수할 수 있다.

변호사시험 제5회

해설 ✏️ 경찰관이 이른바 전화사기죄 범행의 혐의자를 긴급체포하면서 그가 보관하고 있던 다른 사람의 주민등록증, 운전면허증 등을 압수한 사안에서, 이는 구 형사소송법(2007. 6. 1. 법률 제8496호로 개정되기 전의 것) **제217조 제1항에서 규정한 해당 범죄사실의 수사에 필요한 범위 내의 압수로서 적법하므로,** 이를 위 혐의자의 점유이탈물횡령죄 범행에 대한 증거로 인정한 사례 (판결이유 중)……이 사건 중 제1호 내지 제4호는 피고인이 보관하던 **다른 사람의 주민등록증, 운전면허증 및 그것이 들어있던 지갑**으로서, 피고인이 이른바 전화사기죄의 범행을 저질렀다는 범죄사실 등으로 **긴급체포된 직후 압수되었는바,** 그 압수 당시 위 범죄사실의 수사에 필요한 범위 내의 것으로서 전화사기범행과 관련된다고 의심할 만한 상당한 이유가 있었다고 보이므로,

적법하게 압수되었다고 할 것이다.⋯⋯구 형사소송법 제217조에 따라 영장 없이 압수할 수 있는 범위에 관한 법리오해 등의 위법이 없다.⋯⋯(대판 2008. 7. 10, 2008도2245).　　정답 － ○

27 교도관이 재소자가 맡긴 비망록을 수사기관에 임의로 제출한 경우 그 비망록의 증거사용에 대하여 재소자의 사생활의 비밀 기타 인격적 법익이 침해되는 등의 특별한 사정이 없는 한 반드시 그 재소자의 동의를 받아야 하는 것은 아니다.　　변호사시험 제3회

(해설 ✎) 「28번 문제」해설 참조　　정답 － ○

28 교도관이 재소자가 맡긴 비망록을 수사기관에 임의로 제출한 경우, 그 비망록의 증거사용에 대하여 재소자의 사생활의 비밀 기타 인격적 법익이 침해되는 등의 특별한 사정이 없는 한 반드시 그 재소자의 동의를 받아야 하는 것은 아니다.　　변호사시험 제6회

(해설 ✎) 검사가 교도관으로부터 보관 중이던 재소자의 비망록을 증거자료로 임의로 제출받아 이를 압수한 것이 적법절차에 위배되는지 여부에 관하여 판례는 형사소송법 및 기타 법령상 교도관이 그 직무상 위탁을 받아 소지 또는 보관하는 물건으로서 재소자가 작성한 비망록을 수사기관이 수사 목적으로 압수하는 절차에 관하여 특별한 절차적 제한을 두고 있지 않으므로, 교도관이 재소자가 맡긴 비망록을 수사기관에 임의로 제출하였다면 그 비망록의 증거사용에 대하여도 재소자의 사생활의 비밀 기타 인격적 법익이 침해되는 등의 특별한 사정이 없는 한 반드시 그 재소자의 동의를 받아야 하는 것은 아니다. 따라서 검사가 교도관으로부터 그가 보관하고 있던 피고인의 비망록을 뇌물수수 등의 증거자료로 임의로 제출받아 이를 압수한 경우, 그 압수절차가 피고인의 승낙 및 영장 없이 행하여졌다고 하더라도 이에 적법절차를 위반한 위법이 있다고 할 수 없다(대판 2008. 5. 15, 2008도1097)라고 판시하고 있다.

정답 － ○

29 피압수자인 피의자가 압수물에 대하여 소유권을 포기하였다 하더라도 환부사유가 생기고 피압수자가 환부를 청구하면 검사는 이를 환부하여야 한다.　　변호사시험 제6회

(해설 ✎) 피압수자 등 환부를 받을 자가 압수 후 그 소유권을 포기하는 등에 의하여 실체법상의 권리를 상실하더라도 그 때문에 압수물을 환부하여야 하는 수사기관의 의무에 어떠한 영향을 미칠 수 없고, 또한 수사기관에 대하여 형사소송법상의 환부청구권을 포기한다는 의사표시를 하더라도 그 효력이 없어 그에 의하여 수사기관의 필요적 환부의무가 면제된다고 볼 수는 없으므로, 압수물의 소유권이나 그 환부청구권을 포기하는 의사표시로 인하여 위 환부의무에 대응하는 압수물에 대한 환부청구권이 소멸하는 것은 아니다〔대결(전합) 1996. 8. 16, 자 94모51〕.

→ 따라서 환부사유가 생기고 피압수자가 환부를 청구하면 검사는 이를 환부하여야 한다.

정답 － ○

사례【30~33】

사법경찰관 P는 'X 제약회사 대표 甲과 직원 乙이 공모하여 의사 丙에게 리베이트를 제공한 범죄사실'의 압수·수색영장[제1 영장]에 근거하여 X회사를 압수·수색하였다. P는 압수·수색 시 위 영장을 甲에게 제시하였으나, 현장에 없는 乙에게는 영장을 제시하지 아니한 채 甲과 乙의 컴퓨터에 저장된 전자정보 전부를 이미징하는 방법으로 외장하드에 복제하여 경찰서로 가져갔다. 그후 P는 甲이 참여하지 않은 상태에서 이미징한 전자정보를 탐색·분석하던 중, 우연히 甲이 공무원에게 뇌물을 공여한 내역을 발견하고 이를 문서로 출력하여 소명자료로 제출하면서 법원으로부터 다시 압수·수색영장[제2 영장]을 발부받았다. P는 [제2 영장]을 근거로 甲의 참여가 없는 상태에서 위 외장하드에서 정보를 탐색하면서 뇌물공여내역을 출력하는 방식으로 압수·수색을 하였고, 그 압수 후 5개월 뒤에 甲의 요청에 따라 압수물 목록을 교부하였다. 한편, P는 [제1 영장]에 의한 압수·수색 과정에서 사무실에 보관 중이던 A변호사 작성의 리베이트 관련 법률의견서도 압수하였다.(다툼이 있는 경우 판례에 의함)   변호사시험 제5회

30 압수물 목록은 즉시 교부하여야 하는 것은 아니므로, 위 압수물 목록 교부는 적법하다.

해설 ✎ 공무원인 수사기관이 작성하여 피압수자 등에게 교부해야 하는 압수물 목록에는 작성 연월일을 기재하고, 그 내용은 사실에 부합하여야 한다. **압수물 목록은 피압수자 등이 압수물에 대한 환부·가환부신청을 하거나 압수처분에 대한 준항고를 하는 등 권리행사절차를 밟는 가장 기초적인 자료가 되므로, 이러한 권리행사에 지장이 없도록 압수 직후 현장에서 바로 작성하여 교부해야** 하는 것이 원칙이다(대판 2009. 3. 12, 2008도763). 정답 ─ X

31 위 법률의견서는 변호사가 업무상 위탁을 받은 관계로 알게 된 타인의 비밀에 관한 것이지만, 적법한 압수·수색영장에 근거하여 압수한 것으로 위법수집증거라고 할 수 없다.

해설 ✎ 甲 주식회사 및 그 직원인 피고인들이 정비사업전문관리업자의 임원에게 甲 회사가 주택재개발사업 시공사로 선정되게 해 달라는 청탁을 하면서 금원을 제공하였다고 하여 구 건설산업기본법(2011. 5. 24. 법률 제10719호로 개정되기 전의 것) 위반으로 기소되었는데, **변호사가 법률자문 과정에 작성하여 甲 회사 측에 전송한 전자문서를 출력한 '법률의견서'에 대하여** 피고인들이 증거로 함에 동의하지 아니하고, 변호사가 원심 공판기일에 증인으로 출석하였으나 증언할 내용이 甲 회사로부터 업무상 위탁을 받은 관계로 알게 된 타인의 비밀에 관한 것임을 소명한 후 증언을 거부한 사안에서, 위 법률의견서는 압수된 디지털 저장매체로부터 출력한 문건으로서 실질에 있어서 형사소송법 제313조 제1항에 규정된 '피고인 아닌 자가 작성한 진술서나 그 진술을 기재한 서류'에 해당하는데, 공판준비 또는 공판기일에서 작성자 또는 진술자인 변호사의 진술에 의하여 성립의 진정함이 증명되지 아니하였으므로 위 규정에 의하여 증거능력을 인정할 수 없고, 나아가 원심 공판기일에 출석한 변호사가 그 진정성립 등

에 관하여 진술하지 아니한 것은 형사소송법 제149조에서 정한 바에 따라 정당하게 증언거부권을 행사한 경우에 해당하므로 형사소송법 제314조에 의하여 증거능력을 인정할 수도 없다는 이유로, **원심이 이른바 변호인·의뢰인 특권에 근거하여 위 의견서의 증거능력을 부정한 것은 적절하다고 할 수 없으나**, 위 의견서의 증거능력을 부정하고 나머지 증거들만으로 유죄를 인정하기 어렵다고 본 결론은 정당하다고 한 사례

(판결이유 중)······원심은······헌법 제12조 제4항에 의하여 인정되는 변호인의 조력을 받을 권리 중 하나로서 변호인과 의뢰인 사이에서 법률자문을 목적으로 비밀리에 이루어진 의사교환에 대하여 의뢰인은 그 공개를 거부할 수 있는 특권을 가진다고 전제하였다. 이에 따라 원심은, 이 사건 법률의견서는······그 성립의 진정이 인정된다고 하더라도 위 법리에 따라 **압수절차의 위법 여부와 관계없이** 변호인-의뢰인 특권에 의하여 의뢰인인 피고인 5 회사 및 피고인 1, 2에 대한 범죄사실을 인정할 증거로 사용할 수 없다고 판단하였다.······위와 같은 이른바 변호인-의뢰인 특권을 근거로 내세운 것은 적절하다고 할 수 없다〔대판(전합) 2012. 5. 17, 2009도6788〕.

→ 판례 사안에서 대법원은 압수절차의 위법은 없으나 전문증거에 해당함을 이유로 증거능력을 부정하고 있다. 즉, 변호사의 법률의견서라고 하더라도 적법한 압수수색영장에 근거하여 압수한 것인 이상 위법수집증거라고 할 수 없다. 정답 - ○

32 乙에 대하여 영장을 제시하지 아니한 채 압수·수색을 하였다는 이유만으로도 당해 압수물의 증거능력은 인정될 수 없다.

해설 압수·수색영장의 제시가 현실적으로 불가능한 경우, 영장제시 없이 이루어진 압수·수색의 적법 여부에 관하여 판례는 형사소송법 제219조가 준용하는 제118조는 "압수·수색영장은 처분을 받는 자에게 반드시 제시하여야 한다."고 규정하고 있으나, 이는 영장제시가 현실적으로 가능한 상황을 전제로 한 규정으로 보아야 하고, **피처분자가 현장에 없거나 현장에서 그를 발견할 수 없는 경우 등 영장제시가 현실적으로 불가능한 경우에는 영장을 제시하지 아니한 채 압수·수색을 하더라도 위법하다고 볼 수 없다**〔대판(전합) 2015. 1. 22, 2014도10978〕라고 판시하고 있다. 정답 - X

33 [제1 영장]에 근거하여 출력한 뇌물공여내역서는 증거능력이 없지만, [제2 영장]에 기하여 다시 압수한 뇌물공여내역서 등 뇌물공여에 대한 증거는 증거능력이 있다.

해설 검사가 압수·수색영장(이하 '제1 영장'이라 한다)을 발부받아 甲 주식회사 빌딩 내 乙의 사무실을 압수·수색하였는데, 저장매체에 범죄혐의와 관련된 정보(이하 '유관정보'라 한다)와 범죄혐의와 무관한 정보(무관정보)가 혼재된 것으로 판단하여 甲 회사의 동의를 받아 저장매체를 수사기관 사무실로 반출한 다음 乙 측의 참여하에 저장매체에 저장된 전자정보파일 전부를 '이미징'의 방법으로 다른 저장매체로 복제하고, 乙 측의 참여 없이 이미징한 복제본을 외장 하드디스크에 재복제하였으며, 을 측의 참여 없이 하드디스크에서 유관정보를 탐색하던 중 우연히 을 등의 별건 범죄혐의와 관련된 전자정보(이하 '별건 정보'라 한다)를 발견하고 문서로 출력하였고, 그 후 乙 측에 참여권 등을 보장하지 않은 채 다른 검사가 별건

정보를 소명자료로 제출하면서 압수·수색영장(이하 '제2 영장'이라 한다)을 발부받아 외장 하드디스크에서 별건 정보를 탐색·출력한 사안에서, 제2 영장 청구 당시 압수할 물건으로 삼은 정보는 제1 영장의 피압수·수색 당사자에게 참여의 기회를 부여하지 않은 채 임의로 재복제한 외장 하드디스크에 저장된 정보로서 그 자체가 위법한 압수물이어서 별건 정보에 대한 영장청구 요건을 충족하지 못하였고, 나아가 제2 영장에 기한 압수·수색 당시 乙 측에 압수·수색 과정에 참여할 기회를 보장하지 않았으므로, **제2 영장에 기한 압수·수색은 전체적으로 위법하다고 한 사례**[대결(전합) 2015. 7. 16, 자 2011모1839]

→ [제2 영장]에 기하여 다시 압수한 뇌물공여내역서 등은 압수할 물건으로 삼은 정보가 甲의 참여가 배제된 상태에서 발견된 것이며, [제2 영장]에 따라 정보를 탐색하고 뇌물공여내역서를 출력할 때도 甲의 참여가 배제되었다. 따라서 [제2 영장]에 의해 압수된 뇌물공여에 대한 증거는 압수과정의 위법으로 인해 증거능력이 없다.　　　　　　　　　정답 – X

■ 사례【34~37】

다음 〈사례〉에 관한 설명에 답하시오.(다툼이 있는 경우에는 판례에 의함)　변호사시험 제2회

―――――――――― 〈사 례〉 ――――――――――

사법경찰관 甲은 강도죄의 혐의로 乙을 긴급체포하면서 긴급히 압수할 필요가 있다고 판단하여 乙이 소지하고 있는 칼(이하 "증거물 A"라 함)을 영장 없이 압수하였으나 압수·수색영장을 발부받지 아니하고도 즉시 乙에게 반환하지 아니하였다.

이틀 후 甲은 乙의 집에서 10m 떨어진 범행현장인 피해자 丙이 운영하는 주점 내부를 丙의 동의를 받고 조사하다가 丙 소유의 물컵에서 乙의 지문 2점(이하 "증거물 B"라 함)을 채취한 다음 영장 없이 그 물컵(이하 "증거물 C"라 함)을 수거해 갔다.

한편 추가적인 증거물을 수집하려고 乙의 집을 조사하던 甲은 乙이 거주하는 집 마당에서 乙 소유의 쇠파이프(이하 "증거물 D"라 함)를 발견한 후 丙에게서 임의로 제출받는 형식으로 쇠파이프를 압수하였고, 그 후 증거물 D를 쇠파이프를 찍은 사진(이하 "증거물 E"라 함)과 함께 검사에게 송부하였다.

그리고 甲은 乙의 여죄가 더 있을 것으로 생각하고 이를 수사하면서 압수·수색영장(압수장소: 乙이 임차하여 거주하는 丁 소유의 집, 압수대상물: 위 장소에 보관 중인 물건)을 발부받아 丁에게 압수·수색영장을 제시한 후 乙이 거주하던 집을 수색하던 중 마침 乙을 찾아 온 乙의 친구인 戊가 들고 있던 야구방망이(이하 "증거물 F"라 함)를 압수하였다.

34 철수: 공판과정에서 乙이 증거물 A를 증거로 함에 동의하면 이를 유죄 인정의 증거로 사용할 수 있다.

해설 ✎ 형사소송법 제216조 제1항 제2호, 제217조 제2항, 제3항은 사법경찰관은 형사소송법 제200조의3(긴급체포)의 규정에 의하여 피의자를 체포하는 경우에 필요한 때에는 영장 없이 체포현장에서 압수·수색을 할 수 있고, 압수한 물건을 계속 압수할 필요가 있는 경우에는 지체 없이 압수수색영장을 청구하여야 하며, 청구한 압수수색영장을 발부받지 못한 때에는 압수한 물건을 즉시 반환하여야 한다고 규정하고 있는바, **형사소송법 제217조 제2항, 제3항에 위반하여 압수수색영장을 청구하여 이를 발부받지 아니하고도 즉시 반환하지 아니한 압수물은 이를 유죄 인정의 증거로 사용할 수 없는 것**이고, 헌법과 형사소송법이 선언한 영장주의의 중요성에 비추어 볼 때 피고인이나 변호인이 이를 증거로 함에 동의하였다고 하더라도 달리 볼 것은 아니다(대판 2009. 12. 24, 2009도11401).   정답 - X

35 영희: 설사 증거물 C가 위법하게 압수된 것이라 하더라도 증거물 B는 그로부터 획득한 2차적 증거에 해당하지 않는다.

해설 ✎ 수사기관이 적법절차를 위반하여 지문채취 대상물을 압수한 경우, 그전에 이미 범행현장에서 위 대상물에서 채취한 지문이 위법수집증거에 해당하는지 여부(소극)

(판결이유 중)……피해자 공소외 1의 신고를 받고 현장에 출동한 인천남동경찰서 과학수사팀 소속 경장 공소외 2는 피해자 공소외 1이 범인과 함께 술을 마신 테이블 위에 놓여 있던 맥주컵에서 지문 6점을, 물컵에서 지문 8점을, 맥주병에서 지문 2점을 각각 현장에서 직접 채취하였음을 알 수 있는바, 이와 같이 범행 현장에서 **지문채취 대상물에 대한 지문채취가 먼저 이루어진 이상, 수사기관이 그 이후에 지문채취 대상물을 적법한 절차에 의하지 아니한 채 압수하였다고 하더라도**……위와 같이 채취된 지문은 위법하게 압수한 지문채취 대상물로부터 **획득한 2차적 증거에 해당하지 아니함이 분명하여**……(대판 2008. 10. 23, 2008도7471).   정답 - O

36 민준: 증거물 D는 위법수집증거로 증거능력이 없으나 증거물 E는 최우량증거에 해당하므로 乙이 이를 증거로 함에 동의하면 이를 유죄 인정의 증거로 사용할 수 있다.

해설 ✎ 형사소송법 제218조는 "사법경찰관은 소유자, 소지자 또는 보관자가 임의로 제출한 물건을 영장없이 압수할 수 있다."고 규정하고 있는바, 위 규정을 위반하여 소유자, 소지자 또는 보관자가 아닌 자로부터 제출받은 물건을 영장없이 압수한 경우 그 **'압수물' 및 '압수물을 찍은 사진'은 이를 유죄 인정의 증거로 사용할 수 없는 것**이고, 헌법과 형사소송법이 선언한 영장주의의 중요성에 비추어 볼 때 피고인이나 변호인이 이를 증거로 함에 동의하였다고 하더라도 달리 볼 것은 아니다.

(판결이유 중)……**경사 공소외 1은 피고인 소유의 쇠파이프를 피고인의 주거지 앞 마당에서 발견하였으면서도 그 소유자, 소지자 또는 보관자가 아닌 피해자 공소외 2로부터 임의로 제출받는 형식으로 위 쇠파이프를 압수하였고**, 그 후 압수물의 사진을 찍은 사실, 공판조서의 일부인 제1심 증거목록상 피고인이 위 사진(증 제4호의 일부)을 증거로 하는 데 동의한 것으로 기재되어 있는 사실을 알 수 있는바……위 사진은 이 사건 범죄사실을 유죄로 인정하는 증거로 사용할 수 없다고 할 것이다.……(대판 2010. 1. 28, 2009도10092).   정답 - X

37 유선: 甲이 압수·수색에 착수하면서 그 장소의 관리책임자인 丁에게 압수·수색영장을 제시한 이후에 戊가 야구방망이를 들고 압수·수색장소에 출현하였으므로 乙이 증거물 F를 증거로 함에 부동의하더라도 증거물 F는 증거능력이 있다.

(해설) 헌법과 형사소송법이 구현하고자 하는 적법절차와 영장주의의 정신에 비추어 볼 때, 법관이 압수·수색영장을 발부하면서 '압수할 물건'을 특정하기 위하여 기재한 문언은 엄격하게 해석하여야 하고, 함부로 피압수자 등에게 불리한 내용으로 확장 또는 유추 해석하여서는 안 된다. 따라서 압수·수색영장에서 압수할 물건을 '압수장소에 보관중인 물건'이라고 기재하고 있는 것을 '압수장소에 현존하는 물건'으로 해석할 수는 없다(대판 2009. 3. 12, 2008도763).

→ 戊가 들고 온 야구방망이는 '압수장소에 현존하는 물건'으로 볼 수는 있어도 '압수장소에 보관 중인 물건'은 아니므로 영장주의에 반하여 증거물 F는 증거능력이 없다. 정답 – X

사례 【38~39】

甲은 만취하여 정상적인 운전이 곤란한 상태로 도로에서 자동차를 운전하다가 과실로 보행자를 들이받아 그를 사망케하고 자신은 그 충격으로 기절하였다. 의식을 잃은 甲이 병원 응급실로 호송되자, 출동한 경찰관은 법원으로부터 압수·수색 또는 검증 영장을 발부받지 아니한 채 甲의 아들의 채혈동의를 받고 의사로 하여금 甲으로부터 채혈하도록 한 다음 이를 감정의뢰하였으나, 사후적으로도 지체 없이 이에 대한 법원의 영장을 발부받지 않았다.(다툼이 있는 경우에는 판례에 의함)   변호사시험 제2회

---

38 위 채혈로 수집한 甲에 대한 혈액의 감정에 따라 甲이 도로교통법상 음주운전에 해당하더라도 그 혈액을 이용한 혈중알코올농도에 관한 감정서에 대하여는 증거능력이 부정된다.

(해설) 피고인이 운전 중 교통사고를 내고 의식을 잃은 채 병원 응급실로 호송되자, 출동한 경찰관이 법원으로부터 압수·수색 또는 검증 영장을 발부받지 아니한 채 피고인의 동서로부터 채혈동의를 받고 의사로 하여금 채혈을 하도록 한 사안에서, 원심이 적법한 절차에 따르지 아니하고 수집된 피고인의 혈액을 이용한 혈중알콜농도에 관한 국립과학수사연구소 감정서 및 이에 기초한 주취운전자적발보고서의 증거능력을 부정한 것은 정당하고, 음주운전자에 대한 채혈에 관하여 영장주의를 요구할 경우 증거가치가 없게 될 위험성이 있다거나 음주운전 중 교통사고를 야기하고 의식불명 상태에 빠져 병원에 후송된 자에 대해 수사기관이 수사의 목적으로 의료진에게 요청하여 혈액을 채취한 사정이 있다고 하더라도 이러한 증거의 증거능력을 배제하는 것이 형사사법 정의를 실현하려고 한 취지에 반하는 결과를 초래하는 예외적인 경우에 해당한다고 볼 수 없다는 이유로, 피고인에 대한 구 도로교통법(2009. 4. 1. 법률 제9580호로 개정되기 전의 것) 위반(음주운전)의 공소사실을 무죄로 판단한 원심판결을 수긍한 사례(대판 2011. 4. 28, 2009도2109).

→ 의식을 잃은 피의자의 보호자(판례에서는 동서, 문제에서는 아들)가 동의했다는 사정만으로는 채혈이 적법하지 않으며, 이에 기초한 감정서는 증거능력이 부정된다. 정답 – O

39 만약 경찰관이 간호사로부터 진료 목적으로 이미 채혈되어 있는 혈액 중 일부를 음주운전 여부에 대한 감정 목적으로 임의로 제출받은 경우였다면, 그 압수 절차가 피고인 또는 피고인 가족의 동의 및 영장 없이 행하여졌다고 하더라도 이에 적법절차를 위반한 위법이 있다고 할 수 없다.

(해설 🖉) 경찰관이 간호사로부터 진료 목적으로 채혈된 피고인의 혈액 중 일부를 주취운전 여부에 대한 감정을 목적으로 제출받아 압수한 경우, 적법절차의 위반 여부에 관하여 판례는 형사소송법 제218조는 "검사 또는 사법경찰관은 피의자, 기타인의 유류한 물건이나 소유자, 소지자 또는 보관자가 임의로 제출한 물건을 영장 없이 압수할 수 있다."라고 규정하고 있고, 같은 법 제219조에 의하여 준용되는 제112조 본문은 "변호사, 변리사, 공증인, 공인회계사, 세무사, 대서업자, 의사, 한의사, 치과의사, 약사, 약종상, 조산사, 간호사, 종교의 직에 있는 자 또는 이러한 직에 있던 자가 그 업무상 위탁을 받아 소지 또는 보관하는 물건으로 타인의 비밀에 관한 것은 압수를 거부할 수 있다."라고 규정하고 있을 뿐이고, 달리 형사소송법 및 기타 법령상 의료인이 진료 목적으로 채혈한 혈액을 수사기관이 수사 목적으로 압수하는 절차에 관하여 특별한 절차적 제한을 두고 있지 않으므로, 의료인이 진료 목적으로 채혈한 환자의 혈액을 수사기관에 임의로 제출하였다면 그 혈액의 증거사용에 대하여도 환자의 사생활의 비밀 기타 인격적 법익이 침해되는 등의 특별한 사정이 없는 한 반드시 그 환자의 동의를 받아야 하는 것이 아니고, 따라서 **경찰관이 간호사로부터 진료 목적으로 이미 채혈되어 있던 피고인의 혈액 중 일부를 주취운전 여부에 대한 감정을 목적으로 임의로 제출 받아 이를 압수한 경우**, 당시 간호사가 위 혈액의 소지자 겸 보관자인 병원 또는 담당의사를 대리하여 혈액을 경찰관에게 임의로 제출할 수 있는 권한이 없었다고 볼 특별한 사정이 없는 이상, 그 압수 절차가 피고인 또는 피고인의 가족의 동의 및 영장 없이 행하여졌다고 하더라도 이에 적법절차를 위반한 위법이 있다고 할 수 없다(대판 1999. 9. 3, 98도968)라고 판시하고 있다.

[정답] - ○

■ 사례 【40~42】

사법경찰관 甲은 검사의 지휘를 받아 정보통신망이용촉진및정보보호등에관한법률위반(음란물유포)의 범죄 혐의를 이유로 발부받은 압수·수색영장에 기하여 피의자 A의 주거지를 수색하는 과정에서 대마가 발견되자, A를 체포하지 않으면 도망하거나 증거를 인멸할 염려가 있어 A를 대마소지로 인한 마약류관리에관한법률위반(대마)죄의 현행범인으로 체포하면서 이 대마를 압수하였다. 그러나 다음 날 甲은 체포된 A에 대하여 검사에게 구속영장을 신청하지 않고 A를 석방하였고, 대마의 압수에 대하여는 사후 압수·수색영장을 받지 아니하였다.(다툼이 있는 경우에는 판례에 의함)   변호사시험 제3회

40 음란물유포 혐의로 발부받은 압수·수색영장에 의하여 압수·수색을 할 때에는 A에게 영장을 제시하여야 한다.

해설 ✍

> 〔형사소송법 제219조(준용규정)〕 제106조, 제107조, 제109조 내지 제112조, 제114조, 제115조 제1항 본문, 제2항, **제118조부터 제132조까지**, 제134조, 제135조, 제140조, 제141조, 제333조 제2항, 제486조의 규정은 **검사 또는 사법경찰관의 본장의 규정에 의한 압수, 수색 또는 검증에 준용한다.** 단, 사법경찰관이 제130조, 제132조 및 제134조에 따른 처분을 함에는 검사의 지휘를 받아야 한다.
> 〔형사소송법 제118조(영장의 제시)〕 압수·수색영장은 **처분을 받는 자에게 반드시 제시하여야 한다.**

→ A는 압수·수색영장의 처분을 받는 자에 해당하므로 A에게 영장을 제시하여야 한다.

정답 - O

41 甲이 대마를 압수한 것은 사전영장 없이 압수할 수 있는 경우에 해당한다.

해설 ✍

> 〔형사소송법 제216조(영장에 의하지 아니한 강제처분)〕 ① 검사 또는 사법경찰관은 제200조의2·제200조의3·제201조 또는 제212조의 규정에 의하여 피의자를 체포 또는 구속하는 경우에 필요한 때에는 영장없이 다음 처분을 할 수 있다.
> 1. 타인의 주거나 타인이 간수하는 가옥, 건조물, 항공기, 선차 내에서의 피의자 수사
> 2. **체포현장에서의 압수**, 수색, 검증
> ② 전항 제2호의 규정은 검사 또는 사법경찰관이 피고인에 대한 구속영장의 집행의 경우에 준용한다. ③ **범행 중 또는 범행직후의 범죄 장소에서 긴급을 요하여 법원판사의 영장을 받을 수 없는 때에는 영장없이 압수, 수색 또는 검증을 할 수 있다.** 이 경우에는 사후에 지체없이 영장을 받아야 한다.

→ A를 현행범으로 체포한 경우이므로 체포현장에서의 압수에 해당하며, 대마를 소지하고 있는 범죄 장소에서 압수에도 해당할 수 있어 사전영장 없이 압수할 수 있다.

정답 - O

42 압수한 대마와 그 압수조서의 기재는 위법하게 수집한 증거가 아니므로 대마소지의 점에 관하여 증거로 할 수 있다.

해설 ✍ 구 정보통신망 이용촉진 및 정보보호 등에 관한 법률상 음란물 유포의 범죄혐의를 이유로 압수·수색영장을 발부받은 사법경찰리가 피고인의 주거지를 수색하는 과정에서 대마를 발견하자, 피고인을 마약류관리에 관한 법률 위반죄의 현행범으로 체포하면서 대마를 압수하였으나, 그 다음날 피고인을 석방하였음에도 사후 압수·수색영장을 발부받지 않은 사안에서, 위 압수물과 압수조서는 형사소송법상 영장주의를 위반하여 수집한 증거로서 증거능력이 부정된다고 한 사례

(판결이유 중)……구 형사소송법(2007. 6. 1. 공포되고 2008. 1. 1.부터 시행된 법률 제8496호 이전의 것) 제216조 제1항 제2호, 제217조 제2항에 의하면 피의자를 체포하는 경우에 필요한 때에는 영장 없이 체포현장에서 압수·수색을 할 수 있고 이때 구속영장의 발부를 받지 못한 때에는 이를 즉시 환부하여야 하지만, 압수한 물건을 계속 압수할 필요가 있는 경우에는 사후에 압수·수색영장을 받아야 한다고 규정하고, 같은 법 제216조 제3항에 의하면 범행 중 또는 범행 직후의 범죄 장소에서 긴급을 요하여 법원판사의 영장을 받을 수 없는 때에는 영장 없이 압수·수색을 하되, 사후에 영장을 받도록 규정하고 있는바, 이러한 형사소송법의 규정과 앞서 본 법리에 비추어 보면, 이 사건 압수물과 압수조서의 기재는 형사소송법상 영장주의 원칙에 위배하여 수집하거나 그에 기초한 증거로서 그 절차위반행위가 적법절차의 실질적인 내용을 침해하는 정도에 해당한다 할 것이니……(대판 2009. 5. 14, 2008도10914).

> 〔형사소송법 제216조(영장에 의하지 아니한 강제처분)〕 ① 검사 또는 사법경찰관은 제200조의2·제200조의3·제201조 또는 제212조의 규정에 의하여 피의자를 체포 또는 구속하는 경우에 필요한 때에는 영장없이 다음 처분을 할 수 있다.
> 2. 체포현장에서의 압수, 수색, 검증
> ③ 범행 중 또는 범행직후의 범죄 장소에서 긴급을 요하여 법원판사의 영장을 받을 수 없는 때에는 영장없이 압수, 수색 또는 검증을 할 수 있다. 이 경우에는 **사후에 지체없이 영장을 받아야 한다.**
> 〔형사소송법 제217조(영장에 의하지 아니하는 강제처분)〕 ② 검사 또는 사법경찰관은 제1항 또는 제216조 제1항 제2호에 따라 압수한 물건을 계속 압수할 필요가 있는 경우에는 지체 없이 압수수색영장을 청구하여야 한다. 이 경우 압수수색영장의 청구는 체포한 때부터 48시간 이내에 하여야 한다. ③ 검사 또는 사법경찰관은 제2항에 따라 청구한 압수수색영장을 발부받지 못한 때에는 압수한 물건을 즉시 반환하여야 한다.

정답 — X

■ 사례 【43~45】

甲(17세)은 친구들과 술을 마셔 혀가 꼬부라진 발음을 하며 걸음을 제대로 걷지 못한 채 비틀거리는 등 만취한 상태에서 00:45경 자동차를 운전하다가 행인 A를 뒤늦게 발견하고 미처 피하지 못하여 A에게 전치 4주의 상해를 입히고 B 소유의 상점 출입문을 들이받아 파손한 후 의식을 잃고 곧바로 사고현장 인근 병원 응급실로 후송되었다. 병원 응급실로 출동한 경찰관 P는 甲에게서 술 냄새가 강하게 나는 등 음주운전의 가능성이 현저하자 같은 날 01:50경 甲의 아버지의 동의를 받고 그 병원 의료인에게 의학적인 방법에 따라 필요최소한의 한도 내에서 甲의 혈액을 채취하게 한 후 그 혈액을 영장 없이 압수하였다. 그 후 P는 그 혈액을 국립과학수사연구원에 감정의뢰하였고 甲의 혈중알콜농도는 0.15%로 회신되었다.(다툼이 있는 경우 판례에 의함)   변호사시험 제7회

43 甲의 동의를 기대할 수 없었던 상황이었다고 하더라도 甲의 법정대리인인 아버지의 동의만으로는 혈액채취에 관한 유효한 동의가 있었다고 볼 수 없다.

> **해설** ✎ 형사소송법상 소송능력이란 소송당사자가 유효하게 소송행위를 할 수 있는 능력, 즉 피고인 또는 피의자가 자기의 소송상의 지위와 이해관계를 이해하고 이에 따라 방어행위를 할 수 있는 의사능력을 의미하는데, 피의자에게 의사능력이 있으면 직접 소송행위를 하는 것이 원칙이고, 피의자에게 의사능력이 없는 경우에는 형법 제9조 내지 제11조의 규정의 적용을 받지 아니하는 범죄사건에 한하여 예외적으로 법정대리인이 소송행위를 대리할 수 있다 (형사소송법 제26조). 따라서 **음주운전과 관련한 도로교통법 위반죄의 범죄수사를 위하여 미성년자인 피의자의 혈액채취가 필요한 경우에도 피의자에게 의사능력이 있다면 피의자 본인만이 혈액채취에 관한 유효한 동의를 할 수 있고, 피의자에게 의사능력이 없는 경우에도 명문의 규정이 없는 이상 법정대리인이 피의자를 대리하여 동의할 수는 없다**(대판 2014. 11. 13, 2013도1228).
>
> 정답 ― O

44 甲이 후송된 병원 응급실은 「형사소송법」 제216조 제3항의 범죄장소에 준한다.

> **해설** ✎ 「45번 문제」 해설 참조
>
> 정답 ― O

45 P가 혈액을 압수한 후 지체없이 압수·수색영장을 발부받지 않았다면 국립과학수사연구원이 작성한 감정의뢰회보는 증거능력이 없다.

> **해설** ✎ 음주운전 중 교통사고를 야기한 후 피의자가 의식불명 상태에 빠져 있는 등으로 도로교통법이 음주운전의 제1차적 수사방법으로 규정한 호흡조사에 의한 음주측정이 불가능하고 혈액 채취에 대한 동의를 받을 수도 없을 뿐만 아니라 법원으로부터 혈액 채취에 대한 감정처분허가장이나 사전 압수영장을 발부받을 시간적 여유도 없는 긴급한 상황이 생길 수 있다. 이러한 경우 피의자의 신체 내지 의복류에 주취로 인한 냄새가 강하게 나는 등 형사소송법 제211조 제2항 제3호가 정하는 범죄의 증적이 현저한 준현행범인의 요건이 갖추어져 있고 교통사고 발생 시각으로부터 사회통념상 범행 직후라고 볼 수 있는 시간 내라면, 피의자의 생명·신체를 구조하기 위하여 사고현장으로부터 곧바로 후송된 「44번 문제의 해설」 병원 응급실 등의 장소는 형사소송법 제216조 제3항의 범죄 장소에 준한다 할 것이므로, 검사 또는 사법경찰관은 피의자의 혈중알코올농도 등 증거의 수집을 위하여 의료법상 의료인의 자격이 있는 자로 하여금 의료용 기구로 의학적인 방법에 따라 필요최소한의 한도 내에서 피의자의 혈액을 채취하게 한 후 그 혈액을 영장 없이 압수할 수 있다.(「45번 문제의 해설」 다만 이 경우에도 형사소송법 제216조 제3항 단서, 형사소송규칙 제58조, 제107조 제1항 제3호에 따라 사후에 지체 없이 강제채혈에 의한 압수의 사유 등을 기재한 영장청구서에 의하여 법원으로부터 압수영장을 받아야 한다.
>
> (판결이유 중)……피고인이……**교통사고를 야기한 후 의식을 잃은 채 119 구급차량에 의하여 병원 응급실로 후송된 사실**, 사고 시각으로부터 약 1시간 후인 2011. 3. 6. 00:50경 사고신고를 받고 **병원 응급실로 출동한 경찰관은** 법원으로부터 압수·수색 또는 검증 영장을 발부받지 아니한 채 피고인의 아들로부터 동의를 받아 **간호사로 하여금 의식을 잃고 응급실에 누워 있**

는 피고인으로부터 채혈을 하도록 한 사실 등을 인정하였다. 그리고 나아가 이 사건 채혈은 법관으로부터 영장을 발부받지 않은 상태에서 이루어졌고 「45번 문제의 해설」 사후에 영장을 발부받지도 아니하였으므로 피고인의 혈중알코올농도에 대한 국립과학수사연구소의 감정의뢰회보 및 이에 기초한 주취운전자 적발보고서, 주취운전자 정황보고서 등의 증거는 위법수집증거로서 증거능력이 없으므로,……감정의뢰회보 등의 증거능력을 부정한 것은 정당하고,……(대판 2012. 11. 15, 2011도15258).

정답 ─ ○

■ 사례 【46~47】

甲은 乙로부터 5,000만 원을 차용하면서 그 담보로 甲의 丙에 대한 5,000만 원 임대차보증금 반환채권을 乙에게 양도하기로 하고 乙과 채권양도계약을 체결하였다. 그런데 甲은 丙에게 채권양도통지를 하지 않고 있다가 채권양도 사실을 모르고 있던 丙으로부터 5,000만 원을 지급받아 이를 임의로 소비하였다. 이를 알게 된 乙은 甲이 운영하는 성매매업소에 찾아가 자신이 휴대한 회칼로 甲과 손님들을 위협한 후 야구방망이로 甲을 폭행하였다. 사법경찰관은 "乙의 주거지인 3층 옥탑방에 보관 중인 야구방망이 등 범행도구"가 압수·수색할 장소와 물건으로 기재된 압수·수색영장을 집행하여 1층 주인집 거실에서 발견된 주인소유의 야구방망이를 압수하였다. 며칠 후 사법경찰관은 乙의 자동차에서 위 회칼을 발견하여 甲으로부터 범행도구임을 확인받고 甲으로부터 임의제출을 받은 것으로 압수조서를 작성하고 이를 압수하였다.(다툼이 있는 경우에는 판례에 의함)

변호사시험 제3회

46 사법경찰관이 위 압수·수색영장에 의하여 야구방망이를 압수한 것은 위법하다.

해설 ✎ 압수·수색영장의 효력은 압수·수색영장에 기재된 장소에 존재하는 압수·수색의 대상물에만 미친다. 사례에서 '乙의 주거지인 3층 옥탑방에 보관 중인 야구방망이 등 범행도구'를 장소와 대상으로 특정하였는데, 사법경찰관은 1층 주인집 거실에서 주인소유의 야구방망이를 압수하였다. 이는 영장의 효력 범위를 벗어난 것이므로 야구방망이를 압수한 것은 위법하다.

정답 ─ ○

47 회칼은 甲이 임의로 제출한 물건이므로 사법경찰관이 영장없이 이를 압수한 것은 적법하다.

해설 ✎ 형사소송법 제218조는 "사법경찰관은 소유자, 소지자 또는 보관자가 임의로 제출한 물건을 영장없이 압수할 수 있다."고 규정하고 있는바, 위 규정을 위반하여 소유자, 소지자 또는 보관자가 아닌 자로부터 제출받은 물건을 영장없이 압수한 경우 그 '압수물' 및 '압수물을 찍은 사진'은 이를 유죄 인정의 증거로 사용할 수 없는 것이고, 헌법과 형사소송법이 선언한 영장주의의 중요성에 비추어 볼 때 피고인이나 변호인이 이를 증거로 함에 동의하였다고 하더라도 달리 볼 것은 아니다.

(판결이유 중)……경사 공소외 1은 피고인 소유의 쇠파이프를 피고인의 주거지 앞 마당에서 발견하였으면서도 그 소유자, 소지자 또는 보관자가 아닌 피해자 공소외 2로부터 임의로 제출받는 형식으로 위 쇠파이프를 압수하였고,……이 사건 압수물과 그 사진은 형사소송법상 영장주의 원칙을 위반하여 수집하거나 그에 기초한 증거로서 그 절차 위반행위가 적법절차의 실질적인 내용을 침해하는 정도에 해당한다고 할 것이므로,……(대판 2010. 1. 28, 2009도10092).

→ 회칼을 발견한 것은 乙의 자동차인데 甲으로부터 이를 임의제출 받는 형식을 취한 것은 적법한 임의제출물 압수로 볼 수 없다. 　　　　　　　　　　　　　　　정답 – X

사례【48~49】

甲은 A로부터 B 명의의 주민등록증을 만들어 달라는 의뢰를 받고, 인터넷 포털사이트, 포토샵 프로그램 등을 이용하여 발행인이 서울 X구청장으로 된 주민등록증 이미지 파일을 만들어 A가 요청한 이메일에 첨부하여 전송하는 등 월 10회 이상 주민등록증 등 공문서를 위조해 오고 있다. 한편, 甲이 위와 같이 공문서를 위조한다는 제보를 듣고 수사를 개시한 경찰관 乙은 甲의 컴퓨터에 저장된 문서위조와 관련된 증거를 입수하기 위하여 법원으로부터 압수·수색영장을 발부받아 영장 유효기간 내에 영장을 집행하였다.(다툼이 있는 경우에는 관례에 의함) 　　　　　　　　　　　　변호사시험 제3회

48 전자정보에 대한 압수·수색영장의 집행에 있어서는 원칙적으로 영장발부의 사유로 된 혐의사실과 관련된 부분만을 문서 출력물로 수집하거나 수사기관이 휴대한 저장매체에 해당 파일을 복제하는 방식으로 이루어져야 한다.

해설

〔형사소송법 제215조(압수, 수색, 검증)〕① 검사는 범죄수사에 필요한 때에는 피의자가 죄를 범하였다고 의심할 만한 정황이 있고 해당 사건과 관계가 있다고 인정할 수 있는 것에 한정하여 지방법원판사에게 청구하여 발부받은 영장에 의하여 압수, 수색 또는 검증을 할 수 있다. ② 사법경찰관이 범죄수사에 필요한 때에는 피의자가 죄를 범하였다고 의심할 만한 정황이 있고 해당 사건과 관계가 있다고 인정할 수 있는 것에 한정하여 검사에게 신청하여 검사의 청구로 지방법원판사가 발부한 영장에 의하여 압수, 수색 또는 검증을 할 수 있다.
〔형사소송법 제219조(준용규정)〕제106조, 제107조, 제109조 내지 제112조, 제114조, 제115조제1항 본문, 제2항, 제118조부터 제132조까지, 제134조, 제135조, 제140조, 제141조, 제333조제2항, 제486조의 규정은 검사 또는 사법경찰관의 본장의 규정에 의한 압수, 수색 또는 검증에 준용한다. 단, 사법경찰관이 제130조, 제132조 및 제134조에 따른 처분을 함에는 검사의 지휘를 받아야 한다.

[형사소송법 제106조(압수)] ③ 법원은 압수의 목적물이 **컴퓨터용디스크, 그 밖에 이와 비슷한 정보저장매체(이하 이 항에서 '정보저장매체등'이라 한다)인 경우에는 기억된 정보의 범위를 정하여 출력하거나 복제하여 제출받아야 한다.** 다만, 범위를 정하여 출력 또는 복제하는 방법이 불가능하거나 압수의 목적을 달성하기에 현저히 곤란하다고 인정되는 때에는 정보저장매체등을 압수할 수 있다.

정답 - ○

49 乙이 영장집행 결과 甲의 컴퓨터 하드디스크에서 문서위조 외에 관세법위반에 관한 자료를 새로 발견하여 출력하고 이를 甲에게 제시하여 甲으로부터 자백을 받았다면, 이 출력물과 자백은 위법하게 수집한 증거로서 증거능력이 없으므로, 피고인이 법정에서 변호인의 조력을 받아 다른 증거관계를 고려하여 관세법위반 사실을 자백하더라도 이 역시 위법수집증거로서 증거능력을 가질 수 없다.

[해설] 헌법과 형사소송법이 정한 절차를 위반하여 수집한 증거와 이를 기초로 획득한 2차적 증거의 증거능력 유무(원칙적 소극)와 그 판단 기준 및 수사기관이 위법한 압수물을 기초로 피고인의 자백을 얻은 경우에도 동일한 법리가 적용되는지 여부(적극)

(판결이유 중)……헌법과 형사소송법이 정한 절차에 따르지 아니하고 수집한 증거는 물론 이를 기초로 하여 획득한 2차적 증거 역시 기본적 인권 보장을 위해 마련된 적법한 절차에 따르지 않은 것으로서 원칙적으로 유죄 인정의 증거로 삼을 수 없다.……수사기관의 절차 위반행위가 적법절차의 실질적인 내용을 침해하는 경우에 해당하지 아니하고, 오히려 그 증거의 증거능력을 배제하는 것이 헌법과 형사소송법이 형사소송에 관한 절차 조항을 마련하여 적법절차의 원칙과 실체적 진실 규명의 조화를 도모하고 이를 통하여 형사 사법 정의를 실현하려고 한 취지에 반하는 결과를 초래하는 것으로 평가되는 예외적인 경우라면, 법원은 그 증거를 유죄 인정의 증거로 사용할 수 있다. 이는 적법한 절차에 따르지 아니하고 수집한 증거를 기초로 하여 획득한 2차적 증거의 경우에도 마찬가지여서, **절차에 따르지 아니한 증거 수집과 2차적 증거 수집 사이 인과관계의 희석 또는 단절 여부를 중심으로 2차적 증거 수집과 관련된 모든 사정을 전체적·종합적으로 고려하여 예외적인 경우에는 유죄 인정의 증거로 사용할 수 있다**[대판(전합) 2007. 11. 15, 2007도3061;대판 2009. 12. 24, 2009도11401 등 참조]. 이러한 법리는 수사기관이 위법한 압수물을 기초로 하여 피고인의 자백을 얻은 경우에도 마찬가지이다.……**전자정보에 대한 압수·수색영장의 집행에 있어서는 원칙적으로 영장 발부의 사유로 된 혐의사실과 관련된 부분만을 문서 출력물로 수집하거나 수사기관이 휴대한 저장매체에 해당 파일을 복사하는 방식으로 이루어져야 하고**……범죄혐의와 관련성에 대한 구분 없이 저장된 전자정보 중 임의로 문서출력 또는 파일복사를 하는 행위는 특별한 사정이 없는 한 영장주의 등 원칙에 반하는 위법한 집행이 된다.……(대판 2012. 3. 29, 2011도10508).

강도 현행범으로 체포된 피고인에게 진술거부권을 고지하지 아니한 채 강도범행에 대한 자백을 받고, 이를 기초로 여죄에 대한 진술과 증거물을 확보한 후 진술거부권을 고지하여 피고인의 임의자백 및 피해자의 피해사실에 대한 진술을 수집한 사안에서, **제1심 법정에서의 피고**

인의 **자백**은 진술거부권을 고지받지 않은 상태에서 이루어진 최초 자백 이후 40여 일이 지난 후에 **변호인의 충분한 조력**을 받으면서 공개된 법정에서 임의로 이루어진 것이고, 피해자의 진술은 법원의 적법한 소환에 따라 자발적으로 출석하여 위증의 벌을 경고받고 선서한 후 공개된 법정에서 임의로 이루어진 것이어서, 예외적으로 유죄 인정의 증거로 사용할 수 있는 2차적 증거에 해당한다고 한 사례(대판 2009. 3. 12, 2008도11437).

→ 甲의 컴퓨터 하드디스크에서 관세법위반에 관한 자료를 발견하여 출력한 것은 영장주의에 반하는 위법한 압수이므로, 이에 기초한 甲의 자백은 위법수집증거의 2차적 증거로서 증거능력이 없다. 다만, 피고인이 법정에서 변호인의 조력을 받아 다른 증거관계를 고려하여 관세법위반 사실을 자백한 경우라면 위법한 압수인 관세법위반에 관한 자료 출력과 피고인의 자백 사이에 인과관계가 희석되었다고 볼 수 있으므로 예외적으로 증거능력을 인정할 수 있다. 대법원 역시 변호인의 충분한 조력을 받아 공개된 법정에서 자백한 경우 2차적 증거의 증거능력을 인정할 예외적 사정으로 보았다(두 번째 판례). 정답 – X

제3절 수사상의 증거보전

사례【1~5】

공무원인 甲과 민간사업자인 乙은 뇌물을 주고받았다는 범죄사실로 수사를 받고 있고, A는 범죄의 수사에 없어서는 아니될 사실을 안다고 명백히 인정되는데도 검사의 출석요구를 거부하고 있다. 한편 甲에 대한 무혐의를 입증해 줄 수 있는 B는 외국지사로 발령이 나 외국으로 출국하려고 한다. *변호사시험 제7회*

1 검사는 공소제기 전이라도「형사소송법」제221조의2에 의하여 판사에게 A에 대한 증인신문을 청구할 수 있으며, 청구를 기각한 결정에 대하여는 즉시항고를 할 수 있다.

(해설) 즉시항고는 법에 특히 규정하고 있는 경우가 아니면 할 수 없다. 증인신문의 청구를 기각하는 결정에 대하여 즉시항고에 대한 명문규정이 없다(아래「2번 문제」해설 참고). 정답 – X

2 위 1의 청구에 따라 판사가 증인신문기일을 정한 때에도 특별히 수사에 지장이 있다고 인정되는 경우, 판사는 甲 또는 변호인에게 그 기일과 장소 및 증인신문에 참여할 수 있다는 취지를 통지하지 않고 증인신문을 할 수 있다.

(해설)

[형사소송법 제221조(제3자의 출석요구 등)] ① 검사 또는 사법경찰관은 수사에 필요한 때에는 피의자가 아닌 자의 출석을 요구하여 진술을 들을 수 있다. 이 경우 그의 동의를 받아 영상녹화할 수 있다. ② 검사 또는 사법경찰관은 수사에 필요한 때에는 감정·통역 또는 번역을 위촉할 수 있다. ③ 제163조의2 제1항부터 제3항까지는 검사 또는 사법경찰관이 범죄로 인한 피해자를 조사하는 경우에 준용한다.

〔형사소송법 제221조의2(증인신문의 청구)〕① 「1번 문제의 해설」 범죄의 수사에 없어서는 아니될 사실을 안다고 명백히 인정되는 자가 전조의 규정에 의한 출석 또는 진술을 거부한 경우에는 검사는 제1회 공판기일 전에 한하여 판사에게 그에 대한 증인신문을 청구할 수 있다. ③ 제1항의 청구를 함에는 서면으로 그 사유를 소명하여야 한다. ④ 제1항의 청구를 받은 판사는 증인신문에 관하여 법원 또는 재판장과 동일한 권한이 있다. ⑤ 「2번 문제의 해설」 판사는 제1항의 청구에 따라 증인신문기일을 정한 때에는 피고인·피의자 또는 변호인에게 이를 통지하여 증인신문에 참여할 수 있도록 하여야 한다. ⑥ 판사는 제1항의 청구에 의한 증인신문을 한 때에는 지체없이 이에 관한 서류를 검사에게 송부하여야 한다.

→ 종래 형사소송법 제221조의2 제5항에 따르면 증인신문절차에 있어서 피고인·피의자나 그 변호인의 참여는 필요적 요건이 아니었으나('……참여하게 할 수 있다'고 규정하고 있었다), 현재는 '참여할 수 있도록' 하고 예외에 관해 규정하고 있지 않다. 정답 — X

3 甲과 乙은 필요적 공범관계에 있기 때문에 수사단계에서 甲에 대한 증거를 미리 보전하기 위하여 필요한 경우라도 검사는 「형사소송법」 제184조에 따라 판사에게 乙을 증인으로 신문할 것을 청구할 수 없다.

해설 　수사단계에서 검사가 증거보전을 위하여 필요적 공범관계에 있는 공동피고인을 증인으로 신문할 수 있는지 여부에 관하여 판례는 공동피고인과 피고인이 뇌물을 주고 받은 사이로 필요적 공범관계에 있다고 하더라도 검사는 수사단계에서 피고인에 대한 증거를 미리 보전하기 위하여 필요한 경우에는 판사에게 공동피고인을 증인으로 신문할 것을 청구할 수 있다(대판 1988. 11. 8, 86도1646)라고 판시하고 있다. 정답 — X

4 검사가 甲을 수뢰죄로 기소한 경우, 甲이 미리 증거를 보전하지 아니하면 그 증거를 사용하기 곤란한 사정이 있는 때에는 제1회 공판기일 전이라도 「형사소송법」 제184조에 의하여 판사에게 B에 대한 증인신문을 청구할 수 있으며, 청구를 기각하는 결정에 대하여는 3일 이내에 항고할 수 있다.

해설

〔형사소송법 제184조(증거보전의 청구와 그 절차)〕① 검사, 피고인, 피의자 또는 변호인은 미리 증거를 보전하지 아니하면 그 증거를 사용하기 곤란한 사정이 있는 때에는 제1회 공판기일 전이라도 판사에게 압수, 수색, 검증, 증인신문 또는 감정을 청구할 수 있다. ② 전항의 청구를 받은 판사는 그 처분에 관하여 법원 또는 재판장과 동일한 권한이 있다. ③ 제1항의 청구를 함에는 서면으로 그 사유를 소명하여야 한다. ④ 제1항의 청구를 기각하는 결정에 대하여는 3일 이내에 항고할 수 있다.

정답 — O

5 위 「4번 문제」에 의하여 작성된 증인신문조서는 공판기일 전에 작성되었더라도 당연히 증거능력이 있는 서류를 규정하고 있는 「형사소송법」 제315조 제3호의 '특히 신용할 만한 정황에 의하여 작성된 문서'로서 증거능력이 인정된다.

해설 ✏️

〔형사소송법 제311조(법원 또는 법관의 조서)〕 공판준비 또는 공판기일에 피고인이나 피고인 아닌 자의 진술을 기재한 조서와 법원 또는 법관의 검증의 결과를 기재한 조서는 증거로 할 수 있다. 제184조 및 제221조의2의 규정에 의하여 작성한 조서도 또한 같다.

→ 전문법칙의 예외로서 형사소송법 제315조 제3호가 아니라 제311조가 적용되어 증거능력이 인정된다.

정답 - X

제3장 수사의 종결

제1절 검사의 수사종결
제2절 공소제기후의 수사

1 검사가 공소제기 후에 그 피고사건에 관하여 수소법원이 아닌 지방법원판사에게 청구하여 발부받은 영장에 의하여 압수·수색을 하여 수집된 증거는 원칙적으로 유죄의 증거로 삼을 수 없다.

변호사시험 제1회

해설 ✏️ 「2번 문제」 해설 참조

정답 - O

2 공정거래위원회 소속 공무원 甲은 乙로부터 불공정거래행위 신고나 관련 처리업무를 할 경우 잘 봐 달라는 취지로 건네주는 액면금 100만 원짜리 자기앞수표 3장을 교부받았다. 검사 丙은 이 사실을 수사한 후 甲을 뇌물수수죄로 기소하였다. 丙은 이 사건 공소제기 후 공판절차가 진행 중 수소법원이 아닌 영장전담 판사 A로부터 압수·수색영장을 발부받아 그 집행을 통하여 확보한 위 자기앞수표 사본 3장과 이를 기초로 작성한 수사보고서를 증거로 제출하였다. 한편, 甲은 공판관여 참여주사 丁에게 형량을 감경하여 달라는 청탁과 함께 현금 100만 원을 교부하였다. 丙이 영장전담 판사로부터 발부받은 압수·수색영장에 의하여 압수한 자기앞수표 사본 3장과 위 수사보고서는 증거능력이 없다.(다툼이 있는 경우에는 판례에 의함)

변호사시험 제3회

해설 ✏️ 형사소송법은 제215조에서 검사가 압수·수색 영장을 청구할 수 있는 시기를 공소제기 전으로 명시적으로 한정하고 있지는 아니하나, 헌법상 보장된 적법절차의 원칙과 재판받을 권리, 공판중심주의·당사자주의·직접주의를 지향하는 현행 형사소송법의 소송구조, 관련 법규의 체계, 문언 형식, 내용 등을 종합하여 보면, 일단 공소가 제기된 후에는 피고사건에 관하여 검사로서는 형사소송법 제215조에 의하여 압수·수색을 할 수 없다고 보아야 하며, 그럼에도 「1번 문제의 해설」 검사가 공소제기 후 형사소송법 제215조에 따라 수소법원 이외의 지방법원 판사에게 청구하여 발부받은 영장에 의하여 압수·수색을 하였다면, 그와 같이 수집된 증거는 기본적 인권 보장을 위해 마련된 적법한 절차에 따르지 않은 것으로서 **원칙적으로 유죄의 증거로 삼을 수 없다**.

「2번 문제의 해설」 공정거래위원회 경쟁국 소속 공무원인 피고인 甲이 주류도매업자 乙로부터 향후 불공정거래행위 신고나 관련 업무처리 등을 할 경우 잘 봐달라는 취지로 수표를 교부받아 직무에 관하여 뇌물을 수수하였다고 하여 기소된 사안에서, 이에 부합하는 검사 제출의 증거들은 모두 공소제기 후 적법한 절차에 따르지 아니하고 수집한 것들이거나 이를 기초로 하여 획득된 2차적 증거에 불과하여 원칙적으로 유죄 인정의 증거로 삼을 수 없고, 나아가 검사로서는 수소법원에 압수·수색에 관한 직권발동을 촉구하거나 형사소송법 제272조에 의한 사실조회를 신청하여 절차를 위반하지 않고서도 증명 목적을 달성할 수 있었던 사정들에 비추어 위 증거들이 유죄 인정의 증거로 사용할 수 있는 예외적인 경우에 해당하지 않는다는 이유로, 피고인 甲에게 무죄를 선고한 원심판단을 수긍한 사례(대판 2011. 4. 28, 2009도10412).

정답 - O

■ 사례【3~4】

K의 착오에 의해 자신의 계좌로 1,000만 원이 잘못 송금되어 입금된 것을 발견한 甲은 이를 전액 인출한 다음, 다른 지방에 거주하는 친구인 乙에게 위 사정을 말하고 그 돈을 맡겼다. 乙은 그 돈을 자신의 계좌에 입금하였다가, 그중 100만 원을 수표로 인출하여 임의로 사용하였다. 甲은 점유이탈물횡령죄로 약식명령을 받은 후 양형 부당을 이유로 A법원에 정식재판을 청구하였고, 검사는 정식재판을 청구하지 않았다. 甲에 대한 재판 계속 중 검사는 횡령죄로 공소장변경을 신청하고, 증거를 보완하기 위하여 乙 주거지 관할 B법원에 乙의 금융계좌 등에 대한 압수·수색영장을 청구하였다.(다툼이 있는 경우 판례에 의함)

변호사시험 제5회

3 B법원 판사가 위 영장을 발부한 경우, 검사는 그 영장을 통해 확보한 수표발행전표 등을 위 재판의 증거로 사용할 수 있다.

해설 🖋 「4번 문제」해설 참조

정답 - X

4 검사는 A법원에 사실조회를 신청하여 위 수표발행전표 등을 확보할 수 있다.

해설 🖋 형사소송법은 제215조에서 검사가 압수·수색 영장을 청구할 수 있는 시기를 공소제기 전으로 명시적으로 한정하고 있지는 아니하나, 헌법상 보장된 적법절차의 원칙과 재판받을 권리, 공판중심주의·당사자주의·직접주의를 지향하는 현행 형사소송법의 소송구조, 관련 법규의 체계, 문언 형식, 내용 등을 종합하여 보면, 일단 공소가 제기된 후에는 피고사건에 관하여 검사로서는 형사소송법 제215조에 의하여 압수·수색을 할 수 없다고 보아야 하며, 그럼에도 「3번 문제의 해설」 검사가 공소제기 후 형사소송법 제215조에 따라 수소법원 이외의 지방법원 판사에게 청구하여 발부받은 영장에 의하여 압수·수색을 하였다면, 그와 같이 수집된 증거는 기본적 인권 보장을 위해 마련된 적법한 절차에 따르지 않은 것으로서 원칙적으로 유죄의 증거로 삼을 수 없다.

공정거래위원회 경쟁국 소속 공무원인 피고인 甲이 주류도매업자 乙로부터 향후 불공정거래행위 신고나 관련 업무처리 등을 할 경우 잘 봐달라는 취지로 수표를 교부받아 직무에 관하여 뇌물을 수수하였다고 하여 기소된 사안에서, 이에 부합하는 검사 제출의 증거들은 모두 공소제기 후 적법한 절차에 따르지 아니하고 수집한 것들이거나 이를 기초로 하여 획득된 2차적 증거에 불과하여 원칙적으로 유죄 인정의 증거로 삼을 수 없고, 나아가 「4번 문제의 해설」 검사로서는 수소법원에 압수·수색에 관한 직권발동을 촉구하거나 형사소송법 제272조에 의한 사실조회를 신청하여 절차를 위반하지 않고서도 증명 목적을 달성할 수 있었던 사정들에 비추어 위 증거들이 유죄 인정의 증거로 사용할 수 있는 예외적인 경우에 해당하지 않는다는 이유로, 피고인 甲에게 무죄를 선고한 원심판단을 수긍한 사례(대판 2011. 4. 28, 2009도10412). 정답 ─ ○

제4장 공소의 제기

제1절 공소와 공소권이론

1 甲, 乙, 丙, 丁은 절도를 하기로 모의하였다. 빈집털이 경험이 풍부한 甲은 乙, 丙, 丁에게 빈집털이와 관련하여 범행대상, 물색방법, 범행 시 유의사항 등을 자세히 설명하였다. 乙, 丙, 丁은 A의 집을 범행대상으로 정하고, 당일 14시 30분경 丙과 丁이 A의 집 문을 열고 침입하여 현금 800만 원을 절취하였다. 丙과 丁이 A의 집 안으로 들어간 직후 밖에서 망을 보기로 한 乙은 갑자기 후회가 되어 현장을 이탈하였다. 검사 P는 丙과 丁을 특수절도죄, 甲을 특수절도죄에 대한 공동정범으로 기소하였으나 乙은 범행모의단계에서 기여도가 적고 절도범행이 개시되기 이전에 이탈했다는 점을 고려하여 기소유예처분을 하였다. 검사 P는 丙과 丁은 기소하면서 乙은 기소유예처분하였는데 이는 공소제기절차가 법률의 규정에 위반된 경우이므로 법원은 공소기각판결을 선고해야 한다. 변호사시험 제2회

[해설] 피고인과 동일한 범죄구성요건에 해당하는 행위를 한 사람에 대하여 공소가 제기되지 않았다는 사유만으로 피고인에 대한 공소제기가 평등권을 침해하는 것인지 여부에 관하여 판례는 검사는 피의자의 연령·성행·지능과 환경, 피해자에 대한 관계, 범행의 동기·수단과 결과, 범행 후의 정황 등의 사항을 참작하여 공소를 제기할 것인지의 여부를 결정할 수 있는 것으로서(형사소송법 제247조 제1항), 똑같은 범죄구성요건에 해당하는 행위라고 하더라도 그 행위자 또는 그 행위 당시의 상황에 따라서 위법성이 조각되거나 책임이 조각되는 경우도 있을 수 있는 것이므로, 자신의 행위가 범죄구성요건에 해당된다는 이유로 공소가 제기된 사람은 단순히 자신과 동일한 범죄구성요건에 해당하는 행위를 하였음에도 불구하고 공소가 제기되지 아니한 다른 사람이 있다는 사유만으로는 평등권이 침해되었다고 주장할 수 없다(대판 2006. 12. 22, 2006도1623).

→ 설문상 같은 범죄를 저지른 공범에 대해 丙, 丁만을 선별하여 기소한 것이 문제될 수 있다. 그러나 단순히 선별기소가 있었다는 사정만으로 공소제기가 위법하다고 볼 수 없다는 것이 판례의 태도이다. 정답 - X

제2절 공소제기의 기본원칙

1 검사는 피의사실이 범죄구성요건에는 해당하지만 위법성조각사유나 책임조각사유 등 법률상 범죄의 성립을 조각하는 사유가 있는 경우에는 혐의없음 처분을 한다. 변호사시험 제6회

[해설 ✎]

> 〔검찰사건사무규칙 제69조(불기소처분)〕③ 불기소결정의 주문은 다음과 같이 한다.
> 1. 기소유예 : 피의사실이 인정되나 「형법」 제51조 각호의 사항을 참작하여 소추를 필요로 하지 아니하는 경우
> 2. **혐의없음**
> 가. 혐의없음(범죄인정안됨) : 피의사실이 범죄를 구성하지 아니하거나 인정되지 아니하는 경우
> 나. 혐의없음(증거불충분) : 피의사실을 인정할 만한 충분한 증거가 없는 경우
> 3. <u>죄가안됨 : 피의사실이 범죄구성요건에 해당하나 법률상 범죄의 성립을 조각하는 사유</u>가 있어 범죄를 구성하지 아니하는 경우

정답 - X

2 검사는 피의사실이 인정되는 경우에 반드시 공소를 제기하여야 하는 것이 아니라 피의자의 연령, 피해자에 대한 관계, 범행의 동기 및 수단과 결과 등을 참작하여 소추를 필요로 하지 아니하는 경우에는 기소유예 처분을 할 수 있다. 변호사시험 제6회

[해설 ✎]

> 〔형사소송법 제247조(기소편의주의)〕검사는 「형법」 제51조의 사항을 참작하여 **공소를 제기하지 아니할 수 있다.**
> 〔검찰사건사무규칙 제69조(불기소처분)〕③ 불기소결정의 주문은 다음과 같이 한다.
> 1. 기소유예 : 피의사실이 인정되나 「형법」 제51조 각호의 사항을 참작하여 소추를 필요로 하지 아니하는 경우
> 〔형법 제51조(양형의 조건)〕형을 정함에 있어서는 다음 사항을 참작하여야 한다.
> 1. **범인의 연령**, 성행, 지능과 환경
> 2. **피해자에 대한 관계**
> 3. **범행의 동기**, 수단과 결과
> 4. 범행 후의 정황

정답 - O

3 재정신청에 대하여 법원의 공소제기 결정이 있게 되면 공소제기가 의제되므로 이는 불고불리의 원칙의 예외라고 할 수 있다.　　　　　　　　　　　　　변호사시험 제1회

해설 ✎

> 〔형사소송법 제262조(심리와 결정)〕② 법원은 재정신청서를 송부받은 날부터 3개월 이내에 항고의 절차에 준하여 다음 각 호의 구분에 따라 결정한다. 이 경우 필요한 때에는 증거를 조사할 수 있다.
> 1. 신청이 법률상의 방식에 위배되거나 이유 없는 때에는 신청을 기각한다.
> 2. 신청이 이유 있는 때에는 사건에 대한 **공소제기를 결정**한다.
> ⑥ 제2항 제2호의 결정에 따른 재정결정서를 송부받은 관할 지방검찰청 검사장 또는 지청장은 지체 없이 담당 검사를 지정하고 지정받은 검사는 <u>공소를 제기하여야 한다.</u>

→ 공소제기가 의제되는 것이 아니라 강제되는 것이므로 불고불리의 원칙이 예외가 아니다.

정답 - X

4 검사의 불기소처분에 대하여 고소권자의 경우 재정신청을 할 수 있는 대상 범죄에 제한이 없으며, 기소유예 처분에 대해서도 재정신청을 할 수 있다.　　　　　변호사시험 제4회

해설 ✎　형사소송법 개정으로 재정신청 대상 범죄의 제한이 없어졌다. 그리고 검사의 불기소처분에는 기소유예도 포함되므로(아래 「5번 문제」해설 참고) 옳은 지문이다.　　정답 - O

5 공소취소에 대해서는 재정신청을 할 수 없다.　　　　　　　　　　　　　변호사시험 제4회

해설 ✎

> 〔형사소송법 제260조(재정신청)〕① 고소권자로서 고소를 한 자(「형법」제123조부터 제126조까지의 죄에 대하여는 고발을 한 자를 포함한다. 이하 이 조에서 같다)는 검사로부터 공소를 제기하지 아니한다는 통지를 받은 때에는 그 검사 소속의 지방검찰청 소재지를 관할하는 고등법원(이하 '관할 고등법원'이라 한다)에 그 당부에 관한 **재정**을 신청할 수 있다. 다만, 「형법」제126조의 죄에 대하여는 피공표자의 명시한 의사에 반하여 재정을 신청할 수 없다.
> 〔검찰사건사무규칙 제69조(불기소처분)〕③ 불기소결정의 주문은 다음과 같이 한다.
> 1. **기소유예** : 피의사실이 인정되나 「형법」제51조 각호의 사항을 참작하여 소추를 필요로 하지 아니하는 경우
> 2. **혐의없음**
> 3. **죄가안됨** : (생략)
> 4. **공소권없음** : (생략)
> 5. **각하** : (생략)

→ 공소취소는 불기소처분(공소를 제기하지 아니하는 처분)에 해당하지 않으므로 그에 대해 재정신청을 할 수 없다.

정답 - O

6 공동신청권자 중 1인의 재정신청은 그 전원을 위하여 효력을 발생하고, 그 취소의 경우에도 마찬가지이다. 변호사시험 제4회

(해설 ✐) 취소의 경우에는 다른 공동신청권자에게 효력이 미치지 않는다(아래 「7번 문제」해설 참고). 정답 - X

7 재정신청을 취소한 자는 다시 재정신청을 할 수 없다. 변호사시험 제4회

(해설 ✐)

> 〔형사소송법 제264조(대리인에 의한 신청과 1인의 신청의 효력, 취소)〕 ① 재정신청은 대리인에 의하여 할 수 있으며 「6번 문제의 해설」 공동신청권자 중 1인의 신청은 그 전원을 위하여 효력을 발생한다. ② 재정신청은 제262조제2항의 결정이 있을 때까지 취소할 수 있다. 「7번 문제의 해설」 취소한 자는 다시 재정신청을 할 수 없다. ③ 「6번 문제의 해설」 전항의 취소는 다른 공동신청권자에게 <u>효력을 미치지 아니한다.</u>

정답 - ○

8 헌법재판소 결정에 의하면 재정신청에 관한 법원의 기각결정에 대해서는 재항고로 불복할 수 있다. 변호사시험 제4회

(해설 ✐) 재정신청 기각결정에 대하여 형사소송법 제415조의 재항고를 금지하는 것은 대법원에 명령·규칙 또는 처분의 위헌·위법 심사권한을 부여하여 법령해석의 통일성을 기하고자 하는 **헌법 제107조 제2항의 취지에 반할 뿐 아니라,** 헌법재판소법에 의하여 법원의 재판이 헌법소원의 대상에서 제외되어 있는 상황에서 **재정신청인의 재판청구권을 지나치게 제약하는 것이 된다.** 그리고 법 제415조는 법 제402조와 달리 아무런 예외를 두지 않은 채 이른바 법령위반을 이유로 즉시항고할 수 있다고 규정하고 있고, 소액사건심판법 제3조 제1호, '상고심절차에 관한 특례법' 제4조 제1항에서 처분이나 원심판결의 헌법위반이나 법률위반 여부가 문제되는 경우 대법원의 판단을 받도록 규정하고 있는 것과 비교할 때, 처분(불기소처분)의 헌법위반 여부나 위법·부당 여부에 관한 법원의 결정인 재정신청 기각결정에 대하여 이른바 법령위반을 이유로 한 재항고를 허용하지 아니하는 것은 재정신청 기각결정의 법적 성격에도 부합하지 않으며, 민사소송법은 재항고(제442조)뿐만 아니라 불복할 수 없는 결정이나 명령에 대하여 이른바 법령위반을 이유로 대법원에 특별항고를 할 수 있도록 하고 있다(제449조). 비교법적으로도 일본 형사소송법은 항고재판소의 결정에 대하여는 항고할 수 없지만, 항고재판소의 결정에 대하여 헌법위반이나 헌법해석의 잘못을 이유로 하여 특별항고를 할 수 있도록 규정하고 있다. 이러한 사정들을 고려할 때, **법 제262조 제4항의 "불복할 수 없다."는 부분은, 재정신청 기각결정에 대한 '불복'에 법 제415조의 '재항고'가 포함되는 것으로 해석하는 한, 재정신청인인 청구인들의 재판청구권을 침해하고, 또 법 제415조의 재항고가 허용되는 고등법원의 여타 결정을 받은 사람에 비하여 합리적 이유 없이 재정신청인을 차별취급함으로써 청구인들의 평등권을 침해한다.**

→ 재정신청 기각결정에 대하여 재항고에 의한 불복은 가능하다는 취지이다(헌재결 2011. 11. 24, 2008헌마578 등). 정답 - ○

9 고소권자인 고소인이 검사의 불기소처분에 불복하여 재정신청을 하려면「검찰청법」제10조에 따른 항고를 반드시 거친 후, 그 검사 소속의 지방검찰청 소재지를 관할하는 고등법원에 재정신청서를 제출하여야 한다.
변호사시험 제6회

(해설)

> 〔형사소송법 제260조(재정신청)〕① 고소권자로서 고소를 한 자(「형법」제123조부터 제126조까지의 죄에 대하여는 고발을 한 자를 포함한다. 이하 이 조에서 같다)는 검사로부터 공소를 제기하지 아니한다는 통지를 받은 때에는 그 검사 소속의 지방검찰청 소재지를 관할하는 고등법원(이하 '관할 고등법원'이라 한다)에 그 당부에 관한 **재정을 신청할 수 있다**. 다만,「형법」제126조의 죄에 대하여는 피공표자의 명시한 의사에 반하여 재정을 신청할 수 없다. ② 제1항에 따른 재정신청을 하려면「검찰청법」제10조에 따른 항고를 거쳐야 한다. <u>다만, 다음 각 호의 어느 하나에 해당하는 경우에는 그러하지 아니하다.</u>
> 1. 항고 이후 재기수사가 이루어진 다음에 다시 공소를 제기하지 아니한다는 통지를 받은 경우
> 2. 항고 신청 후 항고에 대한 처분이 행하여지지 아니하고 3개월이 경과한 경우
> 3. 검사가 공소시효 만료일 30일 전까지 공소를 제기하지 아니하는 경우

정답 - X

10 甲은 A 소유의 부동산을 매수하면서 A와 매매계약을 한 후 소유권이전등기는 명의신탁약정을 맺은 乙 앞으로 경료하였다. 乙은 등기가 자신 명의로 되어있음을 기화로 친구인 丙과 공모하여 甲의 승낙 없이 이 부동산을 丙에게 헐값으로 처분하였다. 이 사실을 안 甲이 乙과 丙에게 폭언을 퍼붓자, 乙과 丙은 서로 짜고 B를 포함한 여러 사람들에게 甲을 모욕하는 말을 떠들고 다녔다. 이에 甲은 乙과 丙을 횡령과 모욕의 범죄사실로 고소하였다. 이후 甲은 도로상에서 만난 丙이 "왜 나를 고소했느냐?"라고 따지면서 대들자 마침 그곳을 지나가는 동생 丁에게 "강도인 저 사람이 칼을 갖고 형을 협박하니 좀 때려라."라고 하면서 상해의 고의로 옆에 있던 위험한 물건인 몽둥이를 건네주었고, 甲의 말만 믿은 丁은 甲을 방위할 의사로 丙에게 약 3주간의 치료를 요하는 상해를 가하였다. 만일 검사로부터 丙을 모욕죄로 공소를 제기하지 아니한다는 통지를 받은 甲이 관할 고등법원에 재정신청을 하였다면 재정결정이 확정될 때까지 공소시효의 진행은 정지되며, 법원의 공소제기 결정에 대하여 검사는 즉시항고 등의 방법으로 불복할 수 없다.
변호사시험 제7회

(해설) 사안의 전단은 형사소송법 제262조의4 제1항에 따라, 후단은 형사소송법 제262조 제4항에 따라 타당한 지문이다.

> 〔형사소송법 제262조(심리와 결정)〕② 법원은 재정신청서를 송부받은 날부터 3개월 이내에 항고의 절차에 준하여 다음 각 호의 구분에 따라 결정한다. 이 경우 필요한 때에는 증거를 조사할 수 있다.
> 1. 신청이 법률상의 방식에 위배되거나 이유 없는 때에는 신청을 기각한다.
> 2. 신청이 이유 있는 때에는 사건에 대한 공소제기를 결정한다.

④ 제2항 제1호의 결정에 대하여는 제415조에 따른 즉시항고를 할 수 있고, **제2항 제2호의 결정에 대하여는 불복할 수 없다.** 제2항 제1호의 결정이 확정된 사건에 대하여는 다른 중요한 증거를 발견한 경우를 제외하고는 소추할 수 없다.

〔형사소송법 제262조의4(공소시효의 정지 등)〕 ① 제260조에 따른 재정신청이 있으면 제262조에 따른 재정결정이 확정될 때까지 공소시효의 진행이 정지된다. ② 제262조 제2항 제2호의 결정이 있는 때에는 공소시효에 관하여 그 결정이 있는 날에 공소가 제기된 것으로 본다.

정답 - ○

11 고등법원의 재정신청 기각결정이 확정된 사건에 대하여는 다른 중요한 증거를 발견한 경우를 제외하고는 소추할 수 없는데, 이 경우 재정신청 기각결정이 확정된 사건이라 함은 재정신청사건을 담당하는 법원에서 공소제기의 가능성과 필요성 등에 관한 심리와 판단이 현실적으로 이루어져 재정신청 기각결정의 대상이 된 사건만을 의미한다. 변호사시험 제6회

해설 ✎ 형사소송법 제262조 제2항, 제4항과 형사소송법 제262조 제4항 후문의 입법 취지 등에 비추어 보면, 형사소송법 제262조 제4항 후문에서 말하는 '제2항 제1호의 결정이 확정된 사건'은 재정신청사건을 담당하는 법원에서 공소제기의 가능성과 필요성 등에 관한 심리와 판단이 현실적으로 이루어져 재정신청 기각결정의 대상이 된 사건만을 의미한다(대판 2015. 9. 10, 2012도14755).

정답 - ○

12 고등법원이 재정신청에 대하여 공소제기의 결정을 한 경우, 관련절차에 따라 담당검사로 지정된 검사는 공소를 제기하여야 하고, 공소를 취소할 수도 없다 변호사시험 제6회

해설 ✎

〔형사소송법 제262조(심리와 결정)〕 ② 법원은 재정신청서를 송부받은 날부터 3개월 이내에 항고의 절차에 준하여 다음 각 호의 구분에 따라 결정한다. 이 경우 필요한 때에는 증거를 조사할 수 있다.

1. 신청이 법률상의 방식에 위배되거나 이유 없는 때에는 신청을 기각한다.

2. 신청이 이유 있는 때에는 사건에 대한 공소제기를 결정한다.

⑥ 제2항 제2호의 결정에 따른 재정결정서를 송부받은 관할 지방검찰청 검사장 또는 지청장은 지체 없이 담당 검사를 지정하고 **지정받은 검사는 공소를 제기하여야 한다.**

〔형사소송법 제264조의2(공소취소의 제한)〕 검사는 제262조 제2항 제2호의 결정에 따라 공소를 제기한 때에는 이를 **취소할 수 없다.**

정답 - ○

제3절 공소제기의 방식

1 원래 공소제기가 없었음에도 피고인의 소환이 이루어지는 등 사실상의 소송계속이 발생한 상태에서 검사가 약식명령을 청구하는 공소장을 제1심법원에 제출하고, 위 공소장에 기하여 공판절차를 진행한 경우 제1심법원으로서는 이에 기하여 유·무죄의 실체판단을 하여야 한다
변호사시험 제5회

> (해설 🖊) 원래 공소제기가 없었음에도 피고인의 소환이 이루어지는 등 사실상의 소송계속이 발생한 상태에서 검사가 약식명령을 청구하는 공소장을 제1심법원에 제출하고, 위 공소장에 기하여 공판절차를 진행한 경우 제1심법원으로서는 이에 기하여 유·무죄의 실체판단을 하여야 한다고 한 사례(대판 2003. 11. 14, 2003도2735). 　　　정답 - O

2 포괄일죄에 있어서는 그 일죄의 일부를 구성하는 개개의 행위에 대하여 구체적으로 특정하지 않더라도 전체 범행의 시기와 종기, 범행방법, 피해자나 상대방, 범행횟수, 피해액의 합계 등을 명시하면 공소사실이 특정된 것으로 본다.
변호사시험 제3회

> (해설 🖊) 포괄일죄에 있어서는 그 일죄의 일부를 구성하는 개개의 행위에 대하여 구체적으로 특정되지 아니하더라도 그 전체 범행의 시기와 종기, 범행방법, 범행횟수 또는 피해액의 합계 및 피해자나 상대방을 명시하면 이로써 그 범죄사실은 특정되는 것이므로 포괄일죄인 상습사기의 공소사실에 있어서 그 범행의 모든 피해자들의 성명이 명시되지 않았다 하여 범죄사실이 특정되지 아니하였다고 볼 수 없다(대판 1990. 6. 26, 90도833). 　　　정답 - O

3 교사범이나 방조범의 경우 교사나 방조의 사실뿐만 아니라 정범의 범죄사실도 특정하여야 한다.
변호사시험 제3회

> (해설 🖊) 원래 공소사실이란 범죄의 특별구성요건을 충족하는 구체적 사실을 말하며, 공소장에는 공소사실의 기재에 있어서 공소의 원인된 사실을 다른 사실과 구별할 수 있을 정도로 특정하도록 형사소송법이 요구하고 있으며, 방조범의 공소사실을 기재함에 있어서는 그 전제요건이 되는 정범의 범죄구성요건을 충족하는 구체적 사실을 기재하여야 공소사실의 기재가 있다고 볼 것이다(대판 1982. 2. 23, 81도822).
> → 교사범도 정범에 종속하는 정범이므로 방조범과 마찬가지이다. 　　　정답 - O

4 유가증권변조 사건의 공소사실이 범행일자를 '2005.1. 말경에서 같은 해 2.4. 사이'로 범행장소를 '서울 불상지'로, 범행방법을 '불상의 방법으로 수취인의 기재를 삭제'로 되어 있는 경우, 변조된 유가증권이 압수되어 현존하고 있는 이상 공소사실이 특정되었다고 볼 수 있다.
변호사시험 제3회

> (해설 🖊) 유가증권변조의 공소사실이 범행일자를 '2005. 1. 말경에서 같은 해 2. 4. 사이'로, 범행장소를 '서울 불상지'로, 범행방법을 '불상의 방법으로 수취인의 기재를 삭제'한 것으로 된 경우, 변조된 유가증권이 압수되어 현존하고 있는 이상 위 공소사실이 특정되었다고 본 사례(대판 2008. 3. 27, 2007도11000). 　　　정답 - O

5 공소장의 기재사실 중 일부가 명확하지 아니한 경우 법원이 검사에게 석명을 구하지 않고 곧바로 공소기각판결을 하면 심리미진의 위법이 될 수 있다. 　　변호사시험 제3회

> 해설 ✏️　공소장에 피고인인 계주가 조직한 낙찰계의 조직일자, 구좌·계금과 계원들에게 분배하여야 할 계금이 특정되어 있고 피해자인 계원들의 성명과 피해자별 피해액만이 명확하지 아니한 경우에는, 법원은 검사에게 석명을 구하여 만약 이를 명확하게 하지 아니한 경우에 공소사실의 불특정을 이유로 공소기각을 할 것이고 이에 이르지 않고 바로 공소기각의 판결을 하였음은 심리미진의 위법이 있다.
>
> (판결이유 중)……**공소장의 기재사실 중 일부가 명확하지 아니한 경우에는 법원은 검사에게 석명을 구하여 만약 이를 명확하게 하지 아니한 때에 공소사실의 불특정을 이유로 공소를 기각함이 상당하다 할 것이므로 원심이 이에 이르지 아니하고 위와 같이 공소사실의 불특정을 이유로 공소기각의 판결을 하였음은 심리미진의 위법이 있다고 할 것이고**……(대판 1983. 6. 14, 82도293). 　　정답 - ○

6 검사의 약식명령 청구와 동시에 증거서류 및 증거물이 법원에 제출되었다고 하여 공소장일본주의를 위반하였다고 할 수 없고, 그 후 약식명령에 대한 정식재판청구가 제기되었음에도 법원이 증거서류 및 증거물을 검사에게 반환하지 않고 보관하고 있다고 하여 그 이전에 이미 적법하게 제기된 공소제기절차가 위법하게 된다고 할 수 없다. 　　변호사시험 제4회

> 해설 ✏️　「7번 문제」 해설 참조 　　정답 - ○

7 음주운전으로 자동차운전면허가 취소된 甲은 술을 마신 상태로 도로에서 자동차를 운전하다가 단속 중인 경찰관에게 적발되어 음주측정한 결과 혈중알콜농도 0.078%로 측정되었다. 이 사건을 송치받은 검사는 甲에 대하여 벌금 200만 원의 약식명령을 청구하면서 필요한 증거서류 및 증거물을 법원에 제출하였고, 법원은 검사가 청구한 대로 벌금 200만 원의 약식명령을 발령하였다. 이 경우, 甲이 약식명령에 대하여 불복하여 정식재판을 청구하였음에도 법원이 증거서류 및 증거물을 검사에게 반환하지 않고 보관하고 있다면 공소제기의 절차가 위법하게 된다. 　　변호사시험 제6회

> 해설 ✏️　검사가 약식명령의 청구와 동시에 증거서류와 증거물을 법원에 제출한 것이 공소장일본주의를 위반한 것인지 여부 및 정식재판청구 후 법원이 위 증거서류와 증거물을 검사에게 반환하지 않은 것이 위법한지 여부에 관하여 판례는 검사가 약식명령을 청구하는 때에는 약식명령의 청구와 동시에 약식명령을 하는 데 필요한 증거서류 및 증거물을 법원에 제출하여야 하는바(형사소송규칙 제170조), 이는 약식절차가 서면심리에 의한 재판이어서 공소장일본주의의 예외를 인정한 것이므로 **약식명령의 청구와 동시에 증거서류 및 증거물이 법원에 제출되었다 하여 공소장일본주의를 위반하였다 할 수 없고, 그 후 약식명령에 대한 정식재판청구가 제기되었음에도 법원이 증거서류 및 증거물을 검사에게 반환하지 않고 보관하고 있다고 하여 그 이전에 이미 적법하게 제기된 공소제기의 절차가 위법하게 된다고 할 수도 없다**(대판 2007. 7. 26, 2007도3906)라고 판시하고 있다. 　　정답 - X

제4절 공소제기의 효과

1 甲은 유흥주점 허가를 받기 위해 구청 담당 과장 乙과 친하다는 丙을 찾아가 乙에게 전달하여 달라고 부탁하면서 2,500만 원을 제공하였다. 丙은 乙에게 甲의 유흥주점 허가를 부탁하면서 2,000만 원을 교부하고, 나머지 500만 원은 자신이 사용하였다. 한편, 乙은 구의원 丁에게 丙으로부터 받은 2,000만 원을 교부하면서, 구청장에게 부탁하여 구청 정기인사에서 자신이 좋은 평정을 받게 해달라고 말하였다. 甲에게 유흥주점 허가가 난 후, 甲은 감사의 표시로 자신의 유흥주점에 乙을 초대하였고, 乙은 대학동창인 회사원 3명에게 자신이 술값을 낸다고 말하고 이들과 함께 甲의 유흥주점에 가서 400만 원의 향응을 제공받았다. 이 경우, 甲과 乙은 공소시효의 정지에 관한 「형사소송법」 제253조 제2항에서 말하는 '공범'에 포함되지 않는다.

변호사시험 제5회

(해설 🖉) 甲과 乙은 대향범이므로 옳은 지문이다(아래 「2번 문제」 해설 참고).　　　정답 - ○

2 유흥업소를 운영하는 甲은 경찰관 乙에게 단속정보를 제공해 주는 대가로 2009. 5. 20. 200만 원의 뇌물을 공여하였다는 혐의로 조사를 받았다. 하지만 甲은 "돈을 가져오지 않으면 구속수사 하겠다는 乙의 협박 때문에 200만 원을 주었을 뿐이고, 乙로부터 단속정보를 제공받은 사실이 없으며, 그 대가로 준 것도 아니다."라고 강하게 부인하였다. 그 후 甲이 잠적해 버리자, 고민을 거듭하던 검사는 甲의 부인 A로부터 "구속수사를 피하기 위해 乙에게 200만 원을 주었다는 얘기를 甲으로부터 들었다."라는 진술을 확보하여 2016. 5. 21. 乙을 공갈죄로 기소하였다. 乙의 공판이 진행되던 2016. 7. 10. 검찰에 자진출석한 甲은 "乙로부터 경찰의 단속정보를 제공받는 대가로 200만 원을 제공한 것이 맞다."라고 진술하였다. 이 때, 乙에게 뇌물수수죄가 인정되고 甲에게 뇌물공여죄가 인정될 경우, 乙에 대해 공소가 제기되더라도 甲의 뇌물공여죄에 관한 공소시효가 정지되지 않는다.

변호사시험 제6회

(해설 🖉) 형사소송법 제253조 제2항의 '공범'을 해석할 때 고려하여야 할 사항, 이른바 대향범 관계에 있는 자 사이에서 각자 상대방 범행에 대하여 형법총칙의 공범규정이 적용되는지 여부 및 형사소송법 제253조 제2항의 '공범'에 뇌물공여죄와 뇌물수수죄 사이와 같은 대향범 관계에 있는 자가 포함되는지 여부에 관하여 판례는 형사소송법 제248조 제1항, 제253조 제1항, 제2항에서 규정하는 바와 같이, 형사소송법은 공범 사이의 처벌에 형평을 기하기 위하여 공범 중 1인에 대한 공소의 제기로 다른 공범자에 대하여도 공소시효가 정지되도록 규정하고 있는데, 위 공범의 개념이나 유형에 관하여는 아무런 규정을 두고 있지 아니하다. 따라서 형사소송법 제253조 제2항의 공범을 해석할 때에는 공범 사이의 처벌의 형평이라는 위 조항의 입법 취지, 국가형벌권의 적정한 실현이라는 형사소송법의 기본이념, 국가형벌권 행사의 대상을 규정한 형법 등 실체법과의 체계적 조화 등의 관점을 종합적으로 고려하여야 하고, 특히 위 조항이 공소제기 효력의 인적 범위를 확장하는 예외를 마련하여 놓은 것이므로 원칙적으로 엄격하게 해석하여야 하고 피고인에게 불리한 방향으로 확장하여 해석해서는 아니 된다.

뇌물공여죄와 뇌물수수죄 사이와 같은 이른바 대향범 관계에 있는 자는 강학상으로는 필요적 공범이라고 불리고 있으나, 서로 대향된 행위의 존재를 필요로 할 뿐 각자 자신의 구성요건을 실현하고 별도의 형벌규정에 따라 처벌되는 것이어서, 2인 이상이 가공하여 공동의 구성요건을 실현하는 공범관계에 있는 자와는 본질적으로 다르며, 대향범 관계에 있는 자 사이에서는 각자 상대방의 범행에 대하여 형법 총칙의 공범규정이 적용되지 아니한다.

이러한 점들에 비추어 보면, **형사소송법 제253조 제2항에서 말하는 '공범'에는 뇌물공여죄와 뇌물수수죄 사이와 같은 대향범 관계에 있는 자는 포함되지 않는다**(대판 2015. 2. 12, 2012도4842)라고 판시하고 있다.

> [형사소송법 제253조(시효의 정지와 효력)] ① 시효는 공소의 제기로 진행이 정지되고 공소기각 또는 관할위반의 재판이 확정된 때로부터 진행한다. ② **공범**의 1인에 대한 전항의 시효정지는 다른 **공범**자에게 대하여 **효력이 미치고** 당해 사건의 재판이 확정된 때로부터 진행한다.

→ 甲과 乙은 대향범이므로 형사소송법 제253조 제2항의 공범에 해당하지 않는다. 따라서 乙에 대한 공소가 제기되더라도 甲의 뇌물공여죄에 관한 공소시효에는 영향이 없다.

정답 - O

3 행위자에게 유죄의 재판을 하지 아니하면서 몰수를 선고하기 위하여서는 몰수의 요건이 공소가 제기된 공소사실과 관련되어 있어야 하고, 공소가 제기되지 아니한 별개의 범죄사실을 인정하여 몰수만을 선고하는 것은 허용되지 아니한다.　　　　　변호사시험 제1회

해설 ✍ 형법 제49조 단서는 행위자에게 유죄의 재판을 하지 아니할 때에도 몰수의 요건이 있는 때에는 몰수만을 선고할 수 있다고 규정하고 있으므로 몰수뿐만 아니라 몰수에 갈음하는 추징도 위 규정에 근거하여 선고할 수 있다. 그러나 우리 법제상 공소제기 없이 별도로 몰수나 추징만을 선고할 수 있는 제도가 마련되어 있지 아니하므로, 위 규정에 근거하여 몰수나 추징을 선고하려면 몰수나 추징의 요건이 공소가 제기된 공소사실과 관련되어야 한다. 공소사실이 인정되지 않는 경우에 이와 별개의 공소가 제기되지 아니한 범죄사실을 법원이 인정하여 그에 관하여 몰수나 추징을 선고하는 것은 불고불리의 원칙에 위배되어 불가능하다(대판 2008. 11. 13, 2006도4885).

정답 - O

4 작위범인 허위공문서작성죄와 부작위범인 직무유기죄가 상상적 경합관계에 있는 경우, 작위범인 허위공문서작성죄로 기소하지 않고 부작위범인 직무유기죄로만 기소할 수 있다.　　　　　변호사시험 제1회

해설 ✍ 하나의 행위가 부작위범인 직무유기죄와 작위범인 허위공문서작성·행사죄의 구성요건을 동시에 충족하는 경우, 공소제기권자는 재량에 의하여 작위범인 허위공문서작성·행사죄로 공소를 제기하지 않고 부작위범인 직무유기죄로만 공소를 제기할 수 있다(대판 2008. 2. 14, 2005도4202).

→ 판례는 흡수관계인 일죄 사안이지만, 상상적 경합은 과형상 일죄라는 점에서 동일한 법리가 적용된다.

정답 - O

5 공소제기의 효력은 상상적 경합관계에 있는 죄의 전부에 미치고, 상상적 경합관계에 있는 죄들 중 일부의 죄에 대하여 형을 선고한 판결이 확정되면 기판력은 다른 죄에도 미친다. 변호사시험 제1회

> (해설 ✏) 형법 제40조 소정의 상상적 경합 관계의 경우에는 그 중 1죄에 대한 확정판결의 기판력은 다른 죄에 대하여도 미치는 것이고, 여기서 1개의 행위라 함은 법적 평가를 떠나 사회 관념상 행위가 사물자연의 상태로서 1개로 평가되는 것을 의미한다(대판 2007. 2. 23, 2005도10233).
> → 상상적 경합관계에 있는 죄는 공소사실의 동일성이 인정되어 일부에 대한 공소제기의 효력은 상상적 경합관계에 있는 죄의 전부에 미친다. 나아가 공소제기의 효력이 미치기 때문에, 일부의 죄에 대한 판결이 확정되면 다른 죄에 기판력이 미친다. [정답] – ○

제5절 공소시효

1 상상적 경합관계에 있는 죄들 중 일부의 죄에 대해 공소시효가 완성되었다고 하여 그 죄와 상상적 경합관계에 있는 다른 죄의 공소시효까지 완성되는 것은 아니다. 변호사시험 제1회

> (해설 ✏) 1개의 행위가 여러 개의 죄에 해당하는 경우 형법 제40조는 이를 과형상 일죄로 처벌한다는 것에 지나지 아니하고, 공소시효를 적용함에 있어서는 각 죄마다 따로 따져야 할 것인바, 공무원이 취급하는 사건에 관하여 청탁 또는 알선을 할 의사와 능력이 없음에도 청탁 또는 알선을 한다고 기망하여 금품을 교부받은 경우에 성립하는 사기죄와 변호사법 위반죄는 상상적 경합의 관계에 있으므로 (대판 2006. 1. 27, 2005도8704), 변호사법 위반죄의 공소시효가 완성되었다고 하여 그 죄와 상상적 경합관계에 있는 사기죄의 공소시효까지 완성되는 것은 아니다(대판 2006. 12. 8, 2006도6356). [정답] – ○

2 유흥업소를 운영하는 甲은 경찰관 乙에게 단속정보를 제공해 주는 대가로 2009. 5. 20. 200만 원의 뇌물을 공여하였다는 혐의로 조사를 받았다. 하지만 甲은 "돈을 가져오지 않으면 구속수사 하겠다는 乙의 협박 때문에 200만 원을 주었을 뿐이고, 乙로부터 단속정보를 제공받은 사실이 없으며, 그 대가로 준 것도 아니다."라고 강하게 부인하였다. 그 후 甲이 잠적해 버리자, 고민을 거듭하던 검사는 甲의 부인 A로부터 "구속수사를 피하기 위해 乙에게 200만 원을 주었다는 얘기를 甲으로부터 들었다."라는 진술을 확보하여 2016. 5. 21. 乙을 공갈죄로 기소하였다. 乙의 공판이 진행되던 2016. 7. 10. 검찰에 자진출석한 甲은 "乙로부터 경찰의 단속정보를 제공받는 대가로 200만 원을 제공한 것이 맞다."라고 진술하였다. 이 때, 공소장변경을 통해 乙에 대한 공소사실이 공갈에서 뇌물수수로 변경될 경우, 乙에 대해 적용될 공소시효의 기간은 공갈죄를 기준으로 한다. 변호사시험 제6회

> (해설 ✏) 공갈죄가 아니라 변경된 공소사실인 뇌물수수죄를 기준으로 한다(아래 「3번 문제」 해설 참고). [정답] – X

3 공소장변경절차에 의하여 공소사실이 변경됨에 따라 그 법정형에 차이가 있는 경우, 변경된 공소사실에 대한 법정형이 공소시효기간의 판단기준이 된다.　　　　변호사시험 제7회

　　(해설 ✎) 공소사실이 변경됨에 따라 법정형에 차이가 있는 경우, 공소시효기간의 기준이 되는 법정형(=변경된 공소사실에 대한 법정형)에 관하여 판례는 공소장변경절차에 의하여 공소사실이 변경됨에 따라 그 법정형에 차이가 있는 경우에는 변경된 공소사실에 대한 법정형이 공소시효기간의 기준이 된다(대판 2001. 8. 24, 2001도2902)라고 판시하고 있다.　　정답 － ○

4 공범 중 1인으로 기소된 자가 범죄의 증명이 없다는 이유로 무죄의 판결을 선고받아 그 판결이 확정되었더라도, 무죄로 확정된 그 피고사건에서 공범으로 지적된 진범인에 대하여 공소시효정지의 효력이 생긴다.　　　　변호사시험 제1회

　　(해설 ✎) 형사소송법 제253조 제2항 소정의 재판이라 함은 종국재판이면 그 종류를 묻지 않는다고 할 것이나, 공범의 1인으로 기소된 자가 구성요건에 해당하는 위법행위를 공동으로 하였다고 인정되기는 하나 책임조각을 이유로 무죄로 되는 경우와는 달리 범죄의 증명이 없다는 이유로 공범 중 1인이 무죄의 확정판결을 선고받은 경우에는 그를 공범이라고 할 수 없어 그에 대하여 제기된 공소로써는 진범에 대한 <u>공소시효정지의 효력이 없다</u>(대판 1999. 3. 9, 98도4621).　　정답 － X

5 A가 자동차를 구입하여 장애인에 대한 면세 혜택 등의 적용을 받기 위해 戊 명의를 빌려 등록하였다. 명의수탁자 戊와 그의 딸 己는 공모하여, 戊는 己에게 자동차이전등록 서류를 교부하고, 己는 그 자동차를 명의신탁자 A 몰래 가져와 이를 다른 사람에게 처분하였다. 공소시효의 진행은 개별적으로 진행되므로 戊가 먼저 기소되어 유죄판결을 받아 그 판결이 확정된 경우 戊가 기소되어 판결이 확정될 때까지의 기간 동안 己에 대한 공소시효의 진행은 정지되지 않는다.　　　　변호사시험 제3회

　　(해설 ✎)

　　　[형사소송법 제253조(시효의 정지와 효력)] ① 시효는 공소의 제기로 진행이 정지되고 공소기각 또는 관할위반의 재판이 확정된 때로부터 진행한다. ② **공범의 1인에 대한 전항의 시효정지는 다른 공범자에게 대하여 효력이 미치고** 당해 사건의 재판이 확정된 때로부터 진행한다.

　　→ 戊와 己는 절도죄의 공범(공동정범)에 해당하므로, 戊가 먼저 기소될 때 공범인 己도 시효가 정지되며, 판결이 확정된 후 다시 진행한다.　　정답 － X

6 甲과 乙은 옆 동네에 사는 甲의 사촌동생 A의 신용카드를 훔쳐 은행 현금인출기에서 비밀번호를 입력하고 현금서비스로 100만 원을 인출하였다. 甲은 인출한 100만 원 중 50만 원을 자신의 애인인 丙에게 용돈으로 주었다. 수사가 개시되자 甲은 형사처분을 면할 목적으로 2년간 외국에 도피하였다. 甲이 귀국하자 검사는 甲, 乙, 丙을 위의 공소사실로 기소하였다. 이 경우, 甲의 국외도피로 인한 공소시효 정지의 효과는 乙에게 미치지 않는다.

변호사시험 제5회

해설 ✏️

> [형사소송법 제253조(시효의 정지와 효력)] ① 시효는 공소의 제기로 진행이 정지되고 공소기각 또는 관할위반의 재판이 확정된 때로부터 진행한다. ② 공범의 1인에 대한 전항의 시효정지는 다른 공범자에게 대하여 효력이 미치고 당해 사건의 재판이 확정된 때로부터 진행한다. ③ 범인이 형사처분을 면할 목적으로 국외에 있는 경우 그 기간 동안 공소시효는 정지된다.

→ 공소제기로 인한 공소시효정지만 공범에게 미치므로, 국외도피로 인한 공소시효정지는 공범인 乙에게 미치지 않는다. 정답 ─ ○

제1장 공판절차

제1절 공판절차의 기본원칙

1 「정치자금법」상 금품수수 혐의로 공소제기된 피고인 甲이 법정에서 금품수수 사실을 부인하였고, 제1심 법원에 증인으로 출석한 乙은 甲에게 금품을 제공하였다고 증언하였지만 제1심 법원은 乙의 증언에 신빙성이 없고 범죄의 증명이 부족하다는 이유로 무죄를 선고하였다. 이 때, 항소심 법원이 공개금지사유가 없음에도 비공개로 乙에 대한 증인신문절차를 진행한 경우 乙의 증언은 증거능력이 인정되지 않는다.   변호사시험 제6회

> **해설** ✎   원심이 증인신문절차의 공개금지사유로 삼은 사정이 '국가의 안녕질서를 방해할 우려가 있는 때'에 해당하지 아니하고, 달리 헌법 제109조, 법원조직법 제57조 제1항이 정한 공개금지사유를 찾아볼 수도 없어, 원심의 공개금지결정은 피고인의 공개재판을 받을 권리를 침해한 것으로서 그 절차에 의하여 이루어진 증인의 증언은 증거능력이 없다고 한 사례(대판 2005. 10. 28, 2005도5854).   정답 − ○

제2절 공판심리의 범위

1 비록 사실인정에 변화가 없고 그 사실에 대한 법률적 평가만을 달리하는 경우라도, 배임죄로 기소된 공소사실에 대하여 법원이 공소장변경 없이 횡령죄로 인정하는 것은 구성요건을 달리하는 것이어서 허용되지 않는다.   변호사시험 제2회

> **해설** ✎   「2번 문제」참조   정답 − X

2 甲은 乙로부터 명의신탁을 받아 관리하던 시가 2억원 상당의 토지를 명의신탁자 乙의 승낙 없이, 2014.3.2.丙으로부터 8,000만원을 빌리면서 채권최고액 1억원의 근저당권설정등기를 경료하여 주었다. 만일 검사가, 甲이 근저당권설정등기를 경료하여 준 행위를 배임죄로 기소하였고, 법원은 甲의 행위가 배임죄가 아니고 횡령죄라고 판단할 경우, 법원은 공소장변경 없이 직권으로 횡령죄를 인정할 수 있다.   변호사시험 제4회

> **해설** ✎   배임죄로 기소된 공소사실에 대하여 공소장변경 없이 횡령죄를 적용하여 처벌할 수 있는지 여부에 관하여 판례는 횡령죄와 배임죄는 다같이 신임관계를 기본으로 하고 있는 같은 죄질의 재산범죄로서 그 형벌에 있어서도 경중의 차이가 없고 동일한 범죄사실에 대하여

단지 법률적용만을 달리하는 경우에 해당하므로 법원은 배임죄로 기소된 공소사실에 대하여 공소장변경 없이도 횡령죄를 적용하여 처벌할 수 있다(대판 1999. 11. 26, 99도2651)라고 판시하고 있다.

→ 참고로 대법원 2013. 2. 21. 선고 2010도10500 전원합의체 판결에 의해 위 판례가 변경되었으나, 불가벌적 사후행위 판단에 한하므로 위 판시부분은 여전히 타당하다.　　정답 – O

3 甲과 乙은 술에 취한 A가 모텔에서 혼자 투숙하고 있는 것을 알고 물건을 훔치기로 하여 甲은 밖에서 망을 보고 乙은 객실에 들어가 A의 가방을 뒤져 금목걸이를 가지고 왔다. 수차례의 절도전과가 있던 乙은 甲에게 "만약 경찰에 잡히면 나를 丙이라고 하라."라고 부탁하였다. 만약 검사가 乙의 상습성을 인정하여 형법상의 상습절도죄로 기소한 경우라면, 비록 구성요건이 동일하더라도 공소장변경 없이는 형이 더 무거운 특정범죄 가중처벌 등에 관한 법률상의 상습절도죄로 처벌할 수 없다.　　변호사시험 제1회

(해설) 절취행위에 대하여 형법 제332조, 제329조, 제330조를 적용하여 형법상의 상습절도죄로 기소한 경우, 비록 구성요건이 동일하더라도 공소장변경 없이 형이 더 무거운 특정범죄 가중처벌 등에 관한 법률 제5조의4 제1항, 형법 제329조, 제330조를 적용하여 처벌할 수 없다고 한 사례(대판 2007. 12. 27, 2007도4749).　　정답 – O

4 공소사실의 동일성이 인정되더라도 법원은 허위사실 적시 출판물에 의한 명예훼손의 공소사실에 대하여 공소장변경 없이 사실 적시 출판물에 의한 명예훼손죄로 처벌할 수 없다.　　변호사시험 제2회

(해설) 「6번 문제」 해설 참조　　정답 – X

5 공소사실의 동일성이 인정되는 경우라 하더라도 법원은 허위사실적시 출판물에 의한 명예훼손의 공소사실에 대하여 공소장변경 없이 사실적시 출판물에 의한 명예훼손으로 처벌할 수 없다.　　변호사시험 제6회

(해설) 「6번 문제」 해설 참조　　정답 – X

6 甲은 자신의 아들 A에게 폭행을 당하여 입원한 B의 1인병실로 병문안을 가서 B의 모친인 C와 대화하던 중 C의 여동생인 D가 있는 자리에서 "과거에 B에게 정신병이 있었다고 하더라."라고 말하였다. 이에 화가 난 B는 甲을 명예훼손죄로 고소하였고, 甲은 명예훼손죄로 기소되었다. 한편 C는 자신과 D가 나눈 대화내용을 녹음한 녹음테이프를 증거로 제출하였는데 "그 녹음테이프에는 甲이 위의 발언을 한 것을 들었다."라는 D의 진술이 녹음되어 있었다. 검사가 허위사실적시 명예훼손죄로 기소하였으나 심리결과 적시한 사실이 허위임에 대한 입증이 없는 경우 공소장 변경없이 법원이 사실적시 명예훼손죄를 직권으로 인정할 수 있음에도 무죄를 선고하였더라도 위법하지 아니하다.　　변호사시험 제4회

해설 [1] 「4번 문제의 해설, 5번 문제의 해설」형법 제309조 제2항의 허위사실적시 출판물에의한명예훼손의 공소사실 중에는 동조 제1항 소정의 사실적시 출판물에의한명예훼손의 공소사실이나 같은 법 제307조 제1항의 명예훼손 공소사실도 포함되어 있으므로, 피고인에게 적시한 사실이 허위사실이라는 인식이 없었다면 법원은 공소장변경절차 없이도 같은 법 제309조 제1항의 사실적시 출판물에의한명예훼손죄로 인정할 수 있고, 또 비방의 목적이 인정되지 아니하면 심리의 과정에 비추어 피고인의 방어권행사에 실질적 불이익을 초래할 염려가 없다고 인정되는 때에는 같은 법 제307조 제1항의 명예훼손죄로 인정할 수도 있다.

[2] 「6번 문제의 해설」법원이 공소사실의 동일성이 인정되는 범위 내에서 공소가 제기된 범죄사실에 포함된 이보다 가벼운 범죄사실을 공소장변경 없이 직권으로 인정할 수 있는 경우라고 하더라도 공소가 제기된 범죄사실과 대비하여 볼 때 실제로 인정되는 범죄사실의 사안이 중대하여 공소장이 변경되지 않았다는 이유로 이를 처벌하지 않는다면 적정절차에 의한 신속한 실체적 진실의 발견이라는 형사소송의 목적에 비추어 현저히 정의와 형평에 반하는 것으로 인정되는 경우가 아닌 한 법원이 직권으로 그 범죄사실을 인정하지 아니하였다고 하여 위법한 것이라고까지 볼 수는 없다.

[3] 「6번 문제의 해설」구 형법 제309조 제2항의 허위사실적시 출판물에의한명예훼손으로 공소제기된 사안에서, 공소장변경 없이 같은 법 제309조 제1항의 사실적시 출판물에의한명예훼손이나 같은 법 제307조 제1항의 명예훼손으로 처벌하지 아니하고 무죄를 선고한 원심판결을 유지한 사례(대판 1997. 2. 14, 96도2234)

→ 사실적시명예훼손이 중대한 범죄라거나 이를 인정하지 않은 것이 현저히 정의와 형평에 반한다고 할 수 없으므로 甲에게 무죄를 선고하였더라도 위법하지 않다. 위 판례는 허위사실적시 출판물에 의한 명예훼손으로 공소제기된 사안이나, 사실적시 출판물에의한명예훼손이나 사실적시명예훼손을 인정하지 않은 것이 위법하지 않다고 하여 같은 취지로 볼 수 있다.

정답 ― ○

7 일반법과 특별법의 동일한 구성요건에 모두 해당하는 범죄사실에 대하여 검사가 형이 가벼운 일반법을 적용하여 기소한 경우 법원이 공소장변경 없이 형이 더 무거운 특별법위반의 죄로 처단할 수 없다. 변호사시험 제2회

해설 일반법과 특별법이 동일한 구성요건을 가지고 있고 그 구성요건에 해당하는 어느 범죄사실에 대하여 검사가 그 중 형이 가벼운 일반법의 법조를 적용하여 그 죄명으로 기소하였는데 그 일반법과 특별법을 적용할 때 형의 범위가 차이 나는 경우에는, 비록 그 공소사실에 변경이 없고 적용법조의 구성요건이 완전히 동일하다 하더라도, 그러한 적용법조의 변경이 피고인의 방어권 행사에 실질적인 불이익을 초래한다고 보아야 하며, 따라서 법원은 공소장변경 없이는 형이 더 무거운 특별법의 법조를 적용하여 특별법 위반의 죄로 처단할 수 없다(대판 2007. 12. 27, 2007도4749).

정답 ― ○

8 동일한 범죄사실에 대하여 포괄일죄로 기소된 것을 법원이 공소장변경 없이 실체적 경합으로 인정하는 것은 허용되지 아니한다. 변호사시험 제2회

（해설） 법원이 동일한 범죄사실을 가지고 포괄일죄로 보지 아니하고 실체적 경합관계에 있는 수죄로 인정하였다고 하더라도 이는 다만 죄수에 관한 법률적 평가를 달리한 것에 불과할 뿐이지 소추대상인 공소사실과 다른사실을 인정한 것도 아니고 또 피고인의 방어권행사에 실질적으로 불이익을 초래할 우려도 없으므로 불고불리의 원칙에 위반되는 것이 아니다(대판 1987. 5. 26, 87도527). 정답 － X

9 관세포탈미수로 인한 특정범죄가중처벌등에관한법률위반(관세)죄로 공소제기된 경우에는 공소장변경 없이 관세포탈예비로 인한 특정범죄가중처벌등에관한법률위반(관세)죄로 인정할 수 없다. 변호사시험 제4회

（해설） 세관직원에게 부탁하여 사위의 방법으로 밀수입하려고 외국에서 구입한 손목시계 등 물품을 가지고 왔다가 통관시켜 줄 세관직원을 찾지 못하여 이를 보세창고에 예치시킨 행위에 대하여 관세포탈미수로 인한 특정범죄가중처벌등에 관한 법률위반죄로 공소제기된 경우에는 위 소위가 관세포탈예비로 인한 특정범죄가중처벌등에 관한 법률위반죄를 구성한다고 하더라도 검사가 공소장변경을 하지 아니한 이상 법원은 이에 관하여 심판할 수 없다(대판 1983. 4. 12, 82도2939). 정답 － O

10 피고인의 방어권 행사에 실질적인 불이익을 초래할 염려가 없는 경우에는 공소사실과 기본적 사실이 동일한 범위 내에서 법원이 공소장변경절차를 거치지 아니하고 다르게 사실을 인정하였다고 할지라도 불고불리의 원칙에 위배되지 아니한다. 변호사시험 제4회

（해설） 법원이 공소장변경 절차를 거치지 아니하고 공소사실과 달리 사실인정을 하기 위한 요건에 관하여 판례는 피고인의 방어권행사에 실질적인 불이익을 초래할 염려가 없는 경우에는 공소사실과 기본적 사실이 동일한 범위 내에서 법원이 공소장변경절차를 거치지 않고 다르게 인정하였다 할지라도 불고불리의 원칙에 위반되지 않는다(대판 2000. 7. 28, 98도4558)라고 판시하고 있다. 정답 － O

11 간접정범으로 공소가 제기된 경우, 공소장의 변경 없이 방조범 성립여부를 심리하여 판단하는 것은 피고인의 방어권 행사에 실질적 불이익을 초래할 염려가 있으므로 위법하다. 변호사시험 제4회

（해설） 부동산 명의수탁자를 처벌하는 규정인 부동산 실권리자명의 등기에 관한 법률 제7조 제2항 위반죄의 간접정범으로 공소가 제기된 경우, 공소장의 변경 없이 부동산 명의신탁행위의 방조범을 처벌하는 규정인 위 법률 제7조 제3항 위반죄가 성립되는지 여부를 심리하여 판단하는 것은 피고인의 방어권 행사에 실질적 불이익을 초래할 염려가 없다고 보기 어려울 뿐만 아니라, 이를 심리하여 처벌하지 아니하는 것이 현저히 정의와 형평에 반하여 위법하다고 볼 수도 없다(대판 2007. 10. 25, 2007도4663). 정답 － X

12 약식명령에 대하여 피고인만 정식재판을 청구한 사건에서 법정형에 유기징역형만 있는 범죄로 공소장을 변경하는 것도 허용된다. 변호사시험 제6회

(해설) 약식명령에 대하여 피고인만이 정식재판을 청구하였는데, 검사가 당초 사문서위조 및 위조사문서행사의 공소사실로 공소제기하였다가 제1심에서 사서명위조 및 위조사서명행사의 공소사실을 예비적으로 추가하는 내용의 공소장변경을 신청한 사안에서, 두 공소사실은 기초가 되는 사회적 사실관계가 범행의 일시와 장소, 상대방, 행위 태양, 수단과 방법 등 기본적인 점에서 동일할 뿐만 아니라, 주위적 공소사실이 유죄로 되면 예비적 공소사실은 주위적 공소사실에 흡수되고 주위적 공소사실이 무죄로 될 경우에만 예비적 공소사실의 범죄가 성립할 수 있는 관계에 있어 규범적으로 보아 공소사실의 동일성이 있다고 보이고, 나아가 피고인에 대하여 사서명위조와 위조사서명행사의 범죄사실이 인정되는 경우에는 비록 **사서명위조죄와 위조사서명행사죄의 법정형에 유기징역형만 있다** 하더라도 형사소송법 제457조의2에서 규정한 불이익변경금지 원칙이 적용되어 벌금형을 선고할 수 있으므로, 위와 같은 불이익변경금지 원칙 등을 이유로 공소장변경을 불허할 것은 아닌데도, 이를 불허한 채 원래의 공소사실에 대하여 무죄를 선고한 제1심판결을 그대로 유지한 원심의 조치에 공소사실의 동일성이나 공소장변경에 관한 법리오해의 위법이 있다고 한 사례(대판 2013. 2. 28, 2011도14986). 정답 - ○

13 공소장변경은 서면에 의하여야 하므로, 피고인이 공판정에 재정하여 그 동의하에 검사가 공판정에서 구술로 공소장변경허가신청을 한 경우에는 법원이 이를 허가하였더라도 효력이 없다. 변호사시험 제2회

(해설)

> 〔형사소송규칙 제142조(공소장의 변경)〕① 검사가 법 제298조 제1항에 따라 공소장에 기재한 공소사실 또는 적용법조의 추가, 철회 또는 변경(이하 '공소장의 변경'이라 한다)을 하고자 하는 때에는 그 취지를 기재한 **공소장변경허가신청서를 법원에 제출하여야 한다.** ⑤ 법원은 제1항의 규정에도 불구하고 피고인이 재정하는 공판정에서는 피고인에게 이익이 되거나 피고인이 동의하는 경우 구술에 의한 공소장변경을 허가할 수 있다.

정답 - X

14 피해자가 제1심에서 처벌불원의사를 표시한 후에도 검사가 항소하여 계속된 항소심에서 공소사실을 폭행에서 상해로 변경하는 공소장변경을 할 수 있고, 이 경우 항소심이 변경된 공소사실인 상해의 점에 대해 심리·판단하여 유죄로 인정한 것은 정당하다. 변호사시험 제4회

(해설) 피해자가 제1심에서 처벌불원의사를 표시한 후에도 항소심에서 공소사실을 폭행에서 상해로 변경하는 공소장변경을 할 수 있고, 이 경우 항소심이 변경된 공소사실인 상해의 점에 대해 심리·판단하여 유죄로 인정한 것은 정당하다고 한 사례(대판 2011. 5. 13, 2011도2233). 정답 - ○

15 공소장변경허가에 관한 법원의 결정은 판결 전의 소송절차에 관한 결정이므로 그 결정에 대하여 독립하여 항고할 수 없으나, 공소장변경허가에 관한 결정의 위법이 판결에 영향을 미친 경우에 한하여 그 판결에 대하여 상소를 제기할 수 있다.   변호사시험 제4회

(해설✎) 「16번 문제」해설 참조   [정답] - O

16 법원의 공소장변경 허가결정은 판결 전의 소송절차에 관한 결정이므로 그 결정에 대하여 독립하여 항고할 수 있다.   변호사시험 제6회

(해설✎) 「16번 문제의 해설」판결전의 소송절차에 관한 결정에 대하여는 특히 즉시항고를 할 수 있는 경우외에는 항고를 하지 못하는 것인바, 「15번 문제의 해설」소송사실 또는 적용법조의 추가, 철회 또는 변경의 허가에 관한 결정(공소장변경허가에 관한 결정-역자 주)은 판결 전의 소송절차에 관한 결정이라 할 것이므로, 그 결정을 함에 있어서 저지른 위법이 판결에 영향을 미친 경우에 한하여 그 판결에 대하여 상소를 하여 다툼으로써 불복하는 외에는 당사자가 이에 대하여 독립하여 상소할 수 없다(대결 1987. 3. 28, 자 87모17).   [정답] - X

17 피고인의 상고에 의하여 상고심에서 원심판결을 파기하고 사건을 항소심에 환송한 경우에 그 항소심에서 공소장변경은 허용된다.   변호사시험 제6회

(해설✎) 「18번 문제」해설 참조   [정답] - O

18 항소심의 구조가 사후심으로서의 성격만을 가지는 것은 아니므로, 피고인의 상고에 의하여 상고심에서 원심판결을 파기하고 사건을 항소심에 환송한 경우에도 공소사실의 동일성이 인정되면 항소심 법원은 공소장변경을 허가하여 변경된 공소사실을 심판대상으로 삼을 수 있다.   변호사시험 제7회

(해설✎) 환송 후 항소심에서의 공소장변경의 적부에 관하여 판례는 현행법상 형사항소심의 구조가 사후심으로서의 성격만을 가지는 것은 아니므로, 피고인의 상고에 의하여 상고심에서 원심판결을 파기하고 사건을 항소심에 환송한 경우에도 공소사실의 동일성이 인정되면 공소장변경을 허용하여 이를 심판대상으로 삼을 수 있는바 환송 후 원심이 검사의 공소장변경신청을 허가하고 공소장변경을 이유로 직권으로 제1심판결을 파기한 후 다시 판결한 조치는 옳고, 거기에 환송 후 항소심의 구조와 공소장변경 허가에 관한 법리를 오해한 위법이 있다고 할 수 없다(대판 2004. 7. 22, 2003도8153)라고 판시하고 있다.   [정답] - O

19 법원이 예비적으로 추가된 공소사실에 대하여 공소장변경 허가결정을 한 경우, 원래의 공소사실과 예비적으로 추가된 공소사실 사이에 동일성이 인정되지 않더라도 공소장변경 허가를 한 법원이 스스로 이를 취소할 수는 없다.   변호사시험 제6회

(해설✎) 공소장변경허가결정을 취소할 수 있는지 여부에 관하여 판례는 공소사실의 동일성이 인정되지 않는 등의 사유로 공소장변경허가결정에 위법사유가 있는 경우에는 공소장변경허가를 한 법원이 스스로 이를 취소할 수 있다(대판 2001. 3. 27, 2001도116)라고 판시하고 있다.   [정답] - X

20 검사가 구두로 공소장변경허가신청을 하면서 변경하려는 공소사실의 일부만 진술하고 나머지는 전자적 형태의 문서로 저장한 저장매체를 제출한 경우, 저장매체에 저장된 전자적 형태의 문서로 제출된 부분은 공소장변경허가신청이 된 것이라고 할 수 없으므로 법원이 그 부분에 대해서까지 공소장변경허가를 하였더라도 적법하게 공소장변경이 된 것으로 볼 수 없다.

변호사시험 제7회

해설 ✎ 검사가 공소장을 변경하고자 하는 때에는 그 취지를 기재한 공소장변경허가신청서를 법원에 제출하여야 하고, 다만 피고인이 재정하는 공판정에서 피고인에게 이익이 되거나 피고인이 동의하는 예외적인 경우에 한하여 법원은 구술에 의한 공소장변경을 허가할 수 있다 (형사소송규칙 제142조 제1항, 제5항). 따라서 검사가 구술에 의한 공소장변경허가신청을 하는 경우에도 변경하고자 하는 공소사실의 내용은 서면에 의하여 신청을 할 때와 마찬가지로 구체적으로 특정하여 진술하여야 하므로, 검사가 구술로 공소장변경허가신청을 하면서 변경하려는 공소사실의 일부만 진술하고 나머지는 전자적 형태의 문서로 저장한 저장매체를 제출하였다면, 공소사실의 내용을 구체적으로 진술한 부분에 한하여 공소장변경허가신청이 된 것으로 볼 수 있을 뿐이다. 그 경우 저장매체에 저장된 전자적 형태의 문서는 공소장변경허가신청이 된 것이라고 할 수 없고, 법원이 그 부분에 대해서까지 공소장변경허가를 하였더라도 적법하게 공소장변경이 된 것으로 볼 수 없다(대판 2016. 12. 29, 2016도11138).   정답 - ○

21 「형사소송규칙」은 "공소장변경허가신청서가 제출된 경우 법원은 그 부본을 피고인 또는 변호인에게 즉시 송달하여야 한다."라고 규정하고 있는데, 이는 피고인과 변호인 모두에게 부본을 송달하여야 한다는 취지가 아니므로 공소장변경신청서 부본을 피고인과 변호인 중 어느 한 쪽에 대해서만 송달하였다고 하여 절차상 잘못이 있다고 할 수 없다.

변호사시험 제7회

해설 ✎ 공소장변경허가신청서가 제출된 경우, 법원이 그 부본을 피고인과 변호인 중 어느 한 쪽에 대해서만 송달한 것에 절차상 잘못이 있는지 여부에 관하여 판례는 형사소송규칙 제142조 제3항은 공소장변경허가신청서가 제출된 경우 법원은 그 부본을 피고인 또는 변호인에게 즉시 송달하여야 한다고 규정하고 있는데, 피고인과 변호인 모두에게 부본을 송달하여야 하는 취지가 아님은 문언상 명백하므로, 공소장변경신청서 부본을 피고인과 변호인 중 어느 한 쪽에 대해서만 송달하였다고 하여 절차상 잘못이 있다고 할 수 없다(대판 2013. 7. 12, 2013도5165)라고 판시하고 있다.

[형사소송규칙 제142조(공소장의 변경)] ③ 법원은 제2항의 부본을 피고인 또는 변호인에게 즉시 송달하여야 한다.

정답 - ○

22 제1심에서 합의부 관할사건에 관하여 단독판사 관할사건으로 죄명과 적용법조를 변경하는 공소장변경허가신청서가 제출된 경우, 사건을 배당받은 합의부가 공소장변경을 허가하는 결정을 하였다면 합의부는 결정으로 관할권이 있는 단독판사에게 사건을 이송하여야 한다. 변호사시험 제7회

> (해설) 제1심에서 합의부 관할사건에 관하여 단독판사 관할사건으로 죄명, 적용법조를 변경하는 공소장변경허가신청서가 제출되자, 합의부가 공소장변경을 허가하는 결정을 하지 않은 채 착오배당을 이유로 사건을 단독판사에게 재배당한 사안에서, 형사소송법은 제8조 제2항에서 단독판사의 관할사건이 공소장변경에 의하여 합의부 관할사건으로 변경된 경우 합의부로 이송하도록 규정하고 있을 뿐 그 반대의 경우에 관하여는 규정하고 있지 아니하며, '법관 등의 사무분담 및 사건배당에 관한 예규'에서도 이러한 경우를 재배당사유로 규정하고 있지 아니하므로, <u>사건을 배당받은 합의부는 공소장변경허가결정을 하였는지에 관계없이 사건의 실체에 들어가 심판하였어야 하고 사건을 단독판사에게 재배당할 수 없는데도</u>, 사건을 재배당받은 제1심 및 원심이 사건에 관한 실체 심리를 거쳐 심판한 조치는 관할권이 없는데도 이를 간과하고 실체판결을 한 것으로서 소송절차에 관한 법령을 위반한 잘못이 있고, 이러한 잘못은 판결에 영향을 미쳤다는 이유로, 원심판결 및 제1심판결을 모두 파기하고 사건을 관할권이 있는 법원 제1심 합의부에 이송한 사례(대판 2013. 4. 25, 2013도1658). [정답] - X

23 甲은 'A퀵서비스'라는 상호로 배달·운송업을 하는 자로, 과거 乙이 운영하는 'B퀵서비스'의 직원으로 일하던 중 소지하게 된 B퀵서비스 명의로 된 영수증을 보관하고 있던 것을 이용하여, 2010. 2. 1.부터 2011. 2. 1.까지 자신의 A퀵서비스 배달업무를 하면서 불친절하고 배달을 지연시켜 손님의 불만이 예상되는 배달 건에 대하여는 B퀵서비스 명의로 된 영수증에 자신이 한 배달내역을 기입하여 손님들의 불만을 乙에게 떠넘기는 방법으로 영업을 하였다. 乙은 甲의 행위에 의하여 자신의 신용이 훼손되었다는 이유로 2011.10.1. 甲을 고소하였다. 검사는 甲을 신용훼손죄로 기소하였다가, 공판 중 동일한 사실관계에 대하여 예비적으로 업무방해죄의 공소사실 및 적용법조를 추가한다는 공소장변경신청을 하였다. 만약 공소장변경이 적법하게 이루어진 경우, 법원은 신용훼손죄에 대하여 판단하지 않고 업무방해죄의 성립여부만을 판단할 수 있다. 변호사시험 제1회

> (해설) 예비적 기재의 경우에는 법원의 심리·판단의 순서가 검사의 기소 순위에 의해 제한을 받는다. 판례도 법원이 검사의 본위적 공소사실을 판단하지 아니하고 예비적 공소사실만 판단하는 것은 위법하다고 하였다(대판 1975. 12. 23, 75도3238; 대판 1976. 5. 26, 76도1126). 따라서 주위적 공소사실인 신용훼손죄에 대하여 판단하지 않고 업무방해죄의 성립여부만을 판단할 수는 없다. [정답] - X

사례 【24~25】

다음 사례에 관하여 답하시오.(다툼이 있는 경우 판례에 의함) 변호사시험 제5회

> 甲은 2015. 6. 5. 무전취식 범행을 저질러 2015. 7. 10. 사기죄로 약식명령을 발령받았고 2015. 7. 29. 그 약식명령이 확정되었다. 그런데 이후 甲이 ㉠ 2015. 5. 2., ㉡ 2015. 5. 20., ㉢ 2015. 7. 20., ㉣ 2015. 8. 5. 등 4회에 걸쳐 위와 같은 수법으로 각 무전취식한 사기 사건이 경찰에서 송치되었고 검사는 2015. 8. 20. 이를 상습사기죄로 공소제기하였다. 甲은 법정에서 위 범행 모두를 자백하였으며 보강증거도 충분한 상황이다.

24 만약 검사가 甲에 대한 동종의 다른 무전취식 사기 사건을 2015. 8. 21. 송치받았다면 검사는 위 상습사기 사건에 이 부분 공소사실을 추가하는 공소장변경신청을 할 수는 없고, 추가기소만을 하여야 한다.

> (해설 ✎) 상습범에 있어서 공소제기의 효력은 공소가 제기된 범죄사실과 동일성이 인정되는 범죄사실의 전체에 미치는 것이므로 **상습범의 범죄사실에 대한 공판심리중에 그 범죄사실과 동일한 습벽의 발현에 의한 것으로 인정되는 범죄사실이 추가로 발견된 경우에는 검사는 공소장변경절차에 의하여 그 범죄사실을 공소사실로 추가할 수 있다고** 할 것이나, 공소제기된 범죄사실과 추가로 발견된 범죄사실 사이에 그것들과 동일한 습벽에 의하여 저질러진 또다른 범죄사실에 대한 유죄의 확정판결이 있는 경우에는 전후 범죄사실의 일죄성은 그에 의하여 분단되어 공소제기된 범죄사실과 판결이 확정된 범죄사실만이 포괄하여 하나의 상습범을 구성하고, 추가로 발견된 확정판결 후의 범죄사실은 그것과 경합범 관계에 있는 별개의 상습범이 되므로, 검사는 공소장변경절차에 의하여 이를 공소사실로 추가할 수는 없고 어디까지나 별개의 독립된 범죄로 공소를 제기하여야 한다(대판 2000. 3. 10, 99도2744).
>
> 상습범으로서 포괄적 일죄의 관계에 있는 여러 개의 범죄사실 중 일부에 대하여 유죄판결이 확정된 경우에, 그 확정판결의 사실심판결 선고 전에 저질러진 나머지 범죄에 대하여 새로이 공소가 제기되었다면 그 새로운 공소는 확정판결이 있었던 사건과 동일한 사건에 대하여 다시 제기된 데 해당하므로 이에 대하여는 판결로써 면소의 선고를 하여야 하는 것인바(형사소송법 제326조 제1호), 다만 이러한 법리가 적용되기 위해서는 전의 확정판결에서 당해 피고인이 상습범으로 기소되어 처단되었을 것을 필요로 하는 것이고, **상습범 아닌 기본 구성요건의 범죄로 처단되는 데 그친 경우에는,** 가사 뒤에 기소된 사건에서 비로소 드러났거나 새로 저질러진 범죄사실과 전의 판결에서 이미 유죄로 확정된 범죄사실 등을 종합하여 비로소 그 모두가 상습범으로서의 포괄적 일죄에 해당하는 것으로 판단된다 하더라도 뒤늦게 앞서의 확정판결을 상습범의 일부에 대한 확정판결이라고 보아 그 기판력이 그 사실심판결 선고 전의 나머지 범죄에 미친다고 보아서는 아니 된다〔대판(전합) 2004. 9. 16, 2001도3206〕.
>
> → 검사가 송치받은 동종의 무전취식 사기 사건은 기존의 4회에 걸친 무전취식 사기 사건과 동일한 습벽발현에 의한 것으로 포괄일죄에 있는 것으로 보인다. 한편, 무전취식으로 인해 2015. 7. 10. 사기죄로 약식명령을 받았으나, 상습사기로 약식명령을 받은 것이 아니므로

약식명령 받기 이전의 범죄에 기판력이 미치지 않으므로 포괄일죄 판단에는 영향이 없다(두 번째 판례). 따라서 송치받은 사건은 포괄일죄의 일부로서 공소장변경절차에 의하여 공소사실을 추가할 수 있다(첫 번째 판례).　　　　　　　　　　　　　　　 정답 - X

25 검사는 위 공소사실들 중 일부만을 철회하는 내용의 공소장변경신청을 할 수 없고, 이 경우 공소사실 전체에 대한 공소취소로 보아야 한다.

> (해설 ✎)　포괄일죄에 있어서는 공소장변경을 통한 종전 공소사실의 철회 및 새로운 공소사실의 추가가 가능한 점에 비추어 그 공소장변경허가 여부를 결정함에 있어서는 포괄일죄를 구성하는 개개 공소사실별로 종전 것과의 동일성 여부를 따지기보다는 변경된 공소사실이 전체적으로 포괄일죄의 범주 내에 있는지 여부, 즉 단일하고 계속된 범의하에 동종의 범행을 반복하여 행하고 그 피해법익도 동일한 경우에 해당한다고 볼 수 있는지 여부에 초점을 맞추어야 한다(대판 2006. 4. 27, 2006도514).
>
> → 사기 습벽 발현으로 인한 무전취식이라는 동일성을 해하지 않는 범위에서 포괄일죄인 상습사기에 해당하므로, 개별 범죄사실을 철회하는 공소장변경이 가능하다.　　　 정답 - X

■ 사례【26~30】

다음 〈사례〉에서 X사건과 Y사건 및 Z사건이 甲의 동일한 사기습벽의 발현에 의하여 저질러진 것이다.(다툼이 있는 경우에는 판례에 의함)　　　　　　　　 변호사시험 제1회

──────── 〈사 례〉 ────────

ⓐ 甲은 춘천지방법원에 단순사기의 범죄사실(X사건, 범행일 2009. 6. 20.)로 기소되어 2009. 8. 11. 징역 8월 및 집행유예 2년의 형을 선고받아 같은 달 18일 판결이 확정되었다.

ⓑ 甲은 다시 대전지방법원에서 A로부터 7회에 걸쳐 재물을 편취하였다는 상습사기의 범죄사실(Y사건, 범행일 2009. 1. 1.부터 2009. 6. 14.까지)로 재판을 받고 있던 중, 춘천지방검찰청 검사가 甲의 B에 대한 사기의 범죄사실(Z사건, 범행일 2010. 3. 2.)을 추가로 확인하였다.

26 X사건에 대한 위 판결의 기판력은 Z사건에 미치지 아니한다.

> (해설 ✎)　유죄의 확정판결의 기판력의 시적범위 즉 어느 때까지의 범죄사실에 관하여 기판력이 미치느냐의 기준시점은 사실심리의 가능성이 있는 최후의 시점인 판결선고시를 기준으로 하여 가리게 되고, 판결절차 아닌 약식명령은 그 고지를 검사와 피고인에 대한 재판서 송달로써 하고 따로 선고하지 않으므로 약식명령에 관하여는 그 기판력의 시적범위를 약식명령의 송달시를 기준으로 할 것인가 또는 그 발령시를 기준으로 할 것인지 이론의 여지가 있으나 그 기판력의 시적 범위를 판결절차와 달리 하여야 할 이유가 없으므로 그 발령시를 기준으로 하여야 한다(대판 1984. 7. 24, 84도1129).

→ 기판력의 기준시점은 사실심판결선고시이므로, X사건에 대한 판결이 확정된 2009년 8월 18일 이후 범행에는 기판력이 미치지 않는다. 따라서 2010.3.2. 범행에 대한 Z사건에는 기판력이 미치지 않는다. 정답 – O

27 대전지방법원은 Y사건에 대하여 면소판결을 선고하여야 한다.

해설 ✎ 상습범으로서 포괄적 일죄의 관계에 있는 여러 개의 범죄사실 중 일부에 대하여 유죄판결이 확정된 경우에, 그 확정판결의 사실심판결 선고 전에 저질러진 나머지 범죄에 대하여 새로이 공소가 제기되었다면 그 새로운 공소는 확정판결이 있었던 사건과 동일한 사건에 대하여 다시 제기된 데 해당하므로 이에 대하여는 판결로써 면소의 선고를 하여야 하는 것인바(형사소송법 제326조 제1호), 다만 이러한 법리가 적용되기 위해서는 <u>전의 확정판결에서 당해 피고인이 상습범으로 기소되어 처단되었을 것을 필요로 하는 것이고</u>, 상습범 아닌 기본 구성요건의 범죄로 처단되는 데 그친 경우에는, 가사 뒤에 기소된 사건에서 비로소 드러났거나 새로 저질러진 범죄사실과 전의 판결에서 이미 유죄로 확정된 범죄사실 등을 종합하여 비로소 그 모두가 상습범으로서의 포괄적 일죄에 해당하는 것으로 판단된다 하더라도 뒤늦게 앞서의 확정판결을 상습범의 일부에 대한 확정판결이라고 보아 그 기판력이 그 사실심판결 선고 전의 나머지 범죄에 미친다고 보아서는 아니 된다〔대판(전합) 2004. 9. 16, 2001도3206〕.

→ X사건에서 甲은 단순사기죄로 기소되어 처단되었으므로, 상습사기죄로 기소된 Y사건에는 기판력이 미치지 않으므로 면소판결을 해서는 안 된다. 정답 – X

28 검사는 Y사건의 공판심리 중 공소장변경절차를 통하여 Z사건의 범죄사실을 Y사건의 공소사실에 추가할 수 있다.

해설 ✎ 검사가 단순일죄라고 하여 특수절도 범행을 먼저 기소하고 포괄일죄인 상습특수절도 범행을 추가기소하였으나 심리과정에서 전후에 기소된 범죄사실이 모두 포괄하여 상습특수절도인 특정범죄가중처벌등에관한법률위반(절도)의 일죄를 구성하는 것으로 밝혀진 경우에는, 검사로서는 원칙적으로 먼저 기소한 사건의 범죄사실에 추가기소의 공소장에 기재한 범죄사실을 추가하여 전체를 상습범행으로 변경하고 그 죄명과 적용법조도 이에 맞추어 변경하는 공소장변경 신청을 하고, 추가기소한 사건에 대하여는 공소취소를 하는 것이 형사소송법의 규정에 충실한 온당한 처리이다(대판 1996. 10. 11, 96도1698).

→ Z사건 범행도 Y사건 범행과 마찬가지로 甲의 습벽에 의한 사기에 해당하므로 모두 포괄일죄의 관계에 있다. 따라서 먼저 기소된 Y사건에서 공소사실을 추가할 수 있다. 정답 – O

29 Y사건의 판결이 2010. 7. 1. 선고되어 같은 달 8일 확정된 후에 검사가 Z사건에 대하여 공소를 제기하면 법원은 면소판결을 선고하여야 한다.

해설 ✎

〔형사소송법 제326조(면소의 판결)〕 다음 경우에는 판결로써 면소의 선고를 하여야 한다.
1. 확정판결이 있은 때

→ Y사건 범행과 Z사건 범행은 상습사기로서 포괄일죄 관계에 있고, Y사건에서 상습사기로 관결을 받고 확정된 이상, 판결 확정 전에 범한 범행에 관한 Z사건에는 기판력이 미친다. 그러므로 면소관결을 하여야 한다. 정답 - O

30 Y사건의 소송 계속 중 검사가 춘천지방법원에 Z사건을 단순사기죄로 기소하였다면 춘천지방법원은 Z사건에 대하여 공소기각의 결정을 하여야 한다.

해설

〔형사소송법 제12조(동일사건과 수개의 소송계속)〕 동일사건이 사물관할을 달리하는 수개의 법원에 계속된 때에는 **법원합의부가 심판한다.**
〔형사소송법 제13조(관할의 경합)〕 동일사건이 사물관할을 같이하는 수개의 법원에 계속된 때에는 **먼저 공소를 받은 법원이 심판한다.** 단, 각 법원에 공통되는 직근 상급법원은 검사 또는 피고인의 신청에 의하여 결정으로 뒤에 공소를 받은 법원으로 하여금 심판하게 할 수 있다.
〔형사소송법 제328조(공소기각의 결정)〕 ① 다음 경우에는 결정으로 공소를 기각하여야 한다.
1. 공소가 취소 되었을 때
2. 피고인이 사망하거나 피고인인 법인이 존속하지 아니하게 되었을 때
3. 제12조 또는 제13조의 규정에 의하여 재판할 수 없는 때
4. 공소장에 기재된 사실이 진실하다 하더라도 범죄가 될 만한 사실이 포함되지 아니하는 때

→ Y사건과 Z사건은 포괄일죄 관계에 있으므로 사실상 동일사건이다. 지문은 동일사건이 동시에 다른 법원에 계속된 경우로서 관할의 경합에 해당한다. 설문상 단순사기인 Z사건은 단독사건임이 명확하지만 Y사건이 단독사건인지 합의부사건인지는 명확하지 않은바, 경우를 나누어 살펴보도록 하겠다. ㉠ 먼저 Y사건이 상습사기로 특정경제범죄처벌법위반죄를 구성하여 합의부관할 사건이라면, 형사소송법 제12조에 의해 합의부인 대전지방법원이 관할권을 가지고 Z사건을 담당하는 춘천지방법원 단독부는 제328조 제1항 제3호에 따라 공소기각결정을 하여야 한다. ㉡ 다음으로 Y사건이 단독사건이라면, 형사소송법 제13조에 따라 먼저 착수한 대전지방법원이 관할권을 갖고 후에 착수한 춘천비방법원은 제328조 제1항 제3호에 따라 공소기각결정을 하여야 한다. 따라서 설문에서는 Y사건이 단독사건이든지 합의부사건이든지를 불문하고 춘천지방법원은 Z사건에 대하여 공소기각결정을 하여야 한다. 정답 - O

▪ 사례 【31~35】

공소사실의 동일성이 인정되는 경우 공소장변경의 절차 없이도 법원이 직권으로 유죄를 인정할 수 있는 것이 타당한가?(다툼이 있는 경우에는 판례에 의함) 변호사시험 제1회

31 배임죄로 기소된 공소사실에 대하여 횡령죄를 인정한 경우

(해설) 횡령죄와 배임죄는 다같이 신임관계를 기본으로 하고 있는 같은 죄질의 재산범죄로서 그 형벌에 있어서도 경중의 차이가 없고 동일한 범죄사실에 대하여 단지 법률적용만을 달리 하는 경우에 해당하므로 법원은 배임죄로 기소된 공소사실에 대하여 공소장변경 없이도 횡령죄를 적용하여 처벌할 수 있다(대판 1999. 11. 26, 99도2651). 정답 - ○

32 피해자의 적법한 고소가 있어 강간죄로 기소된 공소사실에 대하여 폭행죄만을 인정한 경우

(해설) 피해자의 적법한 고소가 있는 '강간'의 공소사실은 인정되지 않고 그 수단인 '폭행'만 이 인정된다는 이유로, 공소장변경 절차 없이 직권으로 폭행죄를 인정한 원심의 조치를 수긍 한 사례(대판 2010. 11. 11, 2010도10512). 정답 - ○

33 동일한 범죄사실을 가지고 포괄일죄로 기소된 공소사실에 대하여 실체적 경합관계에 있 는 수죄를 인정한 경우

(해설) 두번에 걸친 뇌물수수행위에 대하여 포괄일죄로 공소제기된 사건에서 원심이 실체적 경합관계에 있는 두죄로 인정하였다 하여도 이는 죄수에 관한 법률적 평가를 달리한 것에 지 나지 않을 뿐이고 또 피고인의 방어권행사에 실질적으로 불이익을 초래할 우려도 없으므로 불고불리의 원칙에 위반된다고 할 수 없다(대판 1987. 4. 14, 86도2075). 정답 - ○

34 살인죄로 기소된 공소사실에 대하여 폭행치사죄를 인정한 경우

(해설) 살인죄의 공소에 대하여 공소장변경 없이 폭행치사죄로 처단할 수 있는지의 여부에 관하여 판례는 공소가 제기된 살인죄의 범죄사실에 대하여는 그 증명이 없으나 폭행치사의 증명이 있는 경우에도 검사의 공소장변경 없이는 이를 폭행치사죄로 처단할 수 없으므로 폭 행치사죄로 처단한 제1심 판결을 파기하고 무죄를 선고한 원심의 조처는 정당하다(대판 1981. 7. 28, 81도1489)라고 판시하고 있다. 정답 - ✕

35 미성년자 약취 후 재물을 요구하였으나 취득하지는 못한 자에 대하여 '미성년자 약취 후 재물취득 미수'에 의한 특정범죄 가중처벌 등에 관한 법률 위반죄로 기소된 공소사실에 대하여 '미성년자 약취 후 재물요구 기수'에 의한 같은 법 위반죄를 인정한 경우

(해설) 미성년자 약취 후 재물을 요구하였으나 취득하지는 못한 범인을 '미성년자 약취 후 재 물취득 미수'에 의한 특정범죄 가중처벌 등에 관한 법률 위반죄로 공소제기 하였는데, 법원 이 공소장변경 없이 '미성년자 약취 후 재물요구 기수'에 의한 같은 법 위반죄로 인정하여 미 수감경을 배제하는 것은 피고인의 방어권 행사에 실질적인 불이익을 초래한다고 본 사례(대 판 2008. 7. 10, 2008도3747). 정답 - ✕

사례 【36~37】

甲, 乙, 丙, 丁은 절도를 하기로 모의하였다. 빈집털이 경험이 풍부한 甲은 乙, 丙, 丁에게 빈집털이와 관련하여 범행대상, 물색방법, 범행 시 유의사항 등을 자세히 설명하였다. 乙, 丙, 丁은 A의 집을 범행대상으로 정하고, 당일 14시 30분경 丙과 丁이 A의 집 문을 열고 침입하여 현금 800만 원을 절취하였다. 丙과 丁이 A의 집 안으로 들어간 직후 밖에서 망을 보기로 한 乙은 갑자기 후회가 되어 현장을 이탈하였다. 검사 P는 丙과 丁을 특수절도죄, 甲을 특수절도죄에 대한 공동정범으로 기소하였으나 乙은 범행모의단계에서 기여도가 적고 절도범행이 개시되기 이전에 이탈했다는 점을 고려하여 기소유예처분을 하였다.(다툼이 있는 경우에는 판례에 의함)   변호사시험 제2회

36 甲에게 특수절도죄에 대한 방조고의와 방조행위가 인정되고 실질적으로 甲의 방어권 행사에 불이익이 없는 경우 법원은 공소장변경 없이 甲을 특수절도죄의 종범으로 인정할 수 있다.

(해설) 법원은 공소사실의 동일성이 인정되는 범위 내에서 공소가 제기된 범죄사실보다 가벼운 범죄사실이 인정되는 경우에 있어서, 그 심리의 경과 등에 비추어 볼 때 피고인의 방어에 실질적인 불이익을 주는 것이 아니라면 공소장 변경 없이 직권으로 가벼운 범죄사실을 인정할 수 있다고 할 것이므로 **공동정범으로 기소된 범죄사실을 방조사실로 인정할 수 있다**(대판 2004. 6. 24, 2002도995).

→ 공소장변경의 필요와 관련된 문제이다. 정범으로 공소제기 된 경우 공소장변경 없이 방조범을 인정하더라도 피고인의 방어에 실질적 불이익이 없다는 것이 판례의 태도이다. 따라서 법원은 공소장변경 없이 甲을 특수절도죄의 종범으로 인정할 수 있다.   정답 ― O

37 법원은 심리 중 甲의 행위가 특수절도죄의 공동정범이 아니라 종범에 해당하는 사실을 인정한 경우에 직권으로 이를 종범으로 인정하지 않고 특수절도죄의 공동정범에 대하여 무죄를 선고하는 것은 허용되지 않는다.

(해설) [1] 법원은 공소사실의 동일성이 인정되는 범위 내에서 공소가 제기된 범죄사실에 포함된 보다 가벼운 범죄사실이 인정되는 경우에 심리의 경과에 비추어 피고인의 방어권행사에 실질적 불이익을 초래할 염려가 없다고 인정되는 때에는 공소장이 변경되지 않았더라도 직권으로 공소장에 기재된 공소사실과 다른 범죄사실을 인정할 수 있지만, 이와 같은 경우라고 하더라도 공소가 제기된 범죄사실과 대비하여 볼 때 실제로 인정되는 범죄사실의 사안이 중대하여 공소장이 변경되지 않았다는 이유로 이를 처벌하지 않는다면 적정절차에 의한 신속한 실체적 진실의 발견이라는 형사소송의 목적에 비추어 현저히 정의와 형평에 반하는 것으로 인정되는 경우가 아닌 한 법원이 직권으로 그 범죄사실을 인정하지 아니하였다고 하여 위법한 것이라고까지 볼 수는 없다.

[2] 특수강도의 공소사실은 인정할 수 없으나 공동 폭행·협박 또는 특수강도의 종범에 관한 범죄사실은 인정할 수 있다 하더라도 이를 유죄로 인정하지 아니한 원심의 조치가 위법하지는 않다고 한 사례(대판 2001. 12. 11, 2001도4013).

→ 종범이 인정되면 공소장변경 없이 유죄판결을 할 수 있으나, 특수절도의 방조가 사안이 중대하다고 볼 수는 없어 유죄판결하지 않은 것이 위법하다고 볼 수는 없다. 정답 - X

■ 사례 【38~40】

甲(1994.4.15.생)은 201.6.15. 서울중앙지방법원에서 폭력행위등처벌에관한법률위반(집단·흉기등상해)죄로 징역 1년에 집행유예 2년을 선고받아 201.6.22. 판결이 확정되었다. 甲은 19세 미만이던 2013.2.1. 11:00경 피해자(여, 55세)가 현금인출기에서 돈을 인출하여 가방에 넣고 나오는 것을 발견하고 오토바이를 타고 피해자를 뒤따라가 인적이 드문 골목길에 이르러 속칭 '날치기' 수법으로 손가방만 살짝 채어 갈 생각으로 피해자의 손가방을 순간적으로 낚아채어 도망을 갔다. 甲이 손가방을 낚아채는 순간 피해자가 넘어져 2주 간의 치료가 필요한 상해를 입었다. 甲은 같은 날 22:30경 주택가를 배회하던 중 주차된 자동차를 발견하고 물건을 훔칠 생각으로 자동차의 유리창을 통하여 그 내부를 손전등으로 비추어 보다가 순찰 중이던 경찰관에게 검거되었다. 당시 甲은 저도 범행이 발각되었을 경우 체포를 면탈하는데 도움이 될 수 있을 것이라는 생각에서 등산용 칼과 포장용 테이프를 휴대하고 있었다. 검사는 2013.2.5. 甲을 강도치상, 절도미수, 강도예비로 기소하였고 재판 도중에 강도예비를 주위적 공소사실로, 「폭력행위 등 처벌에 관한 법률」 제7조 위반을 예비적 공소사실로 공소장변경을 신청하였다. 제1심법원은 2013.3.29. 유죄 부분에 대하여 징역 단기 2년, 장기 4년을 선고하였다. 이에 대하여 甲만 항소하였는데, 항소심법원은 2013.6.28. 판결을 선고하였다.

*참조 조문: 「폭력행위 등 처벌에 관한 법률」 제7조(우범자)

정당한 이유 없이 이 법에 규정된 범죄에 공용될 우려가 있는 흉기 기타 위험한 물건을 휴대하거나 제공 또는 알선한 자는 3년 이하의 징역 또는 300만원 이하의 벌금에 처한다.

변호사시험 제3회

---

38 강도예비의 공소사실과 「폭력행위 등 처벌에 관한 법률」 제7조 위반의 공소사실은 그 동일성의 범위를 벗어나므로 제1심법원은 공소장변경을 허가하여서는 아니 된다.

해설 ✎ 흉기를 휴대하고 다방에 모여 강도예비를 하였다는 공소사실을 정당한 이유없이 폭력범죄에 공용될 우려가 있는 흉기를 휴대하고 있었다는 폭력행위등처벌에관한법률 제7조 소정의 죄로 공소장 변경을 하였다면, 그 변경전의 공소사실과 변경후의 공소사실은 그 기본적 사실이 동일하므로 공소장변경은 적법하다(대판 1987. 1. 20, 86도2396). 정답 - X

39 법원은 공소장변경이 없어도 강도치상죄의 공소사실을 절도죄로 처벌할 수 있다.

> **해설** 🖊 강도치상의 공소사실은 절도를 포함하고 있고 형량 또한 절도죄가 경하다. 피고인의 방어권행사에 실질적 불이익이 있다고 보기 어려우므로 법원은 공소장변경 없이도 甲을 절도죄로 처벌할 수 있다. 참고로 판례는 강도상해죄로 공소제기된 경우 공소장변경 없이 절도죄와 상해죄를 인정할 수 있다고 하였다(대판 1965. 10. 26, 65도599).   정답 – ○

40 甲에게 강도치상죄를 인정하지 않고 절도죄를 인정한 법원의 결론이 맞다면 법원은 판결이유에서 강도치상의 점이 무죄임을 판단하여야 한다.

> **해설** 🖊
>
> > 〔형사소송법 제323조(유죄판결에 명시될 이유)〕 ① 형의 선고를 하는 때에는 판결이유에 범죄될 사실, 증거의 요지와 법령의 적용을 명시하여야 한다. ② 법률상 범죄의 성립을 조각하는 이유 또는 형의 가중, 감면의 이유되는 사실의 진술이 있은 때에는 이에 대한 판단을 명시하여야 한다.
> > 〔형사소송법 제325조(무죄의 판결)〕 피고사건이 범죄로 되지 아니하거나 범죄사실의 증명이 없는 때에는 판결로써 무죄를 선고하여야 한다.
>
> → 유죄판결에 명시될 이유에서 형을 선고하는 때에 범죄될 사실, 증거의 요지와 법령의 적용을 명시하도록 하여 범죄가 되지 않는 강도치상에 대해서는 무죄임을 판단할 필요가 없다. 실제 무죄의 판결을 할 경우에도 달리 이유를 명시할 필요가 없다.   정답 – ○

제3절 공판준비절차
제4절 공판정의 심리

1 면소의 재판을 할 것이 명백한 사건에 관하여는 공판기일에 피고인의 출석을 요하지 아니한다.   변호사시험 제6회

> **해설** 🖊
>
> > 〔형사소송법 제277조(경미사건 등과 피고인의 불출석)〕 다음 각 호의 어느 하나에 해당하는 사건에 관하여는 피고인의 출석을 요하지 아니한다. 이 경우 피고인은 대리인을 출석하게 할 수 있다.
> > 2. 공소기각 또는 면소의 재판을 할 것이 명백한 사건
>
> 정답 – ○

제5절 공판기일의 절차

1 甲은 도박현장에서, 100억대 자산을 가진 건실한 사업가 乙에게 도박자금으로 1,200만원을 빌려주었다가 乙의 부도로 인하여 빌려준 돈을 돌려받지 못하게 되자, 위 돈을 돌려받을 목적으로 乙을 사기죄로 고소하면서, 위 돈을 도박자금으로 빌려주었다는 사실을 감추고, 乙이 "사고가 나서 급히 필요하니 1,200만원을 빌려주면, 내일 아침에 카드로 현금서비스를 받아 갚아주겠다."고 거짓말하여 이에 속아 乙에게 돈을 빌려주었다고 금전 대여경위를 허위로 기재한 고소장을 경찰관에게 제출하였다. 이 경우, 甲의 무고사건에서 甲의 고소장에 대한 증거조사는 낭독 또는 내용의 고지방법으로 하여야 하고, 제시가 필요한 것은 아니다. 변호사시험 제4회

> (해설) 형사소송법 제292조, 제292조의2 제1항, 형사소송규칙 제134조의6의 취지에 비추어 보면, 본래 증거물이지만 증거서류의 성질도 가지고 있는 이른바 '증거물인 서면'을 조사하기 위해서는 증거서류의 조사방식인 낭독·내용고지 또는 열람의 절차와 증거물의 조사방식인 제시의 절차가 함께 이루어져야 하므로, 원칙적으로 증거신청인으로 하여금 그 서면을 제시하면서 낭독하게 하거나 이에 갈음하여 그 내용을 고지 또는 열람하도록 하여야 한다(대판 2013. 7. 26, 2013도2511).
>
> → 무고사건에서 고소장은, 우선 존재 자체가 문제되므로 증거물이지만 고소의 내용이 허위의 사실을 포함하는지 확인하는 것이 필요하므로 증거서류의 성질도 갖게 되어 증거물인 서면에 해당한다. 따라서 낭독 또는 내용의 고지 외에 제시가 필요하다. 정답 ─ X

제6절 증인신문·감정과 검증

1 4세의 선서무능력자가 선서 후 한 증언은 증언능력 유무와 관계없이 증언 자체의 효력이 부정된다. 변호사시험 제5회

> (해설) 「2번 문제」해설 참조 정답 ─ X

2 채권자인 甲과 그의 아내 乙은 빚을 갚지 못하고 있는 채무자 A를 찾아가 함께 심한 욕설을 하였다. 위 사건현장에 있던 A의 아들 B(5세)가 사건을 목격하였고 당시 상황을 이해하고 답변할 수 있다고 하더라도, B는 16세 미만의 선서무능력자이므로 그의 증언은 증거로 할 수 없다. 변호사시험 제6회

> (해설) [1] 전문의 진술을 증거로 함에 있어서는 전문진술자가 원진술자로부터 진술을 들을 당시 원진술자가 증언능력에 준하는 능력을 갖춘 상태에 있어야 할 것인데, 증인의 증언능력은 증인 자신이 과거에 경험한 사실을 그 기억에 따라 공술할 수 있는 정신적인 능력이라 할 것이므로, 유아의 증언능력에 관해서도 그 유무는 단지 공술자의 연령만에 의할 것이 아니라 그의 지적수준에 따라 개별적이고 구체적으로 결정되어야 함은 물론 공술의 태도 및 내용 등을 구체적으로 검토하고, 경험한 과거의 사실이 공술자의 이해력, 판단력 등에 의하여 변식될

수 있는 범위 내에 속하는가의 여부도 충분히 고려하여 판단하여야 한다.

[2] 사고 당시 만 3세 3개월 내지 만 3세 7개월 가량이던 피해자인 여아의 증언능력 및 그 진술의 신빙성을 인정한 사례(대판 2006. 4. 14, 2005도9561). 정답 - X

3 피고인과 별개의 범죄사실로 기소되어 병합심리중인 공동피고인은 피고인의 범죄사실에 관하여는 증인의 지위에 있다 할 것이므로 선서없이 한 공동피고인의 법정진술은 피고인의 범죄사실을 인정하는 증거로 할 수 없다. 변호사시험 제6회

(해설 ✎) 「6번 문제」해설 참조 정답 - ○

4 甲은 발행일이 백지인 수표 1장을 위조하여 乙에게 교부하였다. 그런데 이 수표가 위조된 사실을 알고 있는 乙은 이를 자신의 채무를 변제하기 위하여 사용하였다. 甲과 乙이 공동피고인으로 기소된 경우 乙이 피고인으로서 "甲으로부터 그가 위조한 수표를 받은 사실이 있다."라고 한 법정진술은 甲이 乙에게 위조수표를 교부한 사실에 대한 증거로 사용할 수 있다. 변호사시험 제3회

(해설 ✎) 甲은 수표를 위조하여 乙에게 교부하였으므로 유가증권위조죄 및 동행사죄가 문제되며, 乙은 위조된 사실을 알고 자신의 채무를 변제하기 위해 사용하였으므로 위조유가증권행사죄가 문제된다. 따라서 甲과 乙은 별개의 범죄사실로 기소된 공동피고인에 해당하므로 乙의 법정진술을 甲 사건의 증거로 사용하려면 증인선서를 통해 증인신문을 하거나 甲이 乙의 진술을 증거로 하는 것에 동의해야 한다(아래 「6번 문제」해설 참고). 정답 - X

5 검사는 특수(합동)절도(㉠)를 범한 甲과 乙에 대하여 공소를 제기하였다. 그러면서 甲에 대하여는 甲이 단독으로 범한 절도(㉡)도 경합범으로 함께 기소하였다. 검사는 제1회 공판기일에 기소요지를 진술하면서 증거목록을 제출하였는데, 甲은 증거목록상의 증거들을 부동의하면서 자신은 사건 당시 집에 있었으므로 공동피고인 乙과 합동한 사실이 없고 단독으로 절도를 범한 사실도 없다고 하면서 범행을 부인하고 있다. 한편, 乙은 자신의 범행을 자백하였고, 乙의 진술 중 甲의 진술과 배치되는 부분에 대하여는 甲의 변호인이 乙에 대하여 반대신문을 실시하였다. 이 때, 甲의 ㉡ 범죄사실과 관련하여 乙이 피고인신문 과정에서 "甲이 절도를 하는 것을 보았습니다."라고 진술한 경우, 이 진술은 ㉡ 범죄사실에 대한 증거능력이 있다. 변호사시험 제7회

(해설 ✎) 甲의 ㉡ 범죄사실과 관련하여 乙은 공범 아닌 공동피고인이므로 증인적격이 인정된다. 따라서 乙이 증인선서 없이 행한 피고인신문단계에서의 진술은 甲에 대하여 증거능력이 없다(아래 「6번 문제」해설 참고). 정답 - X

6 甲과 乙은 식당에서 큰 소리로 대화를 하던 중 옆 테이블에서 혼자 식사 중인 丙이 甲, 乙에게 "식당 전세 냈냐, 조용히 좀 합시다."라고 말하자, 甲, 乙은 丙에게 다가가 甲은 "식당에서 말도 못하냐?"라고 소리치며 丙을 밀어 넘어뜨리고, 乙은 이에 가세하여 발로 丙

의 몸을 찼다. 이로 인하여 丙은 약 3주간의 치료를 요하는 상해를 입었는데 甲, 乙 중 누구의 행위에 의하여 상해가 발생하였는지는 불분명하다. 한편, 丙은 이에 대항하여 甲의 얼굴을 주먹으로 때려 약 2주간의 치료를 요하는 상해를 가하였는데 수사기관에서 자신의 범행을 부인하였다. 검사는 甲, 乙, 丙을 하나의 사건으로 기소하였고 甲, 乙, 丙은 제1심 소송계속 중이다. 이 경우, 甲이 선서없이 피고인으로서 한 공판정에서의 진술도 丙에게 반대신문권이 보장되어 있으므로 丙의 동의여부와 관계없이 丙에 대한 유죄의 증거로 사용할 수 있다.　　　　　　　　　　　　　　　　　　　　　　　　　　　변호사시험 제7회

(해설) 피고인과 별개의 범죄사실로 기소되어 병합심리중인 공동피고인의 법정진술 및 피의자 신문조서의 증거능력에 관하여 판례는 피고인과 별개의 범죄사실로 기소되어 병합심리중인 공동피고인은 피고인의 범죄사실에 관하여는 증인의 지위에 있다 할 것이므로 선서없이 한 공동피고인의 법정진술이나 피고인이 증거로 함에 동의한 바 없는 공동피고인에 대한 피의자 신문조서는 피고인의 공소 범죄사실을 인정하는 증거로 할 수 없다(대판 1982. 9. 14, 82도1000)라고 판시하고 있다.

　　→ 甲은 丙을 폭행하여 상해를 입힌 사건으로, 丙은 甲에게 상해를 가한 사건으로 기소되었으므로 둘은 공범 아닌 공동피고인에 해당한다. 따라서 甲은 丙 사건에 대해 증인적격이 인정되므로 증인선서 없이 행한 甲의 법정진술은 丙의 증거동의가 없는 한 유죄의 증거로 사용할 수 없다.　　　　　　　　　　　　　　　　　　　　　　　정답 - X

7 甲과 乙은 술에 취한 A가 모텔에서 혼자 투숙하고 있는 것을 알고 물건을 훔치기로 하여 甲은 밖에서 망을 보고 乙은 객실에 들어가 A의 가방을 뒤져 금목걸이를 가지고 왔다. 수차례의 절도전과가 있던 乙은 甲에게 "만약 경찰에 잡히면 나를 丙이라고 하라."라고 부탁하였다. 이 경우 甲과 乙이 공동피고인으로서 재판을 받더라도 변론을 분리하지 않는 한 서로에 대하여 증인적격이 없다.　　　　　　　　　　　　　　　　　변호사시험 제1회

(해설) 甲과 乙은 합동에 의한 특수절도로 공범에 해당한다. 공범인 공동피고인은 변론을 분리하지 않는 한 서로에 대하여 증인적격이 없다(「11번 문제」 해설 참조).　　정답 - O

8 甲은 乙, 丙과 함께 지나가는 행인을 대상으로 강도를 하기로 모의한 뒤(甲은 모의과정에서 모의를 주도하였다), 함께 범행대상을 물색하다가 乙, 丙이 행인 A를 강도 대상으로 지목하고 뒤쫓아 가자 甲은 단지 "어?"라고만 하고 비대한 체격 때문에 뒤따라가지 못한 채 범행현장에서 200m 정도 떨어진 곳에 앉아있었다. 乙, 丙은 A를 쫓아가 A를 폭행하고 지갑과 현금 30만 원을 빼앗았다. 만일 甲, 乙, 丙이 위의 범죄사실로 기소되었을 경우, 甲에 대한 변론을 분리한 후라면 甲을 乙, 丙 사건에 대한 증인으로 신문할 수 있다.
　　　　　　　　　　　　　　　　　　　　　　　　　　　　　　　　변호사시험 제3회

(해설) 甲, 乙, 丙은 특수강도의 공동정범이므로 공범인 공동피고인에 해당한다. 따라서 변론을 분리한 후라면 甲을 乙, 丙 사건에 대한 증인으로 신문할 수 있다(아래 「11번 문제」 해설 참조).　　　　　　　　　　　　　　　　　　　　　　　　　　정답 - O

9 공범인 甲과 乙은 특수절도죄로 기소된 공동피고인이다. 甲은 사법경찰관과 검사의 피의자신문에서 범행을 모두 자백하였으나, 공판정에서는 공소사실을 부인하고 있다. 반면, 乙은 일관되게 공소사실을 부인하고 있다. 乙이 甲을 증인으로 신청한 경우 법원은 소송절차를 분리하지 않고도 甲을 증인으로 신문할 수 있으며, 이러한 경우에도 甲은 증언을 거부할 수 있다. 변호사시험 제5회

해설✐ 「11번 문제」해설 참조 정답 – X

10 甲과 乙은 야간에 A의 집에 있는 다이아몬드를 훔쳐서 유흥비를 마련하기로 모의하면서, 범행이 발각되는 경우 어떤 수단을 사용해서라도 체포되어서는 아니된다고 약속하였다. 밤 12시 경 甲이 집 밖에서 망을 보고있는 사이 乙은 A의 집에 들어가서 다이아몬드를 들고 나오다가 이를 본 A가 "도둑이야!"라고 소리치자 집 밖으로 도망쳤다. 甲과 乙은 모두 체포되어 공동정범으로 기소되어 재판을 받고 있다. 甲은 법정에서 범행을 자백하면서 乙과 함께 다이아몬드를 훔칠 것을 모의하였다고 진술하였다. 그러나 乙은 모의한 사실이 없고 지나가다가 甲의 범행에 도움을 준 것이라고 주장하면서 범행을 부인하였다. 이 경우, 변론의 분리 없이도 甲은 乙의 범죄사실에 대한 증인적격이 인정된다. 변호사시험 제6회

해설✐ 「11번 문제」해설 참조 정답 – X

11 甲이 공무원 乙에게 뇌물 4,000만 원을 제공하였다는 범죄사실로 甲과 乙이 함께 공소제기되어 공동피고인으로 재판을 받으면서 甲은 자백하나, 乙은 뇌물을 받은 사실이 없다고 주장하며 다투고 있다. 이 경우 甲은 소송절차가 분리되지 않는 한 乙에 대한 공소사실에 관하여 증인이 될 수 없다. 변호사시험 제7회

해설✐ 공범인 공동피고인이 다른 공동피고인에 대한 공소사실에 관하여 증인적격이 있는지 여부에 관하여 판례는 공범인 공동피고인은 당해 소송절차에서는 피고인의 지위에 있으므로 다른 공동피고인에 대한 공소사실에 관하여 증인이 될 수 없으나, 소송절차가 분리되어 피고인의 지위에서 벗어나게 되면 다른 공동피고인에 대한 공소사실에 관하여 증인이 될 수 있다 (대판 2008. 6. 26, 2008도3300)라고 판시하고 있다.

→ 甲과 乙은 대향범으로서 필요적 공범에 해당한다. 공범인 공동피고인은 소송절차가 분리되지 않는 한 증인이 될 수 없다. 정답 – O

12 변호인에게 증인적격을 인정하더라도 변호사인 변호인은 피고인에게 불리한 사실에 대해서는 증언거부권을 행사할 수 있다. 변호사시험 제5회

해설✐

[형사소송법 제149조(업무상비밀과 증언거부)] 변호사, 변리사, 공증인, 공인회계사, 세무사, 대서업자, 의사, 한의사, 치과의사, 약사, 약종상, 조산사, 간호사, 종교의 직에 있는 자 또는 이러한 직에 있던 자가 그 업무상 위탁을 받은 관계로 알게 된 사실로서 타인의 비밀에

관한 것은 증언을 거부할 수 있다. 단, 본인의 승낙이 있거나 중대한 공익상 필요있는 때에는 예외로 한다.

정답 - ○

13 자신에 대한 유죄판결이 확정된 증인에게는 공범에 대한 피고사건에서 증언거부권이 인정되지 않는다. 변호사시험 제5회

해설 🖉 자신에 대한 유죄판결이 확정된 증인이 확정판결에 대하여 재심을 청구할 예정인 경우, 공범에 대한 피고사건에서 형사소송법 제148조에 의한 증언거부권이 인정되는지 여부에 관하여 판례는 형사소송법 제148조의 증언거부권은 헌법 제12조 제2항에 정한 불이익 진술의 강요금지 원칙을 구체화한 자기부죄거부특권에 관한 것인데, 이미 유죄의 확정판결을 받은 경우에는 헌법 제13조 제1항에 정한 일사부재리의 원칙에 의해 다시 처벌받지 아니하므로 자신에 대한 유죄판결이 확정된 증인은 공범에 대한 사건에서 증언을 거부할 수 없고, 설령 증인이 자신에 대한 형사사건에서 시종일관 범행을 부인하였더라도 그러한 사정만으로 증인이 진실대로 진술할 것을 기대할 수 있는 가능성이 없는 경우에 해당한다고 할 수 없으므로 허위의 진술에 대하여 위증죄 성립을 부정할 수 없다. 한편 자신에 대한 유죄판결이 확정된 증인이 재심을 청구한다 하더라도, 이미 유죄의 확정판결이 있는 사실에 대해서는 일사부재리의 원칙에 의하여 거듭 처벌받지 않는다는 점에 변함이 없고, 형사소송법상 피고인의 불이익을 위한 재심청구는 허용되지 아니하며(형사소송법 제420조), 재심사건에는 불이익변경 금지 원칙이 적용되어 원판결의 형보다 중한 형을 선고하지 못하므로(형사소송법 제439조), 자신의 유죄 확정판결에 대하여 재심을 청구한 증인에게 증언의무를 부과하는 것이 형사소추 또는 공소제기를 당하거나 유죄판결을 받을 사실이 발로될 염려 있는 증언을 강제하는 것이라고 볼 수는 없다. 따라서 **자신에 대한 유죄판결이 확정된 증인이 공범에 대한 피고사건에서 증언할 당시 앞으로 재심을 청구할 예정이라고 하여도, 이를 이유로 증인에게 형사소송법 제148조에 의한 증언거부권이 인정되지는 않는다**(대판 2011. 11. 24, 2011도11994)라고 판시하고 있다.

정답 - ○

14 甲은 A의 재물을 강취한 후 A를 살해할 목적으로 A가 살고 있는 집에 방화하여 A는 사망하였다. 그 후 수사망을 피해 도피 중이던 甲은 자신의 누나 丁에게 도피자금을 부탁하였고, 丁은 甲에게 도피자금을 송금하였다. 한편 사법경찰관 丙은 丁의 동의를 얻은 후 강도살인과 방화와 관련된 甲과 丁 사이의 통화내용을 녹음하여 녹음테이프를 검사에게 증거로 제출하였다. 甲의 재판에 증인으로 출석한 丁은 증언거부권을 행사할 수 있다. 변호사시험 제3회

해설 🖉

[형사소송법 제148조(근친자의 형사책임과 증언거부)] 누구든지 자기나 다음 각 호의 1에 해당한 관계있는 자가 형사소추 또는 공소제기를 당하거나 유죄판결을 받을 사실이 발로될 염려있는 증언을 거부할 수 있다.

1. **친족** 또는 친족관계가 있었던 자
2. 법정대리인, 후견감독인

정답 — ○

15 「정치자금법」상 금품수수 혐의로 공소제기된 피고인 甲이 법정에서 금품수수 사실을 부인하였고, 제1심 법원에 증인으로 출석한 乙은 甲에게 금품을 제공하였다고 증언하였지만 제1심 법원은 乙의 증언에 신빙성이 없고 범죄의 증명이 부족하다는 이유로 무죄를 선고하였다. 이 때, 乙이 증인신문에 앞서 법원에 甲뿐만 아니라 변호인에 대해서까지 차폐시설의 설치를 요구한다면, 그러한 방식으로 증인신문이 이루어지는 경우 반대신문권이 제한될 수 있으므로, 법원은 특별한 사정이 있는 경우에만 예외적으로 변호인에 대한 차폐시설의 설치를 허용할 수 있다. 변호사시험 제6회

> (해설 🖉) 형사소송법 제165조의2 제3호도 대상을 '피고인 등'이라고 규정하고 있으므로, 법원은 형사소송법 제165조의2 제3호의 요건이 충족될 경우 피고인뿐만 아니라 검사, 변호인, 방청인 등에 대하여도 차폐시설 등을 설치하는 방식으로 증인신문을 할 수 있으며, 이는 형사소송규칙 제84조의9에서 피고인과 증인 사이의 차폐시설 설치만을 규정하고 있다고 하여 달리 볼 것이 아니다. 다만 증인이 변호인을 대면하여 진술함에 있어 심리적인 부담으로 정신의 평온을 현저하게 잃을 우려가 있다고 인정되는 경우는 일반적으로 쉽게 상정할 수 없고, 피고인뿐만 아니라 변호인에 대해서까지 차폐시설을 설치하는 방식으로 증인신문이 이루어지는 경우 피고인과 변호인 모두 증인이 증언하는 모습이나 태도 등을 관찰할 수 없게 되어 그 한도에서 반대신문권이 제한될 수 있으므로, 변호인에 대한 차폐시설의 설치는, 특정범죄신고자 등 보호법 제7조에 따라 범죄신고자 등이나 친족 등이 보복을 당할 우려가 있다고 인정되어 조서 등에 인적사항을 기재하지 아니한 범죄신고자 등을 증인으로 신문하는 경우와 같이, 이미 인적사항에 관하여 비밀조치가 취해진 증인이 변호인을 대면하여 진술함으로써 자신의 신분이 노출되는 것에 대하여 심한 심리적인 부담을 느끼는 등의 특별한 사정이 있는 경우에 예외적으로 허용될 수 있을 뿐이다(대판 2015. 5. 28, 2014도18006). 정답 — ○

16 甲은 피해자 A(만 7세)를 도로에서 약 17미터 떨어진 야산 속의 경작하지 않는 밭으로 데리고 들어가 주먹으로 얼굴을 수차례 때리고, 가지고 있던 스카프로 A의 목을 감아 스카프의 양끝을 양손으로 나누어 잡고 A의 머리를 땅에 비비면서 약 4분 동안 2회에 걸쳐 목을 졸라 실신시킨 후 A를 버려둔 채 그곳을 떠났고, 그로 인하여 A는 사망한 채로 다음날 발견되었다. 제1심 법원에서는 위와 같은 사실관계에 비추어 甲에게 살인죄의 유죄를 인정하였다. 이 경우 A의 부(父)는 신청에 의하여 공판정에 증인으로 출석하여 甲의 처벌에 관한 의견까지 진술할 수 있다. 변호사시험 제1회

해설 ✏️

> 〔형사소송법 제294조의2(피해자등의 진술권)〕 ① 법원은 범죄로 인한 피해자 또는 그 법정대리인(피해자가 사망한 경우에는 배우자·직계친족·형제자매를 포함한다. 이하 이 조에서 '피해자등'이라 한다)의 신청이 있는 때에는 그 피해자등을 증인으로 신문하여야 한다. 다만, 다음 각 호의 어느 하나에 해당하는 경우에는 그러하지 아니하다.
> 2. 피해자등 이미 당해 사건에 관하여 공판절차에서 충분히 진술하여 다시 진술할 필요가 없다고 인정되는 경우
> 3. 피해자등의 진술로 인하여 공판절차가 현저하게 지연될 우려가 있는 경우
> ② 법원은 제1항에 따라 피해자등을 신문하는 경우 피해의 정도 및 결과, 피고인의 **처벌에 관한 의견**, 그 밖에 당해 사건에 관한 의견을 **진술할 기회를 주어야** 한다.

→ A가 사망하였으므로 직계친족인 A의 부(父)는 신청을 통해 증인이 될 수 있으며, 피고인 甲의 처벌에 관한 의견을 진술할 수 있다.   정답 - ○

17 甲은 A 소유의 부동산을 매수하면서 A와 매매계약을 한 후 소유권이전등기는 명의신탁약정을 맺은 乙 앞으로 경료하였다. 乙은 등기가 자신 명의로 되어있음을 기화로 친구인 丙과 공모하여 甲의 승낙 없이 이 부동산을 丙에게 헐값으로 처분하였다. 이 사실을 안 甲이 乙과 丙에게 폭언을 퍼붓자, 乙과 丙은 서로 짜고 B를 포함한 여러 사람들에게 甲을 모욕하는 말을 떠들고 다녔다. 이에 甲은 乙과 丙을 횡령과 모욕의 범죄사실로 고소하였다. 이후 甲은 도로상에서 만난 丙이 "왜 나를 고소했느냐?"라고 따지면서 대들자 마침 그곳을 지나가는 동생 丁에게 "강도인 저 사람이 칼을 갖고 형을 협박하니 좀 때려라."라고 하면서 상해의 고의로 옆에 있던 위험한 물건인 몽둥이를 건네주었고, 甲의 말만 믿은 丁은 甲을 방위할 의사로 丙에게 약 3주간의 치료를 요하는 상해를 가하였다. 이 경우 乙과 丙의 모욕죄에 대한 공판심리 중 피해자인 甲은 B를 증인으로 신문해 줄 것을 수소법원에 신청할 수 있다.   변호사시험 제7회

해설 ✏️

> 〔형사소송법 제294조(당사자의 증거신청)〕 ① 검사, 피고인 또는 변호인은 서류나 물건을 증거로 제출할 수 있고, **증인**·감정인·통역인 또는 번역인의 신문을 신청할 수 있다. ② 법원은 검사, 피고인 또는 변호인이 고의로 증거를 뒤늦게 신청함으로써 공판의 완결을 지연하는 것으로 인정할 때에는 직권 또는 상대방의 신청에 따라 결정으로 이를 각하할 수 있다.

→ 현행 형사소송법상 피해자에게는 진술권, 공판기록 열람·등사권이 인정되나, 증인신문신청은 당사자만이 할 수 있다.   정답 - X

18 甲은 A가 운영하는 식당에 들어가 금품을 절취하기로 마음먹고 야간에 A의 식당 창문과 방충망을 그대로 창틀에서 분리만 한 후 식당 안으로 들어갔으나 곧바로 방범시스템이 작동하여 그 경보 소리를 듣고 달려온 A와 근처를 순찰중이던 경찰관 B에게 발각되

형사소송법

자 체포를 면탈할 목적으로 A와 B를 폭행하고 도주하였다. 이러한 상황은 식당에 설치된 CCTV에 모두 녹화되었다. 甲은 공소제기되어 제1심 법원에서 재판 진행 중이다. 이 때, 검사가 위 CCTV 녹화기록을 증거로 제출하였는데, 제1심 법원이 공판기일에 CCTV에 대한 검증을 행한 경우, 그 검증결과가 바로 증거가 되는 것이고 그 검증의 결과를 기재한 검증조서가 서증으로서 증거가 되는 것은 아니다. 변호사시험 제6회

해설 ✏️ 수소법원이 공판기일에 검증을 행한 경우에는 그 검증결과 즉 법원이 오관의 작용에 의하여 판단한 결과가 바로 증거가 되고, 그 검증의 결과를 기재한 검증조서가 서증으로서 증거가 되는 것은 아니다.

기록에 의하면, 원심이 2009. 1. 21.자로 실시한 CCTV 동영상에 대한 검증은 서울중앙지방법원 제370호 영상실에서 제6회 공판기일을 진행하면서 재판부 전원, 참여 사무관, 피고인, 검사, 피고인의 변호인, 송일국 대리인 등이 참석한 가운데 진행하였음을 알 수 있다. 따라서 위 검증은 검증결과가 바로 증거가 된다고 할 것이므로 설령 그 검증의 결과를 검증조서에 일부 기재하지 않았다고 하더라도 이에 관하여 원심에 심리미진의 위법이 있다고 할 수 없다(대판 2009. 11. 12, 2009도8949). 정답 - ○

■ 사례【19~21】

甲과 乙은 쌍방 폭행사건으로 기소되어 공동피고인으로 재판을 받고 있으면서, 공판기일에 甲은 자신은 결코 乙을 때린 적이 없으며, 오히려 자신이 폭행의 피해자라고 주장하였다. 그러던 중 乙을 피고인으로 하는 폭행사건이 변론분리되었고, 그 재판에서 법원은 甲을 증인으로 채택하였다. 甲은 증인으로 선서한 후 乙에 대한 폭행 여부에 대하여 신문을 받았는데, 乙에 대한 폭행을 시인하면 자신의 유죄를 인정하는 것이 되기 때문에 증언거부를 할 수 있었고, 乙에 대한 폭행을 부인하면 위증죄로 처벌받을 수도 있는 상황이었다. 이와 같이 甲에게 증언거부사유가 발생하였음에도 재판장은 증언거부권을 고지하지 아니하고 증인신문절차를 진행하였다. 甲은 결코 乙을 때리지 않았으며, 오히려 자신이 피해자라는 종전의 주장을 되풀이하였으나 이후 甲의 증언이 허위임이 밝혀졌다.(다툼이 있는 경우에는 판례에 의함) 변호사시험 제2회

19 재판장으로부터 증언거부권을 고지받지 않고 행한 甲의 증언은 효력이 없다.

해설 ✏️ 증인신문에 당하야 증언거부권 있음을 설명하지 아니한 경우라 할지라도 증인이 선서하고 증언한 이상 그 증언의 효력에 관하여는 역시 영향이 없고 유효하다고 해석함이 타당하다(대판 1957. 3. 8, 4290형상23). 정답 - X

20 甲이 피고인의 자격에서 행한 법정진술은 乙의 피고사실에 대한 증거로 이를 사용할 수 있다.

> **해설** 피고인과는 별개의 범죄사실로 기소되고 다만 병합심리된 것 뿐인 공동피고인은 피고인에 대한 관계에서는 증인의 지위에 있음에 불과하므로 선서없이 한 그 공동피고인의 피고인으로서 한 공판정에서의 진술을 피고인에 대한 공소범죄 사실을 인정하는 <u>증거로 쓸 수 없다</u>(대판 1979. 3. 27, 78도1031).
>
> → 甲과 乙은 각각 상대방을 피해자로 하는 별개 사건의 범인이므로 공동피고인이라 하더라도 법정진술을 증거로 사용하기 위해서는 증인신문을 거쳐야 한다. 따라서 피고인 자격에서 행한 법정진술은 증거로 사용할 수 없다. 　　　　　　　　　　　정답 － X

21 甲과 乙은 공범인 공동피고인이므로 변론을 분리하면 甲은 피고인의 지위에서 벗어나게 되어 증인적격을 인정할 수 있다.

> **해설** 甲과 乙은 각각 상대방을 피해자로 하는 별개 사건의 범인이므로 공범이 아니다. 　　　　　　　　　　　정답 － X

제7절 공판절차의 특칙

Ⅰ. 간이공판절차

1 甲은 'A퀵서비스'라는 상호로 배달·운송업을 하는 자로, 과거 乙이 운영하는 'B퀵서비스'의 직원으로 일하던 중 소지하게 된 B퀵서비스 명의로 된 영수증을 보관하고 있던 것을 이용하여, 2010. 2. 1.부터 2011. 2. 1.까지 자신의 A퀵서비스 배달업무를 하면서 불친절하고 배달을 지연시켜 손님의 불만이 예상되는 배달 건에 대하여는 B퀵서비스 명의로 된 영수증에 자신이 한 배달내역을 기입하여 손님들의 불만을 乙에게 떠넘기는 방법으로 영업을 하였다. 乙은 甲의 행위에 의하여 자신의 신용이 훼손되었다는 이유로 2011.10.1. 甲을 고소하였다. 검사는 甲을 신용훼손죄로 기소하였다가, 공판 중 동일한 사실관계에 대하여 예비적으로 업무방해죄의 공소사실 및 적용법조를 추가한다는 공소장변경신청을 하였다. 甲이 공판정에서 위 사실관계를 완전히 인정하면서 다만 乙의 신용을 훼손하거나 업무를 방해할 생각은 없었다고 그 범의만을 부인하는 경우 법원은 간이공판절차에 의하여 재판할 수 없다. 　　　　　　　　　　　변호사시험 제1회

> **해설** 피고인이 공소사실에 대하여 검사가 신문을 할 때에는 공소사실을 모두 사실과 다름 없다고 진술하였으나 변호인이 신문을 할 때에는 범의나 공소사실을 부인하였다면 그 공소사실은 간이공판절차에 의하여 심판할 대상이 아니고, 따라서 피고인의 법정에서의 진술을 제외한 나머지 증거들은 간이공판절차가 아닌 일반절차에 의한 적법한 증거조사를 거쳐 그에 관한 증거능력이 부여되지 아니하는 한 그 공소사실에 대한 유죄의 증거로 삼을 수 없다(대판 1998. 2. 27, 97도3421). 　　　　　　　　　　　정답 － O

Ⅱ. 국민참여재판의 공판절차

2 법원은 국민참여재판 대상사건에 대하여 반드시 피고인에게 국민참여재판을 원하는지 여부를 확인하여야 한다. 변호사시험 제1회

해설

〔국민의 형사재판 참여에 관한 법률 제8조(피고인 의사의 확인)〕 ① 법원은 대상사건의 피고인에 대하여 국민참여재판을 원하는지 여부에 관한 의사를 서면 등의 방법으로 반드시 확인하여야 한다. 이 경우 피고인 의사의 구체적인 확인 방법은 대법원규칙으로 정하되, 피고인의 국민참여재판을 받을 권리가 최대한 보장되도록 하여야 한다.

정답 - ○

3 배심원은 만 20세 이상의 대한민국 국민 중에서 국민의 형사재판 참여에 관한 법률로 정하는 바에 따라 선정된다. 변호사시험 제1회

해설

〔국민의 형사재판 참여에 관한 법률 제16조(배심원의 자격)〕 배심원은 만 20세 이상의 대한민국 국민 중에서 이 법으로 정하는 바에 따라 선정된다.

정답 - ○

4 국민참여재판을 진행하던 중 공소사실의 변경으로 대상사건에 해당하지 않게 된 경우에는 국민참여재판으로 진행할 수 없다. 변호사시험 제1회

해설

〔국민의 형사재판 참여에 관한 법률 제6조(공소사실의 변경 등)〕 ① 법원은 공소사실의 일부 철회 또는 변경으로 인하여 대상사건에 해당하지 아니하게 된 경우에도 이 법에 따른 재판을 계속 진행한다. 다만, 법원은 심리의 상황이나 그 밖의 사정을 고려하여 국민참여재판으로 진행하는 것이 적당하지 아니하다고 인정하는 때에는 결정으로 당해 사건을 지방법원 본원 합의부가 국민참여재판에 의하지 아니하고 심판하게 할 수 있다.

정답 - X

5 법원은 공범관계에 있는 피고인들 중 일부가 국민참여재판을 원하지 않아 국민참여재판을 진행하는 데 어려움이 있다고 판단한 경우 국민참여재판을 하지 않는 결정을 할 수 있다. 변호사시험 제1회

해설 ✏️

〔국민의 형사재판 참여에 관한 법률 제9조(배제결정)〕 ① 법원은 공소제기 후부터 공판준비기일이 종결된 다음날까지 **다음 각 호의 어느 하나에 해당하는 경우 국민참여재판을 하지 아니하기로 하는 결정을 할 수 있다.**
1. 배심원·예비배심원·배심원후보자 또는 그 친족의 생명·신체·재산에 대한 침해 또는 침해의 우려가 있어서 출석의 어려움이 있거나 이 법에 따른 직무를 공정하게 수행하지 못할 염려가 있다고 인정되는 경우
2. **공범 관계에 있는 피고인들 중 일부가 국민참여재판을 원하지 아니하여 국민참여재판의 진행에 어려움이 있다고 인정되는 경우**
3. 「성폭력범죄의 처벌 등에 관한 특례법」 제2조의 범죄로 인한 피해자(이하 '성폭력범죄 피해자'라 한다) 또는 법정대리인이 국민참여재판을 원하지 아니하는 경우
4. 그 밖에 국민참여재판으로 진행하는 것이 적절하지 아니하다고 인정되는 경우
② 법원은 제1항의 결정을 하기 전에 검사·피고인 또는 변호인의 의견을 들어야 한다. ③ 제1항의 결정에 대하여는 즉시항고를 할 수 있다.

정답 - ○

6 법원은 피고인의 질병으로 공판절차가 장기간 정지되어 국민참여재판을 계속 진행하는 것이 부적절하다고 인정하는 경우 사건을 지방법원 본원 합의부가 국민참여재판에 의하지 않고 심판하게 할 수 있다. 변호사시험 제1회

해설 ✏️

〔국민의 형사재판 참여에 관한 법률 제11조(통상절차 회부)〕 ① **법원은 피고인의 질병 등으로 공판절차가 장기간 정지되거나** 피고인에 대한 구속기간의 만료, 성폭력범죄 피해자의 보호, 그 밖에 심리의 제반 사정에 비추어 **국민참여재판을 계속 진행하는 것이 부적절하다고 인정하는 경우에는 직권** 또는 검사·피고인·변호인이나 성폭력범죄 피해자 또는 법정대리인의 신청에 따라 **결정으로 사건을 지방법원 본원 합의부가 국민참여재판에 의하지 아니하고 심판하게 할 수 있다.** ② 법원은 제1항의 결정을 하기 전에 검사·피고인 또는 변호인의 의견을 들어야 한다. ③ 제1항의 결정에 대하여는 불복할 수 없다. ④ 제1항의 결정이 있는 경우에는 제6조 제3항 및 제4항을 준용한다.

정답 - ○

7 피고인이 국민참여재판을 원하는 의사를 표시한 경우 지방법원 지원 합의부가 배제결정을 하지 아니하는 경우에는 지방법원 지원 합의부는 국민참여재판절차 회부결정을 하여 사건을 지방법원 본원 합의부로 이송하여야 한다. 변호사시험 제3회

해설 ✎

〔국민의 형사재판 참여에 관한 법률 제10조(지방법원 지원 관할 사건의 특례)〕 ① 제8조에 따라 피고인이 국민참여재판을 원하는 의사를 표시한 경우 지방법원 지원 합의부가 제9조 제1항의 배제결정을 하지 아니하는 경우에는 국민참여재판절차 회부결정을 하여 사건을 지방법원 본원 합의부로 이송하여야 한다.

정답 – ○

8 피고인이 법원에 국민참여재판을 신청하였는데도 법원이 이에 대한 배제결정도 하지 않은 채 통상의 공판절차로 재판을 진행하였다면, 이러한 공판절차에서 이루어진 소송행위는 무효라고 보아야 한다. 변호사시험 제7회

해설 ✎ 제1심법원이 피고인의 강간치상 사건에 대하여 공소장 부본 송달일로부터 7일이 경과하기 전에 제1회 공판기일을 진행하면서 국민참여재판 신청 의사를 확인하지 않고, 피고인이 공판기일 전날 구치소장에게 제출한 국민참여재판 신청서가 공판기일이 진행된 후에 법원에 접수되었으나 신청에 대해 배제결정도 하지 않은 채 통상의 공판절차로 재판을 진행한 사안에서, 피고인이 국민참여재판을 받을 권리를 침해당하였을 뿐 아니라 이를 위해 배제결정에 대하여 즉시항고할 권리조차 박탈당한 위법한 **공판절차에서 이루어진 소송행위는 무효**라고 보아야 하므로 제1심판결에는 직권파기사유가 있는데도, 제1심판결의 위법에 대하여 아무런 심리, 판단을 하지 아니한 채 피고인의 항소를 기각한 원심판단에 국민참여재판을 받을 권리 및 소송절차상 하자에 관한 법리오해의 위법이 있다는 이유로, 원심판결과 제1심판결을 모두 파기하고 사건을 제1심법원에 환송한 사례(대판 2011. 9. 8, 2011도7106).

정답 – ○

9 제1심 법원이 피고인의 의사에 따라 국민참여재판으로 진행함에 있어 별도의 국민참여재판 개시결정을 할 필요는 없으나 그에 관한 이의가 있어 국민참여재판으로 진행하기로 결정한 경우, 검사는 그 결정에 대하여 즉시항고를 할 수 있다. 변호사시험 제7회

해설 ✎ 국민참여재판으로 진행하기로 하는 제1심 법원의 결정에 대하여 항고할 수 있는지 여부 및 그에 대한 법원의 조치(=기각결정)에 관하여 판례는 국민의 형사재판 참여에 관한 법률에 의하면 제1심 법원이 국민참여재판 대상사건을 피고인의 의사에 따라 국민참여재판으로 진행함에 있어 별도의 국민참여재판 개시결정을 할 필요는 없고, 그에 관한 이의가 있어 제1심 법원이 국민참여재판으로 진행하기로 하는 결정에 이른 경우 이는 판결 전의 소송절차에 관한 결정에 해당하며, 그에 대하여 **특별히 즉시항고를 허용하는 규정이 없으므로 위 결정에 대하여는 항고할 수 없다**. 따라서 국민참여재판으로 진행하기로 하는 제1심 법원의 결정에 대한 항고는 항고의 제기가 법률상의 방식을 위반한 때에 해당하여 위 결정을 한 법원이 항고를 기각하여야 하고, 위 결정을 한 법원이 항고기각의 결정을 하지 아니한 때에는 항고법원은 결정으로 항고를 기각하여야 한다(대결 2009. 10. 23, 자 2009모1032)라고 판시하고 있다.

정답 – X

10 국민참여재판에서 공판준비기일은 원칙적으로 공개하여야 하나, 배심원은 공판준비기일에는 참여하지 아니한다. 변호사시험 제7회

(해설 ✎)

〔국민의 형사재판 참여에 관한 법률 제37조(공판준비기일)〕③ 공판준비기일은 공개한다. 다만, 법원은 공개함으로써 절차의 진행이 방해될 우려가 있는 때에는 공판준비기일을 공개하지 아니할 수 있다. ④ 공판준비기일에는 배심원이 참여하지 아니한다.

정답 − ○

11 국민참여재판은 간이공판절차에 의한 증거능력과 증거조사의 특칙을 적용하기에 부적합한 재판이기 때문에 간이공판절차에 관한 규정을 적용하지 아니한다. 변호사시험 제7회

(해설 ✎)

[형사소송법 제286조의2(간이공판절차의 결정)] 피고인이 공판정에서 공소사실에 대하여 자백한 때에는 법원은 그 공소사실에 한하여 간이공판절차에 의하여 심판할 것을 결정할 수 있다.
[국민의 형사재판 참여에 관한 법률 제43조(간이공판절차 규정의 배제)] 국민참여재판에는 「형사소송법」 제286조의2를 적용하지 아니한다.

정답 − ○

12 국민참여재판에 관하여 변호인이 없는 때에는 법원은 직권으로 변호인을 선정하여야 한다. 변호사시험 제7회

(해설 ✎)

[국민의 형사재판 참여에 관한 법률 제7조(필요적 국선변호)] 이 법에 따른 국민참여재판에 관하여 변호인이 없는 때에는 법원은 직권으로 변호인을 선정하여야 한다.

정답 − ○

■ 사례【13~17】

피고인 甲은 성폭력범죄의처벌등에관한특례법위반(특수강도강간등)죄로 기소되었다. 피고인이 모두진술에서 공소사실을 전부 인정함에 따라 제1심법원은 간이공판절차에 의하여 심판할 것을 결정하였다. 공판절차에 검사가 작성한 수사기록과 사법경찰관 작성의 참고인진술조서 등의 증거가 제출되었고, 이에 제1심법원은 상당하다고 인정되는 방법으로 증거조사하였다. 피고인 甲은 1심에서 유죄를 선고받고 항소하였다.(다툼이 있는 경우에는 판례에 의함) 변호사시험 제2회

13 피고인 甲의 진술이 자백이 되려면 공판정에서 공소장 기재사실을 인정하고 나아가 위법성이나 책임의 조각사유가 되는 사실을 진술하지 않는 것으로 충분하지 않고, 명시적으로 유죄를 자인하는 진술까지 하여야 한다.

해설 형사소송법 제286조의2 소정의 '자백'의 의미에 관하여 판례는 형사소송법 제286조의2(간이공판절차의 결정) 소정의 '자백'은 공소장 기재 사실을 인정하고 나아가 위법성이나 책임의 조각사유가 되는 사실을 진술하지 아니하는 것으로 **충분**하고, 명시적으로 유죄임을 자인하는 진술을 말하는 것이 아니다(대판 1981. 11. 24, 81도2422)라고 판시하고 있다.

> [제286조의2(간이공판절차의 결정)] 피고인이 공판정에서 공소사실에 대하여 자백한 때에는 법원은 그 공소사실에 한하여 간이공판절차에 의하여 심판할 것을 결정할 수 있다.

정답 - X

14 甲은 간이공판절차 개시결정에 대하여 항고할 수 없다.

해설

> [형사소송법 제403조(판결 전의 결정에 대한 항고)] ① 법원의 관할 또는 **판결 전의 소송절차에 관한 결정**에 대하여는 특히 즉시항고를 할 수 있는 경우 외에는 항고하지 못한다. ② 전항의 규정은 구금, 보석, 압수나 압수물의 환부에 관한 결정 또는 감정하기 위한 피고인의 유치에 관한 결정에 적용하지 아니한다.

→ 간이공판절차 개시결정은 판결 전 소송절차에 관한 결정으로서, 달리 즉시항고를 할 수 있는 경우도 아니므로 항고할 수 없다. 정답 - O

15 위 간이공판절차에서 법원은 증거조사결과에 대하여 반드시 피고인 甲의 의견을 물어야 한다.

해설

> [형사소송법 제293조(증거조사 결과와 피고인의 의견)] 재판장은 피고인에게 각 증거조사의결과에 대한 의견을 묻고 권리를 보호함에 필요한 증거조사를 신청할 수 있음을 고지하여야 한다.
> [형사소송법 제297조의2(간이공판절차에서의 증거조사)] 제286조의2의 결정이 있는 사건에 대하여는 제161조의2, 제290조 내지 <u>제293조</u>, 제297조의 <u>규정을 적용하지 아니하며</u> 법원이 상당하다고 인정하는 방법으로 증거조사를 할 수 있다.

→ 제297조의2에 따라 피고인의 의견에 관한 제293조가 배제되므로 간이공판절차에서 법원은 증거조사결과에 대하여 반드시 피고인의 의견을 물어야 하는 것은 아니다. 정답 - X

16 사법경찰관 작성 참고인진술조서는 검사, 피고인 甲 또는 변호인이 이의를 하지 아니하는 한 증거에 대하여 동의가 있는 것으로 간주된다.

해설 ✍

〔형사소송법 제312조(검사 또는 사법경찰관의 조서 등)〕④ 검사 또는 **사법경찰관이 피고인이 아닌 자의 진술을 기재한 조서**는 적법한 절차와 방식에 따라 작성된 것으로서 그 조서가 검사 또는 사법경찰관 앞에서 진술한 내용과 동일하게 기재되어 있음이 원진술자의 공판준비 또는 공판기일에서의 진술이나 영상녹화물 또는 그 밖의 객관적인 방법에 의하여 증명되고, 피고인 또는 변호인이 공판준비 또는 공판기일에 그 기재 내용에 관하여 원진술자를 신문할 수 있었던 때에는 증거로 할 수 있다. 다만, 그 조서에 기재된 진술이 특히 신빙할 수 있는 상태하에서 행하여졌음이 증명된 때에 한한다.
〔형사소송법 제318조(당사자의 동의와 증거능력)〕① 검사와 피고인이 증거로 할 수 있음을 동의한 서류 또는 물건은 진정한 것으로 인정한 때에는 증거로 할 수 있다.
[형사소송법 제318조의3(간이공판절차에서의 증거능력에 관한 특례)] 제286조의2의 결정이 있는 사건의 증거에 관하여는 제310조의2, **제312조** 내지 제314조 및 제316조의 **규정에 의한 증거**에 대하여 제318조제1항의 동의가 있는 것으로 간주한다. 단, 검사, 피고인 또는 변호인이 증거로 함에 이의가 있는 때에는 그러하지 아니하다.

→ 사법경찰관 작성 참고인진술조서는 제312조 제4항에 해당하는 조서이므로 간이공판절차에서 검사, 피고인 또는 변호인이 이의하지 않는 한 증거동의가 있는 것으로 간주된다.

정답 - O

17 항소심에서 피고인 甲이 범행을 부인하는 경우 제1심법원이 증거로 할 수 있었던 증거는 새로이 증거조사를 거쳐야만 항소심에서도 증거로 할 수 있다.

해설 ✍ 피고인이 제1심법원에서 공소사실에 대하여 자백하여 **제1심법원이 이에 대하여 간이공판절차에 의하여 심판할 것을 결정**하고, 이에 따라 제1심법원이 제1심판결 명시의 증거들을 증거로 함에 피고인 또는 변호인의 이의가 없어 형사소송법 제318조의3의 규정에 따라 증거능력이 있다고 보고, 상당하다고 인정하는 방법으로 증거조사를 한 이상, 가사 **항소심에 이르러 범행을 부인하였다고 하더라도 제1심법원에서 증거로 할 수 있었던 증거는 항소법원에서도 증거로 할 수 있는 것이므로** 제1심법원에서 이미 증거능력이 있었던 증거는 항소심에서도 증거능력이 그대로 유지되어 심판의 기초가 될 수 있고 **다시 증거조사를 할 필요가 없다**(대판 1998. 2. 27, 97도3421). 정답 - X

■ 사례 【18~19】

검사는 甲, 乙에 대하여 아래 ㄱ, ㄴ 사실로 공소를 제기하였고, 甲과 乙은 국민참여재판을 원하고 있다.(다툼이 있는 경우에는 관례에 의함)   변호사시험 제3회

ㄱ. 甲은 A로부터 직접 소유권이전등기를 받는 형식으로 7억원 상당의 A 소유 아파트를 명의수탁받아 보관하던 중 명의신탁 사실을 알고 있는 乙에게 매도하였다.

ㄴ. 甲은 A가 사기에 이용하려고 한다는 사정을 알고서도 A의 부탁에 따라 자신의 명의로 농협은행 예금계좌를 개설하여 예금통장을 A에게 양도하였고, A는 X를 속여 X로 하여금 5,000만 원을 위 계좌로 송금하게 하였는데, 甲은 위 계좌로 송금된 돈 전액을 인출하였다.

ㄷ. 「국민의 형사재판 참여에 관한 법률」 제8조는 피고인이 공소장 부본을 송달받은 날부터 7일 이내에 국민참여재판을 원하는지 여부에 관한 의사가 기재된 서면을 제출하도록 하고 있다. 그런데 甲, 乙은 공소장 부본을 송달받은 날부터 7일 이내에 국민참여재판을 원하는지 여부에 관한 의사확인서를 제출하지 못하였으나 그 후 제1회 공판기일 전에 국민참여재판 신청을 하였다.

18 ㄷ 사실과 관련하여 법원은 甲, 乙의 신청을 받아들여 국민참여재판을 진행할 수 있다.

(해설) 국민의 형사재판 참여에 관한 법률 제8조는 피고인이 공소장 부본을 송달받은 날부터 7일 이내에 국민참여재판을 원하는지 여부에 관한 의사가 기재된 서면(이하 '의사확인서')을 제출하도록 하고, 피고인이 그 기간 내에 의사확인서를 제출하지 아니한 때에는 국민참여재판을 원하지 아니하는 것으로 보며, 공판준비기일이 종결되거나 제1회 공판기일이 열린 이후 등에는 종전의 의사를 바꿀 수 없도록 규정하고 있다. 위 규정의 취지를 위 기한이 지나면 피고인이 국민참여재판 신청을 할 수 없도록 하려는 것으로는 보기 어려운 점 등에 비추어 볼 때, **공소장 부본을 송달받은 날부터 7일 이내에 의사확인서를 제출하지 아니한 피고인도 제1회 공판기일이 열리기 전까지는 국민참여재판 신청을 할 수 있고, 법원은 그 의사를 확인하여 국민참여재판으로 진행할 수 있다고 봄이 상당하다**(대결 2009. 10. 23. 자 2009모1032).

→ 甲과 乙은 제1회 공판기일 전에 국민참여재판 신청을 하였으므로 법원은 그 신청을 받아들여 국민참여재판을 진행할 수 있다.   정답 - ○

19 만일 甲, 乙이 국민참여재판을 원하지 않아 통상절차에 따라 재판하는 경우 제1심법원이 적법하게 간이공판절차에 의하여 심리할 것을 결정하였다면 사법경찰리가 작성한 X에 대한 진술조서는 甲이 증거로 사용하는 데 동의한 것으로 간주된다.

해설 ✏️

〔형사소송법 제312조(검사 또는 사법경찰관의 조서 등)〕 ④ 검사 또는 사법경찰관이 피고인이 아닌 자의 진술을 기재한 조서는 적법한 절차와 방식에 따라 작성된 것으로서 그 조서가 검사 또는 사법경찰관 앞에서 진술한 내용과 동일하게 기재되어 있음이 원진술자의 공판준비 또는 공판기일에서의 진술이나 영상녹화물 또는 그 밖의 객관적인 방법에 의하여 증명되고, 피고인 또는 변호인이 공판준비 또는 공판기일에 그 기재 내용에 관하여 원진술자를 신문할 수 있었던 때에는 증거로 할 수 있다. 다만, 그 조서에 기재된 진술이 특히 신빙할 수 있는 상태하에서 행하여졌음이 증명된 때에 한한다.

〔형사소송법 제318조의3(간이공판절차에서의 증거능력에 관한 특례)〕

제286조의2의 결정이 있는 사건의 증거에 관하여는 제310조의2, 제312조 내지 제314조 및 제316조의 규정에 의한 증거에 대하여 제318조 제1항의 동의가 있는 것으로 간주한다. 단, 검사, 피고인 또는 변호인이 증거로 함에 이의가 있는 때에는 그러하지 아니하다.

정답 - ○

▪ 사례 【20~21】

甲은 A에 대한 강도상해죄로 기소되었다. 범행을 목격한 甲의 사촌동생 乙은 甲의 강도상해사건의 증인으로 출석하여 선서한 후, 허위의 진술을 하였다. 한편, 甲은 공소장부본을 송달받은 다음 날 국민참여재판을 신청하였다.(다툼이 있는 경우 판례에 의함)

변호사시험 제5회

20 국민참여재판으로 진행하는 것은 상당하지 않다는 검사의 이의가 있어 공판준비기일에서 甲과 검사의 의견을 다시 들은 후 국민참여재판으로 진행하기로 결정하였는데, 이에 대해 검사가 항고한 경우, 법원은 항고기각결정을 해야 한다.

해설 ✏️ 국민의 형사재판 참여에 관한 법률에 의하면 제1심 법원이 국민참여재판 대상사건을 피고인의 의사에 따라 국민참여재판으로 진행함에 있어 별도의 국민참여재판 개시결정을 할 필요는 없고, 그에 관한 이의가 있어 제1심 법원이 국민참여재판으로 진행하기로 하는 결정에 이른 경우 이는 판결 전의 소송절차에 관한 결정에 해당하며, 그에 대하여 특별히 즉시항고를 허용하는 규정이 없으므로 위 결정에 대하여는 항고할 수 없다. 따라서 국민참여재판으로 진행하기로 하는 제1심 법원의 결정에 대한 항고는 항고의 제기가 법률상의 방식을 위반한 때에 해당하여 위 결정을 한 법원이 항고를 기각하여야 하고, 위 결정을 한 법원이 항고기각의 결정을 하지 아니한 때에는 항고법원은 결정으로 항고를 기각하여야 한다(대결 2009. 10. 23. 자 2009모1032).

정답 - ○

21 법원이 甲의 국민참여재판 신청에 대해 배제결정 없이 통상의 공판절차로 재판을 진행하는 것은 위법하지만, 이러한 공판절차에서 이루어진 소송행위는 유효하다.

> (해설 🖉) 제1심법원이 피고인의 강간치상 사건에 대하여 공소장 부본 송달일로부터 7일이 경과하기 전에 제1회 공판기일을 진행하면서 국민참여재판 신청 의사를 확인하지 않고, **피고인이 공판기일 전날 구치소장에게 제출한 국민참여재판 신청서가 공판기일이 진행된 후에 법원에 접수되었으나 신청에 대해 배제결정도 하지 않은 채 통상의 공판절차로 재판을 진행한 사안**에서, 피고인이 국민참여재판을 받을 권리를 침해당하였을 뿐 아니라 이를 위해 배제결정에 대하여 즉시항고할 권리조차 박탈당한 **위법한 공판절차에서 이루어진 소송행위는 무효라고** 보아야 하므로 제1심판결에는 직권파기사유가 있는데도, 제1심판결의 위법에 대하여 아무런 심리, 판단을 하지 아니한 채 피고인의 항소를 기각한 원심판단에 국민참여재판을 받을 권리 및 소송절차상 하자에 관한 법리오해의 위법이 있다는 이유로, 원심판결과 제1심판결을 모두 파기하고 사건을 제1심법원에 환송한 사례(대판 2011. 9. 8, 2011도7106). 정답 – X

제2장 증 거

제1절 증거의 의의와 종류
제2절 증명의 기본원칙

1 사문서위조죄의 행위자에게 '행사할 목적'이 있었다는 점은 검사가 증명하여야 하나, 그 증명은 반드시 엄격한 증명에 의하여야 하는 것은 아니다. 변호사시험 제5회

> (해설 🖉) 내란선동죄에서 '국헌을 문란할 목적'이란 '헌법 또는 법률에 정한 절차에 의하지 아니하고 헌법 또는 법률의 기능을 소멸시키는 것(형법 제91조 제1호)' 또는 '헌법에 의하여 설치된 국가기관을 강압에 의하여 전복 또는 그 권능행사를 불가능하게 하는 것(같은 조 제2호)'을 말한다. **국헌문란의 목적은 범죄 성립을 위하여 고의 외에 요구되는 초과주관적 위법요소로서 엄격한 증명사항에 속하나**, 확정적 인식임을 요하지 아니하며, 다만 미필적 인식이 있으면 족하다. 그리고 국헌문란의 목적이 있었는지 여부는 피고인들이 이를 자백하지 않는 이상 외부적으로 드러난 피고인들의 행위와 그 행위에 이르게 된 경위 등 사물의 성질상 그와 관련성 있는 간접사실 또는 정황사실을 종합하여 판단하면 되고, 선동자의 표현 자체에 공격대상인 국가기관과 그를 통해 달성하고자 하는 목표, 실현방법과 계획이 구체적으로 나타나 있어야만 인정되는 것은 아니다[대판(전합) 2015. 1. 22, 2014도10978].

> [형법 제231조(사문서등의 위조·변조)] 행사할 목적으로 권리·의무 또는 사실증명에 관한 타인의 문서 또는 도화를 위조 또는 변조한 자는 5년 이하의 징역 또는 1천만원 이하의 벌금에 처한다.

> → 위 판례와 같이 목적범에 있어서 목적은 초과주관적 구성요건요소로서 엄격한 증명을 통해 검사가 입증해야 한다. 사문서위조죄 역시 '행사할 목적'이 요구되는 목적범이므로 '행사할 목적'을 증명하는 것은 엄격한 증명에 의하여야 한다. 정답 – X

2 공연히 사실을 적시하여 사람의 명예를 훼손한 행위가 「형법」 제310조에 따라 위법성이 조각되려면 그것이 진실한 사실로서 오로지 공공의 이익에 관한 때에 해당된다는 점을 행위자가 증명하여야 하고, 그 증명을 함에 있어서 전문증거의 증거능력을 제한하는 「형사소송법」 제310조의2가 적용된다.　　　　　　　　　　　　　　　변호사시험 제5회

> **해설 ✎**　공연히 사실을 적시하여 사람의 명예를 훼손한 행위가 형법 제310조의 규정에 따라서 위법성이 조각되어 처벌대상이 되지 않기 위하여는 그것이 진실한 사실로서 오로지 공공의 이익에 관한 때에 해당된다는 점을 행위자가 증명하여야 하는 것이나, 그 증명은 유죄의 인정에 있어 요구되는 것과 같이 법관으로 하여금 의심할 여지가 없을 정도의 확신을 가지게 하는 증명력을 가진 엄격한 증거에 의하여야 하는 것은 아니므로, **이 때에는 전문증거에 대한 증거능력의 제한을 규정한 형사소송법 제310조의2는 적용될 여지가 없다**(대판 1996. 10. 25, 95도1473).　　　　　　　　　　　　　　　　　　　　　　　　　　　정답 – X

3 증거의 증명력을 법관의 자유판단에 의하도록 하는 것은 그것이 실체적 진실발견에 적합하기 때문이지 법관의 자의적인 판단을 인용한다는 것은 아니다.　　　　　변호사시험 제6회

> **해설 ✎**　자유심증주의를 규정한 형사소송법 제308조가 증거의 증명력을 법관의 자유판단에 의하도록 한 것은 그것이 실체적 진실발견에 적합하기 때문이지 법관의 자의적인 판단을 인용한다는 것은 아니므로, 증거판단에 관한 전권을 가지고 있는 사실심 법관은 사실인정에 있어 공판절차에서 획득된 인식과 조사된 증거를 남김없이 고려하여야 한다. 그리고 증거의 증명력은 법관의 자유판단에 맡겨져 있으나 그 판단은 논리와 경험법칙에 합치하여야 하고, 형사재판에 있어서 유죄로 인정하기 위한 심증형성의 정도는 합리적인 의심을 할 여지가 없을 정도여야 한다(대판 2007. 5. 10, 2007도1950).　　　　　　　　　　　정답 – O

4 형사재판에 있어서 유죄로 인정하기 위한 심증형성의 정도는 합리적인 의심을 할 여지가 없을 정도이어야 하고, 여기서 합리적 의심이란 논리와 경험칙에 기하여 요증사실과 양립할 수 없는 사실의 개연성에 대한 합리성 있는 의문을 의미한다.　　　　변호사시험 제6회

> **해설 ✎**　증거의 증명력에 대한 법관의 판단은 논리와 경험칙에 합치하여야 하고, **형사재판에서 유죄로 인정하기 위한 심증 형성의 정도는 합리적인 의심을 할 여지가 없을 정도여야 하나,** 이는 모든 가능한 의심을 배제할 정도에 이를 것까지 요구하는 것은 아니며, 증명력이 있는 것으로 인정되는 증거를 합리적인 근거가 없는 의심을 일으켜 배척하는 것은 자유심증주의의 한계를 벗어나는 것으로 허용될 수 없다. 여기에서 말하는 합리적 의심이란 모든 의문, 불신을 포함하는 것이 아니라 논리와 경험칙에 기하여 요증사실과 양립할 수 없는 사실의 개연성에 대한 합리성 있는 의문을 의미하는 것으로서, 단순히 관념적인 의심이나 추상적인 가능성에 기초한 의심은 합리적 의심에 포함된다고 할 수 없다(대판 2011. 1. 27, 2010도12728).
>
> 　　　　　　　　　　　　　　　　　　　　　　　　　　　　　　　　　정답 – O

5 형사재판에 있어서 관련된 다른 형사사건의 확정판결에서 인정된 사실은 특별한 사정이 없는 한 유력한 증거자료가 되기 때문에 당해 형사재판에서 제출된 다른 증거 내용에 비

추어 관련 형사사건 확정판결의 사실판단을 그대로 채택하기 어렵다고 인정될 경우라도 이를 배척할 수 없다.
변호사시험 제6회

(해설) 형사재판에서 관련 형사사건 확정판결에서 인정된 사실의 증명력에 관하여 판례는 형사재판에서 이와 관련된 다른 형사사건의 확정판결에서 인정된 사실은 특별한 사정이 없는 한 유력한 증거자료가 되는 것이나, 당해 형사재판에서 제출된 다른 증거 내용에 비추어 관련 형사사건 확정판결의 사실판단을 그대로 채택하기 어렵다고 인정될 경우에는 **이를 배척할 수 있다**(대판 2012. 6. 14, 2011도15653)라고 판시하고 있다.
정답 – X

6 사실심 법원은 주장과 증거에 대하여 신중하고 충실한 심리를 하여야 하고, 그에 이르지 못하여 필요한 심리를 다하지 아니하는 등으로 판결 결과에 영향을 미친 때에는 사실인정을 사실심 법원의 전권으로 인정한 전제가 충족되지 아니하므로 이는 당연히 상고심의 심판대상에 해당한다.
변호사시험 제6회

(해설) 사실심 법원으로서는, 형사소송법이 사실의 오인을 항소이유로는 하면서도 상고이유로 삼을 수 있는 사유로는 규정하지 아니한 데에 담긴 의미가 올바르게 실현될 수 있도록 주장과 증거에 대하여 신중하고 충실한 심리를 하여야 하고, 그에 이르지 못하여 자유심증주의의 한계를 벗어나거나 필요한 심리를 다하지 아니하는 등으로 판결 결과에 영향을 미친 때에는, 사실인정을 사실심 법원의 전권으로 인정한 전제가 충족되지 아니하므로 당연히 상고심의 심판대상에 해당한다(대판 2016. 10. 13, 2015도17869).
정답 – O

7 호흡측정기에 의한 음주측정치와 혈액검사에 의한 음주측정치가 다른 경우에 혈액채취에 의한 검사결과를 믿지 못할 특별한 사정이 없는 한, 혈액검사에 의한 음주측정치가 호흡측정기에 의한 측정치보다 측정 당시의 혈중알콜농도에 더 근접한 음주측정치라고 보는 것이 경험칙에 부합한다.
변호사시험 제6회

(해설) 호흡측정기에 의한 음주측정치와 혈액검사에 의한 음주측정치가 불일치한 경우, 증거취사선택의 방법에 관하여 판례는 도로교통법 제41조 제2항에서 말하는 '측정'이란, 측정결과에 불복하는 운전자에 대하여 그의 동의를 얻어 혈액채취 등의 방법으로 다시 측정할 수 있음을 규정하고 있는 같은 조 제3항과의 체계적 해석상, 호흡을 채취하여 그로부터 주취의 정도를 객관적으로 환산하는 측정방법, 즉 호흡측정기에 의한 측정이라고 이해하여야 할 것이고, 호흡측정기에 의한 음주측정치와 혈액검사에 의한 음주측정치가 다른 경우에 어느 음주측정치를 신뢰할 것인지는 법관의 자유심증에 의한 증거취사선택의 문제라고 할 것이나, 호흡측정기에 의한 측정의 경우 그 측정기의 상태, 측정방법, 상대방의 협조정도 등에 의하여 그 측정결과의 정확성과 신뢰성에 문제가 있을 수 있다는 사정을 고려하면, 혈액의 채취 또는 검사과정에서 인위적인 조작이나 관계자의 잘못이 개입되는 등 **혈액채취에 의한 검사결과를 믿지 못할 특별한 사정이 없는 한, 혈액검사에 의한 음주측정치가 호흡측정기에 의한 음주측정치보다 측정 당시의 혈중알콜농도에 더 근접한 음주측정치라고 보는 것이 경험칙에 부합한다**(대판 2004. 2. 13, 2003도6905)라고 판시하고 있다.
정답 – O

「정치자금법」상 금품수수 혐의로 공소제기된 피고인 甲이 법정에서 금품수수 사실을 부인하였고, 제1심 법원에 증인으로 출석한 乙은 甲에게 금품을 제공하였다고 증언하였지만 제1심 법원은 乙의 증언에 신빙성이 없고 범죄의 증명이 부족하다는 이유로 무죄를 선고하였다.(다툼이 있는 경우 판례에 의함)　　　　　　　　　　변호사시험 제6회

8 甲의 혐의를 뒷받침할 금융자료 등 객관적 물증이 없는 경우, 제1심 법원이 금품수수 사실을 부인하는 甲에 대해 乙의 진술만으로 유죄를 인정하기 위해서는 乙의 진술이 증거능력이 있어야 함은 물론 합리적인 의심을 배제할 만한 신빙성이 있어야 한다.

(해설 🖉) 금원수수 여부가 쟁점이 된 사건에서 금원수수자로 지목된 피고인이 수수사실을 부인하고 있고 이를 뒷받침할 금융자료 등 객관적 물증이 없는 경우, 금원을 제공하였다는 사람의 진술만으로 유죄를 인정하기 위해서는 그 사람의 진술이 증거능력이 있어야 함은 물론 합리적인 의심을 배제할 만한 신빙성이 있어야 한다(대판 2009. 1. 15, 2008도8137).　[정답] - ○

9 항소심 법원이 乙을 증인으로 다시 신문한 결과 제1심이 들고 있는 의심과 일부 어긋날 수 있는 사실의 개연성이 드러나 제1심의 판단에 의문이 생긴 경우, 제1심이 일으킨 합리적인 의심을 충분히 해소할 수 있을 정도에까지 이르지 아니하더라도 乙의 진술의 신빙성이 부족하다는 제1심의 판단에 사실오인의 위법이 있다고 인정하여 공소사실을 유죄로 인정할 수 있다.

(해설 🖉) 금품 수수 여부가 쟁점이 된 사건에서 금품을 제공하였다는 사람의 진술에 대하여 제1심이 증인신문 절차 등을 거친 후에 합리적인 의심을 배제할 만한 신빙성이 없다고 보아 공소사실을 무죄로 판단한 경우에, 항소심이 제1심 증인 등을 다시 신문하는 등의 추가 증거조사를 거쳐 신빙성을 심사하여 본 결과 제1심이 들고 있는 의심과 일부 어긋날 수 있는 사실의 개연성이 드러남으로써 제1심의 판단에 의문이 생기더라도, 제1심이 제기한 의심이 금품 제공과 양립할 수 없거나 진술의 신빙성 인정에 장애가 되는 사실의 개연성에 대한 합리성 있는 근거에 기초하고 있고 제1심의 증거조사 결과와 항소심의 추가 증거조사 결과에 의하여도 제1심이 일으킨 합리적인 의심을 충분히 해소할 수 있을 정도에까지 이르지 아니한다면, 일부 반대되는 사실에 관한 개연성 또는 의문만으로 진술의 신빙성 및 범죄의 증명이 부족하다는 제1심의 판단에 사실오인의 위법이 있다고 단정하여 공소사실을 유죄로 인정하여서는 아니 된다(대판 2016. 2. 18, 2015도11428).　[정답] - X

10 만일 乙이 검찰에서는 자금을 조성하여 甲에게 정치자금으로 제공하였다고 진술하였다가 제1심 법정에서는 정치자금으로 제공한 사실을 부인하면서 자금의 사용처를 달리 증언하였다고 하더라도, 제1심 법원은 乙의 검찰 진술의 신빙성을 인정하여 甲에게 유죄를 선고할 수 있다.

해설 국회의원인 피고인이 甲 주식회사 대표이사 乙에게서 3차례에 걸쳐 약 9억 원의 불법 정치자금을 수수하였다는 내용으로 기소되었는데, 乙이 검찰의 소환 조사에서는 자금을 조성하여 피고인에게 정치자금으로 제공하였다고 진술하였다가, 제1심 법정에서는 이를 번복하여 자금 조성 사실은 시인하면서도 피고인에게 정치자금으로 제공한 사실을 부인하고 자금의 사용처를 달리 진술한 사안에서, 공판중심주의와 실질적 직접심리주의 등 형사소송의 기본원칙상 검찰진술보다 법정진술에 더 무게를 두어야 한다는 점을 감안하더라도, 乙의 법정진술을 믿을 수 없는 사정 아래에서 乙이 법정에서 검찰진술을 번복하였다는 이유만으로 조성 자금을 피고인에게 정치자금으로 공여하였다는 검찰진술의 신빙성이 부정될 수는 없고, 진술 내용 자체의 합리성, 객관적 상당성, 전후의 일관성, 이해관계 유무 등과 함께 다른 객관적인 증거나 정황사실에 의하여 진술의 신빙성이 보강될 수 있는지, 반대로 공소사실과 배치되는 사정이 존재하는지 두루 살펴 판단할 때 자금 사용처에 관한 乙의 검찰진술의 신빙성이 인정되므로, 乙의 검찰진술 등을 종합하여 공소사실을 모두 유죄로 인정한 원심판단에 자유심증주의의 한계를 벗어나는 등의 잘못이 없다고 한 사례[대판(전합) 2015. 8. 20, 2013도11650].

정답 - ○

제3절 자백배제법칙

1 피고인이 수사기관에서 가혹행위 등으로 인하여 임의성 없는 자백을 하고, 그 후 법정에서도 임의성 없는 심리상태가 계속되어 동일한 내용의 자백을 하였다면 법정에서의 자백도 임의성 없는 자백이라고 보아야 한다.
변호사시험 제4회

해설 피고인이 수사기관에서 임의성 없는 자백을 한 후 법정에서도 임의성 없는 심리상태가 계속되어 동일한 내용의 자백을 한 경우, 법정에서 자백의 임의성 유무에 관하여 판례는 피고인이 수사기관에서 가혹행위 등으로 인하여 임의성 없는 자백을 하고 그 후 법정에서도 임의성 없는 심리상태가 계속되어 동일한 내용의 자백을 하였다면 법정에서의 자백도 임의성 없는 자백이라고 보아야 한다(대판 2012. 11. 29, 2010도3029)라고 판시하고 있다.

정답 - ○

2 피고인의 자백이, 신문에 참여한 검찰수사관이 절도 피의사실을 모두 자백하면 피의사실 부분은 가볍게 처리하고 특정범죄가중처벌등에관한법률위반(절도)죄 대신 형법상 절도죄를 적용하겠다는 각서를 작성하여 주면서 자백을 유도한 것에 기인한 것이라 하여 위 자백이 기망에 의하여 임의로 진술한 것이 아니라고 의심할 만한 이유가 있는 때에 해당한다고 볼 수 없다.
변호사시험 제4회

해설 피고인이 처음 검찰조사시에 범행을 부인하다가 뒤에 자백을 하는 과정에서 금 200만원을 뇌물로 받은 것으로 하면 특정범죄가중처벌등에관한법률 위반으로 중형을 받게 되니 금 200만원 중 금 30만원을 술값을 갚은 것으로 조서를 허위작성한 것이라면 이는 단순 수뢰죄의 가벼운 형으로 처벌되도록 하겠다고 약속하고 자백을 유도한 것으로 위와 같은 상황하에서 한 자백은 그 <u>임의성에 의심이 가고 따라서 진실성이 없다</u>는 취지에서 이를 배척하였다

하여 자유심증주의의 한계를 벗어난 위법이 있다고는 할 수 없다(대판 1984. 5. 9, 83도2782).

→ 가벼운 형으로 처벌할 것이라는 이익과 교환된 자백이므로 임의로 진술한 것이라고 보기 어렵다.　　　　　　　　　　　　　　　　　　　　　　　　　　　정답 - X

3 일정한 증거가 발견되면 피의자가 자백하겠다고 한 약속이 검사의 강요나 위계에 의하여 이루어졌다든가 또는 불기소나 경한 죄의 소추 등 이익과 교환조건으로 된 것으로 인정되지 않는다면 이러한 약속 하에 한 자백이라 하여 곧 임의성 없는 자백이라 단정할 수 없다.　　　　　　　　　　　　　　　　　　　　　　　　　변호사시험 제4회

해설 ✎　일정한 증거 등이 발견되면 자백하기로 한 약속하에 된 자백의 임의성에 관하여 판례는 일정한 증거가 발견되면 피의자가 자백하겠다고 한 약속이 검사의 강요나 위계에 의하여 이루어졌다던가 또는 불기소나 경한 죄의 소추등 이익과 교환조건으로 된 것으로 인정되지 않는다면 위와 같은 자백의 약속하에 된 자백이라 하여 곧 임의성 없는 자백이라고 단정할 수는 없다(대판 1983. 9. 13, 83도712)라고 판시하고 있다.　　　　　　정답 - O

4 검사가 피의자에 대한 변호인의 접견을 부당하게 제한하고 있는 동안에 검사가 작성한 피의자신문조서는 증거능력이 없다.　　　　　　　　　　　변호사시험 제4회

해설 ✎　검사에 의하여 피의자에 대한 변호인의 접견이 부당하게 제한되고 있는 동안에 작성된 검사가 작성한 피의자 신문조서의 증거능력유무에 관하여 판례는 검사 작성의 피의자신문조서가 검사에 의하여 피의자에 대한 변호인의 접견이 부당하게 제한되고 있는 동안에 작성된 경우에는 증거능력이 없다(대판 1990. 8. 24, 90도1285)라고 판시하고 있다.　　정답 - O

5 임의성이 인정되지 아니하여 증거능력이 없는 진술증거라도 피고인이 증거로 함에 동의하면 증거로 쓸 수 있다.　　　　　　　　　　　　　　　변호사시험 제4회

해설 ✎　기록상 진술증거의 임의성에 관하여 의심할 만한 사정이 나타나 있는 경우에는 법원은 직권으로 그 임의성 여부에 관하여 조사를 하여야 하고, 임의성이 인정되지 아니하여 증거능력이 없는 진술증거는 피고인이 증거로 함에 동의하더라도 증거로 삼을 수 없다(대판 2006. 11. 23, 2004도7900).　　　　　　　　　　　　　　　　　　정답 - X

6 피고인의 자백이 임의성이 없다고 의심할 만한 사유가 있는 때에 해당한다 할지라도 그 임의성이 없다고 의심하게 된 사유들과 피고인의 자백과의 사이에 인과관계가 존재하지 않은 것이 명백한 때에는 그 자백은 임의성이 있는 것으로 인정된다.　　변호사시험 제5회

해설 ✎　임의성이 없다고 의심할 만한 사유가 있으나 그 사유와 자백간에 인과관계가 없는 경우, 자백의 임의성 여부에 관하여 판례는 피고인의 자백이 임의성이 없다고 의심할 만한 사유가 있는 때에 해당한다 할지라도 그 임의성이 없다고 의심하게 된 사유들과 피고인의 자백과의 사이에 인과관계가 존재하지 않은 것이 명백한 때에는 그 자백은 임의성이 있는 것으로 인정된다(대판 1984. 11. 27, 84도2252)라고 판시하고 있다.　　　　　정답 - O

제4절 위법수집증거배제법칙

1 공무원인 甲은 건설회사 대표 乙에게 자신이 속한 부서가 관장하는 관급공사를 수주할 수 있게 해주겠다고 약속하고, 그 대가로 乙로부터 2016. 3. 15. 1,000만 원을, 2016. 4. 1. 1,500만 원을 받았다. 그 후 甲은 乙에게 직무상 비밀인 관급공사의 예정가격을 알려주어 乙이 공사를 수주하게 되었다. 검사는 甲이 변호인의 참여를 원한다는 의사를 명백하게 표시하였음에도, 정당한 사유 없이 변호인을 참여하게 하지 아니한 채 甲을 신문하여 피의자신문조서를 작성하였고, 추가조사를 거친 후에 甲과 乙에 대해 공소제기 하였다. 이 경우, 검사가 작성한 피의자신문조서는 「형사소송법」 제312조 제1항에 정한 '적법한 절차와 방식'에 위반된 증거일 뿐만 아니라, 「형사소송법」 제308조의2에서 정한 '적법한 절차에 따르지 아니하고 수집한 증거'에 해당하므로 이를 증거로 할 수 없다. 변호사시험 제6회

> (해설 ✎) 헌법 제12조 제1항, 제4항 본문, 형사소송법 제243조의2 제1항 및 그 입법 목적 등에 비추어 보면, 피의자가 변호인의 참여를 원한다는 의사를 명백하게 표시하였음에도 수사기관이 정당한 사유 없이 변호인을 참여하게 하지 아니한 채 피의자를 신문하여 작성한 피의자신문조서는 형사소송법 제312조에 정한 '적법한 절차와 방식'에 위반된 증거일 뿐만 아니라, 형사소송법 제308조의2에서 정한 '적법한 절차에 따르지 아니하고 수집한 증거'에 해당하므로 이를 증거로 할 수 없다(대판 2013. 3. 28, 2010도3359).   [정답] – ○

2 범행 현장에서 지문채취 대상물에 대한 지문채취가 먼저 이루어지고 수사기관이 그 이후에 지문채취 대상물을 적법한 절차에 의하지 아니한 채 압수한 경우, 압수 이전에 채취된 지문은 위법하게 압수한 지문채취 대상물로부터 획득한 2차적 증거에 해당하므로 위법수집증거이다. 변호사시험 제4회

> (해설 ✎) 수사기관이 적법절차를 위반하여 지문채취 대상물을 압수한 경우, 그전에 이미 범행 현장에서 위 대상물에서 채취한 지문이 위법수집증거에 해당하는지 여부(소극)
>
> (판결이유 중)······범행 현장에서 지문채취 대상물에 대한 지문채취가 먼저 이루어진 이상, 수사기관이 그 이후에 지문채취 대상물을 적법한 절차에 의하지 아니한 채 압수하였다고 하더라도······위와 같이 채취된 지문은 위법하게 압수한 지문채취 대상물로부터 획득한 2차적 증거에 해당하지 아니함이 분명하여, 이를 가리켜 <u>위법수집증거라고 할 수 없으므로</u>······(대판 2008. 10. 23, 2008도7471).   [정답] – X

3 수사기관이 법관의 영장에 의하지 아니하고 신용카드 매출전표의 거래명의자에 관한 정보를 획득한 경우, 이에 터잡아 수집한 2차적 증거들의 증거능력을 판단할 때, 수사기관이 의도적으로 영장주의의 정신을 회피하는 방법으로 증거를 확보한 것이 아니라고 볼만한 사정, 체포되었던 피의자가 석방된 후 상당한 시간이 경과하였음에도 다시 동일한 내용의 자백을 하였다거나 그 범행의 피해품을 수사기관에 임의로 제출하였다는 사정 등은 통상 2차적 증거의 증거능력을 인정할 만한 정황에 속한다 변호사시험 제4회

수사기관이 법관의 영장에 의하지 아니하고 매출전표의 거래명의자에 관한 정보를 획득한 경우, 이에 터 잡아 수집한 2차적 증거들, 예컨대 피의자의 자백이나 범죄 피해에 대한 제3자의 진술 등이 유죄 인정의 증거로 사용될 수 있는지를 판단할 때, 수사기관이 의도적으로 영장주의의 정신을 회피하는 방법으로 증거를 확보한 것이 아니라고 볼 만한 사정, 위와 같은 정보에 기초하여 범인으로 특정되어 **체포되었던 피의자가 석방된 후 상당한 시간이 경과하였음에도 다시 동일한 내용의 자백을 하였다거나** 그 범행의 피해품을 수사기관에 임의로 제출하였다는 사정, 2차적 증거 수집이 체포 상태에서 이루어진 자백 등으로부터 독립된 제3자의 진술에 의하여 이루어진 사정 등은 통상 2차적 증거의 증거능력을 인정할 만한 정황에 속한다고 볼 수 있다(대판 2013. 3. 28, 2012도13607). 정답 − ○

4 위법한 강제연행 상태에서 호흡측정방법에 의한 음주측정을 한 다음, 강제연행 상태로부터 시간적·장소적으로 단절되었다고 볼 수 없는 상황에서 피의자가 호흡측정결과를 탄핵하기 위하여 스스로 혈액채취방법에 의한 측정을 할 것을 요구하여 혈액채취가 이루어진 경우 그러한 혈액채취에 의한 측정결과를 유죄 인정의 증거로 쓸 수는 없다.
변호사시험 제4회

위법한 강제연행 상태에서 호흡측정 방법에 의한 음주측정을 한 다음 강제연행 상태로부터 시간적·장소적으로 단절되었다고 볼 수도 없고 피의자의 심적 상태 또한 강제연행 상태로부터 완전히 벗어났다고 볼 수 없는 상황에서 피의자가 호흡측정 결과에 대한 탄핵을 하기 위하여 스스로 혈액채취 방법에 의한 측정을 할 것을 요구하여 혈액채취가 이루어졌다고 하더라도 그 사이에 위법한 체포 상태에 의한 영향이 완전하게 배제되고 피의자의 의사결정의 자유가 확실하게 보장되었다고 볼 만한 다른 사정이 개입되지 않은 이상 불법체포와 증거수집 사이의 인과관계가 단절된 것으로 볼 수는 없다. 따라서 그러한 **혈액채취에 의한 측정결과 역시 유죄 인정의 증거로 쓸 수 없다**고 보아야 한다. 그리고 이는 수사기관이 위법한 체포 상태를 이용하여 증거를 수집하는 등의 행위를 효과적으로 억지하기 위한 것이므로, 피고인이나 변호인이 이를 증거로 함에 동의하였다고 하여도 달리 볼 것은 아니다(대판 2013. 3. 14, 2010도2094). 정답 − ○

5 마약 투약 혐의를 받고 있던 피고인을 경찰관들이 영장 없이 강제로 연행한 상태에서 마약 투약 여부의 확인을 위한 1차 채뇨절차가 이루어졌다고 하더라도, 그 후 피고인이 법관이 발부한 영장에 의하여 적법하게 구금되고, 압수·수색영장에 의하여 2차 채뇨 및 채모절차가 적법하게 이루어진 이상, 이와 같은 사정은 체포과정에서의 절차적 위법과 2차적 증거수집 사이의 인과관계를 희석하게 할 만한 정황에 속한다.
변호사시험 제4회

마약 투약 혐의를 받고 있던 피고인이 임의동행을 거부하겠다는 의사를 표시하였는데도 경찰관들이 피고인을 영장 없이 강제로 연행한 상태에서 마약 투약 여부의 확인을 위한 1차 채뇨절차가 이루어졌는데, 그 후 피고인의 소변 등 채취에 관한 압수영장에 기하여 2차 채뇨절차가 이루어지고 그 결과를 분석한 소변 감정서 등이 증거로 제출된 사안에서, 피고인을 강제로 연행한 조치는 위법한 체포에 해당하고, 위법한 체포상태에서 이루어진 채뇨 요구 또한 위법하므로 그에 의하여 수집된 '소변검사시인서'는 유죄 인정의 증거로 삼을 수 없으나, 한편 연행 당시 피고인이 마약을 투약한 것이거나 자살할지도 모른다는 취지의 구체적 제보가 있었던 데다가, 피고인이 경찰관 앞에서 바지와 팬티를 내리는 등 비상식적인 행동을 하였던 사정 등에 비추어 피고인에 대한 긴급한 구호의 필요성이 전혀 없었다고 볼 수 없는 점, 경찰관들은 임의동행시점으로부터 얼마 지나지 아니하여 체포의 이유와 변호인 선임권 등을 고지하면서 피고인에 대한 긴급체포의 절차를 밟는 등 절차의 잘못을 시정하려고 한 바 있어, 경찰관들의 위와 같은 임의동행조치는 단지 수사의 순서를 잘못 선택한 것이라고 할 수 있지만 관련 법규정으로부터의 실질적 일탈 정도가 헌법에 규정된 영장주의 원칙을 현저히 침해할 정도에 이르렀다고 보기 어려운 점 등에 비추어 볼 때, 위와 같은 2차적 증거 수집이 위법한 체포·구금절차에 의하여 형성된 상태를 직접 이용하여 행하여진 것으로는 쉽사리 평가할 수 없으므로, **이와 같은 사정은 체포과정에서의 절차적 위법과 2차적 증거 수집 사이의 인과관계를 희석하게 할 만한 정황에 속하고, 메스암페타민 투약 범행의 중대성도 아울러 참작될 필요가 있는 점 등 제반 사정을 고려할 때 2차적 증거인 소변 감정서 등은 증거능력이 인정된다고 한 사례**(대판 2013. 3. 14, 2012도13611). 정답 - O

6 긴급체포를 할 당시 물건을 압수하였는데 그후 압수수색영장을 발부받지 않았음에도 즉시 반환하지 않은 경우 피고인이나 변호인이 이를 증거로 함에 동의하더라도 증거능력은 인정되지 않는다. 변호사시험 제1회

해설 ✎ 형사소송법 제216조 제1항 제2호, 제217조 제2항, 제3항은 사법경찰관은 형사소송법 제200조의3(긴급체포)의 규정에 의하여 피의자를 체포하는 경우에 필요한 때에는 영장 없이 체포현장에서 압수·수색을 할 수 있고, 압수한 물건을 계속 압수할 필요가 있는 경우에는 지체 없이 압수수색영장을 청구하여야 하며, 청구한 압수수색영장을 발부받지 못한 때에는 압수한 물건을 즉시 반환하여야 한다고 규정하고 있는바, 형사소송법 제217조 제2항, 제3항에 위반하여 압수수색영장을 청구하여 이를 발부받지 아니하고도 즉시 반환하지 아니한 압수물은 이를 유죄 인정의 증거로 사용할 수 없는 것이고, 헌법과 형사소송법이 선언한 영장주의의 중요성에 비추어 볼 때 피고인이나 변호인이 이를 증거로 함에 동의하였다고 하더라도 달리 볼 것은 아니다(대판 2009. 12. 24, 2009도11401). 정답 - O

7 사법경찰관이 소유자, 소지자 또는 보관자가 아닌 자로부터 임의로 제출받은 물건을 영장없이 압수한 경우, 그 '압수물' 및 '압수물을 찍은 사진'은 피고인이나 변호인이 증거로 함에 동의하였다 하더라도 이를 유죄의 증거로 사용할 수 없다. 변호사시험 제7회

해설 ✎ 형사소송법 제218조를 위반하여 소유자, 소지자 또는 보관자가 아닌 자로부터 제출받은 물건을 영장없이 압수한 경우, 그 '압수물' 및 '압수물을 찍은 사진'의 증거능력 유무에 관하여 판례는 형사소송법 제218조는 "사법경찰관은 소유자, 소지자 또는 보관자가 임의로 제출한 물건을 영장없이 압수할 수 있다."고 규정하고 있는바, 위 규정을 위반하여 소유자, 소지자 또는 보관자가 아닌 자로부터 제출받은 물건을 영장없이 압수한 경우 그 '압수물' 및 '압수물을 찍은 사진'은 이를 유죄 인정의 증거로 사용할 수 없는 것이고, 헌법과 형사소송법이

선언한 영장주의의 중요성에 비추어 볼 때 피고인이나 변호인이 이를 증거로 함에 동의하였다고 하더라도 달리 볼 것은 아니다(대판 2010. 1. 28, 2009도10092)라고 판시하고 있다.

> [제218조(영장에 의하지 아니한 압수)] 검사, 사법경찰관은 피의자 기타인의 유류한 물건이나 소유자, 소지자 또는 보관자가 임의로 제출한 물건을 **영장없이 압수할 수 있다.**

정답 - ○

8 수사기관이 A로부터 피고인의 폭력행위등처벌에관한법률위반(단체등의구성·활동)범행에 대한 진술을 듣고 추가적인 정보를 확보할 목적으로, 구속수감되어 있던 A에게 그의 압수된 휴대전화를 제공하여 피고인과 통화하게 하고 위 범행에 관한 통화내용을 녹음하게 한 경우, 그 녹음 자체는 물론 이를 근거로 작성된 녹취록 첨부 수사보고는 설령 피고인의 증거동의가 있는 경우에도 이를 유죄의 증거로 사용할 수 없다.　　　변호사시험 제7회

(해설) 수사기관이 甲으로부터 피고인의 마약류관리에 관한 법률 위반(향정) 범행에 대한 진술을 듣고 추가적인 증거를 확보할 목적으로, 구속수감되어 있던 甲에게 그의 압수된 휴대전화를 제공하여 피고인과 통화하고 위 범행에 관한 통화 내용을 녹음하게 한 행위는 불법감청에 해당하므로, 그 녹음 자체는 물론 이를 근거로 작성된 녹취록 첨부 수사보고는 피고인의 증거동의에 상관없이 그 증거능력이 없다고 한 사례(대판 2010. 10. 14, 2010도9016).

정답 - ○

■ 사례 【9~10】

甲은 2014.6.25.23:30경 물건을 훔칠 생각으로 복면을 하고 A의 집에 침입하였다가 마침 거실에 있던 애완견이 짖는 바람에 잠이 깬 A에게 발각되어, A가 도둑이야!라고 고함치자 집 밖으로 도망쳐 나왔다. 마침 A의 집 주변에서 야간순찰 중이던 경찰관 B는 A의 고함소리와 동시에 A의 집에서 도망쳐 나오는 甲을 발견하고, 혼자서 甲을 추격하여 체포하였는데, 그 과정에서 甲은 체포를 면탈할 목적으로 발로 B의 왼쪽 허벅지 부위를 1회 걷어차 폭행하였다.(다툼이 있는 경우 판례에 의함)　　　변호사시험 제4회

---

9 만일 B가 진술거부권을 고지하지 않고, 甲을 신문한 결과 절도 범행을 자백하는 내용의 피의자신문조서를 작성한 경우 이 피의자신문조서는 증거능력이 없다.

(해설) 피의자에게 진술거부권을 고지하지 아니하고 작성한 피의자신문조서의 증거능력 유무(소극)

(판결이유 중)⋯⋯형사소송법 제200조 제2항은 검사 또는 사법경찰관이 출석한 피의자의 진술을 들을 때에는 미리 피의자에 대하여 진술을 거부할 수 있음을 알려야 한다고 규정하고 있는바, 이러한 피의자의 진술거부권은 헌법이 보장하는 형사상 자기에 불리한 진술을 강요당하지 않는 자기부죄거부의 권리에 터잡은 것이므로 수사기관이 피의자를 신문함에 있어서

피의자에게 미리 진술거부권을 고지하지 않은 때에는 그 피의자의 진술은 위법하게 수립된 증거로서 진술의 임의성이 인정되는 경우라도 증거능력이 부인되어야 한다.……(대판 1992. 6. 23, 92도682). 정답 - ○

10 만일 B가 진술거부권을 고지하지 않고 甲을 조사하여 자백을 받은 경우, B가 공판기일에 증인으로 출석하여, 甲이 A의 집에서 도망쳐 나오는 장면을 증언하더라도 그 증언은 증거능력이 없다.

해설 ✎ 현행범을 체포한 경찰관의 진술이라 하더라도 범행을 목격한 부분에 관하여는 여느 목격자의 진술과 다름없이 **증거능력이 있다**(대판 1995. 5. 9, 95도535).

→ B의 증언은 甲을 조사하여 얻은 자백의 내용과 별개로 체포하는 과정에서 목격한 사실을 증언한 것으로 자백의 2차 증거로 볼 수도 없어 증거능력이 부정되지 않는다. 정답 - X

제5절 전문법칙

1 "甲이 乙을 살해하는 것을 목격했다."라는 丙의 말을 들은 丁이 丙의 진술내용을 증언하는 경우, 甲의 살인 사건에 대하여는 전문증거이지만, 丙의 명예훼손 사건에 대하여는 전문증거가 아니다. 변호사시험 제5회

해설 ✎ 丁이 증언하는 원진술인 丙의 진술은 甲의 살인사건에 있어서는 원진술내용의 진실성이 문제되므로 전문증거이나, 丙의 명예훼손 사건에서는 명예훼손이 되는 원진술 존재 자체가 문제되므로 전문증거가 아니다(아래 「2번 문제」 해설 참고). 정답 - ○

2 甲은 자신의 집에서 A4용지 1장에, A에 대하여 아래와 같은 내용을 수기(手記)로 작성한 다음 잉크젯 복합기를 이용하여 복사하는 방법으로 유인물을 30장 제작하였다. 甲은 15장은 자신이 직접, 나머지 15장은 친구 乙에게 부탁하여 A가 거주하는 아파트 단지 곳곳에 게시하였다.

> A, 그는 누구인가?!
> A는 처자식이 있는 몸임에도 불구하고, 2014. 12.경 △△도 ○○시 등지
> 모텔에서 B와 수차례 불륜행위를 저질렀다.

위 유인물이 甲과 乙의 명예훼손사건의 증거로 제출된 경우, 이는 형사소송법 제313조 제1항의 '피고인이 작성한 진술서'이므로 그 진술자이며 작성자인 甲이 공판준비나 공판기일에서 진정성립 진술을 하여야 증거능력이 인정된다. 변호사시험 제4회

해설 ✎ 타인의 진술을 내용으로 하는 진술이 전문증거인지 여부는 요증사실과의 관계에서 정하여지는바, 원진술의 내용인 사실이 요증사실인 경우에는 전문증거이나, 원진술의 존재 자체가 요증사실인 경우에는 본래증거이지 전문증거가 아니다(대판 2008. 11. 13, 2008도8007).

→ 명예훼손사건에서는 유인물 내용이 아니라 유인물 존재 자체가 요증사실이므로(명예를 훼손하는 문구가 실린 유인물의 존재가 인정되면 명예훼손이 성립한다) 전문증거가 아니며, 따라서 전문법칙의 예외에 관한 형사소송법 제313조 제1항은 적용되지 않는다. 정답 - X

3 수표를 발행한 후 예금부족 등으로 지급되지 아니하게 하였다는 부정수표단속법위반의 공소사실을 증명하기 위하여 제출되는 수표는 증거물인 서면에 해당하므로 전문법칙이 적용되지 않는다. 변호사시험 제5회

해설 ✐ 피고인이 수표를 발행하였으나 예금부족 또는 거래정지처분으로 지급되지 아니하게 하였다는 부정수표단속법위반의 공소사실을 증명하기 위하여 제출되는 수표는 그 서류의 존재 또는 상태 자체가 증거가 되는 것이어서 증거물인 서면에 해당하고 어떠한 사실을 직접 경험한 사람의 진술에 갈음하는 대체물이 아니므로, 증거능력은 증거물의 예에 의하여 판단하여야 하고, 이에 대하여는 형사소송법 제310조의2에서 정한 전문법칙이 적용될 여지가 없다. 이때 수표 원본이 아니라 전자복사기를 사용하여 복사한 사본이 증거로 제출되었고 피고인이 이를 증거로 하는 데 부동의한 경우 위 수표 사본을 증거로 사용하기 위해서는 수표 원본을 법정에 제출할 수 없거나 제출이 곤란한 사정이 있고 수표 원본이 존재하거나 존재하였으며 증거로 제출된 수표 사본이 이를 정확하게 전사한 것이라는 사실이 증명되어야 한다(대판 2015. 4. 23, 2015도2275). 정답 - O

4 甲과 乙은 야간에 A의 집에 있는 다이아몬드를 훔쳐서 유흥비를 마련하기로 모의하면서, 범행이 발각되는 경우 어떤 수단을 사용해서라도 체포되어서는 아니된다고 약속하였다. 밤 12시 경 甲이 집 밖에서 망을 보고있는 사이 乙은 A의 집에 들어가서 다이아몬드를 들고 나오다가 이를 본 A가 "도둑이야!"라고 소리치자 집 밖으로 도망쳤다. A가 乙을 체포하기 위해 집 밖으로 나오는 순간 집 밖에서 기다리고 있던 甲은 체포를 면탈할 목적으로 A를 넘어뜨려 A는 상해를 입었고, A는 더 이상 추적을 할 수 없었다. 甲과 乙은 모두 체포되어 공동정범으로 기소되어 재판을 받고 있다. 甲은 법정에서 범행을 자백하면서 乙과 함께 다이아몬드를 훔칠 것을 모의하였다고 진술하였다. 그러나 乙은 모의한 사실이 없고 지나가다가 甲의 범행에 도움을 준 것이라고 주장하면서 범행을 부인하였다. 한편 경찰관 C는 증거확보를 위해 A의 상해부위를 사진촬영하였고, 검사는 그 사진을 법원에 증거로 신청하였다. 이 경우, 상해부위 촬영사진에 대해서는 전문법칙이 적용되지 않는다. 변호사시험 제6회

해설 ✐ '공소외인의 상해부위를 촬영한 사진'은 비진술증거로서 전문법칙이 적용되지 않으므로, 위 사진이 진술증거임을 전제로 전문법칙이 적용되어야 한다는 취지의 상고이유의 주장 또한 받아들일 수 없다(대판 2007. 7. 26, 2007도3906). 정답 - O

5 A가 진술 당시 술에 취하여 횡설수설하였다는 것을 확인하기 위하여 제출된 A의 진술이 녹음된 녹음테이프는 전문증거에 해당한다. 변호사시험 제7회

(해설) 사인이 피고인 아닌 자의 대화를 비밀녹음한 녹음테이프에 대한 검증조서의 증거능력에 관하여 판례는 수사기관이 아닌 사인이 피고인 아닌 자와의 전화대화를 녹음한 녹음테이프에 대하여 법원이 실시한 검증의 내용이 녹음테이프에 녹음된 전화대화의 내용이 검증조서에 첨부된 녹취서에 기재된 내용과 같다는 것에 불과한 경우에는 증거자료가 되는 것은 여전히 녹음테이프에 녹음된 대화 내용이므로, 그 중 피고인 아닌 자와의 대화의 내용은 실질적으로 형사소송법 제311조, 제312조 규정 이외의 피고인 아닌 자의 진술을 기재한 서류와 다를 바 없어서, 피고인이 그 녹음테이프를 증거로 할 수 있음에 동의하지 않은 이상 그 녹음테이프 검증조서의 기재 중 피고인 아닌 자의 진술내용을 증거로 사용하기 위해서는 형사소송법 제313조 제1항에 따라 공판준비나 공판기일에서 원진술자의 진술에 의하여 그 녹음테이프에 녹음된 진술내용이 자신이 진술한 대로 녹음된 것이라는 점이 인정되어야 하는 것이지만, 이와는 달리 **녹음테이프에 대한 검증의 내용이 그 진술 당시 진술자의 상태 등을 확인하기 위한 것인 경우에는**, 녹음테이프에 대한 검증조서의 기재 중 <u>진술내용을 증거로 사용하는 경우에 관한 위 법리는 적용되지 아니하고</u>, 따라서 위 검증조서는 법원의 검증의 결과를 기재한 조서로서 형사소송법 제311조에 의하여 당연히 증거로 할 수 있다(대판 2008. 7. 10, 2007도10755)라고 판시하고 있다.

→ 술에 취하여 횡설수설하였다는 것은 진술 당시 진술자의 상태를 확인하기 위한 것이므로 전문증거에 해당하지 않는다. 정답 - X

6 증거보전절차에서 이루어진 甲에 대한 증인신문조서 중 당시 피의자였던 피고인 乙이 당사자로 참여하여 자신의 범행사실을 시인하는 전제하에 甲에게 반대신문을 하는 과정에서 乙이 행한 진술기재 부분은, 형사소송법 제311조에 의하여 증거능력이 인정된다. 변호사시험 제3회

(해설) 증인신문조서가 증거보전절차에서 피고인이 증인으로서 증언한 내용을 기재한 것이 아니라 증인(갑)의 증언내용을 기재한 것이고 다만 피의자였던 피고인이 당사자로 참여하여 자신의 범행사실을 시인하는 전제하에 위 증인에게 반대신문한 내용이 기재되어 있을 뿐이라면, 위 조서는 공판준비 또는 공판기일에 피고인 등의 진술을 기재한 조서도 아니고, 반대신문과정에서 피의자가 한 진술에 관한 한 형사소송법 제184조에 의한 증인신문조서도 아니므로 위 조서중 피의자의 진술기재부분에 대하여는 **형사소송법 제311조에 의한 증거능력을 인정할 수 없다**(대판 1984. 5. 15, 84도508). 정답 - X

7 공범자가 당해 피고인과 별개의 공판절차에서 피고인으로서 공동범행에 관하여 한 진술이 기재된 공판조서가 당해 피고인의 공판에서 증거로 제출된 경우 이는 형사소송법 제311조에서 규정한 '법원 또는 법관의 조서'에 해당되지는 않지만, 특히 신용할 만한 정황에 의하여 작성된 문서이므로 그 증거능력이 인정된다. 변호사시험 제3회

해설 ✏️ 다른 피고인에 대한 형사사건의 공판조서는 형사소송법 제315조 제3호에 정한 서류로서 당연히 증거능력이 있는바, 공판조서 중 일부인 증인신문조서 역시 형사소송법 제315조 제3호에 정한 서류로서 당연히 증거능력이 있다고 보아야 할 것이다(대판 2005. 4. 28, 2004도 4428). **정답** – ○

8 검찰에 송치되기 전에 검사가 구속피의자를 상대로 작성한 피의자신문조서라도 송치 후에 작성된 검사 작성의 피의자신문조서와 마찬가지로 취급된다. 변호사시험 제4회

해설 ✏️ 검찰에 송치되기 전에 구속피의자로부터 받은 검사 작성의 피의자신문조서는 극히 이례에 속하는 것으로, 그와 같은 상태에서 작성된 피의자신문조서는 내용만 부인하면 증거능력을 상실하게 되는 사법경찰관 작성의 피의자신문조서상의 자백 등을 부당하게 유지하려는 수단으로 악용될 가능성이 있어, 그렇게 했어야 할 특별한 사정이 보이지 않는 한 **송치후에 작성된 피의자신문조서와 마찬가지로 취급하기는 어렵다**(대판 1994. 8. 9, 94도1228). **정답** – ✕

9 피의자의 진술을 기재한 서류 또는 문서가 검사의 수사과정에서 작성된 것이라면 진술조서, 진술서,자술서 의 어떤 형식을 취하였더라도 피의자신문조서와 마찬가지로 취급된다. 변호사시험 제4회

해설 ✏️ 피의자의 진술을 녹취 내지 기재한 서류 또는 문서가 수사기관에서의 조사 과정에서 작성된 것이라면, 그것이 '진술조서, 진술서, 자술서'라는 형식을 취하였다고 하더라도 피의자신문조서와 달리 볼 수 없다. 형사소송법이 보장하는 피의자의 진술거부권은 헌법이 보장하는 형사상 자기에게 불리한 진술을 강요당하지 않는 자기부죄거부의 권리에 터 잡은 것이므로, 수사기관이 피의자를 신문함에 있어서 피의자에게 미리 진술거부권을 고지하지 않은 때에는 그 피의자의 진술은 위법하게 수집된 증거로서 진술의 임의성이 인정되는 경우라도 증거능력이 부인되어야 한다(대판 2009. 8. 20, 2008도8213). **정답** – ○

10 검사 작성 피의자신문조서는 형사소송법상의 조서 작성방법에 따라야 하지만 조서 말미에 피고인의 기명만 있거나 날인만 있더라도 그 하자가 경미한 이상 증거능력이 인정된다. 변호사시험 제4회

해설 ✏️ 형사소송법 제57조 제1항은 공무원이 작성하는 서류에는 법률에 다른 규정이 없는 때에는 작성년월일과 소속공무소를 기재하고 서명날인하여야 한다고 규정하고 있는바, 그 서명날인은 공무원이 작성하는 서류에 관하여 그 기재 내용의 정확성과 완전성을 담보하는 것이므로 검사 작성의 피의자신문조서에 작성자인 검사의 서명날인이 되어 있지 아니한 경우 그 피의자신문조서는 공무원이 작성하는 서류로서의 요건을 갖추지 못한 것으로서 위 법규정에 위반되어 무효이고 따라서 이에 대하여 증거능력을 인정할 수 없다고 보아야 할 것이며, 그 피의자신문조서에 진술자인 피고인의 서명날인이 되어 있다거나, 피고인이 법정에서 그 피의자신문조서에 대하여 진정성립과 임의성을 인정하였다고 하여 달리 볼 것은 아니다(대판 2001. 9. 28, 2001도4091).

〔형사소송법 제312조(검사 또는 사법경찰관의 조서 등)〕① 검사가 피고인이 된 피의자의 진술을 기재한 조서는 적법한 절차와 방식에 따라 작성된 것으로서 피고인이 진술한 내용과 동일하게 기재되어 있음이 공판준비 또는 공판기일에서의 피고인의 진술에 의하여 인정되고, 그 조서에 기재된 진술이 특히 신빙할 수 있는 상태하에서 행하여졌음이 증명된 때에 한하여 증거로 할 수 있다.

→ 검사의 서명날인이 없이 피고인의 기명만 있거나 날인만 있으면 적법한 절차와 방식에 의해 작성되었다고 볼 수 없으므로 증거능력이 없다고 할 것이다.　정답 - X

11 검사가 작성한 피의자신문조서의 일부에 대하여만 피고인이 성립의 진정을 인정하는 것은 허용되지 않는다.　변호사시험 제4회

해설 ✏️

〔형사소송규칙 제134조(증거결정의 절차)〕③ 피고인 또는 변호인이 검사 작성의 피고인에 대한 피의자신문조서에 기재된 내용이 피고인이 진술한 내용과 다르다고 진술할 경우, 피고인 또는 변호인은 당해 조서 중 피고인이 진술한 부분과 같게 기재되어 있는 부분과 다르게 기재되어 있는 부분을 구체적으로 특정하여야 한다. 〈신설 2007.10.29〉

→ 형사소송규칙 제134조 제3항은 피의자신문조서의 일부에 대한 성립의 진정을 인정하는 것이 허용된다는 전제에서 규정하고 있다.　정답 - X

12 '특히 신빙할 수 있는 상태'란 그 진술내용이나 조서의 작성에 허위개입의 여지가 거의 없고, 그 진술내용의 신용성이나 임의성을 담보할 구체적이고 외부적인 정황이 있는 경우를 말하며 검사가 엄격한 증명을 통해 증명하여야 한다.　변호사시험 제4회

해설 ✏️ 형사소송법 제312조 제4항에서 '특히 신빙할 수 있는 상태'란 진술 내용이나 조서 작성에 허위개입의 여지가 거의 없고, 진술 내용의 신빙성이나 임의성을 담보할 구체적이고 외부적인 정황이 있는 것을 말한다. 그리고 이러한 '특히 신빙할 수 있는 상태'는 증거능력의 요건에 해당하므로 검사가 그 존재에 대하여 구체적으로 주장·증명하여야 하지만, 이는 소송상의 사실에 관한 것이므로 엄격한 증명을 요하지 아니하고 자유로운 증명으로 족하다(대판 2012. 7. 26, 2012도2937).　정답 - X

13 피의자의 날인 또는 서명이 누락된 피의자신문조서는 증거능력이 없으나, 피의자가 이의 없이 조사를 받은 후 타당한 이유없이 날인 또는 서명을 거부하였다는 취지가 조서말미에 기재되었다면 그 조서의 증거능력이 있다.　변호사시험 제5회

해설 ✏️ 조서말미에 피고인의 서명만이 있고, 그 날인(무인 포함)이나 간인이 없는 검사 작성의 피고인에 대한 피의자신문조서는 증거능력이 없다고 할 것이고, 그 날인이나 간인이 없는 것이 피고인이 그 날인이나 간인을 거부하였기 때문이어서 그러한 취지가 조서말미에 기재되었다거나, 피고인이 법정에서 그 피의자신문조서의 임의성을 인정하였다고 하여 달리 볼 것은 아니다(대판 1999. 4. 13, 99도237).　정답 - X

14 사법경찰관 P는 'X 제약회사 대표 甲과 직원 乙이 공모하여 의사 丙에게 리베이트를 제 공한 범죄사실'의 압수·수색영장[제1 영장]에 근거하여 X회사를 압수·수색하였다. P는 압수·수색 시 위 영장을 甲에게 제시하였으나, 현장에 없는 乙에게는 영장을 제시하지 아니한 채 甲과 乙의 컴퓨터에 저장된 전자정보 전부를 이미징하는 방법으로 외장하드 에 복제하여 경찰서로 가져갔다. 그후 P는 甲이 참여하지 않은 상태에서 이미징한 전자 정보를 탐색·분석하던 중, 우연히 甲이 공무원에게 뇌물을 공여한 내역을 발견하고 이를 문서로 출력하여 소명자료로 제출하면서 법원으로부터 다시 압수·수색영장[제2 영장]을 발부받았다. P는 [제2 영장]을 근거로 甲의 참여가 없는 상태에서 위 외장하드에서 정보 를 탐색하면서 뇌물공여내역을 출력하는 방식으로 압수·수색을 하였고, 그 압수 후 5개 월 뒤에 甲의 요청에 따라 압수물 목록을 교부하였다. 한편, P는 [제1 영장]에 의한 압수· 수색 과정에서 사무실에 보관 중이던 A변호사 작성의 리베이트 관련 법률의견서도 압수 하였다. 이 경우, 수사기관의 참고인조사 과정에서 乙은 甲의 증뢰사실에 관하여 진술서 를 작성하여 제출하였는데, 수사기관이 그에 대한 조사과정을 기록하지 아니하였다면 특 별한 사정이 없는 한 그 진술서는 증거능력이 부정된다. 변호사시험 제5회

(해설) 형사소송법 제221조 제1항, 제244조의4 제1항, 제3항, 제312조 제4항, 제5항 및 그 입법 목적 등을 종합하여 보면, 피고인이 아닌 자가 수사과정에서 진술서를 작성하였지만 수 사기관이 그에 대한 조사과정을 기록하지 아니하여 형사소송법 제244조의4 제3항, 제1항에 서 정한 절차를 위반한 경우에는, 특별한 사정이 없는 한 '적법한 절차와 방식'에 따라 수사 과정에서 진술서가 작성되었다 할 수 없으므로 증거능력을 인정할 수 없다(대판 2015. 4. 23, 2013도3790). 정답 - ○

15 피고인 甲이 공판정에서 공범인 공동피고인 乙에 대한 사법경찰관 작성의 피의자신문조 서의 내용을 부인하면 乙이 법정에서 그 조서의 내용을 인정하여도 그 조서를 甲의 범죄 사실에 대한 증거로 사용할 수 없다. 변호사시험 제6회

(해설) 「16번 문제」 해설 참조 정답 - ○

16 甲과 乙은 식당에서 큰 소리로 대화를 하던 중 옆 테이블에서 혼자 식사 중인 丙이 甲, 乙 에게 "식당 전세 냈냐, 조용히 좀 합시다."라고 말하자, 甲, 乙은 丙에게 다가가 甲은 "식 당에서 말도 못하냐?"라고 소리치며 丙을 밀어 넘어뜨리고, 乙은 이에 가세하여 발로 丙 의 몸을 찼다. 이로 인하여 丙은 약 3주간의 치료를 요하는 상해를 입었는데 甲, 乙 중 누 구의 행위에 의하여 상해가 발생하였는지는 불분명하다. 한편, 丙은 이에 대항하여 甲의 얼굴을 주먹으로 때려 약 2주간의 치료를 요하는 상해를 가하였는데 수사기관에서 자신 의 범행을 부인하였다. 검사는 甲, 乙, 丙을 하나의 사건으로 기소하였고 甲, 乙, 丙은 제1 심 소송계속 중이다. 이 경우, 乙이 자신에 대한 사법경찰관 작성 피의자신문조서의 내용 을 인정하였다면 그 피의자신문조서는 甲이 부동의하더라도 甲의 공소사실에 대하여 증 거능력이 있다. 변호사시험 제7회

해설 피고인과 공범관계에 있는 다른 피의자에 대한 검사 이외의 수사기관 작성의 피의자신문조서가 형사소송법 제312조 제4항의 요건을 갖추었더라도 피고인이 공판기일에 그 조서의 내용을 부인하는 경우, 그 증거능력의 유무에 관하여 판례는 형사소송법 제312조 제3항은 검사 이외의 수사기관이 작성한 당해 피고인에 대한 피의자신문조서를 유죄의 증거로 하는 경우뿐만 아니라 검사 이외의 수사기관이 작성한 당해 피고인과 공범관계에 있는 다른 피고인이나 피의자에 대한 피의자신문조서를 당해 피고인에 대한 유죄의 증거로 채택할 경우에도 적용된다. 따라서 당해 피고인과 공범관계가 있는 다른 피의자에 대하여 검사 이외의 수사기관이 작성한 피의자신문조서는, 그 피의자의 법정진술에 의하여 그 성립의 진정이 인정되는 등 형사소송법 제312조 제4항의 요건을 갖춘 경우라고 하더라도 당해 피고인이 공판기일에서 그 조서의 내용을 부인한 이상 이를 유죄 인정의 증거로 사용할 수 없다(대판 2009. 7. 9, 2009도2865)라고 판시하고 있다.

> [제312조(검사 또는 사법경찰관의 조서 등)] ③ 검사 이외의 수사기관이 작성한 피의자신문조서는 적법한 절차와 방식에 따라 작성된 것으로서 공판준비 또는 공판기일에 그 피의자였던 피고인 또는 변호인이 그 내용을 인정할 때에 한하여 증거로 할 수 있다. ④ 검사 또는 사법경찰관이 피고인이 아닌 자의 진술을 기재한 조서는 적법한 절차와 방식에 따라 작성된 것으로서 그 조서가 검사 또는 사법경찰관 앞에서 진술한 내용과 동일하게 기재되어 있음이 원진술자의 공판준비 또는 공판기일에서의 진술이나 영상녹화물 또는 그 밖의 객관적인 방법에 의하여 증명되고, 피고인 또는 변호인이 공판준비 또는 공판기일에 그 기재 내용에 관하여 원진술자를 신문할 수 있었던 때에는 증거로 할 수 있다. 다만, 그 조서에 기재된 진술이 특히 신빙할 수 있는 상태하에서 행하여졌음이 증명된 때에 한한다.

→ 甲과 乙은 함께 丙을 폭행한 공범이다. 甲의 공소사실에 대해 공범인 乙의 사법경찰관 작성 피의자신문조서의 증거능력을 인정하기 위해서는 당해 피고인인 甲의 내용인정 진술이 필요하다. 그런데 甲이 피의자신문조서를 증거로 함에 부동의하고 있으므로 증거능력이 없다.

정답 - X

17 甲과 乙이 공모하여 타인의 재물을 편취한 범죄사실로 기소된 사건에서, 甲은 법정에서 범행을 부인하고 乙은 경찰 수사 단계에서 범행을 자백하는 자술서를 작성·제출한 이후 사망하였다면, 공판준비 또는 공판기일에 진술을 요하는 자가 사망하여 진술할 수 없는 때에 해당하므로 乙의 자술서는 그 작성이 특히 신빙할 수 있는 상태하에서 행하여졌음이 증명되었다면 甲에 대한 유죄 인정의 증거로 할 수 있다. 변호사시험 제6회

해설 형사소송법 제312조 제2항(개정 후 제3항)은 검사 이외의 수사기관이 작성한 당해 피고인에 대한 피의자신문조서를 유죄의 증거로 하는 경우뿐만 아니라 검사 이외의 수사기관이 작성한 당해 피고인과 공범관계에 있는 다른 피고인이나 피의자에 대한 피의자신문조서를 당해 피고인에 대한 유죄의 증거로 채택할 경우에도 적용되는바, 당해 피고인과 공범관계가 있는 다른 피의자에 대한 검사 이외의 수사기관 작성의 피의자신문조서는 그 피의자의 법정진술에 의하여 그 성립의 진정이 인정되더라도 당해 피고인이 공판기일에서 그 조서의   내

용을 부인하면 증거능력이 부정되므로 그 당연한 결과로 그 피의자신문조서에 대하여는 사망 등 사유로 인하여 법정에서 진술할 수 없는 때에 예외적으로 증거능력을 인정하는 규정인 형사소송법 제314조가 적용되지 아니한다〔대판(전합) 2004. 7. 15, 2003도7185〕.

→ 경찰 수사단계에서 작성한 자술서는 형사소송법 제312조 제5항에 따라 진술조서에 준해서 증거능력을 판단하므로, 상기 판례는 乙의 자술서에 그대로 적용된다. 따라서, 甲이 사망하였더라도 형사소송법 제314조에 따라 증거능력을 인정할 여지가 없다.　　정답 – X

18 외국 국적자인 甲은 주간에 A가 운영하는 휴대폰 판매 가게에서 A가 잠시 자리를 비운 틈을 타 중고 휴대폰 여러 대를 훔친 후 자신의 집에 숨겨두었다. 며칠 뒤 사법경찰관이 노래방에서 나오는 甲을 긴급체포하였다. 검사는 검찰수사관과 통역인을 참여시킨 상태에서 甲을 신문하여 피의자신문조서를 작성하였고 영상녹화는 하지 않았다. 이 때, 甲이 공판과정에서 검사가 작성한 피의자신문조서의 실질적 진정성립을 부정하면서 증거로 함에 부동의하는 경우, 피의자신문에 참여하였던 통역인이 공판정에 증인으로 출석하여 甲이 진술한 대로 기재되어 있다고 증언한 것만으로는 피의자신문조서의 실질적 진정성립을 인정할 수 없다.　　변호사시험 제7회

해설 ✏️ 실질적 진정성립을 증명할 수 있는 방법으로서 형사소송법 제312조 제2항에 예시되어 있는 영상녹화물의 경우 형사소송법 및 형사소송규칙에 의하여 영상녹화의 과정, 방식 및 절차 등이 엄격하게 규정되어 있는데다(형사소송법 제244조의2, 형사소송규칙 제134조의2 제3항, 제4항, 제5항 등) 피의자의 진술을 비롯하여 검사의 신문 방식 및 피의자의 답변 태도 등 조사의 전 과정이 모두 담겨 있어 피고인이 된 피의자의 진술 내용 및 취지를 과학적·기계적으로 재현해 낼 수 있으므로 조서의 내용과 검사 앞에서의 진술 내용을 대조할 수 있는 수단으로서의 객관성이 보장되어 있다고 볼 수 있으나, 피고인을 피의자로 조사하였거나 조사에 참여하였던 자들의 증언은 오로지 증언자의 주관적 기억 능력에 의존할 수밖에 없어 객관성이 보장되어 있다고 보기 어렵다. 결국 검사 작성의 피의자신문조서에 대한 실질적 진정성립을 증명할 수 있는 수단으로서 형사소송법 제312조 제2항에 규정된 '영상녹화물이나 그 밖의 객관적인 방법'이란 형사소송법 및 형사소송규칙에 규정된 방식과 절차에 따라 제작된 영상녹화물 또는 그러한 영상녹화물에 준할 정도로 피고인의 진술을 과학적·기계적·객관적으로 재현해 낼 수 있는 방법만을 의미하고, 그 외에 조사관 또는 조사 과정에 참여한 통역인 등의 증언은 이에 해당한다고 볼 수 없다(대판 2016. 2. 18, 2015도16586).　　정답 – O

19 검사의 피고인에 대한 당해 공소사실에 관한 진술조서가 기소된 후에 작성된 것이라는 이유만으로도 당사자주의, 공판중심주의에 비추어 그 증거능력은 부정되어야 한다.
　　변호사시험 제7회

해설 ✏️ 기소 후 검사가 작성한 피고인에 대한 진술조서의 증거능력에 관하여 판례는 검사의 피고인에 대한 진술조서(당해 공소사실에 관한 것임)가 기소 후에 작성된 것이라는 이유만으로 곧 그 증거능력이 없는 것이라고 할 수 없다(대판 1982. 6. 8, 82도754)라고 판시하고 있다.
　　정답 – X

20 검찰에 송치되기 전에 검사가 작성한 구속 피의자에 대한 피의자신문조서도 작성주체에 따라 전문법칙의 예외를 인정하는 「형사소송법」의 규정체계에 따르는 한 적법한 검사 작성의 피의자신문조서로 볼 수밖에 없다. 변호사시험 제7회

> (해설) 검찰에 송치되기 전에 구속피의자로부터 받은 검사 작성의 피의자신문조서는 극히 이례에 속하는 것으로, 그와 같은 상태에서 작성된 피의자신문조서는 내용만 부인하면 증거능력을 상실하게 되는 사법경찰관 작성의 피의자신문조서상의 자백 등을 부당하게 유지하려는 수단으로 악용될 가능성이 있어, 그렇게 했어야 할 특별한 사정이 보이지 않는 한 **송치후에 작성된 피의자신문조서와 마찬가지로 취급하기는 어렵다**(대판 1994. 8. 9, 94도1228).
>
> 정답 – X

21 피고인이 조서의 진정성립을 인정한 경우 증거조사가 완료된 후에는 절차유지의 원칙상 일절 번복이 허용되지 않는다. 변호사시험 제7회

> (해설) 피고인이나 그 변호인이 검사 작성의 당해 피고인에 대한 피의자신문조서의 성립의 진정함을 인정하는 진술을 하였다 하더라도, 그 피의자신문조서에 대하여 구 형사소송법 (2007. 6. 1. 법률 제8496호로 개정되기 전의 것) 제292조에서 정한 증거조사가 완료되기 전에는 최초의 진술을 번복함으로써 그 피의자신문조서를 유죄 인정의 자료로 사용할 수 없도록 할 수 있으나, 그 피의자신문조서에 대하여 위의 증거조사가 완료된 뒤에는 그와 같은 번복의 의사표시에 의하여 이미 인정된 조서의 증거능력이 당연히 상실되는 것은 아니다. 다만, **적법절차 보장의 정신에 비추어 성립의 진정함을 인정한 최초의 진술에 그 효력을 그대로 유지하기 어려운 중대한 하자가 있고 그에 관하여 진술인에게 귀책사유가 없는 경우에 한하여 예외적으로 증거조사 절차가 완료된 뒤에도 그 진술을 취소할 수 있고**, 그 취소 주장이 이유 있는 것으로 받아들여지게 되면 법원은 구 형사소송규칙(2007. 10. 29. 대법원규칙 제2106호로 개정되기 전의 것) 제139조 제4항의 증거배제결정을 통하여 그 조서를 유죄 인정의 자료에서 제외하여야 한다(대판 2008. 7. 10, 2007도7760). 정답 – X

22 수사기관이 작성한 조서의 내용이 원진술자가 진술한 대로 기재된 것이라 함은 조서작성 당시 원진술자의 진술대로 기재되었는지의 여부만을 의미하는 것으로, 이와 같이 진술하게 된 연유나 그 진술의 신빙성 여부는 고려할 것이 아니다. 변호사시험 제7회

> (해설) 수사기관이 작성한 조서의 내용이 원진술자가 진술한 대로 기재된 것이라 함은 조서 작성 당시 원진술자의 진술대로 기재되었는지의 여부만을 의미하는 것으로, 그와 같이 진술하게 된 연유나 그 진술의 신빙성 여부는 고려할 것이 아니며, 한편 검사가 피의자나 피의자 아닌 자의 진술을 기재한 조서 중 일부에 관하여만 원진술자가 공판준비 또는 공판기일에서 실질적 진정성립을 인정하는 경우에는 법원은 당해 조서 중 어느 부분이 원진술자가 진술한 대로 기재되어 있고 어느 부분이 달리 기재되어 있는지 여부를 구체적으로 심리한 다음 진술한 대로 기재되어 있다고 하는 부분에 한하여 증거능력을 인정하여야 하고, 그 밖에 실질적 진정성립이 부정되는 부분에 대해서는 증거능력을 부정하여야 한다(대판 2005. 6. 10, 2005도 1849). 정답 – O

23 검사가 작성한 참고인진술조서에 대하여 피고인이 증거로 함에 부동의한 경우, 원진술자가 법정에서 검사나 재판장의 신문에 대하여 수사기관에서 사실대로 진술하였다는 취지로 증언하더라도, 원진술자가 그 진술기재의 내용을 열람하거나 고지받지 못한 채로 그와 같이 증언한 것이라면 그 진술조서는 증거능력이 없다   변호사시험 제6회

> **해설** 🖉 피고인이 사법경찰리 작성의 공소외인에 대한 피의자신문조서, 진술조서 및 검사 작성의 피고인에 대한 피의자신문조서 중 위 공소외인의 진술기재 부분을 증거로 함에 부동의하였고, 원진술자인 위 공소외인이 제1심 및 항소심에서 증인으로 나와 그 진술기재의 내용을 열람하거나 고지받지 못한 채 단지 검사나 재판장의 신문에 대하여 수사기관에서 사실대로 진술하였다는 취지의 증언만을 하고 있을 뿐이라면, 그 피의자신문조서와 진술조서는 증거능력이 없어 이를 유죄의 증거로 삼을 수 없다(대판 1994. 11. 11, 94도343).   정답 - ○

24 공무원인 甲은 화물자동차운송회사의 대표인 乙의 교사를 받고 허위의 사실을 기재한 화물자동차운송사업변경(증차)허가신청 검토보고서를 작성하여 그 사정을 모르는 최종 결재자인 담당과장의 결재를 받았다. 위 운송회사의 경리직원인 丙은 사법경찰관 A로부터 甲과 乙에 대한 위 피의사건의 참고인으로 조사를 받게 되자 그 사건에 관하여 허위내용의 사실확인서(증거1)를 작성하여 A에게 제출하고 참고인 진술을 할 당시 위 확인서에 기재된 내용과 같이 허위진술을 하였고, A는 丙에 대한 진술조서를 작성하였다. 검사 P는 丙을 참고인으로 조사하면서 진술조서를 작성하고 그 전 과정을 영상녹화 하였다. 그 후 丙은 이 사건에 관하여 제3자와 대화를 하면서 서로 허위로 진술하고 그 진술을 녹음하여 녹음파일(증거2)을 만들어 검사에게 제출하였다. 검사는 甲과 乙을 기소하였다. 이 경우, 형사소송법에서 A와 P가 작성한, 丙에 대한 참고인 진술조서의 증거능력인정요건은 동일하지 않다.   변호사시험 제4회

> **해설** 🖉
>
> > 〔형사소송법 제312조(검사 또는 사법경찰관의 조서 등)〕 ④ 검사 또는 사법경찰관이 피고인이 아닌 자의 진술을 기재한 조서는 적법한 절차와 방식에 따라 작성된 것으로서 그 조서가 검사 또는 사법경찰관 앞에서 진술한 내용과 동일하게 기재되어 있음이 원진술자의 공판준비 또는 공판기일에서의 진술이나 영상녹화물 또는 그 밖의 객관적인 방법에 의하여 증명되고, 피고인 또는 변호인이 공판준비 또는 공판기일에 그 기재 내용에 관하여 원진술자를 신문할 수 있었던 때에는 증거로 할 수 있다. 다만, 그 조서에 기재된 진술이 특히 신빙할 수 있는 상태하에서 행하여졌음이 증명된 때에 한한다.
>
> → 모두 제312조 제4항에 따라 증거능력이 판단되어야 하므로 틀린 지문이다.   정답 - X

25 참고인이 수사과정에서 진술서를 작성하였지만 수사기관이 그에 대한 조사과정을 기록하지 아니한 경우에는, 특별한 사정이 없는 한 '적법한 절차와 방식'에 따라 수사과정에서 진술서가 작성되었다 할 수 없으므로 증거능력을 인정할 수 없다.   변호사시험 제6회

해설 형사소송법 제221조 제1항, 제244조의4 제1항, 제3항, 제312조 제4항, 제5항 및 그 입법 목적 등을 종합하여 보면, 피고인이 아닌 자가 수사과정에서 진술서를 작성하였지만 수사기관이 그에 대한 조사과정을 기록하지 아니하여 형사소송법 제244조의4 제3항, 제1항에서 정한 절차를 위반한 경우에는, 특별한 사정이 없는 한 '적법한 절차와 방식'에 따라 수사과정에서 진술서가 작성되었다 할 수 없으므로 증거능력을 인정할 수 없다(대판 2015. 4. 23, 2013도3790).

정답 - ○

26 컴퓨터디스크에 기억된 문자정보를 증거로 제출하는 경우에는 이를 읽을 수 있도록 출력하여 인증한 등본으로 낼 수 있다.

변호사시험 제1회

해설

〔형사소송규칙 제134조의7(컴퓨터용디스크 등에 기억된 문자정보 등에 대한 증거조사)〕
① 컴퓨터용디스크 그 밖에 이와 비슷한 정보저장매체(다음부터 이 조문 안에서 이 모두를 '컴퓨터디스크 등'이라 한다)에 기억된 문자정보를 증거자료로 하는 경우에는 읽을 수 있도록 출력하여 인증한 등본을 낼 수 있다.

정답 - ○

27 컴퓨터디스크에 기억된 문자정보를 증거로 하는 경우에 상대방이 요구한 때에는 컴퓨터디스크에 입력한 사람과 입력한 일시, 출력한 사람과 출력한 일시를 밝혀야 한다.

변호사시험 제1회

해설

〔형사소송규칙 제134조의7(컴퓨터용디스크 등에 기억된 문자정보 등에 대한 증거조사)〕
② 컴퓨터디스크 등에 기억된 문자정보를 증거로 하는 경우에 증거조사를 신청한 당사자는 법원이 명하거나 상대방이 요구한 때에는 컴퓨터디스크 등에 입력한 사람과 입력한 일시, 출력한 사람과 출력한 일시를 밝혀야 한다.

정답 - ○

28 디지털 저장매체로부터 출력한 문건을 증거로 사용하기 위해서는 정보저장매체 원본에 저장된 내용과 출력한 문건의 동일성이 인정되어야 하고, 이를 위해서는 디지털 저장매체원본이 압수시부터 문건 출력시까지 변경되지 않았음이 담보되어야 한다.

변호사시험 제1회

해설 압수물인 디지털 저장매체로부터 출력한 문건을 증거로 사용하기 위해서는 디지털 저장매체 원본에 저장된 내용과 출력한 문건의 동일성이 인정되어야 하고, 이를 위해서는 디지털 저장매체 원본이 압수시부터 문건 출력시까지 변경되지 않았음이 담보되어야 한다(대판 2007. 12. 13, 2007도7257).

정답 - ○

29 복제한 정보저장매체로부터 출력한 문건을 증거로 사용하기 위해서는 정보저장매체 원본과 복제한 매체 사이에 자료의 동일성도 인정되어야 할 뿐만 아니라, 이를 확인하는 과정에서 이용한 컴퓨터의 기계적 정확성, 프로그램의 신뢰성, 입력·처리·출력의 각 단계에서 조작자의 전문적인 기술능력과 정확성이 담보되어야 한다. 변호사시험 제1회

> **해설** ✐ 디지털 저장매체 원본을 대신하여 저장매체에 저장된 자료를 '하드카피' 또는 '이미징' 한 매체로부터 출력한 문건의 경우에는 디지털 저장매체 원본과 '하드카피' 또는 '이미징'한 매체 사이에 자료의 동일성도 인정되어야 할 뿐만 아니라, 이를 확인하는 과정에서 이용한 컴퓨터의 기계적 정확성, 프로그램의 신뢰성, 입력·처리·출력의 각 단계에서 조작자의 전문적인 기술능력과 정확성이 담보되어야 한다(대판 2007. 12. 13, 2007도7257). 정답 - ○

30 디지털 저장매체로부터 출력한 문건을 진술증거로 사용하는 경우, 그 기재 내용의 진실성에 관하여는 전문법칙이 적용되므로, 문서의 압수·수색의 주체가 검사인가 사법경찰관인가에 따라 증거능력의 인정요건이 달라지게 된다. 변호사시험 제1회

> **해설** ✐ 증거능력의 인정요건은 형사소송법 제313조에 따라 결정되므로 문서의 압수·수색의 주체가 검사인가 사법경찰관인가는 문제되지 않는다(아래 「31번 문제」 해설 참고). 정답 - X

31 압수된 정보저장매체로부터 출력한 문건을 진술증거로 사용하는 경우, 그 기재 내용의 진실성에 관하여는 전문법칙이 적용되므로 형사소송법 제313조 제1항에 따라 증거능력이 결정된다. 변호사시험 제4회

> **해설** ✐ 압수된 디지털 저장매체로부터 출력한 문건을 진술증거로 사용하는 경우, 그 기재 내용의 진실성에 관하여는 전문법칙이 적용되므로 형사소송법 제313조 제1항에 따라 그 작성자 또는 진술자의 진술에 의하여 그 성립의 진정함이 증명된 때에 한하여 **이를 증거로 사용할 수 있다**(대판 2007. 12. 13, 2007도7257). 정답 - ○

32 변호사 甲이 법률자문 과정에서 작성한 법률의견서는 전문증거로서 공판준비 또는 공판기일에서 그 작성자 또는 진술자인 甲의 진술에 의하여 그 성립의 진정함이 증명되어야 증거능력을 인정할 수 있다. 변호사시험 제4회

> **해설** ✐ 甲 주식회사 및 그 직원인 피고인들이 정비사업전문관리업자의 임원에게 甲 회사가 주택재개발사업 시공사로 선정되게 해 달라는 청탁을 하면서 금원을 제공하였다고 하여 구 건설산업기본법(2011. 5. 24. 법률 제10719호로 개정되기 전의 것) 위반으로 기소되었는데, 변호사가 법률자문 과정에 작성하여 甲 회사 측에 전송한 전자문서를 출력한 '법률의견서'에 대하여 피고인들이 증거로 함에 동의하지 아니하고, 변호사가 원심 공판기일에 증인으로 출석하였으나 증언할 내용이 甲 회사로부터 업무상 위탁을 받은 관계로 알게 된 타인의 비밀에 관한 것임을 소명한 후 증언을 거부한 사안에서, 위 법률의견서는 압수된 디지털 저장매체로부터 출력한 문건으로서 실질에 있어서 형사소송법 제313조 제1항에 규정된 '피고인 아닌 자가 작성한 진술서나 그 진술을 기재한 서류'에 해당하는데, 공판준비 또는 공판기일에서 작성자

또는 진술자인 변호사의 진술에 의하여 성립의 진정함이 증명되지 아니하였으므로 위 규정에 의하여 증거능력을 인정할 수 없고, 나아가 원심 공판기일에 출석한 변호사가 그 진정성립 등에 관하여 진술하지 아니한 것은 형사소송법 제149조에서 정한 바에 따라 정당하게 증언거부권을 행사한 경우에 해당하므로 형사소송법 제314조에 의하여 증거능력을 인정할 수도 없다는 이유로, 원심이 이른바 변호인·의뢰인 특권에 근거하여 위 의견서의 증거능력을 부정한 것은 적절하다고 할 수 없으나, 위 의견서의 증거능력을 부정하고 나머지 증거들만으로 유죄를 인정하기 어렵다고 본 결론은 정당하다고 한 사례[대판(전합) 2012. 5. 17, 2009도6788].

정답 ― ○

33 검사가 공판기일에서 이미 증언을 마친 증인을 소환하여 피고인에게 유리한 증언 내용을 추궁한 다음 그로 하여금 본인의 증언 내용을 번복하는 내용의 진술서를 작성하도록 하여 법원에 제출한 경우, 이러한 진술서는 피고인이 증거로 할 수 있음에 동의하여도 증거능력이 없다.
변호사시험 제6회

(해설) 공판준비 또는 공판기일에서 이미 증언을 마친 증인을 검사가 소환한 후 피고인에게 유리한 증언 내용을 추궁하여 이를 일방적으로 번복시키는 방식으로 작성한 진술조서를 유죄의 증거로 삼는 것은 당사자주의·공판중심주의·직접주의를 지향하는 현행 형사소송법의 소송구조에 어긋나는 것일 뿐만 아니라, 헌법 제27조가 보장하는 기본권, 즉 법관의 면전에서 모든 증거자료가 조사·진술되고 이에 대하여 피고인이 공격·방어할 수 있는 기회가 실질적으로 부여되는 재판을 받을 권리를 침해하는 것이므로, 이러한 진술조서는 피고인이 증거로 할 수 있음에 동의하지 아니하는 한 증거능력이 없다고 할 것이고, 이러한 법리는 검사가 공판준비기일 또는 공판기일에서 이미 증언을 마친 증인을 소환하여 피고인에게 유리한 증언 내용을 추궁한 다음 진술조서를 작성하는 대신 그로 하여금 본인의 증언 내용을 번복하는 내용의 진술서를 작성하도록 하여 법원에 제출한 경우에도 마찬가지로 적용된다(대판 2012. 6. 14, 2012도534).

정답 ― X

34 사인(私人)이 피고인 아닌 자의 진술을 녹음한 녹음테이프에 대하여 법원이 실시한 검증의 내용이, 녹음테이프에 녹음된 대화내용이 검증조서에 첨부된 녹취서에 기재된 내용과 같다는 것에 불과한 경우, 그 검증조서는 형사소송법 제311조의 '법원의 검증의 결과를 기재한 조서'에 해당하여 그 조서 중 위 진술내용은 위 제311조에 의하여 증거능력이 인정된다.
변호사시험 제3회

(해설) 법원이 녹음테이프에 대하여 실시한 검증의 내용이 녹음테이프에 녹음된 전화대화 내용이 녹취서에 기재된 것과 같다는 것에 불과한 경우 증거자료가 되는 것은 여전히 녹음테이프에 녹음된 대화 내용임에는 변함이 없으므로, 그와 같은 녹음테이프의 녹음 내용이나 검증조서의 기재는 실질적으로는 공판준비 또는 공판기일에서의 진술에 대신하여 진술을 기재한 서류와 다를 바 없어서 형사소송법 제311조 내지 제315조에 규정한 것이 아니면 이를 유죄의 증거로 할 수 없다(대판 1996. 10. 15, 96도1669).

→ 실질적으로 공판준비 또는 공판기일에서의 진술을 기재한 서류이므로 법원의 검증의 결과를 기재한 조서에 해당하지 않는다. [정답] - X

35 감정인이 법원의 명에 의하여 감정을 하고 그 감정결과를 기재한 감정서는 직무상 증명할 수 있는 사항에 관하여 작성한 문서이므로 피고인이 증거로 함에 부동의하더라도 당연히 증거능력이 있다. 변호사시험 제3회

(해설)

[형사소송법 제313조(진술서 등)] ① 전2조의 규정 이외에 피고인 또는 피고인이 아닌 자가 작성한 진술서나 그 진술을 기재한 서류로서 그 작성자 또는 진술자의 자필이거나 그 서명 또는 날인이 있는 것(피고인 또는 피고인 아닌 자가 작성하였거나 진술한 내용이 포함된 문자·사진·영상 등의 정보로서 컴퓨터용디스크, 그 밖에 이와 비슷한 정보저장매체에 저장된 것을 포함한다. 이하 이 조에서 같다)은 공판준비나 공판기일에서의 그 작성자 또는 진술자의 진술에 의하여 그 성립의 진정함이 증명된 때에는 증거로 할 수 있다. 단, 피고인의 진술을 기재한 서류는 공판준비 또는 공판기일에서의 그 작성자의 진술에 의하여 그 성립의 진정함이 증명되고 그 진술이 특히 신빙할 수 있는 상태하에서 행하여 진 때에 한하여 피고인의 공판준비 또는 공판기일에서의 진술에 불구하고 증거로 할 수 있다. ② 제1항 본문에도 불구하고 진술서의 작성자가 공판준비나 공판기일에서 그 성립의 진정을 부인하는 경우에는 과학적 분석결과에 기초한 디지털포렌식 자료, 감정 등 객관적 방법으로 성립의 진정함이 증명되는 때에는 증거로 할 수 있다. 다만, 피고인 아닌 자가 작성한 진술서는 피고인 또는 변호인이 공판준비 또는 공판기일에 그 기재 내용에 관하여 작성자를 신문할 수 있었을 것을 요한다. ③ **감정의 경과와 결과를 기재한 서류도 제1항 및 제2항과 같다.**

→ 형사소송법 제313조 전문법칙의 예외 요건을 충족해야 하므로 당연히 증거능력이 있는 것은 아니다. [정답] - X

36 甲女는 A연구소 마당에 승용차를 세워 두고 그곳에서 약 20m 떨어진 마당 뒤편에서 절취하기 위하여 타인 소유의 나무 한 그루를 캐내었으나, 이 나무는 높이가 약 150cm 이상, 폭이 약 1m 정도로 상당히 커서 甲이 혼자서 이를 운반하기 어려웠다. 이에 甲은 남편인 乙에게 전화를 하여 사정을 이야기하고 나무를 차에 싣는 것을 도와 달라고 말하였는데, 이를 승낙하고 잠시 후 현장에 온 乙은 甲과 함께 나무를 승용차까지 운반하였다. 그후 甲은 친구인 丙에게 위 절취사실을 말해 주었다. 이 때, 甲에 대하여 구속영장이 청구되어 甲은 구속전피의자심문을 받으면서 자신의 범죄사실을 인정하였더라도 구속전피의자심문조서에 대하여 甲 또는 甲의 변호인이 증거로 함에 동의하지 않을 경우 甲의 공소사실을 인정하는 증거로 사용할 수 없다. 변호사시험 제2회

(해설) **구속적부심문조서의 증거능력 유무**에 관하여 판례는 구속적부심은 구속된 피의자 또는 그 변호인 등의 청구로 수사기관과는 별개 독립의 기관인 법원에 의하여 행하여지는 것으

로서 구속된 피의자에 대하여 피의사실과 구속사유 등을 알려 그에 대한 자유로운 변명의 기회를 주어 구속의 적부를 심사함으로써 피의자의 권리보호에 이바지하는 제도인바, 법원 또는 합의부원, 검사, 변호인, 청구인이 구속된 피의자를 심문하고 그에 대한 피의자의 진술 등을 기재한 **구속적부심문조서**는 형사소송법 제311조가 규정한 문서에는 해당하지 않는다 할 것이나, 특히 신용할 만한 정황에 의하여 작성된 문서라고 할 것이므로 특별한 사정이 없는 한, **피고인이 증거로 함에 부동의하더라도 형사소송법 제315조 제3호에 의하여 당연히 그 증거능력이 인정된다**(대판 2004. 1. 16, 2003도5693)라고 판시하고 있다.

> 〔형사소송법 제315조(당연히 증거능력이 있는 서류)〕 다음에 게기한 서류는 증거로 할 수 있다.
> 1. 가족관계기록사항에 관한 증명서, 공정증서등본 기타 공무원 또는 외국공무원의 직무상 증명할 수 있는 사항에 관하여 작성한 문서
> 2. 상업장부, 항해일지 기타 업무상 필요로 작성한 통상문서
> 3. 기타 특히 신용할 만한 정황에 의하여 작성된 문서

정답 — X

37 甲이 공무원 乙에게 뇌물 4,000만 원을 제공하였다는 범죄사실로 甲과 乙이 함께 공소제기되어 공동피고인으로 재판을 받으면서 甲은 자백하나, 乙은 뇌물을 받은 사실이 없다고 주장하며 다투고 있다. 변론분리 후 甲이 증언하는 과정에서 "뇌물을 제공받은 乙이 저에게 '국가와 민족을 위해 잘 쓰겠습니다.'라고 말했습니다."라고 진술한 경우, 乙의 위 진술내용은 특신상태가 증명된 때에 한하여 증거로 할 수 있다.　　　　변호사시험 제7회

해설 ✎　공범인 공동피고인은 당해 소송절차에서는 피고인의 지위에 있으므로 다른 공동피고인에 대한 공소사실에 관하여 증인이 될 수 없으나, 소송절차가 분리되어 피고인의 지위에서 벗어나게 되면 다른 공동피고인에 대한 공소사실에 관하여 증인이 될 수 있다(대판 2008. 6. 26, 2008도3300).

> 〔형사소송법 제316조(전문의 진술)〕 ① 피고인이 아닌 자(공소제기 전에 피고인을 피의자로 조사하였거나 그 조사에 참여하였던 자를 포함한다. 이하 이 조에서 같다)의 공판준비 또는 공판기일에서의 진술이 피고인의 진술을 그 내용으로 하는 것인 때에는 그 진술이 특히 신빙할 수 있는 상태하에서 행하여졌음이 증명된 때에 한하여 이를 증거로 할 수 있다.

→ 甲과 乙은 대향범으로서 공범이나, 변론이 분리되어 증언하고 있으므로 공범이더라도 진술의 증거능력이 문제되지 않는다. 나아가 乙의 진술은 피고인의 진술을 내용으로 하는 피고인이 아닌 자의 공판기일에서의 진술이므로 특신상태가 증명된 때에 한하여 증거로 할 수 있다.

정답 — O

38 甲은 A의 재물을 강취한 후 A를 살해할 목적으로 A가 살고 있는 집에 방화하여 A는 사망하였다. 그 후 수사망을 피해 도피 중이던 甲은 자신의 누나 丁에게 도피자금을 부탁하였고, 丁은 甲에게 도피자금을 송금하였다. 한편 사법경찰관 丙은 丁의 동의를 얻은 후 강도살인과 방화와 관련된 甲과 丁 사이의 통화내용을 녹음하여 녹음테이프를 검사에게 증거로 제출하였다. 丙이 증거로 제출한 녹음테이프에 대해서는 丙이 공판정에서 성립의 진정을 인정하더라도 증거능력이 인정되지 않는다. 변호사시험 제3회

해설 ✎ 구 통신비밀보호법(2001. 12. 29. 법률 제6546호로 개정되기 전의 것)에서는 그 규율의 대상을 통신과 대화로 분류하고 그 중 통신을 다시 우편물과 전기통신으로 나눈 다음, 동법 제2조 제3호로 '전기통신'이라 함은 유선·무선·광선 및 기타의 전자적 방식에 의하여 모든 종류의 음향·문언·부호 또는 영상을 송신하거나 수신하는 것을 말한다고 규정하고 있는바, 전화통화가 위 법에서 규정하고 있는 전기통신에 해당함은 전화통화의 성질 및 위 규정 내용에 비추어 명백하므로 이를 동법 제3조 제1항 소정의 '타인간의 대화'에 포함시킬 수는 없고, 나아가, 동법 제2조 제7호가 규정한 '전기통신의 감청'은 그 전호의 '우편물의 검열' 규정과 아울러 고찰할 때 제3자가 전기통신의 당사자인 송신인과 수신인의 동의를 받지 아니하고 같은 호 소정의 각 행위를 하는 것만을 말한다고 풀이함이 상당하다고 할 것이므로, 전기통신에 해당하는 전화통화 당사자의 일방이 상대방 모르게 통화내용을 녹음(위 법에는 '채록'이라고 규정한다)하는 것은 여기의 감청에 해당하지 아니하지만(따라서 전화통화 당사자의 일방이 상대방 몰래 통화내용을 녹음하더라도, 대화 당사자 일방이 상대방 모르게 그 대화내용을 녹음한 경우와 마찬가지로 동법 제3조 제1항 위반이 되지 아니한다), **제3자의 경우는 설령 전화통화 당사자 일방의 동의를 받고 그 통화내용을 녹음하였다 하더라도 그 상대방의 동의가 없었던 이상**, 사생활 및 통신의 불가침을 국민의 기본권의 하나로 선언하고 있는 헌법규정과 통신비밀의 보호와 통신의 자유신장을 목적으로 제정된 통신비밀보호법의 취지에 비추어 **이는 동법 제3조 제1항 위반이 된다**고 해석하여야 할 것이다(이 점은 제3자가 공개되지 아니한 타인간의 대화를 녹음한 경우에도 마찬가지이다)(대판 2002. 10. 8, 2002도123).

> [통신비밀보호법 제4조(불법검열에 의한 우편물의 내용과 불법감청에 의한 전기통신내용의 증거사용 금지)] 제3조의 규정에 위반하여, 불법검열에 의하여 취득한 우편물이나 그 내용 및 불법감청에 의하여 지득 또는 채록된 전기통신의 내용은 재판 또는 징계절차에서 증거로 사용할 수 없다.

→ 대화 당사자가 아닌 丙이 甲과 丁 사이의 통화내용을 녹음한 것은 통신비밀보호법 제3조에 위반한 것이므로, 동법 제4조에 따라 그 녹음테이프는 증거능력이 인정되지 않는다.

정답 ─ ○

39 19세 미만의 피해자 등에 대하여 성폭력범죄의 처벌 등에 관한 특례법에 규정된 절차에 따라 촬영한 영상물에 수록된 피해자의 진술은 공판준비 또는 공판기일에 피해자나 조사과정에 동석하였던 신뢰관계에 있는 사람 또는 진술조력인의 진술에 의하여 그 성립의 진정함이 인정된 경우에 증거로 할 수 있다. 변호사시험 제4회

해설 ✎ 「40번 문제」해설 참조 정답 - ○

40 19세 미만의 성폭력범죄의 피해자의 진술 내용과 조사 과정을 촬영한 영상물에 수록된 피해자의 진술은 그 피해자가 공판기일에 출석하지 아니하더라도 조사 과정에 동석하였던 신뢰관계인의 공판기일에서의 진술에 의하여 그 성립의 진정함이 인정되었다면 증거로 사용할 수 있다.　　　　　　　　　　　　　　　　　　　　　　　변호사시험 제6회

해설 ✎

> 〔성폭력범죄의 처벌 등에 관한 특례법 제30조(영상물의 촬영·보존 등)〕① 성폭력범죄의 피해자가 19세 미만이거나 신체적인 또는 정신적인 장애로 사물을 변별하거나 의사를 결정할 능력이 미약한 경우에는 피해자의 진술 내용과 조사 과정을 비디오녹화기 등 영상물 녹화장치로 촬영·보존하여야 한다. ⑥ 제1항에 따라 촬영한 영상물에 수록된 피해자의 진술은 공판준비기일 또는 공판기일에 피해자나 조사 과정에 동석하였던 신뢰관계에 있는 사람 또는 진술조력인의 진술에 의하여 그 성립의 진정함이 인정된 경우에 증거로 할 수 있다.

정답 - ○

41 공무원인 甲은 화물자동차운송회사의 대표인 乙의 교사를 받고 허위의 사실을 기재한 화물자동차운송사업변경(증차)허가신청 검토보고서를 작성하여 그 사정을 모르는 최종 결재자인 담당과장의 결재를 받았다. 위 운송회사의 경리직원인 丙은 사법경찰관 A로부터 甲과 乙에 대한 위 피의사건의 참고인으로 조사를 받게 되자 그 사건에 관하여 허위내용의 사실확인서(증거1)를 작성하여 A에게 제출하고 참고인 진술을 할 당시 위 확인서에 기재된 내용과 같이 허위진술을 하였고, A는 丙에 대한 진술조서를 작성하였다. 검사 P는 丙을 참고인으로 조사하면서 진술조서를 작성하고 그 전 과정을 영상녹화 하였다. 그 후 丙은 이 사건에 관하여 제3자와 대화를 하면서 서로 허위로 진술하고 그 진술을 녹음하여 녹음파일(증거2)을 만들어 검사에게 제출하였다. 검사는 甲과 乙을 기소하였다. 이 경우, P가 丙의 진술을 녹화한 영상녹화물은 甲에 대한 공소사실을 직접 증명할 수 있는 독립적인 증거로 사용할 수 있다.　　　　　　　　　　　　　　　　　　　　변호사시험 제4회

해설 ✎ 2007. 6. 1. 법률 제8496호로 개정되기 전의 형사소송법에는 없던 수사기관에 의한 피의자 아닌 자(이하 '참고인'이라 한다) 진술의 영상녹화를 새로 정하면서 그 용도를 참고인에 대한 진술조서의 실질적 진정성립을 증명하거나 참고인의 기억을 환기시키기 위한 것으로 한정하고 있는 현행 형사소송법의 규정 내용을 영상물에 수록된 성범죄 피해자의 진술에 대하여 독립적인 증거능력을 인정하고 있는 성폭력범죄의 처벌 등에 관한 특례법 제30조 제6항 또는 아동·청소년의 성보호에 관한 법률 제26조 제6항의 규정과 대비하여 보면, 수사기관이 참고인을 조사하는 과정에서 형사소송법 제221조 제1항에 따라 작성한 영상녹화물은, 다른 법률에서 달리 규정하고 있는 등의 특별한 사정이 없는 한, 공소사실을 직접 증명할 수 있는 <u>독립적인 증거로 사용될 수는 없다</u>고 해석함이 타당하다(대판 2014. 7. 10, 2012도5041).

> [제221조(제3자의 출석요구 등)] ① 검사 또는 사법경찰관은 수사에 필요한 때에는 피의자가 아닌 자의 출석을 요구하여 진술을 들을 수 있다. 이 경우 그의 동의를 받아 영상녹화할 수 있다.

정답 – X

42 피고인 또는 피고인이 아닌 자의 진술을 내용으로 하는 영상녹화물은 공판준비 또는 공판기일에 피고인 또는 피고인이 아닌 자가 진술함에 있어서 기억이 명백하지 아니한 사항에 관하여 기억을 환기시켜야 할 필요가 있다고 인정되는 경우에 피고인 또는 피고인이 아닌 자에게 재생하여 시청하게 할 수 있다. 변호사시험 제4회

해설 ✎

> [형사소송법 제318조의2(증명력을 다투기 위한 증거)] ① 제312조부터 제316조까지의 규정에 따라 증거로 할 수 없는 서류나 진술이라도 공판준비 또는 공판기일에서의 피고인 또는 피고인이 아닌 자(공소제기 전에 피고인을 피의자로 조사하였거나 그 조사에 참여하였던 자를 포함한다. 이하 이 조에서 같다)의 진술의 증명력을 다투기 위하여 증거로 할 수 있다. ② 제1항에도 불구하고 피고인 또는 피고인이 아닌 자의 진술을 내용으로 하는 영상녹화물은 공판준비 또는 공판기일에 피고인 또는 피고인이 아닌 자가 진술함에 있어서 기억이 명백하지 아니한 사항에 관하여 기억을 환기시켜야 할 필요가 있다고 인정되는 때에 한하여 피고인 또는 피고인이 아닌 자에게 재생하여 시청하게 할 수 있다.

정답 – O

43 사법경찰관은 甲, 乙의 범행과정을 재연한 검증조서를 작성하면서 범행재연사진을 검증조서에 첨부하였다. 甲, 乙이 검증조서에 첨부되어 있는 범행재연사진에 대하여 부동의하는 경우, 범행재연사진은 증거능력이 없다. 변호사시험 제7회

해설 ✎ 피고인이 사법경찰관 작성의 검증조서 중 자신의 진술 또는 범행재연 사진 부분을 부인하는 경우, 그 부분의 증거능력 유무(소극) 및 그 경우 검증조서 전부를 유죄의 증거로 인용한 조치의 적부(소극)

(판결이유 중)······ '사법경찰관이 작성한 검증조서'에는 이 사건 범행에 부합되는 피의자이었던 피고인의 진술기재 부분이 포함되어 있고 또한 범행을 재연하는 사진이 첨부되어 있으나, 기록에 의하면 피고인이 위 검증조서에 대하여 증거로 함에 동의만 하였을 뿐 공판정에서 검증조서에 기재된 진술내용 및 범행을 재연한 부분에 대하여 그 성립의 진정 및 내용을 인정한 흔적을 찾아 볼 수 없고 오히려 이를 부인하고 있으므로 그 증거능력을 인정할 수 없는 바,······(대판 1998. 3. 13, 98도159).

정답 – O

다음 〈사례〉에 관한 설명에 답하시오.(다툼이 있는 경우에는 판례에 의함) 변호사시험 제1회

〈사 례〉

ⓐ 甲은 피해자 乙(만 17세)을 강간하였다.

ⓑ 乙은 丙(乙의 母)에게 강간피해사실을 알렸다.

ⓒ 丙은 丁(성폭력상담소장)에게 乙의 강간피해사실을 말하고, 丁의 조언에 따라 甲을 강간죄로 고소하였다.

ⓓ 戊(乙의 父)는 丙에게 이 사실을 전해 듣고 甲을 찾아가 따지자 甲은 강간사실을 인정하고 사죄하였다.

ⓔ 검사는 乙에 대한 진술조서, 丙에 대해서는 乙로부터 사건에 관해 들었다는 취지의 진술조서, 戊에 대해서는 甲이 강간사실을 시인하였다는 취지의 진술조서를 작성하였다.

ⓕ 검사는 甲을 소환하여 조사하였으나 甲은 혐의를 부인하였고, 甲은 기소된 후 공판정에서도 공소사실을 부인하였다.

ⓖ 검사는 乙과 戊를 증인으로 신청했지만, 乙은 정상적인 진술이 전혀 불가능한 정도의 심각한 정신병으로 출석할 수 없었고, 戊는 甲에 대한 공소제기 전에 사망하였음이 확인되었다.

ⓗ 검사는 丙과 丁을 증인으로 신청하였고, 乙, 丙, 戊에 대한 각 검사작성 진술조서를 증거로 제출하였으며, 丙은 공판정에서 자신에 대한 진술조서의 진정성립을 인정하였다(조서작성 방식과 절차는 적법하였고, 증인신문절차에서의 반대신문의 기회는 보장되었음).

44 丙이 '乙이 甲으로부터 강간당했다'는 취지의 증언을 한 경우, 乙이 丙에게 한 진술이 특히 신빙할 수 있는 상태에서 행하여졌다면 丙의 위 증언은 증거능력이 있다.

해설 ✎

〔형사소송법 제316조(전문의 진술)〕② 피고인 아닌 자의 공판준비 또는 공판기일에서의 진술이 피고인 아닌 타인의 진술을 그 내용으로 하는 것인 때에는 원진술자가 사망, 질병, 외국거주, 소재불명 그 밖에 이에 준하는 사유로 인하여 진술할 수 없고, 그 진술이 특히 신빙할 수 있는 상태하에서 행하여졌음이 증명된 때에 한하여 이를 증거로 할 수 있다.

→ 피고인 아닌 丙이 피고인 아닌 乙의 진술을 전문한 것이다. 이 경우에는 제316조 제2항에 따라 필요성과 특신상태가 충족되면 증거능력이 인정된다. 설문의 경우 乙이 정상적인 진술이 전혀 불가능한 정도의 심각한 정신병으로 출석할 수 없었던바, 필요성 요건은 충족되었다고 볼 것이므로 특신상태가 증명된다면 증거능력이 인정된다. 정답 ─ ○

45 丁이 '乙이 甲으로부터 강간당했다'는 취지의 증언을 한 경우, 乙이 丙에게 한, 丙이 丁에게 한 각 진술이 특히 신빙할 수 있는 상태에서 행하여졌다면 丁의 위 증언은 증거능력이 있다.

> **해설** 📝 형사소송법은 전문진술에 대하여 제316조에서 실질상 단순한 전문의 형태를 취하는 경우에 한하여 예외적으로 그 증거능력을 인정하는 규정을 두고 있을 뿐, **재전문진술이나 재전문진술을 기재한 조서에 대하여는** 달리 그 증거능력을 인정하는 규정을 두고 있지 아니하고 있으므로, 피고인이 증거로 하는 데 동의하지 아니하는 한 형사소송법 제310조의2의 규정에 의하여 이를 증거로 할 수 없다(대판 2000. 3. 10, 2000도159).
>
> → 丁이 피고인 아닌 자로서, 피고인 아닌 丙의 진술을 전문한 형태인데, 이는 丙이 피고인 아닌 乙의 진술을 전문한 것을 다시금 재전문한 것으로서, 이른바 재전문진술에 해당한다. 판례는 재전문진술의 경우 증거동의가 없는 한 증거능력이 없다고 하므로 각 진술의 특신상태가 인정되더라도 丁이 한 증언의 증거능력이 인정되지 않는다. [정답] – X

46 乙에 대한 검사 작성의 진술조서는 乙의 진술이 특히 신빙할 수 있는 상태에서 행하여졌다면 증거능력이 있다.

> **해설** 📝
>
> > 〔형사소송법 제314조(증거능력에 대한 예외)〕 제312조 또는 제313조의 경우에 공판준비 또는 공판기일에 **진술을 요하는 자가 사망·질병·외국거주·소재불명 그 밖에 이에 준하는 사유로 인하여 진술할 수 없는 때**에는 그 조서 및 그 밖의 서류(피고인 또는 피고인 아닌 자가 작성하였거나 진술한 내용이 포함된 문자·사진·영상 등의 정보로서 컴퓨터용디스크, 그 밖에 이와 비슷한 정보저장매체에 저장된 것을 포함한다)를 증거로 할 수 있다. 다만, 그 진술 또는 작성이 **특히 신빙할 수 있는 상태**하에서 행하여졌음이 증명된 때에 한한다.
>
> → 乙에 대한 검사작성진술조서는 제312조 제4항에 따라 증거능력이 판단되어야 하는데, 乙이 출석하지 못하여 제314조에 따라 필요성과 특신상태를 요건으로 증거능력이 판단되어야 한다. 이때 乙은 심각한 정신병으로 출석하지 못한바 제314조의 필요성 요건은 충족되었다고 볼 것인바, 특신상태가 증명된다면 증거능력이 인정된다. [정답] – O

47 丙에 대한 검사 작성의 진술조서 중 '乙이 甲으로부터 강간당했다'는 취지의 부분은 乙이 丙에게 한 진술 및 丙의 검찰 진술이 특히 신빙할 수 있는 상태에서 행하여졌다면 증거능력이 있다.

> **해설** 📝 전문진술이나 재전문진술을 기재한 조서는 형사소송법 제310조의2의 규정에 의하여 원칙적으로 증거능력이 없는 것인데, 다만 전문진술은 형사소송법 제316조 제2항의 규정에 따라 원진술자가 사망, 질병, 외국거주 기타 사유로 인하여 진술할 수 없고 그 진술이 특히 신빙할 수 있는 상태하에서 행하여진 때에 한하여 예외적으로 증거능력이 있다고 할 것이고, 전문진술이 기재된 조서는 형사소송법 제312조 또는 제314조의 규정에 의하여 각 그 증거능력이 인정될 수 있는 경우에 해당하여야 함을 물론 나아가 형사소송법 제316조 제2항의 규정에

따른 위와 같은 요건을 갖추어야 예외적으로 증거능력이 있다고 할 것인바, 여기서 '그 진술이 특히 신빙할 수 있는 상태하에서 행하여진 때'라 함은 그 진술을 하였다는 것에 허위개입의 여지가 거의 없고, 그 진술내용의 신빙성이나 임의성을 담보할 구체적이고 외부적인 정황이 있는 경우를 가리킨다(대판 2000. 3. 10, 2000도159).

> 〔형사소송법 제312조(검사 또는 사법경찰관의 조서 등)〕 ④ 검사 또는 사법경찰관이 피고인이 아닌 자의 진술을 기재한 조서는 적법한 절차와 방식에 따라 작성된 것으로서 그 조서가 검사 또는 사법경찰관 앞에서 진술한 내용과 동일하게 기재되어 있음이 원진술자의 공판준비 또는 공판기일에서의 진술이나 영상녹화물 또는 그 밖의 객관적인 방법에 의하여 증명되고, 피고인 또는 변호인이 공판준비 또는 공판기일에 그 기재 내용에 관하여 원진술자를 신문할 수 있었던 때에는 증거로 할 수 있다. 다만, 그 조서에 기재된 진술이 특히 신빙할 수 있는 상태하에서 행하여졌음이 증명된 때에 한한다.

→ 丙에 대한 검사작성진술조서는 이른바 전문진술(피고인 아닌 丙이 피고인 아닌 乙의 진술을 전문)을 기재한 조서에 해당한다. 따라서 제312조 제4항이 요건과 제316조 제2항의 요건을 동시에 갖추면 증거능력이 인정된다.

사례의 경우 제312조 제4항과 관련하여서는 적법한 절차와 방식에 따라 작성된 것으로서 丙의 공판정 진술에 의해 진정성립이 인정되고 丙에 대한 반대신문의 기회가 보장되었다. 따라서 특신상태가 증명되면 제312조 제4항이 요건은 모두 충족한다. 또한 제316조 제2항의 요건 역시 乙이 심각한 정신병으로 출석하지 못하여 필요성이 인정되므로 특신상태가 증명되면 모든 요건을 충족하게 된다.

[정답] — ○

48 戊에 대한 검사 작성의 진술조서 중 '甲이 乙에 대한 강간범행을 시인하였다'는 부분은 甲이 戊에게 한 진술 및 戊의 검찰 진술이 특히 신빙할 수 있는 상태에서 행하여졌다면 증거능력이 있다.

해설 ✎

> 〔형사소송법 제316조(전문의 진술)〕 ① 피고인이 아닌 자(공소제기 전에 피고인을 피의자로 조사하였거나 그 조사에 참여하였던 자를 포함한다. 이하 이 조에서 같다)의 공판준비 또는 공판기일에서의 진술이 피고인의 진술을 그 내용으로 하는 것인 때에는 그 진술이 특히 신빙할 수 있는 상태하에서 행하여졌음이 증명된 때에 한하여 이를 증거로 할 수 있다.

→ 甲이 강간범행을 시인하는 것을 내용으로 하는 戊의 진술은 피고인의 진술을 내용으로 하는 피고인 아닌 자의 진술이므로 제316조 제1항의 전문진술에 해당한다. 따라서 戊에 대한 검사 작성의 진술조서는 전문진술이 기재된 조서로서, 제312조 제4항 요건과 제316조 제1항의 요건을 동시에 갖추면 증거능력이 인정된다(위 「47번 문제」해설의 판례 참고). 사례의 경우 제312조 제4항과 관련하여서는 적법한 절차와 방식에 따라 작성된 것으로서 戊의 공판정 진술에 의해 진정성립이 인정되고 戊에 대한 반대신문의 기회가 보장되었다. 특신상태가 증명되면 제312조 제4항 요건과 제316조 제1항 요건이 모두 충족되므로 증거능력이 인정된다.

[정답] — ○

사례 【49~52】

甲과 乙은 합동하여 A의 금반지를 절취한 사실로, 丙은 甲으로부터 위 금반지가 훔친 물건임을 알면서 이를 양수한 사실로 각 기소되어 한 사건절차 내에서 공동피고인으로 재판을 받고 있다.(다툼이 있는 경우에는 판례에 의함)　　　　변호사시험 제1회

49 공판절차 중 검사의 乙에 대한 피고인신문에서 乙이 한 "나(乙)는 甲과 함께 금반지를 훔쳤다."라는 답변은 甲에 대한 유죄의 증거가 된다.

（해설）　형사소송법 제310조의 피고인의 자백에는 공범인 공동피고인의 진술은 포함되지 않으며, 이러한 공동피고인의 진술에 대하여는 피고인의 반대신문권이 보장되어 있어 **독립한 증거능력이 있다**(대판 1992. 7. 28, 92도917).

→ 甲에 대한 사건에서 乙은 甲과 함께 합동절도를 범한 공범인 공동피고인이므로 증인적격이 없으나, 선서 없이 이루어진 공범의 법정진술은 상피고인 甲에 대하여 독립한 증거능력이 있다.　　　　정답 - O

50 공판절차 중 검사의 丙에 대한 피고인신문에서 丙이 한 "나(丙)는 甲이 A로부터 훔친 것인 줄 알면서 위 금반지를 甲으로부터 양수하였다."라는 답변은 甲에 대한 유죄의 증거가 된다.

（해설）　피고인과 별개의 범죄사실로 기소되어 병합심리중인 공동피고인은 피고인의 범죄사실에 관하여는 증인의 지위에 있다 할 것이므로 선서없이 한 공동피고인의 법정진술이나 피고인이 증거로 함에 동의한 바 없는 공동피고인에 대한 피의자 신문조서는 피고인의 공소 범죄사실을 인정하는 **증거로 할 수 없다**(대판 1982. 9. 14, 82도1000).

→ 丙은 甲의 절도와는 별개의 범죄사실인 장물취득으로 기소되었다. 따라서 甲에 대한 사건에서 丙의 법정진술을 증거로 하려면 증인신문 절차에 따라 선서가 필요하다.　　정답 - X

51 증거서류의 증거능력 유무에 관한 의견진술절차에서, 丙에 대한 검사 작성의 피의자신문조서에 대하여 甲은 부동의하고 丙은 진정성립 및 임의성을 인정할 경우, 위 丙에 대한 검사 작성의 피의자신문조서는 甲에 대한 유죄의 증거가 된다.

（해설）

〔형사소송법 제312조(검사 또는 사법경찰관의 조서 등)〕 ④ 검사 또는 사법경찰관이 피고인이 아닌 자의 진술을 기재한 조서는 적법한 절차와 방식에 따라 작성된 것으로서 그 조서가 검사 또는 사법경찰관 앞에서 진술한 내용과 동일하게 기재되어 있음이 원진술자의 공판준비 또는 공판기일에서의 진술이나 영상녹화물 또는 그 밖의 객관적인 방법에 의하여 증명되고, 피고인 또는 변호인이 공판준비 또는 공판기일에 그 기재 내용에 관하여 원진술자를 신문할 수 있었던 때에는 증거로 할 수 있다. 다만, 그 조서에 기재된 진술이 특히 신빙할 수 있는 상태하에서 행하여졌음이 증명된 때에 한한다.

→ 별개의 범죄사실로 기소되어 병합심리중인 공동피고인은 피고인의 범죄사실에 관하여는 제3자인 증인의 지위에 있음에 불과하다(50번 문제 해설 판례 참고). 따라서 丙에 대한 검사 작성의 피의자신문조서는 甲에 대한 사건에서 제312조 제4항의 예외가 인정되어야 증거능력이 인정된다. 지문에서는 진정성립 및 임의성에 대한 언급만 있고, 적법한 절차와 방식, 반대신문권 보장, 특신상태에 대한 언급이 없어 옳지 않다.　　　정답 - X

52 甲이 수사기관과는 무관하게, A로부터 훔친 위 금반지를 처분하기 위하여 자신이 丙과 전화통화한 흥정 내용을 丙 몰래 녹음한 경우, 그 녹음테이프가 형사소송법 제313조(진술서 등) 제1항의 요건을 충족한다면 丙에 대한 유죄의 증거가 된다.

해설　　수사기관이 아닌 사인이 비밀녹음한 녹음테이프에 대한 검증조서의 증거능력에 관하여 판례는 통신비밀보호법은 누구든지 이 법과 형사소송법 또는 군사법원법의 규정에 의하지 아니하고는 우편물의 검열 또는 전기통신의 감청을 하거나 공개되지 아니한 타인간의 대화를 녹음 또는 청취하지 못하고(제3조 본문), 이에 위반하여 불법검열에 의하여 취득한 우편물이나 그 내용 및 불법감청에 의하여 지득 또는 채록된 전기통신의 내용은 재판 또는 징계절차에서 증거로 사용할 수 없고(제4조), 누구든지 공개되지 아니한 타인간의 대화를 녹음하거나 전자장치 또는 기계적 수단을 이용하여 청취할 수 없고(제14조 제1항), 이에 의한 녹음 또는 청취에 관하여 위 제4조의 규정을 적용한다(제14조 제2항)고 각 규정하고 있는바, 녹음테이프 검증조서의 기재 중 피고인과 공소외인 간의 대화를 녹음한 부분은 공개되지 아니한 타인간의 대화를 녹음한 것이므로 위 법 제14조 제2항 및 제4조의 규정에 의하여 그 증거능력이 없고, 피고인들 간의 전화통화를 녹음한 부분은 피고인의 동의없이 불법감청한 것이므로 위 법 제4조에 의하여 그 증거능력이 없다. 또한, 녹음테이프 검증조서의 기재 중 **고소인이 피고인과의 대화를 녹음한 부분은 타인간의 대화를 녹음한 것이 아니므로 위 법 제14조의 적용을 받지는 않지만,** 그 녹음테이프에 대하여 실시한 검증의 내용은 녹음테이프에 녹음된 대화의 내용이 검증조서에 첨부된 녹취서에 기재된 내용과 같다는 것에 불과하여 **증거자료가 되는 것은 여전히 녹음테이프에 녹음된 대화의 내용이라 할 것인바,** 그 중 피고인의 진술내용은 실질적으로 형사소송법 제311조, 제312조 규정 이외에 피고인의 진술을 기재한 서류와 다를 바 없으므로, 피고인이 그 녹음테이프를 증거로 할 수 있음에 동의하지 않은 이상 그 녹음테이프 검증조서의 기재 중 피고인의 진술내용을 증거로 사용하기 위해서는 **형사소송법 제313조 제1항 단서에 따라** 공판준비 또는 공판기일에서 그 작성자인 고소인의 진술에 의하여 녹음테이프에 녹음된 피고인의 진술내용이 피고인이 진술한 대로 녹음된 것이라는 점이 증명되고 그 진술이 특히 신빙할 수 있는 상태하에서 행하여진 것으로 인정되어야 한다(대판 2001. 10. 9, 2001도3106)라고 판시하고 있다.

[형사소송법 제313조(진술서등)] ① 전2조의 규정 이외에 피고인 또는 피고인이 아닌 자가 작성한 진술서나 그 진술을 기재한 서류로서 그 작성자 또는 진술자의 자필이거나 그 서명 또는 날인이 있는 것(피고인 또는 피고인 아닌 자가 작성하였거나 진술한 내용이 포함된 문자·사진·영상 등의 정보로서 컴퓨터용디스크, 그 밖에 이와 비슷한 정보저장매체에 저장된

것을 포함한다. 이하 이 조에서 같다)은 공판준비나 공판기일에서의 그 작성자 또는 진술자의 진술에 의하여 그 성립의 진정함이 증명된 때에는 증거로 할 수 있다. 단, 피고인의 진술을 기재한 서류는 공판준비 또는 공판기일에서의 그 작성자의 진술에 의하여 그 성립의 진정함이 증명되고 그 진술이 특히 신빙할 수 있는 상태하에서 행하여 진 때에 한하여 피고인의 공판준비 또는 공판기일에서의 진술에 불구하고 증거로 할 수 있다.

→ 대화 당사자인 甲이 비밀녹음한 것은 통신비밀보호법의 적용이 없고, 종래 판례가 녹음테이프를 제313조 제1항에 따라 증거능력을 판단한 것이 제313조 개정으로 입법화되었다.

정답 - ○

■ 사례【53~55】

甲은 사장 A가 자신을 해고한 것에 불만을 품고 A의 휴대전화로 "그런 식으로 살지 말라. 계속 그렇게 행동하다간 너의 가족이 무사하지 않을 것이다."라는 내용의 문자메시지를 보내고, 그 후 다시 "따님은 학교를 잘 다니고 계신지. 곧 못 볼 수도 있는 딸인데 맛있는 것 많이 사 주시지요."라는 문자메시지를 보냈다. 이를 본 A는 전혀 공포심을 느끼지 못했다.(다툼이 있는 경우에는 판례에 의함)   변호사시험 제2회

53 검사가 유죄의 증거로 문자정보가 저장되어 있는 휴대전화기를 법정에 제출하는 경우 그 휴대전화기에 저장된 문자정보는 그 자체가 증거로 사용될 수 있다.

해설 「54번 문제」 해설 참조

정답 - ○

54 휴대전화기 이용자가 문자정보가 저장된 휴대전화기를 법정에 제출할 수 없거나 그 제출이 곤란한 사정이 있는 경우, 검사는 그 문자정보를 읽을 수 있도록 한 휴대전화기의 화면을 촬영한 사진을 증거로 제출할 수 있다.

해설 구 정보통신망 이용촉진 및 정보보호 등에 관한 법률(2005. 12. 30. 법률 제7812호로 개정되기 전의 것) 제65조 제1항 제3호는 정보통신망을 통하여 **공포심이나 불안감을 유발하는 글을 반복적으로 상대방에게 도달하게 하는 행위**를 처벌하고 있다. 「53번 문제의 해설」 검사가 위 죄에 대한 유죄의 증거로 문자정보가 저장되어 있는 휴대전화기를 법정에 제출하는 경우, 휴대전화기에 저장된 문자정보 그 자체가 범행의 직접적인 수단으로서 증거로 사용될 수 있다. 또한, 「54번 문제의 해설」 검사는 휴대전화기 이용자가 그 문자정보를 읽을 수 있도록 한 휴대전화기의 화면을 촬영한 사진을 증거로 제출할 수도 있는데, 이를 증거로 사용하려면 문자정보가 저장된 휴대전화기를 법정에 제출할 수 없거나 그 제출이 곤란한 사정이 있고, 그 사진의 영상이 휴대전화기의 화면에 표시된 문자정보와 정확하게 같다는 사실이 증명되어야 한다(대판 2008. 11. 13, 2006도2556).

정답 - ○

55 휴대전화기에 저장된 문자정보는 경험자의 진술에 갈음하는 대체물에 해당되므로 형사소송법 제310조의2에서 정한 전문법칙이 적용된다.

(해설 ✎) 형사소송법 제310조의2는 사실을 직접 경험한 사람의 진술이 법정에 직접 제출되어야 하고 이에 갈음하는 대체물인 진술 또는 서류가 제출되어서는 안 된다는 이른바 전문법칙을 선언한 것이다. 그런데 정보통신망을 통하여 공포심이나 불안감을 유발하는 글을 반복적으로 상대방에게 도달하게 하는 행위를 하였다는 공소사실에 대하여 휴대전화기에 저장된 문자정보가 그 증거가 되는 경우, 그 문자정보는 범행의 직접적인 수단이고 경험자의 진술에 갈음하는 대체물에 해당하지 않으므로, 형사소송법 제310조의2에서 정한 전문법칙이 적용되지 않는다(대판 2008. 11. 13, 2006도2556). 정답 – X

■ 사례 【56~57】

다음 사안에 대한 설명에 답하시오.(다툼이 있는 경우에는 판례에 의함) 변호사시험 제2회

甲은 A에게 공공장소에서 "㉠ 너는 사기 전과가 5개나 되잖아.
㉡ 이 사기꾼 같은 놈아, 너 같은 사기꾼은 총 맞아 뒈져야 해."라고
말하여 A의 명예를 훼손하였다는 사실로 기소되었다.
검사가 제출한 증거는 아래와 같다.
⑦ A가 작성한 고소장(㉡을 말하였으므로 처벌해 달라는 취지)
④ 사법경찰관이 작성한 A에 대한 진술조서(㉡의 말을 하였다는 취지)
⑤ 사법경찰관이 작성한 甲에 대한 피의자신문조서(㉠,㉡의 말을 하였다는 취지)
⑥ 검사가 작성한 甲에 대한 피의자신문조서(㉠,㉡의 말을 하였다는 취지)
제1심에서 甲은 ㉡ 사실은 자백하였으나 ㉠은 말한 사실이 없다고 진술하면서, ⑦,④에 대하여 「동의」, ⑤,⑥에 대하여 「성립 및 임의성 인정, 내용부인」의 증거의견을 제출하였다. 제1심은 무죄를 선고하였다. 검사는 항소하였고 항소심에서 모욕죄로 공소장이 변경되었다. 그 후 A는 고소를 취소하였다.

---

56 ⑤, ⑥는 내용을 부인하였으므로 증거능력이 없고, ⑦, ④ 및 법정진술은 ㉡만을 인정할 수 있는 증거이므로 제1심 판결은 옳다.

(해설 ✎)

〔형사소송법 제312조(검사 또는 사법경찰관의 조서 등)〕 ① 검사가 피고인이 된 피의자의 진술을 기재한 조서는 적법한 절차와 방식에 따라 작성된 것으로서 피고인이 진술한 내용과 동일하게 기재되어 있음이 공판준비 또는 공판기일에서의 피고인의 진술에 의하여 인정되고, 그 조서에 기재된 진술이 특히 신빙할 수 있는 상태하에서 행하여졌음이 증명된 때에 한하여 증거로 할 수 있다. ② 제1항에도 불구하고 피고인이 그 조서의 성립의 진정을 부인하는

경우에는 그 조서에 기재된 진술이 피고인이 진술한 내용과 동일하게 기재되어 있음이 영상녹화물이나 그 밖의 객관적인 방법에 의하여 증명되고, 그 조서에 기재된 진술이 특히 신빙할 수 있는 상태 하에서 행하여졌음이 증명된 때에 한하여 증거로 할 수 있다. ③ **검사 이외의 수사기관이 작성한 피의자신문조서**는 적법한 절차와 방식에 따라 작성된 것으로서 **공판준비 또는 공판기일에 그 피의자였던 피고인 또는 변호인이 그 내용을 인정할 때에 한하여** 증거로 할 수 있다.

→ ㉰는 경찰이 작성한 피의자신문조서이므로 내용이 부인되면 증거로 할 수 없으나, ㉱는 검사가 작성한 피의자신문조서이므로 내용이 부인되더라도 성립의 진정 및 임의성이 인정되면 증거로 할 수 있다. 따라서 증거능력이 없다고 한 지문은 옳지 않다. 정답 – X

57 만약 甲이 ㉯에 대하여 공판정에서 증거로 사용함에 동의하지 않더라도 원진술자의 진술, 영상녹화물 등에 의하여 진정성립만 인정되면 증거로 사용할 수 있다.

(해설 ✎)

[형사소송법 제312조(검사 또는 사법경찰관의 조서 등)] ④ 검사 또는 **사법경찰관이 피고인이 아닌 자의 진술을 기재한 조서**는 적법한 절차와 방식에 따라 작성된 것으로서 그 조서가 검사 또는 사법경찰관 앞에서 진술한 내용과 동일하게 기재되어 있음이 원진술자의 **공판준비 또는 공판기일에서의 진술**이나 **영상녹화물 또는 그 밖의 객관적인 방법**에 의하여 증명되고, **피고인 또는 변호인이 공판준비 또는 공판기일에 그 기재 내용에 관하여 원진술자를 신문할 수 있었던 때**에는 증거로 할 수 있다. 다만, 그 조서에 기재된 진술이 특히 **신빙할 수 있는 상태하에서 행하여졌음**이 증명된 때에 한한다.

→ A는 피해자로서 참고인에 해당하므로 ㉯는 경찰관 작성의 참고인진술조서에 해당하여 제312조 제4항에 따라 증거능력이 인정될 수 있다. 이때 조서의 진정성립 외에도 적법한 절차와 방식 준수, 반대신문권 보장, 특신상태 증명이 요구된다. 정답 – X

■ 사례【58~59】

피고인 甲은 피고인 乙로부터 뇌물을 수수하였다는 공소사실로, 피고인 乙은 피고인 甲에게 뇌물을 공여하였다는 공소사실로 기소되어 공동피고인으로 재판을 받고 있다. 법정에서 甲은 공소사실을 부인하였으나 乙은 공소사실을 자백하였다.(다만, 조서는 모두 적법한 절차와 방식에 따라 작성되었고, 임의성과 특신상태가 인정됨을 전제로 하며, 다툼이 있는 경우에는 판례에 의함) 변호사시험 제3회

58 甲이 사법경찰관 작성의 乙에 대한 피의자신문조서에 대하여 내용을 부인하면, 乙이 법정에서 그 조서에 대하여 진정성립을 인정하고 甲이 乙을 반대신문하였더라도 그 피의자신문조서는 甲의 공소사실에 대한 증거로 사용할 수 없다.

> (해설 ✎) 형사소송법 제312조 제3항은 검사 이외의 수사기관이 작성한 당해 피고인에 대한 피의자신문조서를 유죄의 증거로 하는 경우뿐만 아니라 **검사 이외의 수사기관이 작성한 당해 피고인과 공범관계에 있는 다른 피고인이나 피의자에 대한 피의자신문조서를 당해 피고인에 대한 유죄의 증거로 채택할 경우에도 적용된다.** 따라서 당해 피고인과 공범관계가 있는 다른 피의자에 대하여 검사 이외의 수사기관이 작성한 피의자신문조서는, 그 피의자의 법정진술에 의하여 그 성립의 진정이 인정되는 등 형사소송법 제312조 제4항의 요건을 갖춘 경우라고 하더라도 **당해 피고인이 공판기일에서 그 조서의 내용을 부인한 이상 이를 유죄 인정의 증거로 사용할 수 없다**(대판 2009. 7. 9, 2009도2865).

> → 甲과 乙은 대향범에 해당하는 필요적 공범이다. 따라서 甲의 공소사실에 대해 공범인 乙의 사법경찰관 작성 피의자신문조서의 증거능력을 인정하기 위해서는 당해 피고인인 甲의 내용인정 진술이 필요한데, 甲이 내용을 부인하였으므로 증거로 사용할 수 없다.   정답 – ○

59 검사 작성의 乙에 대한 피의자신문조서는 乙이 법정에서 그 조서에 대하여 진정성립을 인정하고 甲이 乙을 반대신문하였다면 甲이 증거로 함에 부동의하였더라도 甲의 공소사실에 대한 증거로 사용할 수 있다.

> (해설 ✎)

> > 〔형사소송법 제312조(검사 또는 사법경찰관의 조서 등)〕 ④ 검사 또는 사법경찰관이 피고인이 아닌 자의 진술을 기재한 조서는 적법한 절차와 방식에 따라 작성된 것으로서 그 조서가 검사 또는 사법경찰관 앞에서 진술한 내용과 동일하게 기재되어 있음이 원진술자의 공판준비 또는 공판기일에서의 진술이나 영상녹화물 또는 그 밖의 객관적인 방법에 의하여 증명되고, 피고인 또는 변호인이 공판준비 또는 공판기일에 그 기재 내용에 관하여 원진술자를 신문할 수 있었던 때에는 증거로 할 수 있다. 다만, 그 조서에 기재된 진술이 특히 신빙할 수 있는 상태하에서 행하여졌음이 증명된 때에 한한다.

> → 공범인 공동피고인의 검사 작성 피의자신문조서에 대해 개정 전에는 형사소송법 제312조 제1항이 적용된다는 견해도 있었으나 개정 후 동조 제4항이 적용된다고 보는 것이 일반적이다. 따라서 甲이 증거로 함에 부동의하였더라도 乙에 대한 피의자신문조서는 작성의 적법절차, 진술의 임의성, 특신상태가 인정되므로, 진정성립, 반대신문권 보장이 인정된다면 甲의 공소사실에 대한 증거로 사용할 수 있다.   정답 – ○

甲은 로망 카페 대표, 乙은 위 카페 월급사장인 바, 甲과 乙은 카페 여자종업원들과 손님들의 성매매를 알선하고 위 종업원들로부터 돈의 일부를 알선료로 받아 분배하기로 공모하고 이를 실행하였다. 제보를 받은 경찰은 먼저 乙로부터 甲과 공모하여 성매매를 알선하였다고 인정하는 진술서를 받은 다음 乙에 대한 참고인진술조서를 작성하였다. 그 후 甲과 乙은 경찰에서 피의자신문을 받았는데 둘 다 성매매알선의 점을 자백하였고, 그 내용의 피의자신문조서가 작성되었다. 검찰에 송치된 이후 甲은 성매매알선의 점을 부인하였으나 乙은 자백하였고, 검사는 그러한 내용의 피의자신문조서를 작성한 후 甲과 乙을 성매매알선혐의로 기소하였다.(다툼이 있는 경우에는 판례에 의함) 변호사시험 제2회

60 乙 작성의 진술서는 甲이 내용을 부인하면 甲에 대하여 증거능력이 없다.

(해설) 피의자의 진술을 기재한 서류 또는 문서가 수사기관에서의 조사 과정에서 작성된 것이라면, 그것이 '진술조서, 진술서, 자술서'라는 형식을 취하였다고 하더라도 피의자신문조서와 달리 볼 수 없고, 수사기관에 의한 진술거부권 고지의 대상이 되는 피의자의 지위는 수사기관이 범죄인지서를 작성하는 등의 형식적인 사건수리 절차를 거치기 전이라도 조사대상자에 대하여 범죄의 혐의가 있다고 보아 실질적으로 수사를 개시하는 행위를 한 때에 인정된다. 특히 조사대상자의 진술 내용이 단순히 제3자의 범죄에 관한 경우가 아니라 자신과 제3자에게 공동으로 관련된 범죄에 관한 것이거나 제3자의 피의사실뿐만 아니라 자신의 피의사실에 관한 것이기도 하여 실질이 피의자신문조서의 성격을 가지는 경우에 수사기관은 진술을 듣기 전에 미리 진술거부권을 고지하여야 한다(대판 2015. 10. 29, 2014도5939).

형사소송법 제312조 제3항은 검사 이외의 수사기관이 작성한 당해 피고인에 대한 피의자신문조서를 유죄의 증거로 하는 경우뿐만 아니라, 검사 이외의 **수사기관이 작성한 당해 피고인과 공범관계에 있는 다른 피고인이나 피의자에 대한 피의자신문조서를 당해 피고인에 대한 유죄의 증거로 채택할 경우에도 적용된다.** 따라서 당해 피고인과 공범관계에 있는 공동피고인에 대하여 검사 이외의 수사기관이 작성한 피의자신문조서는 그 공동피고인의 법정진술에 의하여 성립의 진정이 인정되더라도 **당해 피고인이 공판기일에서 그 조서의 내용을 부인하면 증거능력이 부정된다**(대판 2010. 1. 28, 2009도10139).

〔형사소송법 제312조(검사 또는 사법경찰관의 조서 등)〕 ⑤ 제1항부터 제4항까지의 규정은 피고인 또는 피고인이 아닌 자가 수사과정에서 작성한 진술서에 관하여 준용한다.

→ 경찰이 乙의 진술서를 받을 당시 甲과 공모하여 범죄를 저질렀다는 점에 대하여 인지하고 있었으므로 실질적으로 을에 대한 수사가 개시되었다고 볼 것이다. 따라서 을이 작성한 진술서는 피의자신문조서로 보아야한다(첫 번째 판례 및 제312조 제5항 참고). 한편, 공범의 피의자신문조서에 대하여 증거능력을 인정하기 위해서는 당해 피고인 측의 내용인정이 필요하다는 것이 판례의 입장(두 번째 판례 참고)이므로, 당해 피고인인 甲이 내용을 부인한 이상 乙의 진술서는 甲에 대하여 증거능력이 없다. 정답 － ○

61 사법경찰관 작성의 乙에 대한 참고인진술조서는 사법경찰관이 진술거부권을 고지하지 않았거나 乙이 내용을 부인하면 乙에 대하여 증거능력이 없다.

[해설] 피의자의 진술을 기재한 서류 또는 문서가 수사기관에서의 조사 과정에서 작성된 것이라면, 그것이 '진술조서, 진술서, 자술서'라는 형식을 취하였다고 하더라도 피의자신문조서와 달리 볼 수 없고, 수사기관에 의한 진술거부권 고지의 대상이 되는 피의자의 지위는 수사기관이 범죄인지서를 작성하는 등의 형식적인 사건수리 절차를 거치기 전이라도 조사대상자에 대하여 범죄의 혐의가 있다고 보아 실질적으로 수사를 개시하는 행위를 한 때에 인정된다. 특히 조사대상자의 진술 내용이 단순히 제3자의 범죄에 관한 경우가 아니라 **자신과 제3자에게 공동으로 관련된 범죄에 관한 것이거나 제3자의 피의사실뿐만 아니라 자신의 피의사실에 관한 것이기도 하여 실질이 피의자신문조서의 성격을 가지는 경우에 수사기관은 진술을 듣기 전에 미리 진술거부권을 고지하여야 한다**(대판 2015. 10. 29, 2014도5939).

피의자의 진술을 녹취 내지 기재한 서류 또는 문서가 수사기관에서의 조사 과정에서 작성된 것이라면, 그것이 '진술조서, 진술서, 자술서'라는 형식을 취하였다고 하더라도 피의자신문조서와 달리 볼 수 없다. 형사소송법이 보장하는 피의자의 진술거부권은 헌법이 보장하는 형사상 자기에게 불리한 진술을 강요당하지 않는 자기부죄거부의 권리에 터 잡은 것이므로, **수사기관이 피의자를 신문함에 있어서 피의자에게 미리 진술거부권을 고지하지 않은 때에는 그 피의자의 진술은 위법하게 수집된 증거로서 진술의 임의성이 인정되는 경우라도 증거능력이 부인되어야 한다**(대판 2009. 8. 20, 2008도8213).

> 〔형사소송법 제312조(검사 또는 사법경찰관의 조서 등)〕③ 검사 이외의 수사기관이 작성한 피의자신문조서는 적법한 절차와 방식에 따라 작성된 것으로서 공판준비 또는 공판기일에 그 피의자였던 피고인 또는 변호인이 그 **내용을 인정할 때에 한하여** 증거로 할 수 있다.

→ 경찰은 乙이 甲과 공모하였음을 인지하고 있었으므로 실질적으로 수사가 개시된 경우이다. 따라서 乙에 대한 참고인진술조서는 실질적으로 피의자신문조서에 해당하므로(첫 번째 판례 참고) 작성 전에 乙에게 진술거부권을 고지하지 않았거나(두 번째 판례 참고), 乙이 내용을 부인하면(형법 제312조 제3항) 乙에 대하여 증거능력이 없다. [정답] - O

62 사법경찰관 작성의 甲에 대한 피의자신문조서는 乙이 내용을 부인하면 乙에 대하여 증거능력이 없다.

[해설] 형사소송법 제312조 제3항은 검사 이외의 수사기관이 작성한 당해 피고인에 대한 피의자신문조서를 유죄의 증거로 하는 경우뿐만 아니라, 검사 이외의 **수사기관이 작성한 당해 피고인과 공범관계에 있는 다른 피고인이나 피의자에 대한 피의자신문조서를 당해 피고인에 대한 유죄의 증거로 채택할 경우에도 적용된다.** 따라서 당해 피고인과 공범관계에 있는 공동피고인에 대하여 검사 이외의 수사기관이 작성한 피의자신문조서는 그 공동피고인의 법정진술에 의하여 성립의 진정이 인정되더라도 **당해 피고인이 공판기일에서 그 조서의 내용을 부인하면 증거능력이 부정된다**(대판 2010. 1. 28, 2009도10139).

→ 甲에 대한 피의자신문조서는 공범의 피의자신문조서이므로 당해 피고인인 乙이 내용을 부인하면 乙에 대하여 증거능력이 없다. [정답] - O

63 사법경찰관 작성의 乙에 대한 피의자신문조서는 甲이 내용을 부인하면 甲에 대하여 증거능력이 없지만, 변론분리 후 乙이 법정에서 '경찰 수사 도중 피의자신문조서에 기재된 것과 같은 내용으로 진술하였다'는 취지로 증언한 경우에는 위 피의자신문조서는 甲에 대하여 증거능력이 인정된다.

> **해설** ✏️ 공범관계에 있는 공동피고인에 대하여 검사 이외의 수사기관이 작성한 피의자신문조서의 증거능력에 관하여 판례는 형사소송법 제312조 제3항은 검사 이외의 수사기관이 작성한 당해 피고인에 대한 피의자신문조서를 유죄의 증거로 하는 경우뿐만 아니라, 검사 이외의 수사기관이 작성한 당해 피고인과 공범관계에 있는 다른 피고인이나 피의자에 대한 피의자신문조서를 당해 피고인에 대한 유죄의 증거로 채택할 경우에도 적용된다. 따라서 당해 피고인과 공범관계에 있는 공동피고인에 대하여 검사 이외의 수사기관이 작성한 피의자신문조서는 그 공동피고인의 법정진술에 의하여 성립의 진정이 인정되더라도 **당해 피고인이 공판기일에서 그 조서의 내용을 부인하면 증거능력이 부정된다**(대판 2010. 1. 28, 2009도10139)라고 판시하고 있다.
>
> → 변론이 분리되더라도 甲과 乙이 공범관계임은 동일하므로 여전히 甲이 내용을 인정하여야 甲에 대하여 증거능력이 인정된다. 따라서 乙의 법정진술로 피의자신문조서의 증거능력이 인정된다는 지문은 옳지 않다. 정답 – X

64 만일 이 경우 乙이 함께 기소되지 않았다면 乙에 대한 검사 작성의 피의자신문조서는 甲이 증거로 함에 동의하지 않는 이상 검사 작성의 참고인진술조서의 경우와 동일한 요건을 갖추어야 甲에 대하여 증거능력이 인정된다.

> **해설** ✏️
>
> > 〔형사소송법 제312조(검사 또는 사법경찰관의 조서 등)〕 ① 검사가 **피고인이 된 피의자의 진술을 기재한 조서**는 적법한 절차와 방식에 따라 작성된 것으로서 피고인이 진술한 내용과 동일하게 기재되어 있음이 공판준비 또는 공판기일에서의 피고인의 진술에 의하여 인정되고, 그 조서에 기재된 진술이 특히 신빙할 수 있는 상태하에서 행하여졌음이 증명된 때에 한하여 증거로 할 수 있다. ④ 검사 또는 사법경찰관이 피고인이 아닌 자의 진술을 기재한 조서는 적법한 절차와 방식에 따라 작성된 것으로서 그 조서가 검사 또는 사법경찰관 앞에서 진술한 내용과 동일하게 기재되어 있음이 원진술자의 공판준비 또는 공판기일에서의 진술이나 영상녹화물 또는 그 밖의 객관적인 방법에 의하여 증명되고, 피고인 또는 변호인이 공판준비 또는 공판기일에 그 기재 내용에 관하여 원진술자를 신문할 수 있었던 때에는 증거로 할 수 있다. 다만, 그 조서에 기재된 진술이 특히 신빙할 수 있는 상태하에서 행하여졌음이 증명된 때에 한한다.
>
> → 종래 검사가 작성한 공범의 피의자신문조서에 대하여 제312조 제1항이 적용된다는 견해도 있었으나, 개정 후 동조 제4항이 적용되는 것으로 보는 것이 일반적이다. 따라서 참고인진술조서의 경우와 동일한 요건을 갖추어야 甲에 대하여 증거능력이 인정된다. 정답 – O

시청 건축 인·허가 담당 공무원 甲은 건축업자 乙로부터 뇌물로 1억원을 받은 혐의로 사법경찰관 A의 신문을 받게 되자 어떠한 명목으로도 乙로부터 돈을 받은 사실이 없다.고 부인하였으나, 乙은 甲에게 뇌물로 1억 원을 주었다고 자백하였다. 검찰 송치 후, 검사 B가 甲과 乙을 대질신문 하자 甲은 진술을 변경하여 뇌물로 1억원을 받은 사실이 있다고 자백하였고, 乙은 종전 진술을 유지하였다. 이후 乙은 갑작스런 사고로 사망하였고, 甲은 특정범죄가중처벌등에관한법률위반(뇌물)죄로 기소되었다. 그런데 甲은 제1회 공판기일에 출석하여, "乙로부터 1억원을 받은 사실은 있으나 이는 빌린 돈이다."라고 진술하였다. 이에 공판검사는 아래와 같이 증거목록을 제출하는 방법으로 증거신청을 하였다.(다툼이 있는 경우 판례에 의함)   변호사시험 제4회

증 거 목 록 (증거서류 등)
[사건번호 생략]

[형제번호 생략]   신청인: 검사

순번	증거방법					참조사항 등	신청기일	증거의견		증거결정		증거조사기일	비고
	작성	쪽수(수)	쪽수(증)	증거명칭	성명			기일	내용	기일	내용		
1	검사			피의자신문조서	甲,乙	[생략]							
2	사경			피의자신문조서	甲	[생략]							
3	〃			피의자신문조서	乙	[생략]							
[이하 생략]													

65 검사 B가 작성한 피의자신문조서 중 甲의 진술 부분에 대하여 甲이 진정성립을 부인할 경우, 이 부분의 증거능력을 인정받을 방법은 없다.

해설 ✏️

> 〔형사소송법 제312조(검사 또는 사법경찰관의 조서 등)〕 ① 검사가 피고인이 된 피의자의 진술을 기재한 조서는 적법한 절차와 방식에 따라 작성된 것으로서 피고인이 진술한 내용과 동일하게 기재되어 있음이 공판준비 또는 공판기일에서의 피고인의 진술에 의하여 인정되고, 그 조서에 기재된 진술이 특히 신빙할 수 있는 상태하에서 행하여졌음이 증명된 때에 한하여 증거로 할 수 있다. ② 제1항에도 불구하고 피고인이 그 조서의 성립의 진정을 부인하는 경우에는 그 조서에 기재된 진술이 피고인이 진술한 내용과 동일하게 기재되어 있음이 영상녹화물이나 그 밖의 객관적인 방법에 의하여 증명되고, 그 조서에 기재된 진술이 특히 신빙할 수 있는 상태 하에서 행하여졌음이 증명된 때에 한하여 증거로 할 수 있다.

정답 - X

66 검사 B가 작성한 피의자신문조서 중 甲의 진술 부분과 乙의 진술 부분에 대하여 甲이 각각 다른 증거의견을 밝히는 것도 가능하나, 어느 한 부분이라도 증거능력이 인정되지 않을 경우 조서 전체의 증거능력이 인정되지 않는다.

해설 ✏️ 검사작성의 피의자신문조서 또는 진술조서 중 일부에 관하여만 원진술자가 공판준비 또는 공판기일에서 실질적 진정성립을 인정하는 경우, 법원이 취할 조치에 관하여 판례는 수사기관이 작성한 조서의 내용이 원진술자가 진술한 대로 기재된 것이라 함은 조서 작성 당시 원진술자의 진술대로 기재되었는지의 여부만을 의미하는 것으로, 그와 같이 진술하게 된 연유나 그 진술의 신빙성 여부는 고려할 것이 아니며, 한편 검사가 피의자나 피의자 아닌 자의 진술을 기재한 조서 중 일부에 관하여만 원진술자가 공판준비 또는 공판기일에서 실질적 진정성립을 인정하는 경우에는 법원은 당해 조서 중 어느 부분이 원진술자가 진술한 대로 기재되어 있고 어느 부분이 달리 기재되어 있는지 여부를 구체적으로 심리한 다음 진술한 대로 기재되어 있다고 하는 부분에 한하여 증거능력을 인정하여야 하고, 그 밖에 실질적 진정성립이 부정되는 부분에 대해서는 증거능력을 부정하여야 한다(대판 2005. 6. 10, 2005도1849)라고 판시하고 있다.

→ 다른 증거의견을 밝히는 것이 가능하며, 증거능력은 그에 따라 각각 판단해야 한다.

정답 - X

67 사법경찰관 A가 작성한 乙에 대한 피의자신문조서는 甲이 부동의하더라도, 적법절차위반 등 다른 특별한 사정이 없는 한 형사소송법 제314조의 요건을 충족하면 증거능력이 인정된다.

해설 ✏️ 형사소송법 제312조 제2항(개정 후 제3항)은 검사 이외의 수사기관이 작성한 당해 피고인에 대한 피의자신문조서를 유죄의 증거로 하는 경우뿐만 아니라 검사 이외의 수사기관이 작성한 당해 피고인과 공범관계에 있는 다른 피고인이나 피의자에 대한 피의자신문조서를 당해 피고인에 대한 유죄의 증거로 채택할 경우에도 적용되는바, 당해 피고인과 공범관계가 있는 다른 피의자에 대한 검사 이외의 수사기관 작성의 피의자신문조서는 그 피의자의 법정진술에 의하여 그 성립의 진정이 인정되더라도 당해 피고인이 공판기일에서 그 조서의 내용을 부인하면 증거능력이 부정되므로 그 당연한 결과로 그 피의자신문조서에 대하여는 사망 등 사유로 인하여 법정에서 진술할 수 없는 때에 예외적으로 증거능력을 인정하는 규정인 형사소송법 제314조가 적용되지 아니한다[대판(전합) 2004. 7. 15, 2003도7185]. 정답 - X

68 검사 B가 작성한 피의자신문조서 중 乙의 진술 부분은 甲이 부동의하더라도, 적법절차위반 등 다른 특별한 사정이 없는 한 형사소송법 제314조의 요건을 충족하면 증거능력이 인정된다.

해설

> [형사소송법 제314조(증거능력에 대한 예외)] 제312조 또는 제313조의 경우에 공판준비 또는 공판기일에 진술을 요하는 자가 사망·질병·외국거주·소재불명 그 밖에 이에 준하는 사유로 인하여 진술할 수 없는 때에는 그 조서 및 그 밖의 서류(피고인 또는 피고인 아닌 자가 작성하였거나 진술한 내용이 포함된 문자·사진·영상 등의 정보로서 컴퓨터용디스크, 그 밖에 이와 비슷한 정보저장매체에 저장된 것을 포함한다)를 증거로 할 수 있다. 다만, 그 진술 또는 작성이 특히 신빙할 수 있는 상태하에서 행하여졌음이 증명된 때에 한한다.

→ 검사 B가 작성한 공범 乙에 대한 피의자신문조서는 형사소송법 제312조 제4항에 따라 증거능력이 판단된다. 그런데 갑작스런 사고로 乙이 사망하였으므로 제314조의 요건을 충족하면 증거능력이 인정된다. 정답 - ○

■ 사례 【69~70】

공범인 甲과 乙은 특수절도죄로 기소된 공동피고인이다. 甲은 사법경찰관과 검사의 피의자신문에서 범행을 모두 자백하였으나, 공판정에서는 공소사실을 부인하고 있다. 반면, 乙은 일관되게 공소사실을 부인하고 있다. 甲에 대한 각 피의자신문조서는 모두 적법한 절차와 방법에 따라 작성되었고 임의성과 특신상태가 인정됨을 전제로 할 때 이에 관한 설명이 타당한가?(다툼이 있는 경우 판례에 의함) 변호사시험 제5회

69 甲에 대한 사법경찰관 작성의 피의자신문조서를 乙이 증거로 함에 부동의하는 경우에는 甲이 성립의 진정과 내용을 인정하는지 여부와 상관없이 그 피의자신문조서를 乙에 대한 유죄의 증거로 사용할 수 없다.

> 해설 형사소송법 제312조 제3항은 검사 이외의 수사기관이 작성한 당해 피고인에 대한 피의자신문조서를 유죄의 증거로 하는 경우뿐만 아니라, 검사 이외의 수사기관이 작성한 당해 피고인과 공범관계에 있는 다른 피고인이나 피의자에 대한 피의자신문조서를 당해 피고인에

대한 유죄의 증거로 채택할 경우에도 적용된다. 따라서 당해 피고인과 공범관계에 있는 공동피고인에 대하여 검사 이외의 수사기관이 작성한 피의자신문조서는 그 공동피고인의 법정진술에 의하여 성립의 진정이 인정되더라도 당해 피고인이 공판기일에서 그 조서의 내용을 부인하면 증거능력이 부정된다(대판 2010. 1. 28, 2009도10139).

→ 甲에 대한 피의자신문조서는 공범의 피의자신문조서이므로 당해 피고인인 乙이 일관되게 공소사실을 부인하고 있어 내용을 부인한다고 볼 것이므로, 乙에 대하여 증거능력이 없다.

정답 - ○

70 甲에 대한 검사 작성의 피의자신문조서를 乙이 증거로 함에 부동의하는 경우 甲이 성립의 진정을 인정하고 법원이 乙에게 甲에 대한 반대신문의 기회를 주었다면 甲이 그 내용을 인정하는지의 여부와 상관없이 乙에 대한 유죄의 증거로 사용할 수 있다.

해설 ✐

〔형사소송법 제312조(검사 또는 사법경찰관의 조서 등)〕④ 검사 또는 사법경찰관이 피고인이 아닌 자의 진술을 기재한 조서는 적법한 절차와 방식에 따라 작성된 것으로서 그 조서가 검사 또는 사법경찰관 앞에서 진술한 내용과 동일하게 기재되어 있음이 원진술자의 공판준비 또는 공판기일에서의 진술이나 영상녹화물 또는 그 밖의 객관적인 방법에 의하여 증명되고, 피고인 또는 변호인이 공판준비 또는 공판기일에 그 기재 내용에 관하여 원진술자를 신문할 수 있었던 때에는 증거로 할 수 있다. 다만, 그 조서에 기재된 진술이 특히 신빙할 수 있는 상태하에서 행하여졌음이 증명된 때에 한한다.

→ 공범인 공동피고인의 검사 작성 피의자신문조서에 대해 개정 전에는 형사소송법 제312조 제1항이 적용된다는 견해도 있었으나 개정 후 동조 제4항이 적용된다고 보는 것이 일반적이다. 따라서 甲에 대한 피의자신문조서는 작성의 적법절차, 진술의 임의성, 특신상태가 인정되므로, 진정성립, 반대신문권 보장이 인정된다면 乙에 대한 유죄의 증거로 사용할 수 있다.

정답 - ○

■ **사례【71~74】**

형사소송법 제314조에서 규정한 '진술을 요하는 자가 사망·질병·외국거주·소재불명, 그 밖에 이에 준하는 사유로 인하여 진술할 수 없는 때'에 해당하지 않는 것을 모두 고르시오.(다툼이 있는 경우에는 판례에 의함)   변호사시험 제3회

71 증인에 대한 소재탐지촉탁을 하여 소재수사를 하였으나 그 소재를 확인할 수 없었는데, 진술조서에 기재된 증인의 전화번호로 연락하여 보지 아니하는 등 증인의 법정 출석을 위한 가능하고도 충분한 노력을 다하지 않은 경우

해설 ✎ 제1심법원이 증인 甲의 주소지에 송달한 증인소환장이 송달되지 아니하자 甲에 대한 소재탐지를 촉탁하여 소재탐지 불능 보고서를 제출받은 다음 甲이 '소재불명'인 경우에 해당한다고 보아 甲에 대한 경찰 및 검찰 진술조서를 증거로 채택한 사안에서, 검사가 제출한 증인신청서에 휴대전화번호가 기재되어 있고, 수사기록 중 甲에 대한 경찰 진술조서에는 집 전화번호도 기재되어 있으며, 그 이후 작성된 검찰 진술조서에는 위 휴대전화번호와 다른 휴대전화번호가 기재되어 있는데도, 검사가 직접 또는 경찰을 통하여 위 각 전화번호로 甲에게 연락하여 법정 출석의사가 있는지 확인하는 등의 방법으로 甲의 법정 출석을 위하여 상당한 노력을 기울였다는 자료가 보이지 않는 사정에 비추어, 甲의 법정 출석을 위한 가능하고도 충분한 노력을 다하였음에도 부득이 甲의 법정 출석이 불가능하게 되었다는 사정이 증명된 경우라고 볼 수 없어 형사소송법 제314조의 '소재불명 그 밖에 이에 준하는 사유로 인하여 진술할 수 없는 때'에 해당한다고 인정할 수 없는데도, 이와 달리 보아 甲에 대한 경찰 및 검찰 진술조서가 형사소송법 제314조에 의하여 증거능력이 있는 것으로 인정한 원심판결에 법리오해의 위법이 있다고 한 사례(대판 2013. 4. 11, 2013도1435). 정답 - ○

72 증인이 형사소송법에서 정한 바에 따라 정당하게 증언거부권을 행사하여 증언을 거부한 경우

해설 ✎ 증인이 형사소송법에서 정한 바에 따라 정당하게 증언거부권을 행사하여 증언을 거부한 경우가 형사소송법 제314조의 '그 밖에 이에 준하는 사유로 인하여 진술할 수 없는 때'에 해당하는지 여부에 관하여 판례는 형사소송법 제314조는 "제312조 또는 제313조의 경우에 공판준비 또는 공판기일에 진술을 요하는 자가 사망·질병·외국거주·소재불명, 그 밖에 이에 준하는 사유로 인하여 진술할 수 없는 때에는 그 조서 및 그 밖의 서류를 증거로 할 수 있다. 다만, 그 진술 또는 작성이 특히 신빙할 수 있는 상태하에서 행하여졌음이 증명된 때에 한한다."라고 정함으로써, 원진술자 등의 진술에 의하여 진정성립이 증명되지 아니하는 전문증거에 대하여 예외적으로 증거능력이 인정될 수 있는 사유로 '사망·질병·외국거주·소재불명, 그 밖에 이에 준하는 사유로 인하여 진술할 수 없는 때'를 들고 있다. 위 증거능력에 대한 예외사유로 1995. 12. 29. 법률 제5054호로 개정되기 전의 구 형사소송법 제314조가 '사망, 질병 기타 사유로 인하여 진술할 수 없는 때', 2007. 6. 1. 법률 제8496호로 개정되기 전의 구 형사소송법 제314조가 '사망, 질병, 외국거주 기타 사유로 인하여 진술할 수 없는 때'라고 각 규정한 것에 비하여 현행 형사소송법은 그 예외사유의 범위를 더욱 엄격하게 제한하고 있는데, 이는 직접심리주의와 공판중심주의의 요소를 강화하려는 취지가 반영된 것이다. 한편 형사소송법은 누구든지 자기 또는 친족 등이 형사소추 또는 공소제기를 당하거나 유죄판결을 받을 사실이 발로될 염려가 있는 증언을 거부할 수 있도록 하고(제148조), 또한 변호사, 변리사, 공증인, 공인회계사, 세무사, 대서업자, 의사, 한의사, 치과의사, 약사, 약종상, 조산사, 간호사, 종교의 직에 있는 자 또는 이러한 직에 있던 사람은 그 업무상 위탁을 받은 관계로 알게 된 사실로서 타인의 비밀에 관한 것은 증언을 거부할 수 있도록 규정하여(제149조 본문), 증인에게 일정한 사유가 있는 경우 증언을 거부할 수 있는 권리를 보장하고 있다. 위와 같은 현행 형사소송법 제314조의 문언과 개정 취지, 증언거부권 관련 규정의 내용 등에 비추어 보면, 법정에 출석한 증인이 형사소송법 제148조, 제149조 등에서 정한 바에 따라 **정당하게 증언거**

부권을 행사하여 증언을 거부한 경우는 형사소송법 제314조의 '그 밖에 이에 준하는 사유로 인하여 진술할 수 없는 때'에 해당하지 아니한다[대판(전합) 2012. 5. 17, 2009도6788]라고 판시하고 있다.

정답 - ○

73 피고인이 증거서류의 진정성립을 묻는 검사의 질문에 대하여 진술거부권을 행사하여 진술을 거부한 경우

해설 ✎ 피고인이 증거서류의 진정성립을 묻는 검사의 질문에 대하여 진술거부권을 행사하여 진술을 거부한 경우가 형사소송법 제314조의 '그 밖에 이에 준하는 사유로 인하여 진술할 수 없는 때'에 해당하는지 여부에 관하여 판례는 형사소송법 제314조는 "제312조 또는 제313조의 경우에 공판준비 또는 공판기일에 진술을 요하는 자가 사망·질병·외국거주·소재불명, 그 밖에 이에 준하는 사유로 인하여 진술할 수 없는 때에는 그 조서 및 그 밖의 서류를 증거로 할 수 있다. 다만, 그 진술 또는 작성이 특히 신빙할 수 있는 상태하에서 행하여졌음이 증명된 때에 한한다."라고 정함으로써, 원진술자 등의 진술에 의하여 진정성립이 증명되지 아니하는 전문증거에 대하여 예외적으로 증거능력이 인정될 수 있는 사유로 '사망·질병·외국거주·소재불명, 그 밖에 이에 준하는 사유로 인하여 진술할 수 없는 때'를 들고 있다. 위 증거능력에 대한 예외사유로 1995. 12. 29. 법률 제5054호로 개정되기 전의 구 형사소송법 제314조가 '사망, 질병 기타 사유로 인하여 진술할 수 없는 때', 2007. 6. 1. 법률 제8496호로 개정되기 전의 구 형사소송법 제314조가 '사망, 질병, 외국거주 기타 사유로 인하여 진술할 수 없는 때'라고 각 규정한 것에 비하여 현행 형사소송법은 그 예외사유의 범위를 더욱 엄격하게 제한하고 있는데, 이는 직접심리주의와 공판중심주의의 요소를 강화하려는 취지가 반영된 것이다. 한편 헌법은 모든 국민은 형사상 자기에게 불리한 진술을 강요당하지 아니한다고 선언하고(제12조 제2항), 형사소송법은 피고인은 진술하지 아니하거나 개개의 질문에 대하여 진술을 거부할 수 있다고 규정하여(제283조의2 제1항), 진술거부권을 피고인의 권리로서 보장하고 있다. 위와 같은 현행 형사소송법 제314조의 문언과 개정 취지, 진술거부권 관련 규정의 내용 등에 비추어 보면, 피고인이 증거서류의 진정성립을 묻는 검사의 질문에 대하여 **진술거부권을 행사하여 진술을 거부한 경우는 형사소송법 제314조의 '그 밖에 이에 준하는 사유로 인하여 진술할 수 없는 때'에 해당하지 아니한다**(대판 2013. 6. 13, 2012도16001)라고 판시하고 있다.

정답 - ○

74 수사기관에서 진술한 피해자인 유아가 공판정에서 진술을 하였으나 증인신문 당시 대부분의 사항에 관하여 기억이 나지 않는다는 취지로 진술하여 수사기관에서 행한 진술이 재현 불가능하게 된 경우

해설 ✎ 수사기관에서 진술한 피해자인 유아가 공판정에서 진술을 하였더라도 증인신문 당시 일정한 사항에 관하여 기억이 나지 않는다는 취지로 진술하여 그 진술의 일부가 재현 불가능하게 된 경우, 형사소송법 제314조, 제316조 제2항에서 말하는 '원진술자가 진술을 할 수 없는 때'에 해당한다고 한 사례(대판 2006. 4. 14, 2005도9561).

정답 - X

■ 사례 【75~76】

甲은 자신의 아들 A에게 폭행을 당하여 입원한 B의 1인병실로 병문안을 가서 B의 모친인 C와 대화하던 중 C의 여동생인 D가 있는 자리에서 "과거에 B에게 정신병이 있었다고 하더라."라고 말하였다. 이에 화가 난 B는 甲을 명예훼손죄로 고소하였고, 甲은 명예훼손죄로 기소되었다. 한편 C는 자신과 D가 나눈 대화내용을 녹음한 녹음테이프를 증거로 제출하였는데 "그 녹음테이프에는 甲이 위의 발언을 한 것을 들었다."라는 D의 진술이 녹음되어 있었다.(다툼이 있는 경우 판례에 의함)   변호사시험 제4회

75 위 녹음테이프는 수사기관이 아닌 사인이 피고인이 아닌 사람과의 대화내용을 녹음한 것이므로 형사소송법 제311조, 제312조 규정 이외에 피고인이 아닌 자의 진술을 기재한 서류와 다를 바 없다.

(해설 ✎)「76번 문제」해설 참조   정답 - ◯

76 위 녹음테이프에 녹음된 D의 진술내용이 명예훼손죄를 입증할 증거가 될 수 있기 위해서는 녹음테이프가 원본이거나 원본의 내용 그대로 복사된 사본임이 인정되고, 그 진술이 특히 신빙할 수 있는 상태에서 행하여진 것임이 인정되어야 한다.

(해설 ✎) 피고인의 동료 교사가 학생들과의 사적인 대화 중에 피고인이 수업시간에 학생들에게 북한을 찬양·고무하는 발언을 하였다는 사실에 대한 **학생들의 대화 내용을 학생들 모르게 녹음한 녹음테이프에 대하여 실시한 검증의 내용은** 녹음테이프에 녹음된 대화의 내용이 검증조서에 첨부된 녹취서에 기재된 내용과 같다는 것에 불과하여 **증거자료가 되는 것은 여전히 녹음테이프에 녹음된 대화의 내용**이라고 할 것인바, 그 중 위와 같은 내용의「75번 문제의 해설」학생들의 대화의 내용은 실질적으로 형사소송법 제311조, 제312조 규정 이외의 피고인 아닌 자의 진술을 기재한 서류와 다를 바 없으므로, 피고인이 그 녹음테이프를 증거로 할 수 있음에 동의하지 않은 이상 녹음테이프의 녹음내용 중 위와 같은 내용의 학생들의 진술 및 이에 관한 검증조서의 기재 중「76번 문제의 해설」학생들의 진술내용을 공소사실을 인정하기 위한 증거자료로 사용하기 위하여서는 형사소송법 제313조 제1항에 따라 공판준비나 공판기일에서 원진술자인 학생들의 진술에 의하여 이 사건 녹음테이프에 녹음된 각자의 진술내용이 <u>자신이 진술한 대로 녹음된 것이라는 점이 인정되어야</u> 한다(대판 1997. 3. 28, 96도2417).

> 〔형사소송법 제313조(진술서등)〕 ① 전2조의 규정 이외에 피고인 또는 피고인이 아닌 자가 작성한 진술서나 그 진술을 기재한 서류로서 그 작성자 또는 진술자의 자필이거나 그 서명 또는 날인이 있는 것(피고인 또는 피고인 아닌 자가 작성하였거나 진술한 내용이 포함된 문자·사진·영상 등의 **정보로서 컴퓨터용디스크, 그 밖에 이와 비슷한 정보저장매체에 저장된 것을 포함한다. 이하 이 조에서 같다**)은 공판준비나 공판기일에서의 그 작성자 또는 진술자의 진술에 의하여 그 성립의 진정함이 증명된 때에는 증거로 할 수 있다. 단, 피고인의 진술

을 기재한 서류는 공판준비 또는 공판기일에서의 그 작성자의 진술에 의하여 그 성립의 진정함이 증명되고 그 진술이 특히 신빙할 수 있는 상태하에서 행하여 진 때에 한하여 피고인의 공판준비 또는 공판기일에서의 진술에 불구하고 증거로 할 수 있다. ② 제1항 본문에도 불구하고 진술서의 작성자가 공판준비나 공판기일에서 그 성립의 진정을 부인하는 경우에는 과학적 분석결과에 기초한 디지털포렌식 자료, 감정 등 객관적 방법으로 성립의 진정함이 증명되는 때에는 증거로 할 수 있다. 다만, 피고인 아닌 자가 작성한 진술서는 피고인 또는 변호인이 공판준비 또는 공판기일에 그 기재 내용에 관하여 작성자를 신문할 수 있었을 것을 요한다. ③ 감정의 경과와 결과를 기재한 서류도 제1항 및 제2항과 같다.

→ 판례는 사인이 피고인이 아닌 자와의 대화를 녹음한 것에 대해 진술서(형사소송법 제313조)에 준해 증거능력을 판단한 바 있다. 현재는 제313조 제1항 개정으로 법적 근거가 마련되었다. 정답 - X

사례 【77~81】

甲은 편의점에서 점원 A를 협박한 후 현금을 강취하여 강도죄로 기소되었는데, 甲은 공판과정에서 일체의 증거에 동의하지 않고 있다.(다툼이 있는 경우 판례에 의함)

변호사시험 제5회

㉠ A는 "甲이 '돈을 내놓지 않으면 죽인다'고 말하며 현금을 빼앗아갔다."라고 공판정에서 증언하였다.

㉡ 甲은 그날 저녁 친구 乙을 만나 저녁을 먹으면서 "오늘 어떤 놈을 협박해서 돈을 쉽게 벌었다."라고 하며 자랑하였는데, 乙은 甲 몰래 그 내용을 휴대폰으로 녹음한 후, 그 녹음파일을 수사기관에 임의제출하였다.

㉢ 상점 안에서 이 광경을 목격한 B로부터 "甲이 편의점에서 돈을 빼앗는 것을 보았다."라는 말을 들은 C에 대하여 검사가 참고인조사를 한 후, 그 진술조서를 증거로 제출하였다.

㉣ C가 B로부터 들은 위 내용을 친구 D에게 다시 말하였고 D가 공판정에서 그 내용을 증언하였다.

77 A의 증언은 전문진술에 관한 「형사소송법」 제316조 제1항의 요건을 충족할 경우에만 증거로 사용할 수 있다.

해설 ✎ 타인의 진술을 내용으로 하는 진술이 본래증거인지 전문증거인지 판단하는 기준에 관하여 판례는 타인의 진술을 내용으로 하는 진술이 전문증거인지 여부는 요증사실과의 관계에서 정하여지는바, 원진술의 내용인 사실이 요증사실인 경우에는 전문증거이나, **원진술의 존재 자체가 요증사실인 경우에는 본래증거이지 전문증거가 아니다**(대판 2008. 11. 13, 2008도8007)라고 판시하고 있다.

→ A 증언의 원진술인 '돈을 내놓지 않으면 죽인다'는 진술은 강도죄와 관련하여 존재 자체가 요증사실인 경우이므로 전문증거가 아니다. 따라서 전문진술에 관한 형사소송법 제316조 제1항이 적용될 여지가 없다. 〔정답〕 - X

78 乙이 제출한 녹음파일은 위법하게 수집된 증거이므로 증거능력이 없다.

〔해설〕 피고인이 범행 후 피해자에게 전화를 걸어오자 피해자가 증거를 수집하려고 그 전화 내용을 녹음한 경우, 그 녹음테이프가 피고인 모르게 녹음된 것이라 하여 이를 위법하게 수집된 증거라고 할 수 없다(대판 1997. 3. 28, 97도240).

→ 참고로 판례는 통신비밀보호법에도 위반되지 않는다고 하였다. 다만 대화 당사자가 아닌 제3자가 대화 일방의 동의를 얻어 대화내용을 상대방 몰래 녹음한 경우에는 통신비밀보호법에 위반된다고 한다(아래 참고관례).

[참고판례] 구 통신비밀보호법(2001. 12. 29. 법률 제6546호로 개정되기 전의 것)에서는 그 규율의 대상을 통신과 대화로 분류하고 그 중 통신을 다시 우편물과 전기통신으로 나눈 다음, 동법 제2조 제3호로 '전기통신'이라 함은 유선·무선·광선 및 기타의 전자적 방식에 의하여 모든 종류의 음향·문언·부호 또는 영상을 송신하거나 수신하는 것을 말한다고 규정하고 있는바, 전화통화가 위 법에서 규정하고 있는 전기통신에 해당함은 전화통화의 성질 및 위 규정 내용에 비추어 명백하므로 이를 동법 제3조 제1항 소정의 '타인간의 대화'에 포함시킬 수는 없고, 나아가, 동법 제2조 제7호가 규정한 '전기통신의 감청'은 그 전후의 '우편물의 검열' 규정과 아울러 고찰할 때 제3자가 전기통신의 당사자인 송신인과 수신인의 동의를 받지 아니하고 같은 호 소정의 각 행위를 하는 것만을 말한다고 풀이함이 상당하다고 할 것이므로, 전기통신에 해당하는 전화통화 당사자의 일방이 상대방 모르게 통화내용을 녹음(위 법에는 '채록'이라고 규정한다)하는 것은 여기의 감청에 해당하지 아니하지만(따라서 **전화통화 당사자의 일방이 상대방 몰래 통화내용을 녹음하더라도, 대화 당사자 일방이 상대방 모르게 그 대화내용을 녹음한 경우와 마찬가지로 동법 제3조 제1항 위반이 되지 아니한다**), 제3자의 경우는 설령 전화통화 당사자 일방의 동의를 받고 그 통화내용을 녹음하였다 하더라도 그 상대방의 동의가 없었던 이상, 사생활 및 통신의 불가침을 국민의 기본권의 하나로 선언하고 있는 헌법규정과 통신비밀의 보호와 통신의 자유신장을 목적으로 제정된 통신비밀보호법의 취지에 비추어 이는 **동법 제3조 제1항 위반이 된다**고 해석하여야 할 것이다(이 점은 제3자가 공개되지 아니한 타인간의 대화를 녹음한 경우에도 마찬가지이다)(대판 2002. 10. 8, 2002도123). 〔정답〕 - X

79 C에 대한 검사 작성의 참고인진술조서 중 B의 진술 기재 부분은 「형사소송법」 제312조 제4항의 규정에 의하여 증거능력이 인정될 수 있는 경우에 해당하여야 함은 물론,「형사소송법」 제316조 제2항의 규정에 따른 요건을 갖춘 때에 한하여 예외적으로 증거능력이 인정된다.

〔해설〕 C의 진술은 B의 진술의 내용의 진실성이 요증사실이 되는 전문진술에 해당하며, 이를 기록한 참고인진술조서는 전문진술이 기록된 재전문증거가 되므로 재전문증거의 증거능력이 문제된다. 판례에 의하면 전문진술이 기재된 조서는 형사소송법 제312조 또는 제314조의

규정에 의하여 각 그 증거능력이 인정될 수 있고 제316조 제2항의 규정에 따른 요건을 갖추어야 예외적으로 증거능력이 있다. 검사 작성의 참고인 진술조서는 제312조 제4항이 적용되며, 피고인 아닌 자의 전문진술은 제316조 제2항이 적용되므로 옳은 지문이다(아래 「80번 문제」해설 참고)

정답 - O

80 D의 증언은 피고인 아닌 자의 진술을 그 내용으로 하는 전문진술에 관한 「형사소송법」제316조 제2항의 요건이 갖추어진 때에는 이를 증거로 할 수 있다.

해설 ✎ 「80번 문제의 해설」 전문진술이나 재전문진술을 기재한 조서는 형사소송법 제310조의2의 규정에 의하여 원칙적으로 증거능력이 없는 것인데, 다만 전문진술은 형사소송법 제316조 제2항의 규정에 따라 원진술자가 사망, 질병, 외국거주 기타 사유로 인하여 진술할 수 없고 그 진술이 특히 신빙할 수 있는 상태하에서 행하여진 때에 한하여 예외적으로 증거능력이 있다고 할 것이고, 「79번 문제의 해설」 전문진술이 기재된 조서는 형사소송법 제312조 또는 제314조의 규정에 의하여 각 그 증거능력이 인정될 수 있는 경우에 해당하여야 함을 물론 나아가 형사소송법 제316조 제2항의 규정에 따른 위와 같은 요건을 갖추어야 예외적으로 증거능력이 있다고 할 것인바, 여기서 '그 진술이 특히 신빙할 수 있는 상태하에서 행하여진 때'라 함은 그 진술을 하였다는 것에 허위개입의 여지가 거의 없고, 그 진술내용의 신빙성이나 임의성을 담보할 구체적이고 외부적인 정황이 있는 경우를 가리킨다(대판 2000. 3. 10, 2000도159).

→ 위 「79번 문제의 해설」에서 살핀 바와 같이 C의 진술이 이미 전문진술이므로, 이를 전문하는 D의 증언은 재전문진술이 된다. 판례는 전문진술이나 전문진술이 기록된 조서 외의 재전문증거에 대해서는 증거능력을 인정하고 있지 않다. 따라서 틀린 지문이다. 정답 - X

81 만약 C가 공판정에 나와 참고인진술조서에 기재된 내용과 모순되는 진술을 하면서 그 조서의 진정성립을 부인하는 경우 그 참고인진술조서는 C의 위 법정진술에 대한 탄핵증거로 사용될 수 없다.

해설 ✎ 검사가 유죄의 자료로 제출한 것이나 증거능력이 없는 증거를 공소사실과 양립할 수 없는 사실을 인정하는 자료로 쓸 수 있는지 여부에 관하여 판례는 검사가 유죄의 자료로 제출한 증거들이 그 진정성립이 인정되지 아니하고 이를 증거로 함에 상대방의 동의가 없더라도, 이는 유죄사실을 인정하는 증거로 사용하는 것이 아닌 이상 <u>공소사실과 양립할 수 없는 사실을 인정하는 자료로 쓸 수 있다</u>고 보아야 한다(대판 1994. 11. 11, 94도1159)라고 판시하고 있다.

〔형사소송법 제318조의2(증명력을 다투기 위한 증거)〕① 제312조부터 제316조까지의 **규정에 따라 증거로 할 수 없는 서류나 진술이라도** 공판준비 또는 공판기일에서의 피고인 또는 **피고인이 아닌 자**(공소제기 전에 피고인을 피의자로 조사하였거나 그 조사에 참여하였던 자를 포함한다. 이하 이 조에서 같다)의 **진술의 증명력을 다투기 위하여 증거로 할 수 있다.**

→ 탄핵증거로 사용하는 경우에는 전문법칙이 문제되지 않으므로 틀린 지문이다. 정답 - X

사례 【82~83】

甲은 乙과 공동으로 구입하여 자신이 점유하고 있던 복사기를 A에게 매도하기로 하고 계약금과 중도금을 받았다. 그후 甲은 복사기를 수리하기 위해 수리점에 맡겼다고 乙에게 거짓말하고 이를 다시 丙에게 매도한 후 복사기를 건네주었으며, 丙은 선의, 무과실로 이를 취득하였다. 며칠 후 이 사실을 알게 된 乙은 丙 몰래 위 복사기를 가져가 버렸다. 수사기관에서 甲의 아내 B는 참고인으로서 진술하고 진술조서에는 가명으로 서명, 날인하였다. 甲에 대한 재판 중 B가 증인으로 출석하였고, 재판장은 B에게 증언거부권이 있음을 고지하였다.(다툼이 있는 경우 판례에 의함)　　　　　　　　　　변호사시험 제5회

82 B에 대한 조서가 비록 가명으로 작성되었더라도 「형사소송법」 제312조 제4항의 요건을 모두 갖춘다면 증거능력이 인정될 수 있다.

> **해설** 　형사소송법 제312조 제4항은 검사 또는 사법경찰관이 피고인이 아닌 자의 진술을 기재한 조서의 증거능력이 인정되려면 '적법한 절차와 방식에 따라 작성된 것'이어야 한다고 규정하고 있다. 여기서 적법한 절차와 방식이라 함은 피의자 또는 제3자에 대한 조서 작성 과정에서 지켜야 할 진술거부권의 고지 등 형사소송법이 정한 제반 절차를 준수하고 조서의 작성 방식에도 어긋남이 없어야 한다는 것을 의미한다. 그런데 형사소송법은 조서에 진술자의 실명 등 인적 사항을 확인하여 이를 그대로 밝혀 기재할 것을 요구하는 규정을 따로 두고 있지는 아니하다. 따라서 「특정범죄신고자 등 보호법」 등에서처럼 명시적으로 진술자의 인적 사항의 전부 또는 일부의 기재를 생략할 수 있도록 한 경우가 아니라 하더라도, 진술자와 피고인의 관계, 범죄의 종류, 진술자 보호의 필요성 등 여러 사정으로 볼 때 상당한 이유가 있는 경우에는 **수사기관이 진술자의 성명을 가명으로 기재하여 조서를 작성하였다고 해서 그 이유만으로 그 조서가 '적법한 절차와 방식'에 따라 작성되지 않았다고 할 것은 아니다.** 그러한 조서라도 공판기일 등에 원진술자가 출석하여 자신의 진술을 기재한 조서임을 확인함과 아울러 그 조서의 실질적 진정성립을 인정하고 나아가 그에 대한 반대신문이 이루어지는 등 **형사소송법 제312조 제4항에서 규정한 조서의 증거능력 인정에 관한 다른 요건이 모두 갖추어진 이상 그 증거능력을 부정할 것은 아니라고 할 것이다**(대판 2012. 5. 24, 2011도7757).　　　정답 - ○

83 B가 증언을 거부하여도 「형사소송법」 제314조에 따라 특신상태가 증명되면 B에 대한 진술조서는 증거능력이 인정된다.

> **해설** 　형사소송법 제314조는 " 제312조 또는 제313조의 경우에 공판준비 또는 공판기일에 진술을 요하는 자가 사망·질병·외국거주·소재불명, 그 밖에 이에 준하는 사유로 인하여 진술할 수 없는 때에는 그 조서 및 그 밖의 서류를 증거로 할 수 있다. 다만, 그 진술 또는 작성이 특히 신빙할 수 있는 상태하에서 행하여졌음이 증명된 때에 한한다."라고 정함으로써, 원진술자 등의 진술에 의하여 진정성립이 증명되지 아니하는 전문증거에 대하여 예외적으로 증거능력이 인정될 수 있는 사유로 '사망·질병·외국거주·소재불명, 그 밖에 이에 준하는 사유

로 인하여 진술할 수 없는 때'를 들고 있다. 위 증거능력에 대한 예외사유로 1995. 12. 29. 법률 제5054호로 개정되기 전의 구 형사소송법 제314조가 '사망, 질병 기타 사유로 인하여 진술할 수 없는 때', 2007. 6. 1. 법률 제8496호로 개정되기 전의 구 형사소송법 제314조가 '사망, 질병, 외국거주 기타 사유로 인하여 진술할 수 없는 때'라고 각 규정한 것에 비하여 현행 형사소송법은 그 예외사유의 범위를 더욱 엄격하게 제한하고 있는데, 이는 직접심리주의와 공판중심주의의 요소를 강화하려는 취지가 반영된 것이다. 한편 형사소송법은 누구든지 자기 또는 친족 등이 형사소추 또는 공소제기를 당하거나 유죄판결을 받을 사실이 발로될 염려가 있는 증언을 거부할 수 있도록 하고(제148조), 또한 변호사, 변리사, 공증인, 공인회계사, 세무사, 대서업자, 의사, 한의사, 치과의사, 약사, 약종상, 조산사, 간호사, 종교의 직에 있는 자 또는 이러한 직에 있던 사람은 그 업무상 위탁을 받은 관계로 알게 된 사실로서 타인의 비밀에 관한 것은 증언을 거부할 수 있도록 규정하여(제149조 본문), 증인에게 일정한 사유가 있는 경우 증언을 거부할 수 있는 권리를 보장하고 있다. 위와 같은 현행 형사소송법 제314조의 문언과 개정 취지, 증언거부권 관련 규정의 내용 등에 비추어 보면, 법정에 출석한 증인이 형사소송법 제148조, 제149조 등에서 정한 바에 따라 정당하게 **증언거부권을 행사하여 증언을 거부한 경우는 형사소송법 제314조의 '그 밖에 이에 준하는 사유로 인하여 진술할 수 없는 때'** 에 해당하지 아니한다[대판(전합) 2012. 5. 17, 2009도6788]. ［정답］ – X

■ 사례 【84~85】

乙의 사기죄에 대한 항소심 공판에서 검사는 별개사건으로 기소되어 확정된 공범 丙에 대한 공판조서와 乙과 A의 통화내용을 담은 녹음테이프를 증거로 제출하였다.(다툼이 있는 경우 판례에 의함)   변호사시험 제5회

84 丙에 대한 공판조서는 「형사소송법」 제311조가 아니라 제315조 제3호에 따라 당연히 증거능력이 인정된다.

> (해설 ✎) 다른 피고인에 대한 형사사건의 공판조서는 형사소송법 제315조 제3호에 정한 서류로서 당연히 증거능력이 있는바(대판 1964. 4. 28, 64도135; 대판 1966. 7. 12, 66도617 등 참조), 공판조서 중 일부인 증인신문조서 역시 형사소송법 제315조 제3호에 정한 서류로서 당연히 증거능력이 있다고 보아야 할 것이다(대판 2005. 4. 28, 2004도4428).
> → 별개사건으로 기소되어 확정된 공범 丙에 대한 공판조서는 다른 피고인에 대한 형사사건의 공판조서이므로 형사소송법 제315조 제3호에 따라 당연히 증거능력이 인정된다.

［정답］ – O

85 녹음테이프에 대한 법관의 검증조서에 기재된 통화내용은 「형사소송법」 제311조에 따라 당연히 증거능력이 인정된다.

해설 🖊 전화대화를 녹음한 녹음테이프나 법원이 그 녹음 내용을 듣고 대화내용을 확인하여 작성한 검증조서의 증거능력에 관하여 판례는 법원이 녹음테이프에 대하여 실시한 검증의 내용이 녹음테이프에 녹음된 전화대화 내용이 녹취서에 기재된 것과 같다는 것에 불과한 경우 증거자료가 되는 것은 여전히 녹음테이프에 녹음된 대화 내용임에는 변함이 없으므로, 그와 같은 녹음테이프의 녹음 내용이나 검증조서의 기재는 실질적으로는 공판준비 또는 공판기일에서의 진술에 대신하여 진술을 기재한 서류와 다를 바 없어서 형사소송법 제311조 내지 제315조에 규정한 것이 아니면 이를 유죄의 증거로 할 수 없다(대판 1996. 10. 15, 96도1669)라고 판시하고 있다.

→ 실질적으로 공판준비 또는 공판기일에서의 진술을 기재한 서류이므로 통화내용을 녹음한 주체에 따라 제312조나 제313조가 적용될 것이다. 정답 - X

■ 사례 【86~89】

甲은 A의 집에 들어가 금품을 절취하려다 A에게 발각되자 A를 강간한 후에 도주하였다. 甲은 양심에 가책을 느꼈지만 처벌이 두려워 자수하지 못하고 친구인 乙에게 자신의 범행을 이야기 하였는데, 乙은 다시 이 사실을 여자친구 丙에게 이야기하였다.(다툼이 있는 경우 판례에 의함)

변호사시험 제6회

86 甲이 자필로 작성한 범행을 인정하는 내용의 메모지가 甲의 집에서 발견되어 증거로 제출된 경우, 甲이 공판기일에서 그 성립의 진정을 부인하면 필적감정에 의하여 성립의 진정함이 증명되더라도 증거로 사용할 수 없다.

해설 🖊

〔형사소송법 제313조(진술서등)〕 ① 전2조의 규정 이외에 피고인 또는 피고인이 아닌 자가 작성한 진술서나 그 진술을 기재한 서류로서 **그 작성자** 또는 진술자의 **자필이거나 그 서명 또는 날인이 있는 것**(피고인 또는 피고인 아닌 자가 작성하였거나 진술한 내용이 포함된 문자·사진·영상 등의 정보로서 컴퓨터디스크, 그 밖에 이와 비슷한 정보저장매체에 저장된 것을 포함한다. 이하 이 조에서 같다)은 공판준비나 공판기일에서의 그 작성자 또는 진술자의 **진술에 의하여 그 성립의 진정함이 증명된 때에는 증거로 할 수 있다.** 단, 피고인의 진술을 기재한 서류는 공판준비 또는 공판기일에서의 그 작성자의 진술에 의하여 그 성립의 진정함이 증명되고 그 진술이 특히 신빙할 수 있는 상태하에서 행하여 진 때에 한하여 피고인의 공판준비 또는 공판기일에서의 진술에 불구하고 증거로 할 수 있다. ② 제1항 본문에도 불구하고 진술서의 작성자가 공판준비나 공판기일에서 그 성립의 진정을 부인하는 경우에는 과학적 분석결과에 기초한 디지털포렌식 자료, 감정 등 객관적 방법으로 성립의 진정함이 증명되는 때에는 증거로 할 수 있다. 다만, 피고인 아닌 자가 작성한 진술서는 피고인 또는 변호인이 공판준비 또는 공판기일에 그 기재 내용에 관하여 작성자를 신문할 수 있었을 것을 요한다.

→ 따라서 감정에 의하여 성립의 진정함이 증명되면 증거로 할 수 있다. 정답 - X

87 乙이 甲과의 대화를 녹음한 녹음테이프의 원본이 증거로 제출된 경우, 공판기일에서 甲이 녹음내용을 부인하여도 乙의 진술에 의하여 녹음테이프에 녹음된 甲의 진술내용이 甲이 진술한 대로 녹음된 것이 증명되고 그 진술이 특히 신빙할 수 있는 상태하에서 행하여진 것이 인정되는 때에는 증거로 사용할 수 있다.

> (해설 ✎) 대화 내용을 녹음한 녹음테이프 및 파일 등 전자매체의 증거능력에 관하여 판례는 피고인과 상대방 사이의 대화 내용에 관한 녹취서가 공소사실의 증거로 제출되어 녹취서의 기재 내용과 녹음테이프의 녹음 내용이 동일한지에 대하여 법원이 검증을 실시한 경우에, 증거자료가 되는 것은 녹음테이프에 녹음된 대화 내용 자체이고, 그 중 피고인의 진술 내용은 실질적으로 형사소송법 제311조, 제312조의 규정 이외에 피고인의 진술을 기재한 서류와 다름없어, 피고인이 녹음테이프를 증거로 할 수 있음에 동의하지 않은 이상 녹음테이프에 녹음된 피고인의 진술 내용을 증거로 사용하기 위해서는 형사소송법 제313조 제1항 단서에 따라 **공판준비 또는 공판기일에서 작성자인 상대방의 진술에 의하여 녹음테이프에 녹음된 피고인의 진술 내용이 피고인이 진술한 대로 녹음된 것임이 증명되고 나아가 그 진술이 특히 신빙할 수 있는 상태하에서 행하여진 것임이 인정되어야 한다.** 또한 대화 내용을 녹음한 파일 등 전자매체는 성질상 작성자나 진술자의 서명 또는 날인이 없을 뿐만 아니라, 녹음자의 의도나 특정한 기술에 의하여 내용이 편집·조작될 위험성이 있음을 고려하여, **대화 내용을 녹음한 원본이거나 원본으로부터 복사한 사본일 경우에는 복사과정에서 편집되는 등의 인위적 개작 없이 원본의 내용 그대로 복사된 사본임이 증명되어야 한다**(대판 2012. 9. 13, 2012도7461)라고 판시하고 있다. [정답] ─ ○

88 丙이 乙로부터 들은 甲의 진술내용을 사법경찰관에게 진술하였고 그러한 진술이 기재된 진술조서가 증거로 제출된 경우, 해당 진술조서 중 甲의 진술기재 부분은 「형사소송법」 제316조 제1항 및 제312조 제4항의 규정에 따른 요건을 갖춘 때에 한하여 증거로 사용할 수 있다.

> (해설 ✎) 형사소송법은 전문진술에 대하여 제316조에서 실질상 단순한 전문의 형태를 취하는 경우에 한하여 예외적으로 그 증거능력을 인정하는 규정을 두고 있을 뿐, 재전문진술이나 재전문진술을 기재한 조서에 대하여는 달리 그 증거능력을 인정하는 규정을 두고 있지 아니하고 있으므로, 피고인이 증거로 하는 데 동의하지 아니하는 한 형사소송법 제310조의2의 규정에 의하여 이를 증거로 할 수 없다(대판 2000. 3. 10, 2000도159).
> → 지문의 진술조서 중 甲의 진술기재 부분은 재전문진술을 기재한 서류에 해당하여 증거로 사용할 수 없다. [정답] ─ X

89 피해자 A는 피해내용을 아버지 B에게 문자메시지로 보냈고 B가 그 문자메시지를 촬영한 사진이 증거로 제출된 경우, A와 B가 법정에 출석하여 A는 사진 속 문자메시지의 내용이 자신이 작성해 보낸 것과 동일함을 확인하고, B는 A가 보낸 문자메시지를 촬영한 사진이 맞다고 확인한 때에는 증거로 사용할 수 있다.

해설 🖋️ 피해자가 피고인으로부터 당한 공갈 등 피해 내용을 담아 남동생에게 보낸 문자메시지를 촬영한 사진은 형사소송법 제313조에 규정된 '피해자의 진술서'에 준하는 것인데, 제반 사정에 비추어 그 진정성립이 인정되어 증거로 할 수 있다고 한 사례

이 사건 문자메시지는 **피해자가 피고인으로부터 풀려난 당일에 남동생에게 도움을 요청하면서 피고인이 협박한 말을 포함하여 공갈 등 피고인으로부터 피해를 입은 내용을 문자메시지로 보낸 것**이므로, 이 사건 문자메시지의 내용을 촬영한 사진은 증거서류 중 피해자의 진술서에 준하는 것으로 취급함이 상당할 것인바, 진술서에 관한 형사소송법 제313조에 따라 **이 사건 문자메시지의 작성자인 피해자 공소외 1이 제1심 법정에 출석하여 자신이 이 사건 문자메시지를 작성하여 동생에게 보낸 것과 같음을 확인하고, 동생인 공소외 3도 제1심 법정에 출석하여 피해자 공소외 1이 보낸 이 사건 문자메시지를 촬영한 사진이 맞다고 확인한 이상, 이 사건 문자메시지를 촬영한 사진은 그 성립의 진정함이 증명되었다고 볼 수 있으므로 이를 증거로 할 수 있다**(대판 2010. 11. 25, 2010도8735).　　　　　　　　　　　　정답 － O

사례【90~92】

검사는 특수(합동)절도(㉠)를 범한 甲과 乙에 대하여 공소를 제기하였다. 그러면서 甲에 대하여는 甲이 단독으로 범한 절도(㉡)도 경합범으로 함께 기소하였다. 검사는 제1회 공판기일에 기소요지를 진술하면서 증거목록을 제출하였는데, 甲은 증거목록상의 증거들을 부동의하면서 자신은 사건 당시 집에 있었으므로 공동피고인 乙과 합동한 사실이 없고 단독으로 절도를 범한 사실도 없다고 하면서 범행을 부인하고 있다. 한편, 乙은 자신의 범행을 자백하였고, 乙의 진술 중 甲의 진술과 배치되는 부분에 대하여는 甲의 변호인이 乙에 대하여 반대신문을 실시하였다.(다툼이 있는 경우 판례에 의함)　변호사시험 제7회

90 甲의 ㉠ 범죄사실에 대하여 제출된 乙에 대한 사법경찰관 작성의 피의자신문조서에 "甲과 함께 절도를 하였습니다."라는 내용이 기재되어 있는 경우, 이 조서는 증거능력이 없다.

해설 🖋️ 형사소송법 제312조 제3항은 검사 이외의 수사기관이 작성한 당해 피고인에 대한 피의자신문조서를 유죄의 증거로 하는 경우뿐만 아니라, 검사 이외의 **수사기관이 작성한 당해 피고인과 공범관계에 있는 다른 피고인이나 피의자에 대한 피의자신문조서를 당해 피고인에 대한 유죄의 증거로 채택할 경우에도 적용된다.** 따라서 당해 피고인과 공범관계에 있는 공동피고인에 대하여 검사 이외의 수사기관이 작성한 피의자신문조서는 그 공동피고인의 법정진술에 의하여 성립의 진정이 인정되더라도 당해 피고인이 공판기일에서 그 조서의 내용을 부인하면 증거능력이 부정된다(대판 2010. 1. 28, 2009도10139).

→ ㉠ 범죄사실에 대하여 甲과 乙은 특수(합동)절도를 범한 공범에 해당한다. 따라서 乙에 대한 피의자신문조서는 사법경찰관 작성의 공범에 대한 피의자신문조서이므로 당해 피고인인 甲이 내용을 부인하면 甲의 ㉠ 범죄사실에 대하여 증거능력이 없다. 甲은 자신의 범행을 모두 부인하고 있으므로 乙의 피의자신문조서는 증거능력이 없다.　　정답 － O

91 甲의 ㉠ 범죄사실에 대하여 제출된 乙에 대한 검사 작성의 피의자신문조서에 "甲은 망을 보고, 제가 절도를 하였습니다."라는 내용이 기재되어 있고 乙이 법정에서 이 조서에 자신이 말한 대로 기재되어 있다고 말할 뿐 아니라 조서가 적법한 절차와 방식에 따라 작성되었고 임의성 및 특신상태도 증명되었다면 이 조서는 증거능력이 있다.

해설

[형사소송법 제312조(검사 또는 사법경찰관의 조서 등)] ④ 검사 또는 사법경찰관이 피고인이 아닌 자의 진술을 기재한 조서는 적법한 절차와 방식에 따라 작성된 것으로서 그 조서가 검사 또는 사법경찰관 앞에서 진술한 내용과 동일하게 기재되어 있음이 원진술자의 공판준비 또는 공판기일에서의 진술이나 영상녹화물 또는 그 밖의 객관적인 방법에 의하여 증명되고, 피고인 또는 변호인이 공판준비 또는 공판기일에 그 기재 내용에 관하여 원진술자를 신문할 수 있었던 때에는 증거로 할 수 있다. 다만, 그 조서에 기재된 진술이 특히 신빙할 수 있는 상태하에서 행하여졌음이 증명된 때에 한한다.

→ 공범인 공동피고인의 검사 작성 피의자신문조서에 대해 개정 전에는 형사소송법 제312조 제1항이 적용된다는 견해도 있었으나 개정 후 동조 제4항이 적용된다고 보는 것이 일반적이다. 사례에서 甲의 변호인이 乙에 대해 반대신문한 사정이 있으므로, 乙이 법정에서 자신이 말한 대로 기재되어 있다고 하여 진정성립이 인정되고 적법절차와 방식에 의한 작성, 임의성, 특신상태가 증명된다면 乙에 대한 검사 작성의 피의자신문조서는 증거능력이 있다. 정답 ─ O

92 甲의 ㉡ 범죄사실에 대하여 제출된 乙에 대한 검사 작성의 피의자신문조서에 "丙으로부터 甲이 절도를 하였다는 말을 들었습니다."라는 내용이 기재되어 있는 경우, 丙이 이 사건 법정에 증인으로 출석하여 "甲이 절도를 하는 것을 보았고, 이 이야기를 乙에게 하였습니다."라는 내용으로 증언하였더라도 이 조서는 증거능력이 없다.

해설 형사소송법 제316조 제2항의 소정의 '특히 신빙할 수 있는 상태하에서 행하여진 때'의 의미에 관하여 판례는 전문진술이나 재전문진술을 기재한 조서는 형사소송법 제310조의2의 규정에 의하여 원칙적으로 증거능력이 없는 것인데, 다만 전문진술은 형사소송법 제316조 제2항의 규정에 따라 원진술자가 사망, 질병, 외국거주 기타 사유로 인하여 진술할 수 없고 그 진술이 특히 신빙할 수 있는 상태하에서 행하여진 때에 한하여 예외적으로 증거능력이 있다고 할 것이고, 전문진술이 기재된 조서는 형사소송법 제312조 또는 제314조의 규정에 의하여 각 그 증거능력이 인정될 수 있는 경우에 해당하여야 함을 물론 나아가 형사소송법 제316조 제2항의 규정에 따른 위와 같은 요건을 갖추어야 예외적으로 증거능력이 있다고 할 것인바, 여기서 '그 진술이 특히 신빙할 수 있는 상태하에서 행하여진 때'라 함은 그 진술을 하였다는 것에 허위개입의 여지가 거의 없고, 그 진술내용의 신빙성이나 임의성을 담보할 구체적이고 외부적인 정황이 있는 경우를 가리킨다(대판 2000. 3. 10, 2000도159)라고 판시하고 있다.

형사소송법 제316조 제2항에 의하면 피고인 아닌 자의 공판준비 또는 공판기일에서의 진술이 피고인 아닌 타인의 진술을 그 내용으로 하는 것인 때에는 원진술자가 사망, 질병 기타 사유로 인하여 진술할 수 없고 그 진술이 특히 신빙할 수 있는 상태 하에서 행하여진 때에 한하여 이를 증거로 할 수 있다고 규정하고 있는데 여기서 말하는 피고인 아닌 자라고 함은 제3자는 말할 것도 없고 공동피고인이나 공범자를 모두 포함한다고 해석된다(대판 2000. 12. 27, 99도5679).

→ "丙으로부터 甲이 절도를 하였다는 말을 들었습니다."라는 乙의 진술은 원진술의 진실성이 요증사실인 경우이므로 전문진술에 해당하는데, 이를 기재한 조서는 전문진술을 기재한 조서로서 재전문증거에 해당한다. 판례에 따르면 전문진술이 기재된 조서는 각각의 전문법칙의 예외를 충족하면 증거능력이 인정된다(첫 번째 판례).

乙은 ㉠ 범죄사실은 甲이 단독으로 범한 절도이므로, 이와 관련하여 乙은 단순히 함께 기소된 공범 아닌 공동피고인에 해당한다. 따라서 우선, 乙의 진술이 기재된 조서는 검사가 피고인인 아닌 자의 진술을 기재한 조서에 해당하여 형사소송법 제312조 제4항이 적용된다. 그리고 乙의 전문진술은 피고인 아닌 타인에 해당하는 丙의 진술을 내용으로 하며, 乙은 공동피고인으로서 '피고인 아닌 자'에 해당하므로 제316조 제2항이 적용된다(두 번째 판례). 그런데, 제316조 제2항은 원진술자가 진술할 수 없을 것을 요건으로 하는데, 원진술자인 丙이 실제로 법정에 출석하여 증언을 하였으므로 이를 충족할 수가 없어 지문의 조서는 증거능력이 없다. 정답 – O

■ 사례 【93~94】

甲과 乙은 날치기 범행을 공모한 후 혼자 걸어가는 여성 A를 발견하고 乙은 A를 뒤쫓아 가고 甲은 차량을 운전하여 뒤따라가면서 망을 보았다. 乙은 A의 뒤쪽에서 접근한 후 A의 왼팔에 끼고 있던 손가방의 끈을 잡아당겼으나 A가 가방을 놓지 않으려고 버티다가 바닥에 넘어졌다. 넘어진 A가 손가방의 끈을 놓지 않은 채 버티자 乙은 계속하여 손가방 끈을 잡아당겨 A를 5미터 가량 끌고 갔고 A는 힘이 빠져 손가방을 놓치게 되었다. 乙은 손가방을 빼앗은 후 甲이 운전하는 차량에 올라타 도망갔다. A는 약 3주간의 치료를 요하는 상해를 입었다.(다툼이 있는 경우 판례에 의함)   변호사시험 제7회

93 A는 경찰 수사과정에서 피해사실에 관한 진술서를 작성하였으나 사법경찰관은 특별한 사정이 없음에도 조사과정을 기록하지 아니하였다. 이와 관련하여 검사가 증거로 신청한 A의 진술서를 甲, 乙이 부동의한 경우에도, A가 증인으로 출석하여 실질적 진정성립을 인정하고 특신상태가 인정되며 甲, 乙의 A에 대한 반대신문권이 보장된 경우에는 진술서의 증거능력이 인정된다.

해설 ✏ 형사소송법 제221조 제1항, 제244조의4 제1항, 제3항, 제312조 제4항, 제5항 및 그 입법 목적 등을 종합하여 보면, 피고인이 아닌 자가 수사과정에서 진술서를 작성하였지만 수사기관이 그에 대한 조사과정을 기록하지 아니하여 형사소송법 제244조의4 제3항, 제1항에서 정한 절차를 위반한 경우에는, 특별한 사정이 없는 한 '적법한 절차와 방식'에 따라 수사과정에서 진술서가 작성되었다 할 수 없으므로 증거능력을 인정할 수 없다(대판 2015. 4. 23, 2013도3790).

[형사소송법 제312조(검사 또는 사법경찰관의 조서 등)] ④ 검사 또는 사법경찰관이 피고인이 아닌 자의 진술을 기재한 조서는 적법한 절차와 방식에 따라 작성된 것으로서 그 조서가 검사 또는 사법경찰관 앞에서 진술한 내용과 동일하게 기재되어 있음이 원진술자의 공판준비 또는 공판기일에서의 진술이나 영상녹화물 또는 그 밖의 객관적인 방법에 의하여 증명되고, 피고인 또는 변호인이 공판준비 또는 공판기일에 그 기재 내용에 관하여 원진술자를 신문할 수 있었던 때에는 증거로 할 수 있다. 다만, 그 조서에 기재된 진술이 특히 신빙할 수 있는 상태하에서 행하여졌음이 증명된 때에 한한다. ⑤ 제1항부터 제4항까지의 규정은 피고인 또는 피고인이 아닌 자가 수사과정에서 작성한 진술서에 관하여 준용한다.

정답 - X

94 사법경찰관은 위 사건을 목격한 B에 대하여 진술조서를 작성하였고 사법경찰관은 그 조사과정을 기록하였다. 이와 관련하여 검사가 증거로 신청한 B에 대한 진술조서를 甲, 乙이 부동의하여 검사가 B를 증인으로 신청하였으나 증인소환장이 송달되지 않은 경우, 추가적인 조치가 없더라도 위 진술조서는 「형사소송법」 제314조에 따라 증거능력이 인정된다.

해설 🖋 형사소송법 제314조에서 말하는 '공판기일에 진술을 요할 자가 사망, 질병 기타 사유로 인하여 진술할 수 없을 때'라 함은 단순히 소환장이 주소불명 등으로 송달불능된 것만으로는 부족하고, 송달불능이 되어 소재탐지촉탁까지 하여 소재수사를 하였음에도 불구하고, 그 소재를 확인할 수 없어 출석하지 아니한 경우에 비로소 이에 해당한다고 할 것이며(대판 1985. 2. 26, 84도1697 ; 대판 1996. 5. 14, 96도575 등 참조), 증인의 주소지가 아닌 곳으로 소환장을 보내 송달불능이 되자 그 곳을 중심으로 소재탐지를 한 끝에 소재탐지불능 회보를 받은 경우에는 이에 해당한다고 볼 수 없다(대판 1979. 12. 11, 79도1002 참조).

정답 - X

🔳 사례 【95~96】

甲은 乙 명의의 차용증을 위조한 후 乙 소유 부동산에 대한 가압류신청을 하여 법원으로부터 가압류결정을 받았다. 이에 대하여 乙의 고소로 개시된 수사절차에서, 乙이 미국에 거주하는 A로부터 위 부동산을 1억 5,000만 원에 매수한 것인 양 신고하여 부동산등기부에 매매가액이 1억 5,000만 원으로 기재되게 하고 소유권이전등기를 마친 사실이 확인되었다. 미국에 있는 A와의 전화통화 내용을 문답 형식으로 기재하고 검찰주사만 기명날인한 수사보고서를 검사는 공소제기 후 증거로 제출하였다. 한편, 甲의 범행을 알고 있는 B가 법정에서 허위증언을 하자 검사가 B를 소환하여 추궁 끝에 법정증언을 번복하는 취지의 진술조서를 작성하여 이를 증거로 제출하였다.(다툼이 있는 경우에는 판례에 의함)

변호사시험 제3회

95 위 수사보고서는 A가 외국거주로 인하여 공판기일에 진술할 수 없으므로 수사보고서를 작성한 검찰주사가 특히 신빙할 수 있는 상태하에서 작성한 것임을 증명하면 증거로 할 수 있다.

> (해설 ✎) 외국에 거주하는 참고인과의 전화 대화내용을 문답형식으로 기재한 검찰주사보 작성의 수사보고서는 전문증거로서 형사소송법 제310조의2에 의하여 제311조 내지 제316조에 규정된 것 이외에는 이를 증거로 삼을 수 없는 것인데, 위 수사보고서는 제311조, 제312조, 제315조, 제316조의 적용대상이 되지 아니함이 분명하므로, **결국 제313조의 진술을 기재한 서류에 해당하여야만 제314조의 적용 여부가 문제될 것인바, 제313조가 적용되기 위하여는 그 진술을 기재한 서류에 그 진술자의 서명 또는 날인이 있어야** 한다(대판 1999. 2. 26, 98도2742).
>
> → 수사보고서에는 검찰주사의 기명날인만 있고 진술자인 A의 서명 또는 날인이 없으므로 검찰주사가 특신상태를 증명하더라도 증거로 할 수 없다. [정답] – X

96 B가 다시 법정에 출석하여 위 진술조서의 진정성립을 인정하고 甲에게 반대신문의 기회가 부여되었다면 그 진술조서는 증거능력이 있다.

> (해설 ✎) 공판준비 또는 공판기일에서 이미 증언을 마친 증인을 검사가 소환한 후 피고인에게 유리한 그 증언 내용을 추궁하여 이를 일방적으로 번복시키는 방식으로 작성한 진술조서를 유죄의 증거로 삼는 것은 당사자주의·공판중심주의·직접주의를 지향하는 현행 형사소송법의 소송구조에 어긋나는 것일 뿐만 아니라, 헌법 제27조가 보장하는 기본권, 즉 법관의 면전에서 모든 증거자료가 조사·진술되고 이에 대하여 피고인이 공격·방어할 수 있는 기회가 실질적으로 부여되는 재판을 받을 권리를 침해하는 것이므로, 이러한 **진술조서는 피고인이 증거로 할 수 있음에 동의하지 아니하는 한 그 증거능력이 없다고 하여야 할 것이고, 그 후 원진술자인 종전 증인이 다시 법정에 출석하여 증언을 하면서 그 진술조서의 성립의 진정함을 인정하고 피고인측에 반대신문의 기회가 부여되었다고 하더라도** 그 증언 자체를 유죄의 증거로 할 수 있음은 별론으로 하고 위와 같은 **진술조서의 증거능력이 없다는** 결론은 달리할 것이 아니다[대판(전합) 2000. 6. 15, 99도1108]. [정답] – X

제6절 당사자의 동의와 증거능력

1 전문법칙에 의하여 증거능력이 없는 증거라고 할지라도 당사자가 동의하고 법원이 진정한 것으로 인정한 경우에는 증거능력이 있다. 변호사시험 제2회

> (해설 ✎) 형사소송법 제318조 제1항은 전문증거금지의 원칙에 대한 예외로서 반대신문권을 포기하겠다는 피고인의 의사표시에 의하여 서류 또는 물건의 증거능력을 부여하려는 규정이므로 피고인의 의사표시가 위와 같은 내용을 적극적으로 표시하는 것이라고 인정되는 경우이면 증거동의로서의 효력이 있다(대판 1983. 3. 8, 82도2873).

> [형사소송법 제318조(당사자의 동의와 증거능력)] ① 검사와 피고인이 증거로 할 수 있음을 동의한 서류 또는 물건은 진정한 것으로 인정한 때에는 증거로 할 수 있다. ② 피고인의 출정없이 증거조사를 할 수 있는 경우에 피고인이 출정하지 아니한 때에는 전항의 동의가 있는 것으로 간주한다. 단, 대리인 또는 변호인이 출정한 때에는 예외로 한다.

정답 - ○

2 진술에 임의성이 인정되지 않아 증거능력이 없는 증거라고 할지라도 당사자가 동의하고 법원이 진정한 것으로 인정한 경우에는 증거능력이 있다.　　　　　변호사시험 제2회

> (해설) 기록상 진술증거의 임의성에 관하여 의심할 만한 사정이 나타나 있는 경우에는 법원은 직권으로 그 임의성 여부에 관하여 조사를 하여야 하고, 임의성이 인정되지 아니하여 증거능력이 없는 진술증거는 피고인이 증거로 함에 동의하더라도 증거로 삼을 수 없다(대판 2006. 11. 23, 2004도7900).

정답 - X

3 증거동의의 주체는 검사와 피고인이므로, 변호인의 경우 피고인의 명시적인 위임이 없는 한 피고인을 대리하여 증거로 함에 동의할 수 없다.　　　　　변호사시험 제1회

> (해설) 증거로 함에 대한 동의의 주체는 소송주체인 당사자라 할 것이지만 변호인은 피고인의 명시한 의사에 반하지 아니하는 한 피고인을 대리하여 이를 할 수 있음은 물론이므로 피고인이 증거로 함에 동의하지 아니한다고 명시적인 의사표시를 한 경우 이외에는 변호인은 서류나 물건에 대하여 증거로 함에 동의할 수 있고 이 경우 변호인의 동의에 대하여 피고인이 즉시 이의하지 아니하는 경우에는 변호인의 동의로 증거능력이 인정되고 증거조사 완료 전까지 앞서의 동의가 취소 또는 철회하지 아니한 이상 일단 부여된 증거능력은 그대로 존속한다(대판 1999. 8. 20, 99도2029).

정답 - X

4 피고인이 출석한 공판기일에서 증거로 함에 부동의한다는 의견을 진술한 후 피고인이 출석하지 아니한 공판기일에 변호인만이 출석하여 종전 의견을 번복하여 증거로 함에 동의하였다면 이는 특별한 사정이 없는 한 증거동의의 효력이 없다.　　　　　변호사시험 제7회

> (해설) 형사소송법 제318조에 규정된 증거동의의 주체는 소송 주체인 검사와 피고인이고, 변호인은 피고인을 대리하여 증거동의에 관한 의견을 낼 수 있을 뿐이므로 피고인의 명시한 의사에 반하여 증거로 함에 동의할 수는 없다. 따라서 피고인이 출석한 공판기일에서 증거로 함에 부동의한다는 의견이 진술된 경우에는 그 후 피고인이 출석하지 아니한 공판기일에 변호인만이 출석하여 종전 의견을 번복하여 증거로 함에 동의하였다 하더라도 이는 특별한 사정이 없는 한 효력이 없다고 보아야 한다(대판 2013. 3. 28, 2013도3).

정답 - ○

5 피고인이 제1심 법정에서 경찰의 검증조서 중 범행에 관한 현장진술 부분에 대해서만 부동의하고 범행현장상황 부분에 대해서는 증거동의한 경우, 위 검증조서 중 동의한 범행현장상황 부분만을 증거로 채용할 수는 없다.　　　　　변호사시험 제7회

해설 ✎ 경찰의 검증조서 중 피고인들이 증거로 함에 동의한 범행상황부분만을 증거로 채용한 조치의 적부에 관하여 판례는 피고인들이 제1심 법정에서 경찰의 검증조서 가운데 범행부분만 부동의하고 현장상황 부분에 대해서는 모두 증거로 함에 동의하였다면, 위 검증조서 중 범행상황 부분만을 증거로 채용한 제1심판결에 잘못이 없다(대판 1990. 7. 24, 90도1303)라고 관시하고 있다.

정답 – X

6 피고인이 증거동의의 법적 효과에 대하여 잘 모르고 동의한 것이었다고 주장하나 그렇게 볼 만한 자료가 없고 변호인이 공판정에 재정하고 있으면서 피고인이 하는 동의에 대하여 아무런 이의나 취소를 한 사실이 없다면 그 동의에 법률적 하자가 있다고는 할 수 없다. 변호사시험 제7회

해설 ✎ 변호인 재정시에 피고인이 한 증거동의에 하자가 있다는 주장의 당부에 관하여 판례는 피고인이 사법경찰관작성의 피해자진술조서를 증거로 동의함에 있어서 그 동의가 법률적으로 어떠한 효과가 있는지를 모르고 한 것이었다고 주장하더라도 변호인이 그 동의시 공판정에 재정하고 있으면서 피고인이 하는 동의에 대하여 아무런 이의나 취소를 한 사실이 없다면 그 동의에 무슨 하자가 있다고 할 수 없다(대판 1983. 6. 28, 83도1019)라고 관시하고 있다.

정답 – O

7 약식명령에 불복하여 정식재판을 청구한 피고인이 정식재판절차에서 2회 불출정하여 법원이 피고인의 출정 없이 증거조사를 하는 경우에 증거동의가 간주된다. 변호사시험 제1회

해설 ✎ 형사소송법 제458조 제2항, 제365조는 피고인이 출정을 하지 않음으로써 본안에 대한 변론권을 포기한 것으로 보는 일종의 제재적 규정으로, 이와 같은 경우 피고인의 출정 없이도 심리, 판결할 수 있고 공판심리의 일환으로 증거조사가 행해지게 마련이어서 피고인이 출석하지 아니한 상태에서 증거조사를 할 수밖에 없는 경우에는 위 법 제318조 제2항의 규정상 피고인의 진의와는 관계없이 같은 조 제1항의 동의가 있는 것으로 간주하게 되어 있는 점, 위 법 제318조 제2항의 입법 취지가 재판의 필요성 및 신속성 즉, 피고인의 불출정으로 인한 소송행위의 지연 방지 내지 피고인 불출정의 경우 전문증거의 증거능력을 결정하지 못함에 따른 소송지연 방지에 있는 점 등에 비추어, 약식명령에 불복하여 정식재판을 청구한 피고인이 정식재판절차에서 2회 불출정하여 법원이 피고인의 출정 없이 증거조사를 하는 경우에 위 법 제318조 제2항에 따른 피고인의 증거동의가 간주된다(대판 2010. 7. 15, 2007도5776).

정답 – O

8 피고인이 재판장의 허가 없이 퇴정하고 변호인도 이에 동조하여 퇴정해 버린 상태에서 증거조사를 할 수밖에 없는 경우에는 피고인의 진의와는 관계없이 증거에 대하여 피고인의 동의가 있는 것으로 간주된다. 변호사시험 제2회

해설 ✎ 가. 필요적 변호사건이라 하여도 피고인이 재판거부의 의사를 표시하고 재판장의 허가 없이 퇴정하고 변호인마저 이에 동조하여 퇴정해 버린 것은 모두 피고인측의 방어권의 남용 내지 변호권의 포기로 볼 수밖에 없는 것이므로 수소법원으로서는 형사소송법 제330조에 의하여 피고인이나 변호인의 재정 없이도 심리판결 할 수 있다.

나. 위 '가'항과 같이 피고인과 변호인들이 출석하지 않은 상태에서 증거조사를 할 수밖에 없는 경우에는 형사소송법 제318조 제2항의 규정상 피고인의 진의와는 관계없이 형사소송법 제318조 제1항의 동의가 있는 것으로 간주하게 되어 있다(대판 1991. 6. 28, 91도865).

정답 – ○

9 피고인의 출정없이 증거조사를 할 수 있는 경우에 피고인이 출정하지 아니한 때에는 증거동의가 있는 것으로 간주하지만, 변호인이 출정한 때에는 그러하지 아니하다.

변호사시험 제5회

해설 ✎

〔형사소송법 제318조(당사자의 동의와 증거능력)〕 ① 검사와 피고인이 증거로 할 수 있음을 동의한 서류 또는 물건은 진정한 것으로 인정한 때에는 증거로 할 수 있다. ② **피고인의 출정 없이 증거조사를 할 수 있는 경우에 피고인이 출정하지 아니한 때에는 전항의 동의가 있는 것으로 간주한다. 단, 대리인 또는 변호인이 출정한 때에는 예외로 한다.**

정답 – ○

10 간이공판절차의 결정이 있는 사건의 증거에 관하여는 당사자의 동의에 관한 「형사소송법」 제318조 제1항의 동의가 있는 것으로 간주되지만, 검사, 피고인 또는 변호인이 증거로 함에 이의가 있는 때에는 그러하지 아니하다.

변호사시험 제5회

해설 ✎

〔형사소송법 제286조의2(간이공판절차의 결정)〕 피고인이 공판정에서 공소사실에 대하여 자백한 때에는 법원은 그 공소사실에 한하여 간이공판절차에 의하여 심판할 것을 결정할 수 있다.
〔형사소송법 제318조의3(간이공판절차에서의 증거능력에 관한 특례)〕 제286조의2의 결정이 있는 사건의 증거에 관하여는 제310조의2, 제312조 내지 제314조 및 제316조의 규정에 의한 증거에 대하여 제318조 제1항의 동의가 있는 것으로 간주한다. 단, 검사, 피고인 또는 변호인이 증거로 함에 이의가 있는 때에는 그러하지 아니하다.

정답 – ○

11 검사와 피고인이 증거로 할 수 있음에 동의한 서류라고 하더라도 법원이 진정한 것으로 인정한 때에 증거로 할 수 있다.

변호사시험 제1회

해설 ✎

〔형사소송법 제318조(당사자의 동의와 증거능력)〕 ① 검사와 피고인이 증거로 할 수 있음을 동의한 서류 또는 물건은 **진정한 것으로 인정한 때에**는 증거로 할 수 있다.

정답 – ○

12 피고인의 변호인 戊는 피고인에 대한 고발장을 증거로 함에 부동의하였고, 같은 고발장을 첨부문서로 포함하고 있는 검찰주사보 작성의 수사보고서에 대하여는 증거동의하였다. 이 경우, 수사보고서에 대한 증거동의의 효력은 첨부문서인 고발장에도 당연히 미치므로, 고발장을 유죄의 증거로 삼을 수 있다. 변호사시험 제5회

> **해설** 🖊 검찰관이 공판기일에 제출한 증거 중 뇌물공여자 갑이 작성한 **고발장에 대하여 피고인의 변호인이 증거 부동의 의견을 밝히고**, 같은 고발장을 첨부문서로 포함하고 있는 검찰주사보 작성의 수사보고에 대하여는 증거에 동의하여 증거조사가 행하여졌는데, 원심법원이 수사보고에 대한 증거동의의 효력이 첨부된 고발장에도 당연히 미친다고 보아 이를 유죄의 증거로 삼은 사안에서, 수사기관이 수사과정에서 수집한 자료를 기록에 현출시키는 방법으로 자료의 의미, 성격, 혐의사실과의 관련성 등을 수사보고의 형태로 요약·설명하고 해당 자료를 수사보고에 첨부하는 경우, 수사보고에 기재된 내용은 수사기관이 첨부한 자료를 통하여 얻은 인식·판단·추론이거나 자료의 단순한 요약에 불과하여 원 자료로부터 독립하여 공소사실에 대한 증명력을 가질 수 없고, 피고인이나 변호인도 수사보고의 증명력을 위와 같은 취지로 이해하여 공소사실을 부인하면서도 수사보고의 증거능력을 다투지 않은 것으로 보이는 등의 제반 사정에 비추어, 위 **고발장은 군사법원법에 따른 적법한 증거신청·증거결정·증거조사 절차를 거쳤다고 볼 수 없거나 공소사실을 뒷받침하는 증명력을 가진 증거가 아니므로 이를 <u>유죄의 증거로 삼을 수 없다</u>고 한 사례**(대판 2011. 7. 14, 2011도3809). 정답 - X

13 제1심에서 증거동의 간주 후 증거조사를 완료한 이상, 항소심에 출석하여 그 증거동의를 철회 또는 취소한다는 의사표시를 하더라도 그 증거능력이 상실되지 않는다. 변호사시험 제1회

> **해설** 🖊 형사소송법 제318조에 규정된 증거동의의 의사표시는 증거조사가 완료되기 전까지 취소 또는 철회할 수 있으나, 일단 증거조사가 완료된 뒤에는 취소 또는 철회가 인정되지 아니하므로 제1심에서 한 증거동의를 제2심에서 취소할 수 없고, 일단 증거조사가 종료된 후에 증거동의의 의사표시를 취소 또는 철회하더라도 취소 또는 철회 이전에 이미 취득한 증거능력이 상실되지 않는다(대판 1996. 12. 10, 96도2507). 정답 - O

14 입시학원 강사인 甲은 A사립대학에 재직중인 입학처장 乙에게 요청하여 A대학의 신입생 전형 논술시험문제를 전자우편으로 전송받았다. 甲은 공모에 따라 A대학에 진학하고자 하는 학생들에게 시험문제와 답안을 알려주었고, 학생들은 답안지를 그대로 작성하여 그 정을 모르는 시험감독관에게 제출하였다. 이 경우, 검사가 제출한 증거에 대해 甲이 증거동의 하였다면, 공판기일에서의 증거조사가 완료된 후 甲이 증거동의의 의사표시를 취소하더라도 이미 취득한 증거능력이 상실된다고 볼 수 없다. 변호사시험 제6회

> **해설** 🖊 증거동의의 의사표시는 증거조사가 완료되기 전까지 취소 또는 철회할 수 있으나, 일단 증거조사가 완료된 뒤에는 취소 또는 철회가 인정되지 아니하므로 취소 또는 철회 전에 이미 취득한 증거능력은 상실되지 아니한다(대판 2015. 8. 27, 2015도3467). 정답 - O

제7절 탄핵증거

1 검사가 피고인이 아닌 자의 진술을 기재한 조서는 원진술자가 성립의 진정을 부인하더라도 그의 증언의 증명력을 다투기 위한 증거로 할 수 있다. 변호사시험 제6회

(해설 ✏️)

> 〔형사소송법 제318조의2(증명력을 다투기 위한 증거)〕 ① 제312조부터 제316조까지의 규정에 따라 증거로 할 수 없는 서류나 진술이라도 공판준비 또는 공판기일에서의 피고인 또는 피고인이 아닌 자(공소제기 전에 피고인을 피의자로 조사하였거나 그 조사에 참여하였던 자를 포함한다. 이하 이 조에서 같다)의 진술의 증명력을 다투기 위하여 증거로 할 수 있다.

정답 - O

2 사법경찰관 작성의 피고인에 대한 피의자신문조서는 피고인이 그 내용을 부인하는 경우, 그것이 임의로 작성된 것이 인정되더라도 피고인의 법정진술을 탄핵하기 위한 반대증거로 사용할 수 없다. 변호사시험 제6회

(해설 ✏️) 「3번 문제」 해설 참조 정답 - X

3 사법경찰관 작성의 피고인에 대한 피의자신문조서는 피고인이 그 내용을 부인하는 이상 증거능력이 없는바, 그러한 증거는 「형사소송법」 제312조 제3항의 특별한 입법취지에 비추어 설령 임의로 작성된 것이라 하더라도 피고인의 법정에서의 진술을 탄핵하기 위한 반대증거로도 사용될 수 없다. 변호사시험 제7회

(해설 ✏️) 피고인이 내용을 부인하여 증거능력이 없는 사법경찰리 작성의 피의자신문조서 등을 탄핵증거로 사용하기 위한 요건에 관하여 판례는 사법경찰리 작성의 피고인에 대한 피의자신문조서와 피고인이 작성한 자술서들은 모두 검사가 유죄의 자료로 제출한 증거들로서 피고인이 각 그 내용을 부인하는 이상 증거능력이 없으나 그러한 증거라 하더라도 그것이 임의로 작성된 것이 아니라고 의심할 만한 사정이 없는 한 피고인의 법정에서의 진술을 탄핵하기 위한 반대증거로 <u>사용할 수 있다</u>(대판 1998. 2. 27, 97도1770)라고 판시하고 있다. 정답 - X

4 탄핵증거는 진술의 증명력을 감쇄하기 위하여 인정되는 것이므로 범죄사실 또는 그 간접사실을 인정하는 증거로서는 허용되지 않는다. 변호사시험 제6회

(해설 ✏️) 탄핵증거의 증명력에 관하여 판례는 탄핵증거는 진술의 증명력을 감쇄하기 위하여 인정되는 것이고 범죄사실 또는 그 간접사실의 인정의 증거로서는 허용되지 않는다(대판 1996. 9. 6, 95도2945)라고 판시하고 있다. 정답 - O

5 탄핵증거를 제출하는 경우, 증명력을 다투고자 하는 증거의 어느 부분에 의하여 진술의 어느 부분을 다투려고 한다는 것을 사전에 상대방에게 알려야 한다. 변호사시험 제6회

> (해설 ✏️) 「6번 문제」 해설 참조 　　　　　　　　　　　　　　　　 정답 - ○

6 탄핵증거는 범죄사실을 인정하는 증거가 아니므로 엄격한 증거조사를 거칠 필요는 없는 바, 증명력을 다투고자 하는 증거의 어느 부분에 의하여 진술의 어느 부분을 다투려고 한다는 것까지 사전에 상대방에게 알릴 필요는 없다. 변호사시험 제7회

> (해설 ✏️) 검사가 유죄의 자료로 제출한 사법경찰리 작성의 피고인에 대한 피의자신문조서는 피고인이 그 내용을 부인하는 이상 증거능력이 없으나, 그것이 임의로 작성된 것이 아니라고 의심할 만한 사정이 없는 한 피고인의 법정에서의 진술을 탄핵하기 위한 반대증거로 사용할 수 있으며, 또한 탄핵증거는 범죄사실을 인정하는 증거가 아니므로 엄격한 증거조사를 거쳐야 할 필요가 없음은 형사소송법 제318조의2의 규정에 따라 명백하나 법정에서 이에 대한 탄핵증거로서의 증거조사는 필요한 것이고, 한편 증거신청의 방식에 관하여 규정한 형사소송규칙 제132조 제1항의 취지에 비추어 보면 **탄핵증거의 제출에 있어서도** 상대방에게 이에 대한 공격방어의 수단을 강구할 기회를 사전에 부여하여야 한다는 점에서 그 증거와 증명하고자 하는 사실과의 관계 및 입증취지 등을 미리 구체적으로 명시하여야 할 것이므로, **증명력을 다투고자 하는 증거의 어느 부분에 의하여 진술의 어느 부분을 다투려고 한다는 것을 사전에 상대방에게 알려야 한다**(대판 2005. 8. 19, 2005도2617). 　　 정답 - X

7 피고인이 법정에서 내용부인을 한 사법경찰관 작성의 피의자신문조서에 대하여 검사가 증거제출 당시 탄핵증거라는 입증취지를 명시하지 아니하였다면 피고인의 법정진술에 대한 탄핵증거로서의 증거조사절차가 대부분 이루어졌다고 하더라도 그 조서를 피고인의 법정진술에 대한 탄핵증거로 사용할 수 없다. 변호사시험 제7회

> (해설 ✏️) 피고인이 내용을 부인하여 증거능력이 없는 사법경찰리 작성의 피의자신문조서에 대하여 비록 당초 증거제출 당시 탄핵증거라는 입증취지를 명시하지 아니하였지만 피고인의 법정 진술에 대한 탄핵증거로서의 증거조사절차가 대부분 이루어졌다고 볼 수 있는 점 등의 사정에 비추어 위 피의자신문조서를 피고인의 법정 진술에 대한 **탄핵증거로 사용할 수 있다**고 한 사례(대판 2005. 8. 19, 2005도2617). 　　　　　　　 정답 - X

8 탄핵증거에 대하여는 그 진정성립이 증명되지 않더라도 무방하다 변호사시험 제7회

> (해설 ✏️) 유죄의 자료가 되는 것으로 제출된 증거의 반대증거서류에 대하여는 그것이 유죄사실을 인정하는 증거가 되는 것이 아닌 이상 반드시 그 진정성립이 증명되지 아니하거나 이를 증거로 함에 있어 상대방의 동의가 없다고 하더라도 증거판단의 자료로 할 수 있다(대판 1974. 8. 30, 74도1687).
> → 탄핵증거는 유죄의 자료가 되는 것으로 제출된 증거의 증명력을 감쇄하기 위한 증거이므로 판례에 의하면 진정성립이 증명되지 않더라도 무방하다. 　　　 정답 - ○

9 「형사소송법」제318조의2 제2항에 따른 영상녹화물의 탄핵증거로의 사용에 대해서 논란
은 있으나, 영상녹화물의 재생은 법원의 직권이나 검사의 신청이 있는 경우에 한하고, 기
억의 환기가 필요한 피고인 또는 피고인 아닌 자에게만 이를 재생하여 시청하게 하여야
한다.   변호사시험 제7회

해설 ✎

> 〔형사소송법 제318조의2(증명력을 다투기 위한 증거)〕 ① 제312조부터 제316조까지의 규
> 정에 따라 증거로 할 수 없는 서류나 진술이라도 공판준비 또는 공판기일에서의 피고인 또는
> 피고인이 아닌 자(공소제기 전에 피고인을 피의자로 조사하였거나 그 조사에 참여하였던 자를
> 포함한다. 이하 이 조에서 같다)의 진술의 증명력을 다투기 위하여 증거로 할 수 있다. ② 제1항
> 에도 불구하고 피고인 또는 피고인이 아닌 자의 진술을 내용으로 하는 영상녹화물은 공판준비
> 또는 공판기일에 피고인 또는 피고인이 아닌 자가 진술함에 있어서 기억이 명백하지 아니한 사
> 항에 관하여 기억을 환기시켜야 할 필요가 있다고 인정되는 때에 한하여 피고인 또는 피고인이
> 아닌 자에게 재생하여 시청하게 할 수 있다.
> 〔형사소송규칙 제134조의5(기억 환기를 위한 영상녹화물의 조사)〕 ① 법 제318조의2 제2
> 항에 따른 영상녹화물의 재생은 검사의 신청이 있는 경우에 한하고, 기억의 환기가 필요한
> 피고인 또는 피고인 아닌 자에게만 이를 재생하여 시청하게 하여야 한다.

→ 법원의 직권에 의한 형사소송법 제318조의2 제2항의 영상녹화물 재생은 규정하고 있지
않다.   정답 - X

10 탄핵증거는 범죄사실을 인정하는 증거가 아니므로 엄격한 증거조사를 거쳐야 할 필요가
없으나, 법정에서 이에 대한 탄핵증거로서의 증거조사는 필요하다.   변호사시험 제6회

해설 ✎ 법정에서 탄핵증거로 증거조사를 한바 없는 증거를 탄핵증거로 사용할 수 있는지 여
부에 관하여 판례는 탄핵증거는 범죄사실을 인정하는 증거가 아니므로 엄격한 증거조사를
거쳐야 할 필요가 없음은 형사소송법 제318조의2의 규정에 따라 명백하다고 할 것이나, 법정
에서 이에 대한 탄핵증거로서의 증거조사는 필요하다(대판 1998. 2. 27, 97도1770)라고 판시하
고 있다.   정답 - O

제8절 자백과 보강증거

1 甲은 2010. 7. 6. 23:00경 강도의 고의를 가지고 가스총을 주머니에 넣은 채 좁은 골목길
이 복잡하게 얽혀 있는 동네 길목에서 '표적'을 기다리다가 귀가 중인 피해자에게 다가가
가스총으로 겁을 주어 현금 20만 원과 목걸이 및 반지를 빼앗았다. 일주일 후 甲은 양심
의 가책을 느끼고 경찰서에 출석하여 위 범죄사실을 자수하였다. 하지만 경찰관은 甲이
범행한 장소와 피해자를 정확하게 기억하지 못하여 피해자에 대한 조사를 하지 못하였을

뿐 아니라, 목걸이와 반지도 모조품인 것을 알고 쓰레기통에 버렸다고 하고 20만 원은 이미 소비해 버린 상태인 것만 확인한 채 사건을 검찰에 송치하였다. 甲은 검찰에서도 범행을 자백하였고, 특수강도죄로 기소된 후 제1심 공판절차에서도 일관되게 자백하였다. 제1심 법원이 甲의 자백에 따라 위 사건을 간이공판절차에 의해 심판하게 되었다고 하더라도, 甲의 자백에 대한 보강증거가 없으면 甲을 유죄로 인정할 수 없다.   변호사시험 제1회

해설 「2번 문제」 해설 참조   정답 − O

2 즉결심판절차 및 간이공판절차에서는 자백만 있으면 보강증거 없이도 유죄판결을 할 수 있다.   변호사시험 제2회

해설 피고인의 자백을 내용으로 하는, 피고인 아닌 자의 진술이 보강증거가 될수 있는지의 여부에 관하여 판례는 검사 작성의 ㅇㅇㅇ에 대한 진술조서나 사법경찰관사무취급 작성의 ㅁㅁㅁ에 대한 진술로서의 각 기재내용은 피고인이 이 사건 범죄사실을 모두 자인하는 것을 들었다는 진술로서 전문증거이기는 하나 **간이공판절차에 의하여 심판할 것을 결정한 이 사건에 있어서는** 같은 법 제318조의 3의 규정에 의하여 피고인의 동의가 있는 것으로 간주되어 증거능력이 인정되고 또한 이러한 진술조서는 자백자 본인의 진술 자체를 기재한 것은 아니므로 같은 법 제310조의 자백에는 포함되지 않는다 할 것이다. 그러나 피고인의 자백을 내용으로 하고 있는 이와 같은 진술기재내용을 피고인의 자백의 보강증거로 삼는다면 결국 피고인의 자백을 피고인의 자백으로서 보강하는 결과가 되어 아무런 보강도 하는 바 없는 것이니 보강증거가 되지 못하고 오히려 **보강증거를 필요로 하는 피고인의 자백과 동일하게 보아야 할 성질의 것이라고 할 것이다**(대판 1981. 7. 7, 81도1314)라고 판시하고 있다.

> 〔형사소송법 제310조(불이익한 자백의 증거능력)〕 피고인의 자백이 그 피고인에게 불이익한 유일의 증거인 때에는 이를 유죄의 증거로 하지 못한다.
> 〔형사소송법 제318조의3(간이공판절차에서의 증거능력에 관한 특례)〕 제286조의2의 결정이 있는 사건의 증거에 관하여는 제310조의2, 제312조 내지 제314조 및 제316조의 규정에 의한 증거에 대하여 제318조제1항의 동의가 있는 것으로 간주한다. 단, 검사, 피고인 또는 변호인이 증거로 함에 이의가 있는 때에는 그러하지 아니하다.
> 〔즉결심판에 관한 절차법 제10조(증거능력)〕 즉결심판절차에 있어서는 형사소송법 제310조, 제312조제3항 및 제313조의 **규정은 적용하지 아니한다.**

→ 즉결심판절차에서는 자백만 있으면 보강증거 없이도 유죄판결을 할 수 있다. 그러나 간이공판절차에서는 증거능력에 관한 특례를 규정한 제318조의3에서 자백의 보강법칙에 관한 제310조의 언급이 없으므로, 자백만으로 유죄판결을 할 수 없다. 위 판례 역시 간이공판절차임에도 자백보강법칙이 적용됨을 전제로 보강증거에 해당하는지 여부를 판단하고 있는 것이다.   정답 − X

3 다음 사안에 대하여 답하시오.(다툼이 있는 경우에는 판례에 의함)

> 甲은 A에게 공공장소에서 "㉠ 너는 사기 전과가 5개나 되잖아.
> ㉡ 이 사기꾼 같은 놈아, 너 같은 사기꾼은 총 맞아 뒈져야 해."라고
> 말하여 A의 명예를 훼손하였다는 사실로 기소되었다.
> 검사가 제출한 증거는 아래와 같다.
>   ㉮ A가 작성한 고소장(㉡을 말하였으므로 처벌해 달라는 취지)
>   ㉯ 사법경찰관이 작성한 A에 대한 진술조서(㉡의 말을 하였다는 취지)
>   ㉰ 사법경찰관이 작성한 甲에 대한 피의자신문조서(㉠,㉡의 말을 하였다는 취지)
>   ㉱ 검사가 작성한 甲에 대한 피의자신문조서(㉠,㉡의 말을 하였다는 취지)
> 제1심에서 甲은 ㉡ 사실은 자백하였으나 ㉠은 말한 사실이 없다고 진술하면서, ㉮,㉯에 대하여「동의」, ㉰,㉱에 대하여「성립 및 임의성 인정, 내용부인」의 증거의견을 제출하였다.
> 제1심은 무죄를 선고하였다. 검사는 항소하였고 항소심에서 모욕죄로 공소장이 변경되었다. 그 후 A는 고소를 취소하였다.

만약 甲이 공판정에서 ㉠사실에 대하여 자백을 하였다면 ㉱를 자백의 보강증거로 사용할 수 있다.　　　　　　　　　　　　　　　　　　　　　　　　변호사시험 제2회

(해설 ✎) 구 헌법(62.12.26개정) 제10조 및 본건의 규정에 의하면 피고인의 자백이 그에게 불리한 유일한 증거인 때에는 그 **자백이 공판정에서의 자백이든 피의자로서의 조사관에 대한 진술이든 그 자백의 증거능력이 제한되어 있고 그 어느 것이나 독립하여 유죄의 증거가 될 수 없으므로** 위 자백을 아무리 합쳐 보더라도 그것만으로는 유죄의 판결을 할 수 없다[대판(전합) 1966. 7. 26, 66도634].

　→ ㉱는 자백을 피의자신문조서에 기록한 것에 지나지 않으므로 자백과 독립한 증거가 되지 않는다. 따라서 ㉱를 자백의 보강증거로 사용할 수 없다.　　　정답 – X

4 甲은 2010. 7. 6. 23:00경 강도의 고의를 가지고 가스총을 주머니에 넣은 채 좁은 골목길이 복잡하게 얽혀 있는 동네 길목에서 '표적'을 기다리다가 귀가 중인 피해자에게 다가가 가스총으로 겁을 주어 현금 20만 원과 목걸이 및 반지를 빼앗았다. 일주일 후 甲은 양심의 가책을 느끼고 경찰서에 출석하여 위 범죄사실을 자수하였다. 하지만 경찰관은 甲이 범행한 장소와 피해자를 정확하게 기억하지 못하여 피해자에 대한 조사를 하지 못하였을 뿐 아니라, 목걸이와 반지도 모조품인 것을 알고 쓰레기통에 버렸다고 하고 20만 원은 이미 소비해 버린 상태인 것만 확인한 채 사건을 검찰에 송치하였다. 甲은 검찰에서도 범행을 자백하였고, 특수강도죄로 기소된 후 제1심 공판절차에서도 일관되게 자백하였다. 만약 甲을 조사한 경찰관이 공판정에서 피고인이 피의자신문시 공소사실을 자백하는 것을 들었다고 증언한다면, 이 증언은 甲의 자백에 대한 보강증거가 될 수 있다.　변호사시험 제1회

(해설 ✎) 「5번 문제」해설 참조　　　　　　　　　　　　　　　　　　정답 – X

5 甲女는 A연구소 마당에 승용차를 세워 두고 그곳에서 약 20m 떨어진 마당 뒤편에서 절취하기 위하여 타인 소유의 나무 한 그루를 캐내었으나, 이 나무는 높이가 약 150cm 이상, 폭이 약 1m 정도로 상당히 커서 甲이 혼자서 이를 운반하기 어려웠다. 이에 甲은 남편인 乙에게 전화를 하여 사정을 이야기하고 나무를 차에 싣는 것을 도와 달라고 말하였는데, 이를 승낙하고 잠시 후 현장에 온 乙은 甲과 함께 나무를 승용차까지 운반하였다. 그 후 甲은 친구인 丙에게 위 절취사실을 말해 주었다. 이 때, 공소사실에 대하여 甲이 자백하고 乙이 부인하는 상황에서 甲의 자백이 불리한 유일한 증거인 경우 공판기일에 丙이 증인으로 출석하여 '甲이 나무를 절취한 사실을 자신에게 말한 적이 있다'고 증언하였다 하더라도 이러한 丙의 증언은 甲의 자백에 대한 보강증거가 될 수는 없다. <small>변호사시험 제2회</small>

> **해설** ✏️ 피고인이 범행을 자인하는 것을 들었다는 피고인 아닌 자의 진술내용은 형사소송법 제310조의 피고인의 자백에는 포함되지 아니하나 이는 피고인의 자백의 보강증거로 될 수 없다.
>
> (판결이유 중)······피고인의 자백을 내용으로 하고 있는 이와 같은 진술기재내용을 피고인의 자백의 보강증거로 삼는다면 결국 피고인의 자백을 피고인의 자백으로서 보강하는 결과가 되어 아무런 보강도 하는 바 없는 것이니 보강증거가 되지 못하고······(대판 1981. 7. 7, 81도1314).
>
> → 丙의 증언은 甲의 자백을 내용으로 하므로 보강증거가 될 수 없다. <small>정답 - ○</small>

6 전문증거는 전문법칙의 예외에 해당하는지 여부에 관계없이 보강증거가 될 수 있다.

<small>변호사시험 제2회</small>

> **해설** ✏️ 전문증거는 전문법칙의 예외가 되는 경우를 제외하고는 **보강증거로 될 수 없다**(대판 1971. 5. 31, 71도415). <small>정답 - X</small>

7 甲은 2015. 11. 3. 01:00경 건축자재 등을 훔칠 생각으로 乙과 함께 주택 신축공사현장에 있는 컨테이너 박스 앞에서, 乙은 망을 보고 甲은 컨테이너 박스 앞에 놓여있던 노루발못뽑이(일명 빠루)를 이용하여 컨테이너 박스의 출입문의 시정장치를 부순 혐의로 기소되었다. 甲은 제1심법정에서 乙이 시켜서 한 일이라고 자백하였으나, 제1심법원은 공소사실에는 「형법」 제331조 제2항(합동절도)의 특수절도미수죄만 포함되어 있음을 전제로, 乙의 존재에 대하여는 증거가 불충분하여 공소사실을 무죄로 판단하면서, 다만 공소사실에는 절도미수죄의 공소사실이 포함되어 있다는 이유로 동일한 공소사실범위 내에 있는 절도미수죄만을 유죄로 인정하였다. 이 경우, 적법하게 수집된 범행에 사용된 노루발못뽑이와 손괴된 쇠창살의 모습이 촬영되어 수사보고서에 첨부된 현장 사진은 「형법」 제331조 제1항(야간손괴침입절도)의 죄에 관한 甲의 자백에 대한 보강증거로 인정될 수 있다.

<small>변호사시험 제5회</small>

(해설 ✎) 피고인이 甲과 합동하여 乙의 재물을 절취하려다가 미수에 그쳤다는 내용의 공소사실을 자백한 사안에서, 피고인을 현행범으로 체포한 乙의 수사기관에서의 진술과 현장사진이 첨부된 수사보고서가 피고인 자백의 진실성을 담보하기에 충분한 보강증거가 되는데도, 이와 달리 본 원심판결에 법리오해의 위법이 있다고 한 사례 (판결이유 중)……수사보고서에 첨부된 현장사진에는 범행에 사용된 노루발못뽑이와 손괴된 쇠창살의 모습이 촬영되어 있는 사실,……본 현장사진이 첨부된 수사보고서는 피고인의 자백의 진실성을 담보하기에 충분한 보강증거가 된다고 할 것임에도……(대판 2011. 9. 29, 2011도8015).　　　　　정답 - O

8 유흥업소를 운영하는 甲은 경찰관 乙에게 단속정보를 제공해 주는 대가로 2009. 5. 20. 200만 원의 뇌물을 공여하였다는 혐의로 조사를 받았다. 하지만 甲은 "돈을 가져오지 않으면 구속수사 하겠다는 乙의 협박 때문에 200만 원을 주었을 뿐이고, 乙로부터 단속정보를 제공받은 사실이 없으며, 그 대가로 준 것도 아니다."라고 강하게 부인하였다. 그 후 甲이 잠적해 버리자, 고민을 거듭하던 검사는 甲의 부인 A로부터 "구속수사를 피하기 위해 乙에게 200만 원을 주었다는 얘기를 甲으로부터 들었다."라는 진술을 확보하여 2016. 5. 21. 乙을 공갈죄로 기소하였다. 乙의 공판이 진행되던 2016. 7. 10. 검찰에 자진출석한 甲은 "乙로부터 경찰의 단속정보를 제공받는 대가로 200만 원을 제공한 것이 맞다."라고 진술하였다. 이 때, "乙에게 200만 원을 뇌물로 주었다."라는 甲의 진술이 유일한 증거인 경우, "甲으로부터 그런 얘기를 들었다."라는 A의 법정증언을 보강증거로 하여 甲의 뇌물공여를 유죄로 인정할 수 있다. 　　　　　　　　　변호사시험 제6회

(해설 ✎) 피고인의 자백을 내용으로 하는, 피고인 아닌 자의 진술이 보강증거가 될 수 있는지 여부에 관하여 판례는 피고인이 범행을 자인하는 것을 들었다는 피고인 아닌 자의 진술내용은 형사소송법 제310조의 피고인의 자백에는 포함되지 아니하나 이는 피고인의 자백의 **보강증거로 될 수 없다**(대판 2008. 2. 14, 2007도10937)라고 판시하고 있다.　　　정답 - X

9 보강증거는 범죄사실의 전부 또는 중요 부분을 인정할 수 있는 정도가 되어야 하고, 또한 직접증거가 아닌 간접증거나 정황증거는 보강증거가 될 수 없다. 　　　　변호사시험 제2회

(해설 ✎) 자백에 대한 보강증거는 범죄사실의 전부 또는 중요 부분을 인정할 수 있는 정도가 되지 아니하더라도 피고인의 자백이 가공적인 것이 아닌 진실한 것임을 인정할 수 있는 정도만 되면 족할 뿐만 아니라, 직접증거가 아닌 간접증거나 정황증거도 보강증거가 될 수 있다(대판 2006. 1. 27, 2005도8704).　　　　　정답 - X

10 「국가보안법」상 회합죄를 피고인이 자백하는 경우, 회합 당시 상대방으로부터 받았다는 명함의 현존은 보강증거로 될 수 있다. 　　　　　　　　　　　　　변호사시험 제7회

해설 자백에 대한 보강증거는 범죄사실 전체에 관한 것이 아니라 할지라도 피고인의 자백사실이 가공적인 것이 아니고 진실한 것이라고 인정할 수 있는 정도이면 충분하고, 이러한 증거는 직접증거뿐만 아니라 간접증거 내지 정황증거라도 족하다 할 것이므로 **국가보안법상 회합죄를 피고인이 자백하는 경우 회합 당시 상대방으로부터 받았다는 명함의 현존은 보강증거로 될 수 있다**(대판 1990. 6. 22, 90도741). 정답 – ○

11 2017. 2. 18. 01:35경 자동차를 타고 온 甲으로부터 필로폰을 건네받은 후 甲이 위 차량을 운전해 갔다고 한 A의 진술과 2017. 2. 20. 甲으로부터 채취한 소변에서 나온 필로폰 양성 반응 결과는, 甲이 2017. 2. 18. 02:00경의 필로폰 투약으로 정상적으로 운전하지 못할 우려가 있는 상태에서 운전하였다는 자백을 보강하는 증거가 되기에 충분하다.

변호사시험 제7회

해설 2010. 2. 18. 01:35경 자동차를 타고 온 피고인으로부터 필로폰을 건네받은 후 피고인이 위 차량을 운전해 갔다고 한 甲의 진술과 2010. 2. 20. 피고인으로부터 채취한 소변에서 나온 필로폰 양성 반응은, 피고인이 2010. 2. 18. 02:00경의 필로폰 투약으로 정상적으로 운전하지 못할 우려가 있는 상태에 있었다는 공소사실 부분에 대한 자백을 보강하는 증거가 되기에 **충분**하므로, 위 공소사실 부분에 대한 보강증거가 없다는 원심판단에 보강증거의 정도에 관한 법리오해의 위법이 있다고 한 사례(대판 2010. 12. 23, 2010도11272). 정답 – ○

12 형사소송법 제310조의 피고인의 자백에는 공범인 공동피고인의 자백이 포함되지 아니하므로 그 진술은 피고인에 대한 범죄사실을 인정하는 데 있어서 보강증거로 쓸 수 있다.

변호사시험 제2회

해설 「13번 문제」 해설 참조 정답 – ○

13 甲과 乙은 술에 취한 A가 모텔에서 혼자 투숙하고 있는 것을 알고 물건을 훔치기로 하여 甲은 밖에서 망을 보고 乙은 객실에 들어가 A의 가방을 뒤져 금목걸이를 가지고 왔다. 수차례의 절도전과가 있던 乙은 甲에게 "만약 경찰에 잡히면 나를 丙이라고 하라."라고 부탁하였다. 甲과 乙이 공동피고인으로서 함께 재판을 받으면서 甲은 범행사실을 자백하고 있지만 乙은 부인하고 있는 경우, 甲의 자백 외에는 다른 증거가 없다면 乙에게는 유죄의 선고를 할 수 없다.

변호사시험 제1회

해설 「11번 문제의 해설」 형사소송법 제310조 소정의 '피고인의 자백'에 공범인 공동피고인의 진술은 포함되지 아니하므로 「12번 문제의 해설」 공범인 공동피고인의 진술은 다른 공동피고인에 대한 <u>범죄사실을 인정하는 증거로 할 수 있는</u> 것일 뿐만 아니라 공범인 공동피고인들의 각 진술은 상호간에 「11번 문제의 해설」 서로 보강증거가 될 수 있다(대판 1990. 10. 30, 90도1939). 정답 – X

14 피고인이 자백한 상황에서 나머지 2명의 공동피고인 중 한 사람이 자백하였으나 다른 한 사람이 부인하는 경우에는 유죄판결을 할 수 없고, 공동피고인 전원이 자백한 경우에 한하여 유죄판결이 가능하다. 변호사시험 제2회

> (해설 ✎) 공동피고인중의 한 사람이 자백하였고 피고인 역시 자백했다면 다른 공동피고인 중의 한 사람이 부인한다 하여도 위 공동피고인중의 한 사람이 자백은 피고인의 자백에 대한 보강 증거가 된다.
>
> (판결이유 중)······공동피고인 전원이 범죄사실을 자백한 경우에 한하여 유죄판결을 할수 있음에 불과하다는 논지는 <u>이유 없을 뿐 아니라</u>······(대판 1968. 3. 19, 68도43). 정답 ─ X

15 공범인 공동피고인의 법정자백은 이에 대한 피고인의 반대신문권이 보장되어 있어 증인으로 신문한 경우와 다를 바 없으므로 독립한 증거능력이 있다. 변호사시험 제6회

> (해설 ✎) 공동피고인의 자백의 증거능력에 관하여 판례는 공동피고인의 자백은 이에 대한 피고인의 반대신문권이 보장되어 있어 증인으로 신문한 경우와 다를 바 없으므로 독립한 증거능력이 있다(대판 1987. 7. 7, 87도973)라고 판시하고 있다. 정답 ─ O

16 甲, 乙, 丙이 공모하여 타인의 재물을 편취한 범죄사실로 기소된 사건에서, 피고인 甲과 공동피고인 乙이 범죄사실을 자백하고 공동피고인 丙은 범죄사실을 부인하는 경우, 乙의 자백을 甲의 자백에 대한 보강증거로 사용할 수 없다. 변호사시험 제6회

> (해설 ✎) 공동피고인중의 한 사람이 자백하였고 피고인 역시 자백했다면 다른 공동피고인 중의 한 사람이 부인한다 하여도 위 공동피고인중의 한 사람이 자백은 피고인의 자백에 대한 보강 증거가 된다(대판 1968. 3. 19, 68도43). 정답 ─ X

17 전과에 관한 사실은 누범가중의 사유가 되는 경우에도 피고인의 자백만으로 인정할 수 있다. 변호사시험 제7회

> (해설 ✎) 전과에 관한 사실은 엄격한 의미에서의 범죄사실과는 구별되는 것으로서 피고인의 자백만으로서도 이를 인정할 수 있다.
>
> (판결이유 중)······피고인의 자백 진술을 근거로 하여······증거없이 누범 가중사실을 인정한 위법사유에 해당하는 것이라고 공격될 수는 없다.······(대판 1979. 8. 21, 79도1528). 정답 ─ O

18 약 3개월에 걸쳐 8회의 도박을 하였다는 혐의로 검사가 피고인에 대해 상습도박죄로 기소한 경우, 총 8회의 도박 중 3회의 도박사실에 대해서는 피고인의 자백 외에 보강증거가 없는 경우에도 법원은 소위 진실성담보설에 입각하여 8회의 도박행위 전부에 대하여 유죄판결을 할 수 있다. 변호사시험 제7회

> (해설 ✎) 소변검사 결과는 1995. 1. 17.자 투약행위로 인한 것일 뿐 그 이전의 4회에 걸친 투약행위와는 무관하고, 압수된 약물도 이전의 투약행위에 사용되고 남은 것이 아니므로, 위 소변검사 결과와 압수된 약물은 결국 피고인이 투약습성이 있다는 점에 관한 정황증거에 불과하

다 할 것인바, 피고인의 습벽을 범죄구성요건으로 하며 포괄1죄인 상습범에 있어서도 이를 구성하는 각 행위에 관하여 개별적으로 보강증거를 요구하고 있는 점에 비추어 보면 **투약습성에 관한 정황증거만으로** 향정신성의약품관리법위반죄의 객관적 구성요건인 각 투약행위가 있었다는 점에 관한 보강증거로 삼을 수는 없다고 본 사례(대판 1996. 2. 13, 95도1794).

→ 상습도박죄의 각 도박 사실에 대하여 별도의 보강증거가 필요하므로, 3회의 도박사실에 대해서는 유죄판결을 할 수 없다. 정답 - X

19 실체적 경합범의 경우 각 범죄사실에 관하여 자백에 대한 보강증거가 있어야 한다.

변호사시험 제7회

해설 ✏️ 실체적 경합범과 자백의 보강증거에 관하여 판례는 실체적 경합범은 실질적으로 수죄이므로 각 범죄사실에 관하여 자백에 대한 보강증거가 있어야 한다(대판 2008. 2. 14, 2007도10937)라고 판시하고 있다. 정답 - O

■ **사례 [20~22]**

피고인 甲은 피고인 乙로부터 뇌물을 수수하였다는 공소사실로, 피고인 乙은 피고인 甲에게 뇌물을 공여하였다는 공소사실로 기소되어 공동피고인으로 재판을 받고 있다. 법정에서 甲은 공소사실을 부인하였으나 乙은 공소사실을 자백하였다.(다만, 조서는 모두 적법한 절차와 방식에 따라 작성되었고, 임의성과 특신상태가 인정됨을 전제로 하며, 다툼이 있는 경우에는 판례에 의함)

변호사시험 제3회

---

20 乙이 피고인신문에서 甲에게 뇌물공여사실을 자백한 진술은 甲의 乙에 대한 반대신문권이 보장되어 있어 甲의 공소사실에 대한 증거로 쓸 수 있지만 乙이 기억에 반하는 허위의 진술을 하더라도 위증죄가 성립하지 않는다.

해설 ✏️ 공동피고인의 자백은 이에 대한 피고인의 반대신문권이 보장되어 있어 증인으로 신문한 경우와 다를 바 없으므로 **독립한 증거능력이 있다**(대판 1987. 7. 7, 87도973).

공범인 공동피고인은 당해 소송절차에서는 피고인의 지위에 있으므로 다른 공동피고인에 대한 공소사실에 관하여 증인이 될 수 없으나, 소송절차가 분리되어 피고인의 지위에서 벗어나게 되면 다른 공동피고인에 대한 공소사실에 관하여 증인이 될 수 있다(대판 2008. 6. 26, 2008도3300).

→ 甲과 乙은 뇌물을 주고받은 대향범으로서 필요적 공범에 해당한다. 따라서 乙이 피고인신문과정에서 행한 자백진술은 甲에 대한 관계에서 공범인 공동피고인이 선서 없이 행한 법정진술이 된다. 판례는 공범인 공동피고인의 법정진술은 반대신문권이 보장되어 있어 독립한 증거능력이 있다고 본다(첫 번째 판례). 그리고 공범인 공동피고인은 소송절차를 분리하여 피고인의 지위에서 벗어나지 않는 한 증인이 될 수 없으므로(두 번째 판례) 乙이 기억에 반하는 허위의 진술을 하더라도 위증죄가 성립하지 않는다. 정답 - O

21 乙이 자신의 사업과 관련하여 그때그때의 수입과 지출을 기재해 놓은 금전출납부가 적법하게 입수되어 증거로 제출된 경우, 그 금전출납부에 甲에 대한 뇌물공여로 지출된 금액의 기재가 있는 경우에 이는 乙의 자백에 대한 보강증거가 될 수 있다.

(해설 ✎) 상법장부나 항해일지, 진료일지 또는 이와 유사한 **금전출납부 등과 같이** 범죄사실의 인정 여부와는 관계없이 자기에게 맡겨진 사무를 처리한 사무 내역을 그때그때 계속적, 기계적으로 기재한 문서 등의 경우는 사무처리 내역을 증명하기 위하여 존재하는 문서로서 그 존재 자체 및 기재가 그러한 내용의 사무가 처리되었음의 여부를 판단할 수 있는 **별개의 독립된 증거자료**이고, 설사 그 문서가 우연히 피고인이 작성하였고 그 문서의 내용 중 피고인의 범죄사실의 존재를 추론해 낼 수 있는, 즉 공소사실에 일부 부합되는 사실의 기재가 있다고 하더라도, 이를 일컬어 피고인이 범죄사실을 자백하는 문서라고 볼 수는 없다〔대판(전합) 1996. 10. 17, 94도2865〕.

→ 독립된 증거로서 피고인이 범죄사실을 자백하는 문서가 아니므로 보강증거가 될 수 있다는 취지이다.　　　　　　　　　　　　　　　　　　　　　정답 - ○

22 甲이 법정에서 乙로부터 뇌물을 수수한 사실을 부인하면서 공소사실 기재 일시경에 乙을 만났던 사실과 공무에 관한 청탁을 받은 사실만을 시인하였다면 이것만으로는 乙의 자백에 대한 보강증거가 될 수 없다.

(해설 ✎) 뇌물공여의 상대방인 공무원이 뇌물을 수수한 사실을 부인하면서도 그 일시경에 뇌물공여자를 만났던 사실 및 공무에 관한 청탁을 받기도 한 사실자체는 시인하였다면, 이는 뇌물을 공여하였다는 뇌물공여자의 자백에 대한 보강증거가 될 수 있다고 한 사례(대판 1995. 6. 30, 94도993).　　　　　　　　　　　　　　　　　　　　정답 - X

■ 사례 【23~24】

공범인 甲과 乙은 특수절도죄로 기소된 공동피고인이다. 甲은 사법경찰관과 검사의 피의자신문에서 범행을 모두 자백하였으나, 공판정에서는 공소사실을 부인하고 있다. 반면, 乙은 일관되게 공소사실을 부인하고 있다. 甲에 대한 각 피의자신문조서는 모두 적법한 절차와 방법에 따라 작성되었고 임의성과 특신상태가 인정됨을 전제로 할 때 이에 관한 설명이 타당한가?(다툼이 있는 경우 판례에 의함)　　　　변호사시험 제5회

---

23 乙에 대한 공소사실과 관련하여 甲에 대한 검사 작성의 피의자신문조서의 증거능력이 인정되는 때에는 다른 보강증거가 없어도 법원은 乙에 대하여 유죄판결을 할 수 있다.

(해설 ✎) 형사소송법 제310조 소정의 '피고인의 자백'에 공범인 공동피고인의 진술은 포함되지 아니하므로 공범인 공동피고인의 진술은 다른 공동피고인에 대한 범죄사실을 인정하는 증거로 할 수 있는 것일 뿐만 아니라 공범인 공동피고인들의 각 진술은 상호간에 서로 보강증거가 될 수 있다(대판 1990. 10. 30, 90도1939).　　　　　　　　　정답 - ○

24 甲에 대한 검사 작성의 피의자신문조서에 자백하는 진술이 기재되어 있더라도 다른 보강 증거가 없다면 그 자백만으로는 甲에 대한 공소사실에 대하여 유죄를 선고할 수 없고, 이 는 甲이 공판정에서 자백을 하는 경우라도 마찬가지이다.

> (해설) 구 헌법(62.12.26개정) 제10조 및 본건의 규정에 의하면 피고인의 자백이 그에게 불리한 유일한 증거인 때에는 그 자백이 공판정에서의 자백이든 피의자로서의 조사관에 대한 진술이든 그 자백의 증거능력이 제한되어 있고 그 어느 것이나 독립하여 유죄의 증거가 될 수 없으므로 위 자백을 아무리 합쳐 보더라도 그것만으로는 유죄의 판결을 할 수 없다〔대판(전합) 1966. 7. 26, 66도634〕.

> [형사소송법 제310조(불이익한 자백의 증거능력)] 피고인의 자백이 그 피고인에게 불이익한 유일의 증거인 때에는 이를 유죄의 증거로 하지 못한다.

> → 피고인의 자백이 유일한 증거일 때 이를 유죄의 증거로 하지 못한다는 것이 자백의 보강법칙이다(형사소송법 제310조). 미국이나 일본은 자백의 보강법칙이 수사기관의 자백편중수사를 예방하려는 취지에 있음을 고려하여 피고인이 공판정에서 자백을 하는 경우에는 이를 적용하지 않는다. 그러나 형사소송법 규정상 그러한 제한이 없으므로 공판정 여부를 불문하고 자백의 보강법칙을 적용하는 것이 타당하다. 판례도 피고인의 공판정에서의 자백에도 자백의 보강법칙을 적용한다. 따라서 甲이 공판정에서 자백을 하는 경우라도 자백만으로는 유죄를 선고할 수 없다. 정답 — ○

제9절 공판조서의 증명력

1 입시학원 강사인 甲은 A사립대학에 재직중인 입학처장 乙에게 요청하여 A대학의 신입생 전형 논술시험문제를 전자우편으로 전송받았다. 甲은 공모에 따라 A대학에 진학하고자 하는 학생들에게 시험문제와 답안을 알려주었고, 학생들은 답안지를 그대로 작성하여 그 정을 모르는 시험감독관에게 제출하였다. 만일 공소제기 후, 검사가 제출한 증거에 대한 피고인 甲의 동의 또는 진정성립 여부 등에 관한 의견이 증거목록에 기재되었다면 증거목록의 기재는 공판조서의 일부로서 명백한 오기가 아닌 이상 절대적인 증명력을 가지게 된다. 변호사시험 제6회

> (해설) 증거에 관한 피고인의 의견이 기재된 증거목록의 증명력에 관하여 판례는 공판조서의 기재가 명백한 오기인 경우를 제외하고는 공판기일의 소송절차로서 공판조서에 기재된 것은 조서만으로써 증명하여야 하고 그 증명력은 공판조서 이외의 자료에 의한 반증이 허용되지 않는 절대적인 것이므로, 검사 제출의 증거에 관하여 동의 또는 진정성립 여부 등에 관한 피고인의 의견이 증거목록에 기재된 경우에는 그 증거목록의 기재는 공판조서의 일부로서 명백한 오기가 아닌 이상 절대적인 증명력을 가지게 된다(대판 2012. 5. 10, 2012도2496)라고 판시하고 있다. 정답 — ○

제3장 재 판

제1절 재판의 기본개념

1 피고인이 경합범 관계에 있는 A, B, C, D의 죄를 순차적으로 범하였는데 B와 C 범죄의 중간 시점에 금고이상의 형에 처한 판결이 확정된 경우, 판결 주문은 "피고인을 판시 제1 죄(A, B)에 대하여 징역 1년에, 판시 제2죄(C, D)에 대하여 징역 2년에 각 처한다."라는 형식으로 기재된다.

변호사시험 제6회

> **해설** 🖉 수개의 마약류관리에 관한 법률 위반(향정)죄의 중간에 확정판결이 존재하여 확정판결 전후의 범죄가 서로 경합범 관계에 있지 않게 되었으므로, 형법 제39조 제1항에 따라 2개의 주문으로 형을 선고하여야 함에도 징역 및 벌금형이라는 하나의 병과형을 선고한 원심판결에 경합범에 관한 법리오해의 위법이 있다고 한 사례(대판 2010. 11. 25, 2010도10985).
> → 원래 경합범 관계에 있던 A, B, C, D의 죄는 중간의 확정판결로 인하여 경합범 관계에 있지 않게 되었으므로 제1죄와 제2죄 각각에 대하여 별개의 주문으로 형을 선고한 것이다.

정답 － ○

■ 사례【2~5】

다음 판결문에 관한 설명에 답하시오. 변호사시험 제7회

[원심판결] ○○지방법원 2017. 8. 10. 선고 2017노3456 판결【폭행】

[이유]

폭행죄에 있어서의 폭행이라 함은 사람의 신체에 대하여 물리적 유형력을 행사함을 뜻하는 것으로서 욕설을 한 것 외에 별다른 행위를 한 것이 없다면 이는 유형력의 행사라고 보기 어려울 것이다. 원심이 이와 같은 취지에서 무죄를 선고한 조치는 정당하다.

---

2 재판부는 상고를 기각하였다.

> **해설** 🖉
>
> [형사소송법 제380조(상고기각 결정)] ① 상고인이나 변호인이 전조제1항의 기간 내에 상고이유서를 제출하지 아니한 때에는 결정으로 상고를 기각하여야 한다. 단, 상고장에 이유의 기재가 있는 때에는 예외로 한다. ② 상고장 및 상고이유서에 기재된 **상고이유의 주장이 제383조 각 호의 어느 하나의 사유에 해당하지 아니함이 명백한 때에는 결정으로 상고를 기각하여야 한다.**
>
> [형사소송법 제383조(상고이유)] 다음 사유가 있을 경우에는 원심판결에 대한 상고이유로 할 수 있다.
>
> 1. 판결에 영향을 미친 헌법·법률·명령 또는 규칙의 위반이 있을 때

> 2. 판결후 형의 폐지나 변경 또는 사면이 있는 때
>
> 3. 재심청구의 사유가 있는 때
>
> 4. 사형, 무기 또는 10년 이상의 징역이나 금고가 선고된 사건에 있어서 중대한 사실의 오인이 있어 판결에 영향을 미친 때 또는 형의 양정이 심히 부당하다고 인정할 현저한 사유가 있는 때

→ 형사사건은 심급별로 사건번호가 고-노-도 순으로 부여되는데, 불복된 원심판결이 2017노3456 판결로서 2심 판결이므로 판결문은 3심 즉, 상고심의 판결문이다. '[이유]'에서 원심의 조치를 정당하다고 하였으므로 원심판결에 불복한 상고이유가 인정되지 않아 재판부는 상고를 기각하였을 것이다(형사소송법 제380조 제2항).   정답 - ○

3 위 사건의 2심 재판의 관할 법원은 고등법원이다.

(해설 🖉) 위 2번 문제의 해설에서 살핀 바와 같이 원심은 2심인데, 판결문에 '[원심판결] ○○지방법원'이라고 표기되어 있으므로 2심재판의 관할 법원은 지방법원이다.   정답 - X

4 피고인이 2심 판결에 불복하여 제기한 재판에서 내려진 판결이다.

(해설 🖉) 검사가 재판의 이유만을 다투기 위하여 상소하는 것이 허용되는지 여부에 관하여 판례는 검사는 공익의 대표자로서 법령의 정당한 적용을 청구할 임무를 가지므로 이의신청을 기각하는 등 반대당사자에게 불이익한 재판에 대하여도 그것이 위법일 때에는 위법을 시정하기 위하여 상소로써 불복할 수 있지만 불복은 재판의 주문에 관한 것이어야 하고 **재판의 이유만을 다투기 위하여 상소하는 것은 허용되지 않는다**(대결 1993. 3. 4, 자 92모21)라고 판시하고 있다.

→ '[이유]'에서 원심이 무죄를 선고한 것을 알 수 있는데, 피고인은 무죄판결에 대하여 상소할 이익이 없다. 판례도 재판의 이유만을 다투는 상소를 허용하지 않는다. 따라서 피고인이 불복하였다는 것은 옳지 않다.   정답 - X

5 피고인의 행위가 폭행죄의 구성요건에 해당하지 않는다는 판단이 내려졌다.

(해설 🖉) '[이유]'에서 '폭행죄에 있어서의 폭행이라 함은 사람의 신체에 대하여 물리적 유형력을 행사함을 뜻'한다고 하고, 피고인의 행위가 '욕설을 한 것 외에 별다른 행위를 한 것이 없'어 이를 '유형력의 행사라고 보기 어려울 것이다'라고 하고 있으므로, 피고인의 행위가 폭행죄의 구성요건 즉, 폭행에 해당하지 않는다는 취지인다.   정답 - ○

제2절 종국재판

1 헌법재판소의 위헌결정으로 인하여 형벌에 관한 법령이 소급하여 그 효력을 상실한 경우, 법원은 당해 법령을 적용하여 공소가 제기된 피고사건에 대하여는 무죄를 선고하여야 한다.

변호사시험 제5회

해설 형벌에 관한 법령이 헌법재판소의 위헌결정으로 소급하여 효력을 상실하였거나 법원에서 위헌·무효로 선언된 경우, 법원은 당해 법령을 적용하여 공소가 제기된 피고사건에 대하여 형사소송법 제325조에 따라 무죄를 선고하여야 한다. 나아가 형벌에 관한 법령이 폐지되었다 하더라도 그 '폐지'가 당초부터 헌법에 위배되어 효력이 없는 법령에 대한 것이었다면 그 피고사건은 형사소송법 제325조 전단이 규정하는 '범죄로 되지 아니한 때'의 무죄사유에 해당하는 것이지, 형사소송법 제326조 제4호에서 정한 면소사유에 해당한다고 할 수 없다 〔대결(전합) 2013. 4. 18, 2011초기689〕. 정답 - O

2 공무원인 甲은 건설회사 대표 乙에게 자신이 속한 부서가 관장하는 관급공사를 수주할 수 있게 해주겠다고 약속하고, 그 대가로 乙로부터 2016. 3. 15. 1,000만 원을, 2016. 4. 1. 1,500만 원을 받았다. 그 후 甲은 乙에게 직무상 비밀인 관급공사의 예정가격을 알려주어 乙이 공사를 수주하게 되었다. 검사는 甲이 변호인의 참여를 원한다는 의사를 명백하게 표시하였음에도, 정당한 사유 없이 변호인을 참여하게 하지 아니한 채 甲을 신문하여 피의자신문조서를 작성하였고, 추가조사를 거친 후에 甲과 乙에 대해 공소제기 하였다. 위 사건에서 심리결과 1,500만 원에 대한 부분만 무죄로 판단되는 경우에는 판결이유에만 기재하고 주문에서 따로 무죄를 선고할 것이 아님에도 불구하고 법원이 그 판결주문에 무죄를 표시하였더라도 이러한 잘못이 판결에 영향을 미친 위법사유가 되는 것은 아니다. 변호사시험 제6회

해설 단일하고도 계속된 범의 아래 동종의 범행을 일정기간 반복하여 행하고 그 피해법익도 동일한 경우에는 각 범행을 통틀어 포괄일죄로 볼 것이고, 수뢰죄에 있어서 단일하고도 계속된 범의 아래 동종의 범행을 일정기간 반복하여 행하고 그 피해법익도 동일한 것이라면 돈을 받은 일자가 상당한 기간에 걸쳐 있고, 돈을 받은 일자 사이에 상당한 기간이 끼어 있다 하더라도 각 범행을 통틀어 포괄일죄로 볼 것이다(대판 2000. 1. 21, 99도4940).
포괄일죄의 관계에 있는 공소사실에 대하여는 그 일부가 무죄로 판단되는 경우에도 이를 판결 주문에 따로 표시할 필요가 없으나 이를 판결 주문에 표시하였다 하더라도 판결에 영향을 미친 위법사유가 되는 것은 아니다(대판 1993. 10. 12, 93도1512).
→ 지문의 각 수뢰행위는 예정가격을 알려주는 것에 대한 대가이므로 단일한 범의 아래 동종의 범행으로 포괄일죄이다(첫 번째 판례). 포괄일죄의 관계에 있는 공소사실에 대하여는 일부가 무죄로 판단되어 이를 판결 주문에 표시하였다 하더라도 판결에 영향을 미친 위법사유가 되는 것이 아니므로(두 번째 판례) 옳은 지문이다. 정답 - O

3 「소년법」상의 보호처분을 받은 사건과 동일한 사건에 대하여 다시 공소가 제기된 경우, 법원은 면소판결을 선고하여야 한다. 변호사시험 제5회

해설 소년법 제30조의 보호처분을 받은 사건과 동일한 사건에 대하여 다시 공소제기가 되었다면 동조의 보호처분은 확정판결이 아니고 따라서 기판력도 없으므로 이에 대하여 면소판결을 할 것이 아니라 공소제기절차가 동법 제47조의 규정에 위배하여 무효인 때에 해당한 경우이므로 공소기각의 판결을 하여야 한다(대판 1985. 5. 28, 85도21). 정답 - X

4 공소제기된 사건에 적용된 법령이 헌법재판소의 위헌결정으로 효력이 소급하여 상실된 경우는 '범죄후의 법령개폐로 형이 폐지되었을 때'에 해당하므로 법원은 면소판결을 선고하여야 한다. 　　　　　　　　　　　　　　　　　　　　　　　변호사시험 제6회

（해설 ✐）　헌법재판소법 제47조 제2항 단서는 형벌에 관한 법률조항에 대하여 위헌결정이 선고된 경우 그 조항이 소급하여 효력을 상실한다고 규정하고 있으므로, 형벌에 관한 법률조항이 소급하여 효력을 상실한 경우에 당해 조항을 적용하여 공소가 제기된 피고사건은 범죄로 되지 아니한 때에 해당하고, 법원은 이에 대하여 형사소송법 제325조 전단에 따라 <u>무죄를 선고하여야 한다</u>〔대판(전합) 2011. 6. 23, 2008도7562〕. 　　　　　정답 － X

5 면소판결의 사유 중 '사면이 있는 때'란 일반사면이 있는 때를 말한다. 　　　변호사시험 제6회

（해설 ✐）　면소판결 사유인 형사소송법 제326조 제2호의 '사면이 있는 때'에서 말하는 '사면'이란 일반사면을 의미할 뿐, 형을 선고받아 확정된 자를 상대로 이루어지는 특별사면은 여기에 해당하지 않으므로, 재심대상판결 확정 후에 형 선고의 효력을 상실케 하는 특별사면이 있었다고 하더라도, 재심개시결정이 확정되어 재심심판절차를 진행하는 법원은 그 심급에 따라 다시 심판하여 실체에 관한 유·무죄 등의 판단을 해야지, 특별사면이 있음을 들어 면소판결을 하여서는 아니 된다〔대판(전합) 2015. 5. 21, 2011도1932〕. 　　　　정답 － O

제3절 재판의 효력

1 공소기각과 관할위반의 형식재판에 대하여는 일사부재리의 효력이 인정되지 아니한다.
　　　　　　　　　　　　　　　　　　　　　　　　　　　　　　　　　변호사시험 제3회

（해설 ✐）　일사부재리효력은 실체관결과 면소판결 및 실체판결의 효력에 준하는 확정된 약식명령, 즉결심판 등의 경우에만 인정된다. 따라서 공소기각과 관할위반의 형식재판에 대해서는 일사부재리의 효력을 인정할 여지가 없다. 　　　　　　　　　　정답 － O

2 상습범의 일부에 대하여 유죄판결이 확정된 경우 기판력이 그 사실심판결 선고 전에 저질러진 나머지 범죄에 미치기 위해서는 그 확정판결에서 당해 피고인이 상습범으로 기소되어 처단되었을 것이 필요하고, 상습범이 아닌 기본 구성요건의 범죄로 처단되는 데 그친 경우에는 기판력이 미치지 아니한다. 　　　　　　　　　　　　　변호사시험 제3회

（해설 ✐）　상습범으로서 포괄적 일죄의 관계에 있는 여러 개의 범죄사실 중 일부에 대하여 유죄판결이 확정된 경우에, 그 확정판결의 사실심판결 선고 전에 저질러진 나머지 범죄에 대하여 새로이 공소가 제기되었다면 그 새로운 공소는 확정판결이 있었던 사건과 동일한 사건에 대하여 다시 제기된 데 해당하므로 이에 대하여는 판결로써 면소의 선고를 하여야 하는 것인바(형사소송법 제326조 제1호), 다만 이러한 법리가 적용되기 위해서는 전의 확정판결에서 당해 피고인이 상습범으로 기소되어 처단되었을 것을 필요로 하는 것이고, 상습범 아닌 기본 구성요건의 범죄로 처단되는 데 그친 경우에는, 가사 뒤에 기소된 사건에서 비로소 드러났거나 새로 저질러

진 범죄사실과 전의 판결에서 이미 유죄로 확정된 범죄사실 등을 종합하여 비로소 그 모두가 상습범으로서의 포괄적 일죄에 해당하는 것으로 판단된다 하더라도 뒤늦게 앞서의 확정판결을 상습범의 일부에 대한 확정판결이라고 보아 그 기판력이 그 사실심판결 선고 전의 나머지 범죄에 미친다고 보아서는 아니 된다[대판(전합) 2004. 9. 16, 2001도3206]. 정답 ─ ○

3 일사부재리의 효력이 미치는 객관적 범위는 공소사실과 단일하고 동일한 관계에 있는 모든 사실에 미치므로, 그 물적범위는 현실적 심판대상인 사실에 한정되지 아니한다.

변호사시험 제3회

해설 ✎ 포괄일죄 관계에 있는 일부 범죄사실에 대한 확정판결이 나머지 범죄사실에 미치는 효력에 관하여 판례는 일정기간내에 여러번 동종의 범행을 반복한 죄로 유죄의 확정판결을 받은 피고인이 확정판결전에 범한 처벌받지 아니한 같은 수단 방법의 동종의 다른 범죄가 발각되어 공소가 제기된 경우 그 공소사실이 확정판결의 범죄사실과의 관계에서 같은 범죄의 습벽의 발로로 저질러졌다고 인정될 경우라면 공소범죄사실은 확정된 범죄사실과 포괄일죄의 관계에 있으므로 위 확정판결의 기판력에 저촉되어 면소되어야 한다(대판 1988. 11. 8, 88도1637)라고 판시하고 있다.

→ 일사부재리의 효력이 미치는 객관적 범위는 법원의 현실적 심판대상인 당해 공소사실은 물론 그 공소사실과 단일하고 동일한 관계에 있는 사실 전부에 미친다. 즉, 일사부재리의 효력은 법원의 현실적 심판의 대상인 공소장에 기재된 공소사실뿐만 아니라 그 사실과 동일성이 인정되는 잠재적 심판의 대상에 대하여도 미친다. 따라서 그 물적 범위는 현실적 심판대상인 사실에 한정되지 않는다. 판례도 포괄일죄와 과형상 일죄의 일부분에 대한 기판력은 현실적 심판의 대상으로 되지 아니한 부분에까지 미친다고 하여 같은 입장이다.

정답 ─ ○

4 판결의 확정력은 사실심리의 가능성이 있는 최후의 시점인 판결선고시를 기준으로 하여 그때까지 행하여진 행위에 대하여만 미친다.

변호사시험 제5회

해설 ✎ 판결의 확정력은 사실심리의 가능성이 있는 최후의 시점인 판결선고시를 기준으로 하여 그때까지 행하여진 행위에 대하여만 미치는 것으로서, 제1심 판결에 대하여 항소가 된 경우 판결의 확정력이 미치는 시간적 한계는 현행 형사항소심의 구조와 운용실태에 비추어 볼 때 항소심 판결선고시라고 보는 것이 상당한데 항소이유서를 제출하지 아니하여 결정으로 항소가 기각된 경우에도 형사소송법 제361조의4 제1항에 의하면 피고인이 항소한 때에는 법정기간 내에 항소이유서를 제출하지 아니하였다 하더라도 판결에 영향을 미친 사실오인이 있는 등 직권조사사유가 있으면 항소법원이 직권으로 심판하여 제1심 판결을 파기하고 다시 판결할 수도 있으므로 사실심리의 가능성이 있는 최후시점은 항소기각 결정시라고 보는 것이 옳다(대판 1993. 5. 25, 93도836). 정답 ─ ○

5 A죄와 B죄가 상상적 경합관계에 있는 경우에 A죄에 대한 판결이 확정되었다면 법원은 공소제기된 B죄에 대하여 면소판결을 선고하여야 한다

변호사시험 제6회

해설 ✏️ 상상적 경합관계의 경우 1죄에 대한 확정판결의 기판력이 다른 죄에 대하여도 미치는지 여부 및 형법 제40조에 정한 '1개의 행위'의 의미에 관하여 판례는 형법 제40조 소정의 상상적 경합 관계의 경우에는 그 중 1죄에 대한 확정판결의 기판력은 다른 죄에 대하여도 미치는 것이고, 여기서 1개의 행위라 함은 법적 평가를 떠나 사회 관념상 행위가 사물자연의 상태로서 1개로 평가되는 것을 의미한다.

원심은, 이 사건 확정판결의 범죄사실 중 업무방해죄와 이 사건 공소사실 중 명예훼손죄(이하 '이 사건 공소사실 2'라 한다)는 모두 피고인이 같은 일시, 장소에서 피해자의 기념전시회에 참석한 손님들에게 피해자가 공사대금을 주지 않는다는 취지로 소리를 치며 소란을 피웠다는 1개의 행위에 의하여 실현된 경우로서 상상적 경합 관계에 있다고 보아, 이 사건 확정판결의 기판력이 이 사건 공소사실 2에 대해서도 미친다고 할 것이어서, 이 사건 공소사실 2에 대하여 이미 확정판결이 있다는 이유로 면소의 판결을 선고한 제1심판결을 정당하다고 판단하였다(대판 2007. 2. 23, 2005도10233)라고 판시하고 있다. 정답 - ○

▪ 사례 【6~7】

다음 사례에 관한 설명에 답하시오.(다툼이 있는 경우 판례에 의함) 변호사시험 제5회

甲은 2015. 6. 5. 무전취식 범행을 저질러 2015. 7. 10. 사기죄로 약식명령을 발령받았고 2015. 7. 29. 그 약식명령이 확정되었다. 그런데 이후 甲이 ㉠ 2015. 5. 2., ㉡ 2015. 5. 20., ㉢ 2015. 7. 20., ㉣ 2015. 8. 5. 등 4회에 걸쳐 위와 같은 수법으로 각 무전취식한 사기 사건이 경찰에서 송치되었고 검사는 2015. 8. 20. 이를 상습사기죄로 공소제기하였다. 甲은 법정에서 위 범행 모두를 자백하였으며 보강증거도 충분한 상황이다.

6 법원은 ㉠, ㉡ 공소사실에 대하여 약식명령의 기판력에 저촉된다는 이유로 면소판결을 할 수는 없다.

해설 ✏️ 상습범으로서 포괄적 일죄의 관계에 있는 여러 개의 범죄사실 중 일부에 대하여 유죄판결이 확정된 경우에, 그 확정판결의 사실심판결 선고 전에 저질러진 나머지 범죄에 대하여 새로이 공소가 제기되었다면 그 새로운 공소는 확정판결이 있었던 사건과 동일한 사건에 대하여 다시 제기된 데 해당하므로 이에 대하여는 판결로써 면소의 선고를 하여야 하는 것인바(형사소송법 제326조 제1호), 다만 이러한 법리가 적용되기 위해서는 전의 확정판결에서 당해 피고인이 상습범으로 기소되어 처단되었을 것을 필요로 하는 것이고, **상습범 아닌 기본 구성요건의 범죄로 처단되는 데 그친 경우**에는, 가사 뒤에 기소된 사건에서 비로소 드러났거나 새로 저질러진 범죄사실과 전의 판결에서 이미 유죄로 확정된 범죄사실 등을 종합하여 비로소 그 모두가 상습범으로서의 포괄적 일죄에 해당하는 것으로 판단된다 하더라도 뒤늦게 앞서의 확정판결을 상습범의 일부에 대한 확정판결이라고 보아 **그 기판력이 그 사실심판결 선고 전의 나머지 범죄에 미친다고 보아서는 아니 된다**[대판(전합) 2004. 9. 16, 2001도3206].

→ 약식명령은 기본 구성요건의 범죄인 사기죄를 이유로 발령된 것이므로 상습범의 일부에 대한 확정판결이 아니다. 따라서 ㉠, ㉡ 공소사실이 약식명령의 기판력에 저촉된다고 볼 수 없다. 〔정답〕 - ○

7 만약 甲에 대한 위 약식명령이 상습사기죄로 발령되어 확정되었다면 법원은 ㉢ 공소사실에 대하여 면소판결을 선고하여야 한다.

〔해설 〕 유죄의 확정판결의 기판력의 시적범위 즉 어느 때까지의 범죄사실에 관하여 기판력이 미치느냐의 기준시점은 사실심리의 가능성이 있는 최후의 시점인 판결선고시를 기준으로 하여 가리게 되고, 판결절차 아닌 약식명령은 그 고지를 검사와 피고인에 대한 재판서 송달로써 하고 따로 선고하지 않으므로 약식명령에 관하여는 그 기판력의 시적범위를 약식명령의 송달시를 기준으로 할 것인가 또는 그 발령시를 기준으로 할 것인지 이론의 여지가 있으나 그 기판력의 시적 범위를 판결절차와 달리 하여야 할 이유가 없으므로 **그 발령시를 기준으로 하여야 한다**(대판 1984. 7. 24, 84도1129).

→ 약식명령의 기판력은 발령된 시점인 2015. 7. 10부터 발생하므로 이후에 범한 2015. 7. 20 사기범행에 관해서는 기판력이 미치지 않는다. 따라서 상습사기죄로 약식명령이 발령되었더라도 ㉢ 공소사실에 대하여 면소판결을 할 것은 아니다. 〔정답〕 - X

■ 사례【8~10】

甲과 乙은 고의로 교통사고를 낸 뒤 보험금을 청구하여 수령하기로 계획하였다. 이에 甲은 乙의 다리를 고의로 자동차로 치어 전치 4주의 상해를 입게 한 후 위 교통사고가 마치 과실에 의한 교통사고인 양 A보험회사와 B보험회사에 보험금을 청구하였다. 그 이후 甲은 교통사고에 대하여 교통사고처리특례법위반죄로 기소되어 유죄판결을 받고 확정되었다. 甲과 乙은 A보험회사로부터는 보험금을 수령했고, B보험회사로부터는 보험금을 수령하지 못하였다. 이후 검사는 甲과 乙의 보험사기 범행에 대하여 사기 및 사기미수죄로 기소하였고, 甲은 교통사고처리특례법위반과 사기 및 사기미수는 일련의 행위로서 기본적 사실관계가 동일하다는 이유로 면소판결을 해 달라고 주장하였다.(다툼이 있는 경우에는 판례에 의함) 변호사시험 제2회

8 형사재판이 실체적으로 확정되면 동일한 범죄에 대하여 거듭 처벌할 수 없고, 확정판결이 있는 사건과 동일사건에 대하여 공소의 제기가 있는 경우에는 공소기각판결을 해야 한다.

〔해설 〕

> [형사소송법 제326조(면소의 판결)] 다음 경우에는 판결로써 면소의 선고를 하여야 한다.
>
> 1. 확정판결이 있은 때
> 2. 사면이 있은 때
> 3. 공소의 시효가 완성되었을 때
> 4. 범죄 후의 법령개폐로 형이 폐지되었을 때

→ 공소기각판결이 아니라 면소의 판결을 해야 한다.　　　　　정답 – X

9 교통사고처리특례법위반죄와 사기 및 사기미수죄는 서로 행위태양 및 피해자가 다르므로 그 기본적 사실관계가 동일하지 않기 때문에 전자에 관한 확정판결의 기판력이 후자에 미치지 않는다.

해설 ✎　과실로 교통사고를 발생시켰다는 각 '교통사고처리 특례법 위반죄'와 고의로 교통사고를 낸 뒤 보험금을 청구하여 수령하거나 미수에 그쳤다는 '사기 및 사기미수죄'는 서로 행위 태양이 전혀 다르고, 각 교통사고처리 특례법 위반죄의 피해자는 교통사고로 사망한 사람들이나, 사기 및 사기미수죄의 피해자는 피고인과 운전자보험계약을 체결한 보험회사들로서 역시 서로 다르며, 따라서 위 각 교통사고처리 특례법 위반죄와 사기 및 사기미수죄는 그 기본적 사실관계가 동일하다고 볼 수 없으므로, 위 전자에 관한 확정판결의 기판력이 후자에 미친다고 할 수 없다고 한 사례(대판 2010. 2. 25, 2009도14263).　　정답 – O

10 기본적 사실관계가 동일한가의 여부는 규범적 요소를 전적으로 배제한 채 순수하게 사회적·전법률적인 관점에서만 파악해야 하며, 그 자연적·사회적 사실관계나 피고인의 행위가 동일한 것인가는 기본적 사실관계 동일성의 실질적 내용에 해당한다.

해설 ✎　형사재판이 실체적으로 확정되면 동일한 범죄에 대하여 거듭 처벌할 수 없고(헌법 제13조 제1항), 확정판결이 있는 사건과 동일사건에 대하여 공소의 제기가 있는 경우에는 판결로써 면소의 선고를 하여야 하는 것인바(형사소송법 제326조 제1호), 피고인에 대한 각 '교통사고처리 특례법 위반죄'의 확정판결의 기판력이 '사기 및 사기미수죄'에 미치는 것인지의 여부는 그 기본적 사실관계가 동일한 것인가의 여부에 따라 판단하여야 할 것이다. 또한 **기본적 사실관계가 동일한가의 여부는 규범적 요소를 전적으로 배제한 채 순수하게 사회적, 전법률적인 관점에서만 파악할 수는 없고, 그 자연적, 사회적 사실관계나 피고인의 행위가 동일한 것인가 외에 그 규범적 요소도 기본적 사실관계 동일성의 실질적 내용의 일부를 이루는 것이라고** 보는 것이 상당하다(대판 2010. 2. 25, 2009도14263).　　정답 – X

제4절 소송비용

제1장 상 소

제1절 상소 통칙

1. 피고인은 면소판결에 대하여 무죄의 실체판결을 구하는 상소를 할 수 없는 것이 원칙이다. 변호사시험 제6회

> (해설 ✎) 폐지 또는 실효된 형벌관련 법령이 당초부터 위헌·무효인 경우 그 법령을 적용하여 공소가 제기된 피고사건에 대하여 법원이 취하여야 할 조치(＝무죄의 선고) 및 이 경우 면소를 선고한 판결에 대하여 상소가 가능한지 여부에 관하여 판례는 재심이 개시된 사건에서 범죄사실에 대하여 적용하여야 할 법령은 재심판결 당시의 법령이므로, 법원은 재심대상판결 당시의 법령이 변경된 경우에는 그 범죄사실에 대하여 재심판결 당시의 법령을 적용하여야 하고, 폐지된 경우에는 형사소송법 제326조 제4호를 적용하여 그 범죄사실에 대하여 면소를 선고하는 것이 원칙이다. 그러나 법원은, 형벌에 관한 법령이 헌법재판소의 위헌결정으로 인하여 소급하여 그 효력을 상실하였거나 법원에서 위헌·무효로 선언된 경우, 당해 법령을 적용하여 공소가 제기된 피고사건에 대하여 같은 법 제325조에 따라 무죄를 선고하여야 한다. 나아가 형벌에 관한 법령이 재심판결 당시 폐지되었다 하더라도 그 '폐지'가 당초부터 헌법에 위배되어 효력이 없는 법령에 대한 것이었다면 같은 법 제325조 전단이 규정하는 '범죄로 되지 아니한 때'의 무죄사유에 해당하는 것이지, 같은 법 제326조 제4호의 면소사유에 해당한다고 할 수 없다. 따라서 **면소판결에 대하여 무죄판결인 실체판결이 선고되어야 한다고 주장하면서 상고할 수 없는 것이 원칙**이지만, 위와 같은 경우에는 이와 달리 면소를 할 수 없고 피고인에게 무죄의 선고를 하여야 하므로 면소를 선고한 판결에 대하여 상고가 가능하다[대판(전합) 2010. 12. 16, 2010도5986]라고 판시하고 있다. 〔정답〕 － ○

2. 甲은 A가 운영하는 식당에 들어가 금품을 절취하기로 마음먹고 야간에 A의 식당 창문과 방충망을 그대로 창틀에서 분리만 한 후 식당 안으로 들어갔으나 곧바로 방범시스템이 작동하여 그 경보 소리를 듣고 달려온 A와 근처를 순찰중이던 경찰관 B에게 발각되자 체포를 면탈할 목적으로 A와 B를 폭행하고 도주하였다. 이러한 상황은 식당에 설치된 CCTV에 모두 녹화되었다. 甲은 공소제기되어 제1심 법원에서 재판 진행 중이다. 위 사건에 대한 제1심 법원의 판결에 대하여 검사만이 양형부당을 이유로 항소한 경우, 피고인 甲은 항소심판결에 대하여 사실오인, 채증법칙 위반, 심리미진 또는 법령위반 등의 사유를 들어 상고이유로 삼을 수 없다. 변호사시험 제6회

상고심의 심판범위 및 피고인이 상고이유로 삼을 수 있는 사유의 범위에 관하여 판례는 상고심은 항소법원 판결에 대한 사후심이므로 항소심에서 심판대상이 되지 않은 사항은 상고심의 심판범위에 들지 않는 것이어서 피고인이 항소심에서 항소이유로 주장하지 아니하거나 항소심이 직권으로 심판대상으로 삼은 사항 이외의 사유에 대하여는 이를 상고이유로 삼을 수 없다(대판 2006. 6. 30, 2006도2104)라고 판시하고 있다.

→ 피고인 甲은 항소하지 않았으므로 항소심판결에 대하여 상고할 수 없다. 　　정답 - ○

3 검사 P는 甲을 A에 대한 사기죄[사실 1]와 B에 대한 사기죄[사실 2]의 경합범으로 기소하였다. 제1심법원은 [사실 1]과 [사실 2] 모두를 인정하여 징역 1년 6월, 집행유예 2년을 선고하자 甲만이 항소하였다. 항소심법원은 [사실 1]에 대하여는 무죄를 선고하였으나, [사실 2]에 대하여는 유죄를 선고하였다. 이 경우, 甲이 상고포기를 하기 위해서는 이를 서면으로 하여야 하지만, 공판정에서는 구술로써 할 수 있다. 　　변호사시험 제5회

[형사소송법 제352조(상소포기 등의 방식)] ① 상소의 포기 또는 취하는 서면으로 하여야 한다. 단, 공판정에서는 구술로써 할 수 있다. ② 구술로써 상소의 포기 또는 취하를 한 경우에는 그 사유를 조서에 기재하여야 한다.

정답 - ○

4 상상적 경합관계에 있는 죄들 중 일부에 대해 무죄가 선고되어 검사만 상고한 경우, 무죄부분의 유·무죄 여하에 따라 처단할 죄목과 양형이 다르므로 상고심은 유죄부분도 함께 심판대상으로 하여야 한다. 　　변호사시험 제1회

원심이 두개의 죄를 경합범으로 보고 한 죄는 유죄, 다른 한죄는 무죄를 각 선고하자 검사가 무죄부분만에 대하여 불복상고 하였다고 하더라도 위 두죄가 상상적 경합관계에 있다면 유죄부분도 상고심의 심판대상이 된다[대판(전합) 1980. 12. 9, 80도384]. 　정답 - ○

5 상상적 경합관계에 있는 수죄에 대하여 모두 무죄가 선고되었고, 검사가 그 전부에 대하여 상고하였으나 그중 일부에 대하여는 상고이유로 삼지 않았다고 하더라도 상고심에 전부 이심되며 상고심으로서는 그 무죄부분까지 나아가 판단하여야 한다. 　　변호사시험 제1회

환송 전 원심에서 상상적 경합 관계에 있는 수죄에 대하여 모두 무죄가 선고되었고, 이에 검사가 무죄 부분 전부에 대하여 상고하였으나 그 중 일부 무죄 부분(A)에 대하여는 이를 상고이유로 삼지 않은 경우, 비록 상고이유로 삼지 아니한 무죄 부분(A)도 상고심에 이심되지만 그 부분은 이미 당사자 간의 공격방어의 대상으로부터 벗어나 사실상 심판대상에서 이탈하게 되므로, 상고심으로서도 그 무죄 부분에까지 나아가 판단할 수 없다. 따라서 상고심으로부터 다른 무죄 부분(B)에 대한 원심판결이 잘못되었다는 이유로 사건을 파기환송 받은 원심은 그 무죄 부분(A)에 대하여 다시 심리·판단하여 유죄를 선고할 수 없다(대판 2008. 12. 11, 2008도8922). 　정답 - X

6 甲은 2015. 11. 3. 01：00경 건축자재 등을 훔칠 생각으로 乙과 함께 주택 신축공사현장에 있는 컨테이너 박스 앞에서, 乙은 망을 보고 甲은 컨테이너 박스 앞에 놓여있던 노루발못 뽑이(일명 빠루)를 이용하여 컨테이너 박스의 출입문의 시정장치를 부순 혐의로 기소되었다. 甲은 제1심법정에서 乙이 시켜서 한 일이라고 자백하였으나, 제1심법원은 공소사실에는 「형법」 제331조 제2항(합동절도)의 특수절도미수죄만 포함되어 있음을 전제로, 乙의 존재에 대하여는 증거가 불충분하여 공소사실을 무죄로 판단하면서, 다만 공소사실에는 절도미수죄의 공소사실이 포함되어 있다는 이유로 동일한 공소사실범위 내에 있는 절도미수죄만을 유죄로 인정하였다. 이 때, 항소심에서 제1심 법원이 무죄로 판단한 특수절도미수죄를 파기하는 경우에 제1심 법원이 유죄로 인정한 절도미수죄도 파기되어야 한다.　　　　　　　　　　　　　　　　　　　　　　　　　　　　변호사시험 제5회

> **해설** 🖊 피고인이 甲과 합동하여 乙의 재물을 절취하려다가 미수에 그쳤다는 내용의 공소사실을 자백한 사안에서, 피고인을 현행범으로 체포한 乙의 수사기관에서의 진술과 현장사진이 첨부된 수사보고서가 피고인 자백의 진실성을 담보하기에 충분한 보강증거가 되는데도, 이와 달리 본 원심판결에 법리오해의 위법이 있다고 한 사례
>
> (판결이유 중)……피고인과 성을 알 수 없는 공소외 1은 2010. 11. 3. 1 : 00경 수원시 팔달구 고등동 (지번 생략) 주택 신축공사 현장에 있는 컨테이너 박스 앞에 이르러, 성을 알 수 없는 공소외 1은 망을 보고, 피고인은 컨테이너 박스 앞에 놓여 있던 노루발못뽑이(일명 빠루)를 이용하여 컨테이너 박스의 출입문의 시정장치를 부수고 안에 들어가 피해자 공소외 2 소유의 재물을 절취하려 하였으나 문 부수는 소리를 듣고 달려나온 피해자에게 발각되어……미수에 그쳤다……원심은, 이 부분 공소사실에는 형법 제342조, 제331조 제2항의 특수절도미수죄만 포함되어 있음을 전제로, 피고인이 이 부분 공소사실을 자백하고 있으나, 이 사건 범행이 발각될 당시 피고인 외에 다른 사람은 전혀 보지 못하였다는 피해자의 수사기관에서의 진술이나 피고인의 자백을 일부 재현한 것에 불과한 수사보고서에 첨부된 현장사진은 **피고인의 자백을 보강할 만한 증거가 될 수 없으므로**, 형사소송법 제310조에 의하여 피고인의 자백은 유죄의 증거로 삼을 수 없다고 보아 **이 부분 공소사실을 무죄로 판단하면서**, 다만 이 부분 공소사실에는 절도미수죄의 공소사실이 포함되어 있다는 이유로 **동일한 공소사실 범위 내에 있는 절도미수죄만을 유죄로 인정하였다.**……수사보고서는 피고인의 자백의 진실성을 담보하기에 충분한 보강증거가 된다고 할 것임에도 이와 달리 판단한 원심판결에는 자백의 보강증거에 관한 법리를 오해하여 판결에 영향을 미친 위법이 있다.……따라서 **원심판결 중 특수절도미수죄 부분은 위법하여 파기되어야 하고, 원심에서 유죄로 인정한 절도미수죄도 그와 일죄의 관계에 있으므로 파기되어야** 하며,……(대판 2011. 9. 29, 2011도8015).　　　정답 - ○

7 피고인이 경합범 관계에 있는 A, B, C, D의 죄를 순차적으로 범하였는데 B와 C 범죄의 중간 시점에 금고이상의 형에 처한 판결이 확정되어 판결 주문이 "피고인을 판시 제1죄(A, B)에 대하여 징역 1년에, 판시 제2죄(C, D)에 대하여 징역 2년에 각 처한다."라는 형식으로 기재되었다. 이 경우 피고인만 판시 제1죄에 대하여만 무죄를 주장하며 항소를 하였다면, 판시 제2죄 부분은 항소기간이 지남으로써 확정된다.　　　　　　　　　　　변호사시험 제6회

해설 수개의 마약류관리에 관한 법률 위반(향정)죄의 중간에 확정판결이 존재하여 확정판결 전후의 범죄가 서로 경합범 관계에 있지 않게 되었으므로, 형법 제39조 제1항에 따라 2개의 주문으로 형을 선고하여야 함에도 징역 및 벌금형이라는 하나의 병과형을 선고한 원심판결에 경합범에 관한 법리오해의 위법이 있다고 한 사례

(판결이유 중)······**경합범으로 동시에 기소된 사건에 대하여 일부 유죄, 일부 무죄를 선고하는 등 판결주문이 수개일 때에는 그 1개의 주문에 포함된 부분을 다른 부분과 분리하여 일부상소를 할 수 있고 당사자 쌍방이 상소하지 아니한 부분은 분리 확정되므로**······(대판 2010. 11. 25, 2010도10985).

→ 경합범의 경우 불복하지 않은 부분은 항소기간 도과로 확정되는데, 제1죄와 제2죄는 경합범 관계도 아니므로 당연히 분리 확정된다. 정답 - ○

8 A 금융컨설팅 주식회사 대표이사 甲은 금융기관에 청탁하여 B 주식회사가 20억 원의 대출을 받을 수 있도록 알선행위를 하고 그 대가로서 컨설팅 용역계약 수수료 명목으로 1억 원을 A 주식회사의 계좌로 송금받았다. 위 1억 원 중 1,000만 원은 직원급여로 지급되었다. 검사는 甲을 특정경제범죄가중처벌등에관한법률위반(알선수재)죄로 기소하였고 제1심 법원은 甲의 유죄를 인정하고 징역 및 추징을 선고하였다. 이에 甲은 추징액이 잘못되었다고 주장하면서 추징 부분에 대하여만 항소를 제기하였다. 만일 甲이 추징에 관한 부분만을 불복대상으로 삼아 항소를 제기하였더라도 항소심의 심리 범위는 본안에 관한 판단부분에까지 미친다. 변호사시험 제7회

해설 필수적 몰수·추징규정이 적용되는 피고사건의 재판 가운데 몰수 또는 추징 부분만에 대하여 상소한 경우의 효력에 관하여 판례는 마약류관리에 관한 법률 제67조는 이른바 필수적 몰수 또는 추징 조항으로서 그 요건에 해당하는 한 법원은 반드시 몰수를 선고하거나 추징을 명하여야 한다. 위와 같은 몰수 또는 추징은 범죄행위로 인한 이득의 박탈을 목적으로 하는 것이 아니라 징벌적인 성질을 가지는 처분으로 부가형으로서의 성격을 띠고 있다. 이는 피고사건 본안에 관한 판단에 따른 주형 등에 부가하여 한 번에 선고되고 이와 일체를 이루어 동시에 확정되어야 하고 본안에 관한 주형 등과 분리되어 이심되어서는 아니 되는 것이 원칙이므로, 피고사건의 주위적 주문과 몰수 또는 추징에 관한 주문은 상호 불가분적 관계에 있어 상소불가분의 원칙이 적용되는 경우에 해당한다. 따라서 피고사건의 재판 가운데 몰수 또는 추징에 관한 부분만을 불복대상으로 삼아 상소가 제기되었다 하더라도, 상소심으로서는 이를 적법한 상소제기로 다루어야 하고, 그 부분에 대한 상소의 효력은 그 부분과 불가분의 관계에 있는 본안에 관한 판단 부분에까지 미쳐 그 전부가 상소심으로 이심된다〔대판(전합) 2008. 11. 20, 2008도5596〕라고 판시하고 있다. 정답 - ○

9 불이익변경금지원칙의 적용에 있어 그 선고된 형이 피고인에게 불이익하게 변경되었는지 여부에 관한 판단은 형법상 형의 경중을 기준으로 하되 이를 개별적·형식적으로 고찰할 것이 아니라 주문 전체를 고려하여 피고인에게 실질적으로 불이익한지 아닌지를 보아 판단하여야 한다. 변호사시험 제2회

해설 🖉 형사소송법 제457조의2에서 규정하는 **불이익변경금지의 원칙은** 피고인의 약식명령에 대한 정식재판청구권을 보장하려는 것으로, 피고인이 정식재판을 청구한 사건에서 법원은 같은 범죄사실에 대하여 피고인이 고지받은 약식명령의 형보다 중한 형을 선고하지 못한다는 원칙이며, 그 적용에 있어 형의 경중은 이를 개별적·형식적으로 고찰할 것이 아니라 주문 전체를 고려하여 피고인에게 실질적으로 불이익하게 변경되었는지 여부로 판단하여야 한다(대판 2009. 12. 24, 2009도10754). [정답] - ○

10 즉결심판에 대하여 피고인만이 정식재판을 청구한 사건에 대하여도 불이익변경금지원칙이 적용되므로 즉결심판의 형보다 무거운 형을 선고하지 못한다. 변호사시험 제2회

해설 🖉 즉결심판에관한절차법 제14조 제1항 및 제2항의 규정에 의하면, 피고인 및 경찰서장은 즉결심판에 불복하는 경우 정식재판을 청구할 수 있고, 같은 법 제19조의 규정에 의하면 즉결심판절차에 있어서 위 법에 특별한 규정이 없는 한 그 성질에 반하지 아니한 것은 형사소송법의 규정을 준용하도록 하고 있으며, 한편 형사소송법 제453조 및 제457조의2의 규정에 의하면 검사 또는 피고인은 약식명령에 불복하는 경우 정식재판을 청구할 수 있되, 피고인이 정식재판을 청구한 사건에 대하여는 약식명령의 형보다 무거운 형을 선고하지 못하도록 하고 있는바, 약식명령에 대한 정식재판청구권이나 즉결심판에 대한 정식재판청구권 모두 벌금형 이하의 형벌에 처할 범죄에 대한 약식의 처벌절차에 의한 재판에 불복하는 경우에 소송당사자에게 인정되는 권리로서의 성질을 갖는다는 점에서 동일하고 그 절차나 효력도 유사한 점 등에 비추어, **즉결심판에 대하여 피고인만이 정식재판을 청구한 사건에 대하여도** 즉결심판에관한절차법 제19조의 규정에 따라 **형사소송법 제457조의2 규정을 준용하여,** 즉결심판의 **형보다 무거운 형을 선고하지 못한다**(대판 1999. 1. 15, 98도2550). [정답] - ○

11 피고인만의 상고에 의하여 원심판결을 파기하고 사건을 항소심에 환송한 경우, 환송 전 원심판결과의 관계에서도 불이익변경금지의 원칙이 적용된다. 변호사시험 제7회

해설 🖉 피고인만의 상고에 의하여 상고심에서 원심판결을 파기하고 사건을 항소심에 환송한 경우에는 환송전 원심판결과의 관계에서도 불이익변경금지의 원칙이 적용되어 그 파기된 항소심판결보다 중한 형을 선고할 수 없다(대판 1992. 12. 8, 92도2020). [정답] - ○

12 피고인만이 항소한 경우, 동일 물건에 대하여 제1심판결에서 선고된 추징을 몰수로 변경하는 것은 불이익변경금지원칙에 위반되지 않는다. 변호사시험 제2회

해설 🖉 제1심판결에서 선고된 추징을 항소심판결로 몰수로 변경하는 것은 형식적으로 보면 제1심이 선고하지 아니한 전혀 새로운 형을 선고하는 것으로 보일지 모르나, 추징은 몰수할 물건의 전부 또는 일부를 몰수하지 못할 때 몰수에 갈음하여 그 가액의 납부를 명하는 처분으로서, 실질적으로 볼 때 몰수와 표리관계에 있어 차이가 없는 것이고, 형법 제134조나 공무원범죄에 관한 몰수특례법 소정의 필요적 몰수와 추징은 어느 것이나 공무원이 뇌물수수 등 직무관련범죄로 취득한 부정한 이익을 계속 보유하지 못하게 하는 데 그 목적이 있으므로, 항소

심이 몰수의 가능성에 관하여 제1심과 견해를 달리하여 추징을 몰수로 변경하더라도, 그것만으로 피고인의 이해관계에 실질적 변동이 생겼다고 볼 수는 없으며, 따라서 이를 두고 **형이 불이익하게 변경되는 것이라고 보아서는 안 된다**(대판 2005. 10. 28, 2005도5822). [정답] - ○

13 벌금 150만 원의 약식명령을 고지받고 정식재판을 청구한 '당해 사건'과 정식 기소된 '다른 사건'을 병합·심리한 후 두 사건을 경합범으로 처단하여 벌금 900만 원을 선고한 제1심판결에 대해, 피고인만이 항소한 제2심에서 '다른 사건'의 공소사실 전부와 '당해 사건'의 공소사실 일부에 대하여 무죄를 선고하고 '당해 사건'의 나머지 공소사실은 유죄로 인정하면서 그에 대하여 벌금 300만 원을 선고한 것은 불이익변경금지원칙을 위반한 것이다.
변호사시험 제2회

[해설] 벌금 150만 원의 약식명령을 고지받고 정식재판을 청구한 '당해 사건'과 정식 기소된 '다른 사건'을 병합·심리한 후 두 사건을 경합범으로 처단하여 벌금 900만 원을 선고한 제1심판결에 대해, 피고인만이 항소한 원심에서 다른 사건의 공소사실 전부와 당해 사건의 공소사실 일부에 대하여 무죄를 선고하고 '당해 사건'의 나머지 공소사실은 유죄로 인정하면서 그에 대하여 벌금 300만 원을 선고한 사안에서, 원심판결은 당해 사건에 대하여 당초 피고인이 고지받은 약식명령의 형보다 중한 형을 선고하였음이 명백하므로, 형사소송법 제457조의2에서 규정한 **불이익변경금지의 원칙을 위반한 위법이 있다고 한 사례**(대판 2009. 12. 24, 2009도10754).

→ 참고로 최근 형사소송법 개정(2017.12.19.)으로 정식재판 청구시 불이익변경금지원칙이 형종 상향의 금지로 변경되어, 정식재판에서 더 중한 벌금의 선고도 가능하게 되었다.

[형사소송법 제457조의2(형종 상향의 금지 등)] ① 피고인이 정식재판을 청구한 사건에 대하여는 약식명령의 형보다 중한 종류의 형을 선고하지 못한다. ② 피고인이 정식재판을 청구한 사건에 대하여 약식명령의 형보다 중한 형을 선고하는 경우에는 판결서에 양형의 이유를 적어야 한다.

[정답] - ○

14 피고인에 대한 벌금형이 제1심보다 감경되었다 하여도 그 벌금형에 대한 노역장유치기간이 제1심보다 더 길어졌다면 전체적으로 보아 형이 불이익하게 변경되었다고 보아야 한다.
변호사시험 제2회

[해설] 벌금형은 감경되었으나 그 환형유치기간이 길어진 경우에 불이익변경금지의 원칙에 위배 여부에 관하여 판례는 피고인만이 항소한 경우에 벌금형은 감경되었으나 그 환형유치기간만이 길어졌다고 하더라도 형이 **불이익하게 변경되었다고 할 수 없다**(대판 1981. 10. 24, 80도2325)라고 판시하고 있다. [정답] - X

15 K의 착오에 의해 자신의 계좌로 1,000만 원이 잘못 송금되어 입금된 것을 발견한 甲은 이를 전액 인출한 다음, 다른 지방에 거주하는 친구인 乙에게 위 사정을 말하고 그 돈을 맡겼다. 乙은 그 돈을 자신의 계좌에 입금하였다가, 그중 100만 원을 수표로 인출하여 임의로 사용하였다. 甲은 점유이탈물횡령죄로 약식명령을 받은 후 양형 부당을 이유로 A법원에 정식재판을 청구하였고, 검사는 정식재판을 청구하지 않았다. 甲에 대한 재판 계속 중 검사는 횡령죄로 공소장변경을 신청하고, 증거를 보완하기 위하여 乙 주거지 관할 B법원에 乙의 금융계좌 등에 대한 압수·수색영장을 청구하였다. 이 경우, 점유이탈물횡령죄보다 횡령죄의 법정형이 더 중하므로 횡령죄로 죄명, 적용법조를 변경하는 것은 약식명령의 경우보다 불이익하게 변경되는 것이어서 불이익변경금지원칙에 따라 공소장변경은 허용되지 않는다.   변호사시험 제5회

> (해설) 형은 동일하나 중한 죄를 인정한 경우와 불이익변경금지 원칙에의 위배 여부에 관하여 판례는 불이익변경금지의 원칙은, 피고인만이 상소한 사건에 있어서 원심의 형보다 중한 형을 선고할 수 없다는 것에 불과하고, 그 형이 같은 이상 원심이 인정한 죄보다 **중한 죄를 인정하였다 하더라도 위 원칙에 위배되지 아니한다**(대판 1981. 12. 8, 81도2779)라고 판시하고 있다.
> → 실제 형이 중하지 않다면 공소장변경을 중한 죄로 허용한 것만으로는 문제되지 않는다.
>
> 정답 — X

16 검사 P는 甲을 A에 대한 사기죄[사실 1]와 B에 대한 사기죄[사실 2]의 경합범으로 기소하였다. 제1심법원은 [사실 1]과 [사실 2] 모두를 인정하여 징역 1년 6월, 집행유예 2년을 선고하자 甲만이 항소하였다. 항소심법원은 [사실 1]에 대하여는 무죄를 선고하였으나, [사실 2]에 대하여는 유죄를 선고하였다. 만약 항소심법원이 [사실 2]에 대하여 징역 6월의 실형을 선고하였다면, 그 형 선고는 불이익변경금지원칙에 반하여 위법하다.   변호사시험 제5회

> (해설) 제1심에서 징역형의 집행유예를 선고한데 대하여 제2심이 그 징역형의 형기를 단축하여 실형을 선고하는 것도 불이익변경 금지원칙에 위배된다(대결 1986. 3. 25, 자 86모2).
>
> 정답 — O

17 항소심이 제1심과 동일한 벌금형을 선고하면서 성폭력 치료프로그램 이수명령을 병과한 것은 피고인에게 불이익하게 변경된 것이어서 허용되지 아니한다.   변호사시험 제6회

> (해설) 피고인이 준강제추행 범행으로 벌금형의 약식명령을 발령받고 정식재판을 청구하였는데, 제1심이 약식명령에서 정한 벌금형과 동일한 벌금형을 선고하면서 성폭력 치료프로그램 24시간의 이수명령을 병과하였고 원심이 이를 유지한 사안에서, 이는 전체적·실질적으로 볼 때 피고인에게 불이익하게 변경한 것이므로 허용되지 않는다고 한 사례(대판 2015. 9. 15, 2015도11362).
>
> 정답 — O

18 제1심이 피고인에게 금고 5월의 실형을 선고하였는데, 항소심이 징역 5월, 집행유예 2년, 보호관찰 및 40시간의 수강명령을 선고하였다면 피고인에게 불이익하게 변경된 것이어서 허용되지 아니한다. 변호사시험 제6회

해설 피고인에게 금고 5월의 실형을 선고한 제1심판결에 대해 피고인만이 항소하였는데, 원심이 제1심과 마찬가지로 유죄를 인정하여 갑죄에 대하여는 금고형을, 을죄와 병죄에 대하여는 징역형을 선택한 후 각 죄를 형법 제37조 전단 경합범으로 처벌하면서 피고인에게 **금고 5월, 집행유예 2년, 보호관찰 및 40시간의 수강명령을 선고한** 사안에서, 금고형과 징역형을 선택하여 경합범 가중을 하는 경우에는 형법 제38조 제2항에 따라 금고형과 징역형을 동종의 형으로 간주하여 징역형으로 처벌하여야 하고, **형기의 변경 없이 금고형을 징역형으로 바꾸어 집행유예를 선고하더라도 불이익변경금지 원칙에 위배되지 않는데도,** 제1심판결을 파기하면서 제1심의 위법을 시정하지 아니한 원심판결에 경합범 가중에 관한 법리오해의 잘못이 있다고 한 사례(대판 2013. 12. 12, 2013도6608). 정답 – X

19 징역형의 선고유예를 변경하여 벌금형을 선고하는 것은 피고인에게 불이익하게 변경된 것이어서 허용되지 아니한다. 변호사시험 제6회

해설 제1심의 징역형의 선고유예의 판결에 대하여 피고인만이 항소한 경우에 제2심이 벌금형을 선고한 것은 제1심판결의 형보다 중한 형을 선고한 것에 해당된다(대판 1999. 11. 26, 99도3776). 정답 – O

20 제1심에서는 청구되지 않았고 항소심에서 처음 청구된 검사의 전자장치부착명령 청구에 대하여 항소심에서 부착명령을 선고하는 것은 불이익변경금지원칙에 위배되지 아니한다. 변호사시험 제6회

해설 특정 범죄자에 대한 위치추적 전자장치 부착 등에 관한 법률 제5조 제4항은 "제1항부터 제3항까지의 규정에 따른 부착명령의 청구는 공소가 제기된 특정범죄사건의 항소심 변론종결 시까지 하여야 한다."고 규정하고 있을 뿐이지 피고인만이 항소한 사건의 경우에는 부착명령 청구를 할 수 없다는 등의 제한 규정을 두고 있지 아니하며, 위 규정은 성범죄 피해의 심각성을 인식하여 전자장치 부착명령의 청구시기를 항소심까지 가능하도록 하였고, 이는 항소심에 이르러 비로소 부착명령의 필요성이 밝혀진 경우를 예상하여 규정하게 된 것으로 보이는 점에 비추어 보면, 피고인만이 항소한 경우라도 법원이 **항소심에서 처음 청구된 검사의 부착명령 청구에 기하여 부착명령을 선고하는 것이 불이익변경금지의 원칙에 저촉되지 아니한다**고 봄이 상당하다(대판 2010. 11. 25, 2010도9013). 정답 – O

21 제1심과 항소심의 선고형이 동일한 경우, 제1심에서 일죄로 인정한 것을 항소심에서 검사의 공소장변경신청을 받아들여 경합범으로 선고하더라도 불이익변경금지원칙에 위배되지 아니한다. 변호사시험 제6회

(해설 🖊) 피고인에 관하여 형법 제156조만을 의율한 제1심 판결에 대하여 **피고인만이 항소한** 경우에 있어서 항소심판결이 검사의 공소장 변경신청에 의하여 제1심판결의 적용법조와는 달리 형법 제37조, 동법 제38조 제1항 제2호를 의율하여 **경합죄로 처단하였다** 하더라도 항소심판결의 선고형이 제1심 선고형과 동일하다면 불이익변경금지의 원칙에 위배된다고 할 수 없다(대판 1984. 4. 24, 83도3211). 정답 - ○

22 피고인이 약식명령에 불복하여 정식재판을 청구한 사건에서 그 죄명이나 적용법조가 약식명령에 비하여 불이익하게 변경되었다면, 선고한 형이 약식명령과 같은 경우에도 이는 불이익변경금지의 원칙에 위배된 조치이다. 변호사시험 제7회

(해설 🖊) 형사소송법 제457조의2에서 정한 불이익변경금지 원칙의 의미에 관하여 판례는 형사소송법 제457조의2에서 규정한 불이익변경금지의 원칙은 피고인이 약식명령에 불복하여 정식재판을 청구한 사건에서 약식명령의 주문에서 정한 형보다 중한 형을 선고할 수 없다는 것이므로, 그 죄명이나 적용법조가 약식명령의 경우보다 불이익하게 변경되었다고 하더라도 선고한 형이 약식명령과 같거나 약식명령보다 가벼운 경우에는 **불이익변경금지의 원칙에 위배된 조치라고 할 수 없다**(대판 2013. 2. 28, 2011도14986)라고 판시하고 있다.

> [제457조의2(형종 상향의 금지 등)] ① 피고인이 정식재판을 청구한 사건에 대하여는 약식명령의 형보다 중한 종류의 형을 선고하지 못한다. ② 피고인이 정식재판을 청구한 사건에 대하여 약식명령의 형보다 중한 형을 선고하는 경우에는 판결서에 양형의 이유를 적어야 한다.

정답 - X

23 제1심에서 소년임을 이유로 징역 장기 10년, 단기 5년의 부정기형을 선고한 데 대하여 피고인만이 항소한 경우, 항소심이 위 피고인이 항소심에 이르러 성년이 되었음을 이유로 제1심 판결을 파기하고 징역 7년을 선고하였다면 이는 위법하다. 변호사시험 제7회

(해설 🖊) 피고인이 항소한 사건에서 항소심은 제1심의 형보다 중한 형을 선고할 수 없는바, 이러한 불이익변경금지 규정을 적용함에 있어, **부정기형과 정기형 사이에 그 경중을 가리는 경우에는 부정기형 중 최단기형과 정기형을 비교하여야 한다**(대판 2006. 4. 14, 2006도734).
→ 1심 단기인 징역 5년 보다 항소심 선고형인 징역 7년이 더 중하므로 불이익변경금지원칙에 반하여 위법하다. 정답 - ○

24 제1심이 뇌물수수죄를 인정하여 피고인에게 징역 1년 6월 및 추징을 선고한 데 대하여 피고인만이 항소한 경우, 항소심이 제1심이 누락한 필요적 벌금형 병과규정을 적용하여 피고인에게 징역 1년 6월에 집행유예 3년, 추징 및 벌금 5,000만 원을 선고하였다면 이는 위법하다.　　　　　　　　　　　　　　　　　　　　　　　　　　　　　　　변호사시험 제7회

(해설 ✎) 제1심이 뇌물수수죄를 인정하여 피고인에게 징역 1년 6월 및 추징 26,150,000원을 선고한 데 대해 피고인만이 항소하였는데, 원심이 제1심이 누락한 필요적 벌금형 병과규정인 특정범죄 가중처벌 등에 관한 법률(2008. 12. 26. 법률 제9169호로 개정된 것) 제2조 제2항을 적용하여 피고인에게 징역 1년 6월에 집행유예 3년, 추징 26,150,000원 및 벌금 50,000,000원을 선고한 사안에서, 집행유예의 실효나 취소가능성, 벌금 미납 시 노역장 유치 가능성과 그 기간 등을 전체적·실질적으로 고찰할 때 원심이 선고한 형은 제1심이 선고한 형보다 무거워 피고인에게 불이익하다고 한 사례(대판 2013. 12. 12, 2012도7198).　　　　정답 - ○

25 제1심에서 징역 1년에 처하되 형의 집행을 면제한다는 판결을 선고한 데 대하여 피고인만이 항소한 경우, 항소심이 위 피고인에 대해 징역 8월에 집행유예 2년을 선고하였다면 이는 위법하다.　　　　　　　　　　　　　　　　　　　　　　　　　　　변호사시험 제7회

(해설 ✎) 형의 집행유예의 판결은 소정 유예기간을 특별한 사유없이 경과한 때에는 그 형의 선고의 효력이 상실되나 형의 집행면제는 그 형의 집행만을 면제하는데 불과하여, 전자가 후자보다 피고인에게 불이익한 것이라 할 수 없다.

(판결이유 중)……원판결은……육군본부 보통군법회의의 판결로서……피고인을 징역 1년에 처하되 그 형의 집행을 면제한다는 것이고, 한편 원심판결은 피고인을 징역 8월에 처하되, 위 판결확정일로부터 2년간 위 형의 집행을 유예한다는 것인 바, 무릇 불이익변경원칙의 적용에 있어서는 이를 개별적, 형식적으로 고찰할 것이 아니라 전체적, 실질적으로 고찰하여 결정하여야 할 것인데 형의 집행유예의 판결은 소정 유예기간을 특별한 사유없이 경과한 때에는 그 형의 선고의 효력이 상실되나 형의 집행면제는 그 형의 집행만을 면제하는데 불과하여, <u>전자가 후자보다 피고인에게 불이익한 것이라 할 수 없으므로</u>……[대판(전합) 1985. 9. 24, 84도2972].　　　　정답 - X

■ 사례【26~28】

항소심이 경합범에 대하여 일부무죄·일부유죄로 판단한 경우에 상고심의 심판대상 및 파기범위에 관한 설명이다.(다툼이 있는 경우에는 판례에 의함)　　　변호사시험 제2회

---

26 검사만이 무죄부분에 대하여 상고한 경우 피고인과 검사가 상고하지 아니한 유죄부분은 상고기간이 지남에 따라 확정되기 때문에 무죄부분만이 상고심의 심판의 대상이 되므로 상고심에서 파기할 때에는 무죄부분만을 파기하여야 한다.

> (해설) 형법 제37조 전단의 경합범으로 같은 법 제38조 제1항 제2호에 해당하는 경우 하나의 형으로 처벌하여야 함은 물론이지만 위 규정은 이를 동시에 심판하는 경우에 관한 규정인 것이고 경합범으로 동시에 기소된 사건에 대하여 일부 유죄, 일부 무죄의 선고를 하거나 일부의 죄에 대하여 징역형을, 다른 죄에 대하여 벌금형을 선고하는 등 판결주문이 수개일 때에는 그 1개의 주문에 포함된 부분을 다른 부분과 분리하여 일부상소를 할 수 있는 것이고 당사자 쌍방이 상소하지 아니한 부분은 분리 확정된다고 볼 것인바, **경합범 중 일부에 대하여 무죄, 일부에 대하여 유죄를 선고한 항소심 판결에 대하여 검사만이 무죄 부분에 대하여 상고를 한 경우 피고인과 검사가 상고하지 아니한 유죄판결 부분은 상고기간이 지남으로써 확정되어 상고심에 계속된 사건은 무죄판결 부분에 대한 공소뿐이라 할 것이므로 상고심에서 이를 파기할 때에는 무죄 부분만을 파기할 수 밖에 없다**〔대판(전합) 1992. 1. 21, 91도1402〕. 정답 ― ○

27 항소심이 두 개의 죄를 경합범으로 보고 한 죄는 유죄, 다른 한 죄는 무죄를 선고하고 검사가 무죄부분만에 대하여 불복상고한 경우 위 두 죄가 상상적 경합관계에 있다면 유죄부분도 상고심의 심판대상이 된다.

> (해설) 상상적 경합관계에 있는 수죄를 실체적 경합으로 보고 그 일부에 대한 상고와 상고심의 심판범위에 관하여 판례는 원심이 두개의 죄를 경합범으로 보고 한 죄는 유죄, 다른 한죄는 무죄를 각 선고하자 검사가 무죄부분만에 대하여 불복상고 하였다고 하더라도 위 두죄가 상상적 경합관계에 있다면 유죄부분도 상고심의 심판대상이 된다〔대판(전합) 1980. 12. 9, 80도384〕라고 판시하고 있다. 정답 ― ○

28 유죄부분에 대하여는 피고인이 상고하고 무죄부분에 대하여는 검사가 상고한 경우 항소심판결 전부의 확정이 차단되어 상고심에 이심된다. 따라서 유죄부분에 대한 피고인의 상고가 이유 없더라도 무죄부분에 대한 검사의 상고가 이유 있는 때에는 항소심이 유죄로 인정한 죄와 무죄로 인정한 죄가 형법 제37조 전단의 경합범 관계에 있다면 항소심판결의 유죄부분도 무죄부분과 함께 파기되어야 한다.

> (해설) 수개의 범죄사실에 대하여 항소심이 일부는 유죄, 일부는 무죄의 판결을 하고, 그 판결에 대하여 피고인 및 검사 쌍방이 상고를 제기하였으나, 유죄 부분에 대한 피고인의 상고는 이유 없고 무죄 부분에 대한 검사의 상고만 이유 있는 경우, 항소심이 유죄로 인정한 죄와 무죄로 인정한 죄가 형법 제37조 전단의 경합범 관계에 있다면 항소심판결의 유죄 부분도 무죄 부분과 함께 파기되어야 한다(대판 2000. 11. 28, 2000도2123). 정답 ― ○

사례 【29~30】

검사 P는 甲을 A에 대한 사기죄[사실 1]와 B에 대한 사기죄[사실 2]의 경합범으로 기소하였다. 제1심법원은 [사실 1]과 [사실 2] 모두를 인정하여 징역 1년 6월, 집행유예 2년을 선고하자 甲만이 항소하였다. 항소심법원은 [사실 1]에 대하여는 무죄를 선고하였으나, [사실 2]에 대하여는 유죄를 선고하였다.(다툼이 있는 경우 판례에 의함) 변호사시험 제5회

29 P만이 [사실 1]에 대하여만 상고한 경우, 대법원이 두 사실을 상상적 경합이 된다고 판단하고자 하더라도 [사실 2]에 대해서는 심판할 수 없다.

> (해설 ✐) 원심이 두개의 죄를 경합범으로 보고 한 죄는 유죄, 다른 한죄는 무죄를 각 선고하자 검사가 무죄부분만에 대하여 불복상고 하였다고 하더라도 위 두죄가 상상적 경합관계에 있다면 <u>유죄부분도 상고심의 심판대상이 된다</u>[대판(전합) 1980. 12. 9, 80도384]. [정답] — X

30 P만이 [사실 1]에 대하여만 상고한 경우, 대법원이 이를 유죄의 취지로 판단하고자 한다면, [사실 2]는 그대로 두고 [사실 1]만을 파기하여야 한다.

> (해설 ✐) 경합범 중 일부에 대하여 무죄, 일부에 대하여 유죄를 선고한 항소심판결에 대하여 검사만이 무죄 부분에 대하여 상고를 제기한 경우 상고심에서 이를 파기할 때의 파기범위에 관하여 판례는 형법 제37조 전단의 경합범으로 같은 법 제38조 제1항 제2호에 해당하는 경우 하나의 형으로 처벌하여야 함은 물론이지만 위 규정은 이를 동시에 심판하는 경우에 관한 규정인 것이고 경합범으로 동시에 기소된 사건에 대하여 일부 유죄, 일부 무죄의 선고를 하거나 일부의 죄에 대하여 징역형을, 다른 죄에 대하여 벌금형을 선고하는 등 판결주문이 수개일 때에는 그 1개의 주문에 포함된 부분을 다른 부분과 분리하여 일부상소를 할 수 있는 것이고 당사자 쌍방이 상소하지 아니한 부분은 분리 확정된다고 볼 것인바, **경합범 중 일부에 대하여 무죄, 일부에 대하여 유죄를 선고한 항소심 판결에 대하여 검사만이 무죄 부분에 대하여 상고를 한 경우** 피고인과 검사가 상고하지 아니한 유죄판결 부분은 상고기간이 지남으로써 확정되어 상고심에 계속된 사건은 무죄판결 부분에 대한 공소뿐이라 할 것이므로 상고심에서 이를 파기할 때에는 무죄 부분만을 파기할 수 밖에 없다[대판(전합) 1992. 1. 21, 91도1402]라고 판시하고 있다. [정답] — O

사례 【31~32】

甲(1994.4.15.생)은 201.6.15. 서울중앙지방법원에서 폭력행위등처벌에관한법률위반(집단·흉기등상해)죄로 징역 1년에 집행유예 2년을 선고받아 201.6.22. 판결이 확정되었다.

甲은 19세 미만이던 2013.2.1. 11:00경 피해자(여, 55세)가 현금인출기에서 돈을 인출하여 가방에 넣고 나오는 것을 발견하고 오토바이를 타고 피해자를 뒤따라가 인적이 드문 골목길에 이르러 속칭 '날치기' 수법으로 손가방만 살짝 채어 갈 생각으로 피해자의 손가방을 순간적으로 낚아채어 도망을 갔다. 甲이 손가방을 낚아채는 순간 피해자가 넘어져 2주 간의 치료가 필요한 상해를 입었다.

甲은 같은 날 22:30경 주택가를 배회하던 중 주차된 자동차를 발견하고 물건을 훔칠 생각으로 자동차의 유리창을 통하여 그 내부를 손전등으로 비추어 보다가 순찰 중이던 경찰관에게 검거되었다. 당시 甲은 저도 범행이 발각되었을 경우 체포를 면탈하는데 도움이 될 수 있을 것이라는 생각에서 등산용 칼과 포장용 테이프를 휴대하고 있었다. 검사는 2013.2.5. 甲을 강도치상, 절도미수, 강도예비로 기소하였고 재판 도중에 강도예비를 주위적 공소사실로, 「폭력행위 등 처벌에 관한 법률」 제7조 위반을 예비적 공소사실로 공소장변경을 신청하였다.

제1심법원은 2013.3.29. 유죄 부분에 대하여 징역 단기 2년, 장기 4년을 선고하였다. 이에 대하여 甲만 항소하였는데, 항소심법원은 2013.6.28. 판결을 선고하였다.

*참조 조문:「폭력행위 등 처벌에 관한 법률」 제7조(우범자)
정당한 이유 없이 이 법에 규정된 범죄에 공용될 우려가 있는 흉기 기타 위험한 물건을 휴대하거나 제공 또는 알선한 자는 3년 이하의 징역 또는 300만원 이하의 벌금에 처한다.

변호사시험 제3회

31 부정기형의 선고 대상인 소년인지 여부는 행위시가 아니라 재판시를 기준으로 하므로 항소심법원은 甲에게 정기형을 선고하여야 한다.

> [해설 ✎] 항소심판결 선고당시 성년이 되었음에도 불구하고 정기형을 선고함이 없이 부정기형을 선고한 제1심판결을 인용하여 항소를 기각한 것은 위법하다(대판 1990. 4. 24, 90도539).
> → 甲은 항소심법원 판결 선고시인 2013. 6. 28. 만20세가 도과하였으므로 항소심법원은 甲에게 정기형을 선고하여야 한다. [정답] - O

32 항소심법원이 甲에게 정기형을 선고하여야 한다는 결론이 맞다면 제1심법원에서 선고된 장기형보다 낮은 징역 3년을 선고하는 것은 불이익변경금지의 원칙에 반하지 않는다.

해설 ✍ 피고인이 항소한 사건에서 항소심은 제1심의 형보다 중한 형을 선고할 수 없는바, 이러한 불이익변경금지 규정을 적용함에 있어, 부정기형과 정기형 사이에 그 경중을 가리는 경우에는 <u>부정기형 중 최단기형과 정기형을 비교하여야 한다</u>(대판 2006. 4. 14, 2006도734).

→ 징역 3년은 제1심법원 선고형 중 단기인 징역 2년에 비하여 중하게 변경된 것이므로 불이익변경금지의 원칙에 반한다. 정답 - X

제2절 항 소

1 변호인이 될 자가 변호인선임서를 제출하지 아니한 채 항소이유서를 제출하고, 이유서 제출기간 경과 후에 선임서를 제출한 경우 위 항소이유서 제출은 적법·유효하다고 할 수 없다. 변호사시험 제4회

해설 ✍ 재항고인이 제1심에서만 변호인선임신고서를 제출하고 원심과 재항고심에는 별도의 변호인선임신고서를 제출하지 않았는데, 재항고인의 제1심 변호인이 그 명의로 재항고장을 제출한 사안에서, 법정기간 내에 변호인선임신고서의 제출 없이 변호인 명의로 제출된 재항고장은 재항고의 효력이 없다고 한 사례(대결 2017. 7. 27, 자 2017모1377).

변호인선임신고서를 제출하지 아니한 변호인이 변호인 명의로 정식재판청구서만 제출하고, 형사소송법 제453조 제1항이 정하는 정식재판청구기간 경과 후에 비로소 변호인선임신고서를 제출한 경우, 변호인 명의로 제출한 위 정식재판청구서는 적법·유효한 정식재판청구로서의 효력이 없다(대결 2005. 1. 20, 자 2003모429).

→ 변호인선임서를 제출하지 아니한 채 항소이유서를 제출한 것은 적법한 소송대리인으로서 소송행위를 한 것이 아니다(첫 번째 판례). 형사소송법상 소송행위의 보정적 추완은 인정되지 않으므로(두 번째 판례) 이유서 제출기간 경과 후에 비로서 선임서를 제출한 것으로는 항소이유서 제출이 적법·유효하게 되지 않는다. 정답 - O

2 공무원인 甲은 화물자동차운송회사의 대표인 乙의 교사를 받고 허위의 사실을 기재한 화물자동차운송사업변경(증차)허가신청 검토보고서를 작성하여 그 사정을 모르는 최종 결재자인 담당과장의 결재를 받았다. 위 운송회사의 경리직원인 丙은 사법경찰관 A로부터 甲과 乙에 대한 위 피의사건의 참고인으로 조사를 받게 되자 그 사건에 관하여 허위내용의 사실확인서(증거1)를 작성하여 A에게 제출하고 참고인 진술을 할 당시 위 확인서에 기재된 내용과 같이 허위진술을 하였고, A는 丙에 대한 진술조서를 작성하였다. 검사 P는 丙을 참고인으로 조사하면서 진술조서를 작성하고 그 전 과정을 영상녹화 하였다. 그 후 丙은 이 사건에 관하여 제3자와 대화를 하면서 서로 허위로 진술하고 그 진술을 녹음하여 녹음파일(증거2)을 만들어 검사에게 제출하였다. 검사는 甲과 乙을 기소하였다. 이 때, 제1심에서 유죄를 선고받은 乙이 항소심 재판 중 사망한 경우 법원은 乙에 대하여 형면제판결을 하여야 한다. 변호사시험 제4회

〔형사소송법 제328조(공소기각의 결정)〕① 다음 경우에는 결정으로 공소를 기각하여야 한다.

1. 공소가 취소 되었을 때

2. 피고인이 **사망**하거나 피고인인 법인이 존속하지 아니하게 되었을 때

3. 제12조 또는 제13조의 규정에 의하여 재판할 수 없는 때

4. 공소장에 기재된 사실이 진실하다 하더라도 범죄가 될 만한 사실이 포함되지 아니하는 때

② 전항의 결정에 대하여는 즉시항고를 할 수 있다.

〔형사소송법 제363조(공소기각의 결정)〕① 제328조 제1항 각 호의 규정에 해당한 사유가 있는 때에는 항소법원은 **결정으로 공소를 기각하여야** 한다. ② 전항의 결정에 대하여는 즉시 항고를 할 수 있다.

→ 항소심 재판 중 피고인이 사망한 경우에는 항소심은 결정으로 공소를 기각하여야 한다.

정답 − X

3 검사 P는 甲을 A에 대한 사기죄[사실 1]와 B에 대한 사기죄[사실 2]의 경합범으로 기소하였다. 제1심법원은 [사실 1]과 [사실 2] 모두를 인정하여 징역 1년 6월, 집행유예 2년을 선고하자 甲만이 항소하였다. 항소심법원은 [사실 1]에 대하여는 무죄를 선고하였으나, [사실 2]에 대하여는 유죄를 선고하였다. 만약 항소이유서가 제출되지 않은 경우, 항소심법원은 그 제출기간의 경과를 기다리지 않고 변론을 종결하여 심판할 수 없다. 변호사시험 제5회

해설 ✏️ 형사소송법 제361조의3, 제364조 등의 규정에 의하면 항소심의 구조는 피고인 또는 변호인이 법정기간 내에 제출한 항소이유서에 의하여 심판되는 것이고, 이미 항소이유서를 제출하였더라도 항소이유를 추가·변경·철회할 수 있으므로, **항소이유서 제출기간의 경과를 기다리지 않고는 항소사건을 심판할 수 없다.** 따라서 항소이유서 제출기간 내에 변론이 종결되었는데 그 후 위 제출기간 내에 항소이유서가 제출되었다면, 특별한 사정이 없는 한 항소심법원으로서는 변론을 재개하여 항소이유의 주장에 대해서도 심리를 해 보아야 한다(대판 2015. 4. 9, 2015도1466).

정답 − O

■ 사례 【4~5】

甲은 피해자 A(만 7세)를 도로에서 약 17미터 떨어진 야산 속의 경작하지 않는 밭으로 데리고 들어가 주먹으로 얼굴을 수차례 때리고, 가지고 있던 스카프로 A의 목을 감아 스카프의 양끝을 양손으로 나누어 잡고 A의 머리를 땅에 비비면서 약 4분 동안 2회에 걸쳐 목을 졸라 실신시킨 후 A를 버려둔 채 그곳을 떠났고, 그로 인하여 A는 사망한 채로 다음날 발견되었다. 제1심 법원에서는 위와 같은 사실관계에 비추어 甲에게 살인죄의 유죄를 인정하였다.(다툼이 있는 경우에는 판례에 의함) 변호사시험 제1회

4 甲은 항소하려는 경우 항소장을 제1심 법원에 제출하여야 한다.

> 해설

> > 〔형사소송법 제359조(항소제기의 방식)〕 항소를 함에는 항소장을 원심법원에 제출하여야 한다.

> → 항소심은 2심을 의미하므로 항소심의 원심은 1심이다.　　　　　　　　정답 - ○

5 항소심 공판 중 위 범행에 사용된 도구가 스카프가 아니라 甲이 신고 있던 양말임이 밝혀진 경우에는 범죄성립에 영향이 있다고 볼 수 있으므로 항소심 법원은 원심판결을 파기하여야 한다.

> 해설　피고인이 범행에 사용한 도구가 스카프가 아니라 피고인이 신고 있던 양말(늘였을 때의 길이 약 70cm)임에도 원심이 이를 스카프로 잘못 인정한 위법이 있다 하더라도, 이는 공소사실의 동일성의 범위 내에 속하는 것으로서 피고인의 방어권 행사에 아무런 지장이 없고 범죄의 성립이나 양형조건에도 영향이 없는 것이므로 원심의 이러한 잘못은 원심판결을 파기하여야 할 위법에 속하지 아니한다(대판 1994. 12. 22, 94도2511).　　정답 - X

제3절 상 고
제4절 항 고

1 지방법원 판사의 영장기각 결정에 대해서는 검사의 준항고가 허용되지 않는다.

변호사시험 제2회

> 해설　검사의 체포영장 또는 구속영장 청구에 대한 지방법원판사의 재판은 형사소송법 제402조의 규정에 의하여 항고의 대상이 되는 '법원의 결정'에 해당하지 아니하고, 제416조 제1항의 규정에 의하여 준항고의 대상이 되는 '재판장 또는 수명법관의 구금 등에 관한 재판'에도 해당하지 아니한다(대결 2006. 12. 18, 자 2006모646).

> → 영장청구에 대한 지방법원판사의 재판은 준항고의 대상이 아니므로 옳은 지문이다.

> 정답 - ○

2 K의 착오에 의해 자신의 계좌로 1,000만 원이 잘못 송금되어 입금된 것을 발견한 甲은 이를 전액 인출한 다음, 다른 지방에 거주하는 친구인 乙에게 위 사정을 말하고 그 돈을 맡겼다. 乙은 그 돈을 자신의 계좌에 입금하였다가, 그중 100만 원을 수표로 인출하여 임의로 사용하였다. 甲은 점유이탈물횡령죄로 약식명령을 받은 후 양형 부당을 이유로 A법원에 정식재판을 청구하였고, 검사는 정식재판을 청구하지 않았다. 甲에 대한 재판 계속 중 검사는 횡령죄로 공소장변경을 신청하고, 증거를 보완하기 위하여 乙 주거지 관할 B법원에 乙의 금융계좌 등에 대한 압수·수색영장을 청구하였다. 이 때, B법원 판사가 위 영장을 기각한 경우, 검사는 그 결정에 대하여 항고나 준항고로 다툴 수 있다.　변호사시험 제5회

해설 형사소송법 제416조는 재판장 또는 수명법관이 한 재판에 대한 준항고에 관하여 규정하고 있는바, 여기에서 말하는 '재판장 또는 수명법관'이라 함은 수소법원의 구성원으로서의 재판장 또는 수명법관만을 가리키는 것이어서, 수사기관의 청구에 의하여 압수영장 등을 발부하는 독립된 재판기관인 지방법원 판사가 이에 해당된다고 볼 수 없으므로, **지방법원 판사가 한 압수영장발부의 재판에 대하여는 위 조항에서 정한 준항고로 불복할 수 없고**, 나아가 같은 법 제402조, 제403조에서 규정하는 항고는 법원이 한 결정을 그 대상으로 하는 것이므로 법원의 결정이 아닌 지방법원 판사가 한 압수영장발부의 재판에 대하여 그와 같은 **항고의 방법으로도 불복할 수 없다**(대결 1997. 9. 29, 자 97모66).

→ 영장을 기각한 경우에도 동일한 논리로 항고나 준항고로 다툴 수 없다. 정답 – X

제2장 비상구제절차

제1절 재 심

1 '무죄 등을 인정할 명백한 증거'에 해당하는지 여부는 새로 발견된 증거만을 독립적·고립적으로 고찰하여 그 증거가치만으로 판단하여야 한다. <small>변호사시험 제3회</small>

해설 형사소송법 제420조 제5호에 정한 '무죄 등을 인정할 명백한 증거'에 해당하는지 여부를 판단할 때 함께 평가하여야 할 기존 증거의 범위에 관하여 판례는 형사소송법 제420조 제5호에 정한 '무죄 등을 인정할 명백한 증거'에 해당하는지 여부를 판단할 때에는 법원으로서는 새로 발견된 증거만을 독립적·고립적으로 고찰하여 그 증거가치만으로 재심의 개시 여부를 판단할 것이 아니라, 재심대상이 되는 확정판결을 선고한 법원이 사실인정의 기초로 삼은 증거들 가운데 새로 발견된 증거와 유기적으로 밀접하게 관련되고 모순되는 것들은 함께 고려하여 평가하여야 하고, 그 결과 단순히 재심대상이 되는 유죄의 확정판결에 대하여 그 정당성이 의심되는 수준을 넘어 그 판결을 그대로 유지할 수 없을 정도로 고도의 개연성이 인정되는 경우라면 그 새로운 증거는 위 조항의 '명백한 증거'에 해당한다. 만일 법원이 새로 발견된 증거만을 독립적·고립적으로 고찰하여 명백성 여부를 평가·판단하여야 한다면, 그 자체만으로 무죄 등을 인정할 수 있는 명백한 증거가치를 가지는 경우에만 재심 개시가 허용되어 재심사유가 지나치게 제한되는데, 이는 새로운 증거에 의하여 이전과 달라진 증거관계 아래에서 다시 살펴 실체적 진실을 모색하도록 하기 위해 '무죄 등을 인정할 명백한 증거가 새로 발견된 때'를 재심사유의 하나로 정한 재심제도의 취지에 반하기 때문이다[**대결(전합) 2009. 7. 16, 자 2005모472**]라고 판시하고 있다.

> [제420조(재심이유)] 재심은 다음 각 호의 1에 해당하는 이유가 있는 경우에 유죄의 확정판결에 대하여 그 선고를 받은 자의 이익을 위하여 청구할 수 있다.
> 5. 유죄의 선고를 받은 자에 대하여 무죄 또는 면소를, 형의 선고를 받은 자에 대하여 형의 면제 또는 원판결이 인정한 죄보다 경한 죄를 인정할 명백한 증거가 새로 발견된 때

정답 – X

2 '형의 면제를 인정할 명백한 증거가 새로 발견된 때'에서 '형의 면제'라 함은 형의 필요적 면제뿐만 아니라 임의적 면제도 포함한다.　　　　　　　　　　　　　변호사시험 제3회

> (해설) 형사소송법 제420조 제5호는 형의 선고를 받은 자에 대하여 형의 면제를 인정할 명백한 증거가 새로 발견된 때를 재심사유로 들고 있는바, 여기서 **형의 면제라 함은 형의 필요적 면제의 경우만을 말하고** 임의적 면제는 해당하지 않는다(대결 1984. 5. 30, 자 84모32).
>
> 정답 − X

3 재심사유 해당 여부를 판단함에 있어 '사법경찰관 등이 범한 직무에 관한 죄'가 사건의 실체관계에 관계된 것인지 여부나 당해 사법경찰관이 직접 피의자에 대한 조사를 담당하였는지 여부는 고려할 사정이 아니다.　　　　　　　　　변호사시험 제3회

> (해설) 형사소송법 제420조 제7호의 **재심사유 해당 여부를 판단함에 있어** 사법경찰관 등이 범한 직무에 관한 죄가 사건의 실체관계에 관계된 것인지 여부나 당해 사법경찰관이 직접 피의자에 대한 조사를 담당하였는지 여부는 고려할 사정이 아니다(대결 2006. 5. 11, 자 2004모16)
>
> 정답 − O

4 '원판결의 증거된 증언'이 나중에 확정판결에 의하여 허위인 것이 증명되었더라도, 그 허위증언 부분을 제외하고서도 다른 증거에 의하여 유죄로 인정될 경우에는 재심사유에 해당하지 아니한다.　　　　　　　　　　　　　　　　변호사시험 제3회

> (해설) 형사소송법 제420조 제2호 소정의 '원판결의 증거된 증언'이 나중에 확정판결에 의하여 허위인 것이 증명된 이상, 그 허위증언 부분을 제외하고서도 다른 증거에 의하여 그 '죄로 되는 사실'이 <u>유죄로 인정될 것인지 여부에 관계없이</u> 형사소송법 제420조 제2호의 <u>재심사유가 있는 것</u>으로 보아야 한다(대결 1997. 1. 16, 자 95모38).
>
> 정답 − X

5 피고인이 새로운 증거를 발견하였다고 하여 재심을 청구한 경우 재심대상판결의 소송절차 중에 그러한 증거를 제출하지 못한 데에 피고인의 과실이 있더라도 그 증거는 '증거가 새로 발견된 때'에 해당한다.　　　　　　　　　　　　변호사시험 제3회

> (해설) 「6번 문제」 해설 참조
>
> 정답 − X

6 피고인이 재심을 청구한 경우, 재심대상이 되는 확정판결의 소송절차 중에 증거를 제출하지 못한 데 과실이 있는 경우에는 그 증거는 형사소송법 제420조 제5호의 '증거가 새로 발견된 때'에서 제외된다. 변호사시험 제4회

(해설) 형사소송법 제420조 제5호에 정한 무죄 등을 인정할 '증거가 새로 발견된 때'란 재심대상이 되는 확정판결의 소송절차에서 발견되지 못하였거나 또는 발견되었다 하더라도 제출할 수 없었던 증거를 새로 발견하였거나 비로소 제출할 수 있게 된 때를 말한다. 증거의 신규성을 누구를 기준으로 판단할 것인지에 대하여 위 조항이 그 범위를 제한하고 있지 않으므로 그 대상을 법원으로 한정할 것은 아니다. 그러나 재심은 당해 심급에서 또는 상소를 통한 신중한 사실심리를 거쳐 확정된 사실관계를 재심사하는 예외적인 비상구제절차이므로, 피고인이 판결확정 전 소송절차에서 제출할 수 있었던 증거까지 거기에 포함된다고 보게 되면, 판결의 확정력이 피고인이 선택한 증거제출시기에 따라 손쉽게 부인될 수 있게 되어 형사재판의 법적 안정성을 해치고, 헌법이 대법원을 최종심으로 규정한 취지에 반하여 제4심으로서의 재심을 허용하는 결과를 초래할 수 있다. 따라서 피고인이 재심을 청구한 경우 재심대상이 되는 확정판결의 소송절차 중에 그러한 증거를 제출하지 못한 데 과실이 있는 경우에는 그 증거는 위 조항에서의 '증거가 새로 발견된 때'에서 제외된다고 해석함이 상당하다[대결(전합) 2009. 7. 16, 자 2005모472]. 정답 – O

7 면소판결에 대하여 무죄판결이 선고되어야 한다고 주장하면서 상고할 수 없는 것이 원칙이므로, 형벌에 관한 법령이 재심판결 당시 폐지되었다면 설사 그 폐지가 당초부터 헌법에 위배되어 효력이 없는 법령에 대한 것이었더라도 무죄판결을 구하는 취지로 면소판결에 대하여 상고하는 것은 허용되지 않는다. 변호사시험 제4회

(해설) 재심이 개시된 사건에서 범죄사실에 대하여 적용하여야 할 법령은 재심판결 당시의 법령이므로, 법원은 재심대상판결 당시의 법령이 변경된 경우에는 그 범죄사실에 대하여 재심판결 당시의 법령을 적용하여야 하고, 폐지된 경우에는 형사소송법 제326조 제4호를 적용하여 그 범죄사실에 대하여 면소를 선고하는 것이 원칙이다. 그러나 법원은, 형벌에 관한 법령이 헌법재판소의 위헌결정으로 인하여 소급하여 그 효력을 상실하였거나 법원에서 위헌·무효로 선언된 경우, 당해 법령을 적용하여 공소가 제기된 피고사건에 대하여 같은 법 제325조에 따라 무죄를 선고하여야 한다. 나아가 형벌에 관한 법령이 재심판결 당시 폐지되었다 하더라도 그 '폐지'가 당초부터 헌법에 위배되어 효력이 없는 법령에 대한 것이었다면 같은 법 제325조 전단이 규정하는 '범죄로 되지 아니한 때'의 무죄사유에 해당하는 것이지, 같은 법 제326조 제4호의 면소사유에 해당한다고 할 수 없다. 따라서 **면소판결에 대하여 무죄판결인 실체판결이 선고되어야 한다고 주장하면서 상고할 수 없는 것이 원칙이지만, 위와 같은 경우에는 이와 달리 면소를 할 수 없고 피고인에게 무죄의 선고를 하여야 하므로 면소를 선고한 판결에 대하여 상고가 가능하다**[대판(전합) 2010. 12. 16, 2010도5986]. 정답 – X

8 제1심 확정판결에 대한 재심청구사건의 판결이 있은 후에는 항소기각판결에 대하여 다시 재심을 청구하지 못한다.

변호사시험 제4회

해설 🖉

> [형사소송법 제421조(동전)] ① 항소 또는 상고의 기각판결에 대하여는 전조제1호, 제2호, 제7호의 사유있는 경우에 한하여 그 선고를 받은 자의 이익을 위하여 재심을 청구할 수 있다. ② **제1심확정판결에 대한 재심청구사건의 판결이 있은 후에는 항소기각 판결에 대하여 다시 재심을 청구하지 못한다.** ③ 제1심 또는 제2심의 확정판결에 대한 재심청구사건의 판결이 있은 후에는 상고기각판결에 대하여 다시 재심을 청구하지 못한다.

정답 — ○

9 재심심판절차에서 사망자를 위하여 재심청구를 하였거나, 유죄의 선고를 받은 자가 재심판결 전에 사망한 경우, 공소기각의 결정을 할 수 없고 실체판결을 하여야 한다.

변호사시험 제4회

해설 🖉

> [형사소송법 제438조(재심의 심판)] ① 재심개시의 결정이 확정한 사건에 대하여는 제436조의 경우 외에는 법원은 그 심급에 따라 다시 심판을 하여야 한다. ② 다음 경우에는 제306조 제1항, 제328조 제1항 제2호의 규정은 전항의 심판에 적용하지 아니한다.
> 1. **사망자** 또는 회복할 수 없는 심신장애인을 위하여 재심의 청구가 있는 때
> 2. **유죄의 선고를 받은 자가 재심의 판결 전에 사망하거나** 회복할 수 없는 심신장애인으로 된 때
> [형사소송법 제306조(공판절차의 정지)] ① 피고인이 사물의 변별 또는 의사의 결정을 할 능력이 없는 상태에 있는 때에는 법원은 검사와 변호인의 의견을 들어서 결정으로 그 상태가 계속하는 기간 공판절차를 정지하여야 한다.
> [형사소송법 제328조(공소기각의 결정)] ① 다음 경우에는 결정으로 공소를 기각하여야 한다.
> 1. 공소가 취소 되었을 때
> 2. **피고인이 사망하거나** 피고인인 법인이 존속하지 아니하게 되었을 때
> 3. 제12조 또는 제13조의 규정에 의하여 재판할 수 없는 때
> 4. 공소장에 기재된 사실이 진실하다 하더라도 범죄가 될 만한 사실이 포함되지 아니하는 때
> ② 전항의 결정에 대하여는 즉시항고를 할 수 있다.

정답 — ○

10 재심이 개시된 사건에서 범죄사실에 대하여 적용하여야 할 법령은 재심판결 당시의 법령이고, 법원은 재심대상판결 당시의 법령이 폐지된 경우에는 형사소송법 제326조 제4호를 적용하여 그 범죄사실에 대하여 면소를 선고하는 것이 원칙이다. 　　　　　변호사시험 제4회

　해설 🖊 폐지 또는 실효된 형벌 관련 법령이 당초부터 위헌·무효인 경우 그 법령을 적용하여 공소가 제기된 피고사건에 대하여 법원이 취하여야 할 조치(＝무죄의 선고) 및 이 경우 면소를 선고한 판결에 대하여 상소가 가능한지 여부에 관하여 판례는 재심이 개시된 사건에서 범죄사실에 대하여 적용하여야 할 법령은 재심판결 당시의 법령이므로, 법원은 재심대상판결 당시의 법령이 변경된 경우에는 그 범죄사실에 대하여 재심판결 당시의 법령을 적용하여야 하고, 폐지된 경우에는 형사소송법 제326조 제4호를 적용하여 그 범죄사실에 대하여 면소를 선고하는 것이 원칙이다. 그러나 법원은, 형벌에 관한 법령이 헌법재판소의 위헌결정으로 인하여 소급하여 그 효력을 상실하였거나 법원에서 위헌·무효로 선언된 경우, 당해 법령을 적용하여 공소가 제기된 피고사건에 대하여 같은 법 제325조에 따라 무죄를 선고하여야 한다. 나아가 형벌에 관한 법령이 재심판결 당시 폐지되었다 하더라도 그 '폐지'가 당초부터 헌법에 위배되어 효력이 없는 법령에 대한 것이었다면 같은 법 제325조 전단이 규정하는 '범죄로 되지 아니한 때'의 무죄사유에 해당하는 것이지, 같은 법 제326조 제4호의 면소사유에 해당한다고 할 수 없다. 따라서 면소판결에 대하여 무죄판결인 실체판결이 선고되어야 한다고 주장하면서 상고할 수 없는 것이 원칙이지만, 위와 같은 경우에는 이와 달리 면소를 할 수 없고 피고인에게 무죄의 선고를 하여야 하므로 면소를 선고한 판결에 대하여 상고가 가능하다[대판(전합) 2010. 12. 16, 2010도5986]라고 판시하고 있다.　　　　정답 － ○

11 재심대상판결 확정 후에 형 선고의 효력을 상실케 하는 특별사면이 있었다고 하더라도, 재심개시결정이 확정되어 재심심판절차를 진행하는 법원은 그 심급에 따라 다시 심판하여 실체에 관한 유·무죄 등의 판단을 해야지, 특별사면이 있음을 들어 면소판결을 하여서는 아니 된다. 　　　　　변호사시험 제5회

　해설 🖊 면소판결 사유인 형사소송법 제326조 제2호의 '사면이 있는 때'에서 말하는 '사면'이란 일반사면을 의미할 뿐, 형을 선고받아 확정된 자를 상대로 이루어지는 특별사면은 여기에 해당하지 않으므로, 재심대상판결 확정 후에 형 선고의 효력을 상실케 하는 특별사면이 있었다고 하더라도, 재심개시결정이 확정되어 재심심판절차를 진행하는 법원은 그 심급에 따라 다시 심판하여 실체에 관한 유·무죄 등의 판단을 해야지, 특별사면이 있음을 들어 면소판결을 하여서는 아니 된다[대판(전합) 2015. 5. 21, 2011도1932].　　　　정답 － ○

12 재정신청기각의 결정은 재심의 대상에 해당된다.

(해설 ✎) 「14번 문제」해설 참조　　　　　　　　　　　　　　　　　정답 － X

13 항소심에서 파기된 제1심 판결은 재심의 대상에 해당된다.

(해설 ✎) 「14번 문제」해설 참조　　　　　　　　　　　　　　　　　정답 － X

14 공소기각의 판결은 재심의 대상에 해당된다.

(해설 ✎)

> 〔형사소송법 제420조(재심이유)〕 재심은 다음 각 호의 1에 해당하는 이유가 있는 경우에 유
> 죄의 확정판결에 대하여 그 선고를 받은 자의 이익을 위하여 청구할 수 있다.
> 〔형사소송법 제421조(동전)〕 ① 항소 또는 상고의 기각판결에 대하여는 전조제1호, 제2호,
> 제7호의 사유있는 경우에 한하여 그 선고를 받은 자의 이익을 위하여 재심을 청구할 수 있다.

→ 재심의 대상은 유죄의 확정판결이므로 이에 해당하지 않는 「12번 문제의 해설」재정신청
기각의 결정, 「13번 문제의 해설」항소심에서 파기된 1심 판결, 「14번 문제의 해설」공소
기각의 판결은 재심의 대상이 아니다.　　　　　　　　　　　정답 － X

15 특별사면으로 형 선고의 효력이 상실된 유죄의 확정판결은 재심의 대상에 해당된다.

(해설 ✎) 죄판결 확정 후에 형 선고의 효력을 상실케 하는 특별사면이 있었다고 하더라도, 형
선고의 법률적 효과만 장래를 향하여 소멸될 뿐이고 확정된 유죄판결에서 이루어진 사실인
정과 그에 따른 유죄 판단까지 없어지는 것은 아니므로, 유죄판결은 형 선고의 효력만 상실된
채로 여전히 존재하는 것으로 보아야 하고, 한편 형사소송법 제420조 각 호의 재심사유가 있
는 피고인으로서는 재심을 통하여 특별사면에도 불구하고 여전히 남아 있는 불이익, 즉 유죄
의 선고는 물론 형 선고가 있었다는 기왕의 경력 자체 등을 제거할 필요가 있다〔대판(전합)
2015. 5. 21, 2011도1932〕.　　　　　　　　　　　　　　　　　정답 － ○

16 약식명령에 대한 정식재판청구에 따라 유죄의 판결이 확정된 경우의 약식명령은 재심의 대상에 해당된다.

> **해설** 🖉 약식명령에 대한 정식재판 절차에서 유죄판결이 선고되어 확정된 경우, 재심청구의 대상(＝유죄의 확정판결) 및 이때 피고인 등이 약식명령에 대하여 재심을 청구하여 재심개시 결정이 확정된 경우, 재심절차를 진행하는 법원의 심판대상에 관하여 판례는 형사소송법 제 420조 본문은 재심은 유죄의 확정판결에 대하여 그 선고를 받은 자의 이익을 위하여 청구할 수 있도록 하고, 같은 법 제456조는 약식명령은 정식재판의 청구에 의한 판결이 있는 때에는 그 효력을 잃도록 규정하고 있다. 위 각 규정에 의하면, **약식명령에 대하여 정식재판 청구가 이루어지고 그 후 진행된 정식재판 절차에서 유죄판결이 선고되어 확정된 경우, 재심사유가 존재한다고 주장하는 피고인 등은 효력을 잃은 약식명령이 아니라 유죄의 확정판결을 대상으로 재심을 청구하여야 한다.** 그런데도 피고인 등이 약식명령에 대하여 재심의 청구를 한 경우, 법원으로서는 재심의 청구에 기재된 재심을 개시할 대상의 표시 이외에도 재심청구의 이유에 기재된 주장 내용을 살펴보고 재심을 청구한 피고인 등의 의사를 참작하여 재심청구의 대상을 무엇으로 보아야 하는지 심리·판단할 필요가 있다. 그러나 법원이 심리한 결과 재심 청구의 대상이 약식명령이라고 판단하여 그 약식명령을 대상으로 재심개시결정을 한 후 이에 대하여 검사나 피고인 등이 모두 불복하지 아니함으로써 그 결정이 확정된 때에는, 그 재심개시결정에 의하여 재심이 개시된 대상은 약식명령으로 확정되고, 그 재심개시결정에 따라 재심절차를 진행하는 법원이 재심이 개시된 대상을 유죄의 확정판결로 변경할 수는 없다. 이 경우 그 재심개시결정은 이미 효력을 상실하여 재심을 개시할 수 없는 약식명령을 대상으로 한 것이므로, 그 재심개시결정에 따라 재심절차를 진행하는 법원으로서는 심판의 대상이 없어 아무런 재판을 할 수 없다(대판 2013. 4. 11, 2011도10626)라고 판시하고 있다. 　정답 － X

제2절 비상상고

1 甲은 乙의 부동산을 명의신탁받아 보관하던 중, 乙의 승낙 없이 X은행으로부터 1억원을 대출받고 제1근저당권을 설정해주었다. 그후 甲은 다시 丙으로부터 1억 5천만 원을 대여 받고 제2근저당권을 설정해주었다. 검사는 위의 사실관계를 토대로 甲을 기소하였으며, 제1심법원은 유죄판결을 선고하여 그 판결이 확정되었다. 하지만 甲은 판결선고 전에 사 고로 사망하였다. 이 경우, 위 판결은 「형사소송법」 제441조에 따라 비상상고의 대상이 된다.
변호사시험 제5회

> **해설** 🖉 법원이 원판결의 선고 전에 피고인의 사망사실을 알지 못하여 공소기각의 결정을 하 지 않고 실체판결에 나아간 경우, 비상상고의 이유가 될 수 있는지 여부에 관하여 판례는 법 원이 원판결의 선고 전에 피고인이 이미 사망한 사실을 알지 못하여 공소기각의 결정을 하지 않고 **실체판결에 나아감으로써** 법령위반의 결과를 초래하였다고 하더라도, 이는 **형사소송법 제441조에 정한 '그 심판이 법령에 위반한 것'에 해당한다고 볼 수 없다**(대판 2005. 3. 11, 2004 오2)라고 판시하고 있다.

[제441조(비상상고이유)] 검찰총장은 판결이 확정한 후 그 사건의 심판이 법령에 위반한 것을 발견한 때에는 대법원에 비상상고를 할 수 있다.

정답 - X

제3장 재판의 집행과 형사보상

제1절 재판의 집행
제2절 형사보상

제4장 특별절차

제1절 약식절차

1 약식명령 청구의 대상은 지방법원의 관할에 속하는 벌금, 과료, 몰수에 처할 수 있는 사건이다.　　　　　　　　　　　　　　　　　　　　　　　　　　　　변호사시험 제4회

해설 ✎

[형사소송법 제448조(약식명령을 할 수 있는 사건)]
① 지방법원은 그 관할에 속한 사건에 대하여 검사의 청구가 있는 때에는 공판절차없이 약식명령으로 피고인을 벌금, 과료 또는 몰수에 처할 수 있다. ② 전항의 경우에는 추징 기타 부수의 처분을 할 수 있다.

정답 - O

2 약식명령의 기판력이 미치는 시간적 범위는 약식명령의 송달시가 아닌 발령시를 기준으로 한다.　　　　　　　　　　　　　　　　　　　　　　　　　　　　　변호사시험 제3회

해설 ✎　유죄의 확정판결의 기판력의 시적범위 즉 어느 때까지의 범죄사실에 관하여 기판력이 미치느냐의 기준시점은 사실심리의 가능성이 있는 최후의 시점인 판결선고시를 기준으로 하여 가리게 되고, 판결절차 아닌 약식명령은 그 고지를 검사와 피고인에 대한 재판서 송달로써 하고 따로 선고하지 않으므로 약식명령에 관하여는 그 기판력의 시적범위를 약식명령의 송달시를 기준으로 할 것인가 또는 그 발령시를 기준으로 할 것인지 이론의 여지가 있으나 그 기판력의 시적 범위를 판결절차와 달리 하여야 할 이유가 없으므로 **그 발령시를 기준으로 하여야 한다**(대판 1984. 7. 24, 84도1129). 정답 - O

3 피고인만 정식재판을 청구한 사건에 대하여 법원은 약식명령의 형보다 중한 형을 선고하지 못한다.

변호사시험 제1회

해설 ✎

> 〔형사소송법 제457조의2(형종 상향의 금지 등)〕 ① 피고인이 정식재판을 청구한 사건에 대하여는 약식명령의 형보다 중한 종류의 형을 선고하지 못한다. ② 피고인이 정식재판을 청구한 사건에 대하여 약식명령의 형보다 중한 형을 선고하는 경우에는 판결서에 양형의 이유를 적어야 한다.

→ 출제 당시 형사소송법 제457조의2(불이익변경의 금지)에 따르면 옳은 지문이었다. 그러나 최근 법 개정으로 형종 상향만이 금지되어 약식명령의 형보다 중한 형을 선고하는 것이 가능하므로 틀린 지문이다.　　　　　　　　　　　　　　　　　　　정답 - X

■ 사례 【4~5】

음주운전으로 자동차운전면허가 취소된 甲은 술을 마신 상태로 도로에서 자동차를 운전하다가 단속 중인 경찰관에게 적발되어 음주측정한 결과 혈중알콜농도 0.078%로 측정되었다. 이 사건을 송치받은 검사는 甲에 대하여 벌금 200만 원의 약식명령을 청구하면서 필요한 증거서류 및 증거물을 법원에 제출하였고, 법원은 검사가 청구한 대로 벌금 200만 원의 약식명령을 발령하였다.(다툼이 있는 경우 판례에 의함)　변호사시험 제6회

4 甲만이 약식명령에 불복하여 정식재판을 청구한 경우, 약식명령 절차와 그 심급을 같이 하므로 정식재판을 담당하는 법원은 약식명령보다 중한 벌금 300만 원을 선고할 수 있다.

해설 ✎

> 〔형사소송법 제457조의2(형종 상향의 금지 등)〕 ① 피고인이 정식재판을 청구한 사건에 대하여는 약식명령의 형보다 중한 종류의 형을 선고하지 못한다. ② 피고인이 정식재판을 청구한 사건에 대하여 약식명령의 형보다 중한 형을 선고하는 경우에는 판결서에 양형의 이유를 적어야 한다.

→ 출제 당시 형사소송법 제457조의2(불이익변경의 금지)에 따르면 옳은 지문이었다. 그러나 최근 법 개정으로 형종 상향만이 금지되어 약식명령의 형보다 중한 형을 선고하는 것이 가능하므로 틀린 지문이다.　　　　　　　　　　　　　　　　　　　정답 - O

5 약식명령이 검사나 甲의 정식재판 청구 없이 그대로 확정된 경우, 약식명령은 그 고지를 검사와 피고인에 대한 재판서 송달로 하고 따로 선고하지는 않으므로 그 기판력의 시적 범위는 약식명령 송달시를 기준으로 한다.

해설 ✎ 확정된 약식명령의 확정력이 미치는 시적한계에 관하여 판례는 포괄일죄의 일부에 대한 약식명령이 정식재판청구기간의 도과로 확정된 경우에는 그 <u>약식명령의 발령시를 기준으로</u> 하여 그 때까지 행하여진 행위에 대하여는 공소의 효력과 약식명령의 확정력이 미치므로 이에 대하여는 면소판결을 하여야 한다(대판 1981. 6. 23, 81도1437)라고 판시하고 있다.

정답 – X

제2절 즉결심판절차

1 즉결심판절차에서는 사법경찰관이 작성한 피의자신문조서에 대하여 피고인이 내용을 인정하지 않더라도 증거로 사용할 수 있다.   변호사시험 제4회

해설 ✎

> 〔즉결심판에 관한 절차률 제10조(증거능력)〕 즉결심판절차에 있어서는 형사소송법 제310조, 제312조 제3항 및 제313조의 규정은 적용하지 아니한다.
> 〔형사소송법 제312조(검사 또는 사법경찰관의 조서 등)〕 ③ 검사 이외의 수사기관이 작성한 피의자신문조서는 적법한 절차와 방식에 따라 작성된 것으로서 공판준비 또는 공판기일에 그 피의자였던 피고인 또는 변호인이 그 내용을 인정할 때에 한하여 증거로 할 수 있다.

정답 – ○

2 즉결심판절차에서도 자백보강법칙은 적용되므로, 피고인의 자백만 있고 보강증거가 없으면 유죄를 선고할 수 없다.   변호사시험 제4회

해설 ✎

> 〔즉결심판에 관한 절차률 제10조(증거능력)〕 즉결심판절차에 있어서는 <u>형사소송법 제310조, 제312조 제3항 및 제313조의 규정은 적용하지 아니한다.</u>
> 〔형사소송법 제310조(불이익한 자백의 증거능력)〕 피고인의 자백이 그 피고인에게 불이익한 유일의 증거인 때에는 이를 유죄의 증거로 하지 못한다.

정답 – X

제3절 배상명령절차

선택형 **형사법**(형법/형사소송법)

초 판 인 쇄 2018년 5월 10일
초 판 발 행 2018년 5월 21일

편   저 고시계사
발 행 인 정상훈
디 자 인 신아름
발 행 처 **考試界社**

서울특별시 관악구 봉천로 472
코업레지던스 B1층 102호

대 표 817-2400 팩 스 817-8998
考試界·고시계사·미디어북 817-0418~9
www.gosi-law.com
E-mail : goshigye@chollian.net

정가 26,000원   ISBN 978-89-5822-563-8   93360

법치주의의 길잡이 63년 月刊 **考試界**